कबीर

'जो कलि नाम कबीर न होते। लोक, बेद और कलिजुग मिलि करि भगति रसातल देते।' काशी के जुलाहे कबीर की महिमा बखानते ये शब्द गागरोन नरेश पीपा के हैं। कबीर की ऐसी महिमा का कारण यह है कि उनकी कविता भीतर-बाहर के सबद निरन्तर को धारण करती है। प्रेम-विह्वलता और समाज-चिन्ता कबीर के लिए परस्पर पूरक हैं, विरोधी नहीं। जन्म के आधार पर ऊँच-नीच तय करने वाली जीवनदृष्टियों के विपरीत कबीर मानवीय विवेक को जागृत करने का प्रयत्न करते हैं। पन्द्रहवीं-सोलहवीं सदियों में शरीर से विद्यमान रहे कबीर अपनी शब्द-काया में आज तक विद्यमान हैं। वे केवल भारत नहीं, सारे विश्व के लिए प्रासंगिक हैं।

श्यामसुन्दर दास

श्यामसुन्दर दास का जन्म 14 जुलाई, 1875 को काशी में हुआ था। उन्होंने 1897 में बी.ए. किया। 1899 में कुछ समय तक हिन्दू स्कूल में अध्यापक थे। उसके बाद लखनऊ के कालीचरन स्कूल में लम्बे समय तक हेडमास्टर रहे। 1921 में काशी हिन्दू विश्वविद्यालय के हिन्दी विभाग के अध्यक्ष पद पर नियुक्त हुए।

उन्होंने विद्यार्थीकाल में ही अपने दो सहयोगियों रामनारायण मिश्र और ठाकुर शिवकुमार सिंह की सहायता से नागरी प्रचारिणी सभा की स्थापना (16 जुलाई, 1893) की। काशी हिन्दू विश्वविद्यालय में आने से पूर्व उन्होंने हिन्दी-साहित्य की सर्वतोमुखी समृद्धि के लिए न्यायालयों में हिन्दी-प्रवेश का आन्दोलन (1900), हस्तलिखित ग्रन्थों की खोज (1899), हिन्दी शब्द सागर का सम्पादन (1907), आर्य भाषा पुस्तकालय की स्थापना (1903), सभा-भवन का निर्माण (1902), 'सरस्वती' पत्रिका का सम्पादन (1900) तथा शिक्षास्तर के अनुरूप पाठ्य-पुस्तकों का निर्माण-कार्य आरम्भ कर दिया था।

उनकी प्रमुख पुस्तकें हैं—'नागरी वर्णमाला', 'हिन्दी हस्तलिखित ग्रन्थों का वार्षिक खोज विवरण', 'हिन्दी हस्तलिखित ग्रन्थों की खोज का प्रथम त्रैवार्षिक विवरण', 'हिन्दी कोविद रत्नमाला' (भाग 1-2), 'साहित्यालोचन', 'हस्तलिखित हिन्दी ग्रन्थों का संक्षिप्त विवरण', 'भाषा विज्ञान', 'गद्य कुसुमावली', 'भारतेन्दु हरिश्चन्द्र', 'हिन्दी भाषा और साहित्य', 'गोस्वामी तुलसीदास', 'रूपक रहस्य', 'भाषा रहस्य' (भाग-1), 'हिन्दी गद्य के निर्माता' (भाग 1-2), 'कबीर-ग्रंथावली', 'मेरी आत्म कहानी'।

सन् 1945 में उनका निधन हुआ।

पुरुषोत्तम अग्रवाल

पुरुषोत्तम अग्रवाल का जन्म ग्वालियर, मध्यप्रदेश में हुआ। उन्होंने जवाहरलाल नेहरू विश्वविद्यालय से पी-एच.डी. की डिग्री प्राप्त की और रामजस कॉलेज, दिल्ली तथा जेएनयू में अध्यापन कार्य किया। संघ लोक सेवा आयोग के सदस्य रहे।

उनकी प्रकाशित कृतियाँ हैं—'संस्कृति : वर्चस्व और प्रतिरोध', 'तीसरा रुख़', 'विचार का अनंत', 'शिवदानसिंह चौहान', 'निज ब्रह्म विचार', 'कबीर : साखी और सबद', 'हिन्दी सराय : अस्त्राखान वाया येरेवान', 'नाकोहस' 'कौन हैं भारत माता?', 'पद्मावत : मानुस पेम भएउ बैकुंठी', 'कबीर-ग्रंथावली' (परिमार्जन) तथा 'पद्मावत : एन एपिक लव स्टोरी', 'कबीर, कबीर : द लाइफ़ एंड वर्क ऑफ़ द अर्ली मॉडर्न पोएट-फिलॉसफ़र' (अंग्रेज़ी में)। उनकी पुस्तक 'अकथ कहानी प्रेम की : कबीर की कविता और उनका समय' भक्ति-सम्बन्धी विमर्श का अनिवार्य ग्रन्थ है। वे राजकमल प्रकाशन की 'भक्ति शृंखला' के भी सम्पादक हैं।

उन्हें 'देवीशंकर अवस्थी सम्मान' सहित अन्य कई प्रतिष्ठित सम्मानों से सम्मानित किया गया है।

ई-मेल : purushottam53@gmail.com

कबीर ग्रंथावली

परिमार्जित पाठ

सम्पादक
श्यामसुन्दर दास

भूमिका एवं परिमार्जन
पुरुषोत्तम अग्रवाल

राजकमल पेपरबैक्स

राजकमल पेपरबैक्स में
पहला परिमार्जित संस्करण : 2023
तीसरा संस्करण : 2024

राजकमल पेपरबैक्स : उत्कृष्ट साहित्य के जनसुलभ संस्करण

राजकमल प्रकाशन प्रा. लि.
1-बी, नेताजी सुभाष मार्ग, दरियागंज
नई दिल्ली-110 002
द्वारा प्रकाशित

शाखाएँ : अशोक राजपथ, साइंस कॉलेज के सामने, पटना-800 006
पहली मंजिल, दरबारी बिल्डिंग, महात्मा गांधी मार्ग, प्रयागराज-211 001
1, अनमोल सोराबजी संतुक लेन, धोबी तलाव, मरीन लाइंस, मुम्बई-400 002
वेबसाइट : www.rajkamalprakashan.com
ई-मेल : info@rajkamalprakashan.com

विकास कंप्यूटर एंड प्रिंटर्स
ट्रॉनिका सिटी-201 102
द्वारा मुद्रित

मूल्य : ₹499

KABIR GRANTHAWALI : PARIMARJIT PAATH
Edited by Shyam Sunder Das
Introduction & Revision by Purushottam Agrawal

ISBN : 978-81-19159-28-4

कबीर ग्रंथावली

परिमार्जित पाठ

क्रम

परिमार्जित संस्करण के बारे में

1. कबीर-ग्रंथावली का यह संस्करण क्यों?

यह संस्करण डॉ. श्यामसुन्दर दास द्वारा सम्पादित और नागरी प्रचारिणी सभा, वाराणसी द्वारा 1928 (संवत 1985 विक्रमी) में प्रकाशित 'कबीर-ग्रंथावली' में उपलब्ध पाठ का परिमार्जित रूप प्रस्तुत करता है। वह पाठ दो राजस्थानी पांडुलिपियों पर आधारित था। 'कबीर-ग्रंथावली' के परिशिष्ट में कबीर की वे रचनाएँ भी दे दी गई थीं जो आदिग्रंथ (1604 ई.) में संकलित हैं; दास जी ने भूमिका में लिखा, "जो दोहे और पद मूल अंश में आ गए हैं, उनको छोड़कर शेष सब दोहे और परिशिष्ट में दे दिए गए हैं।"[1] हालाँकि अनेक रचनाएँ 'मूल अंश' और परिशिष्ट दोनों में आ गई हैं, कुछ छूट भी गई हैं।

1928 से अब तक 'ग्रंथावली' के अनेक संस्करण हो चुके हैं, पाठ सब में वही चला आ रहा है। पढ़त की भूल या छापे की चूक के कारण अनेक ग़लतियाँ छूट गई हैं। इतनी महत्त्वपूर्ण पुस्तक के प्रकाशन में नागरी प्रचारिणी सभा ने तनिक भी सावधानी नहीं बरती। ताबड़तोड़ संस्करण प्रकाशित होते गए और 'ताथैं कहिये लोकाचार' (राग भैरूं, 32) जैसे विख्यात कथन में लोकाचार की जगह 'लोकोचार' ही छपता रहा। ऐसी कई ग़लतियों का अहसास तो सहज बोध से ही हो जाता है लेकिन सैकड़ों ऐसी भी हैं जिनका पता सभा संस्करण का मिलान रज्जब और गोपालदास की सर्वंगियों, पंचवाणियों तथा अन्य संकलनों के साथ करने से ही लगता है।

हालत यह है कि इन पदों में पूरी की पूरी पंक्तियाँ ही छपने से छूट गई हैं :

1. राग गौड़ी, पद 6 में छपने से छूट गई पंक्ति—भागा भरंम एक ही कहतां, आये बहुरि न आउं।
2. राग गौड़ी, पद 20 में छूट गई पंक्ति—इत उत चितवत कठवन लीन्हां, मांड चलवनां डऊआ, हो राम।

---

1. कबीर-ग्रंथावली, नागरी प्रचारिणी सभा, वाराणसी, (26वाँ संस्करण), सं. 2070 वि. भूमिका, पृ. 2

3. राग रामकली, पद 31 में छूट गई पंक्ति—होइ मगन रांम रंगि राचै, आवागमन मिटै धापै।
4. राग रामकली, पद 45 में छूट गई पंक्ति—जे या मूरति सकल है, तौ घड़णहारे खाव।
5. परिशिष्ट (आदिग्रंथ से ली गईं रचनाएँ), पद 50 में तो दो पंक्तियाँ छोड़ दी गई हैं—'कवन काज सिरजे जग भीतरि जनमि कवन फलु पाइआ' और 'काम क्रोध माइआ मद मतसर ए सम्पै मो माही।'
6. परिशिष्ट में ही पद 104 में यह पंक्ति ग़ायब है—कबीर निरगुण नाम न रोसु। इसु परचाइ परचि रहु एसु।
7. परिशिष्ट पद 155 में यह पंक्ति ग़ायब है—रे महावत तुझु डारउ काटि। इसहि तुरावहु घालहु साटि।
8. परिशिष्ट पद 192 में यह पंक्ति ग़ायब है—कहि कबीर भिसति ते चूका दोजक सिउ मनु मानिआ।
9. परिशिष्ट पद क्रमांक 90 के अन्त में छपी पंक्तियाँ असल में पद क्रमांक 91 की आरम्भिक पंक्तियाँ हैं।

लोकाचार के स्थान पर लोकोचार जैसी ऊट-पटाँग छपाई तो शब्दशः सैकड़ों स्थानों पर है। यहाँ कुछ ही उदाहरण दिए जा सकते हैं।

राग गौड़ी के दसवें पद में सुद्र को सुईं और भुईं को मैं पढ़ लिया (या छाप दिया) गया है—"सुईं पीवै बाम्हन मतवाला"; और "मैं खूँटा में गाड़ी।" पद उलटबाँसी का है, लेकिन ग़लत पढ़ने या छपने की इस उलटबाँसी के कारण उलटबाँसी और भी जटिल हो जाती है; बात का कोई मतलब ही नहीं बनता। इसी तरह, इसी राग के पद 57 में "पढ़ि गुनि मरम न जानां" को पढ़ लिया गया है—"पढ़ि गुनि हरि भ्रँन जाँना।" कवि का आशय है कि पढ़ गुन कर भी मर्म की बात न समझ सके, पाठ जिस रूप में है, उससे अर्थ निकलता है कि पढ़-लिख कर समझ आया कि हरि तो भ्रम है।

इसी राग से एक पूरा पद (22) पढ़ें :

जुगिया न्याइ मरै मरि जाइ।
घर जाजरौ बलींडौ टेढ़ौ, औलोती डर राइ॥ टेक॥
मगरी तजौ प्रीति पाखे सूं डांडी देहु लगाइ।
छींको छोडि उपरहि डौं बांधौ, ज्यूं जुगि जुगि रहौ समाइ।
बैसि परहडी द्वार मुंदावो, ख्यावों पूत घर घेरी।
जेठी धीय सासरे पठवो, ज्यूं बहुरि न आवै फेरी॥
लहुरी थीइ सब कुश धोयौ, तब ढिंग बैठन माई।
कहै कबीर भाग बपरी कौ, किलिकिलि सबै चुकाई॥

पहली पंक्ति में होना चाहिए न्याइ मरै के स्थान पर न्याइन मरि। चलिए, यहाँ अर्थ बूझने में ज़्यादा दिक़्क़त नहीं होगी, लेकिन दूसरी पंक्ति में जहाँ अरराइ (अररा कर गिर रही है) होना चाहिए, वहाँ है डर राइ; पाँचवीं पंक्ति में जहाँ होना चाहिए ल्यावो वहाँ छपा है ख्यावों, और सातवीं पंक्ति में जहाँ होना चाहिए धीय सब कुल खोयौ (बेटी ने कुल खो दिया), वहाँ छपा है थीइ सब कुश धोयौ। जहाँ होना चाहिए पाई, वहाँ विराजमान हैं, माई। आप झींखते रहिए कवि का आशय समझने के लिए। कबीर कह रहे हैं कि छोटी बेटी ने सारा कुल खो दिया, तभी उसे चैन मिल सका; यानी साधना की सफलता के लिए कुल के अभिमान से मुक्ति अनिवार्य है।

नागरी प्रचारिणी सभा का पाठ क्या कह रहा है, यह या तो सभा जाने या राम जाने।

ऐसे में अक्रूर को अंकूर (राग बसंत, 11) बना दिए जाने पर क्या आश्चर्य करना।

राग केदारौ का प्रसिद्ध पद (18) छपा है—

जटा बांधि बांधि जोगी मूये, कापड़ी के दारौ जाई।
कवि कवीवै कविता मूये, कापड़ी के दारौ जाई॥

होना चाहिए—

जटा बांधि बांधि जोगी मूये, इनमैं किनहूं न पाई।
कवि कवीनैं कविता मूये, कापड़ी केदारौ जाई॥

छपना चाहिए, कवीनैं छपा है कवीवै। तुर्रा यह कि पहली पंक्ति के अंतिम चार शब्द जस के तस दूसरी पंक्ति में। प्रूफ़ पढ़ने की कोई परवाह ही नहीं। सं. 2055 (1998 ई.) के संस्करण में जो हाल, लगभग वही सं. 2070 (2013 ई.) के संस्करण में; बल्कि कुछ पाठ जो 1998 के संस्करण में ठीक हैं, 2013 के संस्करण में बिगड़ गए हैं।

श्यामसुन्दर दास जी के ऐतिहासिक श्रम की ऐसी अवमानना; कबीर जैसे महत्त्वपूर्ण कवि की रचनाओं के प्रकाशन में लगभग एक सदी से चली आ रही ऐसी असंवेदनशीलता अक्षम्य है। वैसे, सभा द्वारा प्रकाशित पाठ के मनोरंजक पहलू भी हैं; जैसे—गादह का आदम हो जाना—"पहरि चोलनां आदम नाचे" (राग गौड़ी, पद 12) इंद्र का ईद (राग भैरूं, पद 12)—"अंजन, ब्रह्मा, शंकर, ईद" और ज्ञान का श्वान में बदल जाना—"स्वाँन बिबर्जित ध्यान बिबर्जित" (राग आसावरी, पद 19); कबीर के सुझाव "मिलि रहिये जगनाथ सूं" का "जमनाथ" से मिलने के सुझाव में बदल जाना (राग कैदारौ, पद 3); साखी भाग में साध कौ अंग का साथ कौ अंग हो जाना। ये सभी उदाहरण 2013 ई. संस्करण से हैं।

ऐसे प्रमादों ने पाठ को इतना भ्रष्ट किया है कि सैकड़ों बार पाठ-परिमार्जन करना पड़ा।

डॉ. रामकुमार वर्मा ने, 'ग्रंथावली' के प्रकाशन के पन्द्रह बरस बाद, 1943 में आदिग्रंथ में उपलब्ध कबीर-काव्य का स्वतंत्र संकलन 'संत कबीर' शीर्षक से प्रकाशित किया। इसका पाठ ग्रंथावली में दिए गए पाठ से बेहतर है। पाठ की प्रामाणिकता बनाए रखने के लिए डॉ. वर्मा ने विभिन्न शब्दों की इस समय प्रचलित वर्तनी या लेखन-प्रथा अपनाने के बजाय आदिग्रंथ में बरती गई वर्तनियों और लेखन-प्रथाओं को ही जस का तस रखा। उदाहरण के लिए, अैसा, जपीअै, काइआ या नउतनु। ग्रंथावली के परिशिष्ट में पद अकारादिक क्रम से रखे गए हैं, जबकि 'संत कबीर' में उन्हें आदिग्रंथ के राग-विभाजन के अनुसार ही रखा गया है। चूँकि मेरा लक्ष्य दास जी द्वारा सम्पादित ग्रंथावली का ही परिमार्जित पाठ प्रस्तुत करना है, इसलिए मैंने परिशिष्ट के पदों को अकारादिक क्रम में ही रखा है; साथ ही, हर पद के लिए आदिग्रंथ में निर्देशित राग कोष्ठक में सूचित कर दिया है।

'ग्रंथावली' के परिशिष्ट में 222 पद और 192 साखियाँ ही हैं, जबकि 'संत कबीर' में डॉ. वर्मा ने 228 पद और 243 साखियाँ संकलित की हैं। इस तरह, 'संत कबीर' में छह पद और इक्यावन साखियाँ अतिरिक्त हैं, लेकिन इन अतिरिक्त साखियों में से अधिकांश ग्रंथावली के मूल अंश में मौजूद हैं। डॉ. वर्मा के संकलन में साखी क्रमांक 220 स्पष्टत: नानक की है, और 241 नामदेव की। इनमें से नामदेव की साखी तो ग्रंथावली के परिशिष्ट में भी क्रमांक 183 पर आ गई है। पदों में भी परिशिष्ट का पद 213 (सो मुलां जो...) मूल अंश के राग भैरूं का पद 6 है, बस मूल अंश में संकलित पद की टेक अलग है, "है हजूरि क्या दूरि बतावै। दुंदर बांधै सुन्दर पावै।"

1961 में डॉ. पारसनाथ तिवारी ने अपने शोध-प्रबन्ध के तौर पर ग्रंथावली का एक संस्करण तैयार किया। दास जी द्वारा सम्पादित ग्रंथावली की तुलना में इसमें बहुत कम रचनाएँ हैं। लेकिन डॉ. तिवारी के शोध-निर्देशक डॉ. माताप्रसाद गुप्त को ही इसका पाठ असंतोषजनक लगने लगा और उन्होंने 1969 में ग्रंथावली का एक और संस्करण (यहाँ प्रयुक्त संस्करण 2019, लोकभारती प्रकाशन) प्रकाशित किया। गुप्त जी का संस्करण शुद्ध रूप से राजस्थानी परम्परा के पाठ पर आधारित है; आदिग्रंथ में संकलित रचनाएँ इसमें शामिल नहीं की गई हैं।

इस संस्करण में पाठ सभा संस्करण की तुलना में बेहतर है, किन्तु समस्या-मुक्त नहीं। ऊपर राग गौड़ी के जिस दसवें पद का ज़िक्र है, उसका पाठ यहाँ सही है—सुद्र और भ्वैं (अन्य स्रोतों में भुईं—भूमि), अर्थ स्पष्ट हो जाता है—मदिरा पी शूद्र ने है, नशे में ब्राह्मण है—भूमि में खूँटा गाड़े जाने के उलट खूँटे में भूमि गाड़ दी गई है। बाक़ी दोनों पदों (22, 57) के पाठ भी ठीक हैं। लेकिन, डॉ. गुप्त ने

भी राग गौड़ी के पद 75 में सभा संस्करण की ही तरह मरद या मृद न को मरदन पढ़ कर अत्यन्त भ्रामक अर्थ किया है, 'जिस स्तन का मनुष्य पान करता है, उसी का मर्दन करने लगता है'। (पृ. 189)

रज्जब तथा गोपालदास की सर्वंगियों और विनांद कैल्वर्त द्वारा प्रस्तुत पांडुलिपियों के पाठों में से किसी में भी यह पाठ नहीं है। शब्द असल में है मर्द या मृद, जिसका आशय है मृत्यु। आगे-पीछे देखने से स्पष्ट हो जाता है कि कहा यह जा रहा है कि जिसका जन्म हुआ, उसका विनाश भी होना ही है, इसमें दुख क्या करना? लोग जन्म लेते हैं, मुक्ति के प्रयत्न करने के बजाय अपने कर्मों के कारण अपना पुनरागमन स्वयं रचते हैं, लेकिन जो राम-रस पी लेते हैं, उन्हें मृत्यु लगती नहीं है, वे आवागमन से मुक्त हो जाते हैं—

और मरत का रोइए, जो आपां थिर न रहाइ।
जो उपज्या सो बिनसिहै, ताथैं दुख करि मरै बलाइ॥
जहां उपज्या तहाँ फिरि रच्या रे, पीवत मरद न लाग।
कहै कबीर चित चेतिया ताथैं राम सुमिरि बैराग॥

ग़लत ढंग से पढ़े जाने का स्वाभाविक परिणाम है ग़लत व्याख्या—आवागमन से मुक्ति के स्थान पर स्तन-पान और कुच-मर्दन!

कबीर का व्यवस्थित अध्ययन शुरू करते ही 'ग्रंथावली' के पाठ की समस्याओं से मुझे जूझना पड़ा था। खीझ होती रही कि इस पाठ का संशोधन या परिमार्जन करने की ओर किसी अध्येता ने ध्यान क्यों नहीं दिया। लेकिन, किसी तरह काम चलाया—सहज बोध के सहारे या आगे चलकर प्रकाशित या अप्रकाशित पांडुलिपियों से तुलना करके। पिछले कुछ बरसों में यह समस्या मेरी व्यक्तिगत समस्या तो नहीं रही, लेकिन यथासम्भव प्रामाणिक, बोधगम्य पाठ तक पहुँचने के लिए विविध कबीर-संकलनों की तुलना और पांडुलिपियों से उनका मिलान, ज़ाहिर है कि हर छात्र और पाठक के लिए सम्भव नहीं। सो, खीझ तो बनी ही रही, जिसे सुनते हुए मेरी संगिनी सुमन केशरी ने दो-एक बार अपने स्वभाव के अनुसार दो टूक कह भी दिया, "ख़ुद क्यों नहीं करते, यह ज़रूरी काम?"

कोई तीन बरस पहले, इसी खीझ को सुनते हुए राजकमल प्रकाशन के श्री अशोक महेश्वरी ने भी यही बात कही, "आप स्वयं कीजिए ग्रंथावली के पाठ का परिमार्जन और ज़रूरी संशोधन..."

और भी काम लगे ही रहते हैं, लगे ही हुए हैं, लेकिन अब यह अहसास भी गहरा और तीखा हुआ है कि जब वक़्त कम बचा हो तो प्राथमिकताएँ स्पष्ट होनी चाहिए—यह काम अब और नहीं टाला जा सकता। कब तक इस बात पर बस

खीझता रहूँगा? कब तक छात्र और अन्य पाठक ग़लतियों से भरपूर संस्करण से काम चलाते रहेंगे?

तो, आखिरकार, बावजूद बाक़ी सारी व्यस्तताओं के, मैं इस काम में लग ही गया। जैसा कि मैंने ऊपर कहा, यथासम्भव प्रामाणिक, बोधगम्य पाठ तक पहुँचने के लिए विविध कबीर-संकलनों की तुलना और पांडुलिपियों से उनका मिलान हर छात्र या पाठक के लिए सम्भव नहीं। यह परिमार्जित संस्करण ऐसे ही छात्रों और पाठकों को ध्यान में रखकर तैयार किया गया है। नतीजा कैसा रहा, आप तय करेंगे।

ग्रंथावली के प्रकाशन के बाद पांडुलिपियों की खोज और विश्लेषण का काम और आगे बढ़ा है। फ़तेहपुर (राजस्थान) में 1582 में रामदास रत्न द्वारा तैयार किए गए संकलन *पद सूरदास जी का* की गोपाल नारायण बहुरा और केनेथ ब्रायंट द्वारा सम्पादित पांडुलिपि की फोटोप्रति (महाराजा सवाई मानसिंह म्यूज़ियम, सिटी पैलेस, जयपुर, 1984) अध्येताओं के सामने आई है। सर्वंगियाँ तथा अन्य पांडुलिपियाँ प्रकाशित हुई हैं। विनांद कैल्वर्त ने कबीर की छह सौवीं जयन्ती के अवसर पर अनेक पांडुलिपियों में उपलब्ध कबीर-पाठ का तुलनात्मक अध्ययन 'मिलेनियम कबीर-वाणी' (मनोहर, नई दिल्ली, 2000) शीर्षक से प्रकाशित किया है।

जो पुस्तक इस वक़्त आपके हाथों में है, वह ऊपर उल्लिखित स्रोतों के आधार पर, 'कबीर-ग्रंथावली' के पाठ का परिमार्जित, संशोधित रूप है। आदिग्रंथ में उपलब्ध रचनाओं के पाठ के लिए यहाँ विनांद कैल्वर्त द्वारा सुसम्पादित 'श्री गुरुग्रंथ साहब' में उपलब्ध पाठ को प्रमाण माना गया है। फ़तेहपुर पांडुलिपि के ऐतिहासिक महत्त्व के कारण उसमें प्राप्त पन्द्रह कबीर-पद भी यहाँ संकलित कर दिए गए हैं।

मौखिक परम्परा में प्राप्त 'झीनी झीनी बीनी चदरिया', 'मो को कहाँ ढूँढे रे बंदे' तथा 'रहना नहीं देस बिराना है' जैसे अत्यन्त विख्यात पद ग्रंथावली में संकलित नहीं हैं। ये अभी तक सोलहवीं, सत्रहवीं सदी की किसी पांडुलिपि में भी नहीं मिले हैं, लेकिन इन्हें भक्ति के लोकवृत्त में भी और सामान्य जन-जीवन में भी कबीर-कृत ही माना जाता रहा है। ऐसे कुछ पद मैंने 'अकथ कहानी प्रेम की : कबीर की कविता और उनका समय' (राजकमल प्रकाशन, 2009) में संकलित किए हैं। जिज्ञासु पाठक देख सकते हैं। 'भक्ति-लोकवृत्त' का आशय इस भूमिका में आगे चलकर स्पष्ट किया गया है।

कैसे तय करें कि केवल मौखिक परम्परा में ही प्राप्त कबीर-रचनाओं में से कौन सी वास्तव में कबीर की हो सकती है, कौन सी नहीं? इतना तो स्पष्ट है कि लोक-स्मृति में कबीर के नाम से संरक्षित और प्रचलित हर साखी या सबद को कबीर-कृत नहीं माना जा सकता। लेकिन, सोलहवीं या सत्रहवीं सदी के किसी संकलन में उपलब्धता को ही प्रामाणिकता का एकमात्र आधार मान लेने की भी अपनी विकट समस्याएँ हैं जिनकी कुछ चर्चा मैंने 'अकथ कहानी प्रेम की : कबीर की कविता और उनका समय' में की है।

प्रामाणिकता निर्धारण के प्रतिमानों पर विस्तृत विवेचन का यह अवसर नहीं। इतना ही कहना काफ़ी है कि कबीर-कृत कही गई रचनाओं की प्रामाणिकता को विश्वसनीय ढंग से जाँचने की बुनियादी शर्त है—ऐतिहासिक विकास-क्रम, काव्य-संवेदना और भाषिक संरचना तीनों को ध्यान में रखते हुए तर्कसंगत विश्लेषण।

कबीर-पंथ के विकास-क्रम में परवर्ती पंथी गुरुओं की रचनाएँ कबीर की अपनी रचनाओं से गड्ड-मड्ड हो गईं। इसी कारण, श्री श्यामसुन्दर दास को कहना पड़ा कि "इस समय कबीरदास जी के नाम से जितने ग्रंथ प्रचलित हैं, उनका कदाचित् दशमांश भी इन दोनों प्रतियों में नहीं है।"[1] ज़ाहिर है कि मौखिक परम्परा से प्राप्त पदों के बारे में सोचते समय भाषा का प्रश्न केन्द्रीय महत्त्व का हो जाता है। इसीलिए, 'हमन है इश्क़ मस्ताना हमन को होशियारी क्या' शीर्षक ग़ज़ल को कबीर-कृत मानना व्यर्थ है, भले ही इसे आचार्य द्विवेदी ने बेलवेडियर प्रेस द्वारा 1914 में प्रकाशित 'कबीर-सबदावली' से अपनी पुस्तक 'कबीर' में उद्धृत कर दिया हो। इस ग़ज़ल की भाषा ही बता देती है कि यह उन्नीसवीं सदी के आरम्भ या अठारहवीं सदी के अन्त के पहले की रचना नहीं हो सकती। मौखिक परम्परा के प्रति ऐसा मनमाना प्रेम उतना ही विवेकहीन है जितना कि इसे पूरी तरह ख़ारिज करने का दुराग्रह।

कबीर की कविताओं के प्राचीनतम लिखित रूप की खोज तो की जा सकती है, लेकिन किसी एक मानक पाठ का निर्धारण असम्भव है। अब तक *पद सूरदास जी का* (1582) में प्राप्त पन्द्रह पदों और इससे लगभग एक दशक पहले की, आदिग्रंथ संकलन के क्रम में गोयंदवाल नगर के बाबा मोहनदास से प्राप्त की गईं पोथियों में उपलब्ध पाठ को कबीर-काव्य का प्राचीनतम लिखित रूप माना जाता है। ये पोथियाँ विद्वानों के बीच *गोयंदवाल या मोहन पोथियाँ* कहलाती हैं। ये दोनों संकलन मौखिक परम्परा से प्राप्त रूपों को ही लिखित में उतारते हैं।

निधन (1518) के सत्तर बरस के भीतर-भीतर ही कबीर की रचनाएँ इतनी लोकप्रिय और प्रभावी हो चली थीं कि उस समय की शब्दावली में कहें तो, 'मगज़ी' (स्मृति में संरक्षित) को काग़ज़ी (लिखित) रूप देने की ज़रूरत महसूस की जा रही थी। कबीर अपने समय में हाशिए की आवाज़ नहीं, भक्ति के लोकवृत्त में अत्यन्त सम्मानित स्वर थे। कबीर या ऐसे अन्य संतों के सबद और साखी सुनकर या पहले से मौजूद किसी संकलन में देखकर ही अगले संकलन में रखे जाते थे। साखियाँ कम और पद चूँकि अधिक गाये जाते थे, इसलिए संकलनों में प्राप्त पद-रूपों में विविधता भी अधिक है।

स्थानीय प्रभाव के कारण, या लिपिकर्ता के अपने चयन के फलस्वरूप, लगभग हर पद के कई रूप छोटे-मोटे या ख़ासे फ़र्क़ के साथ उपलब्ध हैं। विभिन्न संकलनों में फ़र्क़ रूपों और वर्तनियों के ही नहीं, पूरे शब्दों बल्कि पंक्तियों तक के हैं। कई पदों का पाठ अनेक संकलनों में लगभग एक सा है तो ऐसे पद भी हैं जिनके एक

---

1. कबीर-ग्रंथावली, भूमिका, पृ. 2

पाठ में उपलब्ध कई पंक्तियाँ तक अन्य पाठों में नहीं मिलतीं। पांडुलिपियों के तुलनात्मक अध्ययन से हम बस यही अनुमान लगा सकते हैं कि सोलहवीं-सत्रहवीं सदियों में कबीर छाप के कौन से पद किन-किन रूपों में उपलब्ध थे। वे अपने जीवन की चदरिया तो ज्यों-की-त्यों धर गए, लेकिन उन्होंने काव्य जो रचा वह हमें ज्यों-का-त्यों नहीं, परवर्ती लिपिकारों के माध्यम से ही उपलब्ध हुआ है। हम कबीर के किसी सबद या साखी की भावना और उसमें निहित तर्क तक तो पहुँच सकते हैं, लेकिन उनके मुख से निकले शब्दों को ज्यों-का-त्यों (एग्जैक्टली) पाना हमारे लिए असम्भव है।

उपलब्ध पाठों के बीच तर्कसंगत तुलना के आधार पर ही 'ग्रंथावली' का यह परिमार्जन किया गया है, 'मूल पाठ' ज्यों-का-त्यों खोज लेने के इरादे से नहीं। उस समय की लिपि-प्रथाओं में से कुछ—जैसे ख के लिए ष लिखा जाना—तत्कालीन साहित्य के सभी अध्येताओं की जानकारी में हैं। ऐसी और भी प्रथाएँ थीं। प्रस्तुत संकलन के 'मूल अंश' में 'ष' के स्थान पर 'ख' कर दिया गया है, उन स्थानों को छोड़कर जहाँ 'ष' का प्रयोग 'क्ष' के लिए (जैसे कि अषिर>अक्षर, बिरष> वृक्ष) या 'ष्य' (जैसे कि सिष>शिष्य) के लिए हुआ है। साथ ही परिशिष्ट में संकलित, 'आदिग्रंथ' से लिये गए पदों और साखियों में तत्कालीन लिपि-प्रथाएँ बोधगम्यता को ध्यान में रखते हुए भी यथासम्भव जस की तस रखी गई हैं, ताकि पाठक उस समय की लिपिगत प्रथाओं का भी कुछ बोध प्राप्त कर सके। जपीऔ को जपीऐ ही किया गया है, जपिए नहीं, काइआ को काया करने के बजाय काइआ, सिउ को से या स्यों करने के बजाय, गिआन को ज्ञान, कवन को कौन और पुरखोतम को पुरुषोत्तम करने के बजाय जस का तस ही रखा गया है। इसी लिहाज़ं से, 'मूल अंश' में राम को रांम और नाम को नांम लिखने की प्रथा यथावत रखी गई है।

आप थोड़े धीरज के साथ पढ़ेंगे तो जल्द ही इन प्रथाओं और वर्तनियों से परच जाएँगे; कबीर-काव्य के परिमार्जित पाठ के काव्यानुभव के साथ ही उस दौर की लेखन-शैली का भी कुछ अनुभव कर सकेंगे।

कबीर न तो अपनी रचनाओं का स्वलिखित रूप छोड़ गए हैं, न राग-रागिनी सम्बन्धी कोई निर्देश। उनके पदों का राग आधारित वर्गीकरण संकलनकर्ताओं ने किया है। कोई पद किसी परम्परा में जिस राग में है, दूसरी परम्परा में भी वह उसी राग में रखा गया हो, ऐसा नहीं है। राग वर्गीकरण ही एकमात्र वर्गीकरण भी नहीं है। दादू के प्रिय शिष्य रज्जब की सर्वंगी में कबीर तथा अन्य संतों की रचनाएँ विषय के आधार पर अंगों में वर्गीकृत की गई हैं, रागों का संकेत ज़रूर कर दिया गया है। यही स्थिति रज्जब के कुछ ही समय बाद के गोपालदास की सर्वंगी में भी है। कबीर ने स्वयं न राग आधारित वर्गीकरण किया था, न विषयानुसार, यह एकदम स्पष्ट है—इस विषय में कोई बिगूचन नहीं पालना चाहिए।

'सर्वंगी' संकलनों में मुख्यत: निर्गुणपंथी संतों की रचनाएँ संकलित की जाती थीं। रज्जब की सर्वंगी का रचनाकाल सम्भवत: 1603-1613 के बीच और गोपालदास की सर्वंगी का 1627 है।

पिछले पैंतालीस बरसों से कबीर से मेरा रिश्ता बना रहा है। कबीर सम्बन्धी अपने सोच और शोध की पहली रिपोर्ट 'विचार का अनंत' (राजकमल प्रकाशन, 2000) में पाठकों के सामने रखी थी, विस्तृत रिपोर्ट 'अकथ कहानी प्रेम की : कबीर की कविता और उनका समय' (राजकमल प्रकाशन, 2009) के रूप में आई थी। बारह बरस बाद अंग्रेज़ी में प्रकाशित 'कबीर, कबीर : दि लाइफ़ ऐंड वर्क ऑफ़ दि अर्ली मॉडर्न पोयट-फिलासफर'; (वेस्टलैंड, 2021) में 'अकथ...' के बाद की खोज और सोच पाठकों के सामने आई। अब कुछ और बातें समाहित करता हुआ, 'कबीर, कबीर...' का दूसरा, परिवर्धित संस्करण शीघ्र प्रकाश्य है। इस भूमिका को आप पैंतालीस साल से चले आ रहे रिश्ते के ताज़ा बयान के रूप में ही देखें।

श्री श्यामसुन्दर दास द्वारा लिखी गई भूमिका और प्रस्तावना के ऐतिहासिक महत्त्व को देखते हुए उन्हें भी यहाँ शामिल किया गया है। इस प्रकार, प्रस्तुत पुस्तक को 1928 में प्रकाशित 'कबीर-ग्रंथावली' का परिमार्जित, बेहतर रूप बनाने का प्रयत्न किया गया है। आशा है कि पुस्तक छात्रों और सामान्य पाठकों के साथ ही विशेषज्ञों के लिए भी उपयोगी सिद्ध होगी, और मेरा श्रम सार्थक होगा।

2. ग्रंथावली ही क्यों?

कबीर-पंथियों के बीच 'बीजक' की मान्यता है, जबकि अकादमिक जगत में कबीर के अध्ययन के लिए 'ग्रंथावली' को अधिक प्रामाणिक माना जाता है। ऐसा क्यों?

'ग्रंथावली' नाम श्री श्यामसुन्दर दास ने ही दिया था; पाठ-निर्धारण उन्होंने काशी नागरी प्रचारिणी सभा में सुरक्षित जिन दो पांडुलिपियों के आधार पर किया, उनमें से एक को लिपिबद्ध करने का वर्ष संवत 1561 विक्रमी (यानी 1504 ई.) दर्ज किया गया है। दास जी ने इसे 'क' प्रति नाम दिया। कबीर का निधन-वर्ष 1518 ई. माना जाता है, यानी यह पांडुलिपि उनके अपने जीवन-काल में ही तैयार की गई थी। ऐसी स्थिति में श्यामसुन्दर दास जी की प्रसन्नता और उत्तेजना स्वाभाविक ही थी। दूसरी पांडुलिपि संवत 1881 (1824 ई.) की थी। दास जी ने इसे 'ख' नाम देते हुए नोट किया कि इसमें पहली पांडुलिपि ('क') "की अपेक्षा केवल 131 दोहे और 5 पद अधिक हैं।"[1]

1. कबीर-ग्रंथावली, नागरी प्रचारिणी सभा, वाराणसी, संस्करण 2070, वि. भूमिका, पृ. 2

"संवत 1561 (सन् 1504) की" पांडुलिपि ('क') के आरम्भिक शब्द हैं, "अथ कबीर जी की वाणी लिखतं", और अन्त में सूचना है कि पुस्तक मलूकदास के पठनार्थ खेमचन्द ने तैयार की है।

लेकिन इस पांडुलिपि की प्राचीनता जल्द ही सन्देह के घेरे में आ गई। आचार्य हजारीप्रसाद द्विवेदी, डॉ. रामकुमार वर्मा, डॉ. केदारनाथ द्विवेदी, अन्य अनेक अध्येताओं को भी यह सन्देहास्पद लगा कि पांडुलिपि की पुष्पिका (अन्त में दी जानेवाली सूचना) में 'सम्पूरण समाप्त' दो बार और अलग-अलग वर्तनी के साथ लिखा गया है, पहली बार 'सम्पूरण' और दूसरी बार 'सम्पूर्ण'। अंतिम जिस डेढ़ पंक्ति की स्याही और हस्तलिपि में बाकी पांडुलिपि से फ़र्क़ है, सम्पूरण के स्थान पर सम्पूर्ण उसी डेढ़ पंक्ति में लिखा गया है। आ. हजारीप्रसाद द्विवेदी के अनुसार, "पहली बार का 'सम्पूरण' और दूसरी बार का 'सम्पूर्ण' काफी संकेतपूर्ण हैं। एक ही शब्द के दो हिज्जे और आकार-प्रकार में अन्तर स्पष्ट ही बता रहे हैं कि ये एक हाथ के लिखे नहीं हैं। ऐसा जान पड़ता है कि अंतिम डेढ़ पंक्ति किसी बुद्धिमान की कृति है।"[1] डॉ. वर्मा ने इस तरह के कुछ और अन्तर भी रेखांकित किए।[2]

मानकीकरण और छापे की संस्कृति के बावजूद, हिन्दी में कई शब्दों के हिज्जे अलग-अलग तरह से आज तक लिखे जाते हैं। प्रकाशक अपनी स्टाइल-शीट के हिसाब से एकरूपता भले ले आए, लेकिन हस्तलेख में एक ही व्यक्ति कभी 'इसलिए' लिख देता है, तो कभी 'इसलिये'; 'सम्पूर्ण' भी लिखा जाता है और 'संपूर्ण' भी, विलम्ब भी लिखा जाता है, विलंब भी। उस समय तो यह बहुत सामान्य बात थी कि एक ही व्यक्ति द्वारा तैयार की गई पुस्तक में हिज्जे अलग-अलग तरह से लिखे जाएँ। 'पद सूरदासजी का' के लिपिकार रामदास रत्न बहुत सावधानी से सूरदास और अन्य भक्तों के पद संकलित कर रहे थे, इतनी सावधानी से कि वे अपनी पांडुलिपि के सम्पन्न होने की तिथि, वार ही नहीं, घड़ी तक नोट करते हैं। लेकिन हिज्जे और मात्राएँ उनके यहाँ भी एकरूप नहीं हैं। कहीं ई की मात्रा स्पष्ट रूप से पढ़ी जा सकती है तो कहीं शिरोरेखा में छिप गई है। एक ही पंक्ति में एक ही शब्द के दो तरह के हिज्जे भी मिलते हैं : 'ना **मनु** रहै, न **घरु** होइ मेरा इनि **मन घर** जारै बहुतेरा।' पांडुलिपि में घर शब्द की वर्तनी ही नहीं घ अक्षर की बनावट भी दोनों बार अलग-अलग है। आदिग्रंथ में भी कई जगहों पर यही स्थिति है।

ताज्जुब है कि आ. द्विवेदी और डॉ. वर्मा ने इतने सन्दिग्ध आधार पर ही दास जी की पहली पांडुलिपि की प्राचीनता सन्दिग्ध मान ली। रही बात अंतिम डेढ़ पंक्ति के किसी बुद्धिमान की कृति होने की, सम्भवत: उस बेचारे 'बुद्धिमान' ने

1. 'कबीर', (हजारीप्रसाद द्विवेदी ग्रंथावली, खंड चार), राजकमल प्रकाशन, नई दिल्ली, 1981, पृ. 214
2. 'संत कबीर, साहित्य भवन, इलाहाबाद, 1943, पृ. 17

कबीर-वाणी की इस पांडुलिपि की नकल अपने लिए या किसी और के लिए की, पांडुलिपि तैयार की जाने की मूल तिथि एक बार फिर से दोहरा दी। अंतिम डेढ़ पंक्ति में हिज्जे के फर्क के आधार पर ही इसकी प्राचीनता नकार देने को बुद्धिमत्ता नहीं कहा जा सकता।

द्विवेदी जी की पुस्तक 'कबीर' के प्रकाशन के छह वर्ष बाद, 1948 में पं. चन्द्रबली पांडे ने 'हिन्दी कवि-चर्चा' में पांडुलिपि में लिखावट के अन्तर को स्वीकार किया, साथ ही पूरी पुष्पिका उद्धृत करते हुए—"षेमचन्द पठनाथ मलुकदास बाचिविचा जांसू श्री रामरामछ"—इस अंश पर ध्यान देते हुए निष्कर्ष निकाला—

> हमारी दृष्टि में इसका अर्थ यह है कि 'बनारस में षेमचन्द ने स्वत: 1561 में मलूकदास के लिए इसको लिखा। और इस दृष्टि से लिखा कि मलूकदास उसको बाँचेंगे जिससे कि श्री राम राम का प्रचार होगा।'...इस मसिजीवी षेमचन्द ने जीविका की दृष्टि से इसे नहीं लिखा था। उसका लक्ष्य तो राम राम का प्रचार था और यह प्रचार बाबा 'मलूकदास बचवैया' के द्वारा हो सकता था। इसी से उसने अपने इस श्रम को उनको समर्पित कर दिया और इसमें अपनी सिद्धि समझी। प्रतीत होता है कि पुष्पिका के अभाव अथवा स्थिति को स्पष्ट करने के विचार से मलुकदास अथवा अन्य किसी व्यक्ति ने यह पुष्पिका लिख दी और इस खंड के द्वारा वस्तुस्थिति की ओर उचित निर्देश भी कर दिया।...यह पुष्पिका संवत 1561 में लिखी गई और वास्तव में इसमें कोई जाल नहीं है।[1]

आ. द्विवेदी के अनुसार यह पांडुलिपि, "परवर्ती काल की लिखी हुई है। सम्भवत: इसका लेखन-काल अठारहवीं शताब्दी का आदि या मध्य भाग है।" लेकिन, अठारहवीं शताब्दी के पक्ष में कोई प्रमाण वे नहीं देते। दूसरी ओर, ग्रंथावली के प्रति विकट सन्देह के साथ बीसवीं सदी के अन्त में कबीर-वाणी का पाठ निर्धारित करने निकले विनांद कैल्वर्त के अनुसार यह पांडुलिपि 1504 ई. की चाहे न हो, इसका समय बहुत आगे खींचना भी ठीक नहीं; यह "1620 ई. के आसपास की हो सकती है।"[2]

श्यामसुन्दर दास की 'पहली' पांडुलिपि की प्राचीनता पर सन्देह करते हुए उसे 'परवर्ती काल की' बतानेवाले किसी भी अध्येता ने चन्द्रबली पांडे द्वारा इसकी प्राचीनता के पक्ष में दिए गए तर्कों पर विचार करने की ज़रूरत ही नहीं समझी। विनांद कैल्वर्त ने भी अपने स्वतंत्र आकलन के आधार पर ही इस पांडुलिपि को 1620 के आसपास की माना है, पांडे जी के तर्क से वे अवगत नहीं हैं।

---

1. हिन्दी कवि चर्चा, सरस्वती मन्दिर, काशी, 1948, पृ. 72-73
2. विनांद कैल्वर्त, (सहयोग स्वप्ना शर्मा, दायतेर ताइलिय), 'दि मिलेनियम कबीर वाणी : ए कलेक्शन ऑफ़ पदाज' मनोहर, नई दिल्ली, 2000, पृ. 24

डॉ. पारसनाथ तिवारी द्वारा निर्धारित पाठ से असंतुष्ट उनके शोध-निर्देशक डॉ. माताप्रसाद गुप्त ने ग्रंथावली का एक और संस्करण तैयार किया। उन्होंने जिस पांडुलिपि को आधार बनाया, वह दादूपंथी प्रेमदास उतराधा ने 1762 विक्रमी (1705 ई.) में तैयार की थी, लेकिन वह थी उनके दादागुरु बनवारीदास उतराधा द्वारा तैयार की गई कबीर-बाणी की प्रतिलिपि। पाठ दास जी की ग्रंथावली सरीखा ही है। बस 19 पद ऐसे हैं जो दास जी की ग्रंथावली में तो हैं, लेकिन इस पांडुलिपि में नहीं। डॉ. गुप्त ने इन्हें फुटनोट में रखा है। डॉ. गुप्त का अनुमान है कि जिस पोथी की यह नकल है, वह पोथी बनवारीदास जी ने 1568-1573 ई. (संवत 1625-30 वि.) के बीच तैयार की हो सकती है।[1]

दास जी की पहली पांडुलिपि (1504 ई. या विनांद कैल्वर्त के अनुसार, 1620 ई.) और डॉ. गुप्त द्वारा आधार मानी गई, बनवारीदास उतराधा की पांडुलिपि के बीच समानता के साथ ही ध्यान देने की बात यह भी है कि इसमें प्राप्त कबीर-वाणी का पाठ दादूपंथी संकलनकर्ताओं—रज्जबदास और गोपालदास—द्वारा संकलित 'सर्वंगियों' में उपलब्ध पाठ से काफ़ी मिलता-जुलता है। स्पष्ट है कि ग्रंथावली में प्राप्त कबीर-वाणी का पाठ 1504 का भले न हो, सोलहवीं-सत्रहवीं सदी में उपलब्ध पाठों के अनुकूल तो है ही।

विनांद कैल्वर्त आरम्भिक आधुनिक कालीन पांडुलिपियों के सम्पादन, अनुवाद के लिए विख्यात हैं, उन्हें अनेक महत्त्वपूर्ण रचनाओं को हमारे सामने लाने का श्रेय प्राप्त है। छह सौवीं कबीर-जयन्ती के अवसर पर, सन् 2000 में उन्होंने कबीर-वाणी का 'सहस्राब्दी पाठ'—'मिलेनियम कबीर वाणी' प्रस्तुत किया। इसमें 1570 से लेकर 1681 तक की दस पांडुलिपियों का तुलनात्मक अध्ययन करके कुल 593 पद पाठान्तरों सहित संकलित किए गए हैं। इन पांडुलिपियों में गोयंदवाल नगर से प्राप्त *मोहन-पोथियों* से लेकर विभिन्न पंचबानियाँ (दादूपंथी साधुओं द्वारा संकलित किए गए वे ग्रंथ जिनमें पाँच संतों की बानियाँ होती थीं, जिनमें दादू के साथ कबीर अनिवार्य रूप से शामिल होते थे), सर्वंगियाँ और आदिग्रंथ शामिल हैं।

कैल्वर्त को 'ग्रंथावली' समेत अब तक तैयार किए गए सभी संकलन लापरवाही के ही नहीं, कबीर को वैष्णव बनाने और उन्हें 'ब्राह्मणवाद में एप्रोप्रिएट' करने की साज़िश के शिकार लगते हैं। इस प्रसंग में, रोष का इज़हार करते हुए, वे कबीर-संकलन तैयार करने में 'सख़्ती' बरतने की सलाह देते हैं—

> इतनी पांडुलिपि सामग्री उपलब्ध हो जाने के बाद, अब हम [कबीर-वाणी के] प्रचलित संस्करणों पर निर्भर नहीं रह सकते। अपनी पुस्तक के 1974 वाले

---

1. डॉ. माता प्रसाद गुप्त, 'कबीर-ग्रंथावली', लोकभारती प्रकाशन, इलाहाबाद, 2019, भूमिका, पृ. 30-31

> संस्करण की तुलना में, 1993 में साखियों की संख्या घटाकर वादिवेल ने बहुत बुद्धिमत्ता का परिचय दिया। लेकिन मेरा तो कहना है कि अभी हमें और सख्ती बरतनी पड़ेगी। सभी प्राचीन पांडुलिपियों का उपयोग करते हुए, और उनमें उपलब्ध मौखिक पाठान्तरों के बारे में उपकल्पनाओं [जिनका वर्णन विनांद कर चुके हैं] का उपयोग करते हुए कबीर की रचनाओं का नया आलोचनात्मक संस्करण तैयार किया जाना चाहिए।[1]

(फ्रांसीसी विदुषी शारलोत वादिवेल ने कबीर सम्बन्धी अपना शोध 1974 और 1993 में प्रकाशित किया था।)

'लापरवाही' के शिकार संकलनों के प्रति सख़्ती बरतते हुए 'ऐतिहासिक' कबीर की 'प्रामाणिक' वाणी का उद्धार करना तो आवश्यक है, और इसका 'एकमात्र रास्ता' विनांद कैल्वर्त के अनुसार यही है कि "उन पदों पर निगाह डाली जाए, जो 1550 के आसपास लोकप्रिय थे, और जिनके बारे में काफी सम्भावना है कि कबीर ने सचमुच उनकी रचना की हो।"[2]

1550 की कोई पांडुलिपि तो कैल्वर्त को मिली नहीं, लेकिन उनका यह मानना बिलकुल सही है कि कबीर के निधन (1518) के साठ-सत्तर साल बाद की पांडुलिपियों में संकलित पद कबीर के दो-तीन पीढ़ी बाद लोकप्रिय हो चुके पाठों की सूचना देते हैं। यह भी सही है कि उन पदों को अधिक प्रामाणिक माना जाए, जो एक से अधिक क्षेत्रों में प्राप्त संकलनों में उपलब्ध हैं। राजस्थानी परम्परा और 'आदिग्रंथ' के राग-विभाजन पर ध्यान देते हुए कैल्वर्त को 'प्रलोभन' होता है कि कहें—"कोई पद यदि इन दोनों स्रोतों में एक ही राग में रखा गया है, तो उसके एक बहुत ही आरम्भिक मूल स्रोत से निकला होने की सम्भावना बहुत बढ़ जाती है, क्या वह स्रोत स्वयं कबीर हो सकते हैं?"[3]

कैल्वर्त ने 'नये आलोचनात्मक संस्करण' के केन्द्र में उन पदों को रखने का फ़ैसला किया जो '1550 के आसपास लोकप्रिय' होने की कसौटी पर खरे उतरें; चुनीं, बिहार पंजाब और राजस्थान से प्राप्त दस पांडुलिपियाँ। इनमें सोलहवीं सदी के उत्तरार्द्ध की *गोयंदवाल पोथियों* से लेकर 1681 तक की पांडुलिपियाँ हैं। दस पोथियाँ चुन लेने के बाद विनांद ने उन पदों को तीन स्टार देने का फैसला किया, जो 'आदिग्रंथ' और / या *मोहनपोथी* में, कम-से-कम एक पंचवाणी पांडुलिपि में, कम-से-कम एक सर्वंगी में और 1660 / 1669 तथा 1681 की पांडुलिपियों में पाए जाते हैं। ऐसे पद विनांद के अनुसार बहुत आरम्भिक 'कबीर-कोर' के सूचक और इसलिए बहुत 'प्रामाणिक' हैं। इसके बाद दो और एक स्टार सम्पन्न और

1. दि मिलेनियम कबीर वाणी, पृ. 111
2. वही, पृ. 3
3. वही, पृ. 104

सर्वथा स्टार वंचित पद आते हैं। प्रामाणिकता का पदानुक्रम बन जाता है—श्री स्टार से लेकर स्टारलेस तक।[1] दस पांडुलिपियों से संकलित किए गए 593 पदों में से, इस तरह से 'कबीर-कोर' कहे जा सकनेवाले कुल पद हैं—अड़तालीस।

रोचक बात यह कि आक्रामक ब्राह्मणवाद-विरोधी भंगिमा इन अड़तालीस पदों में न के बराबर है। आक्रामक चुनौती का स्वर क़ाज़ी के प्रति है। कबीर सीधे-सीधे कह रहे हैं, 'किताब छोड़, राम कह'। कबीर द्वारा भक्ति की राह अपना लेने पर क्रुद्ध क़ाज़ी झख मारता रहे, कबीर को परवाह नहीं—

जौ र षुदाइ तुरक मोंहि करता। तौ आपे किन कटि जाई॥
हूं तौ तुरक किया करि सूंनति। औरत कूं क्या कहिये॥
अरध सरीरी नारि न छूटै। आधा हीन्दू रहिये॥
छाडि कतेव रांम कहि क़ाज़ी। षूंन करत है भारी॥
पकड़ी टेक कबीर भक्ति की। क़ाज़ी रहे झषमारी॥

केवल प्राचीन पांडुलिपियों को ही प्रमाण मानते हुए पाठ-निर्धारण में 'काफी सख्ती' बरतते हुए, और इस सख्ती के बाद प्राप्त कबीर को ही आधार मानने के कैल्वर्तीय निर्देश पर अमल करते हुए पूछा जा सकता है कि विनांद कैल्वर्त द्वारा निर्धारित 'कबीर-कोर' में ऐसा क्या है कि काशी के ब्राह्मण मुल्लाओं के साथ मिलकर 'माई-बाप' सिकंदर के दरबार में जा पहुँचे कि इस जुलाहे को 'ठीक' कीजिए। क़ाज़ी-मुल्ला की तो बात समझ में आती है, कैल्वर्त के 'सख्ती से निर्धारित' श्री-स्टार कबीर-पाठ में ब्राह्मणों को तिलमिला देनेवाली तो कोई बात ही नहीं है।

कबीर-बानी का पाठ—'पद सूरदास जी का' में भी मिलता है। यह मुख्यत: सूरदास के पदों का संकलन है। यह पोथी रामदास रत्न ने फतेहपुर (राजस्थान) में, सं. 1639 वि. (सन् 1582 ई.) में कुँवर छीतरजी के पढ़ने के लिए तैयार की थी। अध्येताओं के बीच 'फतेहपुर पांडुलिपि' नाम से विख्यात इस संकलन में सूरदास और कंबीर के सिवा नामदेव, रैदास, कान्हांदास, परमानन्द दास, मधुकर साह और कील्ह दास आदि की रचनाएँ संकलित हैं। रामदास रत्न सूचित करते हैं उन्होंने इसे 'पातिसाहश्रीअकबर' के राज्य-काल में तैयार किया। समय के अन्य लिपिकारों के विपरीत, रत्न लिपिकाल का समय वार, तिथि बल्कि घटी (1639, ज्येष्ठ शुक्ल द्वादशी, रविवार, 9 घटी) तक के साथ नोट भी करते हैं—

संब्बत 1639 बर्षेज्येष्ठमासेशुक्लपक्षेद्वादस्यायांतिथौरविबासरेघटी 9 विसाषानक्षत्रेपातिसाहश्रीअकबरराज्येफंतेपुरमध्येपोथीलिषी॥ राजश्रीनरहरिदासतस्यपुत्रकु श्रीछीतरजीपठनार्थ॥॥ शुभमभवतु॥ लेखकपाठकयोश्चुत्तममस्तु॥ ॥लिषतंरामदासरतन॥ ॥छ॥॥॥॥॥॥॥॥छ॥

1. जिज्ञासु पाठक इन पदों की सूची 'अकथ कहानी प्रेम की...' के पृ. 209-211 पर देख सकते हैं।

यहाँ संकलित कबीर-पदों की पहली पंक्तियाँ इस प्रकार हैं—1. सरवर तट हंसिनी तिसाई, 2. कारनि कौन सँवारे देही, 3. राजा राम ए भनि चितावनी, 4. रामबान अनियारे तीर, 5. दुभर पनीआ भरन न जाइ, 6. अमर मेरी काया नरु जानै, 7. स्वाद पतंग परै जलि जाई, 8. जिहि नर रामभगति नहि साधी, 9. जलि जाउ ऐसौ जीवना, 10. मेरी मति बौरी राम बिसारयौ, 11. तूं गारुडी मैं विष का माता, 12. अब मरिगौ तब जाइगौ कहाँ, 13. रवि रह्यौ एक अवर नहीं हुआ, 14. ना मनु रहै न घरु होइ मेरा, 15. कहा करौ कैसे तरौ।

इन पन्द्रह में तीन ('अब मरिबौ तब जाइगौ कहाँ', 'रवि रह्यौ एक अवर नहीं हुआ', और 'ना मनु रहै न घरु होइ मेरा') को छोड़ बाकी बारह पद, हल्के से पाठान्तर के साथ, 'ग्रंथावली' में उपलब्ध हैं, जबकि 'बीजक' में केवल एक पद—'कारनि कौन सवारे देही' मिलता है। इन पदों में से किसी में भी हम 'काशी के जुलाहे' कबीर से नहीं मिलते। इन पदों का प्रतिपाद्य प्रेम ही है। इसी प्रसंग में बाह्याचार-व्यर्थता की चर्चा है। योग-साधना का उल्लेख है। 'सामाजिक आलोचना' इन पदों में भी न के बराबर ही मिलती है।

तो, क्या कबीर काशी के जुलाहे नहीं थे? क्या उन्होंने सामाजिक आलोचना नहीं की थी? लेकिन कबीर के निधन (1518) के पचास साल के भीतर-भीतर उनके गुण गानेवाले हरिराम 'व्यास' और 1590 के आसपास 'कबीर-परचई' की रचना करनेवाले अनंतदास तो कबीर की कुछ और ही छवि पेश करते हैं—और ये दोनों ही, वैष्णव होने के कारण कुछ विद्वानों को 'सन्दिग्ध' स्रोत लगते हैं।

किसी भी पांडुलिपि पर विचार करते समय, उसे तैयार करनेवाले के चुनाव-आधार पर भी विचार करना चाहिए। ग्रंथावली या किसी भी अन्य संकलन के प्रसंग में आधारभूत पांडुलिपियों की प्राचीनता निस्सन्देह बेहद महत्त्वपूर्ण है, लेकिन काग़ज़ी (लिखित) और मग़जी (स्मृति में सुरक्षित) के परस्पर सम्बन्ध का ध्यान रखते हुए ही। रामदास रत्न के संकलन में सामाजिक आलोचना या कबीर के काशी के जुलाहे होने का संकेत नहीं मिलता—इसलिए कबीर न तो काशी के जुलाहे थे, न उन्होंने सामाजिक आलोचना की थी, यह निष्कर्ष बेढंगा होगा।

रत्न जी यह नहीं कह रहे कि उनके चुने पन्द्रह पदों के अलावा बाकी सैकड़ों कबीर-पद कबीर के हैं ही नहीं। वे नामदेव से लेकर कबीर तक के पद अपनी रुचि के अनुसार संकलित कर रहे हैं, कबीर-वाणी का पाठ निर्धारित करने निकले रिसर्च—स्कॉलर का काम आसान करने के लिए नहीं। चुनाव-सन्दर्भ की उपेक्षा करके, अन्य पांडुलिपियों की उपेक्षा करके, मौखिक परम्परा को कोरी साजिश मान कर, बस एक फतेहपुर पांडुलिपि को ही पढ़ेंगे तो मानना यही पड़ेगा कबीर काशी के जुलाहे नहीं थे।

मज़े की बात है कि साखियों की संख्या घटा देने के लिए वादिवेल की प्रशंसा करते, और अधिक सख़्ती बरतने की सलाह देते हुए, कबीर के 'वैष्णवीकरण' की

लापरवाही दुरुस्त करने निकले विनांद के अड़तालीस 'कबीर-कोर' पदों में कबीर वैष्णव ही प्रतीत होते हैं; जबकि ग्रंथावली में कबीर पर प्रचुर नाथ-प्रभाव भी देखा जा सकता है, और सूफ़ी प्रभाव भी।

आज ही की तरह उस समय भी कुछ लोग अल्लाह और राम इन दो शब्दों को परस्पर संघर्षरत दो समुदायों के युद्धघोष की तरह ही उच्चारते और सुनते थे, लेकिन ग्रंथावली के कबीर तो संसार के सभी स्त्री-पुरुषों में उसी परमात्मा का रूप देखते हुए स्वयं को अल्लाह और राम दोनों का बालक बताते हैं—

जेती औरति मरदां कहिये, सब में रूप तुम्हारा
कबीर पंगुड़ा अलह रांम का हरि गुर पीर हमारा।

(राग आसावरी, पद 58)

केवल यही नहीं, वैष्णवी-कृत कही जानेवाली ग्रंथावली में अरबी-फारसी शब्दावली, इसलामी अभिव्यक्तियाँ और मुहाविरे क़दम-क़दम पर नज़र आते हैं। ऊपर उद्धृत पद के ठीक पहले यह पद आता है—

खालिक हरि कहीं दरहाल।
पंजर जसि करद दुसमन मुरद करि पैमाल।
भिस्ति हुस कां दोजगां दुंदर दराज़ दिवाल।
पहनांम पर दाईत आतस, जहर जंगम जाल।
हम रफत रहबे रहसुमां, खुरदां सुमां बिसियार।
हम जिमीं असमांन खालिक, गुंद मुसिकलि काल।
असमान म्यानैं लहंग दरिया, तहाँ गुसल करदा बूद।
करि फ़िक्र रह साल कजसम, जहाँ सतहाँ मौजूद।
हमचि बूदनि बूद खालिक, गरक हम तुम्ह पेस।
कबीर पनह खुदाइ की, रह दिगर दावा नेस।

(आसावरी, 57)

उपरोक्त पद का पाठ दास और गुप्त दोनों ही ग्रंथावलियों में ठीक नहीं है। प्रस्तुत पुस्तक में सही पाठ गोपालदास की सर्वंगी (करुणां बीनती कौ अंग। गुंण संबूह की पुकार॥) के आधार पर रखा गया है।[1]

मलूकदास के पठनार्थ ग्रंथावली की आधारभूत पांडुलिपि तैयार करनेवाले खेमचन्द किसी सम्प्रदाय या पंथ की ज़रूरत के अनुसार नहीं, बल्कि संग्रह त्याग के उचित विवेक के साथ, ज़रूरी 'सख़्ती' बरतते हुए ही कबीर-संकलन तैयार कर

1. दि सर्वंगी ऑफ़ गोपालदास : ए सेवेंटींथ सेंचुरी एंथॉलॉजी ऑफ़ भक्ति लिट्रेचर, विनांद एम. कैल्वर्त, मनोहर, नई दिल्ली, 1993, पृ. 392

रहे थे। दास जी द्वारा इसके तिथि-निर्धारण के पक्ष में चन्द्रबली पांडेय द्वारा दिए गए तर्कों को यदि स्वीकार किया जाए तो यह पांडुलिपि कबीर-बानी के फ़तेहपुर पांडुलिपि से अठहत्तर साल पहले और आदिग्रंथ से सौ साल पहले प्रचलित पाठ की सूचना देती है।

1945 में प्रकाशित 'विचार-विमर्श' में संकलित निबन्ध 'ज़िन्द कबीर की संक्षिप्त चर्चा' में पं. चन्द्रबली पांडे ने दास जी की ग्रंथावली में उपलब्ध पाठ से ही अनेक उद्धरण देकर कबीर को 'जिन्दीक सूफ़ी' सिद्ध करने का प्रयत्न किया है।[1] इसे देखते हुए, कोई चाहे तो ग्रंथावली पर कबीर के सूफीकरण (या बहुत से अन्य पदों के आधार पर नाथीकरण) का आरोप भी लगा सकता है। आरोप-माला वैष्णवीकरण तक ही क्यों सीमित रखी जाए?

असल में, इस तरह के आरोपों की सम्भावना ही ग्रंथावली की प्रामाणिकता का सबसे बड़ा प्रमाण है। बीजक और आदिग्रंथ का संकलन क्रमश: कबीरपंथ और सिख समुदाय की रचना और विकास के क्रम में हुआ है। संकलनकर्ताओं ने अपने समुदाय की ज़रूरतों और मान्यताओं के अनुरूप ही संकलन और सम्पादन किया है। इसके विपरीत, ग्रंथावली की आधारभूत पांडुलिपियों में व्यापकता और विविधता है। यहाँ कोई बानी इसलिए नहीं हटा दी गई है कि उससे कबीर सूफ़ी साबित हो जाएँगे, या उन पर नाथपंथ (जो स्वयं बौद्ध मत के लोकप्रिय रूप का विस्तार था) का प्रभाव सिद्ध हो जाएगा, या वे वैष्णव मत के नज़र आने लगेंगे। इन पांडुलिपियों के संकलनकर्ताओं ने ऐसी बातों की परवाह किए बग़ैर, लिपिबद्ध किए जाने के समय, 'मग़ज़ी' स्तर पर यानी लोकस्मृति में सुलभ कबीर-बानी को काग़ज़ी (लिखित) रूप दे दिया है। इस काग़ज़ी रूप की 'सधुक्कड़ी' भाषा पर इतना राजस्थानी और पंजाबी प्रभाव स्वाभाविक ही है क्योंकि ये लिपिकर्ता राजस्थान और पंजाब के थे।

कबीरपंथियों ने अपनी ज़रूरत के मुताबिक कबीर-वाणी का पाठ अपने लिए बीजक के रूप में तय ज़रूर कर लिया, लेकिन कबीर की रचनाएँ बीजक के बाहर भी मिलती हैं, यह बात पंथ स्वीकार करता है। कबीर-चौरा, वाराणसी से, आचार्य महन्त अमृतदास के आशीर्वाद के साथ प्रकाशित 'कबीर-शब्दावली' में ऐसे सबद भी शामिल किए गए हैं, जो 'बीजक' तो क्या दादूपंथी पांडुलिपियों में भी नहीं मिलते, बस लोक-स्मृति में कबीर-वाणी के रूप में विद्यमान हैं। स्वाभाविक रूप से उन्हीं रचनाओं को इसमें रखा गया है, जो चौरा द्वारा स्वीकृत पंथ-सिद्धान्त के अनुकूल हों—"उन रचनाओं को निकाल दिया गया है, जो सद्गुरु कबीर साहब के सिद्धान्त के अनुकूल प्राय: नहीं जान पड़ती थीं।"[2]

1. विचार-विमर्श, (संस्करण 2008 वि., 1951 ई.) हिन्दी साहित्य सम्मेलन, प्रयाग, पृ. 1-52
2. 'कबीर-शब्दावली' सं. गंगाशरण शास्त्री, कबीरवाणी प्रकाशन केन्द्र, वाराणसी, 1988, 'ग्यारहवें संस्करण पर आचार्यपाद का आशीर्वाद' पृ. 4

शब्दावली जैसा ही प्रतिमान पंथ के आरम्भिक दौर में बीजक के प्रसंग में भी अपनाया गया, यानी वे रचनाएँ निकाल दी गईं, या संशोधित कर ली गईं जो पंथ द्वारा निर्धारित "सद्गुरु कबीर साहब के सिद्धान्त के अनुकूल प्राय: नहीं जान पड़तीं थीं।"

'बीजक' के संकलन की प्रेरणा थी, कबीर की पंथ-प्रवर्तक छवि। संकलन-कर्ताओं का संग्रह-त्याग इसी छवि से अनुशासित हो रहा था। इसीलिए, बीजक (डॉ. शुकदेव सिंह द्वारा सम्पादित संस्करण) में पद संख्या 108, 'अब हम भयल बहुरि जल मीना' ('आदिग्रंथ' के पाठ में पहली पंक्ति है—'जिउ जल छोड़ बाहर भइयो मीना') से 'ओछी भगति कैसे उतरसि पारी'—यह पंक्ति हटा दी गई। पंथ-प्रवर्तक के मुँह से भक्ति को ओछी कैसे कहा जा सकता था? ऐसे 'सम्पादन' के और भी उदाहरण बीजक में मिलते हैं।

उन्नीसवीं सदी के पहले, बीजक की पांडुलिपियाँ न मिलने का कारण यह बताया जाता है कि किसी पांडुलिपि के जीर्ण-शीर्ण होने पर उसकी प्रतिलिपि की जीर्ण-शीर्ण पांडुलिपि को जल-प्रवाह दे दिया जाता था। मान लें कि कबीर-पंथी साधु (और गृहस्थ भी) ऐसा करते हों, तो क्या बीजक की पांडुलिपियाँ पंथ के बाहर किसी ने भी सुरक्षित नहीं रखीं? बिहार के दरिया साहब की वाणी के बारे में दरिया-पंथियों की मान्यता थी कि उस तक ग़ैर-पंथी लोगों की पहुँच नहीं होनी चाहिए। कबीर-पंथ के प्रसंग में तो ऐसे किसी प्रतिबंध की सूचना है नहीं। फिर यह कैसे सम्भव है कि उन्नीसवीं सदी के पहले बीजक की एक भी पांडुलिपि प्राप्त न होने की वजह जल-प्रवाह दे देने की प्रथा रही हो?

'बीजक' के संकलन की प्रेरणा स्वयं बीजक में ही बोलती है—"अभिमानी कर्ता हो बैठे नाना पंथ चलाया।" ऐसी उक्तियों का सन्दर्भ यह था कि विभिन्न शाखाएँ अपने-अपने विशिष्ट ग्रंथों (जैसे 'अनुराग-सागर' और 'सुख-निधान')को 'प्रमाण' मानती थीं, इन प्रमाणों की प्रामाणिकता अन्तत: बीजक के अनुकूल होने पर ही निर्भर है, यह बताने के लिए कहा गया—'संतौ बीजक मत परमाना'।

'बीजक' कबीर की सभी रचनाओं का संकलन नहीं, चुनी हुई रचनाओं का संकलन है। उसे कबीर के 'कलेक्टेड वर्क्स' नहीं, पंथ की ज़रूरतों के अनुसार तैयार किए गए 'सिलेक्टेड वर्क्स' की ही तरह देखना चाहिए।

पूछा जा सकता है : जिनके द्वारा संकलित पाठ पर ग्रंथावली आधारित है, वे दादूपंथी साधु इतनी निष्ठा के साथ कबीर-बानी का संकलन आख़िरकार कर क्यों रहे थे? वजह यह है कि स्वयं दादू कबीर के प्रति गहरी निष्ठा रखते हुए ख़ुद को उनके अप्रत्यक्ष शिष्य रूप में ही देखते थे। साथ ही, उनके समकालीन लोग दादू को अपने वक़्त के कबीर के रूप में देखते थे। दादू का निधन 1603 में हुआ, उनके निकट सम्पर्क में बहुत समय बितानेवाले, उनके प्रिय शिष्य जन गोपाल ने

1620 में उनका जीवन-चरित *दादू जनम लीला* नाम से लिखा। इसका सम्पादन और अंग्रेज़ी अनुवाद विनांद कैल्वर्त ने किया है।[1]

डेविड लोरेंजन और मैंने जन गोपाल की अन्य रचनाओं के अनुवाद के साथ, *दादू जनम लीला* का ऐतिहासिक विश्लेषण किया है। यह पुस्तक शीघ्र ही प्रकाश्य है।

दादू जनम लीला में जन गोपाल दादू और अकबर की भेंट का विस्तृत विवरण देते हैं। इस भेंट का न्यौता भगवन्त दास के ज़रिये भेजते हुए अकबर दादू को अपने वक़्त के कबीर कहते हैं—'मानूं लीयौ कबीर निवासू'। आरम्भिक अनिच्छा के बाद दादू अन्ततः इस भेंट के लिए राज़ी हो जाते हैं, और सीकरी पहुँचकर चालीस दिन तक चली चर्चा में अकबर की जिज्ञासाओं का समाधान करते हैं। मार्के की बात यह है कि इस पूरी चर्चा में दादू प्रमाण (अथॉरिटी) के तौर पर केवल एक ही व्यक्ति को बार-बार उद्धृत करते हैं। वह व्यक्ति हैं—कबीर। इस संवाद के अलावा भी, दादू की रचनाओं में कबीर के उल्लेख और उद्धरण अत्यन्त सम्मान के साथ आते हैं। जन गोपाल ही नहीं, अन्य दादूपंथी रचनाकार भी कबीर को सार्थक साधना के श्रेष्ठतम उदाहरण के रूप में याद करते हैं। फिर भी, दादू और उनके अनुयायियों की पहचान कबीर-पंथ से स्वतंत्र थी। पंथ की संगठनात्मक ज़रूरतों के अनुसार, कबीर-वाणी का सम्पादन करने की ज़रूरत उन्हें नहीं थी।

कबीर की अपनी भाषा तक पहुँचना अब लगभग असम्भव है। थे वे पूरब के, रचना उनकी संकलित हुई, राजस्थान और पंजाब में। 'बीजक' में भी परवर्ती प्रभाव हैं ही। लेकिन संतोष इस बात का है कि कबीर की भाषा तक पहुँचना भले ही दूभर हो चुका हो, उनकी 'काव्य-भाषा' और संवेदना के तेवर और मिजाज को, उसकी समृद्धि को मौखिक परम्परा ने भी सुरक्षित रखा है, और 'ग्रंथावली', 'आदिग्रंथ' तथा 'बीजक' ने भी।

विनांद कैल्वर्त की गणना के अनुसार, 1570 से 1681 तक की पांडुलिपियों के आधार पर संकलित 593 कबीर-पदों में से केवल 32 पद (या इनकी कुछ पंक्तियाँ) ही शुकदेव सिंह द्वारा सम्पादित 'बीजक' में मिलते हैं। 'बीजक' में कुल पद 115 हैं। शुकदेव सिंह द्वारा बरती गई बीजक-पांडुलिपियों में प्राचीनतम पांडुलिपि सन् 1805 की ही है।[2] 'आदिग्रंथ' में संकलित 221 (कैल्वर्त की गणना के अनुसार) कबीर-पदों में से 132 ही कैल्वर्त द्वारा बरती गईं की पांडुलिपियों में मिलते हैं। दूसरी ओर 'ग्रंथावली' के श्यामसुन्दर दास द्वारा सम्पादित संस्करण के कुल 403 पदों में से 396 ऐसे हैं जो इन पांडुलिपियों में मौजूद हैं। दास जी द्वारा बरती गई पहली पांडुलिपि को 1504 ई. की न भी मानें, तो भी स्वयं कैल्वर्त के शोध से प्रकट है

1. दादू जनम लीला : दि हिन्दी बायोग्राफ़ी ऑफ़ दादूदयाल, मोतीलाल बनारसीदास, दिल्ली, 1988
2. 'दि मिलेनियम कबीर वाणी', पृ. 3

कि 1570 से 1681 तक के बीच जो 593 पद किसी-न-किसी क्षेत्र में कबीर-कृत होने की मान्यता हासिल कर चुके थे, उनमें से 396 'वैष्णवीकृत' (जैसा हमने देखा, कोई चाहे तो इसे सूफीकृत या नाथीकृत भी कह सकता है) ग्रंथावली में मौजूद हैं।

'बीजक' के 115 में से 32, 'आदिग्रंथ' के 221 में से 132 यानी क्रमशः एक-तिहाई से भी कम और लगभग पचपन प्रतिशत की तुलना में 'ग्रंथावली' के 403 में से 396 का मतलब हुआ क़रीब निन्यानबे फीसदी! कबीर-वाणी के विषयों के अनुपात के लिहाज से भी, 'ग्रंथावली' का पाठ कबीर के व्यक्तित्व को विश्वसनीय ढंग से धारण करता है; मौखिक परम्परा के पदों और किंवदंतियों में झलकनेवाली कबीर-छवि का भी आभास देता है। मशीनी ढंग की सुसंगति—'कंसिस्टेंसी' नहीं, मानवीय आत्मसंघर्ष 'ग्रंथावली' के कबीर की पहचान है। यहाँ 'पाखंड-खंडन' और वर्णाश्रम-विरोध के पद भी हैं, उलटबाँसियाँ भी। रसपूर्ण प्रेम और नारी–रूप धारण के पद भी हैं, और नारी-निन्दा के भी।

जब तक कबीर की हस्तलिखित या हस्ताक्षरित कोई पांडुलिपि नहीं मिल जाए, तब तक सम्भव यही है कि उपलब्ध पाठों में से प्राचीनतम और व्यापकतम की तुलना करके ऐतिहासिक कबीर-पाठ के अधिक से अधिक निकट पहुँचने की कोशिश करें, ऐसी कोशिश हमें ग्रंथावली के ही पास ले जाती है। विनांद कैल्वर्त जैसे समर्पित कम्प्यूटर तकनीकी सम्पन्न विद्वान के परिश्रम के फलस्वरूप इक्कीसवीं सदी के आरम्भ में "इतनी पांडुलिपि सामग्री उपलब्ध हो जाने के बाद", *अब हम "[कबीर-वाणी के] प्रचलित संस्करणों" में से कम-से-कम एक—1928 में सम्पादित की गई कबीर-ग्रंथावली—पर तो निर्भर रह ही सकते हैं। यह सोलहवीं-सत्रहवीं सदी में व्यापक रूप से स्वीकृत कबीर-पाठ का सर्वाधिक प्रामाणिक रूप प्रस्तुत करती है।*

उनके अपने पूर्वग्रह का खंडन करनेवाले जिस निष्कर्ष तक कैल्वर्त को पहुँचना पड़ा है, वह एक बार फिर याद दिलाता है कि भारतीय समाज की संरचना, इसकी सांस्कृतिक परम्परा में संवाद के महत्त्व को; निर्गुणपंथी संतों के प्रसंग में मग़ज़ी और काग़ज़ी के परस्पर सम्बन्ध को लगातार ध्यान में रखे बिना, फतवेबाजी नहीं करनी चाहिए। समस्या केवल कबीर के पाठ-निर्धारण तक सीमित नहीं, बल्कि उन सदियों के घटनाक्रम को भूल जाने की है जो कबीर के और हमारे समय के बीच गुजर चुकी हैं। समस्या अतीत की स्वायत्त सत्ता और ऐतिहासिक परिवर्तन की प्रक्रिया को पूरी तरह नकारते हुए, इतिहास को वर्तमान राजनीति का अखाड़ा बना देने में है। किसी भी परिघटना के ऐतिहासिक विकास की उपेक्षा कर, उसके समकालिक रूप को ही शाश्वत मान लेने से बुनियादी बिगूचन (भ्रम, कन्फ्यूजन) पैदा होते हैं।

बहुत से लोग ग्रंथावली में वैष्णव प्रभाव को ब्राह्मणवादी साज़िश का नतीजा मान बैठते हैं, कबीर का सम्बन्ध नारदी भक्ति से जोड़ने पर तिलमिलाने लगते हैं, बावजूद कबीर के इस कथन के—"भगति नारदी मगन सरीरा।" ग्रंथावली ही

नहीं, आदिग्रंथ के कबीर भी नारदी भक्ति की महिमा बखानते हैं—"भगति नारदी रिदै न आई, काछि कूछि तनु दीना।" इस तिलमिलाहट की जड़ वैष्णव शब्द के ऐतिहासिक विकास की उपेक्षा कर, यह मान लेने में है कि कबीर के समय में भी वैष्णव शब्द ठीक उसी अर्थ में बरता जाता है, जिसमें कि आज बरता जाता है। विभिन्न धारणाओं, मान्यताओं और शब्दों के आशयों के ऐतिहासिक विकास पर ध्यान देना ज़रूरी है। वैष्णव शब्द के इस वक़्त उपलब्ध, समकालिक आशय को कबीर के समय पर आरोपित करने के बजाय परखना यह चाहिए कि उनके अपने समय में क्या आशय होता होगा किसी को वैष्णव कहने का? क्या मतलब रहा होगा 'भगति नारदी' पदबंध का?

कुछ लोग कबीर-रामानंद सम्बन्ध को इसी आधार पर नकारते हैं कि कबीर तो शूद्र थे, रामानंद ब्राह्मण। कैसे कोई ब्राह्मण शूद्र को शिष्य बना सकता था? कैसे कोई शूद्र ब्राह्मण को गुरु मान सकता था? सच यह है कि तत्कालीन स्रोत कबीर को जिस रामानंदी (या वैरागी) परम्परा से जोड़ते हैं, वह ब्राह्मणवादी होने के लिए नहीं बल्कि ब्राह्मणवादी वर्चस्व के मुखर विरोध के लिए जानी जाती थी।

इसी तर्क पद्धति से आरम्भिक आधुनिक भारत में वैरागी वैष्णव (यानी रामानंदी), नाथपंथी और सूफ़ी परम्पराओं के बीच सहज स्वीकृत आवाजाही को भी नकारा जाता है। वास्तविकता यह है कि कबीर का व्यक्तित्व और कृतित्व ऐसी आवाजाही का ज्वलंत प्रमाण है। इस आवाजाही के असली स्वरूप की उपेक्षा करके ही एक तरफ़ कबीर को 'भक्ति की भाषा में बात कर रहे सूफी' बताया जा सकता है, तो दूसरी ओर कहा जा सकता है कि 'मुसलमानी धर्म-साधना से उनका सम्बन्ध नाममात्र का था।' 'मध्यकालीन धर्म-साधना' का स्वरूप, आरम्भिक आधुनिक कालीन भारतीय समाज का मिज़ाज ऐसे कठोर द्विभाजन के सहारे नहीं समझा जा सकता।

याद करें, अकबर के सेनापति थे मानसिंह, वित्तमंत्री टोडरमल और सर्वाधिक आत्मीय मित्र थे बीरबल के नाम से विख्यात महेशदास। औरंगजेब के भी प्रमुख सेनापति राजा जयसिंह थे। लेकिन आज कुछ लोग चाहते हैं कि हम मान लें कि ऐसा हो ही नहीं सकता था क्योंकि अकबर और औरंगजेब तो मुसलमान थे, हिन्दू कैसे उनके विश्वासपात्र हो सकते हैं? कैसे मुग़ल शासन की वित्त और सैन्य व्यवस्था के शीर्ष पर हो सकते हैं? चूँकि आज कुछ लोग मानते हैं कि दुश्मनी है तो इतिहास को भी दरेरा देकर मानें और मनवाएँ कि हिन्दू-मुसलमान के बीच तो सदा से दुश्मनी चली आ रही है।

बहरहाल, मन में अच्छी तरह बैठाने लायक़ बात यह है कि कबीर जो थे, केवल जन्म-संयोग के कारण नहीं थे। ऐसा नहीं था कि चूँकि 'सद्यःधर्मांतरित' जुलाहा परिवार में हुए इसलिए नाथपंथी हो गए, या मुसलमान घर में जन्मे थे, सो

सूफ़ी बन गए; या चूँकि विधवा ब्राह्मणी के पुत्र थे, इसलिए पौराणिक हिन्दू धर्म तो उनके डीएनए में ही था। जो कुछ भी कबीर थे, अपनी खोज, अपने चुनाव के फलस्वरूप थे। वे विवेक-सम्पन्न व्यक्ति थे, किसी सामाजिक पहचान या किसी खास विचार के निशान या प्रतीक भर नहीं। उन्होंने अनेक विचार-सरणियों और साधना-प्रणालियों से संवाद करते हुए, विविध जीवनानुभवों से गुजरते हुए अपना विवेक विकसित किया था।

कवि कबीर ने शब्द कई स्रोतों से अवश्य ग्रहण किए, लेकिन कविता रूपी वाक्य अपने अनुभव और विवेक के आधार पर ही गढ़ा।

3. 'देखें हंस कबीर' : जीवन-कथा

3.1. दोहरी अन्त्येष्टि का अर्थ

मन की आँखों से देखें जरा :

नदी किनारे सैकड़ों लोग एकत्र हैं। कुछ चुपचाप ध्यान लगाए बैठे हैं, कुछ भजन गा रहे हैं, नाच रहे हैं, लेकिन आँखें सबकी आँसुओं से भरी हैं। वे नाच रहे हैं एक प्रदीर्घ, सार्थक जीवन की परिणिति का उत्सव मनाने के लिए; आँसू बहा रहे हैं कि अब वह वाणी केवल यादों में रह जाएगी, जिसमें उन्होंने जीवन्मृत होने की विधियाँ भी सुनी हैं, प्रेम के लौकिक संवेदन का लोकोत्तर में विस्तार भी सुना है, और साथ ही प्रेमपगी डाँट-फटकार भी सुनी है। उनके कबीर सद्गुरु थे। गुरु होने के नाम पर ज़िम्मेदारियों से भागनेवाले परजीवी नहीं, बल्कि 'साईं ऐता दीजिए' का अनुरोध करनेवाले परिश्रमी और ज़िम्मेदार गृहस्थ। मुँह देखी नहीं, सबके हित में स्पष्ट, दो टूक बात करनेवाले ज़रूर थे, साथ नर्म आवाज़ में समझानेवाले, अनुभव का मर्म बाँटनेवाले मार्गदर्शक मित्र भी थे।

इस वक़्त सद्गुरु कबीर अपनी कुटिया में 'बत्तीस बोझ' फूलों की सेज पर जा लेटे हैं, उनके शिष्य, भक्त और प्रशंसक स्मृतियों का उत्सव मना रहे हैं, गुरु की दैहिक अनुपस्थिति के लिए स्वयं को तैयार कर रहे हैं; प्रतीक्षा कर रहे हैं कि थोड़ी देर में कुटिया का दरवाज़ा खोलकर देखेंगे कि इस अंतिम समय में कबीर ने क्या कौतुक रचने की ठानी है।

इसी दृश्य को उस व्यक्ति की आँखों से देखें जो जीवन भर विभिन्न संगठित धर्मों के परे जाकर, प्रामाणिक आत्मानुभव की खोज करना सिखाता रहा; विविध बाह्याचारों की आलोचना करता रहा, इन बाह्याचारों के आधार पर पवित्रता और पूज्यता के दावे करनेवालों की खिल्ली उड़ाता रहा, विभिन्न धर्मशास्त्रों को अनुभवसम्मत विवेक की कसौटी पर कसने की कोशिश करता रहा। और अन्त समय में...

"कैसे जला दोगे, कबीर साहब के जिस्म को? ठीक है, उन्होंने शरीयत की परवाह नहीं की, क़ुरान को परमात्मा का अंतिम वचन नहीं माना; शाक्त मत से लेकर वैष्णवता तक की यात्रा की—लेकिन आख़िरकार जन्मे तो मुसलमान ही थे ना। उनकी मैयत को जलाने की बात भी कैसे सोच ली, तुम लोगों ने? उनको तो दफ़्न ही होना चाहिए, यही होगा भी। देखें, कौन रोकता है?"

"वाह, क्या खूब कही। जन्मे होंगे मुसलमान घर में, देह तो भक्त के रूप में ही त्यागी न उन्होंने। जन्म-संयोग के नाम पर जीवन भर की उनकी साधना को व्यर्थ कर देना चाहते हो? सद्गुरु ने सद्गृहस्थ का जीवन जिया, गृहस्थ की पार्थिव देह का जैसे अंतिम संस्कार होता है, वैसे ही, गुरुजी की देह का भी होगा। दफ़्न की बात तक सोचने का दुस्साहस न करना..."

अभी प्राण निकले नहीं हैं, लेकिन दीर्घ जीवन के बाद तन जीर्ण है, मन जानता है कि कथा का अन्त आ चला, "काग उड़ावत मेरी बाँह पिरानी, कहै कबीर यह कथा सिरानी..."

इधर कथा सिरानी, उधर शिष्यों ने आपस में लड़ने की ठानी।

जीवन-यात्रा के अन्त में आनेवाले कौतुक का पूर्वाभास कबीर को हो चला था। उड़ने के बहुत पहले ही नीर-क्षीर विवेकी हंस को दिखने लगा था कि बाद में शिष्य क्या करनेवाले हैं—

हिन्दू कहै हमहिं लै जारों, तुर्क कहे मोर पीर।
दोउ आय दीनन में झगरैं, देखें हंस कबीर॥

(बीजक, पद 90)

लगता है, कौतुक भी पहले से ही सोचे बैठे थे। अनंतदास बताते हैं—

बोझ बतीस का फूल मंगाया।
तलैं ऊपर सैन कराया॥
सब संतन मिलि नाचैं गावैं।
ताल पखावज संख बजावैं॥
अमर भयौ छुट्यौ न सरीरू।
भयौ सैंदेही दास कबीरू॥
भगतन मांझ अचंभौ भइया।
फूल देखि अपने घर गइया॥[1]

'बत्तीस बोझ' फूल मँगवाये, बिछवा कर, कोठरी का दरवाज़ा बंद कर, जा लेटे कबीर। शिष्यों से कहा, 'तुम लोग भजन करो, थोड़ी देर बाद दरवाज़ा खोलना।

---

1. डेविड लोरेंजन, 'कबीर लीजेंड्स ऐंड अनंतदास' 'कबीर परचई', इंडियन बुक्स सेंटर, दिल्ली, 1992, पृ. 205-06

अपने आप समझ जाओगे कि क्या करना है।' दरवाज़ा खोला गया, देखा, कबीर तो सदेह स्वर्ग चले गए, अमर हो गए। भक्तगण यह अंतिम चमत्कार देखकर चकित रह गए।

बत्तीस बोझ फूल दोनों गुटों में बँट गए, आधे जले, आधे दफ़्न हुए।

आम तौर से, इस किंवदंती को कबीर की विडम्बनापूर्ण, त्रासद विफलता के रूप में पढ़ा जाता है। कहा जाता है कि सबको सबक़ सिखानेवाले सद्गुरु अपने अनुयायियों को ही नहीं सिखा पाये, भक्ति के बल पर जगत को जीतने का दावा करनेवाले भक्त कबीर अपने शिष्यों से ही हार गए। कुछ समय पहले तक मुझे भी यही लगता था।

लेकिन, क्या सचमुच? कबीर इस कौतुक के ज़रिये वाक़ई अपनी हार मान रहे थे? या जाते-जाते बेहद ज़रूरी सन्देश पीछे छोड़ जाना चाहते थे?

किसी भी समाज में मृत देह को यों ही नहीं छोड़ा जाता; अन्त्येष्टि किसी-न-किसी प्रकार के विधि-विधान के साथ ही की जाती है। कबीर जैसे महत्त्वपूर्ण व्यक्ति की अन्त्येष्टि हिन्दू या इसलामी विधि के स्थान पर किसी नई विधि से होने का अर्थ होता एक नये धार्मिक सिलसिले की शुरुआत। दूसरे शब्दों में, मनुष्य की सहज आध्यात्मिक पिपासा पर एकाधिकार का एक और दावेदार, इंसान और उसके भगवान के बीच एक और बिचौलिया, अनुभवसम्मत विवेक को अपराध ठहराने के लिए धर्मशास्त्रियों, पुरोहितों का एक और उपकरण। यदि ऐसा होता तो कबीर धर्म मात्र की आलोचना कर सहज अध्यात्म और विवेक की साधना करनेवाले व्यक्ति नहीं, एक और धर्म के प्रवर्तक या धर्मगुरु बनकर ही रह जाते। दूसरे शब्दों में, ऐसी स्थिति में कबीर विभिन्न धर्मों के बीच चलती आ रही कलह से ऊपर उठने का न्यौता देनेवाले विचारक के बजाय स्वयं भी उस कलह में हिस्सा लेनेवाले बन जाते।

अपनी पार्थिव देह को फूलों में बदलकर दोहरी अन्त्येष्टि सम्भव करने के चमत्कारिक कौतुक को वस्तुत: नीर-क्षीर विवेकी 'हंस'—कबीर—की चेतावनी के रूप में देखना चाहिए : ज़रूरत नये धर्म की स्थापना की नहीं, मानवीय प्रेम और विवेक को सहज संस्कार बनाने की, सामाजिक व्यवहार का आधार बनाने की है। जिन्हें दाह करने से संतोष मिलना है, वे इन फूलों का दाह कर दें, जिन्हें दफ़्न करना है, वे दफ़्न कर दें—क्या फ़र्क़ पड़ता है? फ़र्क़ इससे पड़ता है कि आपका जीवन मानवीय समता पर आधारित नैतिकता के अनुकूल है या नहीं? आपके भीतर से लेकर बाहर तक विवेक और प्रेम का प्रकाश है या नहीं?

'दाबिस्ताँ-ए-मजाहिब' (रचनाकाल 1645-53 ई.) के लेखक मुबाद शाह इस अचम्भे को समझने की कोशिश करते हैं कि जो व्यक्ति हिन्दू और इसलामी दोनों धर्म परम्पराओं और रीति-रिवाज की कठोर आलोचना आजीवन करता रहा, उस

पर दावा हिन्दू भी कर रहे हैं, मुसलमान भी। यह तभी हो सकता है जबकि जीवन ऐसा रहा हो कि लोग अचरज के मारे दाँतों तले उँगली दबा लें। दोहरी अन्त्येष्टि का वर्णन कर चुकने के उपरान्त मुबाद शाह ने एक फ़क़ीर से कहलाया है, "ऐ दोस्त, ज़िन्दगी ऐसे जियो कि लोग दाँतों तले उँगली दबा लें, मौत के बाद मुसलमान तुम्हारी देह को गाड़ना चाहें, और हिन्दू जलाना।"[1]

कहते हैं, काशी में मरने पर मोक्ष मिलना पक्का है। बहुत से लोग इसी विश्वास के साथ, अन्त समय में काशीवास करने आते हैं। कबीर काशी के ही जुलाहे थे, कहीं बाहर से आकर काशीवास उन्हें नहीं करना था। लेकिन, वे तो अन्त समय में काशी छोड़कर चल दिए क्योंकि "जौ कासी तन तजै कबीरा, तौ रांमहि कौन निहोरा रे।" जिसका चित्त कबीर की सी 'राम भगति' में लग गया, जिसने जन्म व्यर्थ गँवाने के बजाय विवेकसम्मत जीवन बिताया उसके लिए क्या फ़र्क़ रह गया मोक्षदायिनी काशी और मगहर के बीच—"जस कासी तस मगहर ऊसर..."

स्वर्ग या मोक्ष के लिए काशी से प्रेम करना तो कबीर के राम का भी अपमान था, उनकी काशी का भी। लेकिन, काशी कबीर के लिए मोक्षदायिनी भले न हो, उनके बचपन की, उनकी युवावस्था की, उनके राग-विराग की स्मृति अवश्य थी। कोई भी नगर या गाँव वहाँ जन्मे, पले-बढ़े इंसान के लिए सिर्फ बाहरी भूगोल नहीं होता, वह उसके घट-भीतर निवास करता है। वह नक्शे पर बना एक नामालूम सा बिन्दु नहीं होता, वह दुनिया-जहान में आपकी अपनी जगह का रूपक होता है। उसी जगह का जिसे आप जिन्दगी भर तलाशते रहते हैं। इस तलाश में आंप उस रूपक की ओर बार-बार लौटते हैं, जो आपका शहर है। आप बहुत कोसते हैं अपने शहर को, गाँव को, मजाक उड़ाते हैं उसका, लेकिन वह तो आपका बचपन ठहरा, आप कितना भी दूर क्यों न भागें, वह आपका पीछा करता है। कितनी ही विरक्ति क्यों न दर्शाएँ, उसे कितना ही हास्यास्पद बल्कि भयानक क्यों न ठहराएँ; आपका नगर

---

1. दबिस्ताँ-ए-मजाहिब, अनु. डेविड शिया, एंटनी ट्रॉयर (प्रथम प्रकाशन, पेरिस, 1873), ख़लील ऐंड कम्पनी, लाहौर, 1973, पृ. 266

'दबिस्ताँ-ए-मजाहिब' आरम्भिक आधुनिक कालीन भारत के विभिन्न धार्मिक समुदायों और विश्वासों का विस्तृत परिचय देनेवाला अद्‌भुत ग्रंथ है। इसमें दिए गए विवरण अनेक ग्रंथों, संवादों और लेखक के अपने पर्यवेक्षणों पर आधारित हैं। यह ग्रंथ तत्कालीन भारत में मौजूद लगभग सभी धार्मिक समुदायों के बारे में महत्त्वपूर्ण, विचारोत्तेजक सूचनाएँ देता है। इसका अंग्रेज़ी अनुवाद 1843 में डेविड शिया और एंथनी ट्रायर ने प्रकाशित किया। फारसी मूल का प्रकाशन नवलकिशोर प्रेस से हुआ।

पिछले कुछ वर्षों में, फारसी के एकेडमिक जगत में मुबाद शाह के प्रति दिलचस्पी बढ़ी है। 'दबिस्ताँ' का सुसम्पादित संस्करण 1982 में, रहीम रज़ा मलिक के सम्पादन में तेहरान से प्रकाशित हुआ है। शिया और ट्रायर के अनुवाद के साथ तेहरान संस्करण की तुलना करने से मालूम पड़ता है कि मूल के कई हिस्से अनुवाद में छूट गए हैं और कई जगहों पर अनुवाद स्पष्टतया भ्रष्ट है।

दुनिया के दूसरे छोर तक चला आता है—आपके सपनों में, स्मृतियों में, शब्दों में, और आपकी विरक्ति को मुँह चिढ़ाते आपके आँसुओं में।

और तब काशी के जुलाहे कबीर के आँसू इन मार्मिक शब्दों का रूप धारते हैं—

अब कहू राम कवन गति मोरी। तजीले बनारस मति भई थोरी॥
सकल जनम सिवपुरी गवाइआ। मरती बार मगहर उठि आइआ॥
बहुत बरस तपु कीआ कासी। मरन भया मगहर कौ बासी॥
कासी मगहर सम बीचारी। ओछी भगति कैसे उतरसि पारी॥

(आदिग्रंथ, राग गौड़ी, प्रस्तुत पुस्तक में परिशिष्ट, पद 103)

समूची कबीर-वाणी में यह सम्भवत: एकमात्र स्थान है जहाँ अपनी भक्ति पर अदम्य आत्मविश्वास के कारण घमंडी तक कहे गए कबीर अपनी भक्ति को ओछी कह रहे हैं।

यह प्रेम एकतरफ़ा नहीं था। काशी से चल देने के पछतावे में कबीर को अपनी भक्ति ओछी लगने लगी, तो कबीर के सदा के लिए चले जाने के बाद, अनंतदास के शब्दों में, काशी ऐसी हो गई जैसे बिना चाँद की रात, बिना दूल्हा के बारात, बिना घी के ज्यौनार और बिना वस्त्र के देह—मलीन, श्रीहीन—

एक सुनि नाज न खाई।
एक लोग बहुत पछिताही॥
कबीर बिना कासी अंधियारा।
ज्यूं चन्दा बिन दीसैं तारा॥
ज्यूं बरात में दूल्हा नाहीं।
ज्यूं घृत बिना जिवनार नसाहीं॥
ज्यूं बसतर बिना देह मलीना।
यूं कबीर बिन कासी हीनां॥[1]

3.2. वंश-परम्परा से अधिक महत्त्वपूर्ण है व्यक्तित्व

कबीर का जन्म पंथी परम्परा में संवत 1455 यानी सन् 1398 ई. में हुआ माना जाता है, निधन सन् 1518 में। एक सौ बीस वर्ष आयु को असम्भाव्य मानते हुए कुछ विद्वानों ने कबीर का जन्म पन्द्रहवीं सदी के मध्य में मानने का आग्रह किया है, लेकिन उनका निधन वर्ष 1518 मानने पर लगभग आम राय है। आपने यह भी

1. कबीर लीजेंड्स, पृ. 206

ज़रूर सुना होगा कि कबीर जुलाहा दम्पती—नीरू और नीमा—के औरस (प्राकृतिक) पुत्र नहीं, बस पालित पुत्र थे। उनकी असली माँ तो कोई विधवा ब्राह्मणी थी जिसे लोक-लाज के कारण अपना बेटा त्यागना पड़ा था। वास्तविकता यह है कि कबीर की 'असली' माँ के विधवा ब्राह्मणी होने का कोई उल्लेख अठारहवीं सदी के पहले नहीं मिलता। कबीर के अपने समय और बाद में भी काफी समय तक इस बात पर किसी को कोई बिगूचन (भ्रम, कन्फ्यूजन) नहीं है कि जन्म के जुलाहे कबीर रामानंद के शिष्य थे। कबीर के कोई सौ बरस बाद पंथ की स्थापना हुई और पंथिक आग्रह को प्रतिबिंबित करती यह बात कहीं-कहीं ज़रूर जगह पाने लगी कि जुलाहा दम्पती के घर कबीर का जन्म नहीं बस पालन-पोषण हुआ था, लेकिन व्यापक मान्यता तो वही बनी रही जिसे रज्जब की सर्वंगी 'जगप्रसिद्ध' कहती है—'जुलाहा ग्रभे उत्पन्नो। साध कबीर महामुनी।'

कबीर की माँ नीमा नहीं, कोई विधवा ब्राह्मणी थी, इस बात का प्राचीनतम उल्लेख मिलता है, नाभादास की 'भक्तमाल' पर बालकराम द्वारा लिखी गई—'भक्तिगुणदामचित्रिणी' टीका में। यह टीका सन् 1776 में लिखी गई थी। इस समय तक कबीर-पंथ प्रभावशाली हो चुका था, कबीर के जन्म सम्बन्धी पंथिक मान्यताएँ भक्ति के लोकवृत्त में स्थान पाने लगी थीं। बालकराम इसी प्रभाव में 'विधवा ब्राह्मणी' को कबीर की माँ निरूपित कर रहे थे।

स्वयं नाभादास भक्तमाल (रचना सम्भवत: सोलहवीं सदी का अन्त या सत्रहवीं सदी का आरम्भ) में कबीर के जन्म या वंश को नहीं उनके व्यक्तित्व की मूलभूत विशेषताओं को रेखांकित करते हैं। वे बताते हैं—कबीर भक्ति को धर्म का प्रतिमान मानते थे, हिन्दू-मुसलमान सभी के हितार्थ उन्होंने रमैनियों, पदों, साखियों की रचना की; मुँहदेखी नहीं, सभी के हित की पक्षपातविहीन बातें कीं, वर्णाश्रम के सिद्धान्त और छह दर्शनों को मान्यता नहीं दी। ऐसे कबीर सारे जगत में सम्मानित हैं—

भक्तिविमुख जो धर्म सु सब अधर्म करि गाये।
योग यज्ञ व्रत दान भजन बिन तुच्छ दिखाये॥
हिन्दू तुरक प्रमाण रमैनी सबदी साखी।
पक्षपात नहिं वचन सबन के हित की भाखी॥
आरूढ़ दशा है जगत पर, मुख देखी नांहिंन भनी।
कबीर कानि, राखी नहीं, वर्णाश्रम षटदर्शनी॥

(भक्तमाल, छप्पय 60)

अनंतदास अपनी कबीर-परचई 1590 ई. के आसपास रच चुके थे। नाभादास कृत तथा अन्य भक्तमालों के विपरीत अनंतदास द्वारा रची गईं विभिन्न संतों की

परचइयाँ (नामदेव, कबीर, रैदास, पीपा आदि) व्यक्ति विशेष पर ही केन्द्रित हैं। वे भी कहीं संकेत नहीं करते कि कबीर जुलाहे के घर जन्मे नहीं केवल पले-बढ़े थे, जबकि आ. हजारी प्रसाद द्विवेदी इसे स्वयंसिद्ध मान लेते हैं कि कबीर जुलाहे के घर जन्मे नहीं, बस पले थे।[1]

अनंतदास की कबीर-परचई का पहला ही पद है—

कासी बसै जुलाहा ऐक,
हरि भगतन की पकड़ी टेक।
बहुत दिन साकत मैं गईया,
अब हरि का गुण ले निरबहीया।

तीसरा पद है—

मुसलमांन हमारी जाती,
माला पाऊं कैसी भांती।
भीतौ बांणी बोल्या ऐह
रामांनन्द पैं दछ्या लेह।

सातवें पद में, रामानंद से 'राम-मंत्र' लेकर वैष्णव हो जाने पर कबीर के कुटुम्बियों की विकलता अनंतदास इन शब्दों में सूचित करते हैं—

कुटुंब सजन समधी मिल रोवैं।
बिकल भयौ काहे घर खोवै॥
मका मदीना हमारा साजा।
कलमां रोजा और निवाजा॥[2]

कबीर को 'इन्हीं नव-धर्मांतरित लोगों में पालित' माननेवाले आ. द्विवेदी का लक्ष्य असल में कबीर को नाथ-परम्परा में ही दृढ़तापूर्वक स्थापित करना था। वे डॉ. पीतांबर दत्त बड़थ्वाल के तर्कों को हू-ब-हू दोहराते हैं। बड़थ्वाल जी 1930 में ही प्रतिपादित कर चुके थे कि "वास्तव में निर्गुण सम्प्रदाय योग का ही परिवर्तित रूप है"; कबीर "गोरखनाथ के विरोधी नहीं ऋणी और कृतज्ञ, एक प्रकार से अनुयायी" ही थे। इसके कुछ समय बाद उन्होंने 'हिन्दी साहित्य में योग-प्रवाह' (उनके एक महत्त्वपूर्ण निबन्ध का शीर्षक) की खोज करते-करते 'कबीर के कुल का निर्णय' (एक अन्य निबन्ध का शीर्षक) करने का भी प्रयत्न किया। लामा तारानाथ के हवाले

1. "कबीरदास इन्हीं नव-धर्मांतरित लोगों में पालित हुए थे।"—'कबीर', (द्विवेदी ग्रंथावली, खंड चार) राजकमल प्रकाशन, नई दिल्ली, 1981, पृ. 209
2. 'कबीर लीजेंड्स'...पृ. 129, 130, 131

से यह रेखांकित करने के साथ कि "जोगी पहले बौद्ध ही थे। किन्तु पीछे मुसलमानों से विरोध न दिखाने के उद्देश्य से ये ईश्वर (शिव) के उपासक हो गए"; अन्य कई तर्क देते हुए बड़थ्वाल जी ने निष्कर्ष निकाला—

> मेरी समझ से कबीर भी किसी प्राचीनतया कोरी किन्तु तत्कालीन जुलाहा कुल के थे जो मुसलमान होने के पहले जोगियों का अनुयायी था।
>
> ...कबीर के कुल के सम्बन्ध में इस दृष्टि से विचार करने से उनकी विचारधारा की बहुत सी बातें जो अब तक समस्या के रूप में प्रकट होती थीं, स्वयं ही हल होकर वास्तविक रूप में दिखाई देने लगेंगी। और, इस प्रकार कबीर का मुसलमान कुल में पालन-पोषण, मुसलमानी विचार-शैली के प्रभाव से प्राय: कोरा रहना, उच्च हिन्दू भावनाओं के ओत-प्रोत उनकी विचार-पद्धति, कुछ साधारण हिन्दू प्रथाओं और धारणाओं का विरोध तथा उनकी योग शब्दावली गर्भित युक्तियाँ, सबका सामंजस्य बिना किसी ऊहापोह के घटित हो जाएगा।[1]

अपनी पुस्तक 'कबीर' में अपनी ओर से दो-एक बातें जोड़ते हुए द्विवेदी जी भी बड़थ्वाल जी की मान्यता दोहराते हैं कि कबीर का परिवार एक-दो पुश्त पहले ही मुसलमान बने ऐसे जुलाहों का था जिनके विश्वास और आचार वैदिक, ब्राह्मण परम्परा से बिलकुल अलग थे, जिनमें ब्राह्मण श्रेष्ठता के प्रति कोई सहानुभूति नहीं थी।

दोनों विद्वानों के सामने सवाल एक ही था—मुसलमान होते हुए भी कबीर की कविता में नाथपंथी साधना-पद्धति के संकेत और पारिभाषिक शब्दावली इतनी प्रचुर मात्रा में क्यों है? जवाब भी एक ही था—वंश-परम्परा के कारण। कबीर की अपनी खोज, निजी चुनाव का सवाल ही नहीं। लेकिन दोनों के बीच एक बहुत बड़ा फ़र्क़ भी है। बड़थ्वाल जी कबीर का जन्म जुलाहा कुल में ही मानते हैं। उन्हें विधवा ब्राह्मणी का पुत्र बतानेवाली 'नवीन प्रथा' को सहानुभूतिपूर्वक समझने का यत्न करते हैं, लेकिन उससे सहमत नहीं होते। जबकि द्विवेदी जी सारे तर्क-वितर्क के बाद रेखांकित यही करते हैं कि कबीरदास जुलाहा घर में जन्मे नहीं, बस 'पालित हुए थे'। मुस्लिम सन्दर्भ से कबीर को बिलकुल काट कर, पूरी तरह नाथ-पंथी परम्परा में स्थापित कर देने का इतना प्रबल आग्रह द्विवेदी जी के मन में है कि वे कहते हैं—

> ...कबीरदास ने अपने को जुलाहा तो कई बार कहा है, पर मुसलमान एक बार भी नहीं कहा। वे बराबर अपने को 'ना हिन्दू, ना मुसलमान'

1. पीतांबर दत्त बड़थ्वाल, योग-प्रवाह, श्री काशी विद्यापीठ, बनारस, 1945, पृ. 127

> कहते रहे...वे आध्यात्मिक सत्य के अतिरिक्त एक सामाजिक तथ्य की ओर भी इशारा कर रहे हैं। उन दिनों वयनजीवी नाथ-मतावलम्बी गृहस्थ योगियों की जाति सचमुच ही 'ना हिन्दू, ना मुसलमान' थी। कबीरदास ने कम-से-कम एक पद में स्पष्ट रूप से स्वीकार किया है कि हिन्दू और हैं, मुसलमान और हैं और योगी और हैं; क्योंकि योगी यो जोगी 'गोरख-गोरख' करता है, हिन्दू 'राम-राम' उच्चारता है और मुसलमान 'खुदा-खुदा' कहा करता है।[1]

कबीर द्वारा बाह्याचार के खंडन की चर्चा के क्रम में द्विवेदी जी फिर कहते हैं, "उनके ऊपर मुसलमानी संस्कृति और धर्म-विश्वास का कोई गहरा असर नहीं पड़ा था। और उन्होंने कहीं भी अपने को मुसलमान नहीं कहा। मुसलिम धर्म-साधना से उनका सम्बन्ध नाममात्र को ही था।"[2]

कहा तो कबीर ने अपने आपको नाथपंथी या जोगी भी कहीं नहीं है, तो क्या नाथपंथी साधना से भी उनका सम्बन्ध नाममात्र को ही था? स्वयं को 'जुलाहा', 'कोरी', यहाँ तक कि विडम्बनापूर्ण ढंग से 'हम तो जात कमीना' तक कहनेवाले कबीर स्वयं को कहीं भी 'जोगी', 'योगी' या 'नाथ' नहीं कहते। न 'सामाजिक तथ्य' के सन्दर्भ में, न 'आध्यात्मिक सत्य' के प्रसंग में। जहाँ तक स्वयं को 'ना हिन्दू ना मुसलमान' मानने की बात है; उस समय तो रामानंदी वैरागी भी स्वयं को 'ना हिन्दू ना मुसलमान' ही कहते थे। जिस पद की ओर द्विवेदी जी इशारा कर रहे हैं, उसी में कबीर स्पष्ट कर देते हैं कि उनकी साधना हिन्दू, मुसलमान और नाथपंथी योगी—तीनों से भिन्न है : "हिन्दू राम-राम करै, जोगी गोरख-गोरख उच्चरै/ मुसलमान का एक खुदाई, कबीरा कै स्वामी घटि घटि रह्या समाई।" (भैरूँ, 6)

यह तो कबीर की ऊपर उद्धृत साखी और अनेक अन्य कथनों से ही स्पष्ट है कि वे अपने आप को न हिन्दू मानते थे, न मुसलमान और न ही नाथपंथी योगी। लेकिन, उनकी वैचारिकता और संवेदना के ताने-बाने में योगदान इसलाम का भी था, वैष्णव परम्परा का भी और नाथपंथ का भी। इसका कारण कबीर का वंश नहीं, उनका व्यक्तित्व था। कबीर-बानी में विभिन्न साधना-विधियों का जो संवाद दिखता है, उसकी वजह कबीर के डीएनए में नहीं, 'आतम-खबर' की खोज कर रही उनकी जिज्ञासा में ही खोजनी चाहिए।

द्विवेदी जी के अनुसार, नाथ-पंथ को समझ लिया तो कबीर और अन्य निर्गुणपंथी भक्तों को भी समझ लिया; इसीलिए उनकी पुस्तक 'कबीर' के पहले छह अध्याय पाठक को नाथ-पंथ के सिद्धान्त और साधना आदि से अवगत कराने

1. 'कबीर' (द्विवेदी ग्रंथावली, खंड चार) पृ. 206
2. वही, पृ. 303

का ही काम करते हैं। उनके अनुसार कबीर जैसे संतों का तो उद्देश्य ही आठ योगांगों का स्पष्टीकरण करना था—"इनकी साखियाँ आठ योगांगों के विभिन्न पहलुओं को स्पष्ट करने के उद्देश्य से ही लिखी गई हैं। इन उपदेशों में ज्ञानप्रवण नैतिक स्वर ही प्रधान है, योग-सम्बन्धी स्वर गौण। इसी ज्ञानप्रवण नैतिकता-प्रधान योग-मार्ग के खेत में भक्ति का बीज पड़ने से जो मनोहर लता उत्पन्न हुई, उसी का नाम निर्गुण भक्ति है।"[1]

बड़थ्वाल जी और द्विवेदी जी के अनुसार कबीर के पुरखे बस एक-दो पीढ़ी पहले ही मुसलमान बने थे। जाहिर है कि कबीर के पुरखे सेल्जुक तुर्क या चुग़ताई मुगल तो थे नहीं। उनके सामाजिक स्तर के सभी मुसलमान धर्मांतरण के ही ज़रिये मुसलमान बने थे—दो-एक पीढ़ी पहले या दस पीढ़ी पहले—यह जानने का कोई साधन हमारे पास है नहीं। हाँ, कबीर के गुरुभाई पीपा के बताए यह हम ज़रूर जानते हैं कि कबीर के पिता के घर में ईद-बकरीद मनती थी, गोवध होता था। रज्जब और गोपालदास की सर्वंगियों में संकलित निम्नलिखित पद में नामदेव, रैदास और कबीर की महिमा बखानते हुए पीपा कबीर के बारे में बताते हैं—

जाकै ईद बकरीद नित गऊ रै बध करैं। मानियें सेख सहीद पीरा।
बापि वैसी करी पूत ऐसी धरी। नांव खंड प्रशिधि कबीरा।[2]

ये पंक्तियाँ रैदास के एक पद में भी हू-ब-हू मिलती हैं।[3]

समस्या कबीर पर नाथपंथी प्रभाव दिखाने में नहीं, वह तो बिना दिखाये भी दीखता ही है, बल्कि यह जताने में है कि उस प्रभाव का एकमात्र कारण वंश-परम्परा है। कबीर की जिज्ञासा यात्रा न नाथपंथ तक सीमित थी, न शाक्त मत, इसलाम या वैष्णवता तक। कबीर की खोज और चुनावों की उपेक्षा करते हुए, केवल जन्मगत जाति-परक या धार्मिक पहचान के ही आधार पर उनकी वैचारिकता और संवेदना का विश्लेषण करना निश्चय ही भ्रामक है। समस्या बड़थ्वाल जी और द्विवेदी जी तक सीमित भी नहीं। इसकी जड़ें इस मान्यता में हैं कि कबीर के समय में, उनके समाज में न तो व्यक्तित्व का कोई बोध था, न वंश, जाति या धर्म से स्वायत्त निजी निर्णय की कोई गुंजाइश। लोग जो भी होते थे, जो भी करते थे, सब कुछ वंश-परम्परा के कारण। इसी समझ के कारण तो कबीर-वाणी में मौजूद हिन्दू पौराणिक

1. 'मध्यकालीन धर्म-साधना' (हजारी प्रसाद द्विवेदी ग्रंथावली-5), राजकमल प्रकाशन, नई दिल्ली, 1981, पृ. 253
2. शहाबुद्दीन इराकी, 'दि सर्वंगी ऑफ़ रज्जबदास' ('भजन प्रताप कौ अंग'), ग्रंथायन, अलीगढ़,1985, पृ.173; विनांद कैल्वर्त, 'दि सर्वंगी ऑफ़ गोपालदास' ('नांव प्रताप कौ अंग'), मनोहर, नई दिल्ली, 1993, पृ. 145
3. 'रैदास बानी' सं. डॉ. शुकदेव सिंह, राधाकृष्ण प्रकाशन, नई दिल्ली, 2003, पद 186

सन्दर्भों और शब्दावली की प्रचुरता के कारण श्यामसुन्दर दास इस निष्कर्ष पर पहुँचे थे कि, "मुसलमान के घर में पालित होने पर भी हिन्दू विचारों से सराबोर होना उनके शरीर में प्रवाहित होनेवाले ब्राह्मण अथवा कम-से-कम हिन्दू रक्त की ही ओर संकेत करता है।"[1]

दास जी के कथन को बहुत से लोगों की उस मान्यता की प्रतिक्रिया के रूप में भी देखा जा सकता है जिसे रेवरेंड वेस्टकॉट ने इन शब्दों में व्यक्त किया था, 'कबीर मुसलमान सूफ़ी थे और हिन्दुओं तक अपनी बात पहुँचाने के लिए ही भक्ति के मुहाविरे में बात कर रहे थे।'

विधि की विडम्बना ही है कि द्विवेदी जी तो कबीर को 'लोकधर्म का रूप ले रहे' बौद्ध मत से जोड़ते रहे, बल्कि उस दौर के हिन्दी साहित्य की सार्थकता ही इस बात में मानते रहे कि वह क्रमश: लोकधर्म का रूप ग्रहण कर रहे बौद्ध धर्म का थोड़ा भी पता दे सके;[2] और आजकल के 'ज्ञानी' लोग हैं कि द्विवेदी जी पर कबीर के ब्राह्मणीकरण का आरोप लगाए चले जा रहे हैं।

बहरहाल, कबीर के समकालीन यानी आरम्भिक आधुनिक कालीन भारत के अध्ययन की दो-एक और विडम्बनाओं की चर्चा भी हमें करनी ही होगी। अभी तो अनंतदास की ओर लौटें।

अनंतदास पहले व्यक्ति हैं, जिन्होंने कबीर पर पूरी परचई लिखी। परचई शब्द की अर्थच्छवि सामान्य परिचय की नहीं, चमत्कार की है। कहावत है—देवी दिन काटे, पंडा परचा माँगे—देवी बेचारी किसी तरह वक़्त गुज़ार रही हैं और पंडा ज़िद ठाने हैं कि वे परिचय (चमत्कार) दिखाएँ। ध्यान रखें कि नाभादास हों या अनंतदास; अनेक के बारे में लिख रहे हों, या एक ही के बारे में, संतों-भक्तों के प्रशंसक और अनुयायी, उनका लक्ष्य किसी संत के जीवनक्रम के ब्यौरे दर्ज करना नहीं, बल्कि साधना का माहात्म्य बखानना होता था। इस सामान्य प्रवृत्ति से काफ़ी अलग है जन गोपाल रचित 'दादू जनम लीला'। इसमें दादू के जीवन की अनेक तिथियाँ और उनके सम्पर्क में आनेवाले इतिहास-प्रसिद्ध लोगों के बारे में सूचनाएँ बिलकुल सटीक ढंग से दी गई हैं।

अनंतदास का लक्ष्य कबीर की साधना के चमत्कारों और उनकी लोकमान्यता का वर्णन करना ही था। उनकी परचई के रचनाकाल (1590 के आसपास) तक कबीर लोकस्मृति में अच्छी-खासी जगह बना चुके थे। चालीस बरस पहले हरिराम

1. कबीर-ग्रंथावली, नागरी प्रचारिणी सभा, वाराणसी, 2055 वि. प्रस्तावना, पृ. 16
2. "मैं जो कहना चाहता था, वह यह है कि बौद्ध धर्म क्रमश: लोकधर्म का रूप ग्रहण कर रहा था, और उसका निश्चित चिह्न हम हिन्दी साहित्य में पाते हैं। इतने विशाल लोकधर्म का थोड़ा पता भी यदि यह हिन्दी साहित्य दे सके तो उसकी बहुत बड़ी सार्थकता है।" 'हिन्दी साहित्य की भूमिका' (राजकमल प्रकाशन, नई दिल्ली, 2006), पृ. 22

व्यास कबीर को अपने वैचारिक-संवेदनात्मक 'कुटुंब' में गिन चुके थे। अनंतदास की परचई से हमें बख़ूबी अन्दाज़ होता है कि उस वक़्त कबीर को कैसे देखा जा रहा था, उनके जन्म, जीवन और निधन के बारे में लोग क्या जानते थे। इसमें दी गई सूचनाओं और मान्यताओं में से अनेक के संकेत स्वयं कबीर की वाणी में भी मिलते हैं।

कबीर-जीवन की अनंतदास द्वारा दी गई रूपरेखा में और भी रंग भरने की काफ़ी गुंजाइश थी; उनके बाद के स्रोत अपने-अपने हिसाब से रंग भरते भी हैं, लेकिन कोई महत्त्वपूर्ण नई सूचना नहीं देते।

कबीरपंथी पंथ की स्थापना का श्रेय कबीर को ही देते हैं, लेकिन इतिहासकारों के अनुसार पंथ की स्थापना कबीर के निधन के कोई सौ बरस बाद, सत्रहवीं सदी के आरम्भ में हुई। इसके बाद, कबीर को अवतार के रूप में देखनेवाली किंवदंतियाँ प्रचलित हुईं। अनंतदास ने कबीर को किसी पौराणिक व्यक्तित्व का अवतार निरूपित नहीं किया है। बाद की कुछ किंवदंतियों में वे प्रह्लाद या शुकदेव के अवतार बताए गए हैं। पंथ द्वारा रचित किंवदंतियों में तो कबीर किसी और के नहीं, बल्कि स्वयं ही चारों युगों में अवतार लेनेवाले दैवी सन्देशवाहक हैं।

इस अवतारी पौराणिकता पर सुरतिगोपाल से अपना आरम्भ माननेवाली वाराणसी की कबीर-चौरा शाखा से कहीं बहुत अधिक बल धर्मदास द्वारा स्थापित दामाखेड़ा (छत्तीसगढ़) शाखा देती आई है। धर्मदास की अपनी रचनाओं समेत, दामाखेड़ा शाखा की परम्परा में चारों युगों में होनेवाले कबीरावतार का भरा-पूरा वृत्तान्त ही रच दिया गया है। इनका लक्ष्य कबीर की ही नहीं, धर्मदास और उनके वंश की भी महिमा बखानना है। रामानंदी वैष्णव अनंतदास की परचई में शुरुआती सूचना (कबीर रामानंद के शिष्य बने) के बाद, स्वयं रामानंद तक को महत्त्व नहीं दिया गया है, वहाँ सारा बल कबीर की साधना और संघर्ष के माहात्म्य वर्णन करनेवाला किंवदंतियों पर है। बहरहाल 'अनंतदासीय' हों या 'धर्मदासीय', किंवदंतियों की उपेक्षा करके हम न तो कबीर की जीवन-यात्रा की पुनर्रचना कर सकते हैं, न उनके लोकप्रभाव की।

तो, कैसे पढ़ें, समझें किंवदंतियों को?

किंवदंतियों को तथ्यात्मकता की वैसी उम्मीद के साथ पढ़ना व्यर्थ है, जैसी उम्मीद के साथ आप अख़बार पढ़ते हैं। कोशिश करनी चाहिए यह जानने की कि किंवदंती बता क्या रही है, और जो बता रही है, उसके ज़रिये जता क्या रही है। कुछ पुष्टिमार्गी स्रोत अकबर को पूर्वजन्म का मुकुंद नामक ब्राह्मण बताते हैं। इस बात की तथ्यहीनता 'सिद्ध' करने के लिए किसी प्रचंड प्रतिभा की ज़रूरत नहीं है। किंवदंती अकबरी दरबार में पुष्टिमार्गियों की जबर्दस्त पहुँच के बारे में बताते हुए जता रही है कि 'यवन' के साथ 'वैष्णव' सम्प्रदाय के इतने अच्छे सम्बन्धों की व्याख्या

करने की ज़रूरत सम्प्रदाय का सत्तातंत्र महसूस कर रहा था। वैसे ही जैसे, कबीर को अलौकिक रीति से जन्मा या विधवा ब्राह्मणी का पुत्र बतानेवाली किंवदंतियाँ 'साहेब सद्गुरु' की अलौकिकता को ऐन उनके जन्म-समय से ही रेखांकित करने की पंथी ज़रूरत जता रही हैं। ईसा मसीह कारमल पर्वत पर दो रोटियों और पाँच मछलियों के ज़रिये पाँच हजार लोगों को भरपेट जिमा नहीं सकते थे—यह 'सिद्ध' करने के लिए कोई 'गम्भीर शोध' ज़रूरी नहीं है। ज़रूरत उस आश्वासन को समझने की है, जिसे किंवदंती जता रही है : 'ईसा मसीह की शरण में आनेवालों को तृप्ति प्राप्त होगी, आध्यात्मिक और पारलौकिक ही नहीं, भौतिक और लौकिक भी'।

किंवदंतियों के ज़रिये सांस्कृतिक स्मृतियाँ सुरक्षित रखनेवाला समाज रोज़मर्रा का जीवन किंवदंतियों और चमत्कारों की भाषा में नहीं जीने लगता। हनुमान जी छलाँग मारकर समुद्र पार कर गए थे, इस पर 'विश्वास' करनेवाले लोग किसी नदी के सामने पड़ जाने पर छलाँग मारने की बजाय नाव या पुल ही तलाशते हैं। वे किंवदंती की सम्भावना भी समझते हैं, मर्यादा भी। वे जानते हैं कि इस किंवदंती का कथ्य छलाँग नहीं, हनुमान जी की कर्तव्य-निष्ठा और पराक्रम है। वे यह भी जानते हैं कि स्वयं भगवान राम को समुद्र पार करने के लिए सेतु बाँधना पड़ा था।

किंवदंतियों की भाषा का हमारी आपकी तथ्यपरक भाषा में अनुवाद इस संवेदनशीलता के बिना करेंगे तो वैसा ही चमत्कार करेंगे जैसा किसी बुद्धिवीर ने हिन्दी से अंग्रेज़ी में अनुवाद करते समय किया था। वाक्य था—'लालाजी चाँदनी चौक में टहल रहे थे'; बुद्धिवीर जी ने अनुवाद किया—'ब्रिंग ब्रिंग हार्ट वाज़ वाकिंग इन दि मूनलाइट यार्ड'!

कुछ लोग किंवदंतियों को समकालीन राजकीय दस्तावेज़ों की कसौटी पर कस कर ही पढ़ने का आग्रह करते हैं। सामाजिक-राजनैतिक नायकों और धार्मिक हस्तियों के प्रसंग में किंवदंती-भाषा के इतने प्रचलन के साथ ही, दरबारी कामकाज और वृत्तान्तों में, अतिशयोक्ति के साथ ही सही, लेकिन उपयोग तो यथार्थपरक भाषा का ही होता था। लिहाज़ा उन्हीं किंवदंतियों पर विश्वास करना चाहिए जिनकी पुष्टि राजकीय दस्तावेज़ों—घोषणाओं, अनुदान पत्रों, वृत्तान्तों आदि से होती हो। बात किसी हद तक सही है, लेकिन संतों, भक्तों के प्रसंग में समस्या यह है कि उदाहरण के लिए अकबर के समकालीन तुलसीदास का अकबरी दरबार के किसी दस्तावेज़, वृत्तान्त या इतिहास में कोई उल्लेख नहीं है। ठीक यही स्थिति नामदेव की उनके समकालीन महाराष्ट्र के यादव राजाओं के दस्तावेज़ों में है।

तो, क्या यह मान लें कि नामदेव और तुलसीदास हुए ही नहीं?

आरम्भिक आधुनिक कालीन संतों, भक्तों के प्रसंग में किंवदंतियों को पढ़ने का सही तरीक़ा यही है कि किंवदंती विशेष के मन्तव्य को समझा जाए। जहाँ तक सम्भव हो, राजकीय दस्तावेज़ों आदि से उसकी तुलना की जाए, और स्वयं सम्बन्धित संत

की रचना से उस किंवदंती का मिलान करके देखा जाए। पंथी किंवदंतियाँ कबीर को ईश्वर के विशेष सन्देशवाहक के रूप में प्रस्तुत करती हैं। धर्मदासीय किंवदंतियों का मन्तव्य तो बहुत स्पष्ट रूप से कबीर को हर युग में आनेवाले अवतार के रूप में प्रतिष्ठित करने के साथ ही धर्मदास और उनके वंश को कबीर के प्रामाणिक उत्तराधिकारी और प्रवक्ता के रूप में स्थापित करना भी है। असल में दूसरा मन्तव्य ही अधिक महत्त्वपूर्ण है जिसे साधने के लिए कबीर का अपना जीवन पूर्ण रूप से चमत्कार-परक, पौराणिक ढाँचे में प्रस्तुत किया जाता है।

इस धर्मदासीय प्रस्तुतीकरण में सत्यपुरुष सतयुग में सुकृत, त्रेता में मुनीन्द्र के रूप में अवतरित होते हैं। मुनीन्द्रावतार में वे राम, रावण, वशिष्ठ, हनुमान, विभीषण सभी को उपदेश देते हैं, लेकिन कोई भी व्यक्ति सत्यपुरुष-सद्गुरु को पहचान नहीं पाता, आवागमन से मुक्त नहीं हो पाता। द्वापर में करुणामय स्वामी का अवतार होता है, और कलियुग में सत्यकबीर विभिन्न नामों से बारंबार अवतार लेते हैं; मूसा, दाऊद, सुलेमान, ईसा और मुहम्मद को उपदेश देते हैं, और अन्ततः चौदहवीं बार वे उस रूप में अवतरित होते हैं, जिस रूप में इतिहास उन्हें पहचानता है—"सत्यपुरुष का तेज काशी के लहरतालाब में उतरता है।" नीरू-नीमा को अपना पालक माँ-बाप बनने का गौरव सत्यपुरुष इसलिए देते हैं, क्योंकि वे 'श्वपच सुदर्शन' के माता-पिता थे, जिन्हें सुदर्शन के पुण्य-प्रताप से अगले जन्म में ब्राह्मण दम्पती होने का अवसर मिला था, लेकिन उन्होंने 'ज्ञानीजी' के उपदेश पर ध्यान नहीं दिया—"इसके उपरान्त वे दोनों ब्राह्मण-ब्राह्मणी परलोकगामी होकर काशी में जुलाहा-जुलाही हुए, उनका नाम नीरू और नीमा पड़ा।"[1]

बोधिसत्व के अनेक जन्मों की सूचना देनेवाली जातक कथाओं की छाप यहाँ स्पष्ट है।

अनंतदास की परचई में भी कबीर की महिमा का ही वर्णन है, इस हद तक है कि कबीर के निधन के बाद, वैकुंठ में उनका स्वागत स्वयं विष्णु करते हैं, "बिष्न कहै बैकुंठ तुम्हारौ। बसौ सदा यहु भाव हमारौ।" लेकिन यह सारी महिमा जन्म-जन्मांतर से चले आ रहे दैवी प्रकाश के देहधारी रूप की नहीं, साधारण जुलाहे के घर जन्मे अद्वितीय प्रतिभासम्पन्न, जिज्ञासु बालक की है, जिसने ऐसी महिमा अपनी साधना के बल पर अर्जित की। अनंतदास कबीर के किसी पूर्वजन्म की सूचना नहीं देते, वे उनके चमत्कारपूर्ण ढंग से अवतरित होने का भी कोई उल्लेख नहीं करते, वे तो सीधी तथ्यात्मक सूचना के साथ ही कबीर परिचई आरम्भ करते हैं—"कासी बसै जुलाहा ऐक, हरि भगतन की पकड़ी टेक।"

1. परमानन्द दास द्वारा मूलतः उर्दू में लिखित, 1887 में लाहौर से प्रकाशित, 'कबीर-मंशूर' से। इसका हिन्दी अनुवाद माधवाचार्य नामक कबीरपंथी विद्वान ने किया था। यह उद्धरण वेंकटेश्वर प्रेस, मुम्बई द्वारा 2001 में प्रकाशित संस्करण से, पृ. 259

अनंतदास की विशेषता यह है कि उन्होंने किसी पौराणिक चरित्र का जीवन-चरित नहीं रचा। चमत्कारिक मुहाविरे और पौराणिक शब्दावली के बावजूद नामदेव से लेकर पीपा तक अनंतदास के सभी चरित-नायक ऐतिहासिक ही हैं। वे कलियुग का पहला भक्त भी नामदेव को ही मानते हैं, कलियुग के आरम्भ यानी श्रीकृष्ण के गोलोकगमन के बाद के किसी पौराणिक व्यक्तित्व को नहीं। उनके द्वारा कही गई बातें सूफ़ी तज्किरों, अबुल फ़ज़ल और दारा शुकोह के कबीर विषयक उल्लेखों तथा मुबाद शाह द्वारा रचित 'दबिस्ताँ-ए-मजाहिब' के विवरणों के भी अनुकूल हैं।

3.3 शाक्त-साधना से सम्प्रदाय-निरपेक्ष वैष्णवता तक

कबीर की जीवन और विचार यात्रा के बोध के लिए, अनंतदासीय किंवदंतियों को कबीर की बानियों से मिलाकर पढ़ना काफी उपयोगी है। अनंतदास की परचई में किंवदंतियाँ ही नहीं, सीधे-सीधे तथ्य-कथन भी हैं। कबीर का जन्म से जुलाहा और रामानंद का शिष्य होना अनंतदास के लिए किंवदंती या मान्यता नहीं, सीधा सा तथ्य है। उनके द्वारा उल्लिखित वीरसिंह बघेल ऐतिहासिक व्यक्तित्व हैं। जैसा कि ऊपर कहा गया है, अनंतदास द्वारा दी गई अनेक सूचनाओं की पुष्टि स्वयं कबीर-बानी से होती है। यह बात धर्मदासीय किंवदंतियों के बारे में नहीं कही जा सकती।

इनमें सर्वाधिक महत्त्वपूर्ण है अनंतदास द्वारा दी गई वह सूचना जिस पर *अकथ कहानी प्रेम की : कबीर की कविता और उनका समय* के प्रकाशन के पहले किसी अध्येता का ध्यान नहीं गया था। अनंतदास स्पष्ट कहते हैं कि कबीर ने जिज्ञासा यात्रा का आरम्भ शाक्त-साधना से किया था। परचई के आरम्भ में ही 'कासी बसै जुलाहा ऐक / हरि भगतन की पकड़ी टेक'—यह सूचना देने के बाद अनंतदास जैसे कबीर की अपनी भावना को ही शब्द देते हैं : 'बहुत दिन साकत मैं गईया, / अब हरि का गुण ले निरबहीया।' (शाक्त साधना में बहुत समय नष्ट किया, अब हरि-गुण के आधार पर ही जीवन-निर्वाह करना है।)

अनंतदास के इस कथन के साथ पढ़ें, कबीर के अपने शब्द—

बारह बरस बालपन बीते बीस बरस कछु तपु न कीओ।
तीस बरस कछु देव न पूजा फिर पछुताना बिरधि भइओ॥
मेरी मेरी करते जनमु गइओ।
साइर सोखि भुजं बलइओ॥ 1॥
सूके सरवरि पालि बंधावै लूणे खेत हथ वारि करै।
आइओ चोरु तुरंतहि ले गइओ मेरी राखत मुगधु फिरै॥ 2॥

चरन सीसु कर कंपन लागे नैनों नीर असार बहै।
जिहवा बचन सुधु नहीं निकसै तब रे धरम की आस करै॥ 3॥
हरि जीउ क्रिपा करि लिव लावै लाहा हरि हरि नाम लीओ।
गुरु परसादी हरि धनु पाइओ अन्ते चल दिआ नालि चलिओ॥ 4॥
कहत कबीर सुनहु रे संतहु अनु धनु कछुऐ लै न गइओ।
आई तलब गोपालराइ की माइआ मंदर छोड़ि चलिओ॥ 5॥

(विनांद कैल्वर्त द्वारा सम्पादित संस्करण, श्री गुरु ग्रंथ साहिब, मोतीलाल बनारसीदास, दिल्ली, 1996, खंड एक, पृ. 479, ग्रंथावली में परिशिष्ट, पद 151)

"बारह बरस तो बचपने में बीतने ही थे, बीस बरस की आयु तक भी मैंने कोई तप नहीं किया। तीस बरस की आयु तक मैंने कोई देव-पूजा नहीं की, बस उम्र बीतती देख पछताता रहा। आख़िरकार हरि ने कृपा की, नाम का सहारा मिला, गुरु के प्रसाद से अन्त समय साथ ले जाने लायक़ धन मिला। गोपाल से मिलने की कामना के साथ मैंने माता का मन्दिर छोड़ दिया।"

यह पद पंक्तियों के थोड़े-बहुत उलट-फेर के साथ ग्रंथावली के 'मूल अंश' में राग आसावरी में (पद क्रमांक 42) भी संकलित है।

लगता है कि कबीर ने उम्र के तीसवें बरस तक शाक्तों के साथ कई बरस बिताने के साथ ही नाथपंथियों और सूफ़ियों की साधना में भी समय दिया; अन्ततः तीस बरस के होने पर उन्हें 'गोपाल' की ओर चलने की प्रेरणा मिली।

कबीर के कनिष्ठ समकालीन पीपा के बारे में भी किंवदंती है कि वे शाक्त थे, स्वयं माता ने ही उन्हें शाक्त मत छोड़कर 'हरि-भक्ति' अपनाने की प्रेरणा दी।

"बहुत बरस साकत मैं गाइया"—अनंतदास द्वारा दी गई इस सूचना से कबीर-बानी में मिलनेवाली इतनी निरन्तर और कटु शाक्त-निन्दा का भावनात्मक कारण समझ आता है। शाक्त ही कबीर की दृष्टि में, ऐसा प्राणी है, जिसके सामने राम नाम कहने तक का, हरि के गुण सुनाने तक का कोई फायदा नहीं। शाक्त को सुधारने की कोशिशें उसी तरह फिजूल हैं, जैसे कुत्ते को उपदेश सुनाना या साँप को दूध पिलाना, कौवे को कपूर खिलाना या अमृत से नीम को सींचना—

का सुनहां को सुमृत सुनांयें। का साषित पैं हरि गुन गायें॥
का कऊवा को कपूर खवांयें। का विषहर को दूध पिलांयें॥
साषित सुनहा दोनों भाई। वौ नींदै वौ भौंकत जाई॥
अंमृत ले ले नींब सिचाई। कहै कबीर वाकी बांनि न जाई॥

(आसावरी, 19)

पद में 'वौ नींदै' पर विशेष ध्यान जाता है—'शाक्त निन्दा करता है।' (शाक्त और श्वान दोनों भाई हैं, एक निन्दा करता है, एक भौंकता है।) अपने और किसी आलोच्य के बारे में कबीर नोटिस तक नहीं लेते कि वह भी उनकी आलोचना कर

सकता है; सिर्फ शाक्त के बारे में कहते हैं कि वह भी निन्दा करता है। बात सामान्य निन्दा-प्रतिनिन्दा से कुछ आगे की, कुछ व्यक्तिगत सी प्रतीत होती है। कबीर ही शाक्तों से इतने चिढ़े हुए नहीं हैं। मामला दोतरफा है। शाक्त भी कबीर की निन्दा करता है, कबीर नोटिस लेते हैं, इस निन्दा का, हालाँकि शाक्त द्वारा की गई निन्दा को समझते कुत्ते के भौंकने जैसा ही है।

अनुभवसिद्ध बात है कि जिस समूह (या व्यक्ति) के साथ आपका सम्बन्ध गहरे लगाव से तीखे मोहभंग तक की यात्रा करता है, उसकी याद्द बहुत कड़वाहट के साथ आती है। ऐसा ही कबीर के साथ हुआ। 'भगति नारदी मगन सरीरा' की घोषणा करने के पहले, सम्पर्क तो उनका सूफ़ियों से भी रहा, नाथपंथियों से भी; लेकिन ऐसी कड़वाहट के साथ याद वे केवल शाक्तों को ही करते हैं। अनंतदास का संकेत महत्त्वपूर्ण है—'शाक्तों के साथ बहुत समय नष्ट किया है, अब तो बस हरि-स्मरण से ही निर्वाह करना है।'

शाक्त 'भौंकते' रहते हैं, कबीर अपने दो संगियों—मुक्तिदाता राम और राम-स्मरण करानेवाले वैष्णव—का स्मरण करते रहते हैं। विभिन्न साधना पद्धतियों से जुड़े लोगों का पदानुक्रम, यदि कबीर की निगाह से बनाया जाए, तो उसमें सबसे नीचे शाक्त को और सबसे ऊपर वैष्णव को बेखटके रखा जा सकता है। कबीर अपने दो साथी बताते हैं—एक राम, दूसरा वैष्णव—

मेरे संगी दो जणां, एक वैष्णों, एक रांम
वो है दाता मुकति का, वो सुमिरावै नांम॥

(साध कौ अंग, 4)

कबीर वैष्णव को अपना राम सरीखा संगी कह सकते थे, क्योंकि उनके वक्त में वैष्णव होने का अनिवार्य अर्थ किसी सम्प्रदाय की सदस्यता तक सीमित नहीं था। रामानुजाचार्य या निंबार्काचार्य के अनुयायी वैष्णव कहलाते ही थे, लेकिन वैष्णव शब्द का व्यवहार एक व्यापक, सम्प्रदाय-निरपेक्ष आशय में भी होता था, जिसे मुबाद शाह ने 'दबिस्ताँ-ए-मजाहिब' में परिभाषित किया है; वे लिखते हैं, "जीव-हत्या और मांसाहार से दूर रहनेवाले व्यक्ति को हिन्दुस्तान में वैष्णव कहते हैं, वह चाहे जिस सिद्धान्त या अक़ीदे का पालन करता हो।"[1]

स्वयं को न हिन्दू न मुसलमान कहनेवाले रामानंदी वैरागी भी इसी तरह के व्यापक, सम्प्रदाय-निरपेक्ष आशय में उस समय वैष्णव कहलाते थे, सभी अवतारों की उपेक्षा कर, 'मनेर मानुस' की साधना करनेवाले सहजिया बाउल भी।

वैष्णव शब्द के जो अर्थ मुबाद शाह बता रहे हैं, वह आज तक लोक-प्रचलित है। आपने दसियों 'वैष्णव' ढाबे या होटल देखे होंगे। स्वयं को 'वैष्णव' घोषित करता

1. 'दबिस्ताँ-ए-मजाहिब' डेविड शिया और एंटनी ट्रायर कृत अंग्रेज़ी अनुवाद, (पुनर्मुद्रण, खलील ऐंड कम्पनी, लाहौर),1973, पृ. 262

ढाबा न तो कोई सिद्धान्त निरूपण कर रहा है, न किसी उपासना पद्धति का प्रस्ताव। वहाँ लगा वैष्णव ढाबे का बोर्ड यह सूचना नहीं दे रहा कि यहाँ रामानुज या निंबार्क के सम्प्रदाय की दीक्षा मिलती है, वह चेतावनी भी नहीं दे रहा कि यहाँ अवैष्णवों का प्रवेश निषिद्ध है। वह तो सिर्फ यह सूचना दे रहा है कि यहाँ शाकाहारी भोजन मिलता है!

तुकाराम भी ऐसे ही व्यापक, सम्प्रदाय निरपेक्ष अर्थ में वैष्णव शब्द का प्रयोग करते हुए कबीर, रोहिदास (रैदास), सेना, गोरा तथा अन्य निर्गुण संतों को 'विष्णुदास' कहते हैं—

वर्ण अभिमाने कोण जाले पावन
ऐसे द्या सांगून मजपाशी
अन्त्यजादी योनी तरल्या हरिभजने
त्याची पुराणे भाट जाली
वैश्य तुलाधार गोरा तो कुम्भार
धागा हाँ चंभार रोहिदास
कबीर मोमिन लतीफ़ मुसलमान
सेना न्हावी जाण विष्णुदास
कान्होपात्रा खोदु पिंजारी तो दादु
भजनी अभेदु दरीचे पाई।[1]

(मुझे बताओ तो वर्ण का अभिमान करके कौन पावन हुआ है? हरि-भजन करके तो वैश्य तुलाधार, गोरा कुम्हार, रैदास चर्मकार, कबीर मोमिन, लतीफ़ मुसलमान, नाई सेना, कान्होपात्रा, खोदु और दादू धुनियाँ—ये सब वैष्णव परमात्मा से एकाकार हुए हैं)।

लोकजीवन में मोमिन शब्द जुलाहों के लिए रूढ़ रहा है।

3.4 प्रलोभन की कसौटी पर, एकान्त की खोज में

कबीर को लुभाने के लिए भेजी गई 'माया' के बारे में अनंतदास भी बताते हैं, ख़ुद कबीर भी। कबीर द्वारा किया गया वर्णन कबीर अप्रत्यक्ष रूप में है; राग सोरठि के पद आठ और नौ में दो स्त्रियों के रूप में आई 'माया' के साथ हुए संवाद की पुनर्रचना करते हैं कबीर; हम सुनते हैं कवि के ये शब्द—

जाति जुलाहा नाम कबीरा, अजहूं पतीजौ नांहीं॥
तहां जाहु जहां पाट-पटंबर, अगर चंदन घसि लीनां।
आइ हमारै कहा करौगी हम तौ जात कमीनां॥

1. 'श्री तुकारामबावांच्या अभंगांची गाथा', महाराष्ट्र साहित्य अणि संस्कृति मंडल, मुम्बई, 2011, (सं. पुरुषोत्तम नागेश लाड़), अभंग संख्या, 4299.

संवाद समाप्त होता है, कबीर द्वारा इन दोनों मायाविनियों को दिए गए इस विलक्षण आमंत्रण के साथ—

जाति जुलाहा नांव कबीरा, बनि बनि फिरौं उदासी।
आसि पासि तुम्ह फिरि फिरि वैसो, एक माउ एक मासी॥

कबीर बात माया से ही कर रहे हैं, लेकिन अमूर्त अवधारणा माया से नहीं, हाड़-मांस की रमणी के रूप में उन्हें लुभाने के लिए 'भेजी गई' माया से। जिस स्वर्ग से ये रमणियाँ आई हैं, वह किसी परलोक में बसा स्वर्ग नहीं, सामन्तों, पुरोहितों की ऐयाशी का स्वर्ग है। उसी स्वर्ग के स्वामियों ('इन्द्रों') ने इन स्त्रियों को कबीर की सेवा में भेजा है। वे स्वयं कबीर के व्यक्तित्व पर मोहित होकर उन तक नहीं पहुँची हैं। जो लोग कबीर की 'उदासी' का 'पर्दाफाश' करना चाहते हैं, वे इन स्त्रियों को बस चीज की तरह बरत रहे हैं। कबीर इन स्त्रियों को कोस नहीं रहे, बल्कि माँ और मासी कह रहे हैं।

अनंतदास भी इस घटना का विस्तृत वर्णन करते हैं। उनकी शब्दावली स्वयं कबीर की शब्दावली के साथ समानता के कारण तुरन्त ध्यान खींचती है—

मधिम नांम कमीन हमारा।
जहां जाहू तहां राज कंवांरा॥
गोरा मेद कपूर जुबादी।
अग्र क चोवा अरु फूलवादी॥
सकल भोग राजा कै कीजै।
पाथर कैसें पांनी भीजै॥

अनंतदास के वर्णन की 'अप्सरा' काफी बेधड़क भी है—

नीची दृष्टि कबीर तुम्हारी।
देखौ मेरौ रूप निहारी॥
जब लग लीया न सुख हमारा।
तब लग झूठा जन्म तुम्हारा॥
इतनी मांनौ बात हमारी।
बहुत नहीं तौ राखौ दिन च्यारी॥[1]

अनंतदास के बखान में कई टुकड़े कबीर के पदों से लगभग ज्यों के त्यों चले आए हैं : 'सुरग लोक तैं कैसें आईं। कैसे करी हमारी चाही'; 'तेरे हाथ न लाऊं माई। साहिब मेरा रांम रिसाई'; 'नैंन बैंन विष लगै तुम्हारा'।

राग सोरठि के ये दोनों पद किसी तटस्थ स्थिति से उच्चारे जा रहे आप्त वचन नहीं, कबीर के अपने आत्मसंघर्ष का बयान करते काव्य-शब्द हैं। रोजमर्रा के

1. डेविड लोरेंजन, 'कबीर लीजेंड्स ऐंड अनंतदास' कबीर परचई, इंडियन बुक्स सेंटर, दिल्ली, 1992, पृ. 192

अनुभवों को करुणा, विडम्बना-बोध और विचार के सन्दर्भ में रखते संवेदनशील चित्त से फूटती कविता के शब्द।

अनंतदास बताते हैं कि 'माया' के प्रति निर्लिप्तता, 'घट-भीतर' के अनुभव की प्रामाणिकता और 'बाहर-संसार' की अनभय आलोचना ने कबीर की लोकप्रियता बहुत बढ़ा दी। वे तो अपने राम पर रीझे थे, और उसी को रिझाना चाहते थे, लोग कबीर पर ही रीझने लगे। रीझनेवालों में साधारण जन तो थे ही, 'बरसिंघदे' (वीरसिंह देव) जैसे राजा भी थे। कबीर की लोकप्रियता और उसके कारण कबीर की ऊब बढ़ती चली जा रही थी; 'सुमिरन' का एकान्त मिलने में बाधा जो पड़ रही थी। कबीर प्रसिद्धि पर अपने रचनात्मक एकान्त को वरीयता देते थे, अनंतदास के अनुसार, कबीर प्रसिद्धि से वैसे ही लजाते थे, 'ज्यों कुलवंती गरभ छिपावे।' लेकिन, आप कंबल छोड़ना कितना भी चाहें, कंबल ही आपको नहीं छोड़ता। कबीर को जो एकान्त चाहिए था, वह उनके प्रशंसक देने को तैयार नहीं थे।

यहाँ एकान्त और अकेलेपन का फ़र्क़ याद रखना ज़रूरी है। एकान्त चुनाव है, अकेलापन मजबूरी। एकान्त ज़रूरी है, अपने आप पर, जो असर आपके कर्म दूसरों पर डाल रहे हैं, उस पर विचार के लिए। एकान्त ज़रूरी है अपने आप से निश्छल संवाद के लिए। एकान्त में स्वेच्छा से गया मनुष्य न तो दूसरों को तिरस्कार भाव से देखते हुए जाता है, न तिरस्कृत होने का भाव लेकर। वह जाता है अपने, ऐन अपने अवकाश के लिए, आत्म-संवाद के क्षण की खोज में।

हमारे समय की सचाई है कि सर्वसत्तावादी मिज़ाज व्यक्ति को भीड़ का हिस्सा बना देने के लिए व्यापक प्रपंच रचता है; एकान्त और निजता को समाज-द्रोह मानता है। कुछ ज्ञानी इस स्थिति को ऐसे अनुपम आनन्द का विषय मानते हैं कि एकान्त की बात सुनकर उनका पेट हँसी से दुखने लगता है। लेकिन, सच तो यही है कि चौबीसों घंटे का टीवी, नींद से ठीक पहले तक और नींद से निकलते ही हाथ में चिपका रहनेवाला स्मार्ट फ़ोन सुनिश्चित करता है कि आप या तो ग़ुस्से की मीनार में रहें, या इनफोटेनमेंट के जंगल में। अपने अनुभवों पर विवेकसंगत विचार का एकान्त आपको किसी सूरत न मिले। ऐसी स्थिति पर चिन्तित होना जिनकी पेट दुखाऊ चिन्ता का विषय बनता है, उन्हें पेट की नहीं, अपने दिमाग़ की फ़िक्र करनी चाहिए।

प्रसिद्धि से पिंड छुड़ाने के लिए कबीर ने कौतुक रचा, अनंतदास के शब्दों में, "तब कबीर एक बुधि विचारी। लोक बड़ाई धरूँ उतारी।" एक सुबह किसी वारांगना के गले में बाँह डाल निकल पड़े नगर की सैर करने, हाथ में पानी भरी बोतल ले ली। जताने यों लगे जैसे कि शराब पी रहे हैं—

दिन दिन भीर होत अधिकाई।
सुमिरन करत चित चल जाई॥

तब कबीर ऐक बुधि बिचारी।
लोक-बड़ाई धरूं उतारी॥
प्रात समै गनिका कै गइऊ।
लीन्हीं संग अचंभौ भयऊ।
गरै बांह गनिका के घाली।
गनिका मिलि कबीर संगि चाली॥

बस फिर क्या था, तहलका मच गया। कबीर के प्रशंसक दुखी, लज्जित; निंदक गद्‌गद—"चले थे भक्त बनने, अरे ये नीच लोग होते ही ऐसे हैं, दिखा दी न औक़ात"—

भगति कीया चाहै सब कोई
नीच जाति तैं कैसे होई
दिन दस भगति कबीरै कीन्हीं
अब देखौ गनिका संगि लीन्हीं।[1]

माहौल जब भावनात्मक बना दिया जाए तो समझदार लोग भी सोच-विचार की ताक़त खो देते हैं। अफ़वाहें सब तरफ़ तैरा दी जाएँ, तो मित्र भी मुँह फेर लेते हैं। कबीर के साथ भी यही हुआ। अपने प्रिय शिष्य राजा बीरसिंह बघेल के निवास पर पहुँचे। बीरसिंह तक 'ख़बर' पहले ही पहुँच गई थी; गणिका के गले में हाथ डाले, दूसरे हाथ में बोतल थामे कबीर ने पुष्टि कर दी। बीरसिंह ने वितृष्णा से मुँह फेर लिया।

ऐसे तनाव भरे माहौल में कबीर ने एकाएक हाथ में पकड़ी बोतल का पानी फ़र्श पर फैला दिया। चकित लोगों ने वजह पूछी तो कहा कि "पुरी में एक पंडा के पाँव पर गर्म पानी गिर गया है, उसके मुँह से पीड़ा में मेरा नाम निकला, सो...। ठंडा पानी जलन पर डालने से उसे आराम मिलेगा।" कहकर कबीर तो चल दिए, मौजूद लोगों में से कुछ हँसे, कुछ ने सोचा पागल हो गया है। लेकिन बीरसिंह को जैसे राहत की छोटी सी राह मिल गई; फ़ौरन हरकारे पुरी रवाना कर दिए कि सचाई पता लगे।

इधर कबीर को अपने ढंग से राहत मिल गई। प्रसिद्धि के प्रपंच से राहत, लोकप्रियता के जंजाल में खोते जा रहे एकान्त को फिर से पा जाने की राहत।

लेकिन कितने दिन?

राजा के हरकारे कुछ दिन बाद लौटकर आए और बताया कि कबीर ठीक कह रहे थे, ऐन उसी वक़्त पंडे का पाँव जला था, और कबीर के कहे मुताबिक़

1. 'कबीर लीजेंड्स ऐंड अनंतदास' कबीर परचई, पृ. 150-51

उसे राहत भी मिली थी। अब, राजा लज्जित, "लेकिन मुँह तो मैंने भी फेरा ही था, अपमान तो मैंने भी किया ही था, अब किस मुँह से माफ़ी माँगने जाऊँ? कहीं शाप न दे दें?" पत्नी ने समझाया, डर कुछ कम हुआ, राजा आख़िरकार कबीर के निवास-स्थान पर जा पहुँचे। पहुँचते ही गुरु का वैसा ही सहज स्वागत-भाव मिला जैसा हमेशा मिलता था, "उतार दो सर से डर का यह बोझ, मैं क्रुद्ध नहीं हूँ, मैं सबके प्रति समभाव रखता हूँ, न किसी से व्यर्थ का प्रेम, न किसी से व्यर्थ का क्रोध। मेरे लिए राजा-रंक बराबर हैं—

डारि डारि माथै का बोझू
मेरै मन में नहीं किरोधू
मेरै बैर न मेरै भाऊ
मेरै रंक न मेरै राऊ।[1]

3.5 जब लग जुलहा कासी होई... : कबीर के विरुद्ध 'आहत भावनाओं' की एकता

आजकल, तरह तरह की सामाजिक अस्मितावादी राजनीति की कृपा से आहत भावनाओं का कारोबार जोर-शोर से चल रहा है। किताबों, फ़िल्मों यहाँ तक कि चुटकुलों तक पर रोक लगाने की माँगें की ज़ा रहीं हैं, और सत्तातंत्र द्वारा मानी जा रही हैं। कबीर आज भी भावनाएँ आहत करने के अपराधी ठहराए जाते, जैसे उस समय सिकंदर लोदी के सामने ठहराए गए थे। कबीर आजकल के मुहाविरे की हिन्दू-मुसलिम एकता के भी समर्थक नहीं कठोर आलोचक ही होते। आज, ऐसी एकता का आशय है कि किसी भी परम्परा के अन्धविश्वासों और कुरीतियों की आलोचना न की जाए। धार्मिक-सांस्कृतिक अस्मिताओं के दावों को मानवीय मूल्यों और व्यापक सामाजिक चिन्ताओं से ज़्यादा मूल्यवान माना जाए। ऐसी एकता कबीर नहीं चाहते थे।

वे नया पंथ निकालना भी नहीं चाहते थे, उनका रास्ता तो 'निज ब्रह्म विचार' का, राम से भी और समाज से भी परस्पर सम्मान और समानता का रिश्ता बनाने का रास्ता था। कबीर के समकालीन (उनके प्रशंसक हों या विरोधी) उनकी विशेषता भलीभाँति समझते थे। उनकी कविता एक यदि करती थी तो उन्हीं को करती थी जो सामाजिक पहचान से ज्यादा मोल विवेक, अनभय और अनुभव का मानते थे। बाकी लोगों के बारे में तो, अनंतदास बताते हैं : काशी के हिन्दू और मुसलमान नेता कबीर की कविता के कारण नहीं, बल्कि उसके विरुद्ध एक

1. वही, पृ. 159

होकर पहुँचे थे सिकंदर लोदी के हुजूर में। विडम्बना यह कि कुल की परम्परा और रीति छोड़कर, वैरागियों के फेर में राम जपनेवाले बेटे से रुष्ट माँ भी इस झुंड में शामिल थी, शायद इस उम्मीद में कि बादशाह की डाँट खाकर तो बेटा सुधर ही जाएगा।

उधर सिकंदर लोदी हैरान, परेशान—एक अदना जुलाहे ने ऐसा क्या गजब ढा दिया? पूछा : भई मामला क्या है? उसने क्या किसी का माल मार लिया है? किसी की जमीन दबा ली है? गाँव-परगना छीन लिया है? काशी के हिन्दू-मुसलमान प्रतिनिधियों का जवाब लाजवाब और उनकी माँग दो टूक है : इस 'अमारग' चलनेवाले, हिन्दू, मुसलमान दोनों से न्यारा चलनेवाले (आजकल के मुहाविरे में, 'भावनाओं को आहत' करनेवाले) कबीर को तुरन्त काशी से निकाल दिया जाए—

कहै सिकंदर क्या है भाई।
गांव प्रगना लिया छिनाई॥
गांव-प्रगना नहीं लिया।
जुलाहै ऐक अमारग किया॥
मुसलमांन की छोड़ी रीती।
अरु हिन्दू की भानैं छीती॥
निंदै तीरथ, निंदै बेदू।
निंदै नवग्रह सूरज चन्दू॥
निंदै संकर निंदै माई।
निंदै सारद गणपति राई॥
निंदै ग्यारस होम सराध्य।
निंदै बांभन जग आराध्य॥
निंदै माता-पिता की सेवा।
बहन भांणजी अरु सब देवा।
निंदै सकल धरम की आसा।
षट दरसन अरु बारह मासा।
ऐसी बिधि सब लोक बिगारा।
हींदू मुसलमान तैं न्यारा॥
ता तैं हमैं मानैं न कोई।
जब लग जुलहा कासी होई।[1]

1. वही, पृ. 165-67

"तातैं हमें माने न कोई"—असली संकट यही है। जो लोग कबीर को हाशिए की आवाज़ बताते नहीं थकते, वे सुनें काशी के हिन्दू-मुस्लिम अस्मिता प्रतिनिधियों की वेदना—'जब तक यह जुलाहा काशी में है, हमें कोई नहीं माननेवाला।'

हाशिए तक सीमित आवाज होती कबीर की, तो मुल्लाओं और ब्राह्मणों को 'साह सिकंदर' को जहमत न देनी पड़ती, खुद ही निबट लेते। यह एक और धर्म की स्थापना के लिए उत्सुक आवाज होती तो भी शायद एडजस्टमेंट हो जाता। लेकिन यह तो धर्म-सत्ता मात्र के विरुद्ध मनुष्य की आत्म-सत्ता की आवाज है। तरह-तरह की सामाजिक अस्मिताओं के 'प्रवक्ताओं' के विरुद्ध विवेकवान व्यक्ति-सत्ता की आवाज है।

इस पर न प्रलोभनों का असर हो रहा है, न घर वालों के समझाने-बुझाने का—यह आदमी खतरनाक है। ऐसे खतरनाक आदमी के विरुद्ध, उसकी कविता के विरुद्ध हिन्दुओं, मुसलमानों—दोनों के प्रतिनिधि एक हैं, और उनका माई-बाप भी एक ही है—दिल्ली के तख्त पर बैठा सुल्तान। सो गुहार तो वहीं लगनी थी—"ऐसी बिपति निवारि हमारी। तूं ही बाप तूं ही महतारी।" सुल्तान ने तुरन्त कबीर को तलब किया, कामदेव जैसे आकर्षक, साँवले कबीर जा पहुँचे, सिकंदर के दरबार में—'राखनहारे राम' को सुमिरते हुए।

यह सम्भवत: अकेला स्थान है, जहाँ अनंतदास ने (या किसी और ने भी) ने कबीर के कामदेव को भी लजानेवाले साँवलेपन को नोट किया है—"देह साँवरी मनमथ लाजै।"

सिकंदर के दरबार में पहुँचे, तो वहाँ सब 'समझदार' लोगों ने समझाया, 'भई, मुसलमान जन्मे हो, मुसलमान की तरह रहो। हिन्दू हो या मुसलमान, सबको अपनी-अपनी राह चलना चाहिए। इसी में इहलोक में भी गति है, परलोक में भी। मुसलमान होकर रामनाम जपने का क्या मतलब?'

'अमारग' कबीर को न मानना था, न माने। मार्ग पर लाने के लिए मदमस्त हाथी छोड़ा गया, वह स्वयं ही चीखें मारता वापस भाग गया; जंजीरों में बाँध गंगा में डुबोया गया, लेकिन डूबने की बजाय कबीर तो मृगछाला पर बैठे नज़र आए—"गंगा की लहर मेरी टूटी जंजीर। मृगछाला पर बैठे कबीर।"

आखिरकार, कबीर को आग में फेंक दिया गया, लेकिन आग भी पानी सी हो गई, या आग ने भी उन्हें पिता का सा वात्सल्य दिया, या शायद पिता नीरू ने ही जान पर खेलकर अपने बेटे को बचा लिया—'भयौ हुतासन जैसे नीरू'। 'आदिग्रंथ' और 'ग्रंथावली' दोनों में संकलित एक पद (राग बिलावल, पद 4) में कबीर इन तीनों 'परीक्षाओं' की बात करते हैं—"तीन बार पतिआ भरि लीना", हालाँकि सिकंदर या किसी भी व्यक्ति-विशेष का नामोल्लेख नहीं करते, वैसे ही जैसे नीरू-नीमा और रामानंद के नाम भी कबीर की अपनी वाणी में नहीं मिलते। बहरहाल, बादशाह ने

कबीर को 'पतिया' लिया। उसे कबीर की महिमा समझ आ गई, वह उस मर्म तक पहुँच गया जो काजी-मुल्ला की समझ के बाहर था—

साचा राम कबीर तुम्हारा।
अब कै राख्यो जीव हमारा॥
काजी मुल्ला मरम न जानैं।
सिरजनहार तुम्हारी मानै॥

सिकंदर ने कबीर को भेंटें देनी चाहीं, लेकिन जो ऐसी भेंटें स्वीकार करे वह भक्त कैसा—"जो माँगे सो भगत न होई। मन दिढ़ राखै निज जन सोई।" सिकंदर को 'परचा' देकर, उसकी 'कसणी' पर खरे उतरकर कबीर घर लौटे। उन्हें अपने राम पर विश्वास है, और इस विश्वास पर कबीर के राम को। भक्त कबीर आगे-आगे चल रहे हैं, हरि उनके पीछे चले आ रहे हैं—"भगतनि पीछैं हरि चलि आवै।"[1]

अनंतदास तो ऐसी कोई सूचना नहीं देते लेकिन अन्य स्रोतों के अनुसार कबीर ने घुमक्कड़ी भी खूब की थी। दामाखेड़ा कबीरपंथी शाखा मानती है कि धर्मदास को समाधि दिलाने के लिए कबीर जगन्नाथपुरी गए थे; उन्होंने तत्कालीन राजा को समुद्र के कोप से बचाया भी था। इसी तरह कबीर की गुजरात यात्रा की भी प्रसिद्धि है, जहाँ उन्होंने तत्त्वा जीवा को शिष्य बनाया था। कहा जाता है कि हरिद्वार में उनकी भेंट गुरु नानक से हुई थी। कुछ पंथी स्रोत तो कबीर द्वारा बल्ख, बुखारा और अरब की यात्राओं की भी बात करते हैं।

इन यात्राओं में से सब की सब कबीर ने की हों या न की हों, लेकिन उनके शब्दों ने, उनके प्रभाव ने निस्सन्देह दूर-दूर की यात्रा की। कबीर उस समय भक्ति के लोकवृत्त में केन्द्रीय उपस्थिति निश्चय ही बन गए; आज तक बने हुए हैं।

5. कबीर और रामानंद

भक्ति के लोकवृत्त और सामान्य जन-जीवन में कबीर-रामानंद सम्बन्ध पारम्परिक रूप से सर्वमान्य रहा है। इस मान्यता के अनुसार कबीर रामानंद के शिष्य थे—स्वयं के विवेक से सम्पन्न शिष्य। अन्धभक्त नहीं। रामानंद को गुरु बनाना उनका अपना चुनाव था, जिस पर अमल करने के क्रम में ही उन्होंने याद दिला दिया कि श्रेष्ठ शिष्य केवल स्वयं नहीं सीखता, गुरु को भी सीखने की प्रेरणा देता है।

रामानंद 'म्लेच्छ' (मुसलमान) होने के कारण मुझे दीक्षा नहीं देंगे, वे तो मुसलमानों से बात तक पर्दे के पीछे से करते हैं; सो कबीर रामानंद के गंगा-स्नान

1. वही, पृ. 180, 184

के लिए जाने के समय घाट की सीढ़ियों पर लेट गए, रामानंद का पाँव कबीर पर पड़ा, उनके मुँह से राम-नाम निकला, इसी को कबीर ने गुरुमंत्र मान लिया। बाद में जब रामानंद ने जवाब-तलब किया तो कबीर ने जवाब दिया, "आपके मुँह से राम नाम निकला, यही मेरे लिये गुरुमंत्र था, अधिक महत्त्वपूर्ण यह कि "आप ने मुझ से ही नहीं, स्वयं से भी तो यही कहा था कि राम कहो...(रामं कह्यां अरु भेट्या पाऊ। हमैं कह्या अरु तुमहैं कहाऊ॥)।[1] रामानंद इतने प्रभावित हुए कि पर्दे की परवाह छोड़, कबीर को गले लगा लिया; योग्य शिष्य ने गुरु के निराधार पूर्वग्रह को विगलित कर दिया।

यह बात बेहद महत्त्वपूर्ण है कि कबीर को रामानंद का शिष्य माननेवाली परम्परा ने कबीर को ब्राह्मण सर्वोच्चता का समर्थक कभी नहीं ठहराया। उलटे एक किंवदंती में तो कबीर रामानंद के सामने श्राद्ध-कर्म की व्यर्थता जताते दीखते हैं। आरम्भिक देशज आधुनिकता ने कबीर की विशिष्टता को विलुप्त करने की बजाय सुरक्षित रखा।

कुछ आधुनिक विद्वान रामानंद-कबीर सम्बन्ध को निम्नलिखित आधारों पर अस्वीकार करते हैं—

1. स्वयं कबीर ने अपने किसी मानवीय गुरु का नामोल्लेख नहीं किया है।
2. अगस्त्य संहिता में दी गई तिथियों से मालूम पड़ता है कि रामानंद का जीवन-काल 1299 से 1410 तक है, जबकि कबीर का तो जन्म ही 1398 में हुआ था।
3. रामानंद तो परम्परावादी, आ. द्विवेदी के शब्दों में 'शास्त्रसिद्ध' आचार्य, कुछ लोगों के अनुसार तो सीधे शब्दों में 'ब्राह्मणवादी' थे। उनकी वैचारिकता और संवेदना से कबीर से क्या मेल?
4. रामानंद-कबीर सम्बन्ध की बात तो केवल वैष्णव स्रोत करते हैं, ज़ाहिर है कि कबीर को वैष्णवों में शामिल करने के इरादे से। किसी ग़ैर-वैष्णव स्रोत में तो इसका उल्लेख मिलता नहीं।

इनमें से पहले तीन आधारों का सविस्तार सप्रमाण समाधान मैं 'अकथ कहानी प्रेम की : कबीर की कविता और उनका समय' में कर ही चुका हूँ, यहाँ संक्षिप्त उल्लेख ही पर्याप्त है; हाँ, इस विषय में वैष्णवेतर स्रोतों में प्राप्त सूचनाओं के बारे में, ज़रूर यहाँ आप कुछ नया पाएँगे।

जहाँ तक कबीर द्वारा रामानंद का नामोल्लेख न करने की बात है, नामोल्लेख तो उन्होंने अपने माता-पिता का भी नहीं किया है, पत्नी, पुत्र-पुत्री का भी नहीं। उनके समकालीन रैदास और प्रशंसक माने जानेवाले वीरसिंह बघेल का भी नहीं, किसी समकालीन शासक का भी नहीं। कबीर की अपनी रचना में तीन ही नाम ऐतिहासिक व्यक्तियों के आते हैं—नामदेव, जयदेव और त्रिलोचन। ये तीनों कबीर

1. वही, पृ. 133

के पूर्ववर्ती महत्त्वपूर्ण भक्त हैं। यदि हम अन्य नामों—नीरू, नीमा, रैदास, वीरसिंह बघेल, सिकंदर लोदी आदि—के लिए केवल कबीर के अन्तस्साक्ष्य पर निर्भर नहीं करते, तो गुरु के प्रसंग में ही क्यों करें? अन्तस्साक्ष्य के सिवाय अन्य स्रोतों पर अविश्वास करना ही है तो इन व्यक्तियों के प्रसंग में भी करें, केवल रामानंद के प्रसंग में ही क्यों? साथ ही, मेरी इस जिज्ञासा का समाधान भी करें कि कबीर जैसे किस संत-भक्त ने अपने गुरु का स्पष्ट नामोल्लेख किया है?

संतों-भक्तों, रहस्य-साधकों में गुरु का नाम लेना उचित नहीं माना जाता, किसी के पूछने पर बताना ही पड़े, तो भी बहुत से लोग घुमा-फिरा कर ही बताते हैं। किसी को गुरुमंत्र बताना भी अनुचित माना जाता है। इसी के साथ, यह बात भी याद रखने की है कि गुरु-विहीन होना ऐसे लोगों के जगत में इस हद तक अपमानजनक है कि 'निगुरा' शब्द गाली के तौर पर बरता जाता है। कोई गम्भीर बात बताने पर अपात्र तो ऐसे व्यक्ति को माना ही जाता है। कबीर स्वयं कहते हैं—'निगुरा होइ तो कहा बतावै' (भैरूँ, 1) "चूँकि नामोल्लेख नहीं है, इसलिए कबीर किसी को गुरु नहीं मानते थे"—ऐसा मानना इन परम्पराओं और रिवाजों के बारे में घोर अज्ञान का ही सूचक है।

अब आते हैं, तथाकथित 'अगस्त्य संहिता' में दी गई तिथियों, कबीर-रामानंद सम्बन्ध के प्रसंग में उनके निहितार्थों और रामानंद के 'वर्णाश्रम समर्थक' या ब्राह्मणवादी होने के परस्पर सम्बद्ध मुद्दों पर।

कबीर-रामानंद सम्बन्ध पर सन्देह का बीज-वपन अध्येताओं के बीच होता है, 1913 में डॉ. आर. जी. भंडारकर की पुस्तक 'वैष्णविज्म, शैविज्म ऐंड अदर माइनर रिलीजस सिस्टम्स' के प्रकाशन के साथ। इसमें भंडारकर ने अपने समय के रामानंदियों तथा अन्य वैष्णवों की पारम्परिक मान्यता पर आधारित, मैकालिफ के इस कथन का खंडन किया कि रामानंद मायलकोट (कर्नाटक) के थे और उनका समय पन्द्रहवीं सदी का है। भंडारकर के शब्दों में—

> श्री मैकालिफ रामानंद का जन्म-स्थान मायलकोट बताते हुए कहते हैं कि वे पन्द्रहवीं सदी तक सक्रिय थे। इसे वे कबीर की जन्मतिथि (1398) के साथ संगत पाते हैं। जो प्रमाण [अथॉरिटी] मैंने देखा है, उसके अनुसार रामानंद का जन्म प्रयाग के कान्यकुब्ज दम्पती पुण्यसदन और सुशीला के घर हुआ था। उनकी जन्मतिथि कलियुग के 4400 वर्ष पूरे होने पर, अर्थात् 1356 विक्रमी बतायी गई है। इसका मतलब हुआ—1299 या 1300 ई.। यह तिथि रामानुज और रामानंद के बीच तीन पीढ़ियाँ मानने की पारम्परिक मान्यता के अनुकूल पड़ती है। रामानुज का निधन आम तौर से 1137 ई. में माना जाता है, हालाँकि इससे उनकी आयु 120 वर्ष माननी होगी। चौदहवीं सदी के अन्त और

> 1137 की तुलना में 1137 और 1300 के बीच तीन पीढ़ियों का होना अधिक सम्भाव्य है। इसलिए रामानंद का समय पन्द्रहवीं सदी तक खींचना स्पष्टतया ग़लत है, और मेरे द्वारा देखी गई पुस्तक में दी गई तिथि बहुत करके सही है।[1]

भंडारकर ने अपनी देखी 'अथॉरिटी' का परिचय फुटनोट में दिया है : "अगस्त्य संहिता के अध्याय—रामनारायण दास द्वारा सं. 1960 अर्थात् 1904 ई. में सम्पन्न अनुवाद सहित।"

वैष्णव सम्प्रदाय का विकास दिखा रहे भंडारकर का ध्यान इस बात पर नहीं गया कि यह विकास उनके अपने समय तक चल रहा था। जिसे वे रामानंद के काल-निर्धारण के लिए निर्विवाद प्रमाण मान रहे थे, उस तथाकथित अगस्त्य संहिता का निर्माण, जिस विवाद के प्रसंग में हुआ, वह इस 'विकास' का अनिवार्य अंग था। 'अगस्त्य संहिता के अध्याय' इस विवाद में इस्तेमाल करने के लिए ही रचे गए थे—भंडारकर की पुस्तक के लेखन-काल से कुछ ही बरस पहले।

रामानंद का सम्बन्ध रामानुज के श्रीसम्प्रदाय से माना जाता है, जो ब्राह्मण—सर्वोच्चता, उससे जुड़ी ऊँच-नीच की भावना पर बल देने तथा 'आचार-विचार' की रूढ़िवादिता के लिए विख्यात था। इस रूढ़िवादिता के कारण ही रामानंद और श्रीसम्प्रदाय के सम्बन्ध तनावपूर्ण हो गए थे। रामानुजी श्रीसम्प्रदाय में रामानंद को अनेक में से एक शिष्य ही माना जाता है, 'आचार्य' नहीं।

नाभादास की 'भक्तमाल' में रामानंद का उल्लेख सम्प्रदाय की स्थापना करनेवाले 'आचार्य' के रूप में नहीं, बल्कि 'रामानुज पद्धति के प्रताप' से 'एकते एक उजागर शिष्य-प्रशिष्य' सम्भव कर 'विश्व-मंगल' की चिन्ता करनेवाले व्यक्ति के रूप में हुआ है। रामानंद का प्रयत्न भाष्यकार आचार्य के रूप में सम्प्रदाय स्थापित करने के लिए नहीं, समाज में संवाद के पुल बनाने के लिए था। नाभादास दीर्घजीवी रामानंद की स्तुति, उनके शिष्यों के नाम गिनाते हुए करते हैं—

अनंतानंद कबीर सुखा सुरसुरा पद्मावति नरहरि
पीपा भवानंद रैदास धना सेन सुर सुरकी घर हरि
औरो शिष्य प्रशिष्य एकते एक उजागर
विश्वमंगल आधार भक्ति के श्रद्धा के आगर
बहुत काल वपु धारिकै, प्रणतजनन को पार कियो
श्री रामानंद रघुनाथ ज्यों, द्वितीय सेतु जगतरण कियो

(छप्पय, 36)

---

1. वैष्णविज़्म, शैविज़्म ऐंड माइनर रिलीजस सिस्टम्स', (पुनर्मुद्रण), मुंशीराम मनोहरलाल, नई दिल्ली, 2001, पृ. 66-67

दादूपंथी राघवदास भी अपनी 'भक्तमाल' (1660 ई.) में रामानंद का वर्णन 'श्रीरामानुज सम्प्रदाय' के अन्तर्गत ही करते हैं, और कहते हैं कि रामानंद ने "जात-पाँत, ऊँच-नीच मेटि कै सार गह" लिया था—

रांमांनंद रांम कांम सावधांन आठौ जांम,
कायागढ़ करि तमाम जीत्यौ मन घेरि कै।
जाति-पांति ऊंच-नीच मेटिकैं अकाल-मीच,
सार बस्त सार गहि लीन्हौं हरि हेरि कैं।
ऊपजे सपूत सिष द्वादस दुनी मैं दीप,
चंदन सूं चंदन कपूर जैसें केरि के।
राघो कहै पंथ पाज थापिकैं भगत राज,
पूरौ गुर साज सिर तपै सुमेर कै।

(छप्पय, 123)

लेकिन आधुनिक काल में कुछ विद्वानों ने मान लिया है कि रामानंद वर्णाश्रम के समर्थक थे और कबीर से एक सदी पहले हो चुके थे, इसलिए इस सम्बन्ध का सवाल ही नहीं पैदा होता। इस तरह की बातों की जड़ जिस समझ में है, उसकी ओर विलियम पिंच ने संकेत किया है—

> अनेक लोगों को रामानंद एक बहुत ही महत्त्वपूर्ण, लेकिन उपेक्षित जगह पर खड़े लगते हैं। यह जगह है : दो प्रतिस्पर्धी हिन्दू धर्मों के बीच की जगह। एक ओर है विशिष्ट पंडितों का हिन्दू धर्म तो दूसरी ओर है रेडिकल कवियों का हिन्दू धर्म। संस्कृत ज्ञान-सम्पन्न आचार्य और वैष्णव भक्ति के विज़नरी एक साथ होने के कारण रामानंद की जगह इन दोनों के बीच है। जिन भारतविदों को जाति व्यवस्था में केवल मूलभूत संरचनात्मक विरोध ही देखने के संस्कार घुट्टी में पिलाए गए हैं, उनके लिए मुश्किल सवाल यह है : क्या कोई व्यक्ति वर्णपटल के दोनों सिरे एकसाथ छू सकता है? रामानंद के बारे में जानते हम इतना कम हैं कि इस सवाल का निश्चित उत्तर देना कठिन है।[1]

वर्णपटल के दोनों सिरे एक साथ छूनेवाले व्यक्ति भारतीय इतिहास में हुए तो अनेक हैं, लेकिन किसी के व्यक्तिगत चयन की पूरी तरह उपेक्षा करते हुए उसे बस जन्मगत अस्मिता के वाहक में बदल देने की आदत जिन्हें पड़ गई है, ऐसे महानुभाव न तो वर्णपटल के दोनों सिरे छूनेवालों को देख पाते हैं, न भारतीय

1. विलियम पिंच, 'पैजेंट्स ऐंड मंक्स इन ब्रिटिश इंडिया', ऑक्सफोर्ड यूनिवर्सिटी प्रेस, नई दिल्ली, 1996, पृ. 50

समाज के विभिन्न तबकों के बीच संवाद के पुल बनाने की कोशिशें करनेवालों को। रामानंद ऐसे ही व्यक्तियों में से थे, नाभादास के शब्दों मे, "श्री रामानंद रघुनाथ ज्यों, द्वितीय सेतु जगतरण कियो।"

रामानंद-विषयक सूचना दारिद्र्य तथा इसकी परिणतियों का उल्लेख आ. शुक्ल ने भी किया है,—"स्वामी रामानंद जी का कोई प्रामाणिक वृत्त न मिलने से उनके सम्बन्ध में कई प्रकार के प्रवादों के प्रचार का अवसर लोगों को मिला है।"[1]

रामानंद का 'प्रामाणिक वृत्त' भले ही न उपलब्ध हो, लेकिन जो कुछ भी हम उनके बारे में प्रामाणिक रूप से जानते हैं, वह भक्तमालों और परचइयों जैसे देशभाषा स्रोतों की बदौलत ही। सूचना-दारिद्र्य में कुछ कमी लाने करनेवाली थोड़ी-बहुत सामग्री हो, या रामानंद की अपनी चार-छह रचनाएँ—मिलती हमें हैं दादूपंथी सर्वंगियों, गुटकों, सिख 'आदिग्रंथ' तथा अन्य देशभाषा स्रोतों से ही। कुछ लोग भंडारकर द्वारा प्रमाण मानी गई तथाकथित अगस्त्य संहिता में दिए गए विवरण के समर्थन में भविष्य-पुराण में दी गईं रामानंद सम्बन्धी सूचनाओं का भी उल्लेख करते हैं। भारतीय इतिहास के प्रसंग में मान कर ही चला जाता है कि कोई ग्रंथ संस्कृत में रचा गया है, तो 'प्राचीन' तो होगा ही, भविष्य-पुराण भी प्राचीन है, और 'अगस्त्य संहिता के अध्याय' भी।

वास्तविकता यह है भविष्य-पुराण निरन्तर विकासमान पुराण है। इसमें भारत में अंग्रेज़ी राज की स्थापना 1857 के संग्राम तक का उल्लेख मिलता है।[2] स्पष्टतया इस पुराण के रामानंद-विषयक प्रसंगों का रचना-काल भंडारकर द्वारा देखी गई तथाकथित 'अगस्त्य-संहिता' के आसपास का ही है। आरम्भिक आधुनिक कालीन भारत के संस्कृत स्रोत तो रामानंद का नोटिस तक नहीं लेते; जबकि लोकभाषा स्रोतों के साथ ही सूफी तज्किरों में भी उनका उल्लेख बारंबार मिलता है। उत्तर भारत की लोक-परम्परा रामानंद को सामाजिक रूप से समावेशी भक्ति-धारणा के प्रतिपादन का जो श्रेय देती आई है—वह ख़ामख़ाह नहीं।

फिर ऐसा क्या हुआ कि बीसवीं सदी के आरम्भ में भक्ति-संवेदना के इतिहास पर काम करनेवाले विद्वानों को रामानंद वर्णाश्रम की शास्त्रमर्यादा माननेवाले आचार्य प्रतीत होने लगे? आरम्भिक आधुनिक काल के हिन्दी रामानंद के स्थान पर औपनिवेशिक आधुनिकता के काल में संस्कृत रामानंद की स्थापना इस हद तक कैसे हो गई कि आदिग्रंथ में मिलनेवाले निर्गुण साधनापरक पदों के बारे में आ. रामचन्द्र शुक्ल ने निर्णय दे डाला कि ये पद, "वैष्णव भक्त रामानंद जी के नहीं हैं,

1. आ. रामचन्द्र शुक्ल, 'हिन्दी साहित्य का इतिहास', नागरी प्रचारिणी सभा, वाराणसी, (सं. 2035 संस्करण), पृ. 83
2. भविष्य महापुराण (द्वितीय खंड), हिन्दी साहित्य सम्मेलन, प्रयाग, 1997, प्रतिसर्गपर्व, 22.7-84, पृ. 719

और किसी रामानंद के हों तो हो सकते हैं।" आगे चलकर शारलोत वादिवेल ने भी दो रामानंदों वाली यह बात जस की तस दोहरा दी। मान लिया गया कि रामानंद न तो कबीर के समकालीन थे न उनकी संवेदना का निर्गुणी संवेदना से कोई लेना-देना था, देशभाषा में उनके द्वारा रचना करने का सवाल ही नहीं। विनांद कैल्वर्त कबीर को रामानंद का शिष्य बताने के लिए अनंतदास पर बड़े-बूढ़ों की तरह तरस खाते हुए लिखते हैं—

> उन्होंने नामदेव, कबीर, रैदास, धन्ना, अंगद, त्रिलोचन और पीपा की महिमा गायी। इनसे अधिक प्रसिद्ध कवियों का चुनाव वे कर भी नहीं सकते थे। और इनमें से चार (कबीर, धन्ना, पीपा और रैदास) को वे रामानंद का शिष्य बताते हैं। नामदेव, अंगद और त्रिलोचन इतना अरसा पहले हो चुके थे कि इनमें से किसी को रामानंद का शिष्य बताना अनंतदास तक के इतिहास-बोध पर भारी पड़ जाता।[1]

शारलोत वादिवेल भी मानती हैं कि हिन्दू परम्परा रामानंद का समय 1299-1410 ही मानती आई है, लेकिन "आधुनिक हिन्दू मत कबीर को वैष्णव सुधारक रामानंद का शिष्य बनाने पर आमादा है।"[2] वास्तविकता ठीक उलट है, जैसा कि हम अभी देखेंगे। रामानंद की तथाकथित पारम्परिक हिन्दू तिथियाँ (1299-1410) ठेठ आधुनिक युग में प्रस्तावित और प्रचारित की गई हैं। मज़े की बात यह कि पारम्परिक मान्यता को आधुनिक और आधुनिक निर्मिति को पारम्परिक मानने की यह उलटबाँसी आजकल 'पॉलिटिकली करेक्ट' होने का प्रतिमान बन गई है।

बहरहाल, कैल्वर्त और वादिवेल जैसा इतिहास-बोध तो बेचारे अनंतदास को कहाँ से नसीब होता, लेकिन कालक्रम-बोध उनका ठीक-ठाक मालूम होता है; वे 'कलियुग' में भक्ति का विस्तार करने का श्रेय रामानंद को नहीं, नामदेव को देते हैं—"कलिजुग प्रथमि नामदे भ़ईयौ केसौ अपनैं बस करि लीयौ।"

रामानंदी अनंतदास अगर कबीरादि का ब्राह्मणीकरण करने पर ही उतारू थे, तो उन्होंने नामदेव को भी क्यों नहीं रामानंद से जोड़ दिया? वादिवेल और कैल्वर्त की यदि मानें तो रामानंद और नामदेव दोनों चौदहवीं सदी में हुए होने के कारण समकालीन ही तो थे। इतिहास-बोध विपन्न अनंतदास और कुछ नहीं तो कलिकाल में भक्ति का प्रतिपादन करने का श्रेय तो बजाय नामदेव के रामानंद को दे ही सकते थे।

फ़र्क़ सिर्फ़ इतना सा है कि इतिहास-बोध सम्पन्न विद्वान जो भी मानते रहें, अनंतदास निश्चित रूप से जानते थे कि रामानंद नामदेव के नहीं, सौ बरस बाद

1. विनांद कैल्वर्त, 'दि हेजियोग्राफीज़ ऑफ़ अनंतदास : दि भक्ति पोयट्स ऑफ़ नॉर्थ इंडिया', कर्जन प्रेस, सरे, 2000, पृ. 1
2. शारलोत वादिवेल, ए वीवर नेम्ड कबीर, ऑक्सफ़ोर्ड यूनिवर्सिटी प्रेस, 1993, पृ. 87

हुए कबीर के समकालीन हैं। अनंतदास के इतिहास-बोध पर तरस खाते विद्वानों का ध्यान इस इतिहासपरक बात पर जाता ही नहीं कि अनंतदास द्वारा रामानंद के शिष्य बताए गए चारों संत पन्द्रहवीं सदी के हैं।

पन्द्रहवीं सदी के हिन्दी रामानंद के स्थान पर चौदहवीं सदी के संस्कृत रामानंद के प्रतिष्ठित होने की यह कथा जितनी रोचक और रोमांचक है, इतिहास के अध्येताओं के लिए उतनी ही शिक्षाप्रद भी।

यह कथा *अकथ कहानी प्रेम की : कबीर की कविता और उनका समय* में विस्तार से कही गई है। यहाँ इसका बस बहुत संक्षिप्त रूप ही देना है।

इस कथा का सम्बन्ध बीसवीं सदी के आरम्भिक दशकों में रामानंदियों द्वारा रामानुजी ब्राह्मणवाद से मुक्ति पाने के लिए चलाए गए संघर्ष से है, इसके नेता भगवदाचार्य थे। यह संघर्ष मध्यवर्ती (आजकल के राजनीतिक मुहावरे में ओबीसी) जातियों द्वारा चलाए गए आत्मसम्मान आन्दोलन के समानान्तर चल रहा था। दोनों संघर्ष एक दूसरे को बल दे रहे थे। विलियम पिंच की किताब—*पैजेंट्स ऐंड मंक्स इन ब्रिटिश इंडिया*—की विषयवस्तु यह समानान्तरता ही है। रामानंदी सम्प्रदाय के सामाजिक आधार की यह विशेषता उन्नीसवीं सदी के आरम्भ में बिहार का सामाजिक सर्वेक्षण करनेवाले फ्रांसिस बुकानन से लेकर बीसवीं सदी के विलियम पिंच और पीटर फान डेर फीर हर अध्येता ने नोट की है।

बुकानन ने देखा कि उनके बंगाली वैष्णव सहायकों के मन में बिहार के रामानंदी वैष्णवों के प्रति काफी तिरस्कार का भाव है। इस तिरस्कार का कारण बुकानन जानते थे। अपने सर्वे में वे अनेक रामानंदी मठों में शूद्रों को महंत गादी पर विराजमान देख रहे थे। पटना जिले में तो उन्होंने पाया कि इक्का-दुक्का रामानंदी महंत ही ब्राह्मण हैं, अधिकांश का सम्बन्ध शूद्र जातियों से ही है।[1]

कुछ बरस बाद एच.एच. विल्सन ने भी नोट किया, "गंगा-जमना के इलाक़े में बहुत से रामानंदी हैं—अधिकांशत: दरिद्र और निम्न वर्गों के। हालाँकि इनमें कुछ क्षत्रिय और लड़ाकू क़िस्म के ब्राह्मण भी हैं।"[2]

इन मध्यवर्तीय जातियों से सम्बद्ध रामानंदियों का तिरस्कार करना ब्राह्मण वंशाभिमानी रामानुजियों का संस्कार बन गया था। रामानुजी श्रीवैष्णव 'वर्णाश्रम मर्यादा का पालन न करने' (यानी शूद्रों को दीक्षा देने बल्कि महंत बनाने, उन्हें वेदान्त और व्याकरण पढ़ाने) वाले रामानंदियों को हीन मानते थे, हीनता का बोध

---

1. बुकानन की टिप्पणियों के लिए देखें, विलियम पिंच, पैजेंट्स ऐंड मंक्स इन ब्रिटिश इंडिया ऑक्सफ़ोर्ड यूनिवर्सिटी प्रेस, नई दिल्ली, 1996, पृ. 37-38
2. एच.एच. विल्सन, 'रिलीजस सेक्ट्स ऑफ़ दि हिन्दूज़' प्रथम प्रकाशन 1828 और 1832, (पुनर्मुद्रण, सुशील गुप्ता प्रा.लि.), कोलकाता, 1958, पृ. 35

भी बलपूर्वक कराते थे। कुम्भ जैसे धार्मिक महत्त्व के अवसरों पर रामानुजियों की पालकियाँ रामानंदी ढोते थे। इस तिरस्कार से क्षुब्ध रामानंदियों ने अद्वितीय मेधा और ऊर्जा के धनी रामानंदी विद्वान भगवदाचार्य के नेतृत्व में रामानुजी सम्प्रदाय के विरुद्ध एक तरह से स्वाधीनता संग्राम ही छेड़ दिया। भगवदाचार्य और उनके साथियों को सफलता प्राप्त हुई मई, 1921 में उज्जैन कुम्भ के अवसर पर। सफलता पर हर्षित भगवदाचार्य अपनी आत्मकथा में याद करते हैं—

> उसी समय थोड़े ही दिनों में अंतिम स्नान था। अब तक श्रीरामानुजीय लोग आगे-आगे स्नान के लिए चलते थे। उनकी मसाल होती थी। पीछे पालकी में कोई रामानुजीय महापुरुष होता था। रामानंदीय संत ही उस पालकी को उठाते थे। पीछे-पीछे श्रीरामानंदीय वैष्णव रहा करते थे। श्री निम्बार्क सम्प्रदाय, श्रीविष्णुस्वामी सम्प्रदाय और श्री मध्व सम्प्रदाय भी श्रीरामानंदीय वैष्णवों के साथ ही चल सकते थे। उस अंतिम स्नान में रामानुजियों को छोड़ दिया गया। अब वह किसी भी कुम्भ में किसी भी स्नान में श्रीरामानंदीय सम्प्रदाय के साथ नहीं चल सकते।[1]

सभी रामानंदी भगवदाचार्य रामानुजी परम्परा से पूर्ण विच्छेद कर लेने के समर्थक नहीं थे। इनमें प्रमुख थे, बलभद्र दास, जो भगवदाचार्य को "आर्य-समाज से श्रीरामानंदीय सम्प्रदाय में आया विष-बीज" मानते थे, लेकिन इन्होंने भी माना कि रामानंदी महंत राममनोहर प्रसाद ने जिन रामानुजी वैष्णव 'श्रीमीमांसक स्वामीजी' को अयोध्या स्थित वेदान्त पाठशाला में पढ़ाने के लिए दक्षिण से आमंत्रित किया था, उन्होंने, "पढ़ाने तथा अन्य प्रसंगों में भी श्रीरामानंदीय वैष्णवों को कई बार निरादर और अपमानित भी किए। इससे पढ़े-लिखे श्रीरामानंदीय वैष्णवों के दिल में भारी चोट लगी। अत: हृदय में भेद आ गया।"[2]

'श्रीमीमांसक स्वामीजी' द्वारा रामानंदियों का निरादर और अपमान करने का कारण यह था कि जिन विद्यार्थियों को व्याकरण और वेदान्त पढ़ाने के लिए वे बुलाए गए, उनमें अनेक शूद्र भी थे। यह अपमान और निरादर न तो एक व्यक्ति तक सीमित था, न एक अवसर तक। इसीलिए रामानंदी सम्प्रदाय के भीतर बलभद्र

---

1. भगवदाचार्य, 'स्वामी भगवदाचार्य' (प्रथम भाग), श्रीरामानंद-साहित्य-मन्दिर, अलवर, 1958, पृ. 118.—'स्वामी भगवदाचार्य'—इसी शीर्षक से सात खंडों में प्रकाशित संकलित रचनाओं के इस पहले खंड में भगवदाचार्य की आत्मकथा संकलित है।
2. बलभद्रदास, 'श्रीवैष्णव-मताब्ज-भास्कर : रामार्चनपद्धति-सहित:' जयपुर, सं. 1985 (1928 ई.), पृ. 251
('प्रस्तुत प्रसंग' भाग)। इसके प्रकाशक के तौर पर बालानन्द मठ के महंत श्रीरामकृष्णानंदजी का नाम दिया गया है।

दास जैसे 'एकतावादी' निरन्तर कमजोर पड़ते गए और जिन्हें बलभद्र दास 'विच्छेद लानेवाला विष-बीज' कहते थे, उन भगवदाचार्य का प्रभाव बढ़ता चला गया।

आरम्भिक आधुनिक काल के हिन्दी रामानंद के स्थान पर संस्कृत रामानंद की प्रतिष्ठा की गई बीसवीं सदी में। इसके पहले की दो सदियों में औपनिवेशिक ज्ञानकांड की कृपा से भारतीय बौद्धिक समाज में एक तरह का संवेदना-विच्छेद उत्पन्न हुआ। किसी भी सामाजिक प्रवृत्ति की भाँति यह संवेदना विच्छेद भी समाज के सामाजिक-सांस्कृतिक रूप से सम्पन्न वर्गों से आरम्भ होकर सारे समाज में फैल गया। दैनन्दिन व्यवहार और जीवन्त परम्पराओं के स्थान पर संस्कृति और परम्परा की प्राच्यवादी (ओरियंटलिस्ट) कल्पनाओं और निर्मितियों को वास्तविक मान लिया गया।

औपनिवेशिक सत्तातंत्र और उसके सहयोगी ब्राह्मण पंडितों ने यह मनवाने में पूरा जोर लगाया कि देशभाषा स्रोत तभी मान्य हैं जबकि वे संस्कृत स्रोतों का अनुवाद या अनुगमन करें। आरम्भिक आधुनिक कालीन भारत की वास्तविकता कुछ और थी। व्यापार के विस्तार, देशज आधुनिकता के उदय, और भक्ति के लोकवृत्त के कारण देशभाषाएँ अपना स्वायत्त बौद्धिक विमर्श रच रही थीं। रामानंदी सम्प्रदाय के लोग हों या कबीरपंथ के—अधिकांश का सम्बन्ध व्यापार, दस्तकारी और खेती के कारोबार से था। ये लोग दैनन्दिन जीवन में ब्राह्मणों के वर्चस्व और संस्कृत की अपरिहार्य प्राथमिकता को नकार रहे थे। रामानंद और कबीर जैसे साधक अपने समानधर्माओं और व्यापक समुदाय से ही नहीं, अपने राम से भी संवाद देशभाषा में ही करते थे। वे लोक-व्यवहार की भाषा को ही अलौकिक अनुभव, भक्ति और साधना की भी भाषा बना रहे थे। रामानंद, नामदेव, कबीर, रैदास, पीपा आदि का सबसे बड़ा 'चमत्कार' यही था कि उन्होंने 'देवभाषा' (संस्कृत) के स्थान पर देशभाषा को परमात्मा से संवाद और बौद्धिक विमर्श का माध्यम बना दिया।

लेकिन, भगवदाचार्य के समय तक संस्कृत और विभिन्न लोकभाषाओं के बीच के वास्तविक सम्बन्ध का स्थान औपनिवेशिक ज्ञानकांड द्वारा कल्पित सम्बन्ध ले चुका था। इन भाषाओं के बीच वास्तविक सम्बन्ध था आदान-प्रदान का, प्रभावित करने और होने का। बीसवीं सदी आते-आते सहज बोध यह बन गया कि भक्ति के कवि हों या रीति के, वे मौलिक विचार या रचना नहीं, बस संस्कृत मेधा का लोकभाषाओं में उल्था ही करते थे। यह समझ आज तक बनी हुई है, बल्कि कुछ लोगों के बीच तो प्रबलतर हुई है।

ऐसे परिवेश में भगवदाचार्य और उनके साथियों ने यह सिद्ध करने की रणनीति अपनाई कि लोकभाषा में नहीं रामानंद तो अन्य आचार्यों की तरह संस्कृत में ही विमर्श करते थे। इसी क्रम में 'रामानंद की संस्कृत रचनाएँ' उपलब्ध कराई गईं; उन्हें

हिन्दी रचनाओं से अधिक महत्त्वपूर्ण बताया गया। रामानंदी सम्प्रदाय को रामानुजी परम्परा से पूरी तरह मुक्त करने के लिए भगवदाचार्य और उनके साथियों ने स्वयं रामानंद को ही रामानुजी परम्परा से काट दिया। रामानंद का समय पन्द्रहवीं की बजाय चौदहवीं सदी 'सिद्ध' किया गया। रामानंद 'शास्त्रसिद्ध' बल्कि भाष्यकार आचार्य थे, ऐसा 'प्रमाणित' करनेवाले 'साक्ष्य' उत्पन्न किए गए। हालाँकि इनमें से प्रमुख साक्ष्य 'आनन्द-भाष्य' को आगे चलकर स्वयं भगवदाचार्य ने जाली घोषित कर दिया। ऐसे ही 'साक्ष्यों' के आधार पर शोधकर्ताओं ने हिन्दी में रचना करनेवाले पन्द्रहवीं सदी के ऐतिहासिक रामानंद को भुलाकर भगवदाचार्य और उनके साथियों द्वारा निर्मित, संस्कृत के आचार्य चौदहवीं सदी के रामानंद को अपना लिया; रामानंद-कबीर सम्बन्ध को सन्दिग्ध बनानेवाले संवेदनागत और समयगत आधार स्वयंसिद्ध मान लिये गए। न तो इन आधारों की निर्माण-प्रक्रिया (यानी रामानंदी सम्प्रदाय के संघर्ष) पर ध्यान दिया गया; न इस प्रक्रिया की परिणति पर।

आ. रामचन्द्र शुक्ल को भगवदाचार्य और उनके सहयोगियों की गतिविधियों का कुछ अहसास था। उन्होंने नोट किया—

> इधर साम्प्रदायिक झगड़े के कारण कुछ नए ग्रंथ रचे जाकर रामानंद जी के प्रसिद्ध किए गए हैं—जैसे ब्रह्मसूत्रों पर आनन्दभाष्य और भगवद्गीताभाष्य—जिनके बारे में सावधान रहने की आवश्यकता है। बात यह है कि कुछ लोग रामानुज परम्परा से रामानंद जी की परम्परा को बिलकुल स्वतंत्र और अलग सिद्ध करना चाहते हैं। इसी से रामानंद जी को एक स्वतंत्र आचार्य प्रमाणित करने के लिए उन्होंने उनके नाम पर एक वेदान्तभाष्य प्रसिद्ध किया है।[1]

जिनके बारे में कह रहे हैं, उन लोगों के साथ शुक्ल जी की कोई सहानुभूति नहीं है। वे उन्हें नामोल्लेख तक के लायक नहीं मानते। साहित्य के इतिहासकार को 'साम्प्रदायिक झगड़े' से क्या वास्ता!

लेकिन, जिस हिन्दी साहित्य का इतिहास शुक्ल जी लिख रहे थे, उसके भक्तिकाल का इस 'साम्प्रदायिक झगड़े' से इतना गहरा वास्ता था कि वह 'झगड़ा' इतिहास को बदले दे रहा था, और इतिहासकार को पता ही नहीं चल रहा था। इस 'साम्प्रदायिक झगड़े' की परिणतियों को आत्मसात् कर लेने के फलस्वरूप ही शुक्ल जी ने "आरती कीजे हनुमान लला की"—इस पद को तो 'वैष्णव भक्त' रामानंद की रचना माना, लेकिन आदिग्रंथ में संकलित, तीर्थयात्रा खंडनकारी (कहां जाइए हो घर लागो रंग। / मेरो चित्त न चलै मन भयो अपंग। / जहां जाऊं तहां जल पषान / पूरि रहे हरि सर्व समान।) पद समेत, 'ग्रंथ साहब' में उद्धृत दोनों पदों के

1. हिन्दी साहित्य का इतिहास, नागरी प्रचारिणी सभा (सं. 2005 संस्करण) पृ. 83

बारे में कहा कि ये पद "वैष्णव भक्त रामानंद जी के नहीं हैं, और किसी रामानंद के हों तो हो सकते हैं।" कारण,

> भक्तिमार्ग में इनकी उदारता का अभिप्राय यह कदापि नहीं है—जैसा कि कुछ लोग समझा और कहा करते हैं—कि रामानंद जी वर्णाश्रम के विरोधी थे। समाज के लिए वर्ण और आश्रम की व्यवस्था मानते हुए वे भिन्न-भिन्न कर्तव्यों की योजना स्वीकार करते थे। केवल उपासना के क्षेत्र में उन्होंने सबका समान अधिकार स्वीकार किया। भगवद्भक्ति में वे किसी भेदभाव को आश्रय नहीं देते थे। कर्मक्षेत्र में शास्त्रमर्यादा इन्हें मान्य थी।[1]

शुक्ल जी रामानंद की जिस छवि को ऐतिहासिक स्वयंसिद्ध मान रहे हैं, वह उसी 'साम्प्रदायिक झगड़े' के दौरान रची गई थी, जिससे सावधान रहने की सलाह वे साहित्य के अध्येताओं को दे रहे थे। मज़े की बात यह कि हनुमान लला की आरती वाला पद किसी पुरानी पांडुलिपि में नहीं मिलता।[2] इसकी भाषा ही बता देती है कि यह उन्नीसवीं सदी से पहले का नहीं हो सकता।

आ. द्विवेदी भी रामानंद की शास्त्रमर्यादा प्रेमी छवि को स्वयंसिद्ध मान कर ही चलते हैं। उनके अनुसार कबीर की संवेदना का ताना-बाना मूलत: तो पूरी तरह नाथपंथी था, लेकिन "रामानंद से शिष्यत्व ग्रहण कर जन-सामान्य में उनकी [कबीर की] शास्त्रसिद्धता का विश्वास पैदा किया।"[3] वास्तविकता यह है कि रामानंद की 'शास्त्रसिद्ध' छवि ही बीसवीं सदी की देन है, कबीर के समय में तो रामानंद अपनी संवादधर्मिता के लिए ही विख्यात थे—नाभादास इसीलिए उन्हें 'द्वितीय सेतु' कहते हैं। संस्कृत 'शास्त्र-परम्परा' में तो रामानंद का उल्लेख तक नहीं मिलता, जबकि निर्गुणपंथी और सूफी स्रोतों में रामानंद और रामानंदी साधकों की महत्त्वपूर्ण उपस्थिति है।

शुक्ल जी द्वारा कही गई 'किसी और रामानंद' की बात का कोई ऐतिहासिक आधार नहीं है। दो रामानंदों की बात केवल इस अर्थ में की जा सकती है कि वास्तविक रामानंद हिन्दी में रचते थे, और उन्नीसवीं-बीसवीं सदी की निर्मिति के रामानंद की रचनाएँ संस्कृत में हैं। हिन्दी रामानंद की संवेदना और कबीर तथा अन्य

1. वही, पृ. 83
2. डॉ. पीतांबर दत्त बड़थ्वाल ने नागरी प्रचारिणी सभा के लिए 'रामानंद की हिन्दी रचनाएँ' संकलित की थीं। इसका प्रकाशन उनके निधनोपरान्त, सं. 2012 (1955 ई.) में ही हो सका। इसमें संकलित अन्य पद प्राचीन पांडुलिपियों से लिये गए थे, लेकिन 'आरती कीजे हनुमान लला की...'—यह पद किसी पांडुलिपि में प्राप्त नहीं हुआ था, बल्कि ग्रियर्सन द्वारा श्यामसुन्दर दास को भेजा गया था। (पृ. 3)
3. हिन्दी साहित्य की भूमिका, राजकमल प्रकाशन, नई दिल्ली, 2006, पृ. 51

निर्गुणपंथी संतों की संवेदना के बीच अचूक समानधर्मिता है। हिन्दी और संस्कृत रचनाओं में प्रकट होनेवाली परम तत्त्व की धारणाओं और उपासना-विधियों में ज़रूर फ़र्क़ है, जिसका सम्बन्ध रामानंदी सम्प्रदाय के अन्तस्संघर्ष से है। संस्कृत रचनाएँ सगुणोपासना परक हैं।

लेकिन जाति के सवाल पर 'वैष्णव मताब्ज भास्कर' के रामानंद भी ब्राह्मण की जन्मजात श्रेष्ठता के स्थान पर वैष्णव साधक की श्रेष्ठता पर बल देते हैं—उसका जन्म चाहे जिस जाति में हुआ हो। रामानंद के नाम से प्रसिद्ध वह उक्ति याद करें : "जात-पांत पूछे नहिं कोई। हरि को भजे सो हरि का होई।" उनकी हिन्दी रचनाओं में यह उक्ति नहीं मिलती। रामानंदियों के बीच तीखे विवाद के प्रसंग में, 'वैष्णव मताब्ज भास्कर' को सभी रामानंदी रामानंद कृत मानते थे। इसका प्रकाशन 1928 में 'रामार्चन पद्धति' के साथ बलभद्र दास ने किया, जो पक्के वर्णाश्रमवादी, ब्राह्मण सर्वोच्चता के समर्थक थे। इसे ध्यान में रखते हुए 'भास्कर' का सौवाँ श्लोक और बलभद्रदास कृत हिन्दी रूपान्तर पढ़ें—

सर्वे प्रपत्तेरधिकारिण: सदा, शक्ता अशक्ता अपि नित्यरंगिण:।
अपेक्ष्यते तत्र कुलं बलं च नो, न चापि कालो न हि शुद्धता च॥

> भगवान् श्रीरामानंद स्वामीजी अपने शिष्यों के प्रति कहते हैं कि भगवान अपनी प्रपत्ति में जीवों के कुल (जाति) बल की और कालशुद्धता की अपेक्षा नहीं करते, इसी कारण समर्थ-असमर्थ सभी जीव भगवान् की शरणागति के अधिकारी हैं।[1]

यह बलभद्र दास की बौद्धिक ईमानदारी का प्रमाण है कि वे कबीर पर लिखनेवाले बहुतेरे लेखकों की तरह यह नहीं कहने लगे कि बताइए भला, 'श्रीरामानंद स्वामीजी' कहीं ऐसा कह सकते थे! सम्पादक के विचार अपनी जगह, उनके द्वारा सम्पादित 'भास्कर' में रामानंद तो यही कह रहे हैं कि—'अपेक्ष्यते तत्र कुलं बलं च न:'—'जात-पाँत पूछे नहीं कोई'।

भंडारकर द्वारा उद्धृत 'अथॉरिटी' के संस्कृत में होने का रौब, फिर स्वयं भंडारकर की अथॉरिटी का रौब—रामानंद-कबीर सम्बन्ध को नकारने के लिए अकाट्य प्रमाण के तौर पर अगस्त्य संहिता का हवाला देने का चलन ही बन गया। इस सम्बन्ध को नकारनेवाला लगभग हर अध्येता अगस्त्य संहिता का उल्लेख अवश्य करता है, लेकिन भगवान के लिए आप किसी विद्वान से पूछ मत बैठिएगा कि उन्होंने स्वयं अगस्त्य संहिता देखी है या नहीं। विद्वानों के बीच इसकी स्थिति भगवान सरीखी ही हो गई है, देखा किसी ने नहीं है, कसमें सब खाते हैं। वास्तविक

1. श्रीवैष्णव-मताब्ज—भास्कर: रामार्चनपद्धति सहित:' जयपुर, सं. 1985 (1928 ई.), पृ. 180-81 (पाठ भाग)

'अगस्त्य संहिता' का अध्ययन आधुनिक अध्येताओं में, मेरे अलावा, केवल हंस बाकर और किसी हद तक पिनुकिया कराकी ने किया है। बाकर के अध्ययन का प्रसंग है, उत्तर भारत में रामोपासना का विकास और अयोध्या का इतिहास। रामानंद का काल-निर्धारण उनके विषय-क्षेत्र के बाहर है। कराकी अगस्त्य संहिता के वास्तविक पाठ के विषय में भ्रमित हैं।

मज़े की बात यह कि वास्तविक 'अगस्त्य संहिता' में न कोई 'भविष्य खंड' है, न कोई 'अतीत खंड'।

मेरे पास 'अगस्त्य संहिता' की तीन प्रतियाँ हैं। पहली : 56 पृष्ठों की पांडुलिपि की डिजिटल कापी। यह पांडुलिपि मूलत: लाहौर की लालचन्द रिसर्च लाइब्रेरी में सुरक्षित थी। आजकल यह डी.ए.वी. कॉलेज, चंडीगढ़ के पुस्तकालय में मौजूद है। दूसरी 'अगस्त्य संहिता' हितवादी लाइब्रेरी, कोलकाता से 1315 बंगाब्द यानी 1909 या 1910 ई. में प्रकाशित है। इसमें मूल श्लोक बांग्ला लिपि में दिए गए हैं, जिनका बांग्ला अनुवाद पं. कमलकृष्ण स्मृतितीर्थ ने किया है, वे बताते हैं, "मैंने चार पांडुलिपियों के आधार पर पाठ स्थिर किया है। एशियाटिक सोसायटी और संस्कृत कॉलेज की पांडुलिपियाँ, और दो मेरे अपने गाँव से प्राप्त।"

तीसरी है : सं. 2042 (1985 ई.) में हरिद्वार से प्रकाशित 'अगस्त्य संहिता'-पूर्व भाग। इसका हिन्दी अनुवाद पं. महावीर प्रसाद मिश्र ने किया है। उन्हें इसकी पांडुलिपि विद्या-वारिधि पुस्तकालय, हरिद्वार और अलवर स्टेट की लाइब्रेरी से मिली। उनके अनुसार, 'अगस्त्य संहिता' में कुल बत्तीस अध्याय हैं, लेकिन धनाभाव के कारण फिलहाल वे केवल ग्यारह का प्रकाशन कर पा रहे हैं।

तीनों का पाठ एकदम एक सा है। हंस बाकर द्वारा दिए गए विस्तृत उद्धरणों से तुलना करने पर मालूम पड़ा कि उनके द्वारा विश्लेषित 'अगस्त्य संहिता' भी उपरोक्त प्रतियों वाली ही है।[1]

इस वास्तविक अगस्त्य संहिता में रामानंद का नामोल्लेख तक नहीं है, दूसरी ओर, जिन रामानंद के विषय में हम 'सूचना दारिद्र्य' की बात करते हैं उनके, तथा उनके बारह शिष्यों के जन्मादि के बारे में भंडारकर द्वारा 'अथॉरिटी' मान ली गई तथाकथित 'अगस्त्य संहिता' के 'भविष्योत्तर खंड' के पाँच अध्याय इतनी ठीक-ठीक, 'प्रिसाइज़' सूचना देते हैं कि ताज़्जुब होता है। इनमें बताया गया है कि रामानंद का जन्म संवत 1356 विक्रमी की माघ कृष्ण सप्तमी को प्रयाग में, निधन संवत 1410 की वैशाख शुक्ल तृतीया को बताया गया है। इसी तरह की 'बिलकुल ठीक' तिथियाँ बारहों शिष्यों की भी बताई गई हैं।

तार्किक तरीका यह है कि यदि कोई एक स्रोत बाकी सारे स्रोतों के विपरीत सूचना दे रहा है, तो उसकी प्रामाणिकता जाँची जाए। सोचा जाए कि क्या वजह है

1. देखें, हंस बाकर, अयोध्या (भाग एक), एग्बर्ट फ़ोर्स्टेन, 1986, पृ. 67-70

कि हरीराम व्यास, अनंतदास ही नहीं, बल्कि निर्वाण साहब (गुजराती), महीपति (मराठी), मुबाद शाह, दारा शुकोह, सूफ़ी तजकिरे (फारसी), और अन्य अनेक स्रोतों के विपरीत 'भविष्योत्तर खंड' रामानंद को एक सदी पीछे खींचकर चौदहवीं सदी में ले जा रहा है। लेकिन, संस्कृत का रौब ब्राह्मणवाद के अग्निभक्षी विरोधियों तक पर इस कदर हावी है कि संस्कृत पुस्तक की प्राचीनता में सन्देह करने, उसकी रचना के ऐतिहासिक सन्दर्भ की जाँच करने का सवाल ही उनके मन में नहीं उठता। मान कर चला जाता है कि हिन्दू परम्परा के मूल स्रोत तो बस संस्कृत में ही हैं, देशभाषा स्रोत तो बस कोरे अनुवाद या अनुगमन हैं। यह ध्यान में आता ही नहीं कि देशभाषा स्रोतों का संस्कृत स्रोतों के साथ सम्बन्ध संवाद का है, अनुवाद का नहीं। तुलसीदास की रामचरितमानस हो या विष्णुदास का महाभारत—संस्कृत का अनुवाद नहीं, परम्परा-प्राप्त कथा की अपने ढंग से पुनर्रचना करनेवाली मौलिक कृतियाँ हैं। यह सोचने का तो सवाल ही नहीं कि संस्कृत ग्रंथ का रचना काल उन्नीसवीं या बीसवीं सदी भी हो सकता है, जैसा कि भंडारकर द्वारा 'अथारिटी' मान लिए गए अगस्त्य संहिता के तथाकथित भविष्योत्तर खंड का है।

रामानंद का समय एक सदी पहले ले जाना भगवदाचार्य और उनके साथियों की रणनीति का अंग था; लक्ष्य था, रामानंद के रामानुज की शिष्य-परम्परा में होने की सम्भावना को पूरी तरह नकारना। लक्ष्य-सिद्धि के लिए भगवदाचार्य रामानंद को 1199 ई. में भी अवतरित करा सकते थे। 'श्रीरामानंददिग्विजय' के पहले संस्करण (1927) में रामानंद का जन्म संवत 1356 (1299 ई.) निरूपित कर चुकने के चालीस बरस बाद, इसी ग्रंथ के दूसरे संस्करण में जन्म संवत की सूचना देनेवाले श्लोक पर भगवदाचार्य ने फुटनोट लगाया, "यह जन्म संवत अशुद्ध सिद्ध हो चुका है, सम्भव है कि 100 वर्ष पीछे हटना पड़े।"[1]

वास्तविक अगस्त्य संहिता की रचना उत्तर भारत में रामोपासना का प्रसार होने के काल में, यानी बारहवीं सदी में, सम्भवत: बनारस में हुई थी। जबकि तथाकथित भविष्योत्तर खंड की रचना संवत 1937 (यानी ई. सन् 1880 या 81) में रामनारायण दास नामक रामानंदी साधु द्वारा की गई थी, और यहीं पहली बार रामानंद का समय 1299-1400 ई. बताया गया था।

'भविष्य-खंड' को बिना विचारे 'प्रामाणिक' मान लेनेवाले क़ाश वास्तविक 'अगस्त्य संहिता' देखते, तब यह रोचक तथ्य उनकी निगाह में आता कि बारहवीं सदी में रचित ग्रंथ के आधार पर रामानंद का जन्म समय 1299 बताया जा रहा है। तब वे हमें यह भी बता पाते कि 'अगस्त्य संहिता' रचनेवाले ऋषि कितने सक्षम भविष्यद्रष्टा—कहिए कि भारत के नॉस्ट्रॉडामस थे! तब उन्हें मालूम पड़ता कि 'अगस्त्य संहिता' में रामानंद या उनके किसी शिष्य का नामोल्लेख तक नहीं है! होता कैसे?

1. श्रीरामानंददिग्विजय', (द्वितीय संस्करण), अहमदाबाद, 1967, पृ. 47

इतनी प्रगतिशील इतिहास-दृष्टि 'अगस्त्य संहिता' के रचयिता के पास थी ही नहीं कि दो सौ साल बाद होनेवाले रामानंद और उनके शिष्यों का विवरण लिख सके।

वास्तविक अगस्त्य संहिता बत्तीस अध्यायों में विभाजित छोटी सी पुस्तक है। इसमें न कोई अतीत खंड है न कोई भविष्य खंड। सातवें अध्याय में राम मंत्र निरूपण है, और आठवें में इस मंत्र की गुरु-परम्परा बताई गई है। यह परम्परा आरम्भ होती है, स्वयं ब्रह्मा से और अंतिम नाम है, शौनक ऋषि का। समूची 'अगस्त्य संहिता' में रामानंद तो क्या, कहीं भी किसी भी 'ऐतिहासिक' व्यक्ति का नाम तक नहीं है। केवल 'पौराणिक' व्यक्तियों के ही नाम इसमें आए हैं। इनमें शामिल हैं—शिव, पार्वती, राम, लक्ष्मण, हनुमान, वशिष्ठ और व्यास आदि।

अनंतदास और अन्य देशभाषा स्रोतों पर अगस्त्य संहिता को वरीयता देने में वह औपनिवेशिक नजरिया निहित है जो बहुत से लोगों ने जाने-अनजाने आत्मसात् कर रखा है। यह नजरिया देशभाषाओं के रचनाकारों को 'सीधे-साधे, भोले-भाले' लोग मान कर चलता है। ऐसे लोगों के 'सहज-बोध' की तारीफ तो कभी-कभार कृपापूर्वक की जा सकती है, लेकिन जहाँ तक उनके इतिहास-बोध या ज्ञानकोश की बात है, उस पर तो तरस ही खाया जा सकता है, जैसे विनांद कैल्वर्त अनंतदास पर खाते हैं। यह स्वयंसिद्ध मान लिया जाता है कि उपनिवेशवाद के पहले भारत और अन्य गैर-यूरोपीय समाजों में कुछ लोग साजिशें करने में सिद्धहस्त थे, और कुछ लोग बुद्धू बनने के लिए अभिशप्त।

सच यह है कि कोई भी परम्परा—हिन्दू, मुसलिम, ईसाई, चीनी, जापानी, यूरोपीय-परम्परा होती है, साजिशों की सन्दूकची नहीं। अंग्रेज़ी, फ्रेंच या स्पैनिश न बोलनेवाले मनुष्य भी सोचने-समझनेवाले मनुष्य ही होते हैं, बुद्धूपन के पिटारे नहीं।

अकथ कहानी प्रेम की... में दिए गए अकाट्य प्रमाणों के कारण अधिकांश अध्येताओं ने स्वीकार किया कि हिन्दी रामानंद ऐतिहासिक हैं, जबकि उनकी संस्कृत निर्मिति उन्नीसवीं-बीसवीं सदी में रामानुजी वर्चस्व से रामानंदियों को मुक्त करने के लिए चलाए गए अभियान के दौरान हुई है। रामानंद-कबीर सम्बन्ध पर सन्देह करने की कोई ऐतिहासिक वजह नहीं है। लेकिन, कुछ लोगों का फिर भी कहना है कि रामानंद-कबीर सम्बन्ध की सूचना केवल वैष्णव स्रोतों से ही मिलती है, और कहीं से नहीं।

सचमुच?

विभिन्न धर्मों में मूलभूत आध्यात्मिक एकता खोजने के लिए विख्यात दारा शुकोह (1615-1659) ने 1651-1654 के बीच *हसनात उल आरिफीन* (संत-बानी) नामक ग्रंथ की रचना की थी। इसमें उन्होंने विख्यात सूफी साधकों के साथ बाबा लाल दास बैरागी (यानी रामानंदी) और कबीर की भी वाणियों का संकलन किया।

बाबा लाल दास को दारा शुकोह ने 'मुंडिया दर तरीका ए कबीर' (कबीर जैसे मुंडिया) कहा है। उस जमाने में शैव संन्यासियों को दंडी और रामानंदी वैरागियों को मुंडी कहा जाता था।

इस ग्रंथ में जो कुछ दारा शुकोह ने कबीर के बारे में लिखा है, उसे प्रो. सय्यद अतहर अब्बास रिज़वी ने *ए हिस्ट्री ऑफ़ सूफीइज़्म इन इंडिया* के दूसरे खंड में उद्धृत किया है।[1] उन्होंने *हसनात उल आरिफीन* की पांडुलिपि के बारे में सूचना के तौर पर केवल 'अमृतसर' लिखकर छोड़ दिया है। मुझे इस ग्रंथ की अलीगढ़ मुस्लिम यूनिवर्सिटी में सुरक्षित पांडुलिपि की फ़ोटोकॉपी प्राप्त हुई, जिसमें से कबीर सम्बन्धी उल्लेख पढ़ने का आग्रह मैंने यूनिवर्सिटी ऑफ़ एरिज़ोना के प्रो. रिचर्ड ईटन और जवाहरलाल नेहरू विश्वविद्यालय के प्रो. अख़लाक़ ख़ान से किया। दोनों मित्रों ने सहायता की, आभार।

इन विद्वानों ने मेरी भेजी पांडुलिपि का मिलान, 1973 में तेहरान से सुसम्पादित रूप में प्रकाशित *हसनात उल आरिफीन* से किया। प्रो. ख़ान ने दारा शुकोह द्वारा कबीर के बारे में कहे गए का ही अनुवाद किया (यही प्रो. रिज़वी ने भी किया है); लेकिन प्रो. ईटन ने जिन बाबा लाल दास को दारा शुकोह 'मुंडिया दर तरीक़ा ए कबीर' कहते हैं, उन्हें कबीर ने गुरु के चार प्रकार कैसे समझाए, और लाल दास ने वे प्रकार दारा को कैसे बताए, इस सारे प्रसंग का भी अनुवाद कर दिया। प्रो. ईटन ने यह भी बताया कि अलीगढ़ पांडुलिपि की फ़ोटोकॉपी करने में लापरवाही के कारण कुछ अंश छूट गए हैं।

बहरहाल, आप पहले प्रो. अख़लाक़ ख़ान द्वारा किया गया अनुवाद पढ़ें जिसमें फ़ारसी शब्दावली की छटा दिखती है। दारा शुकोह लिखते हैं—

> कबीर हिन्दोस्तान के आरिफों में से हैं, वे अपने ढंग के पेशवा (अग्रणी व्यक्तित्व, नेता) हैं, मुर्शिद हैं, बानी हैं। वे रामानंद के पैरो (अनुयायी) हैं। वे हिन्दोस्तान के फ़ुकरा (फ़क़ीरों) में से एक थे। कबीर अगरचे बुनकर थे, लेकिन अज़ीम बुनकर थे। उनके अशआर में तौहीद बहुत ज़्यादा है, जो उन्होंने हिन्दुस्तानी ज़बान में कहे हैं। मुसलमान उनको मुसलमान समझते हैं, और ग़ैर मुस्लिम उन्हें ग़ैर मुस्लिम समझते हैं, लेकिन वे ख़ुद इन दोनों से ऊपर हैं। जब उनकी हालत ए नज़ा हो गई (मृत्यु निकट आई) तो मुसलमानों ने उनसे पूछा कि क्या हम आपको दफ़्न करेंगे? ग़ैर-मुस्लिमों ने भी पूछा कि क्या हम आपको जलाएँगे? उन्होंने कहा कि

---

1. 'ए हिस्ट्री ऑफ़ सूफीज़्म इन इंडिया' (खंड 2), मुंशीराम मनोहरलाल, नई दिल्ली, 1983, पृ. 411-12

हमारे कमरे में बाद में देख लेना, जो कुछ तुम्हें मिले उसी हिसाब से करना, और कबीर ने दरवाज़ा बन्द कर लिया। बाद में जब कमरा खोला गया, तो चन्द फूल थे, और इस तरह दोनों फ़िकरों का झगड़ा ख़त्म हुआ।

एक रोज़ कबीर ने अपने लिए रोटी पकाई, कुत्ता आया उसे ले भागा। कबीर घी लिये कुत्ते के पीछे दौड़े, कह रहे थे घी भी लगा लो, रूखी रोटी कैसे खाओगे। उन पर लोग ताना कसते थे, उनका इनकार करते थे, कहते थे कि कबीर तो ख़राब हो गए हैं, बिगड़ गए हैं। जवाब में कबीर कहते कि जैसे काँसा अक्सीर (अमृत) के साथ मिलकर बदल जाता है, दूसरी लकड़ियाँ सन्दल के साथ जुड़कर सन्दल सी हो जाती हैं, नदी समंदर में मिलकर समंदर ही हो जाती है, वैसे ही कबीर हक़ (सत्य, परमात्मा) के साथ जुड़ गया है, और ग़र यह ख़राबी है तो ठीक है।

दारा शुकोह यहाँ कबीर का प्रसिद्ध पद 'कबीर बिगर्‌या राम दुहाई। तुम्ह जिनि बिगरौ मेरे भाई' याद कर रहे हैं।

प्रो. ईटन द्वारा अनूदित इसके आगे के अंश में दारा शुकोह कबीर को पुन: उद्धृत करते हैं—

> उन्होंने कहा है—"विनम्रता में मुझे सड़क के कंकर की तरह होना चाहिए, लेकिन कंकर तो चलनेवालों के पाँव में चुभेगा। मुझे सड़क की धूल सा हो जाना चाहिए, लेकिन तब राहगीर पाँव मैले करने के कारण मुझे धिक्कारेंगे। मुझे तो पानी सा हो जाना चाहिए, लेकिन पानी तो ठंडा या गर्म हो सकता है। मुझे तो किसी बात पर गुस्सा आना ही नहीं चाहिए। मुझे तो परमात्मा सा हो जाना चाहिए। लेकिन परमात्मा तो हरेक वस्तु का स्रोत ही है। इसलिए मुझे तो बस अपने आत्म जैसा ही हो जाना चाहिए, हर चीज से मुक्त।"

यहाँ दारा शुकोह के ध्यान में *जीवत मृतक कौ अंग* की निम्नलिखित साखियाँ हैं—

रोड़ा भया तो क्या भया, पंथी को दुख देइ।
हरिजन ऐसा चाहिए, जिसी जिमी की खेहि॥
खेहि भई तो क्या भया, उड़ि उड़ि लागि अंग।
हरिजन ऐसा चाहिए, पाणीं जैसा रंग॥
पाणीं भया तो क्या भया, ताता सीता होइ।
हरिजन ऐसा चाहिए, जैसा हरि ही होइ॥
हरि भया तो क्या भया, जैसो सब कुछ होइ।
हरिजन ऐसा चाहिए हरि भजि निरमल होइ॥

ज़ाहिर है कि दारा शुकोह कबीर-रामानंद सम्बन्ध से ही नहीं, कबीर की रचनाओं से भी अवगत थे। उनके द्वारा उद्धृत ये रचनाएँ ग्रंथावली में सुलभ हैं। ये साखियाँ दास जी की क प्रति में नहीं हैं। ये उन 132 दोहों में से हैं जो दास जी की संवत 1882 (सन् 1824) वाली ख प्रति में अतिरिक्त हैं। यानी दास जी की क प्रति (जो उनके अनुसार 1504 की है) में जो रचनाएँ आने से छूट गई थीं, वे बाद की पांडुलिपियों में संकलित की गईं। इन पांडुलिपियों की प्रतिलिपियाँ भक्ति-लोकवृत्त में, उसके बाहर भी प्रचलन में रहीं। और ऐसी ही किसी प्रतिलिपि से दारा शुकोह तक पहुँची। यानी ग्रंथावली में उपलबध पाठ सत्रहवीं सदी या उससे भी पहले का तो है ही, दास जी की क प्रति के बारे में प्राचीनता का दावा भी किसी बुद्धिमान की कृति कहकर ख़ारिज किये जाने से अधिक गम्भीर पड़ताल की माँग करता है।

ऐसे तमाम तत्कालीन सन्दर्भों और उल्लेखों के बावजूद रामानंद-कबीर सम्बन्ध को नकारने पर अड़े रहने के मूल में असल समस्या वही है—अतीत के अतीतपन की और ऐतिहासिक विकास-क्रम की पूर्ण उपेक्षा करते हुए समकालिक को ही ऐतिहासिक मान लेना। आज के हालात से बनी अपनी समझ को अतीत पर थोप देना, पन्द्रहवीं-सोलहवीं सदी के भारत पर उन्नीसवीं-बीसवीं-इक्कीसवीं सदी के भारत की तस्वीर चिपका देना। ऐसा मान लेना कि रामानंद की चेतना भी ब्राह्मणवादी थी क्योंकि रामानंद जन्म से ब्राह्मण थे किसी भी तरह की जोशमंदी में अच्छा लग सकता है, लेकिन इतिहासपरक होशमंदी के तो ख़िलाफ़ ही जाता है। रामानंद जन्मना ब्राह्मण थे, संस्कृत के जानकार भी। लेकिन, ब्राह्मण सर्वोच्चता के प्रतिवाद में "जात-पाँत पूछे नहीं कोई—अपेक्ष्यते तत्र कुलं बलं च न:" की घोषणा करना उनकी संवेदना और साधना की विशेषता थी, और लोकभाषा में स्वयं को व्यक्त करना उनका चुनाव।

इतिहास का वर्तमान के साथ गहरा सम्बन्ध होता है, लेकिन इसका मतलब यह क़तई नहीं कि अतीत की स्वायत्तता ही नकार दी जाए। आरम्भिक आधुनिक कालीन भारत में चल रहे सांस्कृतिक संवाद के स्वभाव को समझे बिना आप समझ ही नहीं सकते कि खुद को ना हिन्दू ना मुसलमान माननेवाले कबीर, लालदास, नारायणदास, मिर्जा सालेह और मिर्जा हैदर जैसे लोगों के प्रशंसकों में हिन्दू और मुसलमान दोनों क्योंकर शामिल थे। क्योंकर दारा शुकोह *हसनात उल आरिफीन* में सूफ़ी संतों के साथ लालदास और कबीर जैसे 'वैरागियों' को शामिल करते हैं। क्योंकर सूफ़ी खानकाहों में कबीर ही नहीं, सूरदास के भी 'बिशनुपद' गाये जाते थे, सूफ़ी साधकों को 'हाल' (भाव-विह्वलता की दशा) में पहुँचा देते थे।

कबीर से बहुत से लोग ज़रूर नाराज़ थे, लेकिन उनके दौर में ऐसे भी लोग थे जो कबीर द्वारा स्वयं को अल्लाह और राम का 'पंगुड़ा' (बेटा) एक साथ कहने के मर्म तक पहुँचते थे; जो जानते थे कि वैरागी लोग आध्यात्मिक

और सामाजिक दोनों धरातलों पर न हिन्दू हैं, न मुसलमान—दोनों परम्पराओं से अपने विवेक के अनुसार चयन करते हैं, पूरमपूर पालन दोनों में से किसी का नहीं करते।

उसी दौर में, अवध में सूफी शाह अब्दुर्रज़्ज़ाक़ हुए हैं, जो कबीर के पद सुनकर हाल में चले जाते थे। इनकी एक प्रमुख वैरागी चंपत जी के साथ इतनी गाढ़ी छनती थी कि चंपत जी के किसी शिष्य ने अनुरोध किया कि उसे कृष्णजी के दर्शन कराएँ, तो चंपत जी ने शाह साहब की मदद लेने का मशविरा दिया। ये शाह साहब एक बार दकन गए और रास्ते में एक जंगल में नमाज़ पढ़ने लगे, एक नौजवान घुड़सवार ने आकर उनसे पूछताछ की, यह जानकर कि शाह साहब अवध के हैं, उनका सत्कार किया, सुरक्षा की ज़िम्मेदारी ली, अपने बड़े भाई से मिलवाया। वजह? यह नौजवान और कोई नहीं, स्वयं लक्ष्मण जी थे, अपने हमवतन साधक शाह साहब के प्रति यह उनका दायित्व था।[1]

'यह तो बस चमत्कारिक किंवदंती है'—ऐसा कहनेवाले कोई तीर नहीं मार रहे हैं। यह बात सभी जानते हैं। असली 'चमत्कार' राम, लक्ष्मण का प्रकट होना नहीं, वैरागी-सूफी सम्बन्धों की वह ऐतिहासिक विशेषता है, जो यहाँ झलक रही है।

बात केवल कबीर, लालदास, चंपत जी तथा अन्य वैरागियों तक सीमित नहीं। हिन्दू-मुस्लिम के बीच दूरी, बल्कि विद्वेष को ही भारतीय इतिहास का शाश्वत सत्य माननेवाले, इनके बीच पूरमपूर धर्मांतरण के सिवाय किसी भी तरह की आवा-जाही को असम्भव माननेवाले विद्वानों को यह तथ्य शायद चौंकाए कि अकबर के समकालीन, उनकी सुलह-कुल नीति के कठोर आलोचक बदायूँनी *मुंतखाबात उल तवारीख* में फतेहपुर सीकरी में अकबर द्वारा निर्मित इबादतख़ाना के बारे में बताते हुए में शेख अब्दुल्ला नियाज हिन्दी का उल्लेख करते हैं, जो शेख सलीम चिश्ती के मुरीद थे, लेकिन आगे चलकर "महादेव के भक्तों में शामिल हो गए।"[2]

ईरानी विद्वान् महमूद वली बल्ख़ी ने 1625 से 1631 ई. तक का अरसा भारत में जगह-जगह घूमते हुए बिताया था। इन यात्राओं के विवरण वे *बहर उल असरार फि मारिफत उल अख़यार* नामक सफ़रनामे में छोड़ गए हैं। इस तथा ऐसे दीगर सफ़रनामों का विश्लेषणात्मक सार मुज़फ़्फ़र आलम और संजय सुब्रह्मण्यम ने 'इंडो-पर्शियन ट्रैवेल्स इन दि एज ऑफ़ डिस्कवरीज़-1400-1800' नामक ग्रंथ में प्रस्तुत किया है।

बल्ख़ी ने बनारस की भी यात्रा की थी। बनारस के 'दिव्य सौन्दर्य' से अभिभूत तो वे हुए ही, एक दृश्य ने उन्हें चकित भी किया; उन्होंने गंगा किनारे "तेईस तिलकधारी, जनेऊधारी मुसलमान" देखे, जो बाक़ायदा पूजा कर रहे थे। चकित

1. रिज़वी, पूर्वोद्धृत, पृ. 397
2. मुंतखाबात उल तवारीख, (अनुवादक जॉर्ज एस.ए. रैंकिंग, 1925), पुनर्मुद्रण, 1990, एटलांटिक पब्लिशर्स ऐंड डिस्ट्रीब्यूटर्स, नई दिल्ली, खंड-2; पृ. 203

बल्खी के पूछने पर उन्होंने बस मौन संकेत से ही बता दिया कि उनके ललाट पर ऊपर वाले ने यही लिख दिया है।[1]

इस जगह मुज़फ़्फ़र आलम और संजय सुब्रह्मण्यम को मुबाद शाह के दबिस्ताँ-ए-मजाहिब में मिर्ज़ा सालेह और मिर्ज़ा हैदर का ज़िक्र याद आता है। आपको शायद 'मीर' का शे'र याद आए—

'मीर' के दीन-ओ-मज़हब को अब पूछते क्या हो उन ने तो
क़श्क़ा[2] खींचा दैर[3] में बैठा कब का तर्क इस्लाम किया

1941 में पं.चन्द्रबली पांडेय ने 'जिन्द कबीर की संक्षिप्त चर्चा' नामक निबन्ध में यह नोट करते हुए कि "बहुत से हिन्दू भी अपने आप को सूफी कहने लगे थे", कबीर को बेशरा, 'जिन्द' सूफी कहा है।[4] पारम्परिक सूफी तज्किरों में कबीर को मलामती कहा गया है। मलामती साधना की शुरुआत निशापुर (ईरान) के शेख हमदन (निधन, 885 ई.) से मानी जाती है। मलामत का शाब्दिक अर्थ है—दोष, आरोप, निन्दा। याद करें, लानत-मलामत। सूफी परम्परा में मलामती का अर्थ कबीर के आत्म-वर्णन—मनुआ बेपरवाह—से जुड़ता है। मलामती लोग जानबूझकर ऐसे काम करते थे कि लोग उनकी लानत-मलामत करने लगें। कबीर के मलामती होने की पुष्टि में, 'लोक-बड़ाई' से पिंड छुड़ाने के लिए वारांगना को गलबहियाँ डाल, हाथ में बोतल लेकर काशी का चक्कर लगाने की कबीर की वह कोशिश सूफ़ी तज्किरों में भी याद की गई है, जिसका अनंतदास द्वारा किया गया वर्णन हम पढ़ चुके हैं।

सत्रहवीं सदी के पूर्वार्द्ध में शेख अब्दुर्रहमान चिश्ती *मिरात उल असरार* में कबीर मलामती को शेख तक़ी बिन शेख रमज़ान के ऐसे शिष्य बताते हैं, जो आगे चलकर रामानंद बैरागी के शिष्य बन गए। शेख तक़ी के साथ कबीर के सम्बन्ध की चर्चा अन्य स्रोतों में भी मिलती है। इन शेख़ की मजार इलाहाबाद के निकट झूसी में है। मिरात उल असरार के अनुसार, 'कबीर ने कठोर तपस्या की, उनकी रहस्य दृष्टि में तौहीद (परम तत्त्व की एकता) सर्वोच्च थी, इसलिए वे बाह्याचार की उपेक्षा ही करते थे।' इसी दौर में शेख़ अब्दुल्ला ख्वेशगी अपने ग्रंथ *मआरिज उल विलायत* में बताते हैं कि 'कबीर के विष्णुपद और साखियाँ बहुत प्रसिद्ध हैं, उन्हें समझनेवाले जानते हैं कि दिव्य रहस्य और आध्यात्मिक सत्य को व्यक्त करने में कबीर का कोई सानी नहीं। मुहाकिक ए हिन्द (जायसी) ने अपनी काव्य-शैली में कबीर का ही अनुसरण किया है।

1. मुज़फ़्फ़र आलम और संजय सुब्रह्मण्यम, 'इंडो-पर्शियन ट्रैवेल्स इन दि एज ऑफ़ डिस्कवरीज़-1400-1800', कैम्ब्रिज यूनिवर्सिटी प्रेस, नई दिल्ली, 2008, पृ. 140
2. तिलक
3. मन्दिर
4. चन्द्रबली पांडेय, 'विचार-विमर्श', हिन्दी साहित्य सम्मेलन, प्रयाग, 2004, पृ. 11

दोनों धर्मों के माननेवाले उन पर हक़ जताते हैं, लेकिन कबीर तो सभी धार्मिक फिरकों से ऊपर उठ चुके थे। कुछ लोग कहते हैं कि कबीर के अनुयायी तो बस हिन्दू ही हैं, लेकिन इस बात से कबीर की आध्यात्मिक हैसियत पर कोई फ़र्क़ नहीं पड़ता।'[1]

कबीर के व्यक्तित्व का व्यापक फलक उन दिनों भी कुछ लोगों को उलझन में डालता ही था, जैसे आजकल डालता है। कुछ कबीर को कबीरनाथ में बदल देते हैं, कुछ उन्हें आरम्भ से अन्त तक सूफी ही मान लेते हैं, तो कुछ सम्प्रदायपरक अर्थ में वैष्णव। कबीर की अपनी रचनाओं और आरम्भिक आधुनिक कालीन रचनाओं में उनके जो उल्लेख मिलते हैं, उनसे स्पष्ट है कि कबीर ने शुरुआत की थी शाक्त साधना से, फिर नाथपंथ और सूफी मत से होते हुए वे रामानंद तक पहुँचे। उनके भी शिष्य संवादी ही बने, अन्धभक्त नहीं। रामानंद के साथ उनके सम्बन्ध की इस विशेषता से दारा शुकोह जैसे सावधान अध्येता वाकिफ थे—'कबीर रामानंद मुंडिया के पैरो थे, ख़ुद अपने ढंग के पेशवा भी।'

कबीर के व्यापक प्रभाव को देखते हुए, उन्हें एक ही परम्परा में निर्णायक रूप से स्थापित करने के प्रयत्न, संगठित धर्म मात्र से परे जाने की उनकी साधना से ध्यान हटाकर उन्हें पूरमपूर हिन्दू या मुसलमान सिद्ध करने के प्रयत्न सत्रहवीं सदी से ही शुरू हो गए थे। खुद *मिरात उल असरार* में ही उन्हें अन्ततः सुहरावर्दी सिलसिले के फिरदौसिया फिरके से जोड़ दिया गया है। दूसरी ओर, अठारहवीं सदी में नाभादास की भक्तमाल पर लिखी गई *भक्तिगुणदामचित्रिणी* टीका उन्हें विधवा ब्राह्मणी के परित्यक्त पुत्र के रूप में प्रस्तुत करती है। उन्नीसवीं सदी में *खजीनात उल असफिया* की रचना करनेवाले मुफ्ती गुलाम सरवर कबीर को बस शेख़ तक़ी का मुरीद ही बताते हैं, रामानंद का उल्लेख तक नहीं करते।[2] वादिवेल और अन्य बहुत से अध्येता उन्नीसवीं सदी के इस ग्रंथ के आधार पर ही अपने निष्कर्ष निकाल लेते हैं, पूर्ववर्ती तज्किरों में उपलब्ध कबीर-विषयक विवरणों पर ध्यान देने की ज़रूरत ही नहीं महसूस करते।

कुल मिलाकर सत्रहवीं सदी तक के वैष्णव ही नहीं, सूफ़ी स्रोतों में भी दो बातें सर्वमान्य हैं। एक, कबीर जुलाहा दम्पती के औरस, अपने पुत्र ही थे, कहीं मिल गए और नीरू-नीमा द्वारा 'पालित' भर नहीं; दूसरी—वे रामानंद के शिष्य, संवादी थे। कबीर की संवेदना में नाथपंथ और इसलाम के तत्त्व निस्सन्देह हैं, किन्तु यह निर्विवाद सत्य है कि जैसी निकटता कबीर वैरागियों (यानी रामानंदी वैष्णवों) के साथ महसूस करते थे, वैसी किसी के साथ नहीं। उनके पदों में हम उनकी माँ द्वारा 'मुंडियों' को दिए जा रहे कोसने सुनते हैं कि इन लोगों ने मेरे बेटे को बेराह कर दिया है, जिसके जवाब में पुत्र कबीर कहते हैं कि—'इन मुंडियन मेरी जात गँवाई।'

1. रिज़वी, पूर्वोद्धृत, पृ. 413
2. रिज़वी, पूर्वोद्धृत, पृ. 412-13

मुंडी माने वैष्णव वैरागी हिन्दू-मुसलमान दोनों परम्पराओं से ग्रहण ज़रूर करते थे, लेकिन अपनी बौद्धिक, संवेदनागत स्वायत्तता भी बनाए रखते थे। आरम्भिक आधुनिक कालीन भारत में ऐसी विशिष्ट साधना के आरम्भ का श्रेय रामानंद को दिया जाता था। बाद में हुए तमाम संस्कृतीकरण के बावजूद रामानंदी सम्प्रदाय की यह विशेषता, उसके अनुयायियों की सामाजिक विविधता आज तक बनी हुई है, जिसे रिचर्ड बर्गहार्ट ने 1978 में ही नोट किया था—

> रामानंदी सम्प्रदाय की विविधता (डाइवर्सिटी) इसे अन्य सम्प्रदायों से विलक्षण बना देती है। सोलहवीं—सत्रहवीं सदियों में भक्तिपरक और तांत्रिक—दोनों तरह की साधनाओं का सम्बन्ध रामानंद से जोड़ा जाता था। द्विज हिन्दुओं के साथ-साथ शूद्र और अस्पृश्य जातियों के लोग भी—बल्कि शायद मुसलमान भी—सम्प्रदाय में दीक्षित किए जाते थे।[1]

बर्गहार्ट को मुसलमानों के प्रसंग में 'शायद' कहने की ज़रूरत पड़ी। दारा शुकोह के *हसनात उल आरिफीन, मुकालमा बाबा लाल दास वा दारा शुकोह,* मुबाद शाह के *दबिस्ताँ,* चिश्ती के *मिरात उल असरार,* बदायूँनी के *मुंताखाबात उल तवारीख* और महमूद वली बल्खी के *बहर उल असरार फि मारिफत उल अख़यार* जैसे विवरणों से वाक़िफ़ पाठक कह सकता है : 'निश्चित रूप से'।

यह भी निश्चित रूप से कहा जा सकता है कि भक्तों और सूफ़ियों के लोकवृत्त में सर्वस्वीकार्य, परम्परा मान्य रामानंद-कबीर सम्बन्ध को नकारने का न कोई कालपरक, ऐतिहासिक आधार है, न संवेदनापरक।

5. सामाजिक आर्थिक गतिशीलता : देशज आधुनिकता और भक्ति का लोकवृत्त

पब्लिक स्फीयर के लिए लोकवृत्त शब्द का प्रयोग सबसे पहले मैंने ही 'आलोचना' (अक्तूबर-दिसम्बर, 2003) में फ्रेंचेस्का ओरसिनी की पुस्तक 'हिन्दी पब्लिक स्फीयर 1920-1940' के बारे में लिखे गए समीक्षा-लेख में किया था।[2] तब तक हिन्दी में पब्लिक स्फीयर के लिए सार्वजनिक क्षेत्र या जनपद शब्दों का व्यवहार किया जा रहा था। *अकथ कहानी प्रेम की...*(2009) में इन शब्दों की भ्रामकता एक बार

---

1. रिचर्ड बर्गहार्ट, 'दि फाउंडिंग ऑफ़ रामानंदी सेक्ट', (डेविड लोरेंजन द्वारा सम्पादित 'रिलीजियस मूवमेंट इन साउथ एशिया-600-1800', ऑक्सफ़ोर्ड यूनिवर्सिटी प्रेस, नई दिल्ली, 2004 में संकलित, पृ. 231
2. देखें, 'लोकवृत्त हिन्दी भाषा का या हिन्दी प्रदेश का?'—आलोचना (सं. नामवर सिंह), राजकमल प्रकाशन, नई दिल्ली, अक्तूबर-दिसम्बर, 2003

फिर रेखांकित करते हुए लोकवृत्त शब्द पर जोर दिया। धीरे-धीरे लोकवृत्त पब्लिक स्फीयर के लिए सर्वमान्य हो गया।

क्या आशय है लोकवृत्त का? किस तरह सहायक है यह अवधारणा भक्ति-संवेदना के प्रसार सामाजिक आधार को समझने में?

युरगन हैबरमास द्वारा बूर्ज्वा पब्लिक स्फीयर के 'संरचनात्मक रूपान्तरण' के अध्ययन (मूल जर्मन 1962) का प्रकाशन होने के बाद सामाजिक-सांस्कृतिक अध्ययन के क्षेत्र में लोकवृत्त की अवधारणा का महत्त्व बढ़ता चला गया है। लोकवृत्त का आशय है वाद-विवाद-संवाद का वह अवकाश (स्पेस) जिसमें सामाजिक, राजनैतिक, सांस्कृतिक विषयों पर हुए वैचारिक तथा भावनात्मक आदान-प्रदान लोकमत का निर्माण करते हैं। लोकवृत्त आपके परिवार में उपलब्ध निजवृत्त से, दूसरी ओर राजसत्ता और उसकी संस्थाओं के औपचारिक वृत्त से अलग है। लोकमत का निर्माण किसी विषय पर आपके घर में हुई बातचीत से नहीं; उसी विषय पर पान की गुमटी और कॉफ़ी हाउस से लेकर मीडिया (अख़बार, पत्रिकाएँ, टीवी, पोर्टल) में हुई चर्चा के ज़रिये होता है। किसी निजवृत्त में हुई बातचीत की परवाह राजवृत्त (ऑफ़िशियल स्फीयर) करे ना करे, लेकिन किसी विषय पर लोकवृत्त में बन चुके या बन रहे लोकमत की उपेक्षा करना उसके लिए आसान नहीं होता।

मास-मीडिया के निरन्तर विस्तार ने लोकवृत्त का महत्त्व बहुत बढ़ा दिया है। सार्वजनिक जीवन में सक्रिय लोगों के लिए लोक-छवि (पब्लिक इमेज) का सवाल अभूतपूर्व रूप से निर्णायक बन गया है। लोकवृत्त के ज़रिये बना लोकमत केवल सरकारी नीतियों को ही नहीं, बल्कि सामाजिक-सांस्कृतिक रुझानों और मान्यताओं को भी बनाता-बिगाड़ता है। अपने व्यक्तित्व के बोध के बिना, दूसरों द्वारा उसकी स्वीकृति और सघन संवाद के ज़रिये विचारों और रुझानों के निरन्तर सम्प्रेषण के बिना लोकवृत्त का निर्माण सम्भव नहीं। व्यक्तित्व का ऐसा बोध और संवाद, सम्प्रेषण के लिए उपलब्ध साधन और अवकाश आधुनिकता की ओर बढ़ रहे समाजों में ही उपलब्ध होता है।

अब, मसला यह है कि भारतीय समाज ने तो आधुनिकता की ओर बढ़ना शुरू ही किया ब्रिटिश राज की स्थापना के बाद। आधुनिकता का सम्बन्ध औद्योगिक पूँजीवाद से है। ब्रिटिश पूर्व भारत में व्यापार कितने भी बड़े पैमाने पर रहा हो, औद्योगीकरण तो बिलकुल नहीं था। ऐसे में, कबीर के समय में भक्ति के लोकवृत्त की बात करने का मतलब ही क्या?

ब्रिटिश पूर्व भारत की देशभाषागत या देशज आधुनिकता और भक्ति के लोकवृत्त की विस्तृत चर्चा मैंने *अकथ कहानी प्रेम की...*(2009) और *कबीर, कबीर : दि लाइफ़ ऐंड वर्क ऑफ़ एन अर्ली मॉडर्न पोयट-फिलॉसफर* (वेस्टलैंड, 2021) में की है।

बात यह है कि लोकवृत्त निश्चय ही आधुनिक परिघटना है, लेकिन आधुनिकता केवल यूरोपीय परिघटना नहीं है।

आम बोलचाल में 'आधुनिक' का आशय है, अभी का, हाल का, अधुनातन; इसमें विकसित का भाव निहित है। इसीलिए नैयायिक आचार्य उदयन ने 'जीर्ण' यानी पुराने पड़ गए विद्वानों से स्वयं को अलगाने के लिए कहा था, 'वयं आधुनिका:'। मॉडर्न शब्द का भी ऐसा ही आशय है—अभी का, नया। लेकिन, इसका विशिष्ट दार्शनिक और ऐतिहासिक अर्थ पन्द्रहवीं-सोलहवीं सदी के पुनर्जागरण (रेनेसांस) के बाद यूरोप के सांस्कृतिक, वैचारिक घटनाक्रम से सम्बद्ध है।

यूरोपीय इतिहास के पाँचवीं से पन्द्रहवीं सदी तक के दौर को जड़ता और अन्धकार से परिभाषित मध्यकाल कहा जाता है। जड़ता की निद्रा से 'जागने' (रेनेसांस) के साथ पन्द्रहवीं-सोलहवीं सदी में आरम्भिक आधुनिकता का उदय हुआ। इसके बाद प्रबोधन (एनलाइटेनमेंट) का दौर (सत्रहवीं-अठारहवीं सदी) आता है, जिसमें आरम्भिक आधुनिकता की मानव-केन्द्रित भावना व्यवस्थित विश्व-दृष्टि का रूप लेती है। 'शास्त्रवचन' की धर्मसत्ता (चर्च) द्वारा की गई व्याख्या पर आधारित ज्ञानमीमांसा का स्थान अनुभव, तर्क और प्रमाण पर आधारित ज्ञानमीमांसा लेने लगती है। समाज और ईश्वर दोनों के साथ सम्बन्ध के सन्दर्भ में मानवीय व्यक्तित्व की स्वायत्तता का महत्त्व स्वीकार किया जाता है।

परमात्मा, लोक-परलोक, धर्म, राजनीति, व्यक्ति, समाज सभी के बारे में सामाजिक रुझानों और सोच में दूरगामी, बुनियादी बदलाव लानेवाली ऐतिहासिक प्रक्रिया व्यापार के विस्तार, व्यापारियों के अन्तर्राष्ट्रीय सम्पर्कों, परजीवी सामन्तों द्वारा नियंत्रित समाज-व्यवस्था के प्रति व्यापारियों के असंतोष से गुँथी हुई थी। इसके फलस्वरूप विभिन्न वर्नाकुलरों (जन-भाषाओं) में बाइबिल के अनुवाद के ज़रिये लैटिन के एकाधिकार की समाप्ति और वर्नाकुलर चिन्तन का विस्तार तो हुआ ही, इंक्विजीशन (चर्च की व्याख्याओं, व्यवस्थाओं और आदेशों से हटनेवाले विपथगामियों—हेरेटिक्स—को यातनाएँ देने के लिए गठित संस्था) के अत्याचारों से लोगों को 'ठीक करने' के स्थान पर तार्किक संवाद के ज़रिये लोगों का मत-परिवर्तन करने की बातें भी समाज में जगह पाने लगीं।

पारम्परिक चिन्तन और व्यवहार पर बुनियादी सवाल उठने की स्थिति को मैक्स बेवर ने मोहभंग (डिसएनचांटमेंट) की स्थिति कहा है। इस मोहभंग के बाद चर्च की मान्यताओं पर डाले गए पवित्रता के आवरणों को चुनौती दी जाने लगी। ब्रह्मांड के केन्द्र में पृथ्वी नहीं सूर्य है, यह मान्यता चुनौती की एक अभिव्यक्ति थी, तो चर्च को लौकिक, राजनैतिक सत्ता से अलग करने का आग्रह दूसरी।

औद्योगिक पूँजीवाद का उदय आधुनिकता के शुरू में नहीं, बल्कि उपरोक्त ऐतिहासिक प्रक्रिया की परिणति के रूप में हुआ। भाप के इंजन का आविष्कार पन्द्रहवीं या सोलहवीं सदी में आरम्भिक आधुनिकता के दौर में नहीं, बल्कि बढ़ती माँग पूरी करने के लिए अठारहवीं सदी में ही हुआ था। माँग का विस्तार हुआ तो

दस्तकारी के स्थान पर मशीन के ज़रिये उत्पादन की सम्भावनाएँ टटोली गईं। कच्चे माल की आपूर्ति पर एकाधिकार की प्रतिस्पर्धा के कारण उपनिवेशवाद का जन्म हुआ। व्यापारिक पूँजीवाद के औद्योगिक पूँजीवाद में बदलने की प्रक्रिया में यूरोप द्वारा औपनिवेशिक लूट के ज़रिये कमाई गई दौलत की निर्णायक भूमिका थी।

यहाँ भारतीय चिन्तन परम्परा का पुरुषार्थ चतुष्टय का विचार याद आता है। मूल रूप से इसका सन्दर्भ व्यक्तिगत नैतिकता और जीवन-पद्धति से है लेकिन मेरी समझ से इसका विस्तार सामाजिक विकास को समझने में भी किया जा सकता है। 'काम' (इच्छाओं, आवश्यकताओं) और 'अर्थ' (आवश्यकताओं की पूर्ति के लिए ज़रूरी उत्पादन, वितरण) के क्षेत्रों में महत्त्वपूर्ण परिवर्तन आने पर 'धर्म' (निजी और सामाजिक नैतिकता, मर्यादा, समाज व्यवस्था) और 'मोक्ष' (आध्यात्मिक खोज, जिज्ञासा) के स्तर पर सोच-विचार में भी बदलाव आते हैं।

व्यापारिक विस्तार के कारण सामाजिक व्यवहारों, विचारों और रुझानों में परिवर्तन की प्रक्रिया क्या केवल यूरोप में चल रही थी? यदि हाँ, तो निस्सन्देह मानना चाहिए कि आधुनिकता विशिष्ट यूरोपीय उत्पाद है जिसके बाक़ी दुनिया में निर्यात का श्रेय यूरोप को ही जाता है।

लेकिन यदि ऐसा न हो तो?

कुछ लोग ब्रिटिश पूर्व भारत में व्यापार के व्यापक विस्तार को स्वीकार (इसके अलावा कोई चारा है ही नहीं) करते हुए भी भारत की अपनी आधुनिकता का अस्तित्व स्वीकार नहीं करते। उनका तर्क है कि व्यापार का विस्तार भले ही हो, भारत में न तो औद्योगीकरण की सम्भावना थी न आधुनिकता की। जब ब्रिटिश पूर्व भारत में आधुनिकता ही नहीं थी तो लोकवृत्त जैसी ठेठ आधुनिक परिघटना के होने का सवाल ही कहाँ पैदा होता है? इस दृष्टि में, ब्रिटिश उपनिवेशवाद को, भारतीय समाज को जड़ता से मुक्त करने का, भारतीय समाज को वैश्विक ऐतिहासिक प्रक्रिया में लाने का, दूसरे शब्दों में सारी लूट-खसोट और अतिचारों के बावजूद, 'वस्तुनिष्ठ रूप से प्रगतिशील भूमिका' निभाने का श्रेय जाता है। भारत में व्यापार का जो व्यापक विस्तार था, उसे नष्ट करने में ब्रिटिश उपनिवेशवाद की कोई भूमिका थी या नहीं? यह सवाल ऐसे लोगों को महत्त्वपूर्ण लगता ही नहीं।

यूरोप में आरम्भिक आधुनिकता—प्रबोधन—व्यापारी पूँजीवाद—उपनिवेशीकरण—औद्योगिक पूँजीवाद के विकास का यह संक्षिप्त विवरण ऐसे लोगों के विचारार्थ ही दिया गया है। भारत या किसी अन्य ग़ैर यूरोपीय समाज में आरम्भिक आधुनिकता के होने न होने को समझने के लिए उस समाज में व्यापारिक पूँजीवाद के होने न होने, यूरोपीय उपनिवेशवाद द्वारा उसे नष्ट करने के इतिहास को समझना ज़रूरी है; साथ ही सामाजिक सम्बन्धों, रुझानों, विचारों, व्यवहारों, धर्म-भावना और ज्ञानमीमांसा में आए बदलावों को भी। वरना, रास्ता बस यही है कि आप मान लें कि आधुनिकता

की ऐतिहासिक परिघटना का इतिहास से कोई लेना-देना नहीं, यह तो यूरोपीय नस्ल के डीएनए का ही कमाल था।

इतिहासकार जयरस बानाजी ने उत्पादन और श्रम सम्बन्धों में वैश्विक स्तर पर आए उन परिवर्तनों का विचारोत्तेजक विवेचन किया है जो व्यापारिक पूँजीवाद के कारण सम्भव हुए। बानाजी गैर-यूरोपीय समाजों में व्यापारिक पूँजीवाद की संक्षिप्त चर्चा के क्रम में कबीर की साखी (कबीर पूँजी साह की, तूं जिनि खोवै ख्वार। खरी बिगूचनि होइगी, लेखा देती बार॥) याद करते हुए कबीर का 'पूँजी की अवधारणा' से अवगत होना नोट करते हैं।[1]

आरम्भिक आधुनिक कालीन भारत से उदाहरण लेते हुए, डॉ. रामविलास शर्मा 'भाषा और समाज' (1960) में व्यापारिक पूँजीवाद की प्रक्रिया और परिणतियाँ बताते हैं—

> सामन्ती व्यवस्था में खाने-खरचने के बाद जो माल बचता है, वह बेच लिया जाता है। किन्तु व्यापार के प्रसार के साथ यह आवश्यकता उत्पन्न होती है कि खरीद-फरोख्त के लिए माल विशेष रूप से तैयार किया जाय। बचे हुए फ़ालतू माल से काम नहीं चलता। कारीगर जो माल तैयार करता है, उसका उपयोग-मूल्य कम हो जाता है, विनिमय-मूल्य बढ़ जाता है। कुछ विशेष प्रदेशों और नगरों में ख़ास चीज़ों का उत्पादन बढ़ जाता है; अन्य प्रदेश और नगर अपने यहाँ वे चीज़ें तैयार न करके उन प्रसिद्ध केन्द्रों से वे चीज़ें मँगाते हैं।...व्यापार के कारण वस्तुएँ क्रय-वस्तुएँ बनती हैं, पहले से क्रय-वस्तु उत्पादित होकर व्यापार को जन्म नहीं देती।...इस प्रकार उत्पादन की प्रत्येक अवस्था में व्यापार उसे प्रभावित करता है; उसे पुरानी पद्धति बदलकर नई पद्धति की ओर बढ़ने की प्रेरणा देता है। सामन्ती व्यवस्था में व्यापार का विकास स्वभावत: पूँजीवादी उत्पादन-पद्धति के लिए ज़मीन तैयार करता है।[2]

ब्रिटिश राज की स्थापना के पहले, औरंगजेब की मृत्यु के समय, अठारहवीं सदी के शुरू में वैश्विक सकल घरेलू उत्पाद में भारत का हिस्सा चौबीस फ़ीसदी से भी अधिक था; केवल चीन ही भारत से आगे था; परम कल्याणकारी ब्रिटिश राज द्वारा लाई गई आधुनिकता की ढाई सदियों के बाद यह हिस्सा घटकर चार फ़ीसदी रह गया। ऐसे ज़बर्दस्त व्यापार पर एकाधिकार के लिए ही तो ब्रिटिश, फ्रेंच, पुर्तगाली और डच कम्पनियाँ आपस में निरन्तर सैनिक और कूटनीतिक संघर्ष

1. जयरस बानाजी, 'ए ब्रीफ़ हिस्ट्री ऑफ़ कॉमर्शियल कैपिटलिज़्म' हेमार्केट बुक्स, शिकागो, 2020, पृ. 2
2. रामविलास शर्मा, 'भाषा और समाज', राजकमल प्रकाशन, नई दिल्ली, 1977, पृ. 261

कर रही थीं। किसी भी समाज में नगरीकरण का बढ़ना आधुनिकता के आगमन के लक्षणों में से एक माना जाता है; क्योंकि नगर व्यापारिक गतिविधि के केन्द्र होते हैं। भारत में आरम्भिंक आधुनिकता का अस्तित्व नकारनेवालों का प्रमुख तर्क यही है कि नगरीकरण को गति देनेवाले स्तर पर व्यापारिक गतिविधि का तो ब्रिटिश पूर्व भारत में कोई सवाल ही नहीं था। यह तो ग्रामीण अर्थव्यवस्था पर आधारित, सामन्ती व्यवस्था वाला, देहातों का देश था। यदि नगर थे भी तो बस दो-चार जिनकी घनी आबादी और चमक-दमक या तो शाही दरबारों के कारण होती थी या तीर्थ-यात्राओं की वजह से।

वास्तविकता यह है कि ब्रिटिश राज के पहले के भारत की 15 प्रतिशत आबादी नगरों में रहती थी। यह प्रतिशत आरम्भिक आधुनिक काल के यूरोप की आबादी से ही नहीं, ब्रिटिश राज की स्थापना के बाद, 19वीं सदी के भारत की नगरीय आबादी से भी अधिक है। ढाई से दस लाख तक की आबादी वाले कई नगर थे। आगरा, दिल्ली, ढाका, विजयनगर और मुर्शिदाबाद के आकार और वहाँ की गतिशीलता से जो यूरोपियन यात्री दंग रह जाते थे, वे इन नगरों को केवल तीर्थस्थल या दरबार केन्द्र बतानेवाला इतिहास-लेखन विवरण पढ़कर और अधिक दंग हो जाएँगे। वे जानते थे कि अकबर द्वारा राजधानी आगरा ले जाने के बाद दिल्ली नगर कोई ऊजड़ गाँव नहीं बन गया था। शाहजहाँ द्वारा राजधानी दिल्ली वापस ले आने के बाद भी आगरा व्यापार का प्रमुख केन्द्र नगर बना रहा, गाँव या क़स्बे में नहीं तब्दील हो गया। इन दोनों नगरों में से कौन सा हिन्दुओं या मुसलमानों का महत्त्वपूर्ण तीर्थस्थल था? तीर्थ तो इन दोनों के बीच स्थित मथुरा नगरी थी, जिसे व्यापार के बड़े केन्द्र, बड़े नगर के रूप में कोई नहीं याद करता। दूसरी ओर काशी पारम्परिक रूप से महत्त्वपूर्ण तीर्थनगरी ही नहीं, विद्यानगरी और व्यापारिक केन्द्र भी कबीर के समय के पहले से ही थी, बाद में भी बनी रही।

भारत में ब्रिटिश राज को श्रेय नगरीकरण, औद्योगीकरण लाने, इस प्रकार आधुनिकता का आर्थिक आधार सम्भव करने का नहीं, बल्कि इस देश का व्यापार नष्ट करके जबरिया विनगरीकरण करने, औद्योगीकरण की सम्भावनाएँ मिटाने—इस प्रकार देशज आधुनिकता के पूरमपूर विकास की सम्भावनाएँ नष्ट करने का जाता है। यह भारत में ब्रिटिश राज का ही कमाल था कि बीसवीं सदी के आरम्भ में लंदन दुनिया का सबसे शानदार शहर बन गया, और भारत माता ग्रामवासिनी में बदल गई। सचाई यह है कि लंदन और दीगर शहरों की चमक-दमक ही नहीं, ब्रिटेन में जन-कल्याणकारी राज्य (वेलफ़ेयर स्टेट) की स्थापना तक बिना औपनिवेशिक लूट के सम्भव नहीं थी। आखिरकार ब्रिटेन के घरेलू राष्ट्रीय बजट का आधे से अधिक हिस्सा औपनिवेशिक लूट से ही तो आता था, जिसमें स्वाभाविक रूप से सबसे अधिक योगदान भारत के शोषण का होता था।

इस शोषण की ठंडी क्रूरता का सबसे भयावह रूप प्रकट होता है अकालों के सन्दर्भ में। इतिहासकार माइक डेविस ने 'लेट विक्टोरियन होलोकास्ट्स : एल निनो फेमाइंस ऐंड दि मेकिंग ऑफ़ दि थर्ड वर्ल्ड' (वरसो, लंदन, 2000) नामक पुस्तक में इस क्रूरता का हृदयद्रावक वर्णन किया है। नियाल फर्ग्यूसन की पुस्तक 'कोलोसस : दि प्राइस ऑफ़ अमेरिकाज़ एंपायर' (जिसमें ब्रिटिश साम्राज्यवाद का प्रचंड महिमामंडन करते हुए वर्तमान वैश्विक समस्याओं का समाधान यह बताया गया है कि सारी दुनिया में अमेरिका का प्रभुत्व हो जाए) की समीक्षा करते हुए समाजशास्त्री विवेक छिब्बर (*दि बोस्टन रिव्यू*, फ़रवरी, 2005) माइक डेविस का शोध याद करते हैं—

> 1876-1878 के अकाल में साठ से अस्सी लाख और 1899-1900 के अकाल में पौने दो से दो करोड़ के बीच भारतीयों ने अपने प्राण खोए। इस प्रकार राज राजेश्वरी विक्टोरिया के सुशासन के श्रेष्ठतम पचीस बरसों में हर साल औसतन कम-से-कम दस लाख लोग अकाल-मृत्यु के शिकार हुए। जनता को राहत देने का प्रस्ताव 1878 के अकाल आयोग ने दो टूक शब्दों में ठुकरा दिया, क्योंकि एक बार दे दी तो ऐसी राहत हर बार देनी पड़ेगी। सो, वायसराय लिटन ने प्रशासनिक अधिकारियों को कड़े निर्देश दिए कि 'मानवतावादी नौटंकी' न करें, जनता को राहत देने के विचार से अन्न की क़ीमतों में हस्तक्षेप करने की सोचें तक नहीं। 1899 के अकाल के प्रसंग में वायसराय कर्ज़न का मानना था कि अकाल में राहत देने से जनता का नैतिक बल और आत्म-निर्भरता ख़तरे में पड़ जाएगी, और भला न्यायप्रिय ब्रिटिश राज ऐसा अपराध कैसे करे?[1]

1900 में भारतीय उपमहाद्वीप की आबादी तेईस करोड़ अस्सी लाख थी। इसके पहले के पचीस बरसों में दो-ढाई करोड़ लोग काल के गाल में समा गए थे। यही कहानी दूसरे महायुद्ध के दौरान बंगाल में दोहराई गई; जिसमें साल-दो साल में तीस लाख लोगों न जान गँवाई। जिन लोगों को ब्रिटिश राज दलितोद्धारक और प्रगतिशील लगता है, उन्हें यह ज़रूर सोचना चाहिए कि शासन की सुविचारित क्रूरता के कारण नष्ट हुए इन लाखों जीवनों में से कितने दलितों और दरिद्रों के रहे होंगे और कितने समाज में विशेषाधिकार-सम्पन्न तबकों के। माइक डेविस द्वारा इस प्रसंग में होलोकास्ट (सम्पूर्ण जाति-नाश) पद का प्रयोग सर्वथा सटीक है।

यदि भारत का व्यापार पूँजीवादी प्रतिस्पर्धा में ब्रिटेन से पिछड़ा होता, यदि सकल घरेलू उत्पाद की होड़ में भारत 'मुक्त बाज़ार' के तर्क से फिसड्डी साबित हुआ होता, यदि भारतीय जनमानस व्यापार के विस्तार के बाद भी वैचारिक रूप से जड़ बना रहता तो माना जा सकता था कि ब्रिटिश राज की कृपा के बिना भारतीय

1. http://bostonreview.net/chibber-good-empire

चित्त और समाज का आधुनिकीकरण असम्भव था। ऐतिहासिक वास्तविकता, लेकिन यह है कि ब्रिटिश राज ने आरम्भिक आधुनिकता के पूरमपूर आधुनिकता में बदलने के ऐतिहासिक आधार यानी व्यापारिक पूँजीवाद को योजनाबद्ध रूप से नष्ट किया। नगरीकरण को बाधित कर भारत का व्यापक देहातीकरण किया। आरम्भिक आधुनिकता की जो परिणति (औद्योगीकरण) यूरोप में हुई, भारत में उसकी सम्भावना पूरी तरह नष्ट कर दी गई। ब्रिटिश राज ने भारतीय समाज को आधुनिकता की ओर ले जाने की प्रगतिशील भूमिका नहीं, आरम्भिक आधुनिकता के विकास को बाधित करने की विकट रूप से प्रतिक्रियावादी भूमिका निभाई।

भारतीय इतिहास के इस काल में व्यापार के अभूतपूर्व विस्तार का एक प्रमाण है, बिचौलियों, दलालों के समूह का उदय होना। इतिहासकार इरफ़ान हबीब के अनुसार, 'यह समूह इस काल में ही पहली बार नज़र आता है। माना जाता था कि इनके कमीशन के कारण ग्राहकों को क़ीमतें ज़्यादा चुकानी पड़ती थीं, इसलिए इनकी गतिविधियों पर रोक लगाने में बहुत कड़ाई बरती जाती थी, लेकिन इतने बड़े बाज़ार में दलालों की भूमिका इतनी अपरिहार्य थी कि उन्हें बर्दाश्त करना ही पड़ता था'।[1]

जब पण्य वस्तुएँ और उन्हें बेचने-खरीदने में रुचि रखनेवाले इतनी बड़ी तादाद में हों, तो बिचौलिए के बिना काम चल ही नहीं सकता, भले ही आप मन-ही-मन बिचौलियों से, दलालों से चिढ़ते रहें। आज भी, ज़मीन-जायदाद का मामला हो, या व्यापार का, दलाल के बिना काम चलता भी नहीं; और दलाल शब्द गाली की तरह बरता भी जाता है।

कबीर की कविता में रूपक निर्माण के क्रम में अन्य शब्दों के साथ दलाल के भी दर्शन होते हैं—"जप तप देऊँ दलाली।" कोई भी कवि अपने रूपक, उपमान, मुहाविरे लेता है अपने अध्ययन से, सामूहिक सांस्कृतिक स्मृति से और सर्वाधिक महत्त्वपूर्ण, अचेतन ढंग से अपने परिवेश से। कबीर सचेत रूप से ग्रामीणों को मूर्ख निश्चय ही नहीं मानते रहे होंगे, लेकिन नागरिक, परिष्कृत के बरक्स फूहड़, मूर्ख के भाव में गँवार शब्द उनके भाषा-संस्कार में मौजूद था—

कबीर कहता जात हौं, चेतै नहीं गँवार।
बैरागी गिरही कहा, कांमी वार न पार।

(कामी नर कौ अंग, 25)

इसी तरह निर्गुणपंथी, अवतारवाद विरोधी वैचारिकता के बावजूद, पिय को सम्बोधित करना है, तो निर्गुण भाव के सगुण वाचक तो अवतार-कथाओं से ही आएँगे—राम ही नहीं, सारंगपाणि, ही नहीं, गोपाल, माधव और गोविंद भी।

1. कैम्ब्रिज इकोनॉमिक हिस्ट्री ऑफ़ इंडिया, (खंड एक) सं. तपन रायचौधरी, इरफ़ान हबीब, कैम्ब्रिज यूनिवर्सिटी प्रेस, कैम्ब्रिज, 1982, पृ. 86

समकालीन जीवन ऐसा स्रोत है, जिससे कविता के शब्द और मुहाविरे अनायास ही प्रभावित होते हैं। कविता को ऐतिहासिक दस्तावेज़ भर के दर्जे पर लाए बिना ही उसके माध्यम से उसके रचनाकाल के समाज और सत्तातंत्र के स्वभाव को बहुत दूर तक समझा जा सकता है। तुलसीदास का कलियुग विरोधी संताप इस तथ्य का प्रत्यक्ष उदाहरण है। तुलसी अपनी रामकथा को शाश्वत, पौराणिक रखते हुए भी समकालीन समय पर टिप्पणी का माध्यम बना देते हैं, और रामराज्य को कलियुग व्याधि का उपचार।

कबीर के यहाँ दलाल, गुलाम और ब्याज शब्द ही नहीं मिलते; बल्कि पारिभाषिक अर्थ में पूँजी, मुनाफ़े और निवेश ब्याज की अवधारणाएँ भी मिलती हैं—

मन रे कागद कीरि पराया,
कहा भयौ ब्यौपार तुम्हारै, कलतर बढ़ै सवाया॥ टेक॥
बड़े बौहरे सांठो दीन्हौ कलतर काढ्यो खोटै॥
चार लाख अरु असी ठीक दे, जनम लिख्यो सब चोटै॥
अबकी बेर न कागद कीर्‌यौ तौ ध्रर्म राई सूं तूटै॥
पूंजी बितड़ि बंदि लै देहै, तब कहै कौंन कैं छूटै॥
गुरुदेव ग्यांनी भयौ लगनियां, सुमिरन दीन्हौ हीरा॥
बड़ी निसानी नांउ रांम कौ, चढ़ि गयौ कीर कबीरा॥

(राग गौड़ी, 107)

काग़ज़ पर दस्तख़त करके—क़र्ज़ लेकर व्यापार किया, सवाया मुनाफ़ा कर लिया। लेकिन क़र्ज़ चुकाते समय बौहरे>व्यवहारी (व्यापारी, यहाँ ऋणदाता साहूकार) ने तुझे जो सांठ (खरे) कलदार दिए थे, उनके बदले तू खोटे वापस कर रहा है। चार लाख और अस्सी (चौरासी लाख योनियाँ) तुझे चोट (दंड) में लिखने पड़े, अब यदि तूने काग़ज़ नहीं भरा, करार नहीं निभाया, क़र्ज़ नहीं चुकाया तो धर्मराज से बिगड़ जाएगी, वे तेरी पूँजी ज़ब्त कर तुझे जेल में डाल देंगे तब किसकी सिफ़ारिश से तू छूटेगा? हमें चिन्ता नहीं है क्योंकि (हमने क़र्ज़ लेकर पूँजी नहीं लगाई है) हमारे लगनियाँ (पूँजी लगानेवाले, निवेशक) तो ज्ञानी गुरु हैं। सुमिरन रूपी हीरा उन्होंने दिया है। राम नाम की नसैनी के सहारे कबीर तो ऊँचाई पर पहुँच गया।)

व्यापारिक क़र्ज़ लेने की, उसे न चुकाने या धोखाधड़ी करने पर दंड की पूरी प्रक्रिया यहाँ सटीक पारिभाषिक शब्दावली में मौजूद है। यह रूपक कबीर के निजी जीवनानुभव का दस्तावेज़ नहीं, बल्कि उनके समाज के चरित्र का संकेतक है। यह रूपक ऐसे समाज के कवि और श्रोता के चित्त में उतर ही नहीं सकता जिसमें बड़े पैमाने पर व्यापार न होता हो। ठीक वैसे ही जैसे कि यह कथन, "हज काबै ह्वै ह्वै गया, केती बार कबीर। मीरां मुझ मैं क्या खता, मुखां न बोलै पीर।"—ऐसे समाज में कोई अर्थ सम्प्रेषित नहीं करेगा जहाँ इसलाम न पहुँचा हो।

व्यापार के इस विस्तार का सामाजिक-सांस्कृतिक रुझानों और दैनन्दिन व्यवहारों पर क्या प्रभाव पड़ा? इस धरातल पर कोई बदलाव आए या नहीं? यदि आए तो क्या ऐन वैसे ही जैसे कि यूरोप के आरम्भिक आधुनिक काल में आए थे?

भारत की आरम्भिक आधुनिकता की बात करने का अर्थ यूरोपीय आधुनिकता की फ़ोटोकॉपी की खोज करना नहीं है। इतिहास पर विचार करते वक़्त सार्वभौम और विशिष्ट का, समानता और अन्तर का सम्बन्ध कभी नहीं भूलना चाहिए। रोज़मर्रा के जीवन से मिसाल लें तो यूरोप में छुरी-काँटे से खाने का चलन रहा है, चीन, जापान, कोरिया आदि में चॉपस्टिक से और भारत में हाथ से, लेकिन दुनिया भर के इनसान मुँह के रास्ते ही खाना पेट तक पहुँचाते हैं, किसी और रास्ते नहीं। विशिष्टता और अन्तर पर बल देने के लिए मनुष्य के साझे चैतन्य और सार्वभौम व्यवहारों को भूल जाना या सार्वभौम पर बल देते समय किसी समाज की विशिष्ट समस्याओं और परम्पराओं से मुँह फेर लेना—ये दोनों तरीक़े एक से विवेकहीन हैं। यूरोपीय और भारतीय इतिहास की तुलना के सन्दर्भ में फ़्रेंच विचारक रेमंड श्वाब ने अपनी अत्यन्त चर्चित पुस्तक *ओरिएंटल रेनेसांस : यूरोप्स डिस्कवरी ऑफ़ इंडिया ऐंड दि ईस्ट* (मूल फ़्रेंच 1950, अंग्रेज़ी अनुवाद 1984) के आरम्भ में ही अपने यूरोपीय पाठकों को याद दिलाया था, "भारत के सामने भी सदा वैसी ही समस्याएँ रही हैं, जैसी हमारे सामने, लेकिन उन्हें समझने, सुलझाने के तरीक़े जुदा रहे हैं।"[1]

यूरोप में रोमन कैथोलिक चर्च के विरुद्ध आवाज़ उठानेवाले मार्टिन लूथर ने स्वयं एक और चर्च—प्रोटेस्टेंट चर्च—की रचना कर डाली। लोकभाषाओं में बाइबिल के अनुवाद किए गए। भारत में निर्गुणपंथी संतों ने न वेद के अनुवाद किए, न क़ुरआन के। उन्होंने दोनों धर्मों की परम्पराओं से शब्दावली लेते हुए, उनसे संवाद करते हुए स्वायत्त आध्यात्मिकता और ज्ञानमीमांसा विकसित की। यूरोप में ईसाई और मुसलमान की तो बात ही छोड़िए, ईसाइयत के अपने विभिन्न सम्प्रदायों से भी किसी व्यक्ति का एक साथ जुड़ाव असम्भव था। भारत में सूफ़ियों, वैष्णवों, नाथपंथियों और शैवों आदि के बीच परस्पर संवाद, एक ही व्यक्ति के अनेक साधना-पद्धतियों से जुड़ाव के उदाहरण भरे पड़े हैं। इनमें से कुछ आपने ऊपर रामानंद-कबीर सम्बन्ध के प्रसंग में देखे भी हैं। ध्यान दें, तो आज भी, अपने आसपास ही देख सकते हैं। इस्लाम सिद्धान्ततः एकेश्वरवादी, पैगंबर आधारित धर्म है, इसकी मान्यतानुसार परमात्मा से सच्चा सम्बन्ध स्थापित करने का रास्ता एक ही है—पैगंबर ए इसलाम के आदेशों का पालन। लेकिन भारतीय मुसलमान जायसी (1477-1542) कहते हैं—'सरग नखत, तन रोआँ जेते। विधना के मारग हैं तेते'। जायसी कबीर की तरह हिन्दू धर्म और इसलाम से मुक्त नहीं, आस्थावान मुसलमान थे, सम्मानित पीर का दर्जा उन्हें

1. रेमंड श्वाब, 'दि ओरिएंटल रेनेसांस : यूरोप्स रिडिस्कवरी ऑफ़ इंडिया ऐंड दि ईस्ट', कोलंबिया यूनिवर्सिटी प्रेस, न्यूयॉर्क, 1984, पृ. 6

हासिल था। इसलिए उनका यह कथन उनके व्यक्तित्व की मार्मिक व्यंजना करने के साथ ही ऐतिहासिक रूप से भी बहुत संकेतपूर्ण हो जाता है।

विभिन्न आस्था तंत्रों के परस्पर सम्बन्ध की समस्या यूरोप में भी थी, भारत में भी। वहाँ समाधान और तरह के थे, यहाँ और तरह के। रेमंड श्वाब अपने पाठकों को यही याद दिला रहे थे।

जहाँ तक आधुनिकता के मुख्य लक्षण—व्यक्तित्व-बोध—का सवाल है, निर्गुणपंथी संवेदना के तो वह केन्द्र में ही है। निर्गुण भक्त स्वयं को भी व्यक्ति के रूप में पहचानते हैं, अपने सम्भाव्य श्रोता को भी; जाति, धर्म जैसी किसी जन्मजात सामाजिक पहचान के आधार पर नहीं। जिस साधु से कबीर बार-बार कहते हैं, 'सुनो भाई साधो' उसका मुसलमान या जुलाहा होना क़तई ज़रूरी नहीं। व्यक्तित्व के इस आग्रह के कारण ही मुक्तिबोध को कबीर आधुनिक चित्त के निकट लगते हैं; तुकाराम दिलीप चित्रे को आधुनिक मनुष्य की चिन्ताओं और आशंकाओं का पूर्वाभास देते नज़र आते हैं।[1] जिस बात पर न मुक्तिबोध का ध्यान जाता है, न चित्रे का, वह यही है कि कबीर और तुकाराम की व्यक्तित्व आग्रही चिन्ता उनके समय की ऐतिहासिक प्रक्रियाओं की ही परिणति थी। ये तथा ऐसे अन्य कवि अपने समय की आरम्भिक आधुनिकता के प्रतिनिधि स्वर थे, मध्यकालीन जड़ता में जकड़े समाज में वक़्त से पहले अवतरित हो गए अजूबे नहीं।

नामदेव के बाद भक्ति केवल व्यक्तिगत उपासना पद्धति नहीं रह गई थी। इसीलिए अनंतदास ने उन्हें कलियुग का प्रथम भक्त कहा था। कुछ लोगों को लगता है कि लोकवृत्त की अवधारणा में तो इहलौकिकता (सेकुलिरिटी) का केन्द्रीय महत्त्व है, फिर भक्ति के लोकवृत्त की बात करने का क्या मतलब? उत्तर यह है—'तुम कत बाम्हन हम कत सूद? हम कत रक्त तुम कत दूध?' नामदेव का यह सवाल इहलौकिक समस्या से जुड़ा है या पारलौकिक से? निर्गुणपंथी संवेदना की केन्द्रीय समस्या को व्यंजित करनेवाली यह पंक्ति कबीर रचना में भी जस की तस मिलती है। वेद और कुरान या किसी अन्य धर्मग्रंथ पर आधारित ज्ञानमीमांसा के स्थान पर जीवनानुभवों को मानवीय विवेक की कसौटी पर कसनेवाली ज्ञानमीमांसा का महत्त्व केवल पारलौकिक है, इहलोक में इसका कोई महत्त्व नहीं?

निर्गुणपंथी भक्तों द्वारा भक्ति को व्यक्तिगत साधना के साथ-साथ सामाजिक व्यवस्था से जिरह का और वैकल्पिक ज्ञानमीमांसा का भी ज़रिया बना देने के बाद भक्ति-विमर्श का स्वरूप ही बदल गया। भक्ति केवल निजी उपासना न रहकर अपने विचारों को लोगों तक पहुँचाने का; आत्म-साक्षात्कार के साथ

1. 'मध्यकालीन भक्ति आन्दोलन का एक पहलू' मुक्तिबोध रचनावली (खंड 5), सं. नेमिचन्द्र जैन, राजकमल प्रकाशन, नई दिल्ली, 1988, पृ. 288-89 : सेज तुका, दिलीप चित्रे, पेंग्विन बुक्स, नई दिल्ली, 1991, पृ. XX

लोक-सम्प्रेषण का भी माध्यम बन गई। भक्त कवियों की रचना 'स्वांत: सुखाय' अवश्य होती थी, लेकिन लोगों तक अपनी बात पहुँचाने की, उन्हें अपने विचारों से प्रभावित करने की इच्छा, अपने विरोधियों से बहस करने की तैयारी भी उनके चित्त में अनिवार्यत: मौजूद रहती थी। कबीर यदि बेद-कतेब से स्वायत्त भगति नारदी की ओर लोगों को लाना चाहते हैं, तो 'भगति बेद परकासा' के पुरज़ोर समर्थक तुलसीदास 'ब्राह्मण तो उसी को कहना चाहिए जो ब्रह्म-ज्ञाता हो' जैसी बातें करते हुए साखी, सबदी, उपखान रच-रच कर वेद-पुराणों की निन्दा करनेवाले 'भगतों' पर कुपित होते हैं।[1]

दूसरी ओर, गागरोन नरेश पीपा काशी के जुलाहे कबीर की स्तुति में कहते हैं—"जौ कलिनाम कबीर न होते, तौ लोक बेद अरु कलजुगि मिलि कर भगति रसातल देते।"

इस तरह उस सैद्धांतिक, आभासी अवकाश (स्पेस) का निर्माण होता है जिसे हम भक्ति का लोकवृत्त कहते हैं। इस लोकवृत्त में केवल 'धार्मिक' और 'शाश्वत' की पारलौकिक चर्चाएँ ही नहीं, ठेठ इहलौकिक और तात्कालिक समस्याओं पर भी संवाद और बहुत तीखा वाद-विवाद भी होता था। मठ, मन्दिर, 'अस्थान' और 'नामघर' (श्रीशंकरदेव द्वारा असम में स्थापित सत्संग स्थल) इस लोकवृत्त की संस्थाएँ हैं, और सत्संग, संकीर्तन, भजन आदि वे प्रक्रियाएँ। भक्ति के लोकवृत्त की गतिविधियों का दस्तावेज़ी रूप हमें भक्तमालों, परचइयों, जनम-लीलाओं और 'गोष्ठियों' (भक्तों के बीच संवाद की छोटी-छोटी रचनाएँ) में मिलता है।

व्यापार के विस्तार और भक्ति-लोकवृत्त के गठन का सामाजिक रुझानों और दैनन्दिन व्यवहारों पर कोई प्रभाव पड़ा या नहीं? क्या यह सब होने के बावजूद भारतीय समाज में धार्मिक-साम्प्रदायिक तनाव और जाति-प्रथा की कट्टरता जस की तस बनी रही?

असल में, कुछ लोगों को लगता है कि अंग्रेजों के आने के पहले जड़ता के अटूट अन्धकार में डूबा भारत किसी-न-किसी विदेशी उद्धारक की प्रतीक्षा कर रहा था। कुछ लोग तो यहाँ तक कहते हैं कि अंग्रेज देर से आए और जल्दी चले गए। दूसरी ओर कुछ लोगों को लगता है कि अंग्रेजों के पहले भारत में न साम्प्रदायिक तनाव की समस्या थी, न किसी और तरह के तनाव की। यह सब केवल और केवल अंग्रेजों का ही किया धरा है।

---

1. बादहिं सूद द्विजन्ह सन हम तुम्ह ते कछु घाटि।
   जानइ ब्रह्म सो बिप्रबर आँखि देखावहिं डाटि।
   साखी सबदी दोहरा कहि कहनी उपखान।
   भगति निरूपहिं भगत कलि निंदहिं बेद पुरान
   (दोहावली, 553, 554)

विरोधी लगनेवाले इन दोनों रवैयों से एक दिलचस्प बात यह उभरती है कि, हम भारतीय लोग अपनी समस्याएँ हल तो क्या करेंगे, भगवान ने हमें इतनी भी अक्ल नहीं दी है कि अपने लिए कुछ समस्याएँ ख़ुद भी पैदा कर सकें। उनके लिए भी हम दूसरों पर ही निर्भर करते हैं।

सौभाग्य से ऐसा है नहीं। ब्रिटिश पूर्व भारत ऐसा जड़ समाज नहीं था। वह विश्व इतिहास के बाहर किसी अजायबघर में नहीं रखा था जहाँ कि व्यापार का विस्तार तो दुनिया में दूसरा नंबर हासिल करने की हद तक हो जाए लेकिन इस व्यापार का समाज पर कोई प्रभाव ही न पड़े। यहाँ भी ऐतिहासिक प्रक्रिया के दोनों पहलू मौजूद थे। समाज में जड़ता की शक्तियाँ निस्सन्देह मौजूद थीं, लेकिन उन्हें चुनौती देनेवाले स्वर और सामाजिक व्यवहार भी थे। दैनन्दिन जीवन में इन दोनों के व्यापक प्रभाव के साहित्यिक साक्ष्य भी मौजूद हैं और ऐतिहासिक प्रमाण भी।

जरा सोचिए कि यदि हिन्दू-मुस्लिम साम्प्रदायिक तनाव का कारण यदि केवल अंग्रेज़ी राज ही होता तो कबीर क्यों कहते—'हिन्दू कहे राम हमारा, तुरक कहे रहमाना। आपस में दोऊ लड़त मरत हैं, मरम ना काहू जाना?' हर्ज ब्रिटिश पूर्व भारतीय समाज में हिन्दू-मुसलिम तनाव का अस्तित्व स्वीकार करने में नहीं, वह समाज इनका समाधान करने की जो कोशिशें कर रहा था, उनकी अनदेखी करने में है। यहाँ वे शब्द याद करें जिनसे आ. रामचन्द्र शुक्ल 'जायसी ग्रंथावली' की भूमिका आरम्भ करते हैं—

> सौ वर्ष पूर्व कबीरदास हिन्दू और मुसलमान दोनों के कट्टरपन को फटकार चुके थे। पंडितों और मुल्लाओं की तो नहीं कह सकते पर साधारण जनता 'राम और रहीम' की एकता मान चुकी थी। साधुओं और फ़क़ीरों को दोनों दीन के लोग आदर और मान की दृष्टि से देखते थे। साधु और फ़क़ीर भी सर्वप्रिय वे ही हो सकते थे जो भेदभाव से परे दिखाई पड़ते थे। बहुत दिनों तक एक साथ रहते-रहते हिन्दू और मुसलमान एक-दूसरे के सामने अपना हृदय खोलने लग गए थे, जिससे मनुष्यता के सामान्य भावों के प्रवाह में मग्न होने और मग्न करने का समय आ गया था। जनता की प्रवृत्ति भेद से अभेद की ओर हो चली थी। मुसलमान हिन्दुओं की रामकहानी सुनने को तैयार थे और हिन्दू मूसलमानों की दास्तान हमज़ा। नल और दमयन्ती की कथा मुसलमान जानने लगे थे और लैला मजनूँ की हिन्दू। ईश्वर तक पहुँचनेवाला मार्ग ढूँढ़ने की सलाह भी दोनों कभी-कभी साथ बैठकर करते थे। इधर भक्तिमार्ग के आचार्य और महात्मा भगवत्प्रेम को सर्वोपरि ठहरा चुके थे और उधर सूफ़ी महात्मा मुसलमानों को 'इश्क़ हक़ीक़ी' का सबक़ पढ़ाते आ रहे थे।[1]

1. 'जायसी ग्रंथावली' लोकभारती प्रकाशन, इलाहाबाद, 2002, पृ. 45

समन्वित संस्कृति संघर्ष और संवाद की जिस ऐतिहासिक प्रक्रिया की परिणति थी, आ. शुक्ल उसी को प्रस्तुत कर रहे हैं। अकबर की सुलह-कुल नीति, मुग़ल सेनाओं में हिन्दू और हिन्दू राजाओं की सेनाओं में मुसलमान सेनापतियों का होना, 'कृष्णभक्ति शाखा' में मुसलमान कवियों और सूफ़ी संतों के अनुयायियों में हिन्दुओं का होना—ये समन्वित संस्कृति के विभिन्न पहलू हैं। इस संस्कृति का आर्थिक आधार व्यापार का विस्तार था; इसके निर्माण में भक्ति संवेदना तथा लोकवृत्त की निर्णायक भूमिका थी। संगठित धर्म के परे आध्यात्मिक साधना की सम्भावनाएँ टटोलनेवाले कबीर तथा अन्य निर्गुणपंथी कवि-विचारक इस संस्कृति की सर्वाधिक विचारोत्तेजक, प्रेरणादायी सम्भावनाओं के प्रतिनिधि हैं।

तुर्क और मुग़ल शासकों ने जाति-व्यवस्था में कोई सचेत हस्तक्षेप नहीं किया—यह सही है। लेकिन, क्या सत्ता के केन्द्रीकरण, व्यापार और नगरीकरण के विस्तार ने जाति-व्यवस्था पर कोई प्रभाव नहीं डाला? यह क्या सचमुच ऐसी अनोखी व्यवस्था थी, जिस पर ऐतिहासिक विकास-क्रम का कोई प्रभाव पड़ता ही नहीं था? क्या भारतीय समाज सचमुच ऐसा अनोखा समाज था, जिसके सामाजिक सत्तातंत्र का स्वरूप अंग्रेज़ी राज के पहले हर आर्थिक-राजनैतिक उथल-पुथल से अछूता ही बना रहा? क्या जाति-व्यवस्था को 'चातुर्वर्ण्य के आदर्श का विकृत रूप' कहना सही है?

इन प्रश्नों का विस्तृत विवेचन जिज्ञासु पाठक *अकथ कहानी प्रेम की : कबीर की कविता और उनका समय* और *कबीर, कबीर : दि लाइफ़ ऐंड वर्क ऑफ़ दि अर्ली मॉडर्न पोयट फ़िलासफ़र* में देख सकते हैं। यहाँ बहुत संक्षेप में ही कुछ कहना है।

जिस तरह धार्मिक समुदायों के परस्पर सम्बन्ध के प्रसंग में संघर्ष और संवाद दोनों को ध्यान में रखना ज़रूरी है, उसी तरह जाति-व्यवस्था के प्रसंग में वर्चस्व और प्रतिरोध, जड़ता और गतिशीलता और इस गतिशीलता में औपनिवेशिक शासन तथा ज्ञानकांड के कारण आए गतिरोध को ध्यान में रखना ज़रूरी है। जाति-व्यवस्था कोई ऐसी तीन लोक से न्यारी वस्तु नहीं थी कि सामाजिक-ऐतिहासिक परिवर्तन उसे छुए बिना ही गुजर जाएँ। इतिहास ही नहीं, स्थानीय सन्दर्भ भी जाति के पदानुक्रम और 'सामाजिक मर्यादा' के नियमों पर निर्णायक प्रभाव डालते थे। आ. द्विवेदी ने ठीक नोट किया है—

> स्तूपाकार शास्त्र-वचनों के ढेर में से वही वाक्य प्रामाण्य मान लिये जाते हैं जिनका उपयोग प्रचलित लोक-व्यवहार के पक्ष में हो सके। बाक़ी वाक्यों को ननु कहकर पूर्वपक्ष में फेंक दिया जाता है। इसका परिणाम यह हुआ है कि बंगाल में जो वाक्य पूर्वपक्ष का है, वही महाराष्ट्र में

उत्तरपक्ष का और उड़ीसा में जो वाक्य उत्तरपक्ष का है, वह काशी में पूर्व का। फिर ऐसे विशेष वचन भी बहुत अधिक हैं, जो किसी एक प्रदेश में ही माने जाते हैं।[1]

उत्तरपक्ष का आशय है—सारी बहस के बाद स्वीकार्य मत, जबकि पूर्वपक्ष है त्याज्य मत। स्थानीय लोक-व्यवहार के अनुसार शास्त्र की व्याख्या करने की इस परम्परा का ही परिणाम है कि गुजरात या राजस्थान के ब्राह्मण या वैष्णव के लिए प्याज़ तक अखाद्य है जबकि बंगाल के ब्राह्मण या वैष्णव के लिए माछ-भात के बिना भोजन की कल्पना तक असम्भव।

अठारहवीं सदी के अन्त में कम्पनी सरकार ने बंगाली पंडितों के बताए अनुसार हिन्दू धर्मशास्त्रों का डाइजेस्ट (सामाजिक मर्यादा के नियमों के लिखित संकलन) तैयार किया तो पाया कि इससे बंगाल के बाहर के रीति-रिवाजों को समझने में कोई खास मदद नहीं मिलती। महाराष्ट्र क्षेत्र में आर्थर स्टील और हैरी बोरार्डेल को निर्देश दिया गया कि वे स्थानीय रीति-रिवाजों और मान्यताओं का संकलन तैयार करें। स्टील और बोरार्डेल ने विभिन्न जातियों से उनके रीति-रिवाज की जानकारी हासिल की, लेकिन निर्णायक व्यवस्था पुणे के ब्राह्मणों की ही मानी। यह नोट करते हुए फ्रैंक कॉन्लॉन कहते हैं, "औपनिवेशिक सत्ता द्वारा हिन्दू विधि के कोडिफिकेशन में इस तरह का ब्राह्मणीय रुझान समाज के अभिजन पर औपनिवेशिक शासकों की निर्भरता का स्वाभाविक नतीजा था।"[2]

चातुर्वर्ण्य न तो रक्त-शुद्धि पर आधारित था, और न जटिल सामाजिक वास्तविकता को व्यक्त करता था। यह बस एक सैद्धांतिक ढाँचा था जिसमें कौन जाति कहाँ रखी जाएगी, यह रक्त शुद्धि या शास्त्र-वचन पर नहीं, बल्कि ऐतिहासिक क्षण-विशेष में सामाजिक सत्तातंत्र में उसकी हैसियत पर निर्भर था। भारतीय समाज में भी पैसा बोलता था, और भैंस उसी की होती थी जिसके हाथ में लाठी हो। वर्ण को नस्ल और रक्त-शुद्धि से जोड़ने का काम अंग्रेज़ी राज के रिज्ले जैसे अफ़सरों ने किया था। ये साहब आगे चलकर भारत के जनगणना कमिश्नर और फिर लंदन में भारत सचिव के दफ़्तर में बड़े अफ़सर बनाए गए, 'सर' की उपाधि से नवाज़े गए। दूसरी ओर जाति को नस्ल नहीं, पेशे से जुड़ा सिद्ध करनेवाले प्रशासक, अध्येता विलियम क्रुक को समय से पहले 'स्वैच्छिक सेवानिवृत्ति' लेनी पड़ी।

---

1. हजारी प्रसाद द्विवेदी, 'मध्यकालीन धर्म साधना' (हजारी प्रसाद द्विवेदी ग्रंथावली-5), राजकमल, नई दिल्ली, 1981, पृ. 213
2. फ्रैंक एफ. कॉन्लॉन, 'स्पीकिंग ऑफ़ कास्ट? कॉलोनियल ऐंड इंडिजेनस इंटरप्रिटेशंस ऑफ़ कास्ट ऐंड कम्युनिटी इन नाइनटींथ सेंचुरी बॉम्बे' ('फ्राम ऐंशियंट टु मॉडर्न' सं. इषिता बैनर्जी दुबे, सौरभ दुबे, में संकलित, ऑक्सफोर्ड यूनिवर्सिटी प्रेस, नई दिल्ली, 2009), पृ. 300

जाति को नस्लाधारित पदानुक्रम बताने का विरोध करते हुए क्रुक ने नोट किया था कि पदानुक्रम में सर्वोच्च कहलानेवाले ब्राह्मणों में बागरी, बैस, बारी, बारवाड़, चमरगौर, चौहान, सुनारी जैसे गोत्र भी मिलते हैं; दूसरी ओर जुलाहे तोमर, भट, गौड़ गोत्रों के भी मिलते हैं, मुग़ल, शेख़ आर पठान मूल के भी।[1]

नस्लवादी या किसी भी अन्य पूर्वग्रह के पक्ष में प्रमाण जुटाने के बजाय, क्रुक उत्तर प्रदेश और बिहार में जाति-व्यवस्था की वास्तविकता के पर्यवेक्षण और अध्ययन के आधार पर अपने सैद्धांतिक निष्कर्षों पर पहुँचे। समाजशास्त्रीय अध्ययन की मान्य पद्धति यही है। क्रुक ने अपने ग्रंथ के आमुख में ही (पृ. xx-xxvi.) ये निष्कर्ष प्रस्तुत किए—

1. जाति कोई शाश्वत, अपरिवर्तनीय व्यवस्था नहीं, बल्कि हिन्दू पौराणिक काल और इतिहास में सतत विकासमान व्यवस्था रही है,
2. जाति का वास्ता रिलिजन से कम और समाजशास्त्र से अधिक है, और
3. तथाकथित मूल विभाजन (ब्राह्मण, क्षत्रिय, वैश्य, शूद्र) का वास्तविक तथ्यों से कोई सम्बन्ध नहीं है। ये 'टर्म्स' किन्हीं वास्तविक, निश्चित जनसमूहों का संकेत नहीं करते।

क्रुक अपने अनुभव से देख रहे थे कि जाति का मूल आधार नस्ल नहीं पेशा है। विभिन्न क्षेत्रों की विशिष्ट स्थितियों के आधार पर विभिन्न जातियाँ चार वर्णों के मॉडल में किसी वर्ण से जोड़ दी जाती रही हैं। उन्नीसवीं सदी में क्रुक जो वास्तविकता देख रहे थे, वह मध्यकालीन और आरम्भिक आधुनिक कालीन समय से चली आ रही ऐतिहासिक प्रक्रिया की परिणति थी।

इस प्रक्रिया को पुराणों के ज़रिये समझा जा सकता है। इतिहासकार विजय नाथ बताती हैं, "अत्रिस्मृति और मिताक्षरा में ब्राह्मणों की दस कोटियाँ गिनाई गई हैं। ध्यान देने की बात यह है कि इनमें शूद्र ब्राह्मण, म्लेच्छ ब्राह्मण, चांडाल ब्राह्मण, निषाद और मार्जार ब्राह्मण तक गिनाए गए हैं।" विजय नाथ का यह भी कहना है, "यह मानने के पर्याप्त प्रमाण हैं कि मध्यकाल तक आते-आते ब्राह्मण जाति समूहों में विशुद्ध और मध्यदेशीय ब्राह्मणों के अलावा भी कई तत्त्व शामिल हो चुके थे। आदिवासी पुरोहितों को ब्राह्मण जाति की निचली पायदानों पर जगह मिल चुकी थी।"[2]

जिस समय क्रुक अपना सर्वेक्षण कर रहे थे, उसके कुछ समय बाद पं. ज्वालाप्रसाद मिश्र ने विभिन्न जातियों का उद्गम बताने के लिए 'जातिभास्कर' नामक ग्रंथ की रचना की थी। मिश्रजी अंग्रेज़ी शिक्षा से अछूते, जाति को जन्माधारित

1. विलियम क्रुक, 'दि ट्राइब्स ऐंड कास्ट्स ऑफ़ नॉर्थ वेस्टर्न इंडिया' 1896, खंड तीन (पुनर्मुद्रण, कॉस्मो पब्लिकेशंस, दिल्ली, 1975), पृ. 65 और 316-17
2. विजय नाथ, 'पुराणाज ऐंड एक्कल्चरेशन : ए हिस्टॉरिको ऐंथ्रोपॉलिजिकल पर्सपेक्टिव', मुंशीराम मनोहरलाल, नई दिल्ली, 2001, पृ. 57 और 59

के बजाय कर्माधारित माननेवाले आर्यसमाजियों के कठोर आलोचक, सनातनी पंडित थे। लेकिन उनके जाति-वर्णन से वर्णाश्रम का आदर्श नहीं, राजनैतिक-आर्थिक गतिशीलता के कारण विकासमान, परिवर्तनशील व्यवस्था का यथार्थ ही प्रकट होता है।

'जातिभास्कर' में दिए गए वर्णन से रेखांकित होता है कि चातुर्वर्ण्य बस एक ढाँचा था, जिसका व्यावहारिक रूप समय-समय पर बदलता रहता था। मिश्रजी के सिद्धान्तानुसार राजा को क्षत्रिय वर्ण का ही होना चाहिए, लेकिन वे सम्राट हर्षवर्धन को वैश्यकुलोत्पन्न बताते हैं, और इस बात पर न आश्चर्य जताते हैं, न क्रोध कि बनिया राजा कैसे बन गया। दिल्ली के अंतिम हिन्दू राजा हेमचन्द्र को मुगल वृत्तान्तकारों ने 'बक्काल' बताया है। ज्वालाप्रसाद उन्हें 'वैष्णवमतावलम्बी, बड़े धनशाली' धूसर बनियों से सम्बद्ध बताते हैं। ऐसे राजाओं का प्रशस्तिगान और पौरोहित्य करने से ब्राह्मण इसलिए इनकार नहीं कर देते थे कि वे क्षत्रिय वर्ण के नहीं हैं।

ज्वालाप्रसाद बताते हैं कि भील और आभीर ब्राह्मण भी होते हैं, और उनकी रचना स्वयं भगवान राम ने की है। देवरुख ब्राह्मणों की उत्पत्ति का तो मिश्रजी ने वर्ष बताया है—'1419 शाके।' आगरे के कोरई और फतेहपुर के खेचरों की गणना ज्वालाप्रसाद क्षत्रियों में ही करते हैं, हालाँकि 'वे न तो सूर्यवंश से उत्पन्न हैं, न केवल शस्त्रधारण से जीविका चलाते हैं, बल्कि खेती पर ही निर्भर हैं।'

कर्मकांडपरक तत्त्व जाति-व्यवस्था में है, लेकिन नस्लपरक नहीं। कर्मकांडपरक तत्त्व प्रकार्यपरक (फंक्शनल) के महत्त्व को कम नहीं कर देता। 'जातिभास्कर' के ब्राह्मण लेखक क्रुक से एकदम सहमत हैं : "जाति दो प्रकार की है, एक जन्म से, दूसरी वह वर्ण कोई और ही काम करने से, वह उसी जाति का बोला जाता है, जैसे हलवाई, तंबोली आदि।"[1]

यही बात संत तुकाराम के आत्म-परिचय में झलकती है, "जाति शूद्र वैश्य केला व्यवसाय।" धुनियाँ कुलोत्पन्न दादूदयाल के अनुयायियों में तथाकथित निम्न जातियों के ही लोग नहीं, शक्ति-सम्पन्न वर्गों के महाजन और ठिकानेदार भी थे। बिहार में शूद्र वर्ण के कबीरपंथी महंतों से बुकानन के बंगाली सहायकों की चिढ़ हम ऊपर देख ही चुके हैं। कबीर चौरा की परम्परा जिन्हें प्रथम महंत मानती आई है, वे सुरतिगोपाल साहब कबीर को शास्त्रार्थ में पराजित करने के इरादे के साथ दक्षिण से काशी पहुँचे ब्राह्मण विद्वान सर्वजित ही थे।

औपनिवेशिक ज्ञानकांड और उस पर आधारित जनगणना ने जाति को शाश्वत ही नहीं, नस्लाधारित व्यवस्था में भी बदल दिया, ब्राह्मण वर्चस्व को समाज के स्थायी लक्षण में और संस्कृत को गम्भीर दार्शनिक-धार्मिक विमर्श के एकमात्र माध्यम में।

1. पं. ज्वालाप्रसाद मिश्र, जातिभास्कर, (संस्करण 1996), खे़मराज श्रीकृष्णदास, मुम्बई, पृ. 203, 237, 245, 318

जाति-व्यवस्था भारतीय समाज की वास्तविकता ज़रूर थी, लेकिन सामाजिक-आर्थिक परिवर्तनों से प्रभावित, परिवर्तित होनेवाली व्यवस्था, सदा एक सी बनी रहनेवाली शाश्वत व्यवस्था नहीं। आरम्भिक आधुनिक काल में व्यापार के विस्तार के फलस्वरूप इसमें निहित अन्याय का प्रतिरोध करनेवाले स्वरों को ताक़त मिली, इसकी गतिशीलता में वृद्धि हुई; जन्माधारित ऊँच-नीच के विचार को ज़बरदस्त चुनौती देनेवाले वैचारिक रुझानों की ताक़त बढ़ी, समाज में ब्राह्मण वर्चस्व को चुनौती मिली। देशज आधुनिकता को स्वर देनेवाला भक्ति-लोकवृत्त आरम्भिक आधुनिक काल की सामाजिक-आर्थिक गतिशीलता के परिणामस्वरूप ही विकसित हुआ।

श्रुति परम्परा वाले भारतीय समाज में, भक्ति के लोकवृत्त के कारण पुस्तक संस्कृति का अभूतपूर्व विस्तार हुआ। भक्त कवियों की रचनाएँ लोगों तक पहुँचाने के इरादे से अनेक प्रतियों में लिपिबद्ध की जाती थीं। कबीर-ग्रंथावली के सम्पादन में प्रयुक्त प्राचीनतर पांडुलिपि खेमचन्द ने इसीलिए तैयार की गई थी ताकि मलूकदास बचवैया उसके ज़रिये कबीर की सोच का व्यापक प्रचार-प्रसार कर सकें। सम्पन्न लोग ऐसे प्रतिलिपि कर्ताओं को आर्थिक सहायता देते थे। दादूपंथी व्यापारी तथा सामन्त इस दिशा में ख़ासकर सक्रिय थे।

भक्ति के लोकवृत्त में चल रही गतिविधियों पर ध्यान देने से समझ आता है कि कबीर जैसे कवियों की रचनाएँ दूर-दूर तक के पाठकों तक श्रुत तथा लिखित रूप में कैसे पहुँचीं; श्री गुरुग्रंथ साहब, ज्ञानेश्वरी, गीत-गोविन्द, रामचरितमानस और बीजक आदि को धर्मग्रंथ का सा सम्मान कैसे हासिल हुआ।

6. 'छिन में बितसै यहै सरीरा तिहि कारन पद रचै कबीरा।'

तुम जिन जानौ गीत है, यह तो निज ब्रह्म विचार रे
केवल कहि समझाइया आतम-साधन सार रे

प्रसिद्ध पंक्तियाँ हैं कबीर की, कह रहे हैं—'यह गीत नहीं है...' लेकिन कह गीत में ही रहे हैं। चाहत आतम-साधन सार समझाने की है, पूरी कर रहे हैं कविता के माध्यम से। तुलसीदास कोरे काग़ज़ों पर यह सत्य लिख देना चाहते हैं कि 'कवित विवेक एक नहीं मोरे'; लिखकर बदल देते हैं कोरे काग़ज़ों को श्रेष्ठ महाकाव्य के पन्नों में। जायसी रक्त की लेई से जोड़कर कविता सुनाते हैं कि 'जो यह पढ़ै कहानी हम्ह सँवरै दुइ बोल।' ग़ालिब पूरे आत्मविश्वास के साथ, कहते हैं कि 'ग़ालिब का है अन्दाज़ ए बयाँ और।'

ग़ालिब का सा अन्दाज़ ए बयाँ क्या गम्भीर, मार्मिक विचार (ग़ालिब के ही मुहावरे में 'रानाई ए ख़याल') के बिना सम्भव है? कविता की दुनिया का विचार-विहीन हो जाना उत्सव का नहीं, अवसाद का विषय होना चाहिए। लेकिन, क्या

विचार की हर अभिव्यक्ति कविता कही जा सकती है? दोनों प्रश्न एक ही उत्तर की ओर ले जाते हैं—कविता या साहित्य मात्र की पहचान है वह होड़ जो शब्द (बात कहने का ढंग, अन्दाज़ ए बयाँ) और अर्थ (कथ्य, अन्तर्वस्तु) के बीच चलती है—शब्द और अर्थ के बीच चारुत्व की प्रतिस्पर्धा। बिना विचार के कविता सम्भव नहीं होती, लेकिन वह किसी विचार-विशेष का काव्यानुवाद भी नहीं होती। श्रेष्ठ साहित्य जिस विचार से प्रेरित हो, उससे भी जिरह करता है, केवल अनुगमन नहीं, परिमार्जन, बल्कि विस्तार करता है।

शब्द और अर्थ की प्रतिस्पर्धा, विचार और संवेदना का संवाद—कविता की प्रामाणिक कसौटी यही है। कवि के तौर पर प्रतिष्ठा हासिल करने की अभिलाषा, ऐसी प्रतिष्ठा हासिल करने के प्रति अरुचि—कविता के मूल्यांकन के लिए दोनों ही अप्रासंगिक हैं। कबीर, जायसी, तुलसी, ग़ालिब, कोई भी कवि स्वयं को कवि, अपनी रचना को कविता कहलाना चाहे न चाहे; कवित्व—निर्धारण पर इससे कोई फ़र्क़ नहीं पड़ता। यह बात कुकवित्व के बारे में भी उतनी ही, बल्कि ज़्यादा सही है; वरना आजकल के कवि-सम्मेलनों में अपने महाकवित्व की घोषणा करनेवाले हर तुक्कड़ और चुटकुलेबाज को कवि मानना ही पड़ जाएगा।

श्रेष्ठ कवि किसी विचार या दार्शनिक पद्धति का काव्यानुवाद नहीं करते। उनकी संवेदना विभिन्न विचारों से संवाद करने के क्रम में अपनी विशेष पहचान अर्जित करती है। कबीर ऐसे ही कवि हैं। आरम्भिक आधुनिक कालीन भारत की सांस्कृतिक चेतना ने कबीर की ऐसी ही पहचान को अपनी सामाजिक स्मृति में सुरक्षित रखा था।

इस लोक-स्मृति में कबीर जीवन के अंतिम पलों में दोहरी अन्त्येष्टि का कौतुक रचकर धर्म-संसद में एक और सदस्य जोड़ने की व्यर्थता का रेखांकन करते हैं, तो जीवन और कविता में मनुष्य की सहज आध्यात्मिक पिपासा की तृप्ति के लिए संगठित धर्मों के परे कोई मार्ग खोजने का साहस। संयोग नहीं कि 'धर्मगुरु' कहे गए कबीर की वाणी में धर्म शब्द तक गिने-चुने स्थानों पर ही प्रकट होता है, जबकि भक्ति या भावभगति अनगिनत बार। उनके लिए भक्ति किसी धार्मिक परम्परा द्वारा सुझाई गई उपासना पद्धति नहीं, बल्कि धर्माधर्म के बीच विवेक करने की कसौटी है—'भक्तिविमुख जो धर्म सु सब अधर्म करि गाये।'

इसी कारण उनके अपने समय और सामाजिक स्मृति में प्रशंसकों के लिए कबीर यदि 'ज्ञानीजी' हैं; तो निंदकों के लिए हर संगठित धर्म-परम्परा से न्यारे, 'लोगों को बिगाड़नेवाले'—"ऐसी बिधि सब लोक बिगारा, हींदू मुसलमान तैं न्यारा"; वेद, पुराण की निन्दा करनेवाले कलियुगी 'भगत'—"साखी सबदी दोहरा कहि कहनी उपखान। भगति निरूपहिं भगत कलि निंदहिं बेद पुरान।"

प्रशंसकों और निन्दकों दोनों के ही आकलन में कबीर की ज्ञानमीमांसा के अनोखेपन की स्वीकृति अन्तर्निहित है। किसी धर्मग्रंथ या शास्त्रवचन को किसी

कथन, मान्यता या सामाजिक व्यवहार के 'प्रमाण' के तौर पर स्वीकारने के लिए कबीर तैयार नहीं। आ. रामचन्द्र शुक्ल कबीर सहित सभी निर्गुणपंथी भक्तों में 'कोई दार्शनिक व्यवस्था' दिखाने के 'प्रयत्न की व्यर्थता' बताते समय[1], नाभादास के सूत्र का ही विस्तार कर रहे हैं, 'कबीर कानि राखी नहीं बरनाश्रम षटदर्शनी।' नाभादास यही तो कह रहे हैं कि कबीर को किसी एक 'दार्शनिक व्यवस्था—फिलासफिकल सिस्टम' के साथ नत्थी नहीं किया जा सकता। अन्तर यह है कि नाभादास का स्वर सहज स्वीकार, बल्कि आदर का है, आ. शुक्ल का असुविधा का। उनके प्रसिद्ध निबन्ध, 'भक्ति का विकास' में तो असुविधा का यह स्वर तिरस्कार का रूप ले लेता है।

आ. द्विवेदी के अनुसार, कबीर आदि पर 'द्वैत, अद्वैत, विशिष्टाद्वैत का आरोप करके वर्गीकरण' भले ही न किया जा सके, उनमें नाथपंथी 'दार्शनिक व्यवस्था' तो दिखाई ही जा सकती है। शुक्ल जी के 'अश्रद्धाप्रसूत' कथन का खंडन करने के लिए उन्होंने 'अवधूत गीता' के एक कथन ('अहो माया महामोहो द्वैताद्वैतविकल्पना') का सहारा लिया। किसी शिष्य द्वारा कबीर से उनका मत पूछे जाने की कथा (जिसमें कबीर से कहलाया गया है—'जो सबसे परे है, वह क्या संख्या के परे नहीं हो सकता?') बताते हुए द्विवेदी जी कहते हैं, "नाथपंथी लोग ज़ोर देकर इस द्वैताद्वैत-विलक्षण-समतत्त्ववाद का समर्थन करते हैं। इस विषय में कबीरदास का उनसे सीधा सम्बन्ध है।"[2]

नाथपंथ (जिसके विकास में महायान बौद्ध घर्म की निर्णायक भूमिका थी) ही नहीं, पौराणिक हिन्दू धर्म और इसलाम से भी कबीर का संवाद जगज़ाहिर है। उन्होंने गोपीचन्द, भरथरी और गोरख जैसे योगियों; नामदेव, जयदेव और त्रिलोचन जैसे भक्ति-साधकों की प्रशंसा की है, उन्हें आदरणीय पूर्ववर्ती माना है, लेकिन अपना स्पष्ट, निर्भ्रान्त सम्बन्ध कबीर नारदी भक्ति से ही जोड़ते हैं, जिसके बिना भक्तों द्वारा 'हरि का दास' होने के और योगियों द्वारा अनहद नाचने के दावे निराधार हैं—

कैसे तूं हरि कौ दास कहायौ,
करि बहु भेष र जनम गंवायौ। टेक॥
सुध बुध होइ भज्यौ नहीं सांईं। काछ्यो ड्यंभ उदर कै तांई॥
हिरदै कपट हरि सूं नहीं साचौ। कहा भयो जे अनहद नाच्यौ॥
झूठे फोकट कलू मंझारा। राम कहै ते दास नियारा॥
भगति नारदी मगन सरीरा। इहि बिधि भव तिरि कहै कबीरा॥

(सोरठि, 17)

1. "उनमें कोई दार्शनिक व्यवस्था दिखाने का प्रयत्न व्यर्थ है। उन पर द्वैत, अद्वैत, विशिष्टाद्वैत आदि का आरोप करके वर्गीकरण करना दार्शनिक पद्धति की अनभिज्ञता ही प्रकट करेगा।" ('हिन्दी साहित्य का इतिहास', नागरी प्रचारिणी सभा काशी, संस्करण सं. 2035 विक्रमी, पृ. 64-65)
2. कबीर, हजारी प्रसाद द्विवेदी ग्रंथावली (खंड चार), राजकमल प्रकाशन, नई दिल्ली, पृ. 223

आदिग्रंथ में संकलित एक पद में कबीर 'भगति नारदी' को 'खालसे' होने (आध्यात्मिक निर्मलता की उच्च अवस्था प्राप्त करने) की ऐसी शर्त बताते हैं जिसके बिना साधना के सभी रूप व्यर्थ हैं—

भगति नारदी रिदै न आई काछि कूछि तनु दीना।
राम रागनी डिंभ होइ बैठा उनि हरि पहि कीआ लीना॥
परिओ काल सभै जग ऊपर माहि लिखे भ्रम गिआनी।
कहु कबीर जन भये खालासे प्रेम भगति जिह जानी॥

(इस संकलन में, परिशिष्ट, पद 194)

अद्वितीय वीणावादक नारद पौराणिक हिन्दू परम्परा में भगवान विष्णु के ऐसे भक्त माने गए हैं जिन्हें भगवान से चुहल करने तक की छूट हासिल है; जो चाहें तो गोलोक-धाम में सतत निवास कर सकते हैं, लेकिन पैर में चक्कर लिये तीनों लोकों में घूमते रहते हैं। उन पर कलह रोपने के आरोप भी लगते हैं, लेकिन नारद जो कुछ करते हैं, भगवान की लीला के उपकरण के तौर पर ही। नारद भक्ति के आद्य प्रतीक हैं। नारद से बड़ा कोई भक्त नहीं; "ना नारद रोइ रोइ पुकारा, एक जुलाहे सों मैं हारा" कहकर जायसी भक्ति संवेदना के मुहाविरे में कबीर की उच्चतम सम्भव प्रशंसा करते हैं।

ग्यारहवीं सदी में कुछ भक्ति सूत्रों की रचना हुई। गहन अन्तर्दृष्टि से सम्पन्न इन अत्यन्त मार्मिक सूत्रों के रचनाकार ने अपने नाम से प्रकाशित करने के बजाय इन्हें नारद को अर्पित कर दिया। इन भक्ति सूत्रों में 'नारद' भक्ति संवेदना और वैचारिकी को शास्त्र-निर्भरता से मुक्त कर स्वायत्त आधार देते हैं; भक्ति काव्य के स्वयं ही शास्त्र बन जाने की सम्भावना का संकेत देते हैं।

भक्ति शब्द मूलत: भागीदारी और अनुराग का आशय लेकर आया था। इस आशय में भक्त का समर्पण किसी भय के कारण किया जानेवाला आत्महीन समर्पण नहीं बल्कि प्रेम और अनुराग के आत्मविश्वास पर आधारित समर्पण है। भक्ति का यह आशय यास्क के निरुक्त और पाणिनि के सूत्रों में स्पष्ट रूप से परिलक्षित होता है। पाणिनि के सूत्र जहाँ यह संकेत करते हैं कि भगवान ही नहीं किसी लौकिक सत्ता या परिघटना के प्रति अनुराग भी भक्ति ही है, वहीं यह आभास भी कराते हैं कि भक्ति का विशिष्ट पारिभाषिक अर्थ (किसी देवता के प्रति पूजा-भाव) उनके समय तक प्रचलित हो चुका था। इस विशिष्ट पारिभाषिक अर्थ से भिन्न अर्थ में, देश, व्यक्ति या वस्तु के प्रति अनुराग के अर्थ में भी भक्ति शब्द का प्रयोग आज तक प्रचलित है।

भक्ति-संवेदना और साधना को शास्त्र-निर्भरता से मुक्त कर, नारद भक्ति के पारिभाषिक अर्थ को अद्‌भुत छवि दे देते हैं। 'परमप्रेमरूपा' (सूत्र, 2) भक्ति नारद के

अनुसार स्वसंवेद्य है। अद्वैत, विशिष्टाद्वैत, द्वैत, द्वैताद्वैतविलक्षण जैसी किसी कसौटी पर ख़ुद को प्रमाणित करने की उसे ज़रूरत ही नहीं। वह किसी अन्य 'दार्शनिक व्यवस्था' की मुखापेक्षी नहीं, बल्कि ख़ुदमुख़्तार जीवन-दृष्टि है—'प्रमाणांतरस्यानपेक्षत्वात् स्वयं प्रमाणत्वात्' (सूत्र, 59)। उनकी यह भी स्पष्ट मान्यता है कि भक्तिमार्ग आधारित ही है वर्चस्व-शील मान्यताओं और व्यवहारों—'लोकवेदव्यापार'—के निरोध—'निरोधस्तु लोकवेदव्यापारन्यास:' पर (सूत्र, 8)। नारद उन्हीं लोगों को भक्त मानते हैं, जो जाति, कुल ही नहीं, विद्या, धन रूप आदि को भी महत्त्व देते नहीं, शास्त्रीय क़िस्म के वाद (विमर्श) के फेर में पड़ते नहीं—"नास्ति तेषु जातिविद्यारूपकुलधनक्रियादि भेद:। यतस्तदीया:। वादो नावलम्ब्य:" (72, 73, 74)।

नारद प्रश्न करते हैं—माया से कौन तर पाता है? जो उत्तर बलपूर्वक देते हैं, उसमें एकान्त-सेवन, लोकबंधनों से मुक्ति के साथ ही—वेदों तक से संन्यास भक्त के लिए आवश्यक है। ऐसा संन्यास लेकर जो व्यक्ति निरन्तर अनुराग की साधना करता है वही तरता है, वही औरों को भी तारता है—"वेदानपि सन्ययस्ति केवलमविच्छिन्नानुरागम् लभते। स: तरति स लोकांस्तारयति।" (49, 50)।

कबीर कवि इस कारण हैं कि जिस 'नारदी भगति' को वे भवसागरतारिणी कहते हैं, अपनी कविता को काव्यानुवाद उसका भी नहीं बनने देते। लोकवेदव्यापार निरोध की बात करने के बावजूद नारद तीर्थादि में श्रद्धा को स्वीकार ही करते हैं; इस मामले में कबीर का रवैया हम जानते ही हैं। विभिन्न ज्ञानमीमांसाओं और दार्शनिक पद्धतियों से कबीर का संवाद इतना व्यापक है कि उनकी रचनाओं में से कुछ को ही ध्यान में रखकर, अपने मन में पहले से बना ली गई कबीर-छवि के पक्ष में प्रमाण जुटा लेना कोई ख़ास मुश्किल काम नहीं। आ. शुक्ल की तरह कहा जा सकता है कि "वे प्रभाव डालने के लिए बड़ी लम्बी-चौड़ी गर्वोक्तियाँ भी कभी-कभी करते थे।" आचार्य द्विवेदी की तरह उन्हें 'अक्खड़ और फक्कड़' भी कहा जा सकता है, और आचार्य द्विवेदी और डॉ. धर्मवीर की तरह 'धर्मगुरु' भी।

लेकिन यदि कबीर को समग्रता में पढ़ा जाए तो देखना कठिन नहीं है कि वे सम्प्रदाय-स्थापना के अर्थ में निराला पंथ निकालने के लिए, धर्मगुरु कहलाने के लिए उत्सुक नहीं थे, उनकी महत्त्वाकांक्षा धर्मगुरु बनने से उच्चतर थी। उनका निराला मार्ग अनुभवाधारित विवेक को शास्त्रवचन पर वरीयता देने के अर्थ में निराला था। उनकी कविताएँ न तो "आठ योगांगों के विभिन्न पहलुओं को स्पष्ट करने के उद्‌देश्य से" रची गई हैं, न ही नारद द्वारा प्रतिपादित 'सिद्धान्तपक्ष या ज्ञानपक्ष' का 'भजन-कीर्तन द्वारा' प्रचार करने के लिए। वे सारी परम्परा को फूँक मार कर उड़ा देने की इच्छा रखनेवाले हवाबाज़ नहीं, थोथे को उड़ाते हुए, सार-सार गह लेनेवाले अन्वेषक थे; उनकी संवादधर्मी काव्य-संवेदना नारदी

भक्ति से भी वैसे ही संवाद करती है जैसे व्यापक पौराणिक हिन्दू मत, नाथपंथ और इसलाम से।

कबीर 'दार्शनिक व्यवस्था' के साथ कविता के जैसे सम्बन्ध का प्रस्ताव अपनी रचनाशीलता में करते हैं, वह न तो आ. शुक्ल को स्वीकार्य है, न आचार्य द्विवेदी को। कारण यह कि इन दोनों के परस्पर सम्बन्ध की समझ दोनों आचार्यों की एक सी ही है—किसी-न-किसी दार्शनिक 'वाद' का काव्यानुवाद होने में ही कविता की सार्थकता। कबीर की समस्या भिन्न थी। सामाजिक व्यवस्था में निहित अन्याय, व्यक्तित्व की उपेक्षा करते हुए जन्मजात सामाजिक पहचान के आधार पर किसी को उच्च या निम्न मानना उन्हें स्वीकार्य नहीं था। इस अन्याय का कैसा भी औचित्य-निरूपण कबीर को विवेकसंगत नहीं लगता था। अपनी आध्यात्मिक सम्भावनाओं के साक्षात्कार के लिए अजब-अजब क़िस्म के आचारों और चमत्कारों का सहारा लेना भी उन्हें समझ नहीं आता था। जो परमात्मा अस्तित्व मात्र में वैसे व्याप्त है जैसे 'पुहुपन में बास' उसे किसी एक उपासना स्थल तक सीमित कर देना, उसके साथ रोज़मर्रा की भाषा में संवाद करने से वंचित होना भी कबीर को स्वीकार्य नहीं था। किसी भी दार्शनिक व्यवस्था और ज्ञानमीमांसा में इन प्रश्नों का संतोषजनक उत्तर सुलभ नहीं था।

कबीर की काव्य-संवेदना जातिगत भेदभाव, हिन्दू और मुसलिम धर्मगुरुओं, पुरोहितों के विशेषाधिकार, तीरथ-मूरत, हज-काबे की सार्थकता पर सवाल उठाती है। आचार्य शुक्ल की 'अश्रद्धा' का असली कारण यही है कि कबीर की कविता भगवान के ही नहीं, सामाजिक संरचना और प्रचलित मान्यताओं के बारे में भी शास्त्रसम्मत होने की परवाह किए बिना, उपलब्ध दार्शनिक व्यवस्थाओं में से किसी के अनुकूल होने की चिन्ता किए बिना एक भिन्न बोध का प्रस्ताव करती है। आचार्य शुक्ल के अनुसार ज्ञान या सिद्धान्त का प्रतिपादन करना भक्त का काम है ही नहीं, 'ज्ञानी' होने का दावा करने का उसे अधिकार ही नहीं;[1] जबकि नामदेव के बाद से ही भक्ति केवल उपासना पद्धति न रहकर भीतर-बाहर को भिन्न ढंग से देखनेवाली जीवनदृष्टि का रूप ले चुकी थी। इसी कारण अनंतदास ने नामदेव को कलियुग का प्रथम भक्त कहा था; इसी कारण कबीर अपने प्रशंसकों के बीच ज्ञानी जी कहलाते थे।

आचार्य शुक्ल की 'अश्रद्धा' का निवारण करने के लिए कबीर का 'सीधा सम्बन्ध' नाथपंथी द्वैताद्वैतविलक्षण समतत्त्ववाद से बैठा देने से बतौर जीवन-दृष्टि के भक्ति का, और बतौर कवि कबीर की स्वायत्त ज्ञानमीमांसा का महत्त्व स्पष्ट होने के बजाय घट ही जाता है।

---

1. 'सूरदास' सं. विश्वनाथ प्रसाद मिश्र, नागरी प्रचारिणी सभा, वाराणसी, सं. 2022 संस्करण, पृ. 22

इस ज्ञानमीमांसा को बेहतर नाम दिया है, डॉ. नामवर सिंह ने—'अनुभवसम्मत विवेकवाद'।[1]

आध्यात्मिक खोज और सामाजिक आलोचना कबीर की काव्य-संवेदना में एक ही सिक्के के दो पहलू हैं। एक की अवहेलना कर दूसरी को नहीं समझा जा सकता। उनकी चेतना बाहर से ऊबकर भीतर की ओर नहीं चल देती, बल्कि भीतर-बाहर के जीवनानुभवों को साधनेवाले विवेक की, उसे साथ-साथ धारण करनेवाले 'सबद निरन्तर' की खोज करती है।

कबीर की मूल समस्या आध्यात्मिक अनुभूति और सामाजिक अनुभव के बीच फाँक को लेकर है। 'पारमार्थिक' स्तर पर सारा अस्तित्व ही ब्रह्ममय है, लेकिन 'व्यावहारिक' स्तर पर जन्मजात भेदभाव दैवीय विधान है—यह उलटबाँसी कबीर को समझ नहीं आती। निस्सन्देह, सामाजिक व्यवस्था बिना पदानुक्रम के नहीं चल सकती, लेकिन इस पदानुक्रम के जन्माधारित होने की, आनुवंशिक होने की क्या तुक है? यदि सभी बंदे अल्लाह के हैं, तो उनमें से कुछ दोयम दर्जे के क्योंकर माने जाएँ?

ऐसी जिज्ञासाओं की दो टूक, विचारोत्तेजक, भावोत्तेजक अभिव्यक्ति को उपदेश कहा तो जा सकता है, लेकिन क्या यह 'उपदेश' मनुष्य की सहज न्याय-चेतना का भावोन्मेष नहीं करता? भीतर-बाहर के अनुभवों का बोध, उन पर विचार का प्रयत्न, जीवन की आलोचना के साथ ही जीवन के पार की कल्पना करने का निमंत्रण अपने श्रोता को देना क्या काव्योपयुक्त भावोन्मेष नहीं है? कबीर ने जायसी या तुलसीदास की तरह प्रबन्ध-काव्य की रचना नहीं की, उन्होंने विभिन्न पात्रों और उनकी जीवन स्थितियों का मूर्त विधान नहीं किया, लेकिन क्या उनकी कविता केवल अमूर्त कथन (यानी उपदेश) ही करती है?

कविता में किए गए हर सोच-विचार को, उपदेश कहते वक्त मैथिलीशरण गुप्त का यह 'उपदेश' याद कर लेना बेहतर होगा—'केवल मनोरंजन न कवि का कर्म होना चाहिए। उसमें उचित उपदेश का भी मर्म होना चाहिए।' किसी विचारधारा के अंधानुकरण से भिन्न, 'उचित उपदेश का मर्म' शुक्ल जी के प्रिय तुलसीदास और जायसी सहित हर श्रेष्ठ कवि में होता है। कबीर में भी है। अन्तर यह कि उपदेशक भाषा का उपयोग करता है, पूर्वनिर्धारित 'सन्देश' देने के लिए; कवि भाषा में ही अपना सत्य अर्जित करता है। आत्मसंघर्ष उपदेशक के भी होते ही हैं, लेकिन उनका अता-पता पाने के लिए उपदेश की चीर-फाड़ करनी पड़ती है। कवि की तो रचना

1. "रहस्यवादी कहे जानेवाले संत वस्तुतः अनुभववादी और विवेकवादी ठहरते हैं। उन्हें ज्ञानी कहने का कारण भी सम्भवतः यही है। इसी अनुभववाद के अस्त्र से उन्होंने जाति-पाँति, छुआछूत और ऊँच-नीच के भेदभाव पर चोट की थी।" ('दूसरी परम्परा की खोज', राजकमल प्रकाशन. नई दिल्ली, 1982, पृ. 82

ही उसके आत्मसंघर्ष का साक्ष्य दे देती है। 'दिल से तो हर मुआमिला करके चले थे साफ़ हम/ कहने में उनके सामने बात बदल बदल गई' जैसी स्थिति कविता को ग्राह्य और प्रामाणिक बनाती है, उपदेश को नहीं। कविता केवल श्रेष्ठ विचार के कारण नहीं, भाषा के रचनात्मक नवोन्मेषों के ज़रिये, अमूर्त विचारों और भावों के मूर्त प्रस्तुतीकरण के आधार पर पाठक को छूती है।

कबीर का लहजा उपदेशक का नहीं आत्मीय मित्र का है। उनकी कविता 'उचित उपदेश का मर्म' रचनात्मक भाषा में रचे गए बिंबों के ज़रिये श्रोता तक पहुँचाती है, पूर्वनिर्धारित आदेश की तरह नहीं। जीवन की नश्वरता पर टिप्पणी को उपदेश कहा जा सकता है; लेकिन यदि टिप्पणी ऐसे मर्मस्पर्शी बिंब के माध्यम से की जा रही है, तो वह श्रेष्ठ काव्य की श्रेणी में ही आएगी—

यह जग अंधला जैसी अंधी गाइ।
बछा था सो मर गया, ऊभी चांम चटाइ॥

(अपारिख कौ अंग, 5)

माना गया है कि कबीर जीवन की स्वाभाविक अनुभूतियों की नहीं, रहस्यपूर्ण घट-साधना की बातें करते हैं, इसलिए प्रखर प्रतिभा के बावजूद उत्कृष्ट कवियों में उन्हें शामिल करना उचित नहीं। सवाल यह है कि सामाजिक अन्याय से विचलित होना मनुष्य की स्वाभाविक अनुभूति नहीं है? ऐसे अन्याय को जायज़ ठहरानेवाली ज्ञानमीमांसा से जिरह करना क्या स्वाभाविक नहीं है? प्रेम में हँसना-रोना किस तरह अस्वाभाविक है? जीवन के परे की जिज्ञासा करना, मृत्यु की मौजूदगी के बारे में सोचना, जीते जी ही मरजीवा सा बोध पाना, मरने के बाद भी (स्मृतियों में) जीते रहने की आकांक्षा कैसे अस्वाभाविक है?

कबीर की कविता सुसंगति साधने के फेर में पड़ने के बजाय विविध स्वाभाविक अनुभूतियों और अनुभवों; मनोभावों और भावदशाओं के बीच वैसे ही सहज रूप से आवाजाही करती है, जैसे हम आप रोज़मर्रा के जीवन में करते हैं। यह आवाजाही कबीर की रचना में बहुत भावप्रवण और विचारप्रवण काव्य बनती है। उनके शब्दों में आप अपने सरीखे ही मनुष्य की आवाज़ सुनते हैं जो कभी किसी उपलब्धि पर ख़ुशी से नाच रहा है, तो कभी अवसाद में डूबा हुआ है। कभी मिलन के रोमांच से गुजर रहा है, तो कभी विरह के ताप से।

'गम्भीर सत्य' को कहने की समस्याओं से जूझने के लिए भीतर-बाहर की सकल निरन्तरता को ध्यान में रखने के जिस समाधान तक कबीर पहुँचते हैं, वह कोरा उपदेश नहीं, जीवन की समग्रता का बोध है जिसके बिना न भीतर को समझा जा सकता है, न बाहर को। इस निरन्तरता की उपेक्षा करके ही सम्भव है कि आप एक स्तर पर मनुष्य मात्र में एक ही ब्रह्म की सत्ता देखें, एक ही अल्लाह का नूर

देखें और दूसरे स्तर पर जन्म-संयोग के ही आधार पर अच्छे-बुरे, ऊँच-नीच का भेद करने लगें। ऐसे व्यवहार को कबीर बहुत तीखे सवालों से बींधते हैं—

जे तूं बांभन बंभनी जाया, तो आंन बाट ह्वै काहे न आया।
जे तूं तुरक तुरकनी जाया, तो भीतरि ख़तनां क्यूं न कराया।

वे अपनी ख़ुद की राय भी एकदम स्पष्ट रूप से रखते हैं—

कहै कबीर मधिम नहीं कोई, सो मधिम जा मुखि राम न होई।

(गौड़ी, 41)

ऐसे कठोर प्रश्नों में व्यक्त अनुभवाधारित सामाजिक आलोचना और अनभय में रची-बसी निज ब्रह्म विचार साधना दोनों की गंगा-जमना भीतर से सींचनेवाली अन्तस्सलिला सरस्वती कबीर की रचना में है—प्रेम। इसी के बूते साधक कबीर के संशय समाप्त हुए हैं, प्रिय के साथ अनंत योग सम्भव हुआ है, इसी के कारण कवि कबीर की वाणी कस्तूरी सी मोहक बनी है—

पिंजर प्रेम प्रकासिया, जाग्या जोग अनंत।
संसा खूटा सुख भया, मिल्या पियारा कंत॥
प्यंजर प्रेम प्रकासिया, अन्तरि भया उजास।
मुख कस्तूरी महमही, बांणीं फूटी बास॥

(परचा कौ अंग, 13, 14)

कबीर ज्ञानाश्रयी कहकर प्रेमाश्रयी कवियों से विलगाए गए हैं। निज ब्रह्म विचार के फलस्वरूप ज्ञान की आँधी आने का अनुभव कबीर को होता भी है, लेकिन इस आँधी की परिणति तो प्रेम की वर्षा में भीग जाने में ही होती है—

संतौ भाई आई ग्यान की आंधी रे।
भ्रम की टाटी सबै उड़ाणीं, माया रहै न बांधी॥ टेक॥
हिति चित की द्वै थूंनी गिरांनी, मोह बलींड़ा तूटा।
त्रिस्नां छांनि परि घर ऊपरि, कुबधि का भांडा फूटा॥
जोग जुगति करि संतन बांधी, निरचू चुवै न पांणी।
कूड़ कपट काया का निकस्या हरि की गति जब जांणी॥
आंधी पीछै जो जल बूठा, प्रेम हरि जन भींनां।
कहै कबीर भांन के प्रगटें उदित भया तम खीनां॥

(गौड़ी, 16)

प्रेम के दार्शनिक विमर्श और काव्याभिव्यक्ति में मुख्य अन्तर यह है कि कविता में प्रेम की अभिव्यक्ति अमूर्त न रहकर किसी-न-किसी रूपाकार के माध्यम से ही होती है। दार्शनिक स्तर पर निर्गुण राम के साधक कबीर जहाँ अपने राम को

दशरथ-नन्दन से अलगाने का आग्रह करते हैं, वहीं कवि कबीर अपने प्रेम-पात्र को रघुनाथ और राघव ही नहीं, बल्कि गोविंद और माधव कहकर भी सम्बोधित करते हैं। संसार के हर स्त्री-पुरुष में अपने राम का रूप तो निहारते ("जेती औरति मरदां कहिए सबमें रूप तिहारा") ही हैं, उन्हें बाल्हा मानकर नेह-निमंत्रण ("बाल्हा आव हमारे गेह रे") भी देते हैं।

आख़िरकार बिना रूपासक्ति के कोई कवि हो कैसे सकता है?

कबीर का प्रिय अलौकिक है, लेकिन उसके प्रति कबीर के प्रेम की भाषा पूरी तरह लौकिक। वरना स्थिति वह बन जाती कि खग समुझइ खग ही की भाषा। कबीर की प्रेम-पीर हमारे आपके जैसे लौकिक पाठकों के बस की नहीं, बस उनके और अलौकिक प्रिय के बीच की बात होती। साधनात्मक रहस्यवाद साधनेवाले ही कबीर की कविता साध पाते। लेकिन, ऐसा है नहीं। कबीर की वैचारिकता का बोध उनकी काव्य-संवेदना के बोध के लिए सहायक बेशक है, लेकिन अनिवार्य शर्त नहीं। कबीर की कविता लोक से परे अलौकिक का ज्ञान दे न दे; लौकिक जीवन के साधारण-असाधारण अनुभवों को विवेक और संवेदना के व्यापकतर परिप्रेक्ष्य में रखनेवाला बोध ज़रूर देती है।

रूपासक्ति के अनुकूल भाषा का प्रयोग कर दार्शनिक अमूर्तनों को मूर्त करनेवाली, निर्गुण को गुण देनेवाली शब्द-योजना कविता ही है, उसे रचनेवाला व्यक्ति स्वयं को कवि कहे, न कहे।

कबीर पारमार्थिक और व्यावहारिक के द्विभाजन (बाइनरी) को अपनी प्रेम-धारणा से काटते हैं। उनकी प्रेम-अभिव्यक्तियों में सामान्य रूप अपेक्षित भावुकता के साथ ही प्रेम के स्वरूप पर गहन विचार, तथा मानव चेतना में इसके द्वारा आनेवाले रूपान्तरण के विचारोत्तेजक वर्णन भी मिलते हैं। प्रेम और भावुकता का जो अर्थ सामान्य रूप से पूजा-उपासना के स्तर पर लिया जाता है, वह कबीर के अभिप्रेत अर्थ से इतना दूर है कि उन्हें लगता है कि या तो वे ही विकल-मति हो गए हैं, या दुनिया दीवानी हो गई है—

रांम राइ भई बिकल मति मेरी,
कै यहु दुनी दिवांनी तेरी॥ टेक॥
जे पूजा हरि नाहीं भावै सो पूजनहार चढ़ावै॥
जिहि पूजा हरि भल मांनै, सो पूजनहार न जांनै॥
भाव प्रेम की पूजा ताथै भयो देव थैं दूजा॥
का कीजै बहुत पसारा, पूजी जे पूजनहारा॥
कहै कबीर मैं गावा, मैं गावा आप लखावा॥
जो इहि पद मांहिं समाना, सो पूजनहार सयांनां॥

(सोरठि, 14)

कबीर के लिए पूजा करनेवाले और पानेवाले के द्वैत को समाप्त कर देनेवाले, पूज्य और पूजक के भेद को मिटा देनेवाले आत्म-विस्तार की अभिव्यक्ति है। पूजा वास्तविक प्रेम की परिणति है। प्रेम का यह विस्तार दो व्यक्तियों के सम्बन्ध मात्र तक सीमित न रहकर, 'जेती औरति मरदाँ कहिये' को अपनी व्याप्ति में समो लेता है। सारे अस्तित्व की मूलभूत एकता का बोध का रूप ले लेता है—'मँगता बनकर माँगन लागा, देनेवाला तू का तू।'

'मीर' की उक्ति याद आती है—

अच्छर हैं तो इश्क़ के दो ही लेकिन है बिस्तार बहुत।

भाषा की सीमा है कि इस विस्तार की 'अकथ कहानी' कहने-सुनने और जीने के लिए, 'भाव प्रेम की पूजा' करने, कहने के लिए 'पूजनहारा' देव को 'दूजा' बनाकर देखे। देखने-सुनने की बात यही है, बाक़ी सब तो बस पसारा है।

यही प्रेम-धारणा कबीर की कविता में ब्रह्म विचार, समाज विचार की अन्तस्सलिला बनती है। उनकी कविता में कामभावना, रामभावना और समाजभावना एक दूसरी को कमजोर नहीं करतीं बल्कि और बल देती हैं। वे शुकदेव का हवाला देते हुए साखी भरते हैं—

काम मिलावे रांम कूं जे कोई जाने राखि।
कबीर बिचारा क्या करे, जे सुखदेव बोले साखि॥

(साध साखीभूत कौ अंग, 11)

प्रेमानुभूति में चाहे मिलन का आनन्द हो, मिलन के पल का संकोच हो या विरह का दुख, मिल पाने न मिल पाने को लेकर आशंका हो—प्रेमावेग के विविध रूपों की अभिव्यक्ति कबीर अधिकांश स्थलों पर स्त्री-रूप में ही करते हैं। इस आवेग को धारण करनेवाली उनकी रचनाओं को सुनते-पढ़ते समय यही लगता है कि रचनाकार कोई स्त्री है—

वे दिन कब आवैंगे माइ।
जा कारनि हम देह धरी है, मिलिबौ अंगि लगाइ॥
हौं जांनूं जे हिल मिलि खेलूं, तन मन प्रांन समाइ।
या कामनां करौ परपूरन, समरथ हौ राम राइ॥

(केदारौ, 7)

बहुत दिनन की जोवती बाट तुम्हारी राम।
जिव तरसे तुझ मिलन को मन नाहीं विश्राम॥

(विरह कौ अंग, 5)

कबीर का स्त्री-स्वर अत्यन्त उद्दाम, अकुंठ, आवेगपूर्ण है—

हो बलियां कब देखोंगी तोहि।
अहिनिस आतुर दरसंन कारनि, ऐसी ब्यापै मोहि।
नैन हमारे तुम्ह कूं चांहैं, रती न मांनै हारि॥
बिरह अगनि तन अधिक जरावै, ऐसी लेहु बिचारि॥

(केदारौ, 6)

देह की अवहेलना करनेवाला प्रेम नहीं, देह-मिलन की बेधड़क माँग करनेवाला, आग्रहपूर्ण आमंत्रण देनेवाला प्रेम है यह—

बाल्हा आव हमारे गेह रे।
तुम्ह बिन दुखिया देह रे॥
सब को कहै तुम्हारी नारी, मोकौं इहै अंदेह रे।
एकमेक ह्वै सेज न सोवैं, तब लग कैसा नेह रे॥

(केदारौ, 8)

प्रेम के पलों में धारण किए गए स्त्री रूप में कवि कबीर का स्वर ऐसा आवेगपूर्ण है तो साधक, उपदेशक कबीर का ऐसा कठोर—

कांमणि काली नागणीं, तीन्यूं लोक मंझारि।
राम सनेही ऊबरे, बिषई खाये झारि॥
नारि नसावै तीनि सुख, जा नर पासैं होइ।
भगति मुकति निज ग्यान मैं, पैसि न सकई कोइ॥
नारि पराई आपणीं, भुगत्या नरकहि जाइ।
आगि आगि सब एक है, तामैं हाथ न बाहि॥

ये तीनों साखियाँ कामी नर कौ अंग से हैं। अन्यत्र भी स्त्री मात्र के प्रति ऐसा सन्देह और तिरस्कार मिलता ही है, जैसे—

आनन्द सहत तजौ विष नारी, अब क्या झीखै पतित भिखारी॥
कहै कबीर यहु सुख दिन चारि, तजि विषिया भजि चरन मुरारि॥

(गौड़ी, 87)

प्रेम की अभिव्यक्ति के लिए स्त्री-रूप धारण करना कबीर ही नहीं, सभी निर्गुणपंथी कवियों की साधना-रूढ़ि है, जो उन्हें दक्षिण भारत की वैष्णव भक्ति-परम्परा से विरासत में हासिल हुई है। नाम्मालवार की लगभग एक हज़ार रचनाओं में से दो सौ सत्तर स्त्री स्वर में हैं। साधक को विरहाकुल स्त्री के रूप में देखने की यह विधि सूफ़ी परम्परा में भी भारतीय लोक-चेतना का विशिष्ट योगदान है। इस

चेतना के सम्पर्क में आने के पहले, इसलामी रहस्यवाद में परमात्मा की ही कल्पना स्त्री रूप में की जाती थी, साधक की नहीं।

रोचक विडम्बना है कि यह साधना-रूढ़ि स्त्री-निन्दा की संस्कार रूढ़ि को काट नहीं पाती।

इस साधना-रूढ़ि का मूल इस मान्यता में है कि स्त्री अपने व्यक्तित्व के पूर्ण विलोम की हद तक जानेवाले समग्र समर्पण के साथ पुरुष को प्रेम करती है। ऐसे समग्र समर्पण को साधने के लिए ही पुरुष साधक स्त्री-रूप धारण करते हैं। वे अपनी संवेदना के साधना-पलों में स्त्री से हो जाते हैं, लेकिन स्त्री की सामाजिक स्थिति, तज्जनित संघर्ष से अपनी संवेदना का तालमेल नहीं बिठा पाते। यह अन्तर्विरोध कबीर की ही नहीं, अन्य भक्त कवियों की भी सीमा है।

साधना-रूढ़ि और संस्कार-रूढ़ि, स्त्री-रूप धारण और स्त्री-निन्दा के विडम्बनापूर्ण सह-अस्तित्व पर परदा डालना, इसके पक्ष में तर्क जुटाना व्यर्थ है, उससे भी अधिक व्यर्थ है इसके आधार पर कबीर को ख़ारिज कर देना। समकालिक के जोश में ऐतिहासिक की घोर उपेक्षा का ही एक परिणाम यह भी है कि 'कैंसिल कल्चर' के आवेश में कुछ लोग कबीर, तुलसीदास, शेक्सपियर आदि से उम्मीद करते हैं कि वे इक्कीसवीं सदी की लोकतांत्रिक संवेदना की परीक्षा में सौ फ़ीसदी नंबर हासिल करके दिखाएँ। यह माँग कुछ लोगों को 'पॉलिटिकली करेक्ट' होने का संतोष भले ही दे दे, समूची मानवीय सांस्कृतिक विरासत के लिए तो घातक ही है।

कबीर विभिन्न साधना-पद्धतियों की पारिभाषिक शब्दावली से खूब वाक़िफ़ हैं, लेकिन कई जगहों पर वे इनमें से अनेक शब्दों को सर्जनात्मक ढंग से सहज शब्दों में बदल देते हैं। 'सहज' स्वयं ऐसा ही शब्द है। 'सहज साधना' विशिष्ट प्रकार की साधना थी; कबीर 'सहज' शब्द का व्यवहार उसके सामान्य अर्थ 'स्वाभाविक' का सम्प्रेषण करने के लिए करते हैं। 'सहज दुलीचा डारि' में कबीर सहजयानी बनने का नहीं बल्कि सहज, स्वाभाविक मानवीय गुणों को दैनन्दिन जीवन में धारण करने का आग्रह कर रहे हैं। उनके अनुसार सहज सहज का जाप करनेवाले सहजयानी को नहीं, साधक उसे कहा जाना चाहिए जिसे अपनी संवेदनशील जीवन-विधि के कारण राम स्वाभाविक रूप से ही मिल जाएँ, 'सहज सुभाइ मिलै राम राई'।

यह रोचक है कि कबीर को नाथपंथ का प्रवक्ता घोषित करने के उत्साह में आ. हजारी प्रसाद द्विवेदी कबीर द्वारा प्रयुक्त आमफहम शब्द 'खसम' (स्वामी, पति) को योगपरक पारिभाषिक आशय में पढ़ने का बेहद पुरज़ोर आग्रह करते हैं। और भी रोचक यह कि जहाँ ऐसी पढ़त को कविता का समर्थन बिलकुल ही न मिले वहाँ द्विवेदी जी कह देते हैं कि ये 'पद कबीर के नाम पर बाद में चल पड़े होंगे।' इतने पुरज़ोर आग्रह के बावजूद कम-से-कम एक पद तो उन्हें भी ऐसा मिल

ही गया, "जिसका बहुत खींच-तान कर भी 'खसमावस्था' अर्थ नहीं निकाला जा सकता—माई मैं दूनों कुल उजियारी। बारह खसम नैहर खायो, सोरह खायो ससुरारी।"[1]

वास्तविकता यह है कि जहाँ भी खसम को खसमावस्था से जोड़ा गया है, बहुत खींच-तान कर ही जोड़ा गया है। यह शब्द कबीर की कविता में स्वामी के ही अर्थ में आता है। इसी का लोकप्रचलित अर्थविस्तार सामान्य या निकृष्ट पति के आशय में होता है।

स्वामी के अर्थ में खसम शब्द के अनगिनत प्रयोगों में से बस दो-तीन ही देखें—

हम गोरू तुम गुआर गोसांई जनम जनम रखवारे।
कबहूं पार उतारि चराइहु कैसे खसम हमारे॥

(परिशिष्ट, पद, 216)

(हम तो तुम्हारी गाय हैं, तुम हमारे ग्वाले-स्वामी—खसम।)

खसमु पछानि तरस करि जीअ मति मारी मारि मणी करि फीकी।

(वही, पद, 217)

(काजी को समझा रहे हैं कि अपने खसम—स्वामी—अल्लाह को पहचाने, उसके नाम पर रहम करे, जीवों को न मारे।)

घर के खसम बधिक वै राजा। परजा क्या धौ करै बिचारा।

(बीजक, पद, 32)

(घर के खसम—स्वामी (राजा) ही जब वधिकों जैसा व्यवहार करने लगें, तो प्रजा क्या करे।)

कवि की वैचारिकता के उत्स का अनुसंधान करने में हर्ज नहीं, लेकिन पारिभाषिक शब्दावली का ऐसा व्यामोह कविता के संवेदनशील पाठ के लिए हानिकारक ही है।

कवि की वैचारिकता और संवेदना के संवाद से गहन अर्थ-बोध सम्भव करनेवाली ये प्रसिद्ध साखियाँ ध्यान में रखने से बात और स्पष्ट हो जाएगी—

अनल अकासां घर किया, मधि निरन्तर बास।
बसुधा ब्यौम बिरकत रहै, बिन ठाहर बिसवास॥
बासुरि गमि न रैंणि गमि, नां सुपिनंतर गंम।
कबीर तहां बिलंबिया, जहां छाहड़ी न घंम॥

(मधि कौ अंग, 3, 4)

---

1. कबीर, हजारी प्रसाद द्विवेदी ग्रंथावली, खंड चार, पृ. 260

अनल पक्षी की मिसाल कबीर अपने अनोखेपन को रेखांकित करने के लिए दे रहे हैं। मान्यता है कि अनल आकाश में ही घोंसला बनाकर रहता है। कवि की आकांक्षाओं का आकाश असीमित है। जीवन-सत्य की निरन्तर खोज में लगी चेतना की सम्भावनाओं का कोई अन्त नहीं। कवि कबीर किसी भी उपलब्ध आस्था-तंत्र के प्रति पूर्ण समर्पण की मनोदशा स्वीकार नहीं कर पाते, उपलब्ध ठाहरों (ठिकानों) में विश्वास कर पाना उनके लिए कठिन है। वसुधा व्योम से विरक्ति की मनोदशा है यह। वे आसान क़िस्म के द्विभाजनों (बाइनरीज) को स्वीकार करने से हासिल होनेवाले चैन को स्वीकार नहीं कर सकते। उनकी खोज दिन-रात, धूप-छाँव की तरह परस्पर अपवर्जी समझे जानेवाले द्विभाजनों के परे प्रबुद्ध, संवेदना-सम्पन्न मध्यमार्ग की है। जीवन की धरा और कल्पना के व्योम के बीच निरन्तर वास करने पर ही वैसे मध्य की प्राप्ति सम्भव है।

कोई चाहे तो इस तथा ऐसी अनेक कविताओं को रहस्य-साधना की तरह भी पढ़ सकता है। आख़िरकार श्रेष्ठ कविता का अर्थ हर पाठक के मन में अलग-अलग तरह से खुलता ही है। पाठक अपने अनुभवों को अर्थ देनेवाले परिप्रेक्ष्य की खोज ही कविता के शब्दों द्वारा रचे गए आकाश में करता है। बस, यह ध्यान रहे कि जो आशय कविता में दूर-दूर तक नहीं है, उसे खींच-तान कर थोपा न जाए। कविता में आनेवाला खसम योगियों की पारिभाषिक शब्दावली की—गगनोपम या ख (आकाश) जैसी—'ख' समावस्था में न बदला जाए।

पारिभाषिक शब्दावली आरोपित करने की ज़िद के बजाय कवि द्वारा बरते गए शब्दों के काव्योपयुक्त अर्थबोध और अनल जैसे संकेतों के प्रति संवेदनशीलता के साथ पढ़े तो इक्कीसवीं सदी में कबीर का पाठक अपने आस्था-संकटों की उलझनों को यहाँ पढ़ सकता है। कबीर की व्याप्ति सामाजिक आलोचना या संगठित धर्म पर सन्देह करने तक सीमित नहीं है। उनकी कविता बहुत गहरे अस्तित्वमूलक अर्थों में भी मानवीय चेतना के संकटों और चुनौतियों को धारण करती है।

कबीर की 'उलटबाँसियाँ' भी पारिभाषिक शब्दावली के साथ ही पढ़ी जाती रही हैं। यह काव्यरूप कबीर को तांत्रिक परम्परा से प्राप्त हुआ था, बरता इसे भी उन्होंने अन्य विधियों, रूपों की तरह—अपने ख़ास ढंग से। इस रूप में चीजें विचित्र ढंग के उल़टे-पुलटे रूप में आती हैं। गधे चोलना पहनकर नाचते हैं, भैंसे नृत्य-निर्देशन करते हैं। सिंह चूहों के ब्याह में पान लगाने की सेवा देते हैं। मछलियाँ पेड़ों पर चढ़ जाती हैं। तांत्रिक परम्परा में ये सब व्यवहार एक संकेत-व्यवस्था--कोड—के अन्तर्गत बरते जाते थे, ताकि साधना के रहस्य अनधिकारी तक न पहुँच जाएँ।

कबीर की उलटबाँसियों पर सरसरी निगाह डालने से ही साफ़ हो जाता है कि एक-एक शब्द को, हरेक बिंब को 'हेवज्रतंत्र' जैसे कोशों में दिए गए कोड के आधार पर पढ़ना असम्भव है। कारण यह कि कबीर यहाँ भी पारिभाषिक को संवेदनात्मक बनाते हैं : तंत्र-साधना के तकनीकी कोड को कविता के सर्जनात्मक कोड में बदल देते हैं। हमें याद दिलाते हैं कि कविता को संरचना की समग्रता में ही समझा जा सकता है, मार्मिक से मार्मिक शब्द का अर्थ तो वाक्य में ही खुलता है। एक-एक शब्द के कोशगत अर्थ को जानना कविता के बोध के लिए आवश्यक चाहे हो पर्याप्त क़तई नहीं है।

कवि द्वारा प्रयुक्त हर शब्द, उसके द्वारा रचे हर बिंब का भावानुवाद तंत्र की पारिभाषिक शब्दावली के आधार पर करते ही हम उस बुनियादी विशेषता से हाथ धो बैठते हैं जो उलटबाँसी को उलटबाँसी बनाती है। यह विशेषता है—सायास लाई गई तार्किक विसंगति और बेतुकेपन के ज़रिये उस व्यापक बेतुकेपन की पर निगाह डालना, जो देखने की सामान्य विधियों में निगाह से ओझल ही रहता है। काव्यरूप के तौर पर उलटबाँसी की सार्थकता रहस्य-साधना की कूटबद्ध (कोडेड) निर्देशावली होने में नहीं, उसकी 'निरर्थकता'—बेतुकेपन में ही है।

बेतुकापन जो कबीर के समय तक सीमित नहीं, हमारे समय में भी व्याप्त है। बेतुकापन जिसे देखने-दिखाने की उलटबाँसी से बेहतर विधि दूसरी शायद हो नहीं सकती। पढ़ें :

धौल[1] मंदलिया बैल रबाबी, कऊवा ताल बजावै।
पहरि चोलना गादह नाचै, भैंसा निरति करावै॥
स्यंघ बैठा पान कतरै, घूंस गिलौरा लावै।
उदरी बपुरी मंगल गावै, कछु एक आनन्द सुनावै॥

(गौड़ी, 12)

पढ़ें और आसपास देखें। बैल रबाब नहीं बजा रहे? गधे बढ़िया कॉस्ट्यूम पहनकर नहीं नाच रहे, भैंसे नृत्य-निर्देशन का दायित्व नहीं निभा रहे? सिंह पान कतरने का काम नहीं कर रहे? और यह सब विचित्र व्यापार, अबूझ कथा देखती चुहिया बेचारी क्या बाध्य नहीं है कि आनन्द के गीत गाकर दिखाए?

बिना रूपासक्ति के कोई कवि नहीं होता, और बिना मृत्यु की आँखों में आँखें डाले कोई बड़ा कवि नहीं होता। कवि कबीर की कविता में ये दोनों आसक्तियाँ अपने

1. आदिग्रंथ में यहाँ धौल के स्थान पर फ़ील (हाथी) शब्द है, जो अधिक सार्थक है। देखें, ग्रंथावली, परिशिष्ट पद, 143

सह-अस्तित्व की घोषणा दिल हिला देनेवाले, साथ ही विचार-प्रेरक बिंब के ज़रिये करती हैं—

कौन ठगवा नगरिया लूटल हो।
चन्दन खाट के बनल खटोलना तापर दुलहिन सूतल हो॥
उठो सखी मोर माँग सँवारो दुलहा मोसे रूठल हो।
चारि जने मिलि खाट उठाई चहुँ दिसि धू धू ऊठल हो॥
आए जमराज पलंग चढ़ि बैठे नैनन आँसू टूटल हो।
कहत कबीर सुनो भाई साधो, जग से नाता टूटल हो॥

(शब्दावली, 130, सं. : गंगाशरण शास्त्री)

कबीर जिस तरह प्रेम और विरह में डूबते हैं वैसे ही मृत्यु में भी। देह की नश्वरता की भी बात करते हैं, और देह में सभी तीर्थों का निवास भी देखते हैं। नश्वरता के बखान के लिए हो, या 'आतम साधन' के माध्यम के रूप में, देह कबीर की कविता में बहुत सघन रूप से उपस्थित है। देह और मृत्यु की सतत उपस्थिति के बिना कबीर की कविता की कल्पना नहीं की जा सकती। सभी कवियों का हो न हो, मृत्यु सभी उपदेशकों का प्रिय विषय अवश्य है, शायद इसीलिए मृत्यु की बात बार-बार करते कबीर लोगों को उपदेशक से लगते हैं। लेकिन फर्क 'शैली और सामग्री' का है। कबीर की कविता में मृत्यु केवल अन्त नहीं आरम्भ भी है, केवल भय नहीं, आनन्द भी है। चेतावनी तो वह है, लेकिन, कुछ अलग ढंग से।

कई कवियों ने 'नख-शिख' वर्णन किया है। कविता के एक ढंग में तो वह स्थापित काव्य-रूढ़ि बल्कि कवित्व की पहचान ही है। कबीर की कविता में 'नख-शिख' एकदम अनपेक्षित रूप में, निर्मम आत्म-साक्षात्कार बनकर प्रकट होता है। कबीर एक दृश्य देख रहे हैं, आपको भी दिखा रहे हैं—

देखहु यह तन जरता है।
घड़ी पहर विलंबौ रे भाई जरता है॥
काहैं कूं एता कीया पसारा। यहु तन जरि बरि ह्वै ह्वै छारा॥
नव तन द्वादस लागी आगी। मुगध न चेतै नख सिख जागी॥
काम क्रोध घट भरै बिकारा। आपहि आप जरै संसारा॥
कहै कबीर हम मृतक समाना। राम नाम छूटै अभिमाना॥

(गौड़ी, 94)

इस तन को जलना तो है ही। मरघट में भी, उसके पहले भी। अन्यत्र 'हम न मरिहैं मरै संसारा' कहनेवाले कबीर यहाँ 'हम मृतक समाना' कह रहे हैं। दोनों ही

बातें 'सत्य' हैं, कविता का सत्य। कबीर जैसे लोग—जो इन दोनों सत्यों के भोक्ता भी हैं, दृष्टा भी—उस हँसी को सुने बिना नहीं रह सकते, जो सारे अस्तित्व में गूँजती है—काल की हँसी। कच्ची काया, अस्थिर चित्त लिए हम स्थिरता का प्रयत्न करते हैं, निधड़क हो जाना चाहते हैं, काल हँसता है—

कबीर काची काया मन अथिर, थिर थिर काम करंत।
ज्यूं ज्यूं नर निधड़क फिरै, त्यूं त्यूं काल हसंत॥

(काल कौ अंग, 30)

मनुष्य का जीवन उसे एक समय देता है, लेकिन इस समय में जो अन्तर्निहित परवशता और अनिश्चितता है, सिर्फ और सिर्फ मौत की निश्चितता है, उसी के बोध का परिणाम है—भारतीय भाषाओं में मृत्यु और समय दोनों का वाचक शब्द-काल। काल मृत्यु के नामों में से एक नहीं, सर्वाधिक व्यंजक नाम है। समय में होना, जीवन में होना ही काल में, मृत्यु में होना भी है। जीवन का आरम्भ ही समय का—काल का आरम्भ भी है। कालचक्र से गुजरना काल की ओर बढ़ना है।

इस विचित्र दशा से मुक्ति भी दे तो शायद काल ही दे, जीवन में तो मुक्ति असम्भव ही है—

क़ैद-ए-हयात औ' बंद-ए-ग़म अस्ल में दोनों एक हैं
मौत से पहले आदमी ग़म से नजात पाए क्यूँ

—मिर्ज़ा ग़ालिब

कौन जाने मौत भी नजात देती है या नहीं। देती ही हो तो भी मनुष्य को नजात जीवन में ही चाहिए। साधना की सफलता कहिए या प्रेम की परिणति—कबीर उसे राम का दर्शन कहते हैं, और वह उन्हें इस जीवन में ही चाहिए—"मूंवा पीछै देहुगे, सो दरसन किहि काम।"

दर्शन की यह चाह मृत्यु को कबीर के लिए डर की बजाय आनन्द में भी बदलती है—

कबीर जिस मरने थैं, जग डरै, सो मेरे आनंद।
कब मरिहूं कब देखिहूं, पूरन परमानंद॥

(सूरातन कौ अंग, 13)

डर हो या आनन्द, अपरिहार्य तो मृत्यु है ही, इस सत्य से मुँह चुराना व्यर्थ है; और सिलसिले टूटते रहते हैं, मौत का सिलसिला अमर है—

कबीर रोवणहारे भी मूये, मूये चलावनहार।
हा हा करते ते मूये, कासनि करौं पुकार॥

कबीर जिनि हम जाए, ते मूये हम भी चालणहार।
जे हमकौं आगे मिलैं, तिन भी बंध्या भार॥

(काल कौ अंग, 31-32)

मृत्यु जीवन का प्रथम और अंतिम सत्य है। इससे मुँह चुराना सामान्य जीवन-विधि हो सकती है, लेकिन कवि-संवेदना उससे कब तक मुँह चुराए, और क्यों चुराए? मृत्यु हमारे अनुभूत जीवन का अन्त है, शायद नहीं भी है। लेकिन कविता के जीवन का तो वह निश्चय ही अन्त नहीं है। कबीर की कविता मृत्यु से कतराने की बजाय उससे जुड़ी अनेक भावदशाओं को शब्दबद्ध करती है। कबीर की रूपासक्ति, प्रेमासक्ति और जीवनासक्ति ही उन्हें मृत्यु के साथ संवाद का साहस देती है। उसके पार की कल्पना का साहस, अमर-देश की खोज की प्रेरणा देती है। 'सजीवनि कौ अंग' की पहली ही साखी है—

जहां जुरा मरन व्यापै नहीं, मूवा न सुणियै कोई।
चलि कबीर तिहि देसड़ै, जहां बैद विधाता होई॥

(ग्रंथावली, पृ. 125)

कितना बड़ा आश्वासन है; ऐसे देश का होना, भले ही केवल कल्पना में जहाँ किसी के मरने की बात तक सुनने में नहीं आती। इस आश्वासन और मृत्यु की अपरिहार्यता के बीच ही फैला है वह बेहद का मैदान जिसका नाम जीवन है। जीवन की सार्थकता जो पा लेते हैं, वे सचमुच बार-बार नहीं मरते। बार-बार नहीं जन्मते। लेकिन तभी जब मरने का कारण ज्ञात हो, अवसर ज्ञात हो, विधि ज्ञात हो। कितनी सहज और सरल शर्त है! इस शर्त को जो समझ गया, वही है जीवन्मृतक, राम-कसौटी पर खरा। उसे राम की भी परवाह करने की ज़रूरत नहीं रह जाती। राम स्वयं उसके पीछे-पीछे लगा फिरता है—

मरता मरता जग मुवा, औसर मुवा न कोई।
कबीर ऐसैं मरि मुवा, ज्यूं बहुरि न मरनां होई॥
कबीर जीवन थै मरिबो भलौ, जौ मरि जाने कोइ।
मरनैं पहले जे को मरे, तो कलि अजरावर होइ॥
कबीर खरी कसौटी राम की, खोटा टिकै न कोइ।
राम कसौटी सो टिकै, जो जीवत ही मृतक होइ॥
कबीर मन मृतक भया दुरबल भया सरीर।
तब पाछै लगा हरि फिरै कहत कबीर कबीर॥

(जीवत मृतक कौ अंग, 5, 8, 9, 2)

मृत्यु का जवाब है कविता; भक्ति अर्थात् भागीदारी—'हम न मरिहैं, मरै यह संसारा। हमको मिला जियावनहारा'। मृत्यु का अनुभव भोग कर याद करना असम्भव है, उसकी केवल कल्पना ही की जा सकती है, यानी मृत्यु ठेठ कविता है। वह सेल्फ़ के बाहर है, इसलिए सदा ही रहस्य है, जिसके आत्मानुभव का बखान असम्भव है।

मृत्यु का क्षण अपरिहार्य है, मरण अवश्यंभावी है, किन्तु अमरत्व भी एक सम्भावना तो है ही। अपने जाने के बाद दूसरों की स्मृति में, पीछे छूट जानेवाले शब्दों में मूर्त होनेवाली सम्भावना। इसीलिए तो—

छिन में बितसै यहै सरीरा तिहि कारन पद रचै कबीरा।

25 अप्रैल, 2023
नई दिल्ली

—पुरुषोत्तम अग्रवाल

प्रथम संस्करण की भूमिका

आज इस बात को पाँच-छह वर्ष हुए होंगे, जब काशी नागरीप्रचारिणी सभा में रक्षित हस्तलिखित हिन्दी पुस्तकों की जाँच की गई थी और उनकी सूची बनाई गई थी। उस समय दो ऐसी पुस्तकों का पता चला जो बड़े महत्त्व की थीं, पर जिनके विषय में किसी को पहले कोई सूचना नहीं थी। इनमें से एक तो सूरसागर की हस्तलिखित प्रति थी और दूसरी कबीरदास जी के ग्रंथों की दो प्रतियाँ थीं। कबीरदास जी के ग्रंथों की इन दो प्रतियों में से एक तो संवत् 1561 की लिखी है और दूसरी संवत् 1881 की। दोनों प्रतियों के देखने पर यह प्रकट हुआ कि इस समय कबीरदास जी के नाम से जितने ग्रंथ प्रसिद्ध हैं उनका कदाचित् दशमांश भी इन दोनों प्रतियों में नहीं है। यद्यपि इन दोनों प्रतियों के लिपिकाल में 320 वर्ष का अन्तर है, पर फिर भी दोनों में पाठ-भेद बहुत ही कम है। संवत् 1881 की प्रति में संवत् 1561 वाली प्रति की अपेक्षा केवल 131 दोहे और 5 पद अधिक हैं। उस समय यह निश्चित किया गया कि इन दोनों हस्तलिखित प्रतियों के आधार पर कबीरदास जी के ग्रंथों का एक संग्रह प्रकाशित किया जाए। यह कार्य पहले पंडित अयोध्यासिंह जी उपाध्याय को सौंपा गया और उन्होंने इसे सहर्ष स्वीकार भी कर लिया। पर पीछे से समयाभाव के कारण वे यह न कर सके। तब यह मुझे सौंपा गया। मैंने यथासमय यह कार्य आरम्भ कर दिया। मेरे दो विद्यार्थियों ने इस कार्य में मेरी सहायता करने की तत्परता भी प्रकट की, पर इस तत्परता का अवसान दो ही तीन दिन में हो गया। धीरे-धीरे मैंने इस काम को स्वयं ही करना आरम्भ किया। संवत् 1983 के भाद्रपद मास में बहुत बीमार पड़ जाने तथा लगभग दो वर्ष तक निरन्तर अस्वस्थ रहने और गृहस्थी सम्बन्धी अनेक दुर्घटनाओं और आपत्तियों के कारण मैं यह कार्य शीघ्रतापूर्वक न कर सका। बीच-बीच में जब-तब अन्य झंझटों से कुछ समय मिला और शरीर ने कुछ कार्य करने में समर्थता प्रकट की, तब-तब मैं यह कार्य करता रहा। ईश्वर की कृपा है कि यह कार्य अब समाप्त हो गया।

जैसा कि मैंने ऊपर कहा है, इस संस्करण का मूल आधार संवत् 1561 की लिखी हस्तलिखित प्रति है। यह प्रति खेमचन्द के पढ़ने के लिये मलूकदास ने काशी में लिखी थी। यह पता नहीं लगा कि ये खेमचन्द और मलूकदास कौन थे। क्या ये

मलूकदास जी कबीरदास जी के वही शिष्य तो नहीं थे जो जगन्नाथपुरी में जाकर बसे और जिनकी प्रसिद्ध खिचड़ी का वहाँ अब तक भोग लगता है तथा जिसके विषय में कबीरदास जी ने स्वयं कहा है 'मेरा गुरु बनारसी चेला समुंदर तीर।' यदि ये वही मलूकदास हैं तो इस प्रति का महत्त्व बहुत अधिक है। यदि यह न भी हो, तो भी इस प्रति का मूल्य कम नहीं है। जैसा कि इस संस्करण की प्रस्तावना में सिद्ध किया गया है, कबीरदास जी का निधन संवत् 1575 में हुआ था। यह प्रति उनकी मृत्यु के 14 वर्ष पहले की लिखी हुई है। अंतिम 14 वर्षों में कबीरदास जी ने जो कुछ कहा था यद्यपि वह उसमें सम्मिलित नहीं है, तथापि इसमें सन्देह नहीं कि संवत् 1561 तक की कबीरदास जी की समस्त रचनाएँ इसमें संगृहीत हैं। यह प्रति (क) मानी गई है। इसके प्रथम और अंतिम दोनों पृष्ठों के चित्र इस संस्करण के साथ प्रकाशित किए जाते हैं।

दूसरी प्रति (ख) मानी गई है। यह संवत् 1881 की लिखी है अर्थात् इस प्रति के और (क) प्रति के लिपिकाल में 320 वर्षों का अन्तर है। पर (क) और (ख) दोनों प्रतियों में पाठभेद बहुत कम है। (ख) प्रति में (क) प्रति की अपेक्षा 131 दोहे और 5 पद अधिक हैं।

यह बात प्रसिद्ध है कि संवत् 1661 में अर्थात् (क) प्रति के लिखे जाने के 100 वर्ष पीछे गुरुग्रंथ साहब का संकलन किया गया। उसमें अनेक भक्तों की वाणी सम्मिलित की गई है। गुरुग्रंथ साहब में कबीरदास जी की जितनी वाणी सम्मिलित की गई है, वह सब मैंने अलग करवाई और तब (क) तथा (ख) प्रतियों में सम्मिलित पदों आदि से उसका मिलान कराया। जो दोहे और पद मूल अंश में आ गए थे, उनको छोड़कर शेष सब दोहे और पद परिशिष्ट में दे दिए गए हैं।

ग्रंथसाहब तथा दोनों हस्तलिखित प्रतियों का मिलान करने पर नीचे लिखे दोहे और पद दोनों प्रतियों में मिले।

पृष्ठ	2	दोहा	10	पृष्ठ	54	दोहा	5, 9, 11
पृष्ठ	5	दोहा	9, 11, 12, 13	पृष्ठ	61	दोहा	9, 1
पृष्ठ	6	दोहा	16	पृष्ठ	62	दोहा	5
पृष्ठ	7	दोहा	25	पृष्ठ	64	दोहा	5, 6
पृष्ठ	11	दोहा	44	पृष्ठ	65	दोहा	11, 14
पृष्ठ	18	दोहा	3(10)	पृष्ठ	66	दोहा	4
पृष्ठ	19	दोहा	3	पृष्ठ	69	दोहा	13
पृष्ठ	20	दोहा	14, 1	पृष्ठ	71	दोहा	33
पृष्ठ	24	दोहा	33	पृष्ठ	73	दोहा	10
पृष्ठ	25	दोहा	4 3, 4 6	पृष्ठ	77	दोहा	7, 2
पृष्ठ	26	दोहा	54	पृष्ठ	78	दोहा	3
पृष्ठ	28	दोहा	7	पृष्ठ	82	दोहा	1

पृष्ठ	38	दोहा	1 (19)	पृष्ठ	85	दोहा	6
पृष्ठ	42	दोहा	2 (22)	पृष्ठ	97	दोहा	27
पृष्ठ	43	दोहा	9, 1	पृष्ठ	100	दोहा	39
पृष्ठ	47	दोहा	1	पृष्ठ	208	दोहा	359, 362
पृष्ठ	50	दोहा	7	पृष्ठ	220	दोहा	400
पृष्ठ	51	दोहा	2, 6				

1. इन दोहों का क्रम प्रस्तुत संस्करण में निम्नलिखित है—

साखी	(1)	दोहा	10	साखी	(37)	दोहा	9
साखी	(2)	दोहा	9, 11-13, 16, 24	साखी	(38)	दोहा	4, 5
साखी	(3)	दोहा	44	साखी	(41)	दोहा	5, 6, 11, 14
साखी	(10)	दोहा	3	साखी	(43)	दोहा	5
साखी	(11)	दोहा	3, 14	साखी	(45)	दोहा	13, 33
साखी	(12)	दोहा	1, 33, 43, 46, 54	साखी	(46)	दोहा	10
साखी	(13)	दोहा	7	साखी	(47)	दोहा	7
साखी	(19)	दोहा	1	साखी	(48)	दोहा	2
साखी	(22)	दोहा	2, 9	साखी	(49)	दोहा	3
साखी	(23)	दोहा	7	साखी	(54)	दोहा	1
साखी	(24)	दोहा	1	साखी	(56)	दोहा	6
साखी	(28)	दोहा	7	तथा पद संख्या 27, 39, 359,			
साखी	(29)	दोहा	2, 6	362 और 400।			
साखी	(31)	दोहा	5, 9, 11				

इनके अतिरिक्त पाद-टिप्पणियों में जो (ख) प्रति में अधिक दोहे दिए गए हैं, उनमें से साखी (41) के दोहे 18, 19 और 20 तथा साखी (46) का दोहा 38 उस प्रति और गुरुग्रंथसाहब दोनों में समान है। इस प्रकार दोनों हस्तलिखित प्रतियों और गुरुग्रंथसाहब में 48 दोहे और 5 पद ऐसे हैं जो दोनों में समान हैं। इनको छोड़कर ग्रंथसाहब में जो दोहे या पद अधिक मिले हैं वे परिशिष्ट में दे दिए गए हैं। इनमें 192 दोहे और 222 पद हैं। इस प्रकार इस संस्करण में कबीरदास जी के दोहों और पदों का अत्यन्त प्रामाणिक संग्रह दिया गया है। यह कहना तो कठिन है कि इस संग्रह में जो कुछ दिया गया है, उसके अतिरिक्त और कुछ कबीरदास जी ने कहा ही नहीं, पर इतना अवश्य है कि इनके अतिरिक्त और जो कुछ कबीरदास जी के नाम पर मिले उसे सहसा उन्हीं का कहा हुआ तब तक स्वीकार नहीं कर लेना चाहिए, जब तक उसके प्रक्षिप्त न होने का कोई दृढ़ प्रमाण न मिल जाए।

इस सम्बन्ध में ध्यान रखने योग्य एक और बात यह है कि इस संग्रह में दिए हुए दोहों आदि की भाषा और कबीरदास जी के नाम पर बिकनेवाले ग्रंथों में के

पदों आदि की भाषा में आकाश पाताल का अन्तर है। इस संग्रह के दोहों आदि की भाषा भाषाविज्ञान की दृष्टि से कबीरदास जी के समय के लिए बहुत उपयुक्त है और वह हिन्दी के 16वीं तथा 17वीं शताब्दी के रूप के ठीक अनुरूप है और इसीलिए इन पदों और दोहों को कबीरदास जी रचित मानने में आपत्ति नहीं हो सकती। परन्तु कबीरदास जी के नाम पर आजकल जो बड़े-बड़े ग्रंथ देखने में आते हैं, उनकी भाषा बहुत ही आधुनिक और कहीं-कहीं तो बिलकुल आजकल की खड़ी बोली ही जान पड़ती है। आज के प्राय: तीन-साढ़े तीन सौ वर्ष पूर्व कबीरदास जी आजकल की-सी भाषा लिखने में किस प्रकार समर्थ हुए होंगे, यह बहुत ही विचारणीय है।

इस संस्करण में कबीरदास जी के जो दोहे और पद सम्मिलित किए गए हैं, उन्हें मैंने आजकल की प्रचलित परिपाटी के अनुसार खराद पर चढ़ाकर सुडौल, सुन्दर और पिंगल के नियमों से शुद्ध बनाने का कोई उद्योग नहीं किया, वरन् मेरा उद्देश्य यही रहा है कि हस्तलिखित प्रतियों या ग्रंथसाहब में जो पाठ मिलता है, वही ज्यों-का-त्यों प्रकाशित कर दिया जाए। कबीरदास जी के पूर्व के किसी भक्त की वाणी नहीं मिलती। हिन्दी साहित्य के इतिहास में वीरगाथा काल की समाप्ति पर मध्यकाल का आरम्भ कबीरदास जी से होता है, अतएव इस काल के वे आदिकवि हैं। उस समय भाषा का रूप परिमार्जित और संस्कृत नहीं हुआ था। तिस पर कबीरदास जी स्वयं पढ़े-लिखे नहीं थे। उन्होंने जो कुछ कहा है, वह अपनी प्रतिभा तथा भावुकता के वशीभूत होकर कहा है। उनमें कवित्व उतना नहीं था जितनी भक्ति और भावुकता थी। उनकी अटपट वाणी हृदय में चुभनेवाली है। अतएव उसे ज्यों-का-त्यों प्रकाशित कर देना ही उचित जान पड़ा और यही किया भी गया है, हाँ, जहाँ मुझे स्पष्ट लिपिदोष देख पड़ा, वहाँ मैंने सुधार दिया है, और वह भी कम-से-कम उतना ही जितना उचित और नितान्त आवश्यक था।

एक और बात विशेष ध्यान देने योग्य है। कबीरदास जी की भाषा में पंजाबीपन बहुत मिलता है। कबीरदास ने स्वयं कहा है कि मेरी बोली बनारसी है। इस अवस्था में पंजाबीपन कहाँ से आया? ग्रंथसाहब में कबीरदास जी की वाणी का जो संग्रह किया गया है, उसमें जो पंजाबीपन देख पड़ता है, उसका कारण तो स्पष्ट रूप से समझ में आ सकता है, पर मूल भाग में अथवा दोनों हस्तलिखित प्रतियों में जो पंजाबीपन देख पड़ता है, उसका कुछ कारण समझ में नहीं आता। या तो यह लिपिकर्ता की कृपा का फल है अथवा पंजाबी साधुओं की संगति का प्रभाव है। कहीं-कहीं तो स्पष्ट पंजाबी प्रयोग और मुहावरे आ गए हैं जिनको बदल देने से भाव तथा शैली में परिवर्तन हो जाता है। यह विषय विचारणीय है। मेरी समझ में कबीरदास जी की वाणी में जो पंजाबीपन देख पड़ता है उसका कारण उनका पंजाबी साधुओं से संसर्ग ही मानना समीचीन होगा।

इस संस्करण के साथ कबीरदास जी के दो चित्र प्रकाशित किए जाते हैं, एक तो कलकत्ता म्यूजियम से प्राप्त हुआ है और दूसरा कबीरपंथी स्वामी युगलानन्द जी से मिला है। दोनों में से किसी चित्र का कोई ऐसा प्रामाणिक इतिहास नहीं मिला जिसकी कुछ जाँच की जा सकती पर जहाँ तक मैं समझता हूँ, वृद्धावस्था का चित्र ही जो कबीरपंथी साधु युगलानन्द जी से प्राप्त हुआ है अधिक प्रामाणिक जान पड़ता है।

इस ग्रंथ का परिशिष्ट प्रस्तुत करने में मेरे छात्र पंडित अयोध्यानाथ शर्मा एम.ए. ने बड़ा परिश्रम किया है। यदि वे यह कार्य न करते तो मुझे बहुत-कुछ कठिनता का सामना करना पड़ता। इसी प्रकार प्रस्तावना के लिए सामग्री एकत्र करने और उसे व्यवस्थित रूप देने में मेरे दूसरे छात्र पंडित पीतांबरदत्त बड़थ्वाल एम.ए. ने मेरी जो सहायता की है वह बहुत ही अमूल्य है। सच बात तो यह है कि यदि मेरे ये दोनों प्रिय छात्र इस प्रकार मेरी सहायता न करते, तो अभी इस संस्करण के प्रकाशित होने में और भी अधिक समय लग जाता। इस सहायता के लिए मैं इन दोनों के प्रति अपनी कृतज्ञता प्रकट करता हूँ। इनके अतिरिक्त और भी दो-तीन विद्यार्थियों ने मेरी सहायाता करने में कुछ-कुछ तत्परता दिखाई पर किसी का तो काम ही पूरा न उतरा, किसी ने टालमटूल कर दी और किसी ने कुछ कर-कराकर अपने सिर से बला टाली। अस्तु, सभी ने कुछ न कुछ करने का उद्योग किया और मैं उन सबके प्रति कृतज्ञता प्रकट करता हूँ।

—श्यामसुन्दर दास

काशी
ज्येष्ठ कृष्ण 13, 1985

प्रस्तावना

आविर्भाव काल

काल की कठोर आवश्यकताएँ महात्माओं को जन्म देती हैं। कबीर का जन्म भी समय की विशेष आवश्यकताओं की पूर्ति के लिए हुआ था। अवसर के उचित उपयोग से अनभिज्ञ और कर्मठता के प्रति उदासीन रहनेवाली हिन्दू जाति को धर्मजन्य दयालुता ने उसे दासता के गर्त में ढकेल दिया था। उसका शूरवीरत्व उसके किसी काम न आया। वीरता के साथ वीरगाथाओं और वीरगीतों की अंतिम प्रतिध्वनि भी रणथंभौर के पतन के साथ ही विलीन हो गई। शहाबुद्दीन गोरी (मृत्यु सं. 1263) के समय से ही इस देश में मुसलमानों के पाँव जमने लग गए थे, उसके गुलाम कुतुबुद्दीन ऐबक (सं. 1263-1273) ने गुलाम वंश की स्थापना कर पठानी सल्तनत और भी दृढ़ कर दी। भारत की लक्ष्मी पर लुब्ध मुसलमानों का विकराल स्वरूप, जिसे उनकी धर्मान्धता ने और भी अधिक विकराल बना दिया था, अलाउद्दीन खिलजी (सं. 1352-1372) के समय में भली-भाँति प्रकट हुआ। खेतों में खून और पसीना एक करनेवाले किसानों की कमाई का आधे से अधिक अंश भूमिकर के रूप में राजकोष में जाने लगा। प्रजा दाने-दाने को तरसने लगी। सोने-चाँदी की तो बात ही क्या, हिन्दुओं के घरों में ताँबे-पीतल की थाली-लोटों तक का रहना सुलतान को खटकने लगा। उनका घोड़े की सवारी करना और अच्छे कपड़े पहनना महान् अपराधों में गिना जाने लगा। नाम-मात्र के अपराध के लिए भी किसी की खाल खिंचवाकर उसमें भूसा भरवा देना एक साधारण बात थी। अलाउद्दीन खिलजी के लड़के कुतुबुद्दीन मुबारक (सं. 1373-1377) के शासनकाल में जब देवगिरि का राजा हरपाल बन्दी करके दिल्ली लाया गया, तब उसकी यही दशा हुई। मन्दिरों को गिराकर उसके स्थान पर मस्जिदें बनाने का लग्गा तो बहुत पहले ही लग चुका था, अब स्त्रियों के मान और पतिव्रता की रक्षा करना भी कठिन हो गया। चित्तौड़ पर अलाउद्दीन की दो चढ़ाइयाँ केवल अतुल सुन्दरी पद्मिनी की ही प्राप्ति के लिए हुईं, अन्त में गढ़ के टूट जाने और अपने पति भीम सिंह के वीरगति पाने पर पुण्यप्रतिमा महारानी पद्मिनी ने अन्य वीर क्षत्राणियों के साथ अपने मान की रक्षा के लिए अग्निदेव के क्रोड़ में शरण ली

और जौहर करके हिन्दू जाति का मस्तक ऊँचा किया। तुगलक वंश के अधिकार रूढ़ होने पर भी ये कष्ट कम नहीं हुए वरन् मुहम्मद तुगलक (सं. 1382-1408) की ऊटपटाँग व्यवस्थाओं से और भी बढ़ गए। समस्त राजधानी, जिसमें नवजात शिशु से लेकर मरणोन्मुख वृद्ध तक थे, दिल्ली से लाकर दौलताबाद में बसाई गई। परन्तु जब वहाँ आने से अधिक लोग मर गए तब सबको फिर दिल्ली लौट जाने की आज्ञा दी गई। हिन्दू जाति के लिए जीवन धीरे-धीरे एक भार-सा होने लगा, कहीं से आशा की झलक तक न दिखाई देती थी। चारों ओर निराशा और निरवलम्बता का अन्धकार छाया हुआ था। हिन्दू रक्त ने खुसरो की नसों में उबलकर हिन्दू राज्य की स्थापना का प्रयत्न किया तो था (वि.सं. 1308) पर वह सफल न हो सका। इसके अनंतर सारी आशाएँ बहुत दिनों के लिए मिट्टी में मिल गईं। तैमूर के आक्रमण ने देश को जहाँ-तहाँ उजाड़कर नैराश्य की चरण सीमा तक पहुँचा दिया। हिन्दू जाति में से जीवन शक्ति के सब लक्षण मिट गए। विपत्ति की चरण सीमा तक पहुँचकर मनुष्य पहले तो परमात्मा की ओर ध्यान लगाता है और अनेक कष्टों से त्राण पाने की आशा करता है, पर जब स्थिति में सुधार नहीं होता, तब परमात्मा की भी उपेक्षा करने लगता है, उसके अस्तित्व पर उसका विश्वास ही नहीं रह जाता। कबीर के जन्म के समय हिन्दू जाति की यही दशा हो रही थी। वह समय और परिस्थिति अनीश्वरवाद के लिए बहुत ही अनुकूल थी, यदि उसकी लहर चल पड़ती तो उसे रोकना बहुत ही कठिन हो जाता। परन्तु कबीर ने बड़े ही कौशल से इस अवसर से लाभ उठाकर जनता को भक्तिमार्ग की ओर प्रवृत्त किया और भक्तिभाव का प्रचार किया। प्रत्येक प्रकार की भक्ति के लिए जनता इस समय तैयार नहीं थी। मूर्तियों की अशक्तता वि.सं. 1081 में बड़ी स्पष्टता से प्रकट हो चुकी थी जबकि मुहम्मद गजनवी ने आत्मरक्षा से विरत, हाथ पर हाथ रखकर बैठे हुए श्रद्धालुओं के देखते-देखते सोमनाथ का मन्दिर नष्ट करके उनमें से हजारों को तलवार के घाट उतारा था। गजेंद्र की एक ही टेर सुनकर दौड़ आनेवाले और ग्राह से उसकी रक्षा करनेवाले सगुण भगवान जनता के घोर संकटकाल में भी उसकी रक्षा के लिए आते हुए न दिखाई दिए। अतएव उनकी ओर जनता को सहसा प्रवृत्त कर सकना असम्भव था। पंढरपुर के भक्तशिरोमणि नामदेव की सगुण भक्ति जनता को आकृष्ट न कर सकी, लोगों ने उनका वैसा अनुकरण न किया जैसा आगे चलकर कबीर का किया; और अन्त में उन्हें भी ज्ञानाश्रित निर्गुण भक्ति की ओर झुकना पड़ा। उस समय परिस्थिति केवल निराकार और निर्गुण ब्रह्म की भक्ति के ही अनुकूल थी, यद्यपि निर्गुण शक्ति का भली-भाँति अनुभव नहीं किया जा सकता था, उसका आभास मात्र मिल सकता था। पर प्रबल जलधार में बहते हुए मनुष्य के लिए यह कूलस्थ मनुष्य या चट्टान किस काम की है जो उसकी रक्षा के लिए तत्परता न

दिखलाए। पर उसकी ओर बहकर आता हुआ एक तिनका भी उसके हृदय में जीवन की आशा पुनरुद्दीप्त कर देता है और उसी का सहारा पाने के लिए वह अनायास हाथ बढ़ा देता है। कबीर ने अपनी निर्गुण भक्ति के द्वारा यही आशा भारतीय जनता के हृदय में उत्पन्न की और उसे कुछ अधिक समय तक विपत्ति की इस अथाह जलराशि के ऊपर बने रहने की उत्तेजना दी, यद्यपि सहायता की आशा से आगे बढ़े हुए हाथ को वास्तविक सहारा सगुण भक्ति से ही मिला और केवल रामभक्ति ही उसे किनारे पर लाकर सर्वथा निरापद कर सकी। रामभक्ति ने केवल सगुण कृष्णभक्ति के समान जनता की दृष्टि जीवन के आन्दोल्लासपूर्ण पक्ष की ओर ही लगाई, प्रत्युत आनन्दविरोधिनी अमांगलिक शक्तियों के संहार का विधान कर दूसरे पक्ष में भी आनन्द की प्राणप्रतिष्ठा की। पर इससे जनता पर होनेवाले कबीर के उपकार का महत्त्व कम नहीं हो जाता। कबीर यदि जनता को भक्ति की ओर न प्रवृत्त करते तो क्या यह सम्भव था कि लोग इस प्रकार सूर की कृष्णभक्ति अथवा तुलसी की रामभक्ति आँखें मूँदकर ग्रहण कर लेते? सारांश यह है कि कबीर का जन्म ऐसे समय में हुआ जबकि मुसलमानों के अत्याचारों से पीड़ित भारतीय जनता को अपने जीवित रहने की आशा नहीं रह गई थी और न उसमें अपने आपको जीवित रखने की इच्छा ही शेष रह गई थी। उसे मृत्यु या धर्मपरिवर्तन के अतिरिक्त और कोई उपाय ही नहीं दीख पड़ता था। यद्यपि धर्मज्ञ तत्त्वज्ञों ने सगुण उपासना से आगे बढ़ते-चढ़ते निर्गुण उपासना तक पहुँचने का सुगम मार्ग बतलाया है और वास्तव में यह तत्त्व बुद्धिसंगत भी जान पड़ता है, पर उस समय सगुण उपासना की निस्सारता का जनता को परिचय मिल चुका था और उस पर से उनका विश्वास भी हट चुका था। अतएव कबीर को अपनी व्यवस्था उलटनी पड़ी। मुसलमान भी निर्गुण उपासक थे। अतएव उनसे मिलते-जुलते पथ पर लगाकर कबीर ने हिन्दू जनता को संतोष और शांति प्रदान करने का उद्योग किया। यद्यपि उस उद्योग में उन्हें सफलता नहीं प्राप्त हुई, तथापि यह स्पष्ट है कि कबीर के निर्गुणवाद ने तुलसी और सूर के सगुणवाद के लिए मार्ग परिष्कृत कर दिया और उत्तरी भारत के भावी धर्ममय जीवन के लिए उसे बहुत कुछ संस्कृत और परिष्कृत बना दिया।

भक्त संतों की परम्परा

जिस समय कबीर आविर्भूत हुए थे, वह समय ही भक्ति की लहर का था। उस लहर को बढ़ाने के प्रबल कारण भी प्रस्तुत थे। मुसलमानों के भारत में आ बसने से परिस्थिति में बहुत कुछ परिवर्तन हो गया। हिन्दू जनता का नैराश्य दूर करने के लिए भक्ति का आश्रय ग्रहण करना आवश्यक था। इसके अतिरिक्त कुछ

लोगों ने हिन्दू और मुसलमान भक्त संतों की परम्परा विरोधी जातियों को एक करने की आवश्यकता का भी अनुभव किया। इस अनुभव के मूल में एक ऐसे सामान्य भक्तिमार्ग का विकास गर्भित था जिससे परमात्मा की एकता के आधार पर मनुष्यों की एकता का प्रतिपादन हो सकता था और जिसका मूलाधार भारतीय अद्वैतवाद और मुसलमानी एकेश्वरवाद के सूक्ष्म भेद की ओर ध्यान नहीं दिया गया और दोनों के एक विचित्र मिश्रण के रूप में निर्गुण भक्तिमार्ग चल पड़ा। रामानंद जी के बारह शिष्यों में से कुछ इस मार्ग के प्रवर्तन में प्रवृत्त हुए जिनमें से कबीर प्रमुख थे। शेष में सेना, धना, भवानन्द, पीपा और रैदास थे, परन्तु उनका उतना प्रभाव न पड़ा जितना कबीर का। नरहर्यानन्द जी ने अपने शिष्य गोस्वामी तुलसीदास को प्रेरित करके उनके कर्तृत्व से सगुण रामभक्ति का एक और ही स्रोत प्रवाहित कराया।

मुसलमानों के आगमन से हिन्दू समाज पर एक और प्रभाव पड़ा। पददलित शूद्रों की दृष्टि में उन्मेष हो गया। उन्होंने देखा कि मुसलमानों में द्विजों और शूद्रों का भेद नहीं है। सधर्मी होने के कारण वे सब एक हैं, उनके व्यवसाय ने उनमें कोई भेद नहीं डाला है; न उनमें कोई छोटा है और न कोई बड़ा। अतएव इन ठुकराए हुए शूद्रों में से ही कुछ ऐसे महात्मा निकले जिन्होंने मनुष्यों की एकता को उद्घोषित करना चाहा। इस नवोत्थित भक्ति रंग में सम्मिलित होकर हिन्दू समाज में प्रचलित इस भेदभाव के विरुद्ध भी आवाज उठाई गई। रामानंद जी ने सबके लिए भक्ति का मार्ग खोलकर उनको प्रोत्साहित किया। नामदेव दरजी, रैदास चमार, दादू धुनिया, कबीर जुलाहा आदि समाज की नीची श्रेणी के ही थे, परन्तु उनका नाम आज तक आदर से लिया जाता है।

वर्ण भेद में उत्पन्न उच्चता और नीचता को ही नहीं, वर्ग-भेद से उत्पन्न उच्चता-नीचता को भी दूर करने का इस निर्गुण भक्ति ने प्रयत्न किया। स्त्रियों का पद स्त्री होने के कारण नीचा न रह पाया। पुरुषों के ही समान वे भी भक्ति की अधिकारिणी हुईं। रामानंद जी के शिष्यों में से दो स्त्रियाँ थीं, एक पद्मावती और दूसरी सुरसरी। आगे चलकर सहजो बाई और दयाबाई भी भक्तसंतों में से हुईं। स्त्रियों की स्वतंत्रता के परम विरोधी, उनके घर की चहारदीवारी के अन्दर ही कैद रखने के कट्टर पक्षपाती तुलसीदास जी भी जो मीराबाई 'राम विमुख तजिय कोटि बैरी सम यद्यपि परम सनेही' का उपदेश दे सके, वह निर्गुण भक्ति के ही अनिवार्य और अलक्ष्य प्रभाव के प्रसाद से समझना चाहिए। ज्ञानी संतों ने स्त्री की जो निन्दा की है, वह दूसरी ही दृष्टि से है। स्त्री से उनका अभिप्राय स्त्री पुरुष के कामवासना पूर्ण संसर्ग से है। स्त्री की निन्दा कबीर से बढ़कर कदाचित् ही किसी ने की हो, परन्तु पति-पत्नी की भाँति न रहते हुए भी लोई का आजन्म उनके साथ रहना प्रसिद्ध है।

कबीर इस निर्गुण भक्ति प्रवाह के प्रवर्तक हैं, परन्तु भक्त नामदेव इनसे भी पहले हो गए थे। नामदेव का नाम कबीर ने शुक, उद्धव, शंकर आदि ज्ञानियों के साथ लिया है—

जागे सुक ऊधव अकूर हणवंत जाग लै लँगूर।
संकर जागे चरन सेव, कलि जागे नामाँ जैदेव॥

अक्रूर, हनुमान और जयदेव की गिनती ज्ञानियों (जाग्रतों) में कैसे हुई, यह नहीं कह सकते। नामदेव जी जाति के दर्जी थे और दक्षिण के सतारा जिले के नरसी बमनी नामक स्थान में उत्पन्न हुए थे। पंढरपुर में विठोबा जी का मन्दिर है। ये उनके बड़े भक्त थे। पहले ये सगुणोपासक थे, परन्तु आगे चलकर इनका झुकाव निर्गुण भक्ति की ओर हो गया, जैसा उनके गायनों के नीचे दिए उदाहरणों से पता चलेगा—

(क) *दशरथराय नंद राजा मेरा रामचंद्र,*
प्रणवै नामा तत्त्व रस अमृत पीजै॥

× × ×

धनि धनि मेघा रोमावली। धनि धनि कृष्णा औढ़े काँवली॥
धनि धनि तू माता देवकी। जिह घर रमैया कमलापति॥
धनि धनि बनखंड बृंदावना। जहँ खेलै श्रीनारायना॥
बेनु बजावै गोधन चारैं। नामे का स्वामी आनन्द करै॥

(ख) *पांडे तुम्हारी गायत्री लोधे का खेत खाती थी॥*
लैकरि ठेंगा टँगरी तोरी लंगत लंगत जाती थी॥
पांडे तुम्हारा महादेव धौले बलद चढ़ा आवत देखा था॥
रावन सेंती सरवर होई घर की जोय गँवाई थी॥

कबीर के पीछे तो संतों की मानो बाढ़-सी आ गई और अनेक मत चल पड़े। पर सब पर कबीर का प्रभाव स्पष्ट परिलक्षित है। नानक, दादू, शिवनारायण, जगजीवनदास आदि जितने प्रमुख संत हुए, सबने कबीर का अनुकरण किया और अपना-अपना अलग मत चलाया। इनके विषय की मुख्य बातें ऊपर आ गई हैं, फिर भी कुछ बातों पर ध्यान दिलाना आवश्यक है। सबने नाम, शब्द, सद्गुरु आदि की महिमा गाई है और मूर्तिपूजा, अवतारवाद तथा कर्मकांड का विरोध किया है, तथा जाति-पाँति का भेदभाव मिटाने का प्रयत्न किया है, परन्तु हिन्दू जीवन में व्याप्त सगुण भक्ति और कर्मकांड के प्रभाव से इनके परिवर्तित मतों के अनुयायियों द्वारा वे स्वयं परमात्मा के अवतार माने जाने लगे हैं और उनके मतों में भी कर्मकांड का पाखंड घुस गया है। कई मतों में केवल द्विज लिये जाते हैं। केवल नानक देव जी

का चलाया सिक्ख सम्प्रदाय ही ऐसा है जिसमें जाति-पाँति का भेद नहीं आने पाया, परन्तु उसमें भी कर्मकांड की प्रधानता हो गई है और ग्रंथसाहब का प्राय: वैसा ही पूजन किया जाता है जैसा मूर्तिपूजक मूर्ति का करते हैं। कबीरदास के मनगढ़ंत चित्र बनाकर उनकी पूजा कबीरपंथी मठों में भी होने लग गई है और सुमिरनी आदि का प्रचार हो गया है।

यद्यपि आगे चलकर निर्गुण संत मतों का वैष्णव सम्प्रदायों से बहुत भेद हो गया, तथापि इसमें सन्देह नहीं कि संतधारा का उद्‌गम भी वैष्णव भक्ति-रूपी स्रोत से ही हुआ है। श्रीरामानुज ने संवत् 1144 में यादवाचल पर नारायण की मूर्ति स्थापित करके दक्षिण में वैष्णव धर्म का प्रवाह चलाया था पर उनकी भक्ति का आधार ज्ञानमार्गी अद्वैतवाद था। उनका अद्वैत विशिष्टाद्वैत हुआ। गुजरात में माधवाचार्य ने द्वैतमूलक वैष्णव धर्म का प्रवर्तन किया। जो कुछ कहा जा चुका है, उससे पता लगेगा कि संत धारा अधिकतर ज्ञानमार्ग के ही मेल में रही। पर उधर बंगाल में महाप्रभु चैतन्यदेव और उत्तर भारत में वल्लभाचार्य जी के प्रभाव से भक्ति के लिए परमात्मा के सगुण रूप की प्रतिष्ठा की गई यद्यपि सिद्धान्त रूप में ज्ञानमार्ग का त्याग नहीं किया गया और तो और तुलसीदास जी तक ने ज्ञानमार्ग की बातों का निरूपण किया है, यद्यपि उन्होंने उन्हें गौण स्थान दिया है। संतों में भी कहीं-कहीं अनजाने में सगुणवाद आ गया है और विशेषकर कबीर में क्योंकि भक्ति गुणों का आश्रय पाकर ही हो सकती है। शुद्ध ज्ञानाश्रयी उपनिषदों तक में उपासना के लिए ब्रह्म में गुणों का आरोप किया गया है। फिर भी तथ्य की बात यह जान पड़ती है कि वैष्णव सम्प्रदाय ने आगे चलकर व्यवहार में सगुण भक्ति का आश्रय लिया, तब भी संत मतों ने ज्ञानाश्रयी निर्गुण भक्ति ही से अपना सम्बन्ध रखा।

यहाँ पर यह कह देना उचित जँचता है कि कबीर सारत: वैष्णव थे। अपने आपको उन्होंने वैष्णव तो कहीं नहीं कहा है, परन्तु वैष्णव की जितनी प्रशंसा की है, उससे उनकी वैष्णवता का बहुत पुष्ट प्रमाण मिलता है—

मेरे संगी द्वै जणा एक वैष्णव एक राम।
वो है दाता मुक्ति का वो सुमिरावै नाम॥
कबीर धनि ते सुंदरी जिनि जाया वैसनौं पूत।
राम सुमिरि निरभै हुआ सब जग गया अऊत॥
साकत बाभँण मति मिलै बेसनौं मिलै चँडाल।
अंकमाल दे भेंटिए मानौ मिलै गोपाल॥

शाक्तों की निन्दा के लिए यह तत्परता उनकी वैष्णवता का ही फल है। शाक्त को उन्होंने कुत्ता तक कह डाला है—

साकत सुनहा दूनो भाई, एक नीदै एक भौंकत जाई।

जो कुछ सन्देह उनकी वैष्णवता में रह जाता है, वह रामानंद जी को गुरु बनाने की उनकी आकुलता से दूर हो जाना चाहिए। अन्य वैष्णवों में और उनमें जो भेद दिखाई देता है उसका कारण, जैसा कि हम आगे चलकर बतावेंगे, उनके सिद्धान्त और व्यवहार में भेद न रखने का फल है।

कबीरदास के जीवन चरित्र के सम्बन्ध में तथ्य की बातें बहुत कम ज्ञात हैं; यहाँ तक कि उनके जन्म और मरण के संवतों के विषय में भी अब तक कोई निश्चित बातें नहीं ज्ञात हुई हैं। कबीरदास के काल निर्णय के विषय में लोगों ने जो कुछ लिखा है, सब जनश्रुति के आधार पर हैं। इनका समय भी अनुमान के आधार पर निश्चित किया गया है। डॉ. हंटर ने इनका जन्म संवत् 1437 में और विल्सन साहब ने मृत्यु सं. 1505 में मानी है। रेवरेंड वेस्टकाट के अनुसार इनका जन्म 1497 में और मृत्यु संवत् 1575 में हुई। कबीरपंथियों में इनके जन्म के विषय में यह पद्य प्रसिद्ध है—

चौदह सौ पचपन साल भए, चन्द्रवार एक ठाठ ठए।
जेठ सुदी बरसायत को पूरनमासी तिथि प्रगट भए॥
घन गरजें दामिनि दमके बूँदे बरषें झर लाग गए।
लहर तलाब में कमल खिले तहँ कबीर भानु प्रगट भए॥

यह पद्य कबीरदास के प्रधान शिष्य और उत्तराधिकारी धर्मदास का कहा हुआ बताया जाता है। इसके अनुसार कबीरदास का जन्म लोगों ने संवत् 1455 ज्येष्ठ शुक्ल पूर्णिमा चन्द्रवार को माना है, परन्तु गणना करने से संवत् 1455 में ज्येष्ठ शुक्ल पूर्णिमा चन्द्रवार को नहीं पड़ती। पद्य को ध्यान से पढ़ने पर संवत् 1456 निकलता है, क्योंकि उसमें स्पष्ट शब्दों में लिखा है, 'चौदह सौ पचपन साल गए', अर्थात् उस समय तक संवत् 1455 बीत गया था।

ज्येष्ठ मास वर्ष के आरम्भिक मासों में है, अतएव उसके लिए चौदह सौ पचपन साल गए लिखना स्वाभाविक भी है, क्योंकि वर्षारम्भ में नवीन संवत् लिखने का उतना अभ्यास नहीं रहता। सं. 1456 में ज्येष्ठ शुक्ल पूर्णिमा चन्द्रवार को ही पड़ती है। अतएव यही संवत् कबीर के जन्म का ठीक संवत् जान पड़ता है।

इनके निधन के सम्बन्ध में दो तिथियाँ प्रसिद्ध हैं—

1. *संवत पन्द्रह सौ और पाँच मौ मगहर कियो गमन।*
   अगहन सुदी एकादशी, मिले पवन में पवन॥
2. *संवत् पन्द्रह सौ पछत्तरा, कियो मगहर को गवन।*
   माघ सुदी एकादशी, रलो पवन में पवन॥

एक के अनुसार इनका परलोकवास संवत् 1505 में और दूसरे के अनुसार 1575 में ठहरता है। दोनों तिथियों में 70 वर्ष का अन्तर है। वार न दिए रहने के कारण ज्योतिष की गणना से तिथियों की जाँच नहीं की जा सकती।

डॉक्टर फ्यूरर ने अपने 'मानुमेंटल एंटीक्विटीज़ आफ़ दि नॉर्थ वेस्टर्न प्राविंसेज' नामक ग्रंथ में लिखा है कि बस्ती जिले के मगहर ग्राम में, आमी नदी के दक्षिण तट पर कबीरदास जी का रौजा है जिसे सन् 1450 (संवत् 1507) में बिजली खाँ ने बनवाया और जिसका जीर्णोद्धार सन् 1567 (संवत् 1624) में नवाब फिदाई खाँ ने कराया। यदि ये संवत् ठीक हैं तो कबीर की मृत्यु संवत् 1507 के पहले ही हो चुकी थी। इस बात को ध्यान में रखकर देखने से 1505 ही इनका निधन संवत् ठहरता है और इनका जन्म संवत् 1456 मान लेने से इनकी आयु केवल 49 वर्ष की ठहरती है। मेरा अनुमान था कि डॉक्टर फ्यूरर ने मगहर के रौजे के बनने तथा जीर्णोद्धार के संवत् उसमें खुदे किसी शिलालेख के आधार पर दिए होंगे। इस अनुमान से मैं बहुत प्रसन्न था कि इस शिलालेख के आधार पर कबीर जी का समय निश्चित हो जाएगा; पर पूछताछ करने पर पता लगा कि वहाँ कोई शिलालेख नहीं है। डॉक्टर साहब ने जिस ढंग से संवत् दिए हैं, उससे तो यही जान पड़ता है कि उनके पास कोई आधार अवश्य था। परन्तु जब तक उस आधार का पता नहीं लगता, तब तक मैं पुष्ट प्रमाणों के अभाव में इन संवतों को निश्चित मानने में असमर्थ हूँ। और भी कई बातें हैं जिनसे इन संवतों को अप्रामाणिक मानने को ही जी चाहता है। इन पर आगे विचार किया जाता है।

यह बात प्रसिद्ध है कि कबीरदास सिकंदर लोदी के समय में हुए थे और उसके कोप के कारण ही उन्हें काशी छोड़कर जाना पड़ा था। सिकंदर लोदी का राजत्वकाल सन् 1517 (संवत् 1574) से सन् 1526 (संवत् 1583) तक माना जाता है। इस अवस्था में यदि कबीर का निधन संवत् 1505 मान लिया जाए तो उनका सिकंदर लोदी के समय में वर्तमान रहना असम्भव सिद्ध होता है।

गुरु नानकदेव जी ने कबीर की अनेक साखियों और पदों को आदि-ग्रंथ में उद्धृत किया है, गुरु नानक जी का जन्म संवत् 1526 में और मृत्यु संवत् 1596 में हुई। रेवरंड वेस्टकाट लिखते हैं कि जब नानक 27 वर्ष के थे, तब कबीरदास जी से उनकी भेंट हुई थी। नानकदेव जी पर कबीरदास का इतना स्पष्ट प्रभाव दिखाई देता है कि इस घटना को सत्य मानने की प्रवृत्ति होती है, जिससे कबीर का संवत् 1556 में वर्तमान रहना मानना पड़ता है। परन्तु संवत् 1505 में कबीर की मृत्यु मानने में यह घटना असम्भव हो जाती है।

जिन दो हस्तलिखित प्रतियों के आधार पर इस ग्रंथावली का सम्पादन हुआ है, उनमें से एक संवत् 1561 की लिखी है। यदि कबीरदास की मृत्यु 1505 में हुई तो यह प्रतिलिपि उनकी मृत्यु के 56 वर्ष पीछे तैयार की गई होगी। ऐसा प्रसिद्ध है कि कबीरदास जी के प्रधान शिष्य और उत्तराधिकारी धर्मदास जी ने संवत् 1521 में जबकि कबीरदास जी की आयु 65 वर्ष की थी, अपने गुरु के वचनों का संग्रह किया था। जिस ढंग से कबीरदास जी की वाणी का संग्रह इस प्रति में किया गया है

उसे देखकर यह मानना पड़ेगा कि यह पहला संकलन नहीं था, वरन् अन्य संकलनों के आधार पर पीछे से किया गया था, अथवा कोई आश्चर्य नहीं कि धर्मदास के संग्रह के ही आधार पर इसका संकलन किया गया हो।[1]

इस ग्रंथावली में कबीरदास जी के दो चित्र दिए गए हैं—एक युवावस्था का और दूसरा वृद्धावस्था का। पहला चित्र कलकत्ता म्यूजियम से प्राप्त हुआ है और दूसरा मुझे कबीरपंथी स्वामी युगलानन्द जी से मिला है। मिलान कराने से दोनों चित्र एक ही व्यक्ति के नहीं मालूम पड़ते, दोनों की आकृतियों में बड़ा अन्तर है। यदि दोनों नहीं तो इनमें से कोई एक अवश्य अप्रामाणिक होगा, दोनों ही अप्रामाणिक हो सकते हैं, परन्तु श्रीयुत युगलानन्द जी वृद्धावस्था वाले चित्र के लिए अत्यन्त प्रामाणिकता का दावा करते हैं, जो 49 वर्ष से अधिक अवस्थावाले व्यक्ति का ही हो सकता है। नहीं कह सकते कि यह दावा कहाँ तक साधार और सत्य है, परन्तु यह ठीक है तो मानना पड़ेगा कि कबीरदास जी की मृत्यु 1505 के बहुत पीछे हुई।

इन सब बातों पर एक साथ विचार करने से यही सम्भव जान पड़ता है कि कबीरदास जी का जन्म 1456 में और मृत्यु संवत् 1575 में हुई होगी। इस हिसाब से उनकी आयु 119 वर्ष की होती है, जिस पर बहुत लोगों को विश्वास करने की प्रवृत्ति न होगी, परन्तु जो इस युग में भी असम्भव नहीं हैं।

माता-पिता

यह कहा जा चुका है कि कबीरदास जी के जीवन की घटनाओं के सम्बन्ध में कोई निश्चित बात ज्ञात नहीं होती, क्योंकि उन सबका आधार जनसाधारण और विशेषकर कबीरपंथियों में प्रचलित दंतकथाएँ हैं। कहते हैं कि काशी में एक सात्त्विक ब्राह्मण रहते थे जो स्वामी रामानंद जी के बड़े भक्त थे। उनकी एक विधवा कन्या थी। उसे साथ लेकर एक दिन वे स्वामी जी के आश्रम पर गए। प्रणाम करने पर स्वामी जी ने उसे पुत्रवती होने का आशीर्वाद दिया। ब्राह्मण देवता ने चौंककर जब पुत्री का वैधव्य निवेदन किया तब स्वामी जी ने सखेद कहा कि मेरा वचन तो अन्यथा नहीं हो सकता है, परन्तु इतने से संतोष करो कि इससे उत्पन्न पुत्र बड़ा प्रतापी होगा।

---

1. ग्रंथ साहब में कबीरदास की बहुत-सी साखियाँ और पद दिए हैं। उनमें से बहुत-से ऐसे हैं जो सं. 1561 की हस्तलिखित प्रति में नहीं हैं। इससे यह मानना पड़ेगा कि या तो यह संवत् 1561 वाली प्रति अधूरी है अथवा इस प्रति के लिखे जाने के 100 वर्ष के अन्दर बहुत-सी साखियाँ आदि कबीरदास जी के नाम से प्रचलित हो गई थीं, जो कि वास्तव में उनकी न थीं। यदि कबीरदास का निधन संवत् 1505 में मान लिया जाता है तो यह बात असंगत नहीं जान पड़ती कि इस प्रति के लिखे जाने के अनंतर 14 वर्ष तक कबीरदास जी जीवित रहे हों और इस बीच में उन्होंने और बहुत से पद बनाए हों जो ग्रंथ साहब में सम्मिलित कर लिए गए हों।

आशीर्वाद के फलस्वरूप जब इस ब्राह्मण कन्या को पुत्र उत्पन्न हुआ तो लोक-लज्जा और लोकापवाद के भय से उसने उसे लहर तालाब के किनारे डाल दिया। भाग्यवश कुछ ही क्षण के पश्चात् नीरू नाम का एक जुलाहा अपनी स्त्री नीमा के साथ उधर से आ निकला। इस दम्पती के कोई पुत्र न था। बालक का रूप पुत्र के लिए लालायित दम्पती के हृदय में चुभ गया और वे इसी बालक का भरण-पोषण कर पुत्र वाले हुए। आगे चलकर यही बालक परम भगवद्भक्त कबीर हुआ। कबीर का विधवा ब्राह्मण कन्या का पुत्र होना असम्भव नहीं किन्तु स्वामी रामानंद जी के आशीर्वाद की बात ब्राह्मण कन्या का कलंक मिटाने के उद्देश्य से ही पीछे से जोड़ी गई जान पड़ती है, जैसे कि अन्य प्रतिभाशाली व्यक्तियों के सम्बन्ध में जोड़ी गई है। मुसलमान घर में पालित होने पर भी कबीर का हिन्दू विचारों में सराबोर होना उनके शरीर में प्रवाहित होनेवाले ब्राह्मण अथवा कम-से-कम हिन्दू रक्त की ही ओर संकेत करता है। स्वयं कबीरदास ने अपने माता-पिता का कहीं कोई उल्लेख नहीं किया है और जहाँ कहीं उन्होंने अपने सम्बन्ध में कुछ कहा भी है वहाँ अपने को जुलाहा और बनारस का रहनेवाला बताया है।

जाति जुलाहा मति को धीर। हरषि हरषि गुण रमै कबीर॥
मेरे राम की अभैपद नगरी, कहै कबीर जुलाहा।
तू ब्राह्मन मैं काशी का जुलाहा।

परन्तु जान पड़ता है कि उनकी हार्दिक इच्छा थी कि यदि मेरा ब्राह्मण कुल में जन्म हुआ होता तो अच्छा होता। वे पूर्व जन्म के अपने ब्राह्मण होने की कल्पना कर अपना परितोष कर लेते हैं। एक पद में वे कहते हैं—

पूरब जनम हम ब्राह्मन होते वोछे करम तप हीना।
रामदेव की सेवा चूका पकरि जुलाहा कीना॥

ग्रंथ साहब में कबीरदास का एक पद दिया है जिसमें कबीरदास कहते हैं—'पहले दर्शन मगहर पायो पुनि काशी बसे आई।' एक दूसरे पद में कबीरदास कहते हैं—'तोरे भरोसे मगहर बसियो मेरे मन की तपन बुझाई।' यह तो प्रसिद्ध ही है कि कबीरदास अन्त में मगहर में जाकर बसे और वहीं उनका परलोकवास हुआ। पर 'पहले दर्शन मगहर पायो पुनि काशी बसे आई' से तो यह ध्वनि निकलती है कि उनका जन्म ही मगहर में हुआ था और फिर ये काशी में आकर बस गए और अन्त में फिर मगहर में जाकर परलोक सिधारे। तो क्या विधवा ब्राह्मणी के गर्भ में जन्म पाने और नीरू तथा नीमा से पालित-पोषित होने की समस्त कथा केवल मनगढ़ंत है और उसमें कुछ भी सार नहीं। यह विषय विशेष रूप से विचारणीय है।

कुछ लोग कबीर को नीरू और नीमा का औरस पुत्र मानते हैं, परन्तु इस मत के पक्ष में कोई साधार प्रमाण अब तक किसी ने नहीं दिया। स्वयं कबीर की एक उक्ति हम ऊपर दे चुके हैं जिसमें जन्म से मुसलमान न होना प्रकट होता है, परन्तु 'जौ रे खुदाई तुरक मोहि करता आपै कटि किन जाई' से यह ध्वनित होता है कि वे मुसलमान माता-पिता की संतति थे। सब बातों पर विचार करने से इसी मत के ठीक होने की अधिक सम्भावना है कि कबीर ब्राह्मणी या किसी हिन्दू स्त्री के गर्भ से उत्पन्न और मुसलमान परिवार में लालित-पालित हुए थे। कदाचित् उनका बालकपन मगहर में बीता हो और पीछे से आकर काशी में बसे हों, जहाँ से अन्तकाल के कुछ पूर्व उन्हें पुन: मगहर में जाना पड़ा हो।

गुरु

किंवदंती है कि जब कबीर भजन गा-गा कर उपदेश देने लगे तब उन्हें पता चला कि बिना किसी गुरु से दीक्षा लिये हमारे उपदेश मान्य नहीं होंगे क्योंकि लोग उन्हें 'निगुरा' कहकर चिढ़ाते थे। लोगों का कहना था कि जिसने किसी गुरु से उपदेश नहीं ग्रहण किया, वह औरों को क्या उपदेश देगा! अतएव कबीर को किसी को गुरु बनाने की चिन्ता हुई। कहते हैं, उस समय स्वामी रामानंद जी काशी में सबसे प्रसिद्ध महात्मा थे। अतएव कबीर उन्हीं की सेवा में पहुँचे। परन्तु उन्होंने कबीर के मुसलमान होने के कारण उनको अपना शिष्य बनाना स्वीकार नहीं किया। इस पर कबीर ने एक चाल चली जो अपना काम कर गई। रामानंद जी पंचगंगा घाट पर नित्य प्रति प्रात:काल ब्राह्ममुहूर्त में स्नान करने जाया करते थे उस घाट की सीढ़ियों पर कबीर पहले से ही जाकर लेट रहे। स्वामी जी जब स्नान करके लौटे तो उन्होंने अँधेरे में इन्हें न देखा, उनका पाँव इनके सिर पर पड़ गया जिस पर स्वामी जी के मुँह से 'राम राम' निकल पड़ा। कबीर ने चट उठकर उनके पैर पकड़ लिए और कहा कि आप राम राम का मंत्र देकर आज मेरे गुरु हुए हैं। रामानंद जी से कोई उत्तर देते न बना। तभी से कबीर ने अपने को रामानंद का शिष्य प्रसिद्ध कर दिया।

'कासी में हम प्रकट भये हैं रामानंद चेताए' कबीर का यह वाक्य इस बात के प्रमाण में प्रस्तुत किया जाता है कि रामानंद जी उनके गुरु थे। जिन प्रतियों के आधार पर इस ग्रंथावली का सम्पादन किया गया है उसमें यह वाक्य नहीं है और न ग्रंथसाहब ही में यह मिलता है। अतएव इसको प्रमाण मान कर इसके आधार पर कोई मत स्थिर करना उचित नही जँचता। केवल किंवदंती के आधार पर रामानंद जी को उनका गुरु मान लेना ठीक नहीं। यह किंवदंती भी ऐतिहासिक जाँच के सामने ठीक नहीं ठहरती। रामानंद जी की मृत्यु अधिक-से-अधिक देर

में मानने से संवत् 1467 में हुई, इससे 14 या 15 वर्ष पहले भी उनके होने का प्रमाण विद्यमान है। उस समय कबीर की अवस्था 11 वर्ष की रही होगी, क्योंकि हम ऊपर उनका जन्म संवत् 1456 सिद्ध कर आए हैं। 11 वर्ष के बालक का घूम-फिरकर उपदेश देने लगना सहसा ग्राह्य नहीं होता और यदि रामानंद जी की मृत्यु संवत् 1453 के लगभग हुई तो यह किंवदंती झूठ ठहरती है; क्योंकि उस समय तो कबीर को संसार में आने के लिए अभी तीन-चार वर्ष रहे होंगे।

पर जब तक कोई विरुद्ध दृढ़ प्रमाण नहीं मिलते, तब तक हम इस लोकप्रसिद्ध बात को कि रामानंद जी कबीर के गुरु थे, बिलकुल असत्य भी नहीं ठहरा सकते। हो सकता है कि बाल्यकाल में बार-बार रामानंद जी के साक्षात्कार तथा उपदेश-श्रवण से ('गुरु के सबद मेरा मन लागा') अथवा दूसरों के मुँह से उनके गुण तथा उपदेश सुनने से बालक कबीर के चित्त पर गहरा प्रभाव पड़ गया हो जिसके कारण उन्होंने आगे चलकर उन्हें अपना मानस गुरु मान लिया हो। कबीर मुसलमान माता-पिता की संतति हों चाहे नहीं, किन्तु मुसलमान के घर में लालित-पालित होने पर भी उनका हिन्दू विचारधारा में आप्लावित होना उन पर बाल्यकाल ही से किसी प्रभावशाली हिन्दू का प्रभाव होना प्रदर्शित करता है।

हम भी पाहन पूजते होते बन के रोझ।
सतगुरु की किरपा भई सिर तैं उतरय्या बोझ॥

से प्रकट होता है कि अपने गुरु रामानंद से प्रभावित होने से पहले कबीर पर हिन्दू प्रभाव पड़ चुका था जिससे वे मुसलमान कुल में परिपालित होने पर भी 'पाहन' पूजनवाले हो गए थे। कबीर लोगों के कहने से कोई काम करनेवाले नहीं थे। उन्होंने अपना सारा जीवन ही अपने समय के अन्धविश्वासों के विरुद्ध लगा दिया था। यदि स्वयं उनका हार्दिक विश्वास न होता कि गुरु बनाना आवश्यक है, तो वे किसी के कहने की परवाह न करते। किन्तु उन्होंने स्वयं कहा है—

गुरु बिन चेला ज्ञान न लहै।
गुरु बिन इह जग कौन भरोसा, काके संग ह्वै रहिए।

परन्तु वे गुरु और शिष्य का शारीरिक साक्षात्कार आवश्यक नहीं समझते थे। उनका विश्वास था कि गुरु के साथ मानसिक साक्षात्कार से भी शिष्यत्व का निर्वाह हो सकता है।

कबीर गुरु बसै बनारसी सिष समंदर तीर।
बिसर्‌या नहीं बीसरे जे गुण होई सरीर॥

कबीर अपने आप में शिष्य के लिए आवश्यक गुणों का अभाव नहीं समझते थे। वे उन एक-आध में से थे जो गुरुज्ञान से अपना उद्धार कर सकते थे, जिनके सम्बन्ध में कबीर ने कहा है—

माया दीपक नर पतंग, भ्रमि भ्रमि इवै पड़ंत।
कहै कबीर गुरु ज्ञान थैं, एक आध उबरंत॥

मुसलमान कबीरपंथियों का कहना है कि कबीर ने सूफी फकीर शेख तकी से दीक्षा ली थी। कबीर ने अपने गुरु के बनारस निवासी होने का स्पष्ट उल्लेख किया है। इस कारण ऊँजी के पीर और तकी उनके गुरु नहीं हो सकते। 'घट घट है अविनासी सुनहु तकी तुम शेख' में उन्होंने तकी का नाम उस आदर से नहीं लिया है जिस आदर से गुरु का नाम लिया जाता है और जिसके प्रभाव से कबीर ने असम्भव का भी सम्भव होना लिखा है।

गुरु प्रसाद सूई कै नोकैं हस्ती आवै जाहि॥

बल्कि वे तो उलटे तकी को ही उपदेश देते हुए जान पड़ते हैं। यद्यपि यह वाक्य इस ग्रंथावली में कहीं नहीं मिलता फिर भी स्थान-स्थान पर 'शेख' शब्द का प्रयोग मिलता है जो विशेष आदर से नहीं लिया गया है, वरन् जिसमें फटकार की मात्रा ही अधिक देख पड़ती है। अत: तकी कबीर के गुरु तो हो ही नहीं सकते, हाँ, यह हो सकता है कि कबीर कुछ समय तक उनके सत्संग में रहे हों, जैसा कि नीचे लिखे वचनों से भी प्रकट होता है। पर यह स्वयं कबीर के वचन हैं, इसमें भी सन्देह है—

मानिकपुरिंह कबीर बसेरी। मदहति सुनि शेख तकि केरी।
ऊजी सुनी जौनपुर थाना। झूँसी सुनि पीरन के नामा॥

परन्तु इसके अनंतर भी वे जीवनपर्यंत राम नाम रटते रहे जो स्पष्टत: रामानंद के प्रभाव का सूचक है; अतएव स्वामी रामानंद को कबीर का गुरु मानने में कोई अड़चन नहीं है; चाहे उन्होंने स्वयं उन्हीं से मंत्र ग्रहण किया हो अथवा उन्हें अपना मानस गुरु बनाया हो। उन्होंने किसी मुसलमान फकीर को अपना गुरु बनाया हो इसका कोई स्पष्ट प्रमाण नहीं मिलता।

शिष्य

धर्मदास और सुरतगोपाल नाम के कबीर के दो चेले हुए। धर्मदास बनिए थे। उनके विषय में लोग कहते हैं कि वे पहले मूर्तिपूजक थे, उनका कबीर से पहले-पहल काशी में साक्षात्कार हुआ था। उस समय कबीर ने उन्हें मूर्तिपूजक होने के कारण

खूब फटकारा था। फिर वृन्दावन में दोनों की भेंट हुई। उस समय उन्होंने कबीर को पहचाना नहीं; पर बोले—'तुम्हारे उपदेश ठीक वैसे हैं जैसे एक साधु ने मुझे काशी में दिए थे।' इस समय कबीर ने उनकी मूर्ति को, जिसे वे पूजा के लिए सदैव अपने साथ रखते थे, जमुना में डाल दिया। तीसरी बार कबीर स्वयं उनके घर बाँधोगढ़ पहुँचे। वहाँ उन्होंने उनसे कहा कि तुम उसी पत्थर की मूर्ति पूजते हो जिसके तुम्हारे तौलने के बाट हैं। उनके दिल में यह बात बैठ गई और ये कबीर के शिष्य हो गए। कबीर की मृत्यु के बाद धर्मदास ने छत्तीसगढ़ में कबीरपंथ की एक अलग शाखा चलाई और सुरतगोपाल काशीवाली शाखा की गद्दी के अधिकारी हुए। धीरे-धीरे दोनों शाखाओं में बहुत भेद हो गया।

कबीर कर्मकांड को पाखंड समझते थे और उसके विरोधी थे; परन्तु आगे चलकर कबीरपंथ में कर्मकांड की प्रधानता हो गई। कंठी और जनेऊ कबीरपंथ में भी चल पड़े। दीक्षा से मृत्युपर्यंत कबीरपंथियों को कर्मकांड की कई क्रियाओं का अनुसरण करना पड़ता है। इतनी बात अवश्य है कि कबीरपंथ में जात-पाँत का कोई भेद नहीं और हिन्दू-मुसलमान दोनों धर्म के लोग उसमें सम्मिलित हो सकते हैं। परन्तु ध्यान रखने की बात यह है कि कबीरपंथ में जाकर भी हिन्दू-मुसलमान का भेद नहीं मिट जाता। हिन्दू धर्म का प्रभाव इतना व्यापक है कि उससे अलग होने पर भी भारतीय नए-नए मत अन्त में उसके प्रभाव से नहीं बच सकते।

गार्हस्थ्य जीवन

कबीर के साथ प्राय: लोई का भी नाम लिया जाता है। कुछ लोग कहते हैं कि यह कबीर की शिष्या थी और आजन्म उनके साथ रही! अन्य इसे उनकी परिणीता स्त्री बताते हैं और कहते हैं कि इसके गर्भ से कबीर को कमाल नाम का पुत्र और कमाली नाम की पुत्री हुई थी। कबीर ने लोई को सम्बोधित करके कई पद कहे हैं। एक पद में वे कहते हैं—

रे यामें क्या मेरा क्या तेरा, लाज न मरिंह कहत घर मेरा।
कहत कबीर सुनहु रे लोई, हम तुम विनसि रहेगा सोई।

इसमें लोई और कबीर का एक घर होना कहा गया है। जिससे लोई को कबीर की स्त्री होना ही अधिक सम्भव जान पड़ता है। कबीर ने कामिनी की बहुत निन्दा की है। सम्भवत: इसीलिए लोई के सम्बन्ध में उनकी पत्नी के स्थान में शिष्या होने की कल्पना की गई है।

नारि नसावै तीनि सुख, जा नर पासै होइ।
भगति मुकति निज ज्ञान में, पैसि न सकई कोइ॥

एक कनक अरु कामिनी, विष फल कीएउ पाइ।
देखे ही थे विष चढ़े, खाए सूँ मरि जाइ॥

परन्तु कामिनी-कांचन की निन्दा के उनके वाक्य वैराग्यावस्था के समझने चाहिए। यह अधिक संगत जान पड़ता है कि लोई कबीर की पत्नी थी जो कबीर के विरक्त होकर नवीन पंथ चलाने पर उनकी अनुगामिनी हो गई। कहते हैं कि लोई एक वनखंडी वैरागी की परिपालिता कन्या थी। वह लोई उस वैरागी को स्नान करते समय लोई में लपेटी और टोकरी में रखी हुई गंगाजी में बहती हुई मिली थी। लोई में लपेटी हुई मिलने के कारण ही उसका नाम लोई पड़ा। वनखंडी वैरागी की मृत्यु के बाद एक दिन कबीर उनकी कुटिया में गए। वहाँ अन्य संतों के साथ उन्हें भी दूध पीने को दिया गया, औरों ने तो दूध पी लिया, पर कबीर ने अपने हिस्से का रख छोड़ा। पूछने पर उन्होंने कहा कि गंगा पार एक साधु आ रहे हैं, उन्हीं के लिए रख छोड़ा है। थोड़ी देर में सचमुच एक साधु आ पहुँचा जिससे अन्य साधु कबीर की सिद्धई पर आश्चर्य करने लगे। उसी दिन से लोई उनके साथ हो ली।

कबीर की संतति के विषय में तो कोई प्रमाण नहीं मिलता। कहते हैं कि उनका पुत्र कमाल उनके सिद्धान्तों का विरोधी था। इसी से कबीर ने कहा—

डूबा वंश कबीर का उपजा पूत कमाल।
हरि का सुमिरन छाँड़ि के, घर ले आया माल।

इस दोहे के भी कबीरकृत होने में सन्देह ही है। परन्तु कमाल के कई पद ग्रंथसाहब में सम्मिलित किए गए हैं।

अलौकिक कृत्य

कबीर के विषय में कई आश्चर्यजनक कथाएँ प्रसिद्ध हैं जिनसे उनमें लोकोत्तर शक्तियों का होना सिद्ध किया जाता है। महात्माओं के विषय में प्राय: ऐसी कल्पनाएँ की ही जाती हैं। यद्यपि इस युग में इस प्रकार की बातों पर शिक्षित और समझदार लोग विश्वास नहीं करते; परन्तु फिर भी महात्मा गांधी के विषय में भी असहयोग के समय में ऐसी कई गप्पें उड़ी थीं। अतएव हम उन सबका उल्लेख मात्र करके व्यर्थ इस प्रस्तावना का कलेवर बढ़ाना उचित नहीं समझते। यहाँ एक ही कथा दे देना पर्याप्त होगा, जिसके लिए कुछ स्पष्ट आधार है।

कहते हैं कि एक बार सिकंदर लोदी के दरबार में कबीर पर अपने आपको ईश्वर कहने का अभियोग लगाया गया। काजी ने उन्हें काफिर बताया और उनको मंसूर हल्लाज की भाँति मृत्युदंड की आज्ञा हुई। बेड़ियों से जकड़े हुए कबीर

नदी में फेंक दिए गए। परन्तु जिन कबीर को माया-मोह की श्रृंखला न बाँध सकती थी, जिनकी पाप की बेड़ियाँ कट चुकी थीं उन्हें यह जंजीर बाँधे न रख सकी और वे तैरते हुए नदी तट पर आ खड़े हुए। अब काजी ने उन्हें धधकते हुए अग्निकुंड में डलवाया; किन्तु उनके प्रभाव से आग बुझ गई और कबीर की दिव्य देह पर आँच तक न आई। उनके शरीर नाश के इस उद्योग के भी निष्फल हो जाने पर उन पर एक मस्त हाथी छोड़ा गया। उनके पास पहुँचकर हाथी उन्हें नमस्कार कर चिंघाड़ता हुआ भाग खड़ा हुआ। इसका आधार कबीर का यह पद कहा जाता है—

अहो मेरे गोव्यंद तुम्हारा जोर, काजी बकिवा हस्ती तोर॥
बाँधि भुजा भले करि डार्यो, हस्ती कोपि सूँड मैं मार्यौ॥
भाग्यो हस्ती चीसा मारी, वा मूरति की मैं बलिहारी॥
महावत तोकूँ मारी साँटी, इसही मराउँ धालौं काटी॥
हस्ती न तोरै धरे धियान, वाकै हिरदे बसै भगवान॥
कहा अपराध संत हौं कीन्हाँ, बाँधि पोट कुंजर कू दीन्हा॥
कुंजर पोट बहु बंदन करै, अँगहुँ न सूझै काजी अँधरै॥
तीनि बेर पतियारा लीन्हा, मन कठोर अजहूँ न पतीनाँ॥
कहै कबीर हमारे गोव्यंद, चौथे पद भै जन को गयंद॥

परन्तु यह पद प्राचीन प्रतियों में नहीं मिलता। यदि यह कबीर जी का ही कहा हुआ है तो इस पद से केवल यह प्रकट होता है कि उनको मारने के तीनों प्रयत्न हाथी के द्वारा किए गए थे, क्योंकि इसमें उनके नदी में फेंके जाने या आग में जलाए जाने का कोई उल्लेख नहीं है।

ग्रंथसाहब में कबीर जी का यह पद भी मिलता है जो गंगा में जंजीर से बाँधकर फेंके जानेवाली कथा से सम्बन्ध रखता है।

गंगा गुसाइन गहिर गँभीर। जंजीर बाँध करि खरे कबीर॥
गंगा की लहरि मेरी टूटी जंजीर। मृगछाला पर बैठे कबीर॥

मृत्यु

कबीर का जीवन अन्धविश्वासों का विरोध करने में ही बीता था। अपनी मृत्यु से भी उन्होंने इसी उद्देश्य की पूर्ति की। काशी मोक्षदापुरी कही जाती है। मुक्ति की कामना से लोग काशीवास करके यहाँ तन त्यागते हैं और मगहर में मरने का अनिवार्य परिणाम या फल नरकगमन माना जाता है। यह अन्धविश्वास अब तक चला आता है। कहते हैं कि इसी के विरोध में कबीर मरने के लिये काशी छोड़कर मगहर चले

गए थे। वे अपनी भक्ति के कारण ही अपने आपको मुक्ति का अधिकारी समझते थे। उन्होंने कहा भी है—

जौ काशी तन तजै कबीरा तौ रामहिं कहा निहोरा रे।

इस अन्धविश्वास का उन्होंने जगह-जगह खंडन किया है—

(क) *हिरदै कठोर मर्‍यो बनारसी नरक न बंच्या जाई।*
हरि को दास मरै जो मगहर सेन्या सकल तिहाई॥
(ख) *जस कासी तस मगहर ऊसर हृदय रामसति होई।*

आदि ग्रंथ में उनका नीचे लिखा पद मिलता है—

ज्यों जल छाड़ि बाहर भयो मीना। पूरब जनम हौं तप का हीना॥
अब कहु राम कवन गति मोरी। तजिले बनारस मति भइ थोरी॥
बहुत बरष तप कीया कासी। मरनु भया मगहर को बासी॥
कासी मगहर सम बीचारी। ओछी भगति कैसे उतरसि पारी॥
कहु गुर गति सिव संभु को जानै। मुआ कबीर रमता श्री रामै।

कबीर के ये वचन मरने के कुछ ही समय पहले के जान पड़ते हैं। आरम्भिक चरणों में जो क्षोभ प्रकट किया है, वह इसलिए कि बनारस उनका जन्मस्थान था जो सभी को अत्यन्त प्रिय होता है। बनारस के साथ वे अपना सम्बन्ध वैसा ही घनिष्ठ बतलाते हैं जैसा जल और मछली का होता है। काशी और मगहर को वे अब भी समान समझते थे। अपनी मुक्ति के सम्बन्ध में उन्हें तनिक भी सन्देह नहीं था, क्योंकि उन्हें परमात्मा की सर्वज्ञता में अटल विश्वास था, 'शिव सम को जनै' और राम का नाम जाप करते-करते वे शरीर त्यागने जा रहे थे 'मुआ कबीर रमत श्री राम।'

उनकी अन्त्येष्टि क्रिया के विषय में एक बहुत ही विलक्षण प्रवाद प्रसिद्ध है। कहते हैं हिन्दू उनके शव का अग्नि संस्कार करना चाहते थे और मुसलमान उसे कब्र में गाड़ना चाहते थे। झगड़ा यहाँ तक बढ़ा कि तलवारें चलने की नौबत आ गई। पर हिन्दू-मुस्लिम ऐक्य की प्रयासी कबीर की आत्मा यह बात कब सहन कर सकती थी। आत्मा ने आकाशवाणी की 'लड़ो मत! कफन उठाकर देखो।' लोगों ने कफन उठाकर देखा तो शव के स्थान पर एक पुष्प राशि पाई गई, जिसको हिन्दू-मुसलमान दोनों ने आधा-आधा बाँट लिया। अपने हिस्से के फूलों को हिन्दुओं ने जलाया और उनकी राख को काशी ले जाकर समाधिस्थ किया। वह स्थान अब तक कबीरचौरा के नाम से प्रसिद्ध है। अपने हिस्से के फूलों के ऊपर मुसलमानों ने मगहर ही में कब्र बनाई। यह कहानी भी विश्वास करने योग्य नहीं है, परन्तु इसका मूल भाव अमूल्य है।

तात्त्विक सिद्धान्त

जैसा कि ऊपर कहा जा चुका है, कबीर ने चाहे जिस प्रकार हो रामानंद से राम नाम की दीक्षा ली थी; परन्तु कबीर के राम रामानंद के राम से भिन्न थे। वे 'दुष्टदलन रघुनाथ' नहीं थे जिनके सेवक 'अंजनिपुत्र महाबलदायक, साधु संत पर सदा सहायक' थे। राम से उनका अभिप्राय कुछ और ही था।

दशरथ सुत तिहुँ लोक बखाना। राम नाम का मरम है आना॥

राम से उनका तात्पर्य निर्गुण ब्रह्म से है। उन्होंने 'निरगुण राम निरगुण राम जपहु रे भाई' का उपदेश दिया है। उनकी राम भावना भारतीय ब्रह्म भावना से सर्वथा मिलती है। जैसा कि कुछ लोग भ्रमवश समझते हैं, वे ब्रह्मार्थवादमूलक मुसलमानी एकेश्वरवाद या खुदावाद के समर्थक, नहीं थे। निर्गुण भावना भी उनके लिए स्थूल भावना है जो मूर्तिपूजकों की सगुण भावना के विरोधी पक्ष का प्रदर्शनमात्र करती है। उनकी भावना इससे भी अधिक सूक्ष्म है। वे राम को सगुण और निर्गुण दोनों समझते हैं।

अला एकै नूर उपनाया ताकी कैसी निन्दा।
ता नूर थै जग कीया कौन भला कौन मंदा।

यह मुसलमानों की ही तर्कशैली का आश्रय लेकर खुदा के बंदों और काफिरों की एकता प्रतिपादन करने के लिए कहा जान पड़ता है, मुसलमानी मत के समर्थन में नहीं, क्योंकि उन्होंने स्वयं कहा है—

खालिक खलक, खलक में खालिक सब घट रह्यो समाई।

जो भारतीय ब्रह्म भावना के ही परम अनुकूल है।

कबीर केवल शब्दों को लेकर झगड़ा करनेवाले नहीं थे। अपने भाव व्यक्त करने के लिए उन्होंने उर्दू, फारसी, संस्कृत आदि सभी शब्दों का उपयोग किया है। अपने भाव प्रकट करने भर से उन्होंने मतलब रखा है। शब्दों के लिए वे विशेष चिंतित नहीं दिखाई देते। ब्रह्म के लिए, राम, रहीम, अल्ला, सत्यनाम, गोब्यंद, साहब, आप आदि अनेक शब्दों का उन्होंने प्रयोग किया है। उन्होंने कहा भी है 'अपरंपार का नाऊँ अनंत।' ब्रह्म के निरूपण के लिए शब्दों के प्रयोग में जो अत्यन्त शुद्धता और सावधानी बहुत आवश्यक है, कबीर में उसे पाने की आशा करना व्यर्थ है, क्योंकि कबीर का तत्त्वज्ञान दार्शनिक ग्रंथों के अध्ययन का फल नहीं है, वह उनकी अनुभूति और सारग्राहिता का प्रसाद है। पढ़े-लिखे तो वे थे ही नहीं, उन्होंने जो कुछ ज्ञान-संचय किया, वह सब सत्संग और आत्मानुभव से था। हिन्दू-मुसलमान सभी संत फकीरों का इन्होंने समागम किया था, अतएव हिन्दू भावों के साथ इनमें मुसलमानी भाव भी पाए जाते हैं। यद्यपि इनकी रचनाओं में

भारतीय ब्रह्मवाद का पूरा-पूरा ढाँचा पाया जाता है, तथापि उसकी प्राय: वे ही बातें इन्होंने अधिक विस्तृत रूप से वर्णन के लिए उठाई हैं जो मुसलमानी एकेश्वरवाद के अधिक मेल में था। इनका ध्येय सर्वदा हिन्दू-मुस्लिम ऐक्य रहा है, यह भी इसका एक कारण है।

स्थूल दृष्टि से तो मूर्तिद्रोही एकेश्वरवाद और मूर्तिपूजक बहुदेववाद में बहुत बड़ा अन्तर है, परन्तु यदि सूक्ष्म दृष्टि से विचार किया जाए तो उनमें उतना अन्तर नहीं देख पड़ेगा, जितना एकेश्वरवाद और ब्रह्मवाद में है, वरन् सारत: वे दोनों एक ही हैं, क्योंकि बहुत से देवी-देवताओं को अलग-अलग मानना और सबके गुरु गोवर्धनदास एक ईश्वर को मानना एक ही बात है। परन्तु ब्रह्मवाद का मूलाधार ही भिन्न है। उसमें लेश-मात्र भी भौतिकवाद नहीं है वह जीवात्मा, परमात्मा और जड़ जगत् तीनों की भिन्न सत्ता मानता है, जबकि ब्रह्मवाद शुद्ध आत्मतत्त्व अर्थात् चैतन्य के अतिरिक्त और किसी का अस्तित्व नहीं मानता। उसके अनुसार आत्मा भी परमात्मा ही है। जड़ जगत भी ब्रह्म है। कबीर में भौतिक या बाह्यार्थवाद कहीं मिलता ही नहीं और आत्मवाद की उन्होंने स्थान-स्थान पर अच्छी झलक दिखाई है।

ब्रह्म ही जगत् में एकमात्र सत्ता है, इसके अतिरिक्त संसार में और कुछ नहीं है। जो कुछ है, ब्रह्म ही है। ब्रह्म ही से सबकी उत्पत्ति होती है और फिर उसी में सब लीन हो जाते हैं। कबीर के शब्दों में—

पाणी ही ते हिम भया, हिम ह्वै गया बिलाइ।
जो कुछ था सोई भया, अब कुछ कहा न जाइ॥

विश्वविस्तृत सृष्टि और ब्रह्म का सम्बन्ध दिखाने के लिए ब्रह्मवादी दो उदाहरण दिया करते हैं। जिस प्रकार एक छोटे से बीज के अन्दर वट का बृहदाकार वृक्ष अन्तर्हित रहता है उसी प्रकार यह सृष्टि भी ब्रह्म में अन्तर्हित रहती है; और जिस प्रकार दूध में घी व्याप्त रहता है उसी प्रकार ब्रह्म भी इस अंडकटाह में सर्वत्र व्याप्त रहता है। कबीर ने इसे इस तरह कहा है—

खालिक खलक, खलक में खालिक सब जग रह्यो समाई।

सर्वव्यापी ब्रह्म जब अपनी लीला का विस्तार करता है तब इस नामरूपात्मक जगत् की सृष्टि होती है, जिसे वह इच्छा होने पर अपने ही में समेट लेता है—

इन मैं आप आप सबहिन में आप आप सूँ खेलै।
नाना भाँति घड़े सब भाँड़े रूप धरे धरि मेलै॥

वेदान्त में नामरूपात्मक जगत् से ब्रह्म का सम्बन्ध और कई प्रकार से प्रकट किया जाता है, जिनमें से एक प्रतिबिंबवाद है जिसका कबीर ने भी सहारा लिया

है। प्रतिबिंबवाद के अनुसार ब्रह्म बिंब है और नामरूपात्मक दृश्य जगत् उसका प्रतिबिंब है। कबीर कहते हैं—

खंडित मूल बिनास कहौ किम बिगतह कीजै।
ज्यूँ जल मैं प्रतिव्यंब, त्यूँ सकल रामिंह जाणीजै॥

'जो पिंड में है वही ब्रह्मांड में है' कहकर भी ब्रह्म का निरूपण किया जाता है परन्तु केवल वाक्य के आश्रय से बननेवाले ज्ञानियों को इससे भ्रम हो सकता है कि पिंड और ब्रह्मांड ब्रह्म की अवस्थिति के लिए आवश्यक है। ऐसे लोगों के लिए कबीर कहते हैं—

प्यंड ब्रह्मंड कथै सब कोई, वाकै आदि अरु अंत न होई।
प्यंड ब्रह्मंड छाड़ि जे कथिए, कहै कबीर हरि सोई॥

वेदान्त के 'कनककुंडलन्याय' के अनुसार जिस प्रकार सोने से कुंडल बनता है और उस कुंडल के टूट-टाट अथवा पिघल जाने पर वह सोना ही रहता है, उसी प्रकार नामरूपात्मक दृश्यों की उत्पत्ति ब्रह्म से होती है और ब्रह्म ही में वे समा जाते हैं—

जैसे बहु कंचन के भूषन ये कहि गालि तवाविंहगे।
ऐसे हम लोक वेद के बिछुरे सुन्निहि मांहिं समायहिंगे॥

इसी प्रकार का जलतरंग न्याय भी है—

जैसे जलहि तरंग तरंगनी ऐसे हम दिखलाविंहगे।
कहै कबीर स्वामी सुखसागर हंसिंह हंस मिलाविंहगे॥

एक और तरह से कबीर ने भारतीय पद्धति से यह सम्बन्ध प्रदर्शित किया है—

जल मैं कुम्भ कुम्भ मैं जल है, बाहरि भीतरि पानी।
फूटा कुम्भ जल जलहि समानां, यह तत कथौ गियानी॥

यह नामरूपात्मक दृश्य जो चर्म चक्षुओं को दिखाई देता है, जल में का घड़ा है जिसके बाहर भी ब्रह्मरूप वारि है और अन्दर भी। बाह्यरूप का नाश हो जाने पर घड़े के अन्दर का जल जिस प्रकार बाहरवाले जल में मिल जाता है उसी प्रकार ब्रह्म रूप के अभ्यन्तर का ब्रह्म भी अपने बाह्यस्थ ब्रह्म में समा जाता है।

सब प्रकार से यही सिद्ध किया गया है कि परिवर्तनशील नाशवान् दृश्यों का अध्यारोप जिस एक अव्यय तत्त्व पर होता है, वही वास्तव है। जो कुछ दिखाई देता है, वह असत्य है, केवल मायात्मक भ्रांतिज्ञान है। यह बात कबीर ने स्पष्ट ही कह दी है—

संसार ऐसा सुपिन जैसा जीव न सुपिन समान।

जो मनुष्य माया के इस प्रसार को सच्चा समझकर उसमें लिपट जाता है उसे शुद्ध हंस स्वरूप जीव अर्थात् ब्रह्म की प्राप्ति नहीं हो सकती।

बुद्धदेव के 'दु:ख का सत्य' सिद्धान्त के समान ही कबीर का भी सिद्धान्त है कि यह संसार दु:ख ही का घर है—

दुनियाँ भाँड़ा दु:ख का भरी मुहाँमुँह मूष।
अदयाँ अलह राम की कुरहै उँणी कूष॥

संसार का यह दु:ख मायाकृत है परन्तु जो लोग माया में लिपटे रहते हैं वे इस दु:ख में पड़े हुए भी उसे समझ नहीं सकते। इस दु:ख का ज्ञान उन्हीं को हो सकता है जिन्होंने मायात्मक अज्ञानावरण हटा दिया है। माया में पड़े हुए लोग तो इस दु:ख को सुख ही समझते हैं—

सुखिया सब संसार है, खावै अरु सोवै।
दुखिया दास कबीर है जागै अरु रोवै॥

कबीर का दु:ख अपने लिए नहीं है, वे अपने लिए नहीं रोते, संसार के लिए रोते हैं क्योंकि उन्होंने साई के सब जीवों के लिए अपना अस्तित्व समर्पित कर दिया था, संसार के लिए ईसा मसीह की तरह उन्होंने अपने आपको मिटा दिया था।

माया में पड़ा हुआ मनुष्य अपनी ही बात सोचता रहता है, इसी से वह परमात्मा को नहीं पा सकता। परमात्मा को पाने के लिए इस 'ममता' को छोड़ना पड़ता है—

जब मैं था तब हरि नहीं, अब हरि हैं मैं नांहिं।

इसीलिए ज्ञानी माया का त्याग आवश्यक बताते हैं। परन्तु माया का त्याग कुछ खेल नहीं है। बाहर से वह इतनी मधुर जान पड़ती है कि उसे छोड़ते ही नहीं बनता—

मीठी मीठी माया तजी न जाई।
अग्यानी पुरिष को भोलि भोलि खाई॥

माया ही विषय वासनाओं को जन्म देती है—

इक डाइन मेरे मन बसै। नित उठि मेरे जिय को डसै।
या डाइन के लरिका पाँच रे। निसि दिन मोहि नचावै नाच रे॥

माया के पाँच पुत्र काम, क्रोध, लोभ, मोह, मद और मत्सर हैं। मनुष्य के अध:पात के कारण ये ही हैं। आत्मा की परमात्मिकता को यही व्यवधान में डालते हैं। अतएव परम तत्त्वार्थियों को इनसे सावधान रहना चाहिए—

पंच चोर गढ़ मंझा, गढ़ लूटै दिवस अरु संझा।
जो गढ़पति मुहकम होई, तौ लूटि न सकै कोई॥

माया ही पाखंड की जननी है। अतएव माया का उचित स्थान पाखंडियों के ही पास है। इसलिए माया को सम्बोधन कर कबीर कहते हैं—

तहाँ जाहु जहँ पाट पटंबर, अगर चंदन घसि लीना।

कर्मकांड को भी कबीर पाखंड ही के अन्तर्गत मानते हैं क्योंकि परमात्मा की भक्ति का सम्बन्ध मन से है, मन की भक्ति तन को स्वयं ही अपने अनुकूल बना लेगी, भक्ति की सच्ची भावना होने से कर्म भी अनुकूल होने लगेंगे परन्तु केवल बाहरी माला जपने अथवा पूजा-पाठ करने से कुछ नहीं हो सकता। यह तो मानो और भी अधिक माया में पड़ना है—

जप तप पूजा अरचा जोतिग जग बौराना।
कागद लिखि लिखि जगत भुलाना मन-ही-मन न समाना॥

इसीलिए कबीर ने 'कर का मनका छाँड़ि के, मन का मनका फेर' का उपदेश दिया है। उनका मत है कि जो माया ऋषि, मुनि दिगंबर, जोगी और वेदपाठी ब्राह्मणों को भी धर पछाड़ती है, वही 'हरि भगत कै चेरी' है। काम, क्रोध, लोभ, मोह, मद, मत्सर आदि माया के सहचारियों का मिट जाना 'हरि भजन' का आवश्यक अंग है—

राम भजै सो जानिये, जाकै आतुर नाहीं।
सत संतोष लीयै रहैं, धीरज मन माहीं॥
जन कौं काम क्रोध व्यापै नहीं, त्रिष्णा न जरावै।
प्रफुलित आनंद मैं, गोव्यंद गण गावै॥

माया से बचने का एक उपाय जो भक्तों को बताया गया है, वह संसार से विमुख रहना है। जैसे उलटा घड़ा पानी में नहीं डूबता परन्तु सीधा घड़ा भरकर डूब जाता है, वैसे ही संसार के सम्मुख होने से मनुष्य माया में डूब जाता है, परन्तु संसार से विमुख होकर रहने से माया का कुछ भी प्रभाव नहीं पड़ता—

औंधा घड़ा न जल मैं डूबे, सूधा सूभर भरिया।
जाकौं यह जग घिन करि चालै, ता प्रसादि निस्तरिया॥

माया का दूसरा नाम अज्ञान है। दर्पण पर जिस प्रकार काई लग जाती है, उसी प्रकार आत्मा पर अज्ञान का आवरण पड़ जाता है जिससे आत्मा में परमात्मा का प्रदर्शन अर्थात् आत्मज्ञान दुर्लभ हो जाता है अतएव आत्मारूपी दर्पण को निर्मल रखना चाहिए—

जौ दरसन देख्या चाहिए, तौ दरपन मंजत रहिए।
जब दरपन लागै काई, तब दरसन किया न जाई॥

दरपन का यही माँजना हरिभक्ति करना है। भक्ति ही से मायाकृत अज्ञान दूर होता है और ज्ञान-प्राप्ति के द्वारा अपने पराये का भेद मिटता है—

उचित चेति च्यंति लै ताहीं। जा च्यंत आपा पर नाहीं।
हरि हिरदै एक ग्यान उपाया। ताथै छूट गई सब माया॥

इस पद में 'च्यंति' शब्द विचारणीय है क्योंकि यह कबीर की भक्ति की विशेषता प्रकट करता है। यह कहना अधिक उचित होगा कि ज्ञानियों की ब्रह्म जिज्ञासा और वैष्णवों की सगुण भक्ति की विशेष-विशेष बातों को लेकर कबीर ने अपनी निर्गुण भक्ति का भवन खड़ा किया अथवा वैष्णवों के तात्त्विक सिद्धान्तों और व्यावहारिक भक्ति के मिश्रण से कबीर की भक्ति का उद्‌भव हुआ है। सिद्धान्त और व्यवहार में, कथनी और करनी में भेद रखना कबीर के स्वभाव के प्रतिकूल है। वैष्णवों में सदा से सिद्धान्त और व्यवहार में भेद रहा है। सिद्धान्तरूप से रामानुज जी ने विशिष्टाद्वैत, वल्लभाचार्य जी ने शुद्धाद्वैत और माधवाचार्य ने द्वैत का प्रचार किया; पर व्यवहार के लिए सगुण भगवान की भक्ति का ध्येय ही सामने रखा गया।

सिद्धान्त पक्ष का अज्ञेय ब्रह्म व्यवहार पक्ष में जाने-बूझे मनुष्य के रूप में आ बैठा। हम दिखला चुके हैं कि कबीर अपने को वैष्णव समझते थे। परन्तु सिद्धान्त और व्यवहार का, कथनी और करनी का भेद वे पसन्द नहीं कर सकते थे, अतएव उन्होंने दोनों का मिश्रण कर अपनी निर्गुण भक्ति का भवन खड़ा किया जिसका मुसलमानी खुदावाद से भी बाहरी मेल था।

ज्ञानमार्ग के अनुसार निर्गुण निराकार ब्रह्म शुष्क चिन्तन का विषय है। कबीर ने इस शुष्कता को निकालकर प्रेमपूर्ण चिन्तन की व्यवस्था की है। कबीर के इस प्रेम के दो पक्ष हैं, पारमार्थिक और ऐहिक। पारमार्थिक अर्थ में प्रेम का अर्थ लगन है, जिसमें मनुष्य अपनी वृत्तियों को संसार की सब वस्तुओं से विमुख करके समेट लेता है और केवल ब्रह्म के चिन्तन में लगा देता है तथा ऐहिक पक्ष में उसका अभिप्राय संसार के सब जीवों से प्रेम और दया का व्यवहार करना है।

जिन्हें ब्रह्म का साक्षात्कार हो जाता है केवल वे ही अमर हैं; जन्म-मरण का भय उन्हें नहीं रह जाता। उनके अतिरिक्त और सब नश्वर हैं। कबीरदास कहते हैं कि मुझे ब्रह्म का साक्षात्कार हो गया है, इसीलिए वे अपने आप को अमर समझते हैं—

हम न मरैं मरिहै संसारा, हम कूँ मिल्या जियावनहारा।
अब न मरौं मरनै मन मानां, तेई मुए जिन राम न जाना॥

मनुष्य की आत्मा ब्रह्म के साथ एक है और ब्रह्म ही एकमात्र चिरस्थायी सत्ता है, जिसका नाश नहीं हो सकता। अतएव मनुष्य की आत्मा का भी नाश नहीं हो सकता, यही कबीर के अस्तित्व का रहस्य है—

हरि मरिहै तौ हम मरिहैं, हरि न मरै हम काहे कूँ मरिहैं।

परन्तु साक्षात्कार के पहले इस अमरत्व की प्राप्ति नहीं हो सकती। परन्तु उस प्रेम का मिलना सहज नहीं है, यह व्यक्तिगत साधना ही से उपलब्ध हो सकता है। यह पूर्ण आत्मोत्सर्ग चाहता है—

कबीर भाटी कलाल की, बहुतक बैठे आइ।
सिर सौंपै सोई पिवै, निंह तो पिया न जाइ॥

जब मनुष्य आत्मोत्सर्ग की इस चरम सीमा पर पहुँच जाता है, तब उसके लिए यह प्रेम अमृत हो जाता है—

नीझर झरै अमीरस निकसै तिहि मदिरावलि छाका।

इस प्रेमरूप मदिरा को मनुष्य यदि एक बार भी पी लेता है तो जीवनपर्यंत उसका नशा नहीं उतरता और उसे अपने तन-मन की सब सुध-बुध भूल जाती है।

हरि रस पीया जानिए, कबहुँ न जाय खुमार।
मैमंता घूमत रहे, नाहीं तन की सार॥

यह परमानन्द की अवस्था है, जिसमें मनुष्य का लौकिक अंश, जो अज्ञानावस्था में प्रधान रहता है, किसी गिनती में नहीं रह जाता; उसे अपने में अन्तर्हित आत्मतत्त्व का ज्ञान हो जाता है और उस ब्रह्म के साथ तादात्म्य की अनुभूति हो जाती है। इसी को साक्षात्कार होना कहते हैं। यह साक्षात्कार हो जाने पर अर्थात् ब्रह्मज्ञान की प्राप्ति होने पर मनुष्य ब्रह्म ही हो जाता है—ब्रह्मवित् ब्रह्मैव भवति। उपनिषद् के 'तत्त्वमसि' अथवा 'सोऽहं' भाव का यही रहस्य है।

तूँ तूँ करता तूँ भया, मुझमें रही न हूँ।
वारी फेरी बलि गई, जित देखी तित तूँ॥

यह सच है कि ऐतिहासिक अर्थ में निराकार निर्गुण ब्रह्म प्रेम का आलम्बन नहीं हो सकता, केवल चिन्तन का ही विषय हो सकता है, परन्तु उस निराकार की इस विश्वविस्तृत सृष्टि में उस मूल तत्त्व की सत्ता का जो आभास मिल जाता है उसके कारण निर्गुण संसार के समस्त प्राणियों को अपने प्रेम और दया का पात्र बना लेता है, जबकि सगुण भक्त की बहुत कुछ भावुकता ठाकुर जी की मूर्ति के बनाव-शृंगार और उनके भोगराग के आडम्बर ही में व्यय हो जाती है। इसी प्रेम ने कबीर को ऊँच-नीच का भेदभाव दूर कर सबकी एकता प्रतिपादित करने की प्रेरणा दी थी।

एक बूँद एक मल मूतर एक चाम एक गूदा।
एक जाति थै सब उपजा कौन ब्राह्मन कौन सूदा॥

जाति-पाँति का ही नहीं इसी से धर्माधर्म का भेद भी उन्हें अवास्तविक जँचा—

कहैं कबीर एक राम जपहु रे, हिन्दू तुरक न कोई।

कबीर का प्रेम मनुष्यों तक ही परिमित नहीं है, परमात्मा की सृष्टि के सभी जीव-जन्तु उसकी सीमा के अन्दर आ जाते हैं क्योंकि 'सबै जीव साईं के प्यारे हैं।' अंग्रेजी के कवि कॉलरिज ने भी यही भाव इस प्रकार प्रकट किया है—

ही प्रेथ बेस्ट हू लव्थ बेस्ट,
आल थिंग्स बोथ ग्रेट ऐंड स्माल;
फार दि डियर गॉड हू लव्थ अस,
ही मेड ऐंड लव्थ आल।

कबीर का यह प्रेम-तत्त्व, जिसका ऊपर निरूपण किया गया है, सूफियों के संसर्ग का फल है परन्तु उसमें भी उन्होंने भारतीयता का पुट दे दिया है। सूफी परमात्मा को प्रियतमा के रूप में देखते हैं। उनके 'मजनूँ' को अल्लाह भी लैला नजर आता है 'परन्तु कबीरदास ने परमात्मा को प्रियतम के रूप में देखा है जो भारतीय माधुर्य भाव के सर्वथा मेल में है। फारस में विरह व्यथा, पुरुषों के मत्थे और भारत में स्त्रियों के ही मत्थे अधिक मढ़ी जाती है। वहाँ प्रेमी प्रिया को अपना प्रेम जताने के लिए उत्कट उद्योग करते हैं, और यहाँ प्रेमिका विरह से व्याकुल होकर मुरझाए हुए फल की तरह अपनी सत्ता तक मिटा देती है। इसी से वहाँ उपासक की पुरुष रूप में और यहाँ स्त्री रूप में भावना की गई है। परन्तु कबीर के सूफियाना भावों में भारतीयता कूट-कूटकर भरी हुई है।

इस प्रकार निर्गुणवाद और सगुणवाद की एकेश्वरवाद से बाहरी समता रखनेवाली बातों के सम्मिश्रण और उसके प्रेमतत्त्व के योग से कबीर की भक्ति का निर्माण हुआ। कबीर का विश्वास है कि भक्ति से मुक्ति हो जाती है—

कहै कबीर संसा नाहीं भगति मुगति गति पाई रे।

परन्तु भक्ति निष्काम होनी चाहिए। परमात्मा का प्रेम अपस्वार्थ की पूर्ति का साधन नहीं है, मनुष्य को यह न सोचना चाहिए कि उससे मुझे कोई फल मिलेगा। यदि फल की कामना हो गई, तो वह भक्ति-भक्ति न रह गई और न उससे सत्य की प्राप्ति ही हो सकती है—

जब लग है बैकुंठ की आशा। तब लग न हरि चरन निवासा॥

ब्रह्म लौकिक वासनाओं से परे है। व्यक्तिगत उच्चतम साधन से ही उसकी प्राप्ति हो सकती है, वह स्वयं भक्त के लिए विशेष चिंतित नहीं रहता। क्योंकि भक्त

भी ब्रह्म ही है। वह किसी की सहायता की अपेक्षा नहीं रखता, उसे अपने ब्रह्मत्व की अनुभूति भर कर लेनी पड़ती है जो, जैसा कि हम देख चुके हैं, कोई खेल नहीं है। इसीलिए ब्रह्म को अवतार धारण करने की आवश्यकता नहीं रह जाती। जो कबीर मनुष्य से ऐहिक अंश छुड़ाकर उसे ब्रह्मत्व तक पहुँचाना चाहते हैं, उनकी ब्रह्म में लौकिक भावनाओं का समावेश करके उसका अध:पात करने की व्यग्रता स्वाभाविक ही है—

ना दसरथ घरि औतरि आवा, लंका का राव सतावा।
देवै कूप न औतरि आवा, ना जसवै गोद खिलावा॥
ना वो ग्वालन के संग फिरिया, गोबरधन ले न कर धरिया।
बावन होय नहीं बलि छलिया, धरनी बेद ले न उधरिया॥
गंडक सालिकराम न कोला, मछ कछ ह्वै जलिंह न डोला।
बद्री वैस्य ध्यान निंह छावा, परसराम ह्वै खत्री न सँतावा॥

प्रतिमा-पूजन के वे घोर विरोधी थे। जिस परमात्मा का कोई आकार नहीं, देश-काल का जिसके लिए कोई आधार आवश्यक नहीं, उसकी मूर्ति कैसी? जगह-जगह पर उन्होंने मूर्ति-पूजा के प्रति अपनी अरुचि प्रदर्शित की है—

हम भी पाहन पूजते होते वन के रोझ।
सतगुरु की किरपा भई, डार्‌या सिर थैं बोझ॥
सेवें सालिगराम कूँ मन की भ्रंति न जाइ।
सीतलता सुपिनै नहीं, दिन दिन अधकी लाइ॥

जिसका आकार नहीं, उसकी मूर्ति का सहारा लेकर उसकी प्राप्ति का प्रयत्न वैसा ही है जैसा झूठ के सहारे सच तक पहुँचने का प्रयत्न। असत्य से मन की भ्रांति बढ़ेगी ही, घट नहीं सकती; और उससे जिज्ञासा की तृप्ति होना तो असम्भव ही है।

मूर्ति-पूजा में भगवान् की मूर्ति को जो भोग लगाने की प्रथा है, उसकी वे इस तरह हँसी उड़ाते हैं—

लाडू लावर लापसी पूजा चढ़े अपार।
पूजि पुरारा ले चला दे मूरति के मुख छार॥

यद्यपि कबीर अवतारवाद और मूर्ति-पूजा के विरोधी थे, तथापि हिन्दूमत की कई बातें वे पूर्णतया मानते हैं। हिन्दुओं का जन्म-मरण-सम्बन्धी सिद्धान्त वे मानते हैं। मुसलमानों की तरह वे एक ही जन्म नहीं मानते, जिसके बाद मरने पर प्राणी कब्र में पड़ा-पड़ा कयामत तक सड़ा करता है, जब तक कि प्राणी पुनरुज्जीवित होकर खुदावंद करीम के सामने अपने-अपने कर्मों के अनुसार अनंत काल तक

दोजख की आग में जलने अथवा बिहिश्त में हूरों और गिलमों का सुख भोगने के लिए पेश किए जाएँ। एक स्थान पर, 'उबरहुगे किस बोले' कहकर कबीर ने इसी विश्वास की ओर संकेत किया है। परन्तु यह उन्होंने बोलचाल के ढंग पर कहा है, सिद्धान्त के रूप में नहीं। ये बातें कुछ उसी प्रकार कही गई हैं, जिस प्रकार सूर्य के चारों ओर पृथ्वी के घूमने के कारण दिन-रात का होना मानने पर भी साधारण बोलचाल में यह कहना कि 'सूर्य उगता है'। सिद्धान्त रूप से वे अनेक जन्म मानते हैं। 'जनम अनेक गया अरु आया।' इस जन्म में जो कुछ भोगना पड़ता है वह पूर्व जन्म के कर्मों का ही फल है, 'देखौ कर्म कबीर का कछू पूरब जनम का लेखा।' कबीर ने यह तो कहा है कि सृष्टि के सृजन और लय का कारण परमात्मा है, परन्तु उन्होंने यह नहीं कहा कि सृष्टि की रचना कैसे और किस क्रम से हुई है, कौन तत्त्व पहले हुआ और कौन पीछे। इस विषय में वे शंका-मात्र उठाकर रह गए हैं, उसका समाधान उन्होंने नहीं किया—

प्रथमे गगन कि पुहुमि प्रथमे प्रभू, प्रथमे पवन कि पांणीं।
प्रथमे चन्द कि सूर प्रथमे प्रभू, प्रथमे कौन बिनांणी॥
प्रथमे प्राण कि प्यंड प्रथमे प्रभू, प्रथमे रकत की रेंत।
प्रथमे पुरिष की नारी प्रथमे प्रभू, प्रथमे, बीज की खेत॥
प्रथमे दिवस कि रैणि प्रथमे प्रभू, प्रथमे पाप कि पुण्यं।
कहै कबीर जहाँ बसहु निरंजन, तहाँ कछु आहि कि सुन्यं॥

ऊपर हमने कबीर की रचना में वेदान्तसम्मत अद्वैतवाद की एक पूरी-पूरी पद्धति के दर्शन किए हैं, जिसे हम शुद्धाद्वैत नहीं मान सकते। शुद्धाद्वैत में माया ब्रह्म की ही शक्ति मानी जाती है, परन्तु कबीर ने माया को मिथ्या या भ्रममात्र माना है, जिसका कारण अज्ञान है। यह शंकर का अद्वैत है, जिसमें आत्मा और परमात्मा परमार्थतः एक माने जाते हैं, परन्तु बीच में अज्ञान के आ पड़ने से आत्मा अपनी पारमार्थिकता को भूल जाती है। ज्ञान प्राप्त हो जाने पर अज्ञानकृत भेद मिट जाता है और आत्मा को अपनी पारमात्मिकता की अनुभूति हो जाती है। यही बात हम कबीर में देख चुके हैं।

परन्तु उन पर समय और परिस्थितियों का अलक्ष्य प्रभाव भी पड़ा था, जिसके कारण वे असावधानी में ऐसी बातें भी कह गए हैं जो उनके अद्वैत सिद्धान्त से मेल नहीं खाती। उन्होंने स्थान-स्थान पर अवतारवाद का विरोध ही किया है, परन्तु उनके नीचे लिखे पद से अवतारवाद का समर्थन भी होता है—

बांधि मारि भावै देह जारि जै, हूँ राम छाड़ौ तौ मेरे गुरुहिं यारि।
तब काटि खड़ग कोप्यो रिसाइ तोहि राखनहारौं मोंहि बताइ॥
खंभा मैं प्रगट्यौ गिलारि, हरनाकस मारयौ नख विदारि।

महा पुरुष देवाधिदेव, नरस्यंध प्रकट किए भगति मेव॥
कहै कबीर कोई लहैं न पार; प्रहिलाद उबारयो अनेक बार।

बात यह है कि उपासना के लिए उपास्य में कुछ गुणों का आरोप आवश्यक होता है। बिना गुणों के प्रेम का आलम्बन हो ही नहीं सकता। उपनिषदों तक में निराकार निर्गुण ब्रह्म में उपासना के लिए गुणों का आरोप किया गया है। एकेश्वरवादी धर्मों में जहाँ कट्टरपन ने परमात्मा में गुणों का आरोप नहीं करने दिया, वहाँ परमात्मा और मनुष्य के बीच में एक और मनुष्य का सहारा लिया गया है। ईसाइयों को ईसा और मुसलमानों को मुहम्मद का अवलम्बन ग्रहण करना पड़ा। भक्ति के झोंक में कबीर भी जब सांसारिक प्रेममूलक सम्बन्धों के द्वारा परमात्मा की भावना करने लगे, तब परमात्मा में स्वयं ही गुणों का आरोप हो गया। माता-पिता और प्रियतम निर्जीव पत्थर नहीं हो सकते। माता के रूप में परमात्मा की भावना करते हुए वे कहते हैं—

हरि जननी मैं बालिक तेरा। कस निंह बकसहु अवगुण मेरा।

अवतारवाद में यही सगुणवाद पराकाष्ठा को पहुँचा हुआ है।

कबीर में कई बात ऐसी भी हैं, जिसमें दिखाई देनेवाला विरोध केवल भाषा की असावधानी से आया है। कबीर शिक्षित नहीं थे, इसलिए उनकी रचनाओं में यह दोष क्षम्य है।

व्यावहारिक सिद्धान्त

कबीरदास जी ने धार्मिक सिद्धान्तों के साथ-साथ उनकी पुष्टि के लिए अनेक स्थानों पर अलौकिक आचरण अथवा व्यवहारों का वर्णन किया है। यदि उनकी वाणी का पूरा-पूरा विवेचन किया जाए तो यह स्पष्ट हो जायगा कि उनकी साखियों का विशेष सम्बन्ध लौकिक आचरणों से है तथा पदों का सम्बन्ध विशेष कर धार्मिक सिद्धान्तों तथा अंशत: लौकिक आचरण से है। लौकिक आचरण की इन बातों को भी दो भागों में विभक्त कर सकते हैं, कुछ तो निवृत्तिमूलक हैं और कुछ प्रवृत्तिमूलक।

कबीर स्वतंत्र प्रकृति के मनुष्य थे। उनके चारों ओर शारीरिक दासता का घेरा पड़ा हुआ था। वे इस बात का अनुभव करते थे कि शारीरिक स्वातंत्र्य के पहले विचार स्वातंत्र्य आवश्यक है। जिसका मन ही दासता की बेड़ियों से जकड़ा हो, वह पाँवों की जंजीरें क्या तोड़ सकेगा। उन्होंने देखा था कि लोग नाना प्रकार के अन्धविश्वासों में फँसकर हीन जीवन व्यतीत कर रहे हैं। अत: लोगों को इसी से मुक्त करने का प्रयत्न किया। मुसलमानों के रोजा, नमाज, हज, ताजिएदारी और हिन्दुओं के श्राद्ध, एकादशी, तीर्थ, व्रत, मन्दिर सबका उन्होंने विरोध किया है। कर्मकांड की उन्होंने भर पेट निन्दा की है। इस बाहरी पाखंड के लिए उन्होंने हिन्दू-

मुसलमान दोनों को खूब फटकारें सुनाई हैं। धर्म को वे आडम्बर से परे एकमात्र सत्य सत्ता मानते थे, जिसके हिन्दू-मुसलमान आदि विभाग नहीं हो सकते। उन्होंने किसी नामधारी धर्म के बंधन में अपने आपको नहीं डाला और स्पष्ट कह दिया कि मैं न हिन्दू हूँ, न मुसलमान।

जिस सत्य को कबीर धर्म मानते हैं, वह सब धर्मों में है। परन्तु इस सत्य को सबने मिथ्या विश्वास और पाखंड से परिच्छिन्न कर दिया है। इस बाहरी आडम्बर को दूर कर देने से धर्मभेद से समस्त झगड़े, बखेड़े दूर हो जाते हैं, क्योंकि उससे वास्तव में धर्मभेद ही नहीं रह जाता। फिर तो हिन्दू-मुस्लिम ऐक्य का प्रश्न स्वयं ही हल हो जाता है। पर एक अलग धार्मिक सम्प्रदाय के रूप में कबीरपंथ तो कबीर के मूल सिद्धान्तों के वैसे ही विरुद्ध है जैसे हिन्दू और मुसलमान धर्म, जिनका उन्होंने जी भर खंडन किया है।

धार्मिक सुधार और समाज-सुधार का घनिष्ठ सम्बन्ध है। धर्म-सुधारक को समाज-सुधारक होना पड़ता है। कबीर ने भी समाज-सुधार के लिए अपनी वाणी का उपयोग किया है। हिन्दुओं की जाति-पाँति, छुआछूत, खान-पान आदि के व्यवहारों और मुसलमानों के चाचा की लड़की ब्याहने, मुसलमानी आदि कराने का उन्होंने चुभती भाषा में विरोध किया है और इनके विषय में हिन्दू-मुसलमान दोनों की जी भरकर धूल उड़ाई है। हिन्दुओं के चौके के विषय में वे कहते हैं—

एकै पवन एक ही पाणी करी रसोई न्यारी जानी।
माटी सूँ माटी ले पोती, लागी कहौ कहाँ धूँ छोती॥
धरती लीपि पवित्तर कीन्हीं, छोति उपाय लीक बिचि दीन्हीं।
याका हम सूँ कहो विचारा, क्यूँ भव तिरिहौ इहि आचारा॥

छुआछूत का उन्होंने इन शब्दों में खंडन किया है—

काहैं की कीजै पाँडे छोति विचारा। छोतिहिं ते उपना संसारा॥
हमारे कैसें लोहू तुम्हारे कैसें दूध। तुम्ह कैसे ब्राह्मण पांडे हम कैसे सूद॥
छोति छोति करता तुम्हहीं जाए। तौ ग्रभवास काहे को आए॥
जनमत छोति मरत ही छोति। कहै कबीर हरि की निर्मल जोति॥

जन्म ही से कोई द्विज या शूद्र अथवा हिन्दू या मुसलमान नहीं हो सकता। इसकी कबीर ने कितने सीधे किन्तु मन में जम जानेवाले ढंग से कहा है—

जौ तूँ बाँभन बंभनी जाया। तौ आन वाट ह्वै क्यों निंह आया।
जौ तूँ तुरक तुरकनी जाया। तौ भीतर खतना क्यों न कराया॥

उच्चता और नीचता का सम्बन्ध उन्होंने व्यवसाय के साथ नहीं जोड़ा है क्योंकि कोई व्यवसाय नीच नहीं है। अपने को जुलाहा कहने में भी उन्होंने कहीं संकोच

नहीं किया और वे स्वयं आजीवन जुलाहे का व्यवसाय करते रहे। वे उन ज्ञानियों में से नहीं थे जो हाथ-पाँव समेटकर पेट भरने के लिए समाज के ऊपर भार बनकर रहते हैं। वे परिश्रम का महत्त्व जानते थे और अपनी आजीविका के लिए अपने हाथों का आसरा रखते थे।

परन्तु अपनी आजीविका भर से वे मतलब रखते थे, धन-सम्पत्ति जोड़ना वे उचित नहीं समझते थे। थोड़े ही में संतोष करने का उन्होंने उपदेश दिया है। जो कुछ वे दिन भर में कमाते थे, उसका कुछ अंश अवश्य साधु-संतों की सेवा में लगाते थे और कभी-कभी सब कुछ उनकी सेवा में अर्पित कर डालते और आप निराहार रह जाते थे। कहते हैं कि एक दिन वे गाढ़े का एक थान बेचने के लिए हाट गए। वस्त्र के अभाव से दुखी एक फकीर को देखकर उन्होंने उसमें से आधा उसे दे दिया। पर जब फकीर ने कहा कि मेरा तन ढकने के लिए वह काफी नहीं है, तब उन्होंने सारा उसे ही दे डाला और खाली हाथ घर चले आए। धन-धरती जोड़ना कबीर की संतोषोवृत्ति के विरुद्ध था। उन्होंने कहा भी है—

काहे कूँ भीत बनाऊँ टाटी, का जाणूँ कहँ परिहै माटी।
काहे कूँ मन्दिर महल चिनाऊँ, मूवाँ पीछै घड़ी एक रहन न पाऊँ।
काहे कूँ छाऊँ ऊँच उचेरा, साढ़ै तीन हाथ घर मेरा।
कहै कबीर नर गरब न कीजै, जेता तन तेतीं भुइ लीजै॥

कबीर अत्यन्त सरल हृदय थे। बालकों में सरलता की पराकाष्ठा होती है; यह सब जानते हैं। इसका कारण वड्र्सवर्थ के अनुसार यह है कि बालक में पारमार्थिकता अधिक रहती है। पर ज्यों-ज्यों बालक की अवस्था बढ़ती जाती है त्यों-त्यों उसमें पारमार्थिकता की न्यूनता होती जाती है। इसीलिए अपने खोए हुए बालकत्व के लिए वड्र्सवर्थ कवि क्षुब्ध हैं। परन्तु कबीर कहते हैं कि यदि मनुष्य स्वयं भक्ति भाव से अपने मन को निर्मल कर परमात्मा की ओर मुड़े तो वह फिर से इस सरलता को प्राप्त कर बालक हो सकता है—

जों तन माहैं मन धरै, मन धरि निर्मल होइ।
साहिब सों सनमुख रहै; तौ फिरि बालक होइ॥

कबीर की गर्वोक्तियों के कारण लोग उन्हें घमंडी समझते हैं। ये गर्वोक्तियाँ कम नहीं हैं। उनके नाम से प्रसिद्ध नीचे लिखा पद, जो इस ग्रंथावली में नहीं है, लोगों में बहुत प्रसिद्ध है—

झीनी झीनी बीनी चदरिया।
काहै कै ताना काहैं के भरनी, कौन तार से बीनी चदरिया।
इंगला पिंगला ताना भरनी, सुखमन तार से बीनी चदरिया॥

आठ कँवल दल चरखा डोलै, पाँच तत्त गुन तीनी चदरिया।
साँइ को सियत मास दस लागे, ठोक ठोक कै बीनी चदरिया॥
सो चादर सुर नर मुनि ओढ़े, ओढ़ कै मैली कीनी चदरिया।
दास कबीर जतन से ओढ़ी, ज्यों-की-त्यों धर दीनी चदरिया॥

इस ग्रंथावली में भी ऐसी गर्वोक्तियों की कोई कमी नहीं है—

(क) *हम न मरै मरिहै संसारा।*
(ख) *एक न भूला दोइ न भूला भूला सब संसारा।*
एक न भूला दास कबीरा, जाकै राम अधारा॥
(ग) *देखौ कर्म कबीर का, कछू पूरब जनम का लेखा।*
जाका महल न मुनि लहै, सो दोसत किया अलेखा॥

परन्तु यह गर्व लोगों को नीचे दिखानेवाला गर्व नहीं है—साक्षात्कारजन्य गर्व है, स्वामी के आधार का गर्व है, जो सबमें पारमात्मिकता का अनुभव करके प्राणिमात्र को समता की दृष्टि से देखता है। अपनी पारमात्मिकता की अनुभूति की गरमी में उनका ऐसा कहना स्वाभाविक ही है जो उनके मुँह से अनुचित भी नहीं लगता। जो हो, कम-से-कम छोटे मुँह बड़ी बात की कहावत उनके विषय में चरितार्थ नहीं हो सकती। वे पहुँचे हुए महात्मा थे। उन्होंने स्वयं अपनी गिनती गोपीचंद, भर्तृहरि और गोरखनाथ के साथ की है—

गोरष भरथरि गोपीचंद। ता मन सो मिलि करै अनंदा।
अकल निरंजन सकल सरीरा। ता मन सौं मिलि रहा कबीरा।

परन्तु इतने ऊँचे पद पर वे विनय के द्वारा ही पहुँच सके हैं। इसी से उनका गर्व उच्चतम मनुष्यता का प्रेममय गर्व है जिसकी आत्मा विनय है। सच्चे भक्त की भाँति उन्होंने परमात्मा के महत्त्व और अपनी हीनता का अनुभव किया है—

तुम्ह समानि बाता नहीं, हम से नहीं पापी।

स्वामी के सामने वे विनय के अवतार हैं—

कबीर कूता राम का, मुतिया मेरा नाउँ।
गलै राम की जेवड़ी, जित खैंचे तित जाउँ॥

उनकी विनय यहाँ तक पहुँची है कि वे बाट का रोड़ा होकर रहना चाहते हैं जिस पर सबके पैर पड़ते हैं। परन्तु रोड़ा पाँव में चुभकर बटोहियों को दुःख देता है, इसलिए वह धूल के समान रहना उचित समझते हैं। किन्तु धूल भी उंड़कर शरीर पर गिरती है और उसे मैला करती है, इसलिए पानी की तरह होकर रहना

चाहिए जो सबका मैल धोवे। पर पानी भी ठंडा और गरम होता है जो अरुचि का विषय हो सकता है। इसलिए भगवान् की ही तरह होकर रहना चाहिए। कबीर का गर्व और दैन्य दोनों मनुष्य को उसकी पारमात्मिकता की अनुभूति करानेवाले हैं।

कबीर पहुँचे हुए ज्ञानी थे। उनका ज्ञान पोथियों से चुराई हुई सामग्री नहीं थी और न वह सुनी-सुनाई बातों का बेमेल भंडार ही था। पढ़े-लिखे तो वे थे नहीं, परन्तु सत्संग से भी जो बातें उन्हें मालूम हुईं, उन्हें वे अपनी विचारधारा के द्वारा मानसिक पाचन से सर्वदा अपना ही बना लेने का प्रयत्न करते थे। उन्होंने स्वयं कहा है 'सो ज्ञानी आप विचारै।' फिर भी कई बातें उनमें ऐसी मिलती हैं, जिनका उनके सिद्धान्तों के साथ मेल नहीं पड़ता। उनकी ऐसी उक्तियों को समय और परिस्थितियों का तथा भिन्न-भिन्न मतावलम्बियों के संसर्ग का अलक्ष्य प्रभाव समझना चाहिए।

कबीर बहुश्रुत थे। सत्संग से वेदान्त, उपनिषदों और पौराणिक कथाओं का थोड़ा-बहुत ज्ञान उनको हो गया था, परन्तु वेदों का उन्हें कुछ भी ज्ञान नहीं था। उन्होंने वेदों की जो निन्दा की है, वह यह समझकर कि पंडितों में जो पाखंड फैला हुआ है, वह वेद-ज्ञान के कारण ही है। योग की क्रियाओं के विषय में भी उनकी जानकारी थी। इंगला, पिंगला, सुषुम्ना, षट्चक्र आदि का उन्होंने उल्लेख किया है; परन्तु वे योगी नहीं थे। उन्होंने योग को भी माया में सम्मिलित किया है। केवल हिन्दू-मुसलमान दो धर्मों का उन्होंने मुख्यतया उल्लेख किया है पर इससे यह न समझना चाहिए कि भारतवर्ष में प्रचलित और धर्मों से वे परिचित नहीं थे। वे कहते हैं—

अरु भूले षटदरसन भाई। पाषंड भेष रहे लपटाई।
जैन बोध औरे साकत सैना। चारवाक चतुरंग बिहूना॥
जैन जीव की सुधि न जाने। पाती तोरी देहुरै आनै।

इससे ज्ञात होता है कि अन्य धर्मों से भी उनका परिचय था, पर कहाँ तक उनके गूढ़ रहस्यों को वे समझते थे यह नहीं विदित होता। जहाँ तक देखा जाता है, ऐसा जान पड़ता है कि ऊपरी बातों पर ही उन्होंने विशेष ध्यान दिया है। मार्मिक तात्त्विक बातों तक ये नहीं गए हैं। ईसाई धर्म का उनके समय तक इस देश में प्रवेश नहीं हुआ था पर बिलाइत का नाम उनकी साखी में एक स्थान पर अवश्य आया है—'विन विलाइत बड़ राज'। यह निश्चयात्मक रूप से नहीं कहा जा सकता कि विलाइत' से उनका यूरोप के किसी देश से अभिप्राय था अथवा केवल विदेश से। कबीरदास जी ने शाक्तों की बड़ी निन्दा की है। जैसे—

वैस्नो की छपरी भली, ना साकत का बड़ागाँव।
साषत ब्राभण मति मिलै, वैषनों मिलै चंडाल।
अंक माल दे भेटिये, मानौ मिलै गोपाल॥

कबीर रहस्यवादी कवि हैं। रहस्यवाद के मूल में अज्ञात शक्ति की जिज्ञासा काम करती है। संसार-चक्र का प्रवर्तन किसी अज्ञान शक्ति के द्वारा होता है, इस बात का अनुभव मनुष्य अनादि काल से करता चला आया है। उस अज्ञात शक्ति को जानने की इच्छा सदैव मनुष्य को रही है और रहेगी परन्तु वह शक्ति उस प्रकार स्पष्टता से नहीं दिखाई दे सकती, जिस प्रकार जगत् के अन्य दृश्य रूप; और न उसका ज्ञान ही उस प्रकार साधारण विचारधारा के द्वारा हो सकता है, जिस प्रकार इन दृश्य रूपों का होता है। अपनी लगन से जो इस क्षेत्र में सिद्ध हो गए हैं, उन्होंने जब-जब अपनी अनुभूति का निरूपण करने का प्रयत्न किया है, तब-तब अपनी उक्तियों की स्पष्टता देने में अपने आपको समर्थ नहीं पाया है। कबीर ने स्पष्ट कर दिया है कि परमात्मा का प्रेम और उसकी अनुभूति गूँगे के गुड़-सा है—

(क) *अकथ कहानी प्रेम की, कछु कही न जाइ।*
गूँगे केरी सरकरा, बैठा मुसकाई॥
(ख) *तजि बावै दाहिनै बिकार, हरि पद दिढ़ करि गहिए।*
कहै कबीर गूँगे गुड़ खाया, बूझै तो का कहिए॥

यही रहस्यवाद का मूल है। वेद और उपनिषदों में रहस्यवाद की झलक विद्यमान है। गीता में भगवान के मुँह से उनकी विभूति का जो वर्णन कराया गया है वह भी अत्यन्त महत्त्वपूर्ण है।

परमात्मा को पिता, माता, प्रियतम, पुत्र अथवा सखा के रूप में देखना रहस्यवाद ही है; क्योंकि लौकिक अर्थ में परमात्मा इनमें से कुछ भी नहीं है। आदर्श पुरुषों में परमात्मा की विशेष कला का साक्षात्कार कर उनको अवतार मानने के मूल में भी रहस्यवाद ही है। मूर्ति को परमात्मा मानकर उसे मस्तक नवाना आदिम रहस्यवाद है।

परमात्मा के पितृत्व की भावना बहुत प्राचीन काल से वेदों ही में मिलने लगती है। ऋग्वेद की एक ऋचा में 'योन: पिता जनिता यो विधाता' कहकर परमात्मा का स्मरण किया गया है। वेदों में परमात्मा को माता भी कहा गया है—'त्वं हि न: पिता वसो त्वं माता शकतो बभूविय'। परमात्मा के मातृ-पितृ से प्राणियों में भ्रातृत्व की भावना का उदय होता है। 'अज्येष्ठासौ अकनिष्ठासौ एते सभ्रातरौ'। बहुत पीछे के ईसाई ईश्वरवाद में परमात्मा के पितृत्व और प्राणियों के भ्रातृत्व की यही भावना पाई जाती है; अतएव पश्चिमी रहस्यवाद में भी इस भावना का प्राबल्य है। कबीर में भी यह भावना मिलती है।

बाप राम राया अबहूँ सरन तिहारी।

उन्होंने परमात्मा को 'माँ' भी कहा है—

हरि जननी मैं बालिक तेरा।

परन्तु भारतीय रहस्यवाद की विशेषता सर्वात्मवादमूलक होने में है जो भारतीयों की ब्रह्म जिज्ञासा का फल है। उपनिषदों और गीता का रहस्यवाद यही रहस्यवाद है। जिज्ञासु जब ज्ञानी की कोटि पर पहुँचकर कवि भी होना चाहता है तब तो अवश्य ही वह इस रहस्यवाद की ओर झुकता है। चिन्तन के क्षेत्र का ब्रह्मवाद कविता के क्षेत्र में जाकर कल्पना और भावुकता का आधार पाकर इस रहस्यवाद का रूप पकड़ता है। सर्वात्मवादी कवि के रहस्योद्भावी मानस में संसार उसी रूप में प्रतिबिंबित नहीं होता जिस रूप में साधारण मनुष्य उसे देखता है। यह परमात्मा के साथ सारी सृष्टि का अखंड सम्बन्ध देखता है, जिसके चरितार्थ करने का प्रयत्न करते हुए जायसी ने जगत् के सब रूपों को दिखलाया है। जगत् के नाना रूप उसकी दृष्टि में परमात्मा से भिन्न नहीं हैं, उसी के भिन्न-भिन्न व्यक्त रूप हैं। स्वातंत्र्य के अवतार स्त्रोत्व का आध्यात्मिक मूल समझनेवाले अंग्रेजी के कवि शेली को भी सर्वात्मवादी रहस्यता ही मर्मर करते हुए काननों में, झरनों में, उन पुष्पों की पराग-गंध में जो उस दिव्य चुंबन के सुखस्पर्श से सोए हुए कुछ बरौते से मुग्ध पवन को उसका परिचय दे रहे हैं, इसी प्रकार मंद या तीव्र समीर में, प्रत्येक आते-जाते मेघखंड की झड़ी में, बसंतकालीन विहंगमों के कलकूजन में और सब ध्वनियों और स्तब्धता में भी प्रियतम की मधुर वाणी सुनाई दी है। कबीर में ऊपर परिगणित कुछ अन्य रहस्यवादी भावनाओं के होते हुए भी प्रधानता इसी रहस्यवाद की है। मुसलमान कवियों की प्रेमाख्यात परम्परा के जायसी एक जगमगाते रत्न हैं। वे रहस्यवादी कवियों की ही एक लड़ी हैं जिसमें सूफियों के मार्ग से होते हुए भारतीय सर्वात्मवाद आया है।

सर्वात्मवादमूलक रहस्यवाद में 'माधुर्य भाव का उदय हुआ, जो कबीर और प्रेमाख्यानक सब मुसलमान कवियों में विद्यमान है। वैष्णवों और सूफियों की उपासना माधुर्य भाव से युक्त होती है। दार्शनिकों ने परमात्मा को पुरुष और जगत् को स्त्री रूप प्रकृति कहा है। माधुर्य भाव इसी का भावुक रूप है, जिसमें परमात्मा की प्रियतम के रूप में भावना की जाती है और जगत् के नाना रूप स्त्री रूप में देखे जाते हैं। मीराबाई ने तो केवल कृष्ण को ही पुरुष माना है जगत् में पुरुष उन्हें और कोई दिखाई ही नहीं दिया। कबीर भी कहते हैं—

(क) *कहै कबीर व्याहि चले हैं पुरुष एक अविनासी।*
(ख) *सखी सुहाग राम मोहिं दीन्हा॥*

इस तरह के एक-दो नहीं कई उदाहरण दिए जा सकते हैं। राम की सुहागिन पहले अपना प्रेमनिवेदन करती है—

गोकुल नायक बीठुला मेरो मन लागौ तोहि रे।

यह जीवात्मा का परमात्मा में लगन लगने का आरम्भिक रूप है। इसे ब्याह के पहले का पूर्वानुराग समझना चाहिए।

कभी वह वियोगिनी के रूप में प्रकट होती है और उस वियोगाग्नि में जले हुए हृदय के उद्‌गार प्रकट करती है—

यह तन जालौं मसि करौं, लिखौ राम का नाउँ।
लेखणि करौं करंक की लिखि लिखि राम पठाउँ॥

परमात्मा के वियोग से जनित सारी सृष्टि का दुख कितना घना होकर कबीर के हृदय में समाया है।

राम की वियोगिन आकुलता से उन दिनों की बाट देखती है जब वह प्रियतम का आलिंगन करेगी—

वै दिन कब आवैंगे भाई।
जा कारनि हम देह धरीं है, मिलिबौ अंग लगाई॥

यहाँ जीवात्मा के परमात्मा से मिलने की आकुलता की ओर संकेत है। इस आकुलता के साथ-साथ भय भी रहता है। सारा विश्व जिसका व्यक्त रूप है। उस प्रियतम से मिलने के लिए असाधारण तैयारी करने की आवश्यकता होती है। 'हरि की दुलहिन' को भय इस आशंका से होता है कि वह उतनी तैयारी कर सकेगी या नहीं। उसे अपने ऊपर विश्वास नहीं होता। फिर रहस्य केलि के समय प्रियतम के साथ किस प्रकार का व्यवहार करना होगा, यह भी नहीं जानती—

मन प्रतीति न प्रेमरस ना इस तन में ढंग।
क्या जाणौ उस पीय सूँ कैसे रहसी रंग॥

इसमें साक्षात्कार की महत्ता का आभास है जो एक साधारण घटना नहीं है।

ज्यों-ज्यों जीवात्मा को अपनी पारमात्मिकता का अनुभव होता जाता है, त्यों-त्यों उसका भय जाता रहता है। लौकिक भाषा में इसी की ओर इस पद में इशारा है—

अब तोंहिं जान न दैहूँ राम पियारे। ज्यूँ भावै त्यूँ होहु हमारे।

यह प्रेम की ढिठाई है।

परमात्मा से मिलने के लिए ऐसी ऊँची गैल, राह रपटीली नहीं तै करनी पड़ती जहाँ 'पाँव नहीं ठहराय' वह तो घर बैठे मिल जाएँगे पर उसके लिए पहुँची हुई लगन चाहिए, क्योंकि परमात्मा तो हृदय ही में है—

बहुत दिनन के बिछ्रे हरि पाये। भाग बड़े घरि बैठे आये।

कबीरदास के नाम से लोगों की जिह्वा पर जो यह पद—

मो को कहाँ ढूँढे बंदे मैं तो तेरे पास में।
ना मैं देवन, ना मैं मसजिद, ना काबे कैलास में॥

बहुत दिनों से चढ़ा चला आ रहा है, उसका भी यही भाव है। जायसी ने यही भाव यों प्रकट किया है।

पिउ हिरदय महँ भेट न होई। को रे मिलाय, कहाँ केहि रोई॥

रहस्यमय उक्तियों की हृदयात्मकता उनके लोकनियोजित शब्दार्थ में नहीं है। उस अर्थ को मानने से उनकी रहस्यात्मकता जाती रहती है, उनका संकेत-मात्र ग्रहण करना चाहिए। मूर्ति को परमात्मा मानकर उसका पूजन इसीलिए करना चाहिए कि ईश्वरप्राप्ति में आगे की सीढ़ी सहज में चढ़ सकें, क्योंकि साधारणत: सब लोग परमात्मा या ब्रह्म का ठीक-ठीक स्वरूप समझने में नितान्त असमर्थ होते हैं। अत: मूर्ति-पूजा के द्वारा मानो मनुष्य को ब्रह्म के सभी साक्षात्कार की प्रारम्भिक शिक्षा मिलती है। उसके आगे बढ़कर सचमुच पत्थर को परमात्मा मानने से फिर कोई रहस्य नहीं रह जाता। ईसाइयों ने परमात्मा के पितृत्व भाव की उसी समय इतिश्री कर दी, जब ईसा और लौकिक अर्थ में परमात्मा या पवित्रात्मा का पुत्र मान लिया। राम और कृष्ण को साक्षात् परमात्मा ही मानने के कारण तुलसी और सूर में अवतारवाद की मूलभूत रहस्य भावना नहीं आ पाई है। सखी सम्प्रदाय ने मनुष्यों को सचमुच स्त्री मानकर और उनके नाम भी स्त्रियों जैसे रखकर और यहाँ तक कि उनसे ऋतुमती स्त्रियों का अभिनय कराकर 'माधुर्य भाव' के रहस्यवाद को वास्तववाद का रूप दे दिया। रहस्यवाद के वास्तववाद में पतित हो जाने के कारण ही सदुद्देश्य से प्रवर्तित अनेक धर्म सम्प्रदायों में इन्द्रियलोलुपता का नारकीय नृत्य देखने में आता है। रहस्यवादी कवियों का वास्तववादियों से इसी बात में भेद है कि वास्तववादी कवि अपने विषय का यथातथ्य वर्णन करते हैं, और रहस्यवादी केवल संकेत मात्र कर देते हैं, अपने वर्ण्य विषय का आभास भर दे देते हैं। उनमें जो यह धुँधलापन पाया जाता है, उसका कारण उनकी आध्यात्मिक प्रवृत्ति है। परमात्मा की सत्ता का आभास मात्र ही किया जा सकता है। इसके लिए वे व्यंजनावृत्ति से अधिकतर काम लिया करते हैं और चित्राधान उनका प्रधान उपादान होता है। उनकी बातें अन्योक्ति के रूप में हुआ करती हैं। किसी प्रत्यक्ष व्यापार के चित्र को लेकर वे उससे दूसरे परोक्ष व्यापार के चित्र की व्यंजना करते हैं। इसी से रहस्यवादी कवियों में वास्तववादियों की अपेक्षा कल्पना का प्राचुर्य अधिक होता है।

रसिकों की सम्मति में कबीर का रहस्यवाद रूखा है, उनका माधुर्य भाव भी उन्हें फीका लगता है, उनके चित्रों में उन्हें अनेकरूपता नहीं दिखाई देती। कबीर ने अपनी उक्तियों को काव्य की काट-छाँट नहीं दी है, परन्तु इसकी उन्हें ज़रूरत ही नहीं थी। इस बात का प्रयास वह करेगा जिसमें कुछ सार न हो।

कबीर में चित्रों की अनेकरूपता न देखना उनके साथ अन्याय करना है। ब्याह का ही दृश्य वे कई बार अवश्य लाए हैं, पर जैसा कि पाठकों को आगे चलने पर

मालूम होता जाएगा, उनका रहस्यवाद माधुर्य भाव में ही नहीं समाप्त हो जाता। प्रकृति से चुने-चुने चित्र उनकी उक्तियों में अपने आप आ बैठे हैं। हाँ, उन्होंने प्रयास करके अपनी उक्तियों को काव्य की मधुरता नहीं दी है। फिर भी उनकी ऊपरी सहृदयता न सही तो अनन्यहृदयता और तल्लीनता व्यर्थ कैसे जा सकती थी। जो उन्हें बिलकुल ही रूखा समझते हैं उन्हें उनकी रहस्यमयी अन्योक्तियों को देखना चाहिए।

काहे री नलिनी! तू कुमिलानी। तेरे ही नालि सरोवर पानी।
जल में उतपति जल में बास, जल में नलिनी तोर निवास॥
ना तलि तपति न ऊपर आगि, तोर हेत कहु कासनि लागि।
कहै कबीर जे उदिक समान, ते नहीं मूए हमारे जान।

कैसा मृदुल मनमोहक चित्र है! इसका सहज माधुर्य किसे न मोह लेगा। प्रकृति का प्रतिनिधि मनुष्य नलिनी है, जल ब्रह्म तत्त्व है। इसी में प्रकृति के नाना रूपों की उत्पत्ति होती है, यही पोषक तत्त्व है जो मनुष्य और नाना रूपों में स्वयं विद्यमान है। इस जल की शीतलता के सामने कोई ताप ठहर नहीं सकता। यह तत्त्व समझकर इस पोषण सामग्री का उपयोग करनेवाला (अर्थात् ज्ञानी) मर ही कैसे सकता है?

औद्यानिक भाषा में सांसारिक जीवन की नश्वरता का कितना प्रभावशाली आभास नीचे लिखे दोहे में है—

मालिन आवत देखि करि, कलियाँ करीं पुकार।
फूले फूले चुन लिए, काल्हि हमारी बार॥

और देखिए—

बाढ़ी आवत देखि करि, तरिवर डोलन लाग।
हम कटे कि कछु नहीं, पंखेरू घर भाग।

बढ़ई काल है, वृक्ष का डोलना वृद्धावस्था का कंप है पक्षी आत्मा है; यह डोलना आत्मा को इस बात की चेतावनी देता है कि शरीर के नाश का दुख न करके ब्रह्म तत्त्व में लीन होने का प्रबन्ध करो; पक्षी का घर भागना यही है। काटते समय पेड़ को हिलने और वृद्धावस्था में शरीर को काँपते किसने नहीं देखा होगा। परन्तु किसलिए वह हिलता-काँपता है, इसका रहस्य कबीर ही जान पाए हैं। यह आभास किसको नहीं मिलता, पर कितने हैं जो उनको समझ पाते हैं।

नाश नीची स्थितिवालों के लिए ही मुँह बाए नहीं खड़ा है, ऊँची स्थितिवाले भी उसी घाट उतरेंगे इस बात का संकेत यह दोहा देता है—

फागुण आवत देखि करि, बन रूना मन मांहिं।
ऊँची डाली पात हैं, दिन दिन पीले थाहिं।

कबीर की चमत्कारपूर्ण उलटबाँसियाँ भी रहस्यपूर्ण हैं। कठोपनिषद् के अनुसार मनुष्य का शरीर रथ है, जिसमें इन्द्रियों के घोड़े जुते हैं, घोड़ों पर मन की लगाम लगी हुई है जो सारथी रूपी बुद्धि के हाथ में है। 'परमपद' की पथिक आत्मा इस रथ पर सवार है, उसकी इच्छा के अनुसार उसका परिचालन होना चाहिए। शरीर सेवक है, आत्मा स्वामी है। यह स्वाभाविक क्रम है। परन्तु जब स्वामी सो जाए, सारथी किंकर्तव्यविमूढ़ हो जाए और घोड़ों की लगाम निरुद्देश्य ढीली पड़ जाए, तब यह क्रम उलट जाता है, स्वामी का स्थान सेवक ले लेता है। रथ के अधीन होकर स्वामी भटका करता है और प्राय: ऐसा होता है कि घोड़ों (इन्द्रियों) के मनमाने आचरण से रथ (शरीर) और स्वामी (आत्मा) दोनों को अनेक प्रकार के कष्ट भोगने पड़ते हैं। भवजाल में पड़े हुए मनुष्यों की इसी उलटी अवस्था को विशेषकर कबीर ने उलटबाँसियों द्वारा व्यंजित कर लोगों को आश्चर्य में डाला है—

ऐसा अद्भुत मेरा गुरु कथ्या, मैं रह्या उमेषै।
मूसा हस्ती सौं लड़ै कोई विरला पेषै॥
मूसा बैठा बाँबि मैं, लारै सापणि धाई।
उलटि मूसै सापिण गिली यह अचरज भाई॥
चींटी परबत ऊपण्यां ले राख्यौ चौड़ै।
मूर्गा मिनकी सूँ लड़ै झल पाणीं दौड़ै॥
सुरही चूषै बछतलि, बछा दूध उतारै।
ऐसा नवल गुणी भया, सारदूलहि मारै॥
भील लुक्या बन बीझ मैं, ससा सर मारै।
कहैं कबीर ताहि गुरु करौं, जो या पदहि विचारै॥

सबका कारण परब्रह्म किसी का कार्य नहीं है, इस बात का आभास देनेवाला यह सांकेतिक पद कितना रहस्यपूर्ण है।

बाँझ का पूत, बाप बिन जाया, बिन पाउं तरवर चढ़िया।
अस बिन पाषर, गज बिन गुड़िया, बिन पंडै संग्राम लडिया॥
बीज बिन अंकुर, पेड़ बिन तरवर, बिन सापा तरवर फलिया।
रूप बिन नारी, पुहुप बिन परिमल, बिन नीरै सर भरिया॥

सभी संत कवियों के काव्य में थोड़ा-बहुत रहस्यवाद मिलता है। पर उनका काव्य विशेषकर कबीर का ही ऋणी है। बंगला के वर्तमान कवीन्द्र को भी कबीर का ऋण स्वीकार करना पड़ेगा। अपने रहस्यवाद का बीज उन्होंने कबीर ही में पाया। परन्तु उनमें पाश्चात्य भड़कीली पालिश भी है। भारतीय रहस्यवाद को उन्होंने पाश्चात्य ढंग से सजाया है। इसी से यूरोप में उनकी इतनी प्रतिष्ठा हुई

है। जब से उन्हें नोबेल प्राइज (पुरस्कार) मिला तब से लोग उनकी गीतांजलि की बेतरह नकल करने पर तुले हुए हैं। हिन्दी का वर्तमान रहस्यवाद अब तक नकल ही-सा लगता है। सच्चे रहस्यवाद के आविर्भाव के लिए प्रतिभा की अपेक्षा होती है। कबीर इसी प्रतिभा के कारण सफल हुए हैं। पिंगल के नियमों को भंग करके खड़ा किया हुआ निरर्थक शब्दाडम्बर रहस्यवादी कविता का आसन नहीं प्राप्त कर सकता है।

काव्यत्व

कबीर के काव्य के विषय में बहुत कुछ बातें उनके रहस्यवाद के अन्तर्गत आ चुकी हैं; यहाँ पर बहुत कम कहना शेष है। कविता के लिए उन्होंने कविता नहीं की है। उनकी विचारधारा सत्य की खोज में बही है, उसी का प्रकाश करना उनका ध्येय है। उनकी विचारधारा का प्रवाह जीवनधारा के प्रवाह से भिन्न नहीं है। उसमें उनका हृदय घुला-मिला है, उनकी प्रतिभा हृदय-समन्वित है। उनकी बातों में बल है जो दूसरे पर प्रभाव डाले बिना नहीं रह सकतीं। अक्खड़ ढंग से कहीं होने पर भी उनकी बेलाग बातों में एक और ही मिठास है जो खरी-खरी बातें कहनेवाले ही की बातों में मिल सकती है। उनकी सत्यभाषिता और प्रतिभा का ही फल है कि उनकी बहुत-सी उक्तियाँ लोगों की जबान पर चढ़कर कहावतों के रूप में चल पड़ी हैं। हार्दिक उमंग की लपेट में जो सहज विदग्धता उनकी उक्तियों में आ गई है, वह अत्यन्त भावापन्न है। उसी में उनकी प्रतिभा का चमत्कार है। शब्दों के जोड़-तोड़ में चमत्कार लाने के फेर में पड़ना उनकी प्रकृति के प्रतिकूल था। दूर की सूझ जिस अर्थ में केशव, बिहारी आदि कवियों में मिलती है, उस अर्थ में उनमें पाना असम्भव है। प्रयत्न उनकी कविता में कहीं नहीं दिखाई देता। अर्थ की जटिलता के लिए उनकी उलटबाँसियाँ केशव की शब्दमाया को मात करती हैं; परन्तु उनमें भी प्रयत्न दृष्टिगत नहीं होता। रात-दिन आँखों में आनेवाले प्रकृति के सामान्य व्यापारों के उलटे व्यवहार को ही उन्होंने सामने रखा है। सत्य के प्रकाश का साधन बनकर, जिसकी प्रगाढ़ अनुभूति उनकी हुई थी, कविता स्वयमेव उनकी जिह्वा पर बैठी है। इसमें सन्देह नहीं कि कबीर में ऐसी भी उक्तियाँ हैं जिनमें कविता के दर्शन नहीं होते और ऐसे पद्य कम नहीं हैं किन्तु उनके कारण कबीर के वास्तविक काव्य का महत्त्व कम नहीं हो सकता, जो अत्यन्त उच्चकोटि का है और जिसका बहुत कुछ माधुर्य रहस्यवाद के प्रकरण के अन्तर्गत दिखाया जा चुका है।

जैसे कबीर का जीवन संसार से ऊपर उठा था, वैसे ही उनका काव्य भी साधारण कोटि से ऊँचा था। अतएव सीखकर प्राप्त की हुई रसिकता का काव्यानन्द उनमें नहीं मिलता। परम्परा से बँधे हुए लोगों को काव्यजगत् में भी इन्द्रियलोलुपता

का कीड़ा बनकर रहना भी भला लगता है। कबीर ऐसे लोगों की परितुष्टि की परवाह कैसे कर सकते थे, जिनको निरपेक्षी के प्रति होनेवाला उनका प्रेम भी शुष्क लगता है। प्रेम की पराकाष्ठा आत्मसमर्पण का मानो काव्यजगत् में कोई मूल्य ही नहीं है।

कबीर ने अपनी उक्तियों पर बाहर से अलंकारों का मुलम्मा नहीं चढ़ाया है। जो अलंकार उनमें मिलते भी हैं वे उन्होंने खोज-खोजकर नहीं बैठाए हैं। मानसिक कलाबाजी और कारीगरी के अर्थ में कला का उनमें सर्वथा अभाव है। 'बेसिर-पैर की बातें, 'वायवी अवस्तुओं' का स्थान और नाम-निर्देश कर देने को कविकर्म कहकर शेक्सपियर ने कवियों को सन्निपात या पागलपन में बेसिर-पैर की बातें बकनेवालों की श्रेणी में रख दिया है। जिन कवियों के सम्बन्ध में 'किं न जल्यंति' कहा जा सकता है, उन्हीं का उल्लेख 'किं न खादंति' वाले वायसों के साथ हो सकता है। सच्ची कला के लिए तथ्य आवश्यक है। भावुकता के दृष्टिकोण से कला आडम्बरों के बंधन से निर्मुक्त तथ्य है। एक विद्वान कृत इस परिभाषा को यदि काव्यक्षेत्र में प्रयुक्त करें तो कम कवि सच्चे कलाकारों की कोटि में आ सकेंगे। परन्तु कबीर का आसन उस ऊँचे स्थान पर अविचल दिखाई देता है। यदि सत्य के खोजी कबीर के काव्य में तथ्य की स्वतंत्रता नहीं मिलती तो और कहीं नहीं मिल सकती। कबीर के महत्त्व का अनुमान इसी से हो सकता है।

कबीर के काव्य में नीचे हुई खटकने वाली बातें भी हैं, जिनकी ओर स्थान-स्थान पर संकेत करते आए हैं—

1. एक ही बात को उन्होंने कई बार दुहराया है, जिससे कहीं-कहीं रोचकता जाती रहती है।
2. उनके ज्ञानीपन की शुष्कता का प्रतिबिंब उनकी भाषा का अक्खड़पन होकर पड़ा है।
3. उनकी आधी से अधिक रचना दार्शनिक पद्यमात्र है, जिसको कविता नहीं कहना चाहिए।
4. उनकी कविता में साहित्यिकता का सर्वथा अभाव है। थोड़ी-सी साहित्यिकता आ जाने से परम्परानुबद्ध रसिकों के लिए उपालम्भ का स्थान न रह जाता।
5. न उनकी भाषा परिमार्जित है और न उनके ग्रंथ पिंगलशास्त्र के नियम के अनुकूल हैं।

कबीरदास छंदशास्त्र से अनभिज्ञ थे, यहाँ तक कि वे दोहों को पिंगल की खराद पर न चढ़ा सके। डफली बजाकर गाने में जो शब्द जिस रूप में निकल गया, वही ठीक था। मात्राओं के घट-बढ़ जाने की चिन्ता करना व्यर्थ था। पर साथ ही कबीर में प्रतिभा थी; मौलिकता थी, उन्हें कुछ सन्देश देना था और उनके लिए शब्द की

मात्रा गिनने की आवश्यकता न थी, उन्हें तो इस ढंग से अपनी बातें कहने की आवश्यकता थी, जो सुननेवालों के हृदय में पैठ जाएँ और पैठकर जम जाएँ। तिस पर वह हिन्दी कविता के आरम्भ के दिन थे। पर आजकल के रहस्यवादी काव्यों में न प्रतिभा के दर्शन होते हैं और न मौलिकता का आभास मिलता है। केवल ऊटपटाँग कह देने और भाषा तथा पिंगल की उपेक्षा दिखाने ही में उन आवश्यक गुणों के अभावों की पूर्ति नहीं हो सकती।

भाषा

कबीर की भाषा का निर्णय करना टेढ़ी खीर है क्योंकि वह खिचड़ी है। कबीर की रचना में कई भाषाओं के शब्द मिलते हैं परन्तु भाषा का निर्णय अधिकतर शब्दों पर निर्भर नहीं है। भाषा के आधार पर क्रियापद, संयोजक शब्द तथा कारक चिन्ह हैं जो वाक्यविन्यास की विशेषताओं के लिए उत्तरदायी होते हैं। कबीर में केवल शब्द ही नहीं क्रियापद, कारक चिन्हादि भी कई भाषाओं के मिलते हैं, क्रियापदों के रूप में अधिकतर ब्रजभाषा और खड़ी बोली के हैं। कारक चिन्हों में 'कै, सन, सा' आदि अवधी के हैं, 'को' ब्रज का है और 'थे' राजस्थानी का। यद्यपि उन्होंने स्वयं कहा है—'मेरी बोली पूरबी', तथापि खड़ी ब्रज, पंजाबी, राजस्थानी, अरबी, फारसी आदि अनेक भाषाओं का पुट भी उनकी उक्तियों पर चढ़ा हुआ है। पूरबी से उनका क्या तात्पर्य है; यह नहीं कह सकते। उनका बनारस निवास पूरबी से अवधी का अर्थ लेने के पक्ष में है; परन्तु उनकी रचना में बिहारी का पर्याप्त मेल है; यहाँ तक कि मृत्यु के समय मगहर में उन्होंने जो पद कहा है उसमें मैथिली का भी कुछ संसर्ग दिखाई देता है। यदि 'बोली' का अर्थ मातृभाषा लें और 'पूरब' का बिहारी तो कबीर के जन्म के विषय पर एक नया ही प्रकाश पड़ जाता है। उनका अपना अर्थ जो कुछ हो, पर पाई जाती है उनमें अवधी और बिहारी, दोनों बोलियाँ।

इस पंचमेल खिचड़ी का कारण यह है कि उन्होंने दूर-दूर के साधु-संतों का सत्संग किया था जिससे स्वाभाविक ही उन पर भिन्न-भिन्न प्रान्तों की बोलियों का प्रभाव पड़ा।

खड़ी बोली का पुट इस दोहे में देखिए—

कबीर कहता जात हूँ सणता है सब कोइ।
राम कहे भला होइगा, निंहतर भला न होइ॥
आऊँगा न जाऊँगा, मरूँगा जीऊँगा।
गुरु के सबद रमि रमि रहूँगा॥

इसमें शुद्ध खड़ी बोली के दर्शन होते हैं।

'जब लगि धसै न आभ' में 'धसै' ब्रजभाषा का है और 'आभ' फारसी के आब का बिगड़ा हुआ रूप है। आगे लिखे दोहे में 'अंषड़ियाँ, जीभड़ियाँ' आदि रूप पंजाबी का और 'पड़या' क्रिया राजस्थानी प्रभाव प्रकट करते हैं—

अंषड़ियाँ झाँई पड़ी पंथ निहारि निहारि।
जीभड़ियाँ छाला पड़या, राम पुकारि पुकारि॥

पंजाब के केवल बहुत से शब्द नहीं मुहावरे भी उनमें मिलते हैं। जैसे—

1. *रलि गया आटे लूँण*
2. *लूण विलग्गा पाणियाँ पाणी लूण विलग्ग*

इनके उच्चारण पर भी पंजाबी का प्रभाव दृष्टिगत होता है। न कोण कहना पंजाबी की ही विशेषता है। पंजाबी 'विवेक' का उच्चारण 'बवेक' करते हैं। कबीर में भी वह शब्द इसी रूप में मिलता है। बंगला के भी इनमें कुछ प्रयोग मिलते हैं। 'आछिली' शब्द बंगला का 'छिली' है जो 'था' अर्थ में प्रयुक्त होता है—'कहु कबीर कुछ आछिलो जहिया।' इसी प्रकार 'सकना' अर्थ में 'पारना' क्रिया के रूप भी जो अब केवल बंगला में मिलते हैं, पर जिनका प्रयोग जायसी और तुलसी ने भी किया है; इनकी भाषा में पाए जाते हैं—

गाँइ कु ठाकुर खेत कु नेपै, काइथ खरच न पारै।

संस्कृत 'वर्ज्य' से बिगड़कर बना हुआ एक 'बाज' शब्द तुलसी और जायसी दोनों में मिलता है। जायसी में यह 'बाझ' रूप में मिलता है। पर आजकल इसका प्रयोग अधिकतर पंजाबी में ही होता है, जहाँ इसका रूप 'बाझो' होता है।

भिस्त न मेरे चाहिए बाझ पियारे तुज्झ।

'जेम, ससिहर', आदि शुद्ध अपभ्रंश के भी कई शब्दों का उन्होंने प्रयोग किया है। 'जेम' शब्द संस्कृत 'यद्व' से निकला है और 'ससिहर' संस्कृत 'शशधर' से। अपभ्रंश में संस्कृत के 'क' का 'ग' हो जाता है जैसे 'प्रकट' का 'प्रगट'। कबीर ने मनमाने ढंग से भी ऐसे परिवर्तन किए हैं, उपकारी का उन्होंने 'उपगारी' बनाया है। संस्कृत के महाप्राण अक्षर प्राकृत और अपभ्रंश में प्राय: रह जाते हैं जैसे शशधर से ससिहर। कबीर में इसका विपर्यय भी मिलता है। उन्होंने दहन को दाझन कहा है।

फारसी के एक ही शब्द का हमने ऊपर उदाहरण दिया है। यत्र-तत्र फारसी-अरबी के शब्द तो उनमें मिलते ही हैं, उनके कुछ पद ऐसे भी हैं जिनमें अरबी और

फारसी शब्दों की ही भरमार है। उदाहरण के लिए उनकी पदावली का 258वाँ पद ले लीजिए, जिसकी दो पंक्तियाँ हम यहाँ उद्धृत करते हैं—

हमरकत रहबरहुँ समाँ मैं खुर्दा सुभाँ विसियार।
हमजिमीं आसमाँन खिंलक, गुंदा मुसकिल कार॥

हम कह चुके हैं कि कबीर पढ़े-लिखे नहीं थे, इसी से वे बाहरी प्रभावों के बहुत अधिक शिकार हुए। भाषा और व्याकरण की स्थिरता उनमें नहीं मिलती। यह भी सम्भव है कि उन्होंने जान-बूझकर अनेक प्रान्तों के शब्दों का प्रयोग किया हो अथवा शब्द भंडार की कमी के कारण जब जिस भाषा का सुना-सुनाया शब्द उनके सामने आ गया हो, उन्होंने अपनी कविता में रख दिया हो। शब्दों को उन्होंने तोड़ा-मरोड़ा भी बहुत है। सन् को सनि, सनां, सूँ—चाहे जिस रूप में तोड़-मरोड़कर उन्होंने आवश्यकतानुसार अपनी उक्तियों में ला बैठाया है। इसके अतिरिक्त उनकी भाषा में अक्खड़पन है और साहित्यिक कोमलता या प्रसाद का सर्वथा अभाव है। कहीं-कहीं उनकी भाषा बिलकुल गँवारू लगती है, पर उनकी बातों में खरेपन की मिठास है, जो उन्हीं की विशेषता है और उसके सामने यह गँवारपन डूब जाता है।

उपसंहार

हिन्दी के काव्य-साहित्य में कबीर के स्थान का निर्णय करना कठिन है। तुलना के लिए एक ही क्षेत्र के कवियों को लेना चाहिए। कबीर का काव्य मुक्तक क्षेत्र के अन्तर्गत है। उसमें भी उन्होंने कुछ ज्ञान पर कहा है और कुछ नीति पर। नानक, दादू, सुन्दरदास आदि ज्ञानाश्रयी निर्गुण भक्त कवियों में वे सहज ही सबसे बढ़कर हैं। नानक, दादू आदि में कबीर की ही पुनरावृत्तियाँ हैं, परन्तु आँचल में अस्वाभाविकता भी वे खूब बाँध लाए हैं। नीतिकाव्य की सफलता की कसौटी उसकी सर्वप्रियता है। कबीर के नीतिकाव्य की सर्वप्रियता न वृंद को प्राप्त हुई और न रहीम को। रहीम में कबीर के भाव ज्यों के त्यों मिलते हैं। कहीं-कहीं तो दोहे का दोहा रहीम ने अपना लिया है; यथा—

कबीर यह घर प्रेम का खाला का घर नांहिं।
सीस उतारै हाथ करि सो पैठे घर मांहिं॥

—कबीर

रहिमन घर है प्रेम का खाला का घर नांहिं।
सीस उतारै भुइँ धरै सो जावै घर मांहिं॥

—रहीम

वृंद और कबीर की विदग्धता एक-सी है। रहस्यवादी कवियों में भी कबीर का ही आसन सबसे ऊँचा है, शुद्ध रहस्यवाद केवल उन्हीं का है। प्रेमाख्यानक कवियों का रहस्यवाद तो उनके प्रबन्ध के बीच-बीच में बहुत जगह थिगली-सा लगता है और प्रबन्ध से अलग उसका अभिप्राय ही नष्ट हो जाता है। अन्य क्षेत्रों के कवियों के साथ कबीर की तुलना की ही नहीं जा सकती। तुलसी और सूर कविता के साम्राज्य में सर्वसम्मति से और सब कवियों की पहुँच के बाहर हैं। चन्दकृत पृथ्वीराजरासो नामक जो प्रक्षिप्त महाकाव्य प्रसिद्ध है, उसी में उनके महत्त्व का बहुत कुछ दर्शन हो जाता है। अतएव जब तक उनकी रचना के विषय में कोई निश्चयात्मक निर्णय नहीं हो जाता, तब तक उनको किसी के साथ तुलना के लिए खड़ा करना उन पर अन्याय करना है। केशव को काव्यशास्त्र का आचार्य भले ही मान लें, पर उनको नैसर्गिक कवियों में गिनना कवित्व का तिरस्कार करना है। बिहारी की कोटि के कवियों की कविता को सच्ची स्वाभाविक कविता में गिनने में भी संकोच हो सकता है। मूँड़ मुँड़ाकर शृंगार के पीछे पड़नेवाले सब कवि इसी श्रेणी में हैं। पर भूषण, जायसी और कबीर में कौन बड़ा है, इसका निर्णय नहीं हो सकता। तीनों में सच्चे कवि की आकुलता विद्यमान है, और अपने क्षेत्र में तीनों की पूरी पहुँच है, तीनों एक श्रेणी के हैं, फिर भी यदि आध्यात्मिकता को भौतिकता से श्रेष्ठ ठहराकर कोई कबीर को श्रेष्ठ ठहरावे तो रुचिस्वातंत्र्य के कारण उसे यह अधिकार है। प्रभाव से यदि श्रेष्ठता मानें तो तुलसी के बाद कबीर का ही नाम आता है; क्योंकि तुलसी को छोड़कर हिन्दी भाषी जनता पर कबीर के समान या उनसे अधिक प्रभाव किसी कवि का नहीं पड़ा।'

—श्यामसुन्दर दास

कबीर ग्रंथावली

साखी

1. गुरुदेव कौ अंग

सतगुर सवां न को सगा, सोधी सईं न दाति।
हरि जी सवां न को हितू, हरिजन सईं न जाति॥ 1॥
बलिहारी गुर आपणैं द्योहाड़ी कै बार।
जिनि मांनिष तैं देवता, करत न लागी बार॥ 2॥
सतगुर की महिमां अनंत, अनंत किया उपगार।
लोचन अनंत उघाड़िया, अनंत दिखावणहार॥ 3॥
रांम नांम के पटंतरै, देबे कौं कछु नांहिं।
क्या ले गुर संतोषिये, हौंस रही मन मांहिं॥ 4॥
सतगुर के सदकै करूं, दिल अपणी का साछ।
सतगुर हम स्यूँ लड़ि पड़्या मुहकम मेरा बाछ॥ 5॥
सतगुर लई कमांण कर, बांहण लागा तीर।
एक जु बाह्या प्रीति सूं, भीतरि रह्या सरीर॥ 6॥
सतगुर साचा सूरिवां, सबद जू बाह्या एक।
लागत ही भ्वैं मिलि गया, पड़्या कलेजै छेक॥ 7॥
सतगुर मार्‌या बाण भरि, धरि करि सूधी मूठि।
अंगि उघाड़ै लागिया, गई दवा सूं फूटि॥ 8॥
हसै न बोलै उनमनीं, चंचल मेल्ह्या मारि।
कहै कबीर भीतरि भिद्या, सतगुर कै हथियार॥ 9॥
गूँगा हूवा बावरा, बहरा हुआ कांनि।
पाऊँ थैं पंगुल भया, सतगुर मार्‌या बांणि॥ 10॥
पीछे लागा जाइ था, लोक वेद के साथि।
आगैं थैं सतगुर मिल्या, दीपक दीया हाथि॥ 11॥
दीपक दीया तेल भरि, बाती दई अघट्ट।
पूरा किया बिसाहुणां, बहुरि न आवौं हट्ट॥ 12॥
ग्यान प्रकास्या गुर मिल्या, सो जिनि बीसरि जाइ।
जब गोबिंद कृपा करी, तब गुर मिलिया आइ॥ 13॥

कबीर गुर गरवा मिल्या, रलि गया आटैं लूंण।
जाति पांति कुल सब मिटै, नांउं धरोगे कौण॥ 14॥
जाका गुर भी अंधला, चेला है जा चंध।
अंधे अंधा ठेलिया, दून्यूं कूप पड़ंत॥ 15॥
नां गुर मिल्या न सिष भया, लालच खेल्या डाव।
दुन्यूं बूड़े धार मैं, चढ़ि पाथर की नाव॥ 16॥
चौसठ दीवा जोइ करि, चौदह चंदा मांहिं।
तिहि घरि किसकौ चांनिणौं, जिहि घरि गोब्यंद नांहिं॥ 17॥
निस अंधियारी कारणैं, चौरासी लख चंद।
अति आतुर ऊदै किया, तऊ द्रिष्टि नहीं मंद॥ 18॥
भली भई जू गुर मिल्या, नहीं तर होती हांणि।
दीपक दिष्टि पतंग ज्यूँ, पड़ता पूरी जांणि॥ 19॥
माया दीपक नर पतंग, भ्रमि भ्रमि इवै पड़ंत।
कहै कबीर गुर ग्यान थैं, एक आध उबरंत॥ 20॥
सतगुर बपुरा क्या करै, जे सिष ही मांहै चूक।
भावै त्यूं परमोधि ले, ज्यूं बंसि बजाई फूंक॥ 21॥
संसै खाया सकल जुग, संसा किनहुं न खद्ध।
जे बेधे गुर अष्यिरां, तिनि संसा चुणि चुणि खद्ध॥ 22॥
चेतनि चौकी बैसि करि, सतगुर दीन्हां धीर।
निरभै होइ निसंक भजि, केवल कहै कबीर॥ 23॥
सतगुर मिल्या त का भया, जे मनि पाड़ी भोल।
पासि बिनंठा कप्पड़ा, क्या करै बिचारी चोल॥ 24॥
बूड़े थे परि ऊबरे, गुर की लहरि चमकि।
भेरा देख्या जरजरा, (तब) ऊतरि पड़े फरंकि॥ 25॥[1]
गुरु गोविन्द तौ एक हैं, दूजा यह आकार।
आपा मेट जीवत मरै, तो पावै करतार॥ 26॥
कबीर सतगुर ना मिल्या, रही अधूरी सीख।
स्वांग जती का पहरि करि, घरि घरि मांगे भीख॥ 27॥[2]

---

1. ख प्रति में अतिरिक्त साखी

कबीर सब जग यो भ्रम्या फिरे ज्यों रामे का रोझ।
सतगुर थैं सोधी भई, तब पाया हरि का खोज॥

2. ख प्रति में अतिरिक्त

कबीर सतगुर न मिल्या सुणी अधूरी सीख।
मूंड मुंडावै मुकति कौं चालि न सकई वीख॥

सतगुर सांचा सूरिवां तातैं लोहिं लुहार।
कसणीं दे कंचन किया, ताई लिया ततसार॥ 28॥
थापणि पाई थिति भई, सतगुर दीन्हीं धीर।
कबीर हीरा बणजिया, मानसरोवर तीर॥ 29॥[1]
निहचल निधि मिलाइ तत, सतगुर साहस धीर।
निपजी मैं साझी घणां बांटै नहीं कबीर॥ 30॥
चौपड़ि मांडी चौहटै, अरध उरध बाजार।
कहै कबीरा रांम जन, खेलौ संत विचार॥ 31॥
पासा पकड्या प्रेम का, सारी किया सरीर।
सतगुर दाव बताइया, खेलै दास कबीर॥ 32॥
सतगुर हम सूं रीझि करि, एक कह्या प्रसंग।
बरस्या बादल प्रेम का, भीजि गया सब अंग॥ 33॥
कबीर बादल प्रेम का, हम परि बरष्या आइ।
अंतरि भीगी आत्मां हरी भई बनराइ॥ 34॥
पूरे सूं परचा भया, सब दुख मेल्ह्या दूरि।
निर्मल कीन्हीं आत्मां ताथैं सदा हजूरि॥ 35॥[2]

2. सुमिरण कौ अंग

कबीर कहता जात हौं सुणता है सब कोइ।
रांम कहें भला होइगा, नहिंतर भला न होइ॥ 1॥
कबीर कहै मैं कथि गया, कथि गया ब्रह्म महेस।
रांम नांम ततसार है, सब काहू उपदेस॥ 2॥
तत तिलक तिहूं लोक मैं, रांम नांम निज सार।
जब कबीर मस्तक दिया, सोभा अधिक अपार॥ 3॥
भगति भजन हरि नांउं है, दूजा दुक्ख अपार।
मनसा बाचा क्रमनां, कबीर सुमिरण सार॥ 4॥
कबीर सुमिरण सार है, और सकल जंजाल।
आदि अंति सब सोधिया, दूजा देखौं काल॥ 5॥

---

1. ख प्रति में अतिरिक्त
   कबीर हीरा बणजिया, हिरदे उकठी खाणि।
   पारब्रह्म क्रिपा करी सतगुर भये सुजांण॥
2. साखी 34 और 35 ख प्रति में नहीं हैं।

च्यंता तौ हरि नांउं की, और न चिन्ता दास।
जे कछु चितवैं रांम बिन, सोइ काल की पास॥ 6॥
पंच संगी पिव पिव करै, छठा जु सुमिरे मंन।
आई सूति कबीर की, पाया रांम रतन॥ 7॥
मेरा मन सुमिरै रांम कूं, मेरा मन रांमहिं आहि।
इब मन रांमहिं ह्वै रह्या, सीस नवावौं काहि॥ 8॥
तूं तूं करता तूं भया, मुझ मैं रही न हूं।
वारी फेरी बलि गई, जित देखौं तित तूं॥ 9॥
कबीर निरभै रांम जपि, जब लग दीवै बाति।
तेल घट्या बाती बुझी, (तब) सोवैगा दिन राति॥ 10॥
कबीर सूता किआ करहि, जागि न जपै मुरारि।
एक दिनां भी सोवणां लंबे पांव पसारि॥ 11॥
कबीर सूता क्या करै, काहे न देखै जागि।
जाका संग तैं बीछुड्या, ताही के संग लागि॥ 12॥
कबीर सूता किआ करै, उठि न रोवै दुक्ख।
जा का बासा गोर महि, सो किउ सोवै सुक्ख॥ 13॥
कबीर सूता क्या करै, गुण गोबिंद के गाइ।
तेरे सिर परि जम खड़ा, खरच कदे का खाइ॥ 14॥
कबीर सूता क्या करै, सूतां होइ अकाज।
ब्रह्मा का आसण खिस्या, सुणत काल की गाज॥ 15॥
केसो कहि कहि कूकिए, नां सोइयै असरार।
राति दिवस के कूकणैं, (मत) कबहूँ लगै पुकार॥ 16॥[1]
जिहि घटि प्रीति न प्रेम रस, फुनि रसना नहीं रांम।
ते नर इस संसार में, उपजि खये बेकांम॥ 17॥
कबीर प्रेम न चाखिया, चखि न लीया साव।
सूने घर का पाहुणां, ज्यूं आया त्यूं जाव॥ 18॥
पहली बुरा कमाइ करि, बाँधी विष की पोट।
कोटि करम फिल पलक मैं, (जब) आया हरि की वोट॥ 19॥
कोटि क्रम पेलै पलक मैं, जे रंचक आवै नांउं।
अनेक जुग जे पुन्नि करै, नहीं रांम बिन ठांउं॥ 20॥
जिनि हरि जैसा जाणियां, तिन कूं तैसा लाभ।
ओसों प्यास न भाजई, जब लग धसै न आभ॥ 21॥

1. यह साखी ख प्रति में नहीं है।

रांम पियारा छाड़ि करि, करै आन का जाप।
बेस्वां केरा पूत ज्यूं, कहे कौन सूँ बाप॥ 22॥
कबीर आपण रांम कहि, औरां रांम कहाइ।
जिहि मुखि रांम न ऊचरे, तिहि मुख फेरि कहाइ॥ 23॥
जैसे माया मन रमै, यौं जे रांम रमाइ।
तारा मंडल छांड़ि करि, जहाँ के सो तहाँ जाइ॥ 24॥
लूटि सकै तो लूटियो, रांम नांम है लूटि।
पीछै ही पछिताहुगे, यहु तन जैहै छूटि॥ 25॥
लूटि सकै तो लूटियो, रांम नांम भंडार।
काल कंठ तै गहेगा, रूंधे दसूं दुवार॥ 26॥
लंबा मारग दूरि घर, विकट पंथ बहु मार।
कहौ संतो क्यूं पाइये, दुरलभ हरि दीदार॥ 27॥
गुण गाये गुण नां कटै, रटै न रांम बियोग।
अह निसि हरि ध्यावै नहीं, क्यूँ पावै दुलंभ जोग॥ 28॥
कबीर कठिनाई खरी, सुमिरतां हरि नांम।
सूली ऊपरि नट विद्या, गिरूँ त नांहीं ठांम॥ 29॥
कबीर रांम ध्याइ लै, जिभ्या सौं करि मंत।
हरि सागर जिनि बीसरै, छीलर देखि अनंत॥ 30॥
कबीर रांम रिझाइ लै, मुखि अंमृत गुण गाइ।
फूटा नग ज्यूँ जोड़ि मन, संधे संधि मिलाइ॥ 31॥
कबीर चित्त चमकिया, चहुं दिस लागी लाइ।
हरि सुमिरण हाथूं घड़ा, बेगे लेहु बुझाइ॥ 32॥67॥

3. बिरह कौ अंग

रात्यूं रूंनी बिरहनीं, ज्यूं वच्यां कूं कुंज।
कबीर अंतर प्रजल्या, प्रगट्या बिरहा पुंज॥ 1॥
अंबर कुंजां कुरलियां, गरजि भरे सब ताल।
जिनि थे गोबिंद बीछुटे, तिनके कौण हवाल॥ 2॥
चकवी बिछुटी रैणि की, आइ मिली परभाति।
जे जन बिछुटे रांम सूँ, ते दिन मिले न राति॥ 3॥
बासुरि सुख नां रैणि सुख, ना सुख सुपिनै मांहिं।
कबीर बिछुट्या रांम सूं नां सुख धूप न छाँह॥ 4॥

बिरहनि ऊभी पंथ सिरि, पंथी बूझै धाइ।
एक सबद कहि पीव का, कब रे मिलेंगे आइ॥ 5॥
बहुत दिनन की जोवती, बाट तुम्हारी रांम।
जिव तरसै तुझ मिलन कूं, मनि नांहीं विश्रांम॥ 6॥
बिरहिन ऊठै भी पड़े, दरसन कारनि रांम।
मूवां पीछे देहुगे, सो दरसन किहि कांम॥ 7॥
मूवां पीछै जिनि मिलै, कहै कबीरा रांम।
पाथर घाटा लोह सब, (तब) पारस कौंणै कांम॥ 8॥
अंदेसड़ा न भाजिसी, संदेसो कहियां।
कै हरि आयां भाजिसी, कै हरि ही पासि गयां॥ 9॥
आइ न सकौं तुझ पै, सकौं न तुझ बुलाइ।
जियरा यूं ही लेहुगे, बिरह तपाइ तपाइ॥ 10॥
यहु तन जालौं मसि करूँ, ज्यूं धूवां जाइ सरग्गि।
मति वै रांम दया करै, बरसि बुझावै अग्गि॥ 11॥
यहु तन जालौं मसि करौं, लिखौं रांम का नांउं।
लेखणि करूँ करंक की, लिखि लिखि रांम पठाउं॥ 12॥
कबीर पीड़ पिरावनीं, पंजर पीड़ न जाइ।
एक ज पीड़ परीति की, रही कलेजा छाइ॥ 13॥
चोट सतांणी बिरह की, सब तन जर जर होइ।
मारणहारा जांणिहै, कै जिहिं लागी सोइ॥ 14॥
कर कमाण सर सांधि करि, खैंचि जु मार्‌या मांहिं।
भीतरि भिद्या सु मार ह्वै, जीवै कि जीवै नांहिं॥ 15॥
जबहूं मार्‌या खैंचि करि, तब मैं पाई जांणि।
लागी चोट मरम्म की, गई कलेजा छांणि॥ 16॥
जिहि सर मारी काल्हि, सो सर मेरे मन बस्या।
तिहि सरि अजहूं मारि, सर बिन सच पाऊं नहीं॥ 17॥
बिरह भुवंगम तन बसै, मंत्र न लागै कोइ।
रांम बियोगी न जिवै, जिवै त बौरा होइ॥ 18॥
बिरह भुवंगम पैसि करि, किया कलेजै घाव।
साधू अंग न मोड़ही, ज्यूं भावै त्यूं खाव॥ 19॥
सब रग तंत रबाब तन, बिरह बजावै नित्त।
और न कोई सुणि सकै, कै साई के चित्त॥ 20॥
बिरहा बिरहा जिनि कहौ, बिरहा है सुलितान।
जिह घटि बिरह न संचरै, सो घट सदा मसाण॥ 21॥

अंखड़ियां झाई पड़ी, पंथ निहारि निहारि।
जीभड़ियां छाला पड़्या, रांम पुकारि पुकारि॥ 22॥
इस तन का दीवा करौं, बाती मेल्हूं जीव।
लोही सींचौ तेल ज्यूं, कब मुख देखौं पीव॥ 23॥
नैंना नीझर लाइया, रहट बहै निस जाम।
पपीहा ज्यूं पिव पिव करौं, कबरू मिलहुगे रांम॥ 24॥
अंखड़ियां प्रेम कसाइयां, लोग जांणे दुखड़ियां।
सांई अपणैं कारणै, रोइ रोइ रतड़ियां॥ 25॥
सोई आंसू सजणां, सोई लोक बिड़ांहि।
जे लोइण लोही चुवै, तो जांणौं हेत हियांहि॥ 26॥
कबीर हसणां दूरि करि, करि रोवण सौं चित्त।
बिन रोयां क्यू पाइये, प्रेम पियारा मित्त॥ 27॥
जौ रोऊं तो बल घटै, हसौं तो रांम रिसाइ।
मनही मांहिं बिसूरणां, ज्यूं घुंण काठहि खाइ॥ 28॥
हंसि हंसि कंत न पाइए, जिनि पाया तिनि रोइ।
जो हासैं ही हरि मिलै, तो नहीं दुहागिन कोइ॥ 29॥
हासी खेलौं हरि मिलै, तौ कौण सहे खर सान।
कांम क्रोध त्रिष्णां तजै, ताहि मिलैं भगवान॥ 30॥
पूत पियारो पिता के, गौहनि लागा धाइ।
लोभ मिठाई हाथ दे, आपण गया भुलाइ॥ 31॥
डारि खांड़ पटकि करि, अंतरि रोस उपाइ।
रोवत रोवत मिलि गया, पिता पियारे जाइ॥ 32॥[1]
नैना अंतरि आव तूं निस दिन राखौं तोहि।
कब हरि दरसन देहुगे सो दिन आवै मोहि॥ 33॥
कबीर देखत दिन गया, निस भी देखत जाइ।
बिरहणि पीव पावे नहीं, जियरा तलपै माइ॥ 34॥
कै बिरहनि कूं मींच दे, कै आपा दिखलाइ।
आठ पहर का दाझणां, मोपै सह्या न जाइ॥ 35॥
बिरहणि थी तो क्यूं रही, जली न पीव के नालि।
रहु रहु मुगध गहैलड़ी, प्रेम न लाजौं मारि॥ 36॥

---

1. ख में इसके बाद यह दोहा है
मो चित तिलां न बीसरौ, तुम्ह हरि दूरि थंयाह।
इहि अंग औलू भाइ जिसी, जदि तदि म्यलियांह॥

हौं बिरहा की लकड़ी, समझि समझि धूंधाउं।
छूटि पड़ौं यों बिरह तें, जे सारी ही जलि जाउं॥ 37॥
कबीर तन मन यों जल्या, बिरह अगनि सूं लागि।
मृतक पीड़ न जाणई, जांणैगि यहूं आगि॥ 38॥
बिरह जलाई मैं जलौं, जलती जलहरि जाउं।
मो देख्यां जलहरि जलै, संतौ कहाँ बुझाउं॥ 39॥
परबति परबति मैं फिर्या, नैन गंवाये रोइ।
सो बूटी पाऊं नहीं, जातें जीवनि होइ॥ 40॥
फाड़ि पटोला धज करौं, कंबलड़ी पहिराउं।
जिहिं जिहिं भेषां हरि मिलैं, सोइ सोइ भेष कराउं॥ 41॥
नैन हमारे जलि गए, छिन छिन लोड़ैं तुझ।
नां तूं मिलै न मैं खुसी, ऐसी बेदन मुझ॥ 42॥
भेला पाया स्त्रप सौं, भौसागर के मांहिं।
जो छांड़ौं तौ डूबिहौं, गहौं त डसिये बांह॥ 43॥[1]
रैणांइरां बिछोहिया, रह रे संख म झूरि।
देवलि देवलि धाहड़ी, देखी ऊगै सूरि॥ 44॥
सुखिया सब संसार है, खाये अरू सोवै।
दुखिया दास कबीर है, जागे अरू रोवै॥ 45॥ 112॥

4. ग्यान बिरह कौ अंग

दीपक पावक आंणिया, तेल भी आंण्या संग।
तीन्यूं मिलि करि जोइया, (तब) उड़ि उड़ि पड़ैं पतंग॥ 1॥
मार्‍या है जे मरेगा, बिन सर थोथी भालि।
पड्या पुकारे ब्रिछ तलि आजि मरै कै काल्हि॥ 2॥
हिरदा भीतरि दौं बलै, धूंवां प्रगट न होइ।
जाके लागी सो लखे, कै जिनि लाई सोइ॥ 3॥
झल उठा झोली जली, खपरा फूटिम फूटि।
जोगी था सो रमि गया, आसणि रही बिभूति॥ 4॥

1. ख में इसके आगे
बिरह जलाई मैं जलौं, मो बिरहनि कै दूख।
छांह न बैसों डरपती, मति जलि ऊठे रूख॥

अगनि जु लागि नीर में, कंदू जलिया झारि।
उतर दखिण के पंडिता, रहे बिचारि बिचारि॥ 5॥
दौं लागी साइर जल्या[1], पंखी बैठे आइ।
दाधी देह न पलहै, सतगुर गया लगाइ॥ 6॥
गुर दाधा चेला जल्या[1], बिरहा लागी आगि।
तिणका बपुड़ा ऊबर्‌या, गलि पूरे के लागि॥ 7॥
अहेड़ी दौं लाइया, मृग पुकारै रोइ।
जा बन में क्रीला करी, दाझत है बन सोइ॥ 8॥
पाणी मांहैं प्रजली, भई प्रबल आगि।
बहती सरिता रहि गई, मछ रहे जल त्यागि॥ 9॥
समंदर लागी आगि, नदियां जलि कोइला भई।
देखि कबीरा जागि, मछी रूखां चढ़ि गई॥ 10॥[2] 122॥

5. परचा कौ अंग

कबीर तेज अनंत का, मानी ऊगी सूरज सेणि।
पति संगि जागी सूंदरी, कौतिग दीठा तेणि॥ 1॥
कौतिग दीठा देह बिन, रवि ससि बिना उजास।
साहिब सेवा मांहिं है, बेपरवाही दास॥ 2॥
पारब्रह्म के तेज का, कैसा है उनमान।
कहिबे कौं सोभा नहीं, देख्या ही परवान॥ 3॥
अगम अगोचर गमि नहीं, तहाँ जगमगै जोति।
जहाँ कबीरा बंदिगी, तहाँ पाप पुन्य नहीं छोति॥ 4॥
हद छाड़ि बेहदि गया, हुवा निरंतर बास।
कवल ज फूल्या फूल बिन, को निरखै निज दास॥ 5॥
कबीर मन मधुकर भया, रह्या निरंतर बास।
कवल ज फूल्या जलहि बिन, को देखै निज दास॥ 6॥
अंतर कवल प्रकासिया, ब्रह्म बास तहाँ होइ।
मन भवरा तहाँ लुबधिया, जांणैगा जन कोइ॥ 7॥

---

1. ख प्रति में, कवल जो फूला फूल बिन।
2. ख प्रति में इसके आगे
   बिरहा कहै कबीर कौं तूं जिन छांड़ै मोहि।
   पारब्रह्म के तेज मैं तहां ले राखौं तोहि॥

सायर नांहीं सीप बिन, स्वांति बूंद भी नांहिं।
कबीर मोती नीपजै, सुन्नि सिखर गढ़ मांहिं॥ 8॥
घट मांहै औघट लह्या[1], औघट मांहैं घाट।
कहि कबीर परचा भया, गुरू दिखाई बाट॥ 9॥
सूर समांणा चंद में, दहूं किया घर एक।
मन का च्यंता तब भया, कछू पूरबला लेख॥ 10॥
हद छाड़ि बेहद गया, किया सुन्नि असनान।
मुनि जन महल न पावई, तहाँ किया विस्रांम॥ 11॥
देखौ कर्म कबीर का, कछु पूरब जनम का लेख।
जाका महल न मुनि लहै, सो दोसत किया अलेख॥ 12॥
पिंजर प्रेम प्रकासिया, जाग्या जोग अनंत।
संसा खूटा सुख भया, मिल्या पियारा कंत॥ 13॥
प्यंजर प्रेम प्रकासिया, अंतरि भया उजास।
मुख कस्तूरी महमही, बांणीं फूटी बास॥ 14॥
मन लागा उनमन सौं, गगन पहुंचा जाइ।
देख्या चंद बिहूंणां, चांदिणां, तहाँ अलख निरंजन राइ॥ 15॥
मन लागा उनमन सों, उनमन मनहि बिलग।
लूंण बिलगा पाणियां, पांणीं लूंण बिलग॥ 16॥
पांणीं ही तें हिम भया, हिम ह्वै गया बिलाइ।
जो कुछ था सोई भया, कछू कह्या न जाइ॥ 17॥
भली भई जु भौ पड्या, गई दशा सब भूलि।
पाला गलि पांणी भया, ढुलि मिलिया उस कूलि॥ 18॥
चौहटै च्यंतामणि चढ़ी, हाडी मारत हाथि।
मीरां मुझसौं मिहर करि, इब मिलौं न काहू साथि॥ 19॥
पंखि उड़ाणी गगन कूं, प्यंड रह्या परदेस।
पांणी पीया चंच बिन, भूलि गया यहु देस॥ 20॥
पंखि उडानीं गगन कूं, उड़ी चढ़ी असमान।
जिहिं सर मंडल भेदिया, सो सर लागा कान॥ 21॥

1. ख प्रति में, औघट पाइया

सुरति समांणी निरति मैं, निरति रही निरधार।
सुरति निरति परचा भया, तब खूले स्यंभ दुवार॥ 22॥
सुरति समांणीं निरति में अजपा मांहैं जाप।
लेख समांणां अलेख मैं, यूँ आपा मांहैं आप॥ 23॥
आया था संसार में, देखण कौं बहु रूप।
कहै कबीरा संत हौ, पड़ि गया नजरि अनूप॥ 24॥
अंक भरे भरि भेंटिया, मन मैं नांहीं धीर।
कहै कबीर ते क्यूं मिलैं, जब लग दोइ सरीर॥ 25॥
सचु पाया सुख ऊपनां, अरु दिल दरिया पूरि।
सकल पाप सहजै गए, जब सांई मिल्या हजूरि॥ 26॥
धरती गगन पवन नहीं होता, नहीं तोया, नहीं तारा।
तब हरि हरि के जन होते, कहै कबीर बिचारा॥ 27॥
जा दिन कृतम नां हुता, होता हट न पट।
हुता कबीरा रांम जन, जिनि देखै औघट घट॥ 28॥
थिति पाई मन थिर भया, सतगुर करी सहाइ।
अनिन कथा तनि आचरी, हिरदै त्रिभुवन राइ॥ 29॥
हरि संगति सीतल भया, मिटी मोह की ताप।
निस बासुरि सुखनिधि लह्या, जब अंतरि प्रकट्या आप॥ 30॥
तन भीतरि मन मानियां, बाहरि कहा न जाइ।
ज्वाला तै फिरि जल भया, बुझी बलंती लाइ॥ 31॥
तत पाया तन बीसर्‌या, जब मनि धरिया ध्यान।
तपनि गई सीतल भया, जब सुनि किया असनान॥ 32॥
जिनि पाया तिनि सुगह गह्या गया, रसनां लागी स्वादि।
रतन निराला पाइया, जगत ढंढोल्या बादि॥ 33॥
कबीर दिल स्याबति भया, पाया फल संम्रथ्थ।
सायर मांहिं ढंढोलतां, हीरै पड़ि गया हथ्थ॥ 34॥
जब मैं था तब हरि नहीं, अब हरि है मैं नांहिं।
सब अंधियारा मिटि गया, जब दीपक देख्या मांहिं॥ 35॥
जा कारणि मैं ढूंढता, सनमुख मिलिया आइ।
धन मैली पिव उजला, लगि न सकौं पाइ॥ 36॥
जा कारणि मैं जाइ था, सोई पाई ठौर।
सोई फिर आपण भया, जासौं कहता और॥ 37॥
कबीर देख्या एक अंग, महिमा कही न जाइ।
तेज पुंज पारस धणीं, नैनौं रहा समाइ॥ 38॥

मानसरोवर सुभर जल, हंसा केलि कराहिं।
मुकताहल मुकता चुगैं, अब उड़ि अनत न जाहिं॥ 39॥
गगन गरिज अमृत चवै, कदली कंवल प्रकास।
तहाँ कबीरा बंदिगी, कै कोई निज दास॥ 40॥
नींव बिहुणां देहुरा, देह बिहूंणां देव।
कबीर तहाँ बिलंबिया करे अलख की सेव॥ 41॥
देवल मांहैं देहुरी, तिल जेहैं बिस्तार।
मांहैं पाती मांहिं जल, मांहैं पूजणहार॥ 42॥
कबीर कवल प्रकासिया, ऊग्या निर्मल सूर।
निस अंधियारी मिटि गई, बाजै अनहद तूर॥ 43॥
अनहद बाजै नीझर झरै, उपजै ब्रह्म गियान।
अविगति अंतरि प्रगटै, लागै प्रेम धियान॥ 44॥
आकासै मुखि औंधा कूवा, पाताले पनिहारि।
ताका पांणीं को हंसा पीवै, बिरला आदि बिचारि॥ 45॥
सिव सकती दिसि कौंण जु जोवै, पछिम दिसा उठै धूरि।
जल में स्यंघ जु घर करै, मछली चढ़ै खजूरि॥ 46॥
अमृत बरसै हीरा निपजै, घंटा पड़ै टकसाल।
कबीर जुलाहा भया पारिखू, अनभै उतरया पार॥ 47॥
ममिता मेरा क्या करै, प्रेम उघाड़ी पौलि।
दरसन भया दयाल का, सूल भई सुख सौड़ि॥ 48॥ 170॥

6. रस कौ अंग

कबीर हरि रस यौं पिया बाकी रही न थाकि।
पाका कलस कुम्भार का, बहुरि न चढ़ई चाकि॥ 1॥
रांम रसांइन प्रेम रस, पीवत अधिक रसाल।
कबीर पीवण दुलभ है, माँगे सीस कलाल॥ 2॥
कबीर भाठी कलाल की, बहुतक बैठे आइ।
सिर सौंपे सोई पीवै, नहीं तो पिया न जाइ॥ 3॥
हरि रस पीया जांणिये, जे कबहुं न जाइ खुमार।
मैंमंता घूंमत रहै, नांहीं तन की सार॥ 4॥
मैंमंता तिण नां चरै, सालै चितां सनेह।
बारि जु बांध्या प्रेम कै, डारि रह्या सिरि खेह॥ 5॥

मैंमंता अविगत रहा, अकलप आसा जीत।
रांम अमलि माता रहै, जीवन मुकति अतीत॥ 6॥
जिहि सर घड़ा न डूबता, अब मैंगल मलि न्हाइ।
देवल बूड़ा कलस सूं, पंखि तिसाई जाइ॥ 7॥
सबै रसांइण मैं किया, हरि सा और न कोइ।
तिल इक घट मैं संचरे[1], तौ सब तन कंचन होइ॥ 8॥ 178॥

7. लांबि कौ अंग

काया कमंडल भरि लिया, उज्जल निरमल नीर।
तन मन जोबन भरि पिया, प्यास न मिटी सरीर॥ 1॥
मन उलट्या दरिया मिल्या, लागा मलि मलि न्हांन।
थाहत थाह न आवई, तूं पूरा रहिमान॥ 2॥
हेरत हेरत हे सखी, रह्या कबीर हिराइ।
बूंद समानी समंद में, सो कत हेरी जाइ॥ 3॥
हेरत हेरत हे सखी, रह्या कबीर हिराइ।
समंद समाना बूँद मैं, सो कत हेर्‌या जाइ॥ 4॥ 182॥

8. जरणां कौ अंग

भारी कहौं त बहु डरौं, हलका कहूँ तो झूठ।
मैं का जांणौं रांम कूं, नैनूं कबहुं न दीठ॥ 1॥
दीठा है तो कस कहूँ, कह्या न को पतियाइ।
हरि जैसा है तैसा रहौ, तूँ हरिखि हरिखि गुण गाइ॥ 2॥
ऐसा अदबुद जिनि कथै, अदबुद राखि लुकाइ।
बेद कुरानों गमि नहीं, कह्या न को पतियाइ॥ 3॥
करता की गति अगम है, तूँ चलि अपणैं उनमान।
धीरैं धीरैं पाव दे, पहुंचौगे परवान॥ 4॥
पहुंचैंगे तब कहैंगे, अबड़ैंगे उस ठांइ।
अजहूं बेरा समंद में, बोलि बिगूचै कांइ॥ 5॥ (187)

---

1. ख—रिचक घट में संचरे।

9. हैरान कौ अंग

पंडित सेती कहि रहे, कह्या न मानै कोई।
ओ अगाध एका कहै, भारी अचिरज मोहि॥ 1॥
बसे अप्यंडी प्यंड मैं, ता गति लखै न कोइ।
कहै कबीरा संत हौ, बड़ा अचंभा मोहि॥ 2॥ 189॥

10. लै कौ अंग

जिहि बन सिंह न संचरै, पंखि उड़ै नहीं जाइ।
रैणि दिवस का गमि नहीं, तहाँ कबीर रह्या ल्यो लाइ॥ 1॥
सुरति ढीकुली लेज ल्यौ, मन नित[1] ढोलनहार।
कवल कुवा में प्रेम रस, पीवै बारंबार॥ 2॥
गंग जमुन उर अंतरै, सहज सुंनि ल्यौ घाट।
तहाँ कबीरै मठ रच्या, मुनि जन जोवैं बाट॥ 3॥ 192॥

11. निहकर्मी पतिब्रता कौ अंग

कबीर प्रीतडी तौ तुझ सौं, बहु गुणियाले कंत।
जे हंसि बोलौं और सौं, तो नील रंगाउं दंत॥ 1॥
नैनां अंतरि आव तूं ज्यूँ हौं नैन झंपेउं।
नां हौं देखौं और कूं, नां तुझ देखन देउं॥ 2॥
मेरा मुझ में कुछ नहीं, जो कुछ है सो तेरा।
तेरा तुझको सौंपता, क्या लागै है मेरा॥ 3॥
कबीर रेख स्यंदूर की, काजल दिया न जाइ।
नैनौं रमइया रमि रह्या, दूजा कहाँ समाइ॥ 4॥
कबीर सीप समंद की, रटै पियास पियास।
समंदहि तिणका बरि गिणै, स्वांति बूंद की आस॥ 5॥
कबीर सुख कौ जाइ था, आगै आया दुख।
जाहि सुख धरि आपणै हम जाणौं अरु दुख॥ 6॥

1. ख—मन चित

दोजग तो हम अंगिया, यहु डर नांहीं मुझ।
भिस्त न मेरे चाहिए, बाझ पियारे तुझ॥ 7॥
जे वो एकै जांणियां तो जांण्यां सब जांण।
जो वो एक न जांणियां, तो सबहीं जांण अजांण॥ 8॥
कबीर एक न जांणियां, तो बहु जांण्यां क्या होइ।
एकै तैं सब होत है, सब तैं एक न होइ॥ 9॥
जब लगि भगति सकांमता, तब लग निर्फल सेव।
कहै कबीर वै क्यूं मिलैं, निहकांमी निज देव॥ 10॥
आसा एक जू रांम की, दूजी आस निरास।
पांणी माँहै घर करैं, ते भी मरैं पियास॥ 11॥[1]
जे मन लागै एक सूं, तो निरबाल्ह्या जाइ।
तूरा दुइ मुखि बाजणां न्याइ तमाचे खाइ॥ 12॥
कबीर कलिजुग आइ करि, कीये बहुत ज मीत।
जिन दिल बंधी एक सूं ते सुखु सोवै नचींत॥ 13॥
कबीर कूता रांम का, मुतिया मेरा नांउं।
गले रांम की जेवड़ी, जित खैंचे तित जाउं॥ 14॥
तो तो करै त बाहुड़ौं, दुरि दुरि करै तो जाउं।
ज्यूँ हरि राखैं त्यूं रहौं, जो देवै सो खाउं॥ 15॥
मन प्रतीति न प्रेम रस, नां इस तन मैं ढंग।
क्या जाणौं उस पीव सूं, कैसे रहसी रंग॥ 16॥
उस संम्रथ का दास हौं, कदे न होइ अकाज।
पतिब्रता नांगी रहै, तो उसही पुरिस कौ लाज॥ 17॥
घरि परमेसुर पाहुंणां, सुणौं सनेही दास।
षट रस भोजन भगति करि, ज्यूं कदे न छाड़ै पास॥ 18॥ 210॥

12. चितावणी कौ अंग

कबीर नौबति आपणी, दिन दस लेहु बजाइ।
ए पुर पटण ए गली, बहुरि न देखै आइ॥ 1॥

---

1. इसके आगे ख प्रति में
आसा एक ज रांम की, दूजी आस निवारि।
आसा फिरि फिरि मारसी, ज्यूं चौपड़ि का सारि॥
और
आसा एक ज रांम की, जुग जुग पुरवे आस।
जौ पाडल क्यों रे करै बसैहिं जु चंदन पास॥

जिनके नौबति बाजती, मैंगल बंधते बारि।
एकै हरि के नांउं बिन, गए जन्म सब हारि॥ 2॥
ढोल दमांमा दुड़बड़ी, सहनाई संगि भेरि।
औसर चल्या बजाइ करि, है कोइ राखै फेरि॥ 3॥
सातौं सबद जु बाजते, घरि घरि होते राग।
ते मंदिर खाली पड़े, बैसण लागे काग॥ 4॥
कबीर थोड़ा जीवणा माड़े बहुत मंडाण।
सबही ऊभा मेल्हि गया, राव रंक सुलितान॥ 5॥
इक दिन ऐसा होइगा, सब सूं पड़ै बिछोइ।
राजा राणा छत्रपति, सावधान किन होइ॥ 6॥[1]
कबीर पटण कारिवां, पंच चोर दस द्वार।
जम रांणें गढ़ भेलिसी, सुमिरि लै करतार॥ 7॥
कबीर कहा गरबियौ, इस जीवन की आस।
टेसू फूले दिवस चारि, खंखर भये पलास॥ 8॥
कबीर कहा गरबियो, देही देखि सुरंग।
बिछड़ियां मिलिबौ नहीं, ज्यूं कांचली भुवंग॥ 9॥
कबीर कहा गरबियो, ऊँचे देखि अवास।
काल्हि पर्यूं भुइं लेटणां, ऊपरि जामैं घास॥ 10॥
कबीर कहा गरबियौ, चांम लपेटे हड़।
हैंबर ऊपरि छत्र सिरि, ते भी देबा खड॥ 11॥
कबीर कहा गरबियो, काल गहै कर केस।
नां जांणों कहाँ मारिसी[2], कै घरि कै परदेस॥ 12॥
यहु ऐसा संसार है जैसा सैंबल फूल।
दिन दस के ब्यौहार को, झूठै रंगि न भूल॥ 13॥[3]
जांभण मरण बिचारि करि, कूड़े कांम निहारि।
जिनि पंथू तुझ चालणां, सोई पंथ संवारि॥ 14॥
बिन रखवाले बाहिरा, चिड़ियैं खाया खेत।
आधा परधा ऊबरै, चेति सकै तो चेति॥ 15॥

1. ख प्रति में इसके आगे
ऊजड़ खेड़ै ठीकरी, घड़ि घड़ि गए कुम्भार।
रावण सरीखे चलि गए लंका के सिकदार॥
2. ख में कत मारिसी
3. ख में अतिरिक्त
मीचि बिसारी बावरै अचिरज कीया कौन।
तन माटी में मिलि गया, ज्यूं आटे में लूण॥

हाड़ जलै ज्यूं लाकड़ी, केस जलै ज्यूँ घास।
सब तन जलता देखि करि, भया कबीर उदास॥ 16॥[1]
कबीर मंदिर[2] ढहि पड़या, ईंट भई सैंवार।
कोई चेजारा चिणि गया, मिल्या न दूजी बार॥ 17॥
कबीर देवल ढहि पड़या ईंट भई सैंवार।
करि चेजारा सौ प्रीतिड़ी, ज्यौं ढहै न दूजी बार॥ 18॥[3]
कबीर मंदिर लाख का, जड़िया हीरै लालि।
दिवस चार का पेखणां, विनस जाइगा काल्हि॥ 19॥
कबीर धूलि सकेलि[4] करि, पुड़ी ज बांधी एह।
दिवस चारि का पेखणां अंति खेह का खेह॥ 20॥
कबीर जे धंधौ तौ धूलि, बिन धंधै धूलै नहीं।
ते नर बिनठे मूलि, जिनि धंधे मैं ध्याया नहीं॥ 21॥
कबीर सुपनै रैंणि कै, ऊघड़ि आये नैन।
जीव पड़या बहु लूटि[5] मैं, जागै तो लैण न दैण॥ 22॥
कबीर सुपनै रैंणि के, पारस जीय मैं छेक।
जे सोऊँ तो दोइ जणां, जे जागूं तो एक॥ 23॥[6]

---

1. ख में इसके आगे ये दोहे—
   मड़ा जलै लकड़ी जलै जलै जलावणहार।
   कौतिगहारे भी जलें, कासिन करौं पुकार॥
   कबीर देवल हाड़ का, मारी तणा बधांण।
   खड़ हड़ता पाया नहीं, देवल का रहनांण॥
2. ख—देवल
3. क प्रति में 16, 17 नंबर के दोहे नंबर 22, 23 पर हैं। बीच में ये तीन दोहे।
   आजि कि काल्हि के पचे दिन, जंगल होइगा बास।
   ऊपरि ऊपरि फिरहिंगे, ढोर चरंदे घास॥
   मरहिंगे मरि जाहिंगे नांउं न लेगा कोइ।
   ऊजड़ जाइ बसाहिंगे, छांड़ि बसंती लोइ॥
   कबीर खेत किसान का भ्रगौ खाया खाड़ि।
   खेत बिचारा क्या करे, जो खसम न करई बाड़ि॥
4. ख—समेटि
5. ख—भूलि
6. ख प्रति में इसके आगे
   कबीर इहै चितावणी जिन संसारी जाइ।
   जे पहिली सुख भोगिया, तिन का गुड़ ले खाइ॥

कबीर इस संसार में घणै मनिष मतिहीण।
रांम नांम जांणें नहीं, आये टापा दीन॥ 24॥[1]
कहा कियौ हम आइ करि, कहा करेंगे जाइ।
इत के भए न उत के, चाले मूल गंवाइ॥ 25॥
आया अणआया भया, जे बहु रत्ता संसार।
पड़्या भुलांवां गफिलां, गए कुबुधी हारि॥ 26॥
कबीर हरि की भगति बिन, ध्रिग जीमण संसार।
धूंवां केरा धौलहर, जात न लागै बार॥ 27॥
जिहि हरि की चोरी करि, गए रांम गुण भूलि।
ते बिधनां बागुल रचे, रहे अरध मुखि झूलि॥ 28॥
माटी मलणि कुम्भार कीं, घणीं सहै सिरि लात।
इहि औसरि चेत्या नहीं, चूका अबकी घात॥ 29॥
इहि औसरि चेत्या नहीं, पसु ज्यूं पाली देह।
रांम नांम जाण्या नहीं, अंति पड़ी मुख खेह॥ 30॥
रांम नांम जाण्या नहीं, लागी मोटी खोड़ि।
काया हांडी काठ की, ना ऊ चढ़े बहोड़ि॥ 31॥
रांम नांम जाण्या नहीं, बात बिनंठी मूलि।
हरत इहां ही हारिया, परति पड़ी मुख धूलि॥ 32॥[2]
रांम नांम जाण्या नहीं, पाल्यो कटक कुटुंब।
धंधा ही में मरि गया, बाहर हुई न बुंब॥ 33॥
मनिषा जनम दुलंभ है, देह न बारंबार।
तरवर थैं फल झड़ि पड़्या, बहुरि न लागै डार॥ 34॥
कबीर हरि की भगति करि, तजि बिषिया रस चोज।
बार बार नहीं पाइए, मनिषा जन्म की मौज॥ 35॥[3]

---

1. ख प्रति में इसके आगे
   पीपल रूनों फूल बिन, फल बिन रूनी गाइ।
   एकां एकां माणसां, टापा दीन्हा आइ॥
2. ख प्रति में ये तीन अतिरिक्त दोहे
   रांम नांम जाण्या नहीं मेल्या मनहिं बिसारि।
   ते नर हाली बादरी, सदा पराए बारि॥
   रांम नांम जाण्या नहीं ता मुखि आनहिं आन।
   कै मूसा कै कातरा खाता गया जनम (जांण?)
   रांम नांम जान्यो नहीं हूवा बहुत अकाज।
   बूड़ा लौरे बापुड़ा बड़ा बूटा की लाज॥
3. ख प्रति में इसके आगे
   पाणी ज्यौर तालाब का, दह दिसि गया बिलाइ।
   यह सब यों ही जाएगा, सकै तो ठाहर लाइ॥

कबीर यहु तन जात है, सकै तो ठाहर लाइ।
कै सेवा करि साध की, कै गुण गोबिन्द के गाइ॥ 36॥
कबीर यह तन जात है, सकै तो लेहु बहोड़ि।
नागे हाथूं[1] ते गए, जिनके लाख करोड़ि॥ 37॥
यह तनु काचा कुम्भ है, चोट चहुं दिसि खाइ।
एक रांम के नांव बिन, जदि तदि प्रलै जाइ॥ 38॥[2]
यह तनु काचा कुम्भ है, लीया फिरै था साथि।
ढबका लागा फुटि गया, कछू न आया हाथि॥ 39॥
कांची कारी जिनि करै, दिन दिन बधै बियाधि।
रांम कबीरै रुचि भई, याही ओषदि साधि॥ 40॥
कबीर अपने जीव तैं, ए दोइ बातैं धोइ।
लोभ बड़ाई कारणै, अछता मूल न खोइ॥ 41॥
खंभा एक गइंद दोइ, क्यूं करि बंधसि बारि।
मानि करै तो पीव नहीं, पीव तौ मानि निवारि॥ 42॥
दीन गंवाया दुनी सौं, दुनी न चाली साथि।
पाइ कुहाड़ा मारिया, गाफिल अपणै हाथि॥ 43॥
यह तन तो सब बन भया, करंम भए कुहाड़ि।
आप आप कूं काटिहैं, कहैं कबीर विचारि॥ 44॥
कुल खोयां कुल ऊबरै, कुल राख्यां कुल जाइ।
रांम निकुल कुल भेंटि लै, सब कुल रह्या समाइ॥ 45॥
दुनिया के धोखे मुवा, चलै जु कुल की कांणि।
तब कुल किसका लाज सी[3], जब ले धर्‌या मसांणि॥ 46॥
दुनियां भांडा दुख का, भरी मुहांमुह भूख।
अदया अलह रांम की, कुरहै ऊंणी कूख॥ 47॥[4]
जिहि जेवड़ी जग बंधिया, तूं जिनि बंधै कबीर।
ह्वैसी आटा लूंण ज्यूं, सोना संवौं शरीर॥ 48॥

1. ख प्रति नागे पांऊं (यह अधिक प्रसंगानुकूल है)
2. ख प्रति में इसके आगे
   यह तन काचा कुम्भ है, मांहिं किया ढिग बास।
   कबीर नैण निहारियां तो नहीं जीवण आस॥
3. ख प्रति में का कौ लाजसी
4. ख प्रति में इसके आगे
   कबीर साखत की सभा तू मत बैठे जाइ।
   एकै बाड़ै क्यूं बड़ै, रीझ गदहड़ा गाइ॥

कहत सुनत जग जात है, विषै न सूझै काल।
कबीर प्याले प्रेम कै, भरि भरि पीवै रसाल॥ 49॥
कबीर हद के जीव सूं, हित करि मुखां न बोलि।
जे लागे बेहद सूं, तिन सूं अंतर खोलि॥ 50॥
कबीर केवल रांम की, तूं जिनि छाड़ै ओट।
घण अहरणि बिचि लोह ज्यूँ, घड़ी सहै सिर चोट॥ 51॥
कबीर केवल रांम कहि, सुध गरीबी झालि।
कूड़ बड़ाई बूड़सी, भारी पड़िसी काल्हि॥ 52॥
काया मंजन क्या करै, कपड़ धोइ म धोइ।
उजल हूवा न छूटिए, सुख नींदड़ी न सोइ॥ 53॥
उजल कपड़ा पहरि करि, पान सुपारी खांहिं।
एके हरि का नांउं बिन, बांधे जमपुरि जांहिं॥ 54॥[1]
तेरा संगी कोइ नहीं, सब स्वारथ बंधी लोइ।
मनि परतीति न ऊपजै, जीव बेसास न होइ॥ 55॥
मांइ बिड़ाणीं बाप बिड़, हम भी मंझि बिड़ां।
दरिया केरी नाव ज्यूं, संजोगे मिलियां॥ 56॥
इत पर घर उत घर बणजण आए हाट।[2]
करम किरांणां बेचि करि, उठि ज लागे बाट॥ 57॥
नान्हां काती चित दे, महंगे मोलि बिकाइ।
गाहक राजा रांम है और न नेड़ा आइ॥ 58॥
डागल उपरि दौड़णां, सुख नींदड़ी न सोइ।
पुनै पाए द्यौंहड़े, ओछी ठौर न खोइ[3]॥ 59॥[4]
मैं मैं बड़ी बलाइ है, सके तो निकसी भाजि।
कब लग राखौं हे सखी, रूई पलेटी आगि॥ 60॥

---

1. ख प्रति में इसके आगे

थली चरंते म्रिंघ लै, बीघ्या एक ज सौंण।
हम तौ पंथी पंथ सिरि हर्‌या चरैगा कौण॥

2. ख में एथि परिघरि उथि घरि जोवण आए ठाट
3. ख में पुन पाया देहड़ी बोछां ठौर न खाइ
4. ख में इसके आगे

ज्यूं कोली पेड़ बुणै, बुणतां आवै बोड़ि।
ऐसा लेखा मींच का कछु दौड़ि सके तो दौड़ि॥

मैं मैं मेरी जिनि करै, मेरी मूल बिनास।
मेरी पग का पैखड़ा, मेरी गल की पास॥ 61॥[1]
कबीर नाव जरजरी, कूड़े खेवणहार।
हलके हलके तिरि गए, बूड़े तिनि सिर भार॥ 62॥[2] 272॥

13. मन कौ अंग

मन कै मते न चालिये, छाड़ि जीव की बांणि।
ताकू केरे सूत[3] ज्यूं, उलटि अपूठा आंणि॥ 1॥
चिन्ता चिति निबारिए, फिर बूझिए न कोइ।
इंद्री पसर मिटाइए[4], सहजि मिलैगा सोइ॥ 2॥
आसा का ईंधन करौं, मनसा करौं बिभूति।
जोगी फेरी फिल करौं, यों बिन नांवैं सूति॥ 3॥
कबीर सेरी सांकड़ी चंचल मनवां चोर।
गुण गावै लैलीन होइ, कछू एक मनि मैं और॥ 4॥
कबीर मारौं मन कूं, टूक टूक ह्वै जाइ।
विष की क्यारी बोइ करि लुणत कहा पछिताइ॥ 5॥
इस मन कौ बिसमल करौं, दीठा करौं अदीठ।
जे सिर राखौं आपणां, तौ पर सिरि जलौ अंगीठ॥ 6॥
मन जाणैं सब बात, जाणत ही औगुण करै।
काहे की कुसलात, कर दीपक कूंवै पड़ै॥ 7॥

---

1. ख में इसके आगे ये दोहे हैं
   मेर तेर की जींवड़ी बसि बंध्या संसार।
   कहां सु कुंणवा कलित दाझणि बारंबार॥
   मेर तेर की रासड़ी, बलि बंध्या संसार।
   दास कबीरा किमि बंधै जाके रांम अधार॥
   कबीर नांव जरजरी भरी बिसाणै भार।
   खेवट सों परचा नहीं, क्यों करि उतरैं पार॥
2. ख में यहाँ एक दोहा और
   कबीर पगड़ा दूरि है जिनकै बिचिहै राति।
   का जाणौं का होइगा, ऊगवै तैं परभाति॥
3. ख में तेरा तार ज्यूं
4. ख—परस निबारिए

हिरदा भीतरि आरसी, मुख देखणां न जाइ।
मुख तौ तौ परि देखिए, जे मन की दुबिधा जाइ॥ 8॥[1]
मन दीया मन पाइए, मन बिन मन नहीं होइ।
मन उनमन उस अंड ज्यूं, अनल अकासां जोइ॥ 9॥
मन गोरख मन गोबिंदो, मन ही औघड़ होइ।
जे मन राखै जतन करि, तौ आपै करता सोइ॥ 10॥
एक ज दोसत हम किया, जिस गलि लाल कबाइ।
सब जग धोबी धोइ मरै, तौ भी रंग न जाइ॥ 11॥
पांणी ही तैं पातला, धूवां ही तै झीण।
पवनां बेगि उतावला, सो दोसत कबीरै कीन्ह॥ 12॥
कबीर तुरी पलांणियां, चाबक लीया हाथि।
दिवस थकां सांई मिलौं, पीछे पड़िहै राति॥ 13॥
मनवां तो अधर बस्या, बहुतक झीणां होइ।
आलोकत सचु पाइया, कबहूँ न न्यारा सोइ॥ 14॥
मन न मार्‌या मन करि, सके न पंच प्रहारि।
सीला साच सरधा नहीं, इंद्री अजहुं उघारि॥ 15॥
कबीर मन बिकरै पड्या, गया स्वादि के साथ।
गलका खाया बरज्तां, अब क्यूँ आवै हाथि॥ 16॥
कबीर मन गाफिल भया, सुमिरण लागै नांहिं।
घणीं सहैगा सासनां, जम की दरगह मांहिं॥ 17॥
कोटि कर्म पल मैं करै, यहु मन बिषिया स्वादि।
सतगुर सबद न मानई, जनम गंवाया बादि॥ 18॥
मैंमंता मन मारि रे, घटहीं मांहैं घेरि।
जबहीं चालै पीठि दै, अंकुस दे दे फेरि॥ 19॥[2]
मैंमंता मन मारि रे, नान्हां करि करि पीसि।
तब सुख पावै सुंदरी, ब्रह्म झलकै सीसि॥ 20॥

---

1. ख में इसके बाद दो और दोहे
कबीर मन मृथा भया, सेत बिराना खाइ।
सूलां करि करि से किसी, जब खसम पहुंचे आइ॥
मन को मन मिलता नहीं तौ होता तन का भंग।
अब ह्वै रहु काली कांमली ज्यों दूजा चढ़ै न रंग॥
2. ख में इसके आगे
जौ तन कांहे मन धरै, मन धरि निर्मल होइ।
साहिब सौं सनमुख रहै तो फिरि बालक होइ॥

कागद केरी नावरी, पाणी केरी गंग।
कहै कबीर कैसे तिरूं, पंच कुसंगी संग॥ 21॥
कबीर यह मन कत गया, जो मन होता काल्हि।
डूंगरि बूठा मेह ज्यूँ, गया निवांणां चालि॥ 22॥
मृतक कूं धीजौं नहीं, मेरा मन बीहै।
बाजै बाव बिकार की, भी मूवा जीवै॥ 23॥
काटि कूटि मछली, छींकै धरी चहोड़ि।
कोई एक अखिर मन बस्या, दह मैं पड़ी बहोड़ि॥ 24॥[1]
कबीर मन पंखी भया, बहुतक चढ्या अकास।
उहां ही तैं गिरि पड्या, मन माया के पास॥ 25॥
भगति दुबारा संकुड़ा, राई दसवैं भाइ।
मन तौ मैंगल ह्वै रह्यो, क्यूँ करि सकै समाइ॥ 26॥
करता था तो क्यूं रह्या, अब करि क्यूँ पछताइ।
बोवै पेड़ बबूल का, अंब कहाँ तैं खाइ॥ 27॥
काया देवल मन धजा, बिषै लहरि फहराई।
मन चाल्यां देवल चलै, ताका सरबस जाइ॥ 28॥
मनह मनोरथ छांड़ि दे, तेरा किया न होइ।
पांणी मैं घीव नीकसै, तो रूखा खाइ न कोइ॥ 29॥
काया कसूं कमांण ज्यूं, पंच तत्त करि बांण।
मारौं तो मन मृग को, नहीं तो मिथ्या जांण॥ 30॥[2] (302)

14. सूषिम मारग कौ अंग

कौंण देस कहाँ आइया, कहु क्यूं जांण्यां जाइ।
उहू मार्ग पावै नहीं, भूलि पड़े इस मांहिं॥ 1॥

---

1. ख में इसके आगे ये दोहे
मूवा मन हम जीवत देख्या जैसे मड़िहट भूत।
मूवां पीछे उठि उठि लागै, ऐसा मेरा पूत॥
मूवे कौंधी गौ नहीं, मन का किया बिनास।
साधू तब लग डर करै, जब लग पंजर सास॥
2. ख में इसके आगे
कबीर हरि दिवान कै क्यूंकर पावै दादि।
पहली बुरी कमाइ करि पीछै करै फिलादि॥

उतथैं कोइ न आवई, जाकूं बूझौं धाइ।
इतथैं सबै पठाइये, भार लदाइ लदाइ॥ 2॥[1]
सबकूं बूझत मैं फिरौं, रहण कहै नहीं कोइ।
प्रीति न जोड़ी रांम सूं, रहण कहाँ थैं होइ॥ 3॥
चलौ चलौ सबको कहे, मोहि अंदेसा और।
साहिब सूं पर्चा नहीं, ए जांहिगे किस ठौर॥ 4॥
जाइबे को जाइगह नहीं, रहिबे कौं नहीं ठौर।
कहै कबीरा संत हौ, अबिगति की गति और॥ 5॥
कबीरा मारिग कठिन है, कोइ न सकई जाइ।
गए तो बहुड़े नहीं, कुसल कहै को आइ॥ 6॥
जन कबीर का सिखर घर, बाट सलैली सैल।
पाव न टिकै पपीलका, लोगनि लादे बैल॥ 7॥
जहाँ न चींटी चढ़ि सकै, राइ ना ठहराइ।
मन पवन का गमि नहीं, तहाँ पहुंचे जाइ॥ 8॥
कबीर मारग अगम है, सब मुनिजन बैठे थाकि।
तहाँ कबीरा चलि गया, गहि सतगुर की साखि॥ 9॥
सुर नर थाके मुनि जनां, जहाँ न कोई जाइ।
मोटे भाग कबीर के, तहाँ रहे घर छाइ॥ 10॥ (312)

15. सूषिम जनम कौ अंग

कबीर सूषिम सुरति का, जीव न जांणै जाल।
कहै कबीरा दूरि करि, आतम अदिष्टि काल॥ 1॥
प्रांण प्यंड को तजि चलै, मूवा कहै सब कोइ।
जीव छतां जांमैं मरै, सूषिम लखै न कोइ॥ 2॥[2] (314)

---

1. ख में इसके आगे
    कबीर संसा जीव मैं कोई न कहै समुझाइ।
    नांनां बांणी बोलता सो कत गया बिलाइ॥
2. ख में इसके आगे दो दोहे
    कबीर अंतहकरन मन, करन मनोरथ मांहिं।
    उपजित उपगति जांणिए, बिनसे सब बिसरांहि॥
    कबीर संसा दूर करि, जांमण मरन भरम।
    पंच तत्त तत्तहि मिलै, सुंनि समाना मन॥

16. माया कौ अंग

जग हटवाड़ा स्वाद ठग, माया बेस्वां लाइ।
रांम चरन नीकां गही, जिनि जाइ जनम ठगाइ॥ 1 ॥[1]
कबीर माया पापणीं, फंध ले बैठि हाटि।
सब जग तो फंधै पड्या, गया कबीरा काटि॥ 2 ॥
कबीर माया पापणीं, लालै लाया लोग।
पूरी किन हूं न भोगई, इनका इहै बिजोग॥ 3 ॥
कबीरा माया पापणीं, हरि सूं करे हरांम।
मुखि कड़ियाली कुमति की, कहण न देई रांम॥ 4 ॥
जांणौं जे हरि को भजो[2], मो मनि मोटी आस।
हरि बिचि घालै अंतरा, माया बड़ी बिसास॥ 5 ॥
कबीर माया मोहनी, मोहे जांण सुजांण।
भागां ही छूटै नहीं, भरि भरि मारै बांण॥ 6 ॥
कबीर माया मोहनी, जैसी मीठी खाँड़।
सतगुर कृपा भई, नहीं तो करती भांड़॥ 7 ॥
कबीर माया मोहणीं, सब जग घाल्या घांणि।
कोइ एक जन ऊबरै, जिनि तोड़ी कुल की कांणि॥ 8 ॥
कबीर माया मोहनी, मांगी मिलै न हाथि।
मनह उतारी झूठ करि, तब लागी डोलै साथि॥ 9 ॥
माया दासी संत की, ऊभी देइ असीस।
बिलसी अरु लातौं छड़ी, सुमरि सुमरि जगदीस॥ 10 ॥
माया मुई न मन मुवा, मरि मरि गया सरीर।
आसा त्रिस्नां ना मुई, यों कहि गया कबीर[3]॥ 11 ॥
आसा जीवै जग मरै, लोग मरे मरि जाइ।
सोइ मूये धन संचते[4], सो उबरे जे खाइ॥ 12 ॥
कबीर सो धन संचिए, जो आगैं कूं होइ।
सीस चढ़ाए पोटली, ले जात न देख्या कोइ॥ 13 ॥

---

1. ख में इसके आगे
   कबीर जिभ्या स्वाद ते क्यूं पल में ले काम।
   अंगि अविद्या ऊपजे जाइ हिरदा तैं राम॥
2. ख—हरि क्यों मिलौं।
3. ख—यूं कहै दास कबीर।
4. ख—सोई बूड़े जु धन संचते।

त्रिया त्रिष्णां पापणीं, तासूं प्रीति न जोड़ि।
पैड़ी चढ़ि पाछां पड़े, लागै मोटी खोड़ि॥ 14॥
त्रिष्णां सींचीं नां बुझे, दिन दिन बढ़ती जाइ।
जवासा के रूप ज्यूं, घण मेहां कुमिलाइ॥ 15॥
कबीर जग की को कहे, भौ जलि बूड़ैं दास।
पारब्रह्म पति छांड़ि कर, करैं मांनि की आस॥ 16॥
माया तजी तौ का भया, मांनि तजी नहीं जाइ।
मांनि बड़े मुनियर मिले, मांनि सबनि कूं खाइ॥ 17॥
रांमहिं थोड़ा जांणि करि, दुनियां आगैं दीन।
जीवां कौ राजा कहैं, माया के आधीन॥ 1 8॥
रज बीरज की कली, तापरि साज्या रूप।
रांम नांम बिन बूड़िहै, कनक कांमनी कूप॥ 19॥
माया तरवर त्रिविध का, साखा दुख संताप।
सीतलता सुपिनै नहीं, फल फीका तनि ताप॥ 20॥
कबीर माया डाकणीं, सब किसही कूं खाइ।
दांत उपाड़ौं पापणीं, जे संतौं नेड़ी जाइ॥ 21॥
नलनी सायर घर किया, दौं लागी बहुतेणि।
जल ही मांहै जलि मुई, पूरब जनम लिषेणि॥ 22॥
कबीर गुण की बादली, तीतर बांनीं छांह।
बाहरि रहे ते ऊबरे, भीगे मंदिर मांहिं॥ 23॥
कबीर माया मोह की, भई अंधारी लोइ।
जे सूते ते मुसि लिये, रहे बस्त कूं रोइ॥ 24॥[1]
संकल ही तैं सब लहे, माया इहि संसार।
ते क्यूं छूटैं बापुड़े, बांधे सिरजनहार॥ 25॥
बाड़ि चढ़ती बेलि ज्यूँ, उलझी आसा फंध।
तूटै पर छूटै नहीं, भई ज बाचा बंध॥ 26॥
सब आसण आसा तणां, निरव्रति कै को नांहिं।
निरव्रति कै निबहै नहीं, परव्रति परपंच मांहिं॥ 27॥

---

1. ख में इसके आगे दो दोहे

माया काल की खाणि है, धरि त्रिगुणी वपरीति।
जहां जाइ तहां सुख नहीं, यहु माया की रीति॥
माया मन की मोहनी, सुर नर रहे लुभाइ।
इहि माया जग खाइया, माया कौ कोई न खाइ॥

कबीर इस संसार का, झूठा माया मोह।
जिहि घरि जिता बधावणां, तिहि घरि तिता अंदोह॥ 28॥
माया हमसूं यों कह्या, तू मति दे रे पूठि।
और हमारा हम बलु, गया कबीरा रूठि[1]॥ 29॥
बगुली नीर बिटालिया, सायर चढ़्या कलंक।
और पंखेरू पी गए, हंस न बोवै चंच॥ 30॥
कबीर माया जिनि मिलै, सो बरियां दे बांह।
नारद से मुनियर मिले, किसौ भरोसो त्यांह॥ 31॥
माया की झल जग जल्या, कनक कांमिणी लागि।
कहु धूं किहि विधि राखिये, रूई पलेटी आगि[2]॥ 32॥ (346)

17. चांणक कौ अंग

जीव बिलंब्या जीव सौं, अलख न लखिया जाइ।
गोब्यंद मिलै न झल बुझै, रही बुझाइ बुझाइ॥ 1॥
इही उदर के कारणै, जग जांच्यो निस जांम।
स्वामीपणौ जु सिर चढ़्यो, सर्‌यौ न एको कांम॥ 2॥
स्वामी हूंणां सोरहा, दोरहा हूंणां दास।
गाडर आंणीं ऊन कौं, बांधी चरै कपास॥ 3॥
स्वामी हूवा सीति का, पैका कार पचास।
रांम नांम कांठै रह्या, करै सिषां की आस॥ 4॥
कबीर तष्टा टोकणीं, लीए फिरै सुभाइ।
रांम नांम चीन्हें नहीं, पीतलि ही कै चाइ॥ 5॥
कलि का स्वामी लोभिया, पीतलि धरी खट्याइ।
राज दुबारां यूं फिरै, ज्यूँ हरिहाई गाइ॥ 6॥
कलि का स्वांमी लोभिया, मनसा धरी बधाइ।
दैंहि पईसा ब्याज कौं, लेखां करतां जाइ॥ 7॥
कबीर कलि खोटी भई[3], मुनियर मिलै न कोइ।
लालच लोभी मसकरा, तिनकूं आदर होइ॥ 8॥

---

1. ख—गया कबीरा छूटि।
2. ख—रुई लपेटी आगि।
3. ख—कबीर कलियुग आइया।

चारिउं बेद पढ़ाइ करि, हरि सूं न लाया हेत।[1]
बालि कबीरा ले गया, पंडित ढूंढ़ै खेत॥ 9॥
बांम्हण गुरू जगत का, साधू का गुरु नांहिं।
उरझि पुरझि करि मरि रह्या, चारिउं बेदां मांहिं॥ 10॥[2]
साखित सण का जेवणा, भींगां सूं कठठाइ।
दोइ अषिर गुरु बाहिरा, बांध्या जमपुरि जाइ॥ 11॥[3]
पाड़ोसी सू रूसणां, तिल तिल सुख की हांणि।
पंडित भए सरावगी, पांणी पीवें छांणि॥ 12॥
पंडित सेती कहि रह्या[4], भीतरि भेद्या नांहिं।
औरूँ कौ परमोधतां, गया मुहरकां[5] मांहिं॥ 13॥
चतुराई सूवै पढ़ी, सोई पंजर मांहिं।
फिरि परमोधे आन कौ, आपण समझै नांहिं॥ 14॥
रासि पराई राखतां, खाया घर का खेत।
औरौं कौ परमोधतां, मुख मैं पड़िया रेत॥ 15॥[6]

---

1. ख—चारि बेद पंडित पढ्या हरि सों किया न हेत।
2. ख—बांम्हण गुरु जगत का, भर्म कर्म का पाइ।
   उलझि पुलझि करि मरि गया चार्‌यौ वेदा मांहिं॥
   इसके बाद ख में ये दोहे भी हैं—
   कलि का बांम्हण मसखरा, ताहि न दीजै दान।
   स्यौं कुंटउ नरकहि चलै साथ चल्या जजमान॥
   बांम्हण कूड़ा बापुड़ा जेनेऊ के जोरि।
   लख चौरासी मां गेलई पारब्रह्म सों तोड़ि॥
3. ख प्रति में इसके आगे तीन दोहे और
   कबीर साखत की सभा, तूं जिनि बैसे जाइ।
   एक दिवाड़ै क्यू बड़ै, रीझ गदेहड़ा खाइ॥
   साखत ते सूकर भला, सूचा राखें गांव।
   बूड़ा साखत बापुड़ा, बैसि समरणी नाव॥
   साखत बांम्हण जिनि मिलै, बैसनो मिलै चंडाल।
   अंक माल दे भेंटिये, मानूं मिले गोपाल॥
4. ख—कबीर व्यास कहै भीतर भेदै नांहिं।
5. मुहरकां से आशय मुहर्रिर का काम (क्लर्की) प्रतीत होता है। कबीर समझाते रहे, व्यास की तरह ज्ञान देते रहे लेकिन पंडित (ब्राह्मण) दूसरों को विभिन्न उपदेश देता रहा, लेकिन ख़ुद मुहर्रिर बन गया। सल्तनत में उभरते प्रशासन तंत्र में ब्राह्मणों के उत्साहपूर्वक प्रवेश का महत्त्वपूर्ण ऐतिहासिक संकेत देती है यह साखी। (पु.अ.)
6. ख प्रति में इसके आगे
   कबीर कहै पोर कूं, तूं समझाने सब कोइ।
   संसा पड़गा आपको, तौ और कहे का होइ॥

तारा मंडल बैसि करि, चंद बड़ाई खाइ।
उदै भया जब सूर का, स्यूं तार्‌यां छिपि जाइ॥ 16॥
देखण के सबको भले, जिसे सीत के कोट।
रवि के उदै न दीसहीं, बंधै न जल की पोट॥ 17॥[1]
तीरथ करि करि जग मुवा, डूंघै पांणी न्हाइ।
रांमहि रांम जपंतडां काल घसीट्यां जाइ॥ 18॥
कासी कांठै घर करैं, पीवै निर्मल नीर।
मुकति नहीं हरि नांव बिन, यों कहें दास कबीर॥ 19॥
कबीर इस संसार को, समझाऊं कै बार।
पूँछ जु पकड़ै भेड़ की, उतर्‌या चाहै पार॥ 20॥[2]
कबीर मन फूल्या फिरै, करता हूँ मैं ध्रंम।
कोटि क्रंम सिरि ले चल्या, चेत न देखै भ्रंम॥ 21॥
मोर तोर की जेवड़ी, बलि बंध्या संसार।
कांहसि कडूंबा सुत कलित, दाझंणि बारंबार॥ 22॥ (368)

18. करणीं बिना कथणीं कौ अंग

कथणीं कथी तो क्या भया, जे करणीं नां ठहराइ।
कालबूत के कोट ज्यूँ, देखत ही ढहि जाइ॥ 1॥
जैसी मुख तैं नीकसै, तैसी चालै चाल।
पारब्रह्म नेड़ा रहै, पल में करै निहाल॥ 2॥
जैसी मुख तैं नीकसै, तैसी चालै नांहिं।
मानिष नहीं ते स्वान गति, बांध्या जमपुर जांहिं॥ 3॥
पद गायां मन हरषिया, साखी कह्या अनंद।
सो तत नांउं न जांणियां, गल मैं पड़िया फंध॥ 4॥[3]
करता दीसै कीरतन, ऊंचा करि करि तूंड।
जांणै बूझे कुछ नहीं, यौं ही आंधा रूंड॥ 5॥ (373)

---

1. ख प्रति में इसके आगे
   सुणत सुणावत दिन गए, उलझि न सुलझ्या मन।
   कहै कबीर चेत्यौ नहीं, अजहुं पहलौ दिन॥
2. ख में इसके आगे
   पद गायां मन हरषियां, साखी कह्या आनंद।
   स तत नांउं न जाणियां, गल में पड़ गया फंद॥
3. यह साखी ख प्रति में चांणक कौ अंग में भी है। देखें पिछला फ़ुटनोट।

19. कथणीं बिना करणी कौ अंग

मैं जान्यूं पढ़िबौ भलो, पढ़िवा थें भलो जोग।
रांम नांम सूं प्रीति करि, भल भल नींदौ लोग॥ 1॥
कबिरा पढ़िबा दूरि करि, पुस्तक देइ बहाइ।
बांवन आषिर सोधि करि, ररै ममैं चित लाइ॥ 2॥
कबीर पढ़िबा दूरि करि, आथि पढ्या संसार।
पीड़ न उपजी प्रीति सूं, तो क्यू करि करै पुकार॥ 3॥
पोथी पढ़ि पढ़ि जग मुवा, पंडित भया न कोइ।
एकै आषिर पीव का, पढ़ै सु पंडित होइ॥ 4॥ (377)

20. कांमी नर कौ अंग

कांमणि काली नागणीं, तीन्यूं लोक मंझारि।
रांम सनेही ऊबरे, बिषई खाये झारि॥ 1॥
कांमणि मीनीं खांणि की, जे छेड़ौं तौ खाइ।
जे हरि चरणां राचियां, तिनके निकटि न जाइ॥ 2॥
परनारी राता फिरै, चोरी बिढता खांहि।
दिवस चारि सरसा रहैं, अंति समूला जांहिं॥ 3॥
पर नारी पर सुंदरी, बिरला बंचै कोइ।
खातां मीठी खांड सी, अंति कालि बिष होइ॥ 4॥[1]
पर नारी कै राचणै, औगुण है गुण नांहिं।
खार समंद मैं मछला, केता बहि बहि जांहि॥ 5॥
पर नारी को राचणौं, जिसी ल्हसण की खांनि।
खूणैं बैसि रे खाइए, परगट होइ दिवानि[2]॥ 6॥
नर नारी सब नरक है, जब लग देह सकांम।
कहै कबीर ते रांम के, जो सुमिरै निहकांम॥ 7॥

---

1. ख प्रति में इसके आगे
   जहां जलाई सुंदरी, तहां तू जिनि जाइ कबीर।
   भसमी है करि जाससी, सो मैं सवां सरीर॥
   नारी नाहीं नाहरी; करै नैन की चोट।
   कोई एक हरिजन ऊबरै पार कला की ओट॥
2. ख—प्रगट होइ निदानि।

नारी सेती नेह, बुधि बिबेक सबही हरै।
कांइ गमावै देह, कारिज कोई नां सरै॥ 8॥
नांनां भोजन स्वाद सुख, नारी सेती रंग।
बेगि छांड़ि पछताइगा, ह्वै है मूरति भंग॥ 9॥
नारि नसावै तीनि सुख, जा नर पासैं होइ।
भगति मुकति निज ग्यान मैं, पैसि न सकई कोइ॥ 10॥
एक कनक अरु कांमनी, विष फल कीये उपाइ।
देखै ही थैं बिष चढ़े, खायै सूं मरि जाइ॥ 11॥
एक कनक अरु कांमनी, दोऊ अगनि की झाल।
देखें ही तन प्रजलै, परस्यां ह्वै पैमाल॥ 12॥
कबीर भग की प्रीतड़ी, केते गए गडंत।
केते अजहूँ जायसी, नरकि[1] हसंत हसंत॥ 13॥
जोरू जूठणि जगत की, भले बुरे का बीच।
उत्तिम ते अलगे रहै, निकटि रहै तैं नीच॥ 14॥
नारी कुंड नरक का, बिरला थंभै बाग।
कोई साधू जन ऊबरै, सब जग मूवा लाग॥ 15॥
सुंदरि थैं सूली भली, बिरला बंचै कोय।
लोह निहाला अगनि मैं, जलि बलि कोइला होय॥ 16॥
अंधा नर चेतै नहीं, कटै न संसै सूल।
और गुनह हरि बकसई, कांमी डाल न मूल॥ 17॥
भगति बिगाड़ी कांमियां, इंद्री केरै स्वादि।
हीरा खोया हाथ थैं, जनम गंवाया बादि॥ 18॥
कांमी अमीं न भावई, बिषई कौं ले सोधि।
कुबधि न जाई जीव की, भावै स्यंभ रहो परमोधि॥ 19॥
विषै विलंबी आतमां, मजकण खाया सोधि।
ग्यांन अंकुर न ऊगई, भावै निज परमोधि॥ 20॥
विषै करंम की कंचली, पहरि हुआ नर नाग।
सिर फोड़ै सूझै नहीं, को आगिला अभाग॥ 21॥
कांमी कदे न हरि भजै, जपै न कैसो जाप।
रांम कह्यां थैं जलि मरे, को पूरिबला पाप[2]॥ 22॥

---

1. ख गरकि
2. ख प्रति में इसके आगे
रांम कहंता जे खिजे, कोढ़ी ह्वै गलि जांहि।
सूकर होइ करि औतरे, नाक बूड़ंते खांहि॥

कांमी लज्जा ना करै, मन मांहिं अहिलाद।
नींद न मांगै सांथरा, भूख न मांगै स्वाद[1]॥ 23॥
नारि पराई आपणीं, भुगत्या नरकहि जाइ।
आगि आगि सब एक है, तामैं हाथ न बाहि॥ 24॥
कबीर कहता जात हौं, चेतै नहीं गंवार।
बैरागी गिरही कहा, कांमी वार न पार॥ 25॥
ग्यांनीं तो नीडर भया, मांने नांहीं संक।
इंद्री केरे बसि पड्या, भूंचै विषै निसंक॥ 26॥
ग्यांनी मूल गंवाइया, आपण भये करंता।
ताथैं संसारी भला, मन मैं रहे डरंता[2]॥ 27॥ (404)

21. सहज कौ अंग

सहज सहज सब को कहै, सहज न चीन्हैं कोइ।
जिन्ह सहजै विषिया तजी, सहज कहीजै सोइ॥ 1॥
सहज सहज सबको कहै, सहज न चीन्हें कोइ।
पांचू राखै परसती, सहज कहीजै सोइ॥ 2॥
सहजै सहजै सब गए, सुत बित कांमणि कांम।
एकमेक ह्वै मिलि रह्या, दास, कबीरा रांम॥ 3॥
सहज सहज सबको कहै, सहज न चीन्हैं कोइ।
जिन्ह सहजै हरि जी मिलै, सहज कहीजै सोइ॥ 4॥ (408)

22. साँच कौ अंग

कबीर पूँजी साह की, तूं जिनि खोवै ख्वार।
खरी बिगूचनि होइगी, लेखा देती बार॥ 1॥

---

1. ख में इसके आगे
   कांमीं थैं कुतो भलो, खोलें एक जु काछ।
   राम नाम जाणै नहीं, बांबी जेही बाच॥
2. ख में इसके आगे
   कांम कांम सबको कहैं, कांम न चीन्हैं कोइ।
   जेती मन में कामना, काम कहीजै सोइ॥

लेखा देणां सोहरा, जे दिल सांचा होइ।
उस चंगे दीवांन मैं, पला न पकड़े कोइ॥ 2॥
कबीर चित्त चमकिया, किया पयांनां दूरि।
काइथि कागद काढ़िया, तब दरिगह लेखा पूरि॥ 3॥
काइथि कागद काढ़ियां, तब लेखैं वार न पार।
जब लग सांस सरीर मैं, तब लग रांम संभार॥ 4॥
यहु सब झूठी बंदिगी, बरियां पंच निवाज।
साचै मारै झूठ पढ़ि, काजी करै अकाज॥ 5॥
कबीर काजी स्वादि बसि, ब्रह्म हतै तब दोइ।
चढ़ि मसीति एकै कहै, दरि क्यूँ साचा होइ॥ 6॥
काजी मुलां भ्रमियां, चल्या दुनीं कै साथि।
दिल थैं दीन बिसारिया, करद लई जब हाथि॥ 7॥
जोरी करि जिबहै करै, कहते हैं ज हलाल।
जब दफतर देखेगा दई, तब ह्वैगा कौंण हवाल॥ 8॥
जोरी कीयां जुलम है, माँगे न्याव खुदाइ।
खालिक दरि खूनी खड़ा, मार मुंहे मुंहि खाइ॥ 9॥
सांई सेती चोरियां, चोरां सेती गुझ।
जांणैगा रे जीवड़ा, मार पड़ैगी तुझ॥ 10॥
सेख सबूरी बाहिरा, क्या हज काबै जाइ।
जिनकी दिल स्याबति नहीं, तिनकौं कहा खुदाइ॥ 11॥
खूब खाँड है खीचड़ी, मांहिं पड़ै टुक लूँण।
हेड़ा रोटी खाइ करि, गला कटावै कौंण॥ 12॥
पापी पूजा बैसि करि, भखै मांस मद दोइ।
तिनकी दख्याँ मुकति नहीं, कोटि नरक फल होइ॥ 13॥
सकल बरण एकत्र ह्वै, सकति पूजि मिलि खांहिं।
हरि दासनि की भ्रांति करि, केवल जमपुरि जांहिं॥ 14॥
कबीर लज्या लोक की, सुमिरै नांहीं साच।
जानि बूझि कंचन तजै, काठा पकड़े काच॥ 15॥
कबीर जिनि जिनि जांणियाँ, करत केवल सार।
सो प्राणी काहै चलै, झूठे जग की लार॥ 16॥
झूठे को झूठा मिलै, दूणां बधै सनेह।
झूठे कूँ साचा मिलै, तब ही तूटै नेह॥ 17॥ 425॥

23. भर्म विधौंसण कौ अंग

पांहण केरा पूतला, करि पूजै करतार।
इही भरोसै जे रहे, ते बूड़े काली धार॥ 1॥
काजल केरी कोठरी, मसि के करम कपाट।
पांहनि बोई पृथमी, पंडित पाड़ी बाट॥ 2॥
पांहन कौं का पूजिए, जे जनम न देई जाब।
आंधा नर आसामुखी, यौं ही खोवै आब[1]॥ 3॥
हम भी पाहन पूजते, होते रन[2] के रोझ।
सतगुर की कृपा भई, डार्‌या सिर थैं बोझ॥ 4॥
जेती देखौं आतमां, तेता सालिगरांम।
साधू प्रतषि देव हैं, नहीं पाथर सूं कांम॥ 5॥
सेवैं सालिगरांम कूं, मन की भ्रांति न जाइ।
सीतलता सुपिनै नहीं, दिन दिन अधकी लाइ॥ 6॥
सेवैं सालिगरांम कूं, माया सेती हेत।
बोढ़े काला कापड़ा, नांउं धरावैं सेत॥ 7॥
जप तप दीसै थोथरा, तीरथ ब्रत बेसास।
सूवैं सैंबल सेविया, यों जग चल्या निरास॥ 8॥
तीरथ व्रत सब बेलड़ी, सब जग मेल्ह्या छाइ।
कबीर मूल निकंदिया, कौंण हलाहल खाइ॥ 9॥
मन मथुरा दिल द्वारिका, काया कासी जांणि।
दसवां द्वारा देहुरा, तामै जोति पिछांणि॥ 10॥
कबीर दुनियां देहुरै, सीस नवांवण जाइ।
हिरदा भीतर हरि बसै, तूं ताही सौं ल्यौ लाइ॥ 11॥436॥

24. भेष कौ अंग

कर सेती माला जपै, हिरदै बहै डंडूल।
पग तौ पाला मैं गिल्या, भाजण लागी सूल॥ 1॥

1. ख में इसके आगे

पाथर ही का देहुरा, पाथर ही का देव।
पूजणहार अंधला, लागा खोटी सेव॥
कबीर गुड़ कौ गमि नहीं, पांपण दिया बनाइ।
सिष सोधी बिन सेविया, पारि न पहुंचा जाइ॥

2. ख—जंगल।

कर पकरै अंगुरी गिनै, मन थावै चहुँ वोर।
जाहि फिरायां हरि मिलै, सो भया काठ की ठौर॥ 2॥
माला पहरै मनमुखी, ताथैं कछु न होइ।
मन माला कौं फेरतां, जग उजियारा सोइ॥ 3॥
माला पहरे मनमुखी, बहुतैं फिरैं अचेत।
गांगी रोले बहि गया, हरि सूं नांहीं हेत॥ 4॥
कबीर माला काठ की, कहि समझावै तोहि।
मन न फिरावै आपणों, कहा फिरावै मोहि[1]॥ 5॥
कबीर माला मन की, और संसारी भेख।
माला पहर्यां हरि मिलै, तौ अरहट कै गलि देख[2]॥ 6॥
माला पहर्यां कुछ नहीं, रुल्या मूवा इहि भारि।
बाहरि ढोल्या हींगलू भीतरि भरी भंगारि॥ 7॥
माला पहर्यां कुछ नहीं, काती मन कै साथि।
जब लग हरि प्रगटै नहीं, तब लग पतड़ा हाथि॥ 8॥
माला पहर्यां कुछ नहीं, गांठि हिरदा की खोइ।
हरि चरनौं चित्त राखिये, तौ अमरापुर होइ[3]॥ 9॥
माला पहर्यां कुछ नहीं, भगति न आई हाथि।
माथौ मूंछ मुंडाइ करि, चल्या जगत कै साथि॥ 10॥
सांईं सेती सचि चलि, औरां सौं सुध भाइ।[4]
भावै लंबे केस करि, भावै घुरड़ि मुड़ाइ॥ 11॥
केसौं कहा बिगाड़िया, जे मूंड़े सौ बार।
मन कौं न काहे मूड़िए, जामै बिषै विकार॥ 12॥
मन मसवासी मूंड़ि ले, केसौं मूंड़े कांइ।
जे कुछ किया सु मन किया, केसौं कीया नांहिं॥ 13॥

---

1. ख में इसके बाद

कबीर माला काठ की, मेल्ही मुगधि झुलाइ।
सुमिरण की सोधि न जांणै, डीगरि घाली जाइ॥

2. ख में इसके बाद

माला फेरत जुग गया, गया न मन का फेर।
कर का मनका छांड़ि दे, मन का मनका फेर॥

3. ख में इसके आगे

माला पहर्यां कुछ नहीं, बाम्हण भगत न जान।
ब्यांह सरौंधा कारटां उंभू वैंसे ताणि॥

4. ख—साधौं सो सुध भाइ।

मूंड़ मुंड़ावत दिन गए, अजहूं न मिलिया रांम।
रांम नांम कहु क्या करैं, जे मन के औरे कांम॥ 14॥
स्वांग पहरि सोरहा भया, खाया पीया खूंदि।
जिहि सेरी साधू नीकले, सो तौ मेल्ही मूंदि[1]॥ 15॥
बैसनों भया तौ क्या भया, बूझा नहीं बबेक।
छापा तिलक बनाइ करि, दगध्या लोक अनेक॥ 16॥
तन कौं जोगी सब करैं, मन कौं बिरला कोइ।
सब सिधि सहजै पाइए, जे मन जोगी होइ॥ 17॥
कबीर यहु तौ एक है, पड़दा दीया भेख।
भरम करम सब दूरि करि, सबहीं मांहिं अलेख॥ 18॥
भरम न भागा जीव का, अनंत हि धरिया भेष।
सतगुर परचै बाहिरा, अंतरि रह्या अलेख॥ 19॥
जगत जहंदम राचिया, झूठे कुल की लाज।
तन बिनसे कुल बिनसिहै, गह्या न रांम जिहाज॥ 20॥
पख ले बूड़ी पृथमीं, झूठी कुल की लार।
अलख बिसार्‌यो लेख मैं, बूड़े काली धार॥ 21॥
चतुराई हरि नां मिले, ए बातां की बात।
एक निसप्रेही निरधार का, गाहक गोपीनाथ॥ 22॥
नवसत साजे कांमनीं, तन मन रही संजोइ।
पीव कै मन भावे नहीं, पटंम कीयैं क्या होइ॥ 23॥
जब लग पीव परचा नहीं, कन्यां कंवारी जांणि।
हथलेवा हौसें लिया, मुसकल पड़ी पिछांणि॥ 24॥
कबीर हरि की भगति का, मन मैं खरा उल्लास।
मैंवासा भाजै नहीं, हूंण मतै निज दास॥ 25॥
मैंवासा मोई किया, दुरिजन काढ़े दूरि।
राज पियारे रांम का, नगर बस्या भरि पूरि॥ 26॥ 462॥

25. कुसंगति कौ अंग

निरमल बूंद अकास की, पड़ि गई भोमि बिकार।
मूल बिनठा मांनवीं, बिन संगति भठछार॥ 1॥

1. ख—जिहि मेरी साधू नीसरै, सो सेरी मेल्ही मूंदी।

मूरिख संग न कीजिए, लोहा जलि न तिराइ।
कदली सीप भवंग मुखी, एक बूंद तिहुं भाइ॥ 2॥
हरिजन सेती रूसणां, संसारी सूं हेत।
ते नर कदे न नीपजै, ज्यूं कालर का खेत॥ 3॥
मारी मरूं कुसंग की, केला कांठै बेरि।
वो हालै वो चीरियो, साखित संग नबेरि॥ 4॥
मेर नीसांणी मीच की, कुसंगति ही काल।
कबीर कहै रे प्रांणिया, बांणीं ब्रह्म संभाल[1]॥ 5॥
माखी गुड़ मैं गड़ि रही, पंख रही लपटाइ।
ताली पीटै सिरि धुनै, मीठै बोई माइ॥ 6॥
ऊँचे कुल क्या जनमियां, जो करणीं ऊँच न होइ।
सोवन कलस सुरे भर्‌या, साधूँ नींद्या सोइ॥ 7॥ 469॥

26. संगति कौ अंग

देखा देखी पाकड़ै, जाइ अपरचै छूटि।
बिरला कोई ठाहरै, सतगुर सांम्हीं मूठि॥ 1॥
देखा देखी भगति है, कदे न चढ़ई रंग।
बिपति पड़्या यूं छाड़सी, ज्यूं कंचुली भवंग॥ 2॥
करिए तौ करि जांणिये, सारीखा सूं संग।
लीर लीर लोई थई, तऊ न छाड़ै रंग॥ 3॥
यहु मन दीजे तास कौं, सुठि सेवग भल सोइ।
सिर ऊपरि आरा सहै, तऊ न दूजा होइ[2]॥ 4॥
पांहण टांकि न तोलिए, हाडि न कीजै बेह।
माया राता मांनवी, तिन सूं किसा सनेह॥ 5॥
कबीर तासूं प्रीति करि, जो निरबाहे ओड़ि।
बनिता बिबिध न राचिये, देखत लागे खोड़ि॥ 6॥
कबीर तन पंखी भया, जहाँ मन तहाँ उड़ि जाइ।
जो जैसी संगति करे, सो तैसे फल खाइ॥ 7॥

---

1. ख में इसके आगे
   कबीर केहने क्या बणैं, अणमिलता सौ संग।
   दीपक कैं भावै नहीं, जलि जलि परैं पतंग॥
2. ख—तऊ न न्यारा होइ।

काजल केरी कोठड़ी, तैसा यहु संसार।
बलिहारी ता दास की, पैसि रे निकसणहार॥ 8॥ 477॥

27. असाध कौ अंग

कबीर भेष अतीत का, करतूति करै अपराध।
बाहरि दीसै साध गति, माँहैं महा असाध॥ 1॥
उज्जल देखि न धीजिये, बग ज्यूं मांडै ध्यान।
धोरे बैठि चपेटसी, यूं ले बूड़ै ग्यांन॥ 2॥
जेता मीठी बोलणां, तेता साध न जांणि।[1]
पहली थाह दिखाई करि, ऊंडै देसी आंणि॥ 3॥ 480॥

28. साध कौ अंग

कबीर संगति साध की, कदे न निरफल होइ।
चंदन होसी बांवना, नीब न कहसी कोइ॥ 1॥
कबीर संगति साध की, बेगि करीजै जाइ।
दुरमति दूरि गंवाइसी, देसी सुमति बताइ॥ 2॥
मथुरा जावै द्वारिका, भावै जाउ जगनाथ।
साध संगति हरि भगति बिन, कछू न आवै हाथ॥ 3॥
मेरे संगी दोइ जणां एक बैष्णों एक रांम।
वो है दाता मुकति का, वो सुमिरावै नांम॥ 4॥
कबीरा बन बन मैं फिरा, कारणि अपणें रांम।
रांम सरीखे जन मिले, तिनि सारे सब कांम॥ 5॥
कबीर सोई दिन भला, जा दिन संत मिलांहिं।
अंक भरे भरि भेंटिये, पाप सरीरौं जांहिं॥ 6॥
कबीर चंदन का बिड़ा, बेड़्या आक पलास।
आप सरीखे करि लिए जे होत उन पास॥ 7॥

1. ख—तेता भगत न जांण।

कबीर खाईं कोट की, पांणी पीवे न कोइ।
आइ मिलै जब गंग मैं, तब सब गंगोदिक होइ॥ 8॥
जांनि बूझि साचहि तजै, करै झूठ सूं नेह।
ताको संगति रांम जी, सुपिनै हीं जिनि देह॥ 9॥
कबीर तास मिलाइ, जास हियाली तूं बसै।
नहीं तर वेगि उठाइ, नित को गंजन को सहै॥ 10॥
केती लहरि समंद की, कत उपजै कत जाइ।
बलिहारी ता दास की, उलटी मांहिं समाइ[1]॥ 11॥
काजल केरी कोठढ़ी, काजल ही का कोट।
बलिहारी ता दास की, जे रहै रांम की ओट॥ 12॥
भगति हजारी कपड़ा, तामें मल न समाइ।
साखित काली कांमली, भावै तहाँ बिछाइ॥ 13॥493॥

29. साध साखीभूत कौ अंग

निरबैरी निहकांमता, सांई सेती नेह।
विषिया सूं न्यारा रहै, संतनि का अंग एह॥ 1॥
संत न छाड़ै संतई, जे कोटिक मिलै असंत।
चंदन भुवंगा बेढ़िया, तउ सीतलता न तजंत॥ 2॥
कबीर हरि का भांवता, दूरैं थैं दीसंत।
तन खीणा मन उनमनां, जग रूठड़ा फिरंत॥ 3॥
कबीर हरि का भांवता, खीणां पंजर तांस।
रैणि न आवै नींदड़ी, अंगि न चढ़ई मांस[2]॥ 4॥
अणरता सुख सोवणां, रत्तै नींद न आइ।
ज्यूं जल टूटै मंछली यूं बेलंत बिहाइ[3]॥ 5॥

---

1. ख में इसके आगे
   पंच बल धिया फिरि कड़ी, ऊझड़ ऊझड़ जाइ।
   बलिहारी ता दास की, बवकि अणांवै ठाइ॥
   काजल केरी कोठरी, तैसा यह संसार।
   बलिहारी ता दास की, पैसि जु निकसण हार॥
2. ख—अंगनि बाढ़ै घास।
3. ख—तलफत रैन बिहाइ।

जिनि कुछ जांण्या नहीं तिन्ह, सुख नींदड़ी बिहाइ।
मैं र अबूझी बूझिया, पूरी पड़ी बलाइ॥ 6॥
जांण भगत का नित मरण, अणजांणे का राज।
असर पसर समझै नहीं, पेट भरण सूं काज॥ 7॥
जिहि घटि जांण बिनांण है, तिहि घटि आवटणां घणां।
बिन खंडै संग्रांम है नित, उठि मन सौं झूझणां॥ 8॥
रांम बियोगी तन बिकल, ताहि न चीन्है कोइ।
तंबोली के पान ज्यूं, दिन दिन पीला होइ॥ 9॥
पीलक दौड़ी सांइयां, लोग कहैं पिंड रोग।
छांनै लंघण नित करै, रांम पियारे जोग॥ 10॥
कांम मिलावै रांम कूं, जे कोई जांणै राखि।
कबीर बिचारा क्या करे, जे सुखदेव बोले साखि॥ 11॥
कांमणि अंग बिरकत भया, रत भया हरि नांहिं।
साखी गोरखनाथ ज्यूं, अमर भए कलि मांहिं[1]॥ 12॥
जदि विषै पियारी प्रीति सूं, तब अंतर हरि नांहिं।
जब अंतर हरि जी बसै, तब विषिया सूं चित नांहिं॥ 13॥
जिहि घट मैं संसौ बसै, तिहि घटि रांम न जोइ।
रांम सनेही दास बिचि, तिणां न संचर होइ॥ 14॥
स्वारथ को सबको सगा, जग सगला ही जांणि।
बिन स्वारथ आदर करै, सो हरि की प्रीति पिछांणि॥ 15॥
जिहि हिरदै हरि आइया, सो क्यूं छांनां होइ।
जतन जतन करि दाबिए, तऊ उजाला सोइ॥ 16॥
फाटै दीदे मैं फिरौं, नजरि न आवै कोइ।
जिहि घटि मेरा साइंयां, सो क्यूं छाना होइ॥ 17॥
सब घटि मेरा सांइयां सूनीं सेज न कोइ।
भाग तिन्हौं का हे सखी, जिहि घटि परगट होइ॥ 18॥
पावक रूपी रांम है, घटि घटि रह्या समाइ।
चित चकमक लागै नहीं, ताथैं धुंवां ह्वै ह्वै जाइ॥ 19॥
कबीर खालिक जागिया, और न जागै कोइ।
कै जागै बिसई विष भर्‌या, कै दास बंदगी होइ॥ 20॥
कबीर चाल्या जाइ था, आगैं मिल्या खुदाइ।
मीराँ मुझ सूं यूं कह्या, किनि फुरमाई गाइ॥ 21॥ (514)

---

1. ख—सिध भए कलि मांहिं।

30. साध महिमां कौ अंग

चंदन की कुटकी भली[1], नां बंबूर की अबरांउं।
बैश्नों की छपरी भली, नां साखत का बड़ गाउं॥ 1॥
पुर पाटण सूबस बसै, आनंद ठांयैं ठांइ।
रांम सनेही बाहिरा, ऊजड़ मेरे भांइ॥ 2॥
जिहिं घरि साध न पूजिये, हरि की सेवा नांहिं।
ते घर मड़हट सारिखे, भूत बसै तिन मांहिं॥ 3॥
है गै गैंवर सघन घन, छत्र धजा फरराइ।
ता सुख थैं भिष्या भली, हरि सुमिरत दिन जाइ॥ 4॥
हैं गै गैंवर सघन धन, छत्रपति की नारि।
तास पटंतर नां तुलै, हरिजन की पनिहारि॥ 5॥
क्यूँ नृप नारी नींदिए, क्यू पनिहारी कौं मांन।
वा मांग संवारै पीव कौ, वा नित उठि सुमिरै रांम॥ 6॥
कबीर धनि ते सुंदरी, जिनि जाया बैसनों पूत।
रांम सुमरि निरभै हुवा, सब जग गया अऊत॥ 7॥
कबीर कुल तौ सो भला, जिहि कुल उपजै दास।
जिहिं कुल दास न ऊपजै, सो कुल आक पलास॥ 8॥
साखत बांभण मति मिलै, बैसनों मिलै चंडाल।
अंक माल दे भेटिये, मांनों मिले गोपाल॥ 9॥
रांम जपत दालिद भला, टूटी घर की छांनि।
ऊँचे मंदिर जालि दे, जहाँ भगति न सारंगपांनि॥ 10॥
कबीर भया है केतकी, भवर भये सब दास।
जहाँ जहाँ भगति कबीर की, तहाँ तहाँ रांम निवास॥ 11॥ (525)

31. मधि कौ अंग

कबीर मधि अंग जेको रहै, तौ तिरत न लागै बार।
दुइ दुइ अंग सूं लाग करि, डूबत है संसार॥ 1॥
कबीर दुविधा दूरि करि, एक अंग ह्वै लागि।
यहु सीतल वहु तपति है दोऊ कहिये आगि॥ 2॥

1. ख—चंदन की चूरी भली।

अनल अकासां घर किया, मधि निरंतर बास।
बसुधा ब्यौम बिरकत रहै, बिन ठाहर बिसवास॥ 3॥
बासुरि गमि न रैंणि गमि, नां सुपिनन्तर गंम।
कबीर तहाँ बिलंबिया, जहाँ छाहड़ी न घंम॥ 4॥
जिहि पैंडै पंडित गए, दुनिया पड़ी बहीर[1]।
औघट घाटी गुर कही[2], तिहिं चढ़ि रह्या कबीर॥ 5॥
सरग नरक थैं हूँ रह्या, सतगुर के प्रसादि।
चरन कंवल की मौज मैं, रहिस्यूं अंति अरु आदि॥ 6॥
हिंदू मूये रांम कहि, मुसलमांन खुदाइ।
कहै कबीर सो जीवता, दुइ मैं कदे न जाइ॥ 7॥
दुखिया मुवा दुख कों, सुखिया सुख कौं झूरि।
सदा आनंदी रांम के, जिनि सुख दुख मेल्हे दूरि॥ 8॥
कबीर हरदी पीयरी, चूना ऊजल भाइ।
रांमसनेही यूँ मिले, दुन्यूं बरन गंवाइ॥ 9॥
काबा फिर कासी भया, रांम भया रहीम।
मोट चून मैदा भया, बैठि कबीरा जीम॥ 10॥
धरती अरु असमान बिचि, दोइतूं बड़ा अबध।
षट दरसन संसै पड्या, अरु चौरासी सिध॥ 11॥(536)

32. सारग्राही कौ अंग

खीर रूप हरि नांव है नीर आन ब्यौहार।
हंस रूप कोइ साध है, तत का जांनणहार[3]॥ 1॥
कबीर साखत को नहीं, सबै बैशनों जांणि।
जा मुखि रांम न ऊचरै, ताही तन की हांणि॥ 2॥
कबीर औगुंण ना गहै, गुंण ही कौ ले बीनि।
घट घट महु के मधुप ज्यूँ, पर आतम ले चीन्हि॥ 3॥

---

1. ख—दुनियां गई बहीर।
2. ख—औघट घाटी नियरा।
3. ख में इसके आगे
   सार संग्रह सूप ज्यूं, त्यागै फटकि असार।
   कबीर हरि हरि नाम ले, पसरे नहीं बिकार॥

बसुधा बन बहु भांति है, फूल्यो फल्यौ अगाध।
मिष्ट सुबास कबीर गहि, विषम कहै किहि साध[1] ॥ 4 ॥ (540)

33. विचार कौ अंग

रांम नांम सब को कहै, कहिबे बहुत बिचार।
सोई रांम सती कहै, सोई कौतिगहार॥ 1 ॥
आगि कह्यां दाझै नहीं, जे नहीं चंपै पाइ।
जब लग भेद न जांणिये, रांम कह्या तौ कांइ॥ 2 ॥
कबीर सोचि बिचारिया, दूजा कोई नांहिं।
आपा पर जब चीन्हिया, तब उलटि समाना मांहिं॥ 3 ॥
कबीर पाणी केरा पूतला, राख्या पवन संवारि।
नांनां बांणी बोलिया, जोति धरी करतारि॥ 4 ॥
नौ मण सूत अलूझिया, कबीर घर घर बारि।
तिनि सुलझाया बापुड़े, जिनि जांणीं भगति मुरारि॥ 5 ॥
आधी साखी सिरि कटै, जोर बिचारी जाइ।
मनि परतीति न ऊपजे, तौ राति दिवस मिलि गाइ॥[2] 6 ॥
सोई अषिर सोई बैयन, जन जू जू बाचवंत।
कोई एक मेलै लवणि, अमीं रसाइण हुंत[3] ॥ 7 ॥
हरि मोत्यां की माल है, पोई काचै तागि।
जतन करि झंटा घंणा, टूटेगी कहूँ लागि॥ 8 ॥
मन नहीं छाड़ै बिषै, न छाड़ै मन कौं।
इन कौ इहै सुभाव, पूरि लागी जुग जन कौं॥
खंडित मूल बिनास कहौ, किम बिग्रह कीजै।
ज्यूं जल में प्रतिब्यंब, त्यूं सकल रांमहि जांणीजै॥

---

1. ख में इसके आगे
   कबीर सब पटि आत्मा, सिरजी सिरजनहारि।
   राम कहै सो राम में, रमिता ब्रह्म विचारि॥
   तत तिलक तिहुं लोक में, राम नाम निजि सार।
   जन कबीर मसतिकि देया, सोभा अधिक अपार॥
2. ख—भरि गाइ।
3. ख में इसके आगे
   कबीर भूल दंग मैं, लोग कहैं यह भूल।
   कै रमइयौ बाट बताइसी, कै भूले भूलैं भूल॥

सो मन सो तन सो बिषै, सो त्रिभवन पति कहूँ कस।
कहै कबीर ब्यंदहु नरा, ज्यूं जल पूर्या सकल सर॥ 9॥ (549)

34. उपदेस कौ अंग

हरि जी यहै बिचारिया, साखी कहौ कबीर।
भौसागर मैं जीव है, जे कोई पकड़ैं तीर॥ 1॥
कली काल ततकाल है, बुरा करौ जिनि कोइ।
अनबावैं लोहा दाहिणै बोवै सु लुणतां होइ[1]॥ 2॥
कबीर संसा जीव मैं, कोई न कहै समझाइ।
बिधि बिधि बांणीं बोलता[2], सो कत गया बिलाइ॥ 3॥
कबीर संसा दूरि करि, जांमण मरण भरंम।
पंचतत तत्तहि मिले, सुरति समाना मंन॥ 4॥
ग्रिही तौ च्यंता घणीं, बैरागी तौ भीख।
दुहुं कात्यां बिचि जीव है, दौ हमैं संतौं सीख॥ 5॥
बैरागी बिरकत भला, गिरही चित्त उदार।
दुहै चूकां रीता पड़ै, ताकूं वार न पार॥ 6॥
जैसी उपजै पेड़ सूं, तैसी निबहै ओरि।
पैका पैका जोड़ता, जुड़िसी लाख करोड़ि॥ 7॥
कबीर हरि के नांव सूं, प्रीति रहै इकतार।[3]
तौ मुख तैं मोती झड़ैं, हीर अंत न पार[4]॥ 8॥
ऐसी बांणी बोलिये, मन का आपा खोइ।
अपना तन सीतल करै, औरन कौं सुख होइ॥ 9॥
कोइ एक राखै सावधान, चेतनि पहरै जागि।
बस्त न बासन सूं खिसै, चोर न सकई लागि॥ 10॥ (559)

---

1. ख में इसके आगे
जीव को समझै नहीं, मुवा न कहै संदेस।
जाको तन मन से परचा नहीं, ताकौ कौण धरम उपदेस॥
2. ख—नाना बांणी बोलता।
3. ख—सुरति रहै इकतार।
4. ख—हीरा अनंत अपार।

35. बेसास कौ अंग

जिनि नरहरि जठरांह, उदिक थैं प्यंड प्रगट कीयो।
सिरजे श्रवण कर चरन, जीव जीभ मुख तास दीयो॥
उरध पाव अरध सीस, बीस पखां इम रखियौ।
अंन पान जहाँ जरै, तहाँ तैं अनल न चखियौ॥
इहि भांति भयानक उद्र में, न कबहूं छंछरै।
कृसन कृपाल कबीर कहि, इम प्रतिपाल न क्यूं करै॥ 1॥

भूखा भूखा क्या करै, कहा सुनावै लोग।
भांडा घड़ि जिनि मुख दिया, सोई पूरण जोग॥ 2॥

रचनहार कूं चीन्हि लै, खैवे कूं कहा रोइ।
दिल मंदिर मैं पैसि करि, तांणि पछेवड़ा सोइ॥ 3॥

रांम नांम करि बोहंड़ा, बांही बीज अघाइ।
अंति कालि सूका पड़ै, तौ निरफल कदे न जाइ॥ 4॥

च्यंतामणि मन में बसै, सोई चित मैं आंणि।
बिन च्यंता च्यंता करै, इहै प्रभू की बांणि॥ 5॥

कबीर का तूं चितवै, का तेरा च्यंत्यां होइ।
आ मन च्यंत्या हरि जी करै, जो तोहि च्यंत न होइ॥ 6॥

करम करीमां लिखि रह्या, अब कछू लिख्या न जाइ।
मासा घट न तिल बधै, जौ कोटिक करै उपाइ॥ 7॥

जाकौ जेता निरमया, ताकौ तेता होइ।
रती घटै न तिल बधै, जौ सिर कूटै कोइ[1]॥ 8॥

च्यंता न करि अच्यंत रहु, सांई है संम्रथ।
पसु पंखेरू जीव जंत, तिनकी गांठि किसा ग्रंथ॥ 9॥

संत न बांधै गांठड़ी, पेट समाता लेइ।
सांई सूं सनमुख रहै, जहाँ मांगै तहाँ दे देइ॥ 10॥

रांम रांम सूं दिल मिलि, जन हम पड़ी बिराइ।
मोहि भरोसा इष्ट का, बंदा नरकि न जाइ॥ 11॥

---

1. ख में इसके आगे
   करीम कबीर जु विह लिख्या, नरसिर भाग अभाग।
   जेहूं च्यंता चितवै, तऊ स आगै आग॥

कबीर तूं काहे डरै, सिर परि हरि का हाथ।[1]
हस्ती चढ़ि नहीं डोलिये[2], कूकर भूसैं जु लाख[3]॥ 12॥
मीठा खांणा मधुकरी, भांति भांति का नाज।
दावा किसही का नहीं, बिन बिलाइति बड़ राज॥ 13॥
मांनि महातम प्रेम रस, ग्रवातण गुण नेह।
ए सब हीं अहला गया, जबहीं कह्या कुछ देह॥ 14॥
मांगण मरण समान है, बिरला बंचै कोइ।
कहै कबीर रघुनाथ सूं[4] मति र मंगावै मोहि॥ 15॥
पाडल पंजर मन भवर, अरथ अनूपम बास।
रांम नांम सींच्या अंमी, फल लागा बेसास[5]॥ 16॥
मेर मिटी मुकता भया, पाया ब्रह्म बिसास।
अब मेरे दूजा को नहीं, एक तुम्हारी आस॥ 17॥
जाकी दिल में हरि बसै, सो नर कलपै कांइ।
एक लहरि समंद की, दुख दालिद सब जांइ॥ 18॥
पद गाये लैलीन ह्वै, कटी न संसै पास।
सबै पिछोड़ै थोथरे, एक बिनां बेसास॥ 19॥
गावण हीं मैं रोज है, रोवण हीं में राग।
इक वैरागी ग्रिह मैं, इक ग्रिहीं वैराग॥ 20॥
गाया तिनि पाया नहीं, अणगांयां थैं दूरि।
जिनि गाया बिसवास सूं, तिन रांम रह्या भरिपूरि॥ 21॥ (580)

---

1. ख—सिर पर सिरजणहार।
2. ख—हस्ती चढ़ि क्या डोलिए।
3. ख—कूकर भुसैं हजार। इसके आगे यह दोहा भी है
   हस्ती चढ़िया ज्ञान कै, सहज दुलीचा डारि।
   स्वान रूप संसार है, पड़्या भूसौ झखमार॥
4. ख—जगनाथ सौं।
5. ख में इसके आगे
   कबीर मरौं पै मांगौं नहीं, अपने तन के काज।
   परमारथ के कारणैं, मोहि मांगत न आवै लाज॥
   भगत भरोसे एक के, निधरक नीची दीठि।
   तिनकू करम न लागसी, राम ठकोरी पीठि॥

36. पीव पिछांणन कौ अंग

संपटि मांहिं समाइया, सो साहिब नहीं होइ।
सकल मांड मैं रमि रह्या, साहिब कहिए सोइ॥ 1॥
रहै निराला मांड थैं, सकल मांड ता मांहिं।
कबीर सेवै तास कूं, दूजा कोई नांहिं॥ 2॥
भोलै भूली खसम कै, बहुत किया बिभचार।
सतगुर गुरु बताइया, पूरिबला भरतार॥ 3॥
जाकै मुंह माथा नहीं, नहीं रूपक रूप।
पुहुप बास थैं पतला ऐसा तत्त अनूप[1]॥ 4॥ (584)

37. बिर्कताई कौ अंग

मेरे मन मैं पड़ि गई, ऐसी एक दरार।
फाटा फटक पषांण ज्यूं, मिल्या न दूजी बार॥ 1॥
मन फाटा बाइक बुरै, मिटी सगाई साक।
जौ परि दूध तिवास का, ऊकटि हूवा आक॥ 2॥
चंदन भागां गुण करै, जैसे चोली पंन।
दोइ जनां भागां न मिलै, मुकताहल अरु मंन[2]॥ 3॥
पासि बिनठा कपड़ा, कदे सुरांग न होइ।
कबीर त्याग्या ग्यान करि, कनक कांमनी दोइ॥ 4॥
चित चेतनि मैं गरक ह्वै, चेत्य न देखै मंत।
कत कत की सालि पाड़िये, गल बल सहर अनंत[3]॥ 5॥

---

1. ख में इसके आगे
   चत्र भुजा के ध्यान मैं, ब्रिजवासी सब संत।
   कबीर मगन ता रूप में, जाकै भुजा अनंत॥
2. ख प्रति में इसके आगे
   मोती धागां बींधतां, मन में बस्या कबोल।
   बहुत सयांनां पचि गया, पड़ि गइ गाँठि गढ़ोल॥
   मोती पीवत बीगस्या, सानौं पाथर आइ राइ।
   साजन मेरी निकल्या, जांमि बटाऊं जाइ।
3. ख में इसके आगे
   बाजण दे बजंतणी, कुल जंतड़ी न बेड़ि।
   तुझै पराई क्या पड़ी, तूं अपनी निबेड़ि॥

जाता है सो जांण दे, तेरी दसा न जाइ।
खेवटिया की नाव ज्यूँ, घणें मिलैंगे आइ॥ 6॥
नीर पिलावत क्या फिरै, सायर घर घर बारि।
जो त्रिषावंत होइगा, तो पीवेगा झख मारि॥ 7॥
सत गांठी कोपीन है, साध न मानै संक।
रांम अमलि माता रहै, गिणै इंद्र कूं रंक॥ 8॥
दावै दाझण होत है, निरदावै निरसंक।
जे नर निरदावै रहैं, ते गिणैं इंद्र कूं रंक॥ 9॥
कबीर सब जग हंडिया, मंदल कंधि चढ़ाइ।
हरि बिन अपनां को नहीं, देखे ठोकि बजाइ॥ 10॥ (594)

38. संम्रथाई कौ अंग

नां कुछ किया न करि सक्या, नां करणे जोग सरीर।
जे कछु किया सु हरि किया, ताथै भया कबीर कबीर[1]॥ 1॥
कबीर किया कछू न होत है, अनकीया सब होइ।
जे किया कछु होत है, तो करता औरे कोइ॥ 2॥
जिसहि न कोई तिसहि तूं, जिस तूं तिस सब कोइ।
दरिगह तेरी सांईंयां, नां महरूम होइ॥ 3॥
एक खड़े ही ना लहैं, और खड़ा बिललाइ।
साई मेरा सुलखनां, सूतां देइ जगाइ॥ 4॥
सात समंद की मसि करौं, लेखनि सब बनराइ।
धरती सब कागद करौं, तऊ हरि गुण लिख्या न जाइ॥ 5॥
अबरन कौं का बरनिये, मोपै लख्या न जाइ।
अपनां बानां बाहिया, कहि कहि थाके माइ॥ 6॥
झल बांवै झल दांहिनैं, झल ही मांहिं ब्यौहार।
आगैं पीछै झलमई, राखै सिरजनहार॥ 7॥
सांई मेरा बांणियां, सहजि करै ब्यौपार।[2]
बिन डांडी बिन पालड़ै, तोलै सब संसार॥ 8॥

---

1. ख प्रति में इस अंग का पहला दोहा यह है
   साईं सौं सब होइगा, बंदे से कुछ नाहीं।
   राई थैं परबत करे, परबत राई मांहिं॥
2. ख—ब्यौहार।

कबीर वार्‌या नांव परि, कीया राई लूंण।
जिसहिं चलावै पंथ तूँ, तिसहिं भुलावै कौण॥ 9॥
कबीर करणी क्या करै, जे रांम न कर सहाइ।
जिहिं जिहिं डाली पग धरै, सोई नवि नवि जाइ॥ 10॥
जदि का माइ जनमियां, कहूँ न पाया सुख।
डाली डाली मैं फिरौं, पाती पाती दुख॥ 11॥
सांई सूं सब होत है, बंदे थैं कछू नांहिं।
राई थैं परबत करै, परबत राई मांहिं॥ 12॥[1] (606)

39. कुसबद कौ अंग

अणी सुहेली सेल की, पड़तां लेइ उसास।
चोट सहारै सबद की, तास गुरू मैं दास॥ 1॥
खूंदन तो धरती सहै, बाढ़ सहै बनराइ।
कुसबद तो हरिजन सहै, दूजै सह्या न जाइ॥ 2॥
सीतलता तब जाणिए, समिता रहे समाइ।
पख छाड़ै निरपख रहै[2], सबद न दूष्या जाइ॥ 3॥
कबीर सीतलता भई, पाया ब्रह्म गियान।
जिहिं बैसंदर जग जल्या, सो मेरे उदिक समान॥ 4॥[3] (610)

40. सबद कौ अंग

कबीर सबद सरीर मैं, बिनि गुण बाजै तंति।
बाहरि भीतरि भरि रह्या, ताथैं छूटि भरंति॥ 1॥

---

1. ख प्रति में इस दोहे के स्थान पर निम्न दोहा है—
   रैणां दूरां बिछोड़ियां, रहु रे संखम झूरि।
   देवल देवलि धाहिणी, देसी अंगे सूरि॥
2. ख—काट सहैं, साधूँ सहै।
3. ख में इसके आगे
   सहज तराज़ू आंणि करि, सन् रस देख्या तोलि।
   सब रस मांहै जीभ रत, जे कोइ जाणै बोलि॥

सती संतोषी सावधान, सबद भेद सुबिचार।
सतगुर के प्रसाद थैं, सहज सील मत सार॥ 2॥
सतगुर ऐसा चाहिए, जैसा सिकलीगर होइ।
सबद मसकला फेरि करि, देह द्रपन करे सोइ॥ 3॥
सतगुर सांचा सूरिवां, सबद जु बाह्या एक।
लागत ही में मिलि गया, पड्या कलेजे छेक॥ 4॥[1]
हरि रस जे जन बेधिया, सर गुण सींगणि नांहिं।
लागी चोट सरीर में, करक कलेजे मांहिं॥ 5॥
ज्यूं ज्यूँ हरि गुण सांभलूं, त्यूं त्यूं लागै तीर।
सांठी सांठी झड़ि पड़ि, भलका रह्या सरीर॥ 6॥
ज्यूं ज्यूं हरि गुण सांभलूं, त्यूं त्यूं लागै तीर।
लागै थैं भागा नहीं, साहणहार कबीर॥ 7॥
सारा बहुत पुकारिया, पीड़ पुकारै और।
लागी चोट सबद की, रह्या कबीरा ठौर॥ 8॥ (618)

41. जीवत मृतक कौ अंग[2]

जीवन मृतक ह्वै रहै, तजै जगत की आस।
तब हरि सेवा आपण करै, मति दुख पावै दास॥ 1॥
कबीर मन मृतक भया, दुरबल भया सरीर।
तब पैंडे लागा हरि फिरै, कहत कबीर कबीर॥ 2॥
कबीर मरि मड़हट रह्या, तब कोइ न बूझै सार।
हरि आदर आगैं लिया, ज्यूँ गऊ बछ की लार॥ 3॥
घर जालौं घर ऊबरे, घर राखौं घर जाइ।
एक अचंभा देखिया, मड़ा काल कूं खाइ॥ 4॥
मरतां मरतां जग मुवा, औसर मुवा न कोइ।
कबीर ऐसैं मरि मुवा, ज्यूं बहुरि न मरना होइ॥ 5॥

1. ख में यह दोहा नहीं है।
2. ख में इस अंग का पहला दोहा यह है
जिन पांऊँ से कतरी हांठत देत बिदेस।
तिन पांऊँ तिथि पाकड़ौ, आंगण भया बदेस॥

बैद मूआ रोगी मूआ, मूआ सकल संसार।
एकु कबीरा ना मूआ, जिन के रांम अधार॥ 6॥
मन मार्‌या ममता मुई, अहं गई सब छूटि।
जोगी था सो रमि गया, आसणि रही विभूति॥ 7॥
जीवन थैं मरिबो भलौ, जौ मरि जानै कोइ।
मरनै पहली जे मरे, तौ कलि अजरावर होइ॥ 8॥
खरी कसौटी रांम की, खोटा टिकै न कोइ।
रांम कसौटी सो टिकै, जो जीवत मृतक होइ॥ 9॥
आपा मेट्या हरि मिलै, हरि मेट्या सब जाइ।
अकथ कहाँणीं प्रेम की, कह्या न को पत्याइ॥ 10॥
निगुसाएँ बहि गए, जाकै थांघी नाही कोइ।
दीन गरीबी आपुनी करता होइ सु होइ॥ 11॥
दीन गरीबी दीन कौं, दूंदर कौं अभिमान।
दूंदर दिल विष सूं भरी, दीन गरीबी रांम॥ 12॥[1]
कबीर चेरा संत का, दासनि का परदास।
कबीर ऐसे ह्वै रह्या, ज्यूं पांऊँ तलि घास॥ 13॥
रोड़ा ह्वै रहु बाट का, तजि पाखंड अभिमान।
ऐसा जे जन ह्वै रहे, ताहि मिले भगवान॥ 14॥[2] (632)

---

1. ख में इसके आगे

कबीर नवें स आपको, पर कौं नवें न कोइ।
घालि तराज़ू तौलिये, नवे से भारी होइ॥
बुरा बुरा सबको कहै, बुरा न दीसे कोइ।
जे दिल खोजौ आपणो बुरा न दीसे कोइ॥

2. ख में इसके आगे

रोड़ा भया तो क्या भया, पंथी को दुख देइ।
हरिजन ऐसा चाहिए, जिसी जिमी की खेहि॥
खेहि भई तो क्या भया, उड़ि उड़ि लागि अंग।
हरिजन ऐसा चाहिए, पाणीं जैसा रंग॥
पाणीं भया तो क्या भया, ताता सीता होइ।
हरिजन ऐसा चाहिए, जैसा हरि ही होइ॥
हरि भया तो क्या भया, जैसो सब कुछ होइ।
हरिजन ऐसा चाहिए हरि भजि निरमल होइ॥

42. चित कपटी कौ अंग[1]

कबीर तहाँ न जाइए, जहाँ कपट का हेत।
जालूं कली कनीर की, तन रातो मन सेत॥ 1॥
संसारी साखत भला, कंवारी कै भाइ।
दुराचारी वैश्नों बुरा, हरिजन तहाँ न जाइ॥ 2॥
निरमल हरि का नांव सों, कै निरमल सुध भाइ।
ह्वै ले दूणी कालिमा, भावें सों मण साबण लाइ॥ 3॥ (635)

43. गुरु सिष हेरा कौ अंग

ऐसा कोई ना मिले, हम कौं दे उपदेस।
भौसागर में डूबता, कर गहि काढ़े केस॥ 1॥
ऐसा कोई ना मिले, हम को लेइ पिछानि।
अपना करि किरपा करे, ले उतारै मैदानि॥ 2॥
ऐसा कोई ना मिले, रांम भगति का मीत।
तन मन सौंपे मृग ज्यूं, सुने बधिक का गीत॥ 3॥
ऐसा कोई ना मिले, अपना घर देइ जराइ।
पचूँ लरिका पटकि करि, रहै रांम ल्यौ लाइ॥ 4॥
ऐसा कोई ना मिले, जासौ रहिये लागि।
सब जग जलता देखिये, अपणीं अपणीं आगि[2]॥ 5॥
ऐसा कोई ना मिले, जासूं कहूं निसंक।
जासूं हिरदै की कहूं सो फिरि मारै डंक॥ 6॥
ऐसा कोई ना मिले, सब बिधि देइ बताइ।
सुनि मंडल मैं पुरिष एक, ताहि रहै ल्यो लाइ॥ 7॥
हम देखत जग जात है, जग देखत हम जांह।
ऐसा कोई ना मिलै, पकड़ि छुड़ावै बांह॥ 8॥

---

1. ख में इस अंग का पहला दोहा यह है
   नवणि भयो तो का भयो, चित्त न सूधौ ज्यौंह।
   पारधिया दूणा नवै, म्रिगघातक त्यौंह॥
2. ख में इसके आगे
   ऐसा कोई ना मिले, बूझै सैन सुजान।
   ढोल बजंता न सुनै, सुरवि बिहूंणा कान॥

तीनि सनेही बहु मिलैं, चौथे मिलै न कोइ।
सबै पियारे रांम के, बैठे परबसि होइ॥ 9॥
माया मिलै महबती, कूड़े आखै बैण।
कोइ घाइल बेध्या ना मिलै, साई हंदा सैंण॥ 10॥
सारा सूरा बहु मिलें, घाइल मिले न कोइ।
घाइल ही घाइल मिले, तब रांम भगति दिढ़ होइ॥ 11॥
प्रेमी ढूंढ़त मैं फिरौं, प्रेमी मिलै न कोइ।
प्रेमी कौं प्रेमी मिलै, तब सब बिष अमृत होइ॥ 12॥
हम घर जाल्या आपणां, लिया मुराड़ा हाथि।
अब घर जालौं तास का, जै चलै हमारे साथि॥ 13॥[1] 648॥

44. हेत प्रीति सनेह कौ अंग

कमोदनीं जलहरि बसै, चंदा बसै अकासि।
जो जाही का भावता[2], सो ताही कै पास॥ 1॥
कबीर गुर बसै बनारसी, सिष समंदा तीर।
बिसार्‌या नहीं बीसरे, जे गुंण होइ सरीर॥ 2॥
जो है जाका भावता, जदि तदि मिलसी आइ।
जाकी तन मन सौंपिया[3], सो कबहूं छांड़ि न जाइ॥ 3॥
स्वामी सेवक एक मत, मन ही मैं मिलि जाइ।
चतुराई रीझै नहीं, रीझै मन कै भाइ॥ 4॥ 652॥

45. सूरा तन कौ अंग

काइर हुवां न छूटिये, कछु सूरा तन साहि।
भरम भलका दूरि करि, सुमिरण सेल संबाहि॥ 1॥
खूंणै पड्यां न छूटियो, सुणि रे जीव अबूझ।
कबीर मरि मैदान मैं, करि इंद्र्यां सूं झूझ॥ 2॥

---

1. ख में इसके आगे
   जाणै ईछूं क्या नहीं, बूझि न कीया गौन।
   भूलौ भूल्यौ मिल्या, पंथ बतावै कौण॥
   कबीर जानींदा बूझिया, मारग दिया बताइ।
   चलता चलता तहां गया, जहां निरंजन राइ॥
2. ख—जो जाही के मन बसै।
3. ख—पंच पयादा पकड़ि ले।

कबीर साई सूरिवां, मन सूं मांडै झूझ।
पंच पयादा पाड़ि ले, दूरि करै सब दूज॥ 3॥
सूरा झूझै गिरद सूं, इक दिसि सूर न होइ।
कबीर यूं बिन सूरिवां, भला न कहिसी कोइ॥ 4॥
कबीर आ रणि पैसि करि, पीछे रहै सु सूर।
सांई सूं साचा भया, रहसी सदा हजूर॥ 5॥
गगन दमांमां बाजिया, पड्या निसानै घाव।
खेत बुहार्‌या सूरिवैं, मुझ मरणे का चाव॥ 6॥
कबीर मेरै संसा को नहीं, हरि सूं लागा हेत।
कांम क्रोध सूं झूझणां, चौड़े मांड्या खेत॥ 7॥
सूरे सार संवाहिया, पहर्‌यां सहज संजोग।
अब कै ग्यांन गयंद चढ़ि, खेत पड़न का जोग॥ 8॥
सूरा तब हीं परखिये, लडै धणीं के हेत।
पुरिजा पुरिजा ह्वै पड़ै, तऊ न छाड़ै खेत॥ 9॥
खेत न छाड़ै सूरिवां, झूझै द्वै दल मांहिं।
आसा जीवन मरण की, मन में आंणैं नांहिं॥ 10॥
अब तो झूझ्यां ही वणैं, मुड़ि चाल्यां घर दूरि।
सिर साहिब कूं सौंपिये, सोच न कीजै सूरि॥ 11॥
अब तो ऐसी ह्वै पड़ी, मन का रुचित कीन्ह।
मरनैं कहा डराइये, हाथि स्यंघौरा लीन्ह॥ 12॥
जिस मरनै थैं जग डरै, सो मेरे आनंद।
कब मरिहूं कब देखिहूं, पूरन परमांनंद॥ 13॥
कायर बहुत पमांवहीं, बहकि न बोलै सूर।
कांम पड्यां ही जांणिये, किसके मुख परि नूर[1]॥ 14॥
जाइ पूछौ उस घाइलैं, दिवस पीड निस जाग।
बांहणहारा जाणिहैं, कै जांणै जिस लाग॥ 15॥
घाइल घूंमै गहि भर्‌या, राख्या रहे न ओट।
जतन कियां जीवै नहीं, बणीं मरम की चोट॥ 16॥
ऊंचा विरष अकासि फल, पंखी[2] मूए झूरि।
बहुत सयांने पचि रहे, फल निरमल परि दूरि॥ 17॥
दूरि भया तौ का भया, सिर दे नेड़ा होइ।
जब लग सिर सौंपे नहीं, कारिज सिधि न होइ॥ 18॥

---

1. ख—जाके मुख षटि नूर।
2. ख—पंथी।

कबीर यहु घर प्रेम का, खाला का घर नांहिं।
सीस उतारै हाथि करि, सो पैसे घर मांहिं॥ 19॥
कबीर निज घर प्रेम का, मारग अगम अगाध।
सीर उतारि पग तलि धरै, तब निकटि प्रेम का स्वाद॥ 20॥
प्रेम न खेतौं नीपजे, प्रेम न हाटि बिकाइ।
राजा परजा जिस रुचै, सिर दे सो ले जाइ॥ 21॥
सीस काटि पासंग दिया, जीव सरभरि लीन्ह।
जाहि भावे सो आइ ल्यौ, प्रेम आघ हंम कीन्ह॥ 22॥
सूरै सीस उतारिया, छाड़ी तन की आस।
आगै थैं हरि मुलकिया, आवत देख्या दास॥ 23॥
भगति दुहेली रांम की, नहिं कायर का कांम।
सीस उतारै हाथि करि, सो लेसी हरि नांम॥ 24॥
भगति दुहेली रांम की, जैसि खांड़े की धार।
जे डोलै तो कटि पड़े, नहीं तो उतरै पार॥ 25॥
भगति दुहेली रांम की, जैसी अगनि की झाल।
डाकि पड़े ते ऊबरे, दाधे कौतिगहार॥ 26॥
कबीर घोड़ा प्रेम का, चेतनि चढ़ि असवार।
ग्यांन खड़ग गहि काल सिरि, भली मचाई मार॥ 27॥
कबीरा हीरा वणजिया, महंगे मोल अपार।
हाड़ गला माटी गली, सिर साटै ब्यौहार॥ 28॥
जेते तारे रैणि के, तेते बैरी मुझ।
धड़ सूली सिर कंगुरै, तऊ न बिसारौं तुझ॥ 29॥
जो हार्‌या तौ हरि सवां, जे जीत्या तौ डाव।
पारब्रह्म कूं सेवता, जे सिर जाइ त जाव॥ 30॥
सिर साटै हरि सेविए[1], छाड़ि जीव की बांणि।
जे सिर दीया हरि मिलै, तब लगि हांणि न जांणि॥ 31॥
टूटी बरत अकास थैं, कोई न सकै झड़ झेल।
साथ सती अरु सूर का, अंणी ऊपिला खेल॥ 32॥[2]
सती पुकारै सलि चढ़ी, सुन रे मीत मसांन।
लोग बटाऊ चलि गए, हम तुझ रहे निदान॥ 33॥

1. ख—पाइए।
2. ख में इसके आगे
ढोल दमामा बाजियाँ, सबद सुणाइ सब कोइ।
जै सलि देखि सती भजे, दुहु कुल हांसी होइ॥

सती बिचारी सत किया, काठौं सेज बिछाइ।
ले सूती पीव आपणा, चहुं दिसि अगनि लगाइ॥ 34॥
सती सूरा तन साहि करि, तन मन कीया घांण।
दिया महौला पीव कूं, तब मड़हट करै बखांण॥ 35॥
सती जलन कूं नीकली, पीव का सुमरि सनेह।
सबद सुनन जीव निकल्या, भूलि गई सब देह॥ 36॥
सती जलन कूं नीकली[1], चित धरि एक बमेक।
तन मन सौंप्या पीव कूं, तब अंतर रही न रेख॥ 37॥
हौं तोहि पूछौं हे सखी, जीवत क्यूं न मराइ।
मूवां पीछे सत करै, जीवत क्यूं न कराइ॥ 38॥
कबीर प्रगट रांम कहि, छांनै रांम न गाइ।
फूस कजोड़ा दूरि करि, ज्यूं बहुरि लागै लाइ॥ 39॥
कबीर हरि सबकूं भजै, हरि कूं भजै न कोइ।
जब लग आस सरीर की, तब लग दास न होइ॥ 40॥
आप सवारथ मेदनीं, भगत सवारथ दास।
कबीर रांम सवारथी, जिनि छाड़ी तन क़ी आस॥ 41॥ (693)

46. काल कौ अंग

झूठे सुख कौ सुख कहैं, मानत है मन मोद।
खलक चवीणां काल का, कुछ मुख मैं कुछ गोद॥ 1॥
आज कि काल्हि क निसह मैं, मारगि माल्हंतां।
काल सिचाणां नर चिड़ा, औझड़ औच्यंतां॥ 2॥
काल सिहांणै यूं खड़ा, जागि पियारो म्यंत।
रांम सनेही बाहिरा तूं क्यूं सोवै नच्यंत॥ 3॥
सब जग सूता नींद भरि[2], संत न आवै नींद।
काल खड़ा सिर उपरै, ज्यूं तोरणि आया बींद॥ 4॥
आज कहै हरि काल्हि भजौंगा, काल्हि कहे फिरि काल्हि।
आज ही काल्हि करंतिया, औसर जासी चालि॥ 5॥
कबीर पल की सुधि नहीं, करै काल्हि का साज।
काल अच्यंता झड़पसी, ज्यूं तीतर कौं बाज॥ 6॥

1. ख—जलन को नीसरी।
2. ख—निसह भरि।

कबीर टग टग चोषतां, पल पल गई बिहाइ।
जीव जंजाल न छाड़ई, जम दिया दमामा आइ॥ 7॥[1]
मैं अकेला ए दोइ जणां छेती नांहीं काइ।
जे जम आगै ऊबरो, तो जुरा पहूंती आइ॥ 8॥
बारी बारी आपणीं, चेले पियारे म्यंत।
तेरी बारी रे जिया, नेड़ी आवै न्यंत॥ 9॥[2]
दौं की दाधी लाकड़ी, ठाढ़ी करै पुकार।
मति बसि पड़ौं लुहार के, जालै दूजी बार॥ 10॥[3]
जो ऊग्या सो आंथवैं, फूल्या सो कुमिलाइ।
जो चिणियां सो ढहि पड़ै, जो आया सो जाइ॥ 11॥
जो पहर्‌या सो फाटिसी, नांव धर्‌या सो जाइ।
कबीर सोइ तत्त गहि, जो गुरि दिया बताइ॥ 12॥
निधड़क बैठा रांम बिन, चेतनि करै पुकार।
यहु तन जल का बुदबुदा, बिनसत नांहीं बार॥ 13॥
पांणी केरा बुदबुदा, इसी हमारी जाति।
एक दिन छिप जांहिंगे, तारे ज्यूं परभाति[4]॥ 14॥
कबीर यहु जग कुछ नहीं, षिन खारा षिन मीठ।
काल्हि जु बैठा[5] माड़ियां, आज मसांणां दीठ॥ 15॥

---

1. ख में इसके आगे
   जुरा कूती, जीवन सभा, काल अहेड़ी बार।
   पलक बिना मैं पाकड़ै, गरव्यो कहा गंवार।
2. ख में इसके आगे
   मालिन आवत देखि करि, कलियन करी पुकार।
   फूले फूले चुणि लिए, काल्हि हमारी बार॥
   बाढ़ी आवत देखि करि, तरवर डोलन लाग।
   हम कटे की कछु नहीं, पंखेरू घर भाग॥
   फांगुन आवत देखि करि, बन रूना मन मांहिं।
   ऊंची डाली पात है, दिन दिन पीले थांहि॥
   पात पड़ंता यूं कहे, सुनि तरवर बनराइ।
   अब के बिछुड़े न मिलैं, कहीं दूर पड़ेंगे जाइ॥
3. ख में इसके आगे
   मेरा बीर लुहारिया, तू जिनि जालै मोहि।
   इक दिन ऐसा होइगा, हूँ जालौंगी तोहि॥
4. ख—एक दिनां नटि जाहिंगे, ज्यूं तारा परभाति।
   इसके आगे यह दोहा भी
   कबीर पंच पखेरुवा, राखें पोख लगाइ।
   एक जु आया पारधी, ले आयो सबै उड़ाइ॥
5. ख—दीठा।

कबीर मंदिर आपणै, नित उठि[1] करती आलि।
मड़हट देख्यां डरपती, चौड़े दीन्हीं जालि॥ 16॥
मंदिर मांहिं झबूकती, दीवा कैसी जोति।
हंस बटाऊ चलि गया, काढ़ौ घर की छोति॥ 17॥
ऊँचा मंदिर धौलहर, माटी चित्री पौलि।
एक रांम के नांव बिन, जंम पाड़ैगा रौलि॥ 18॥[2]
कबीर कहा गरबियो, काल गहै कर केस।
नां जांणै कहाँ मारिसी, कै घर कै परदेस॥ 19॥[3]
कबीर जंत्र न बाजई, टूटि गए सब तार।
जंत्र बिचारा क्या करै, चलै बजावणहार॥ 20॥
धवणि धवंती रहि गई, बुझि गए अंगार।
अहरणि रह्या ठमूकड़ा[4], जब उठि चले[5] लुहार॥ 21॥

---

1. ख—बैठी।
2. ख में इसके आगे
   काएं चिणावै मालिया, चुनै माटी लाइ।
   मींच सुणैगी पायणी, उधोरा लैली आइ॥
   काएं चिणावै मालिया, लांबी भीड़ उसारि।
   घर तौ साढ़ै तीनि हाथ, घणौ तौ पौंणा चारि॥
   ऊँचा महल चिनाइयाँ, सोवन कलसु चढाइ।
   ते मंदिर खाली पड़्या रहे मसाणी जाइ॥
3. ख में इसके आगे
   इहर अभागी मांछली, छापरि मांणी आलि।
   डावरड़ा छूटै नहीं, सकै त समंद संभालि॥
   मंछी हुआ न छूटिए, झीवर मेरा काल।
   जिहिं जिहिं डावर मैं फिरौं, तिहिं तिहिं मांडै जाल॥
   पांणी मांहिं ला मांछली, सक तौ पकड़ि तीर।
   कड़ी कूद की काल की, आइ पहुँचा कीर॥
   मंद विकंता दिखिया, झीवर के करवारि।
   ऊंखड़िया रन वालियां, तुम क्यू बंधे जालि॥
   पांणी मांहिं घर किया, चेजा किया पताल।
   पासा पड़्या करम का, यूं हम बींधे जाल॥
   सूकण लगा केवड़ा, तूटी अरहर माल।
   पांणी की कल जाणतां, गया ज सींचनहार।
4. ख—उमेकड़ा।
5. ख—गये, और इसके आगे यह दोहा
   कबीर हरणी दूबली, इस हरियालै तालि।
   लख अहेड़ी एक जीव, कित एक टालौ भालि॥

पंथी ऊभा पंथ सिरि, बुगचा बांध्या पूठि।
मरणां मुंह आगै खड़ा, जीवण का सब झूठ॥ 22 ॥[1]
यहु जिव आया दूर थैं, अजौ भी जासी दूरि।
बिच कै बासै रमि रह्या, काल रह्या सर पूरि॥ 23 ॥[2]
रांम कह्या तिनि कहि लिया, जुरा पहूंती आइ।
मंदिर लागै द्वार थैं, तब कुछ काढणां न जाइ॥ 24 ॥
बरियां बीती बल गया, बरन पलट्या और।
बिगड़ी बात न बाहुडै, कर छिटक्यां[3] कत ठौर॥ 25 ॥
बरियां बीती बल गया, अरू बुरा कमाया।
हरि जिन छाड़ै हाथ थैं, दिन नेड़ा आया॥ 26 ॥
कबीर हरि सूँ हेत करि, कूड़ै चित्त न लाव[4]।
बांध्या बार खटीक कै, ता पसु किती एक आव॥ 27 ॥
विष के बन मैं घर किया, सरप रहे लपटाइ।
ताथैं जियरै डर गह्या, जागत रैणि बिहाइ॥ 28 ॥
कबीर सब सुख रांम है, और दुखां की रासि।
सुर नर मुनियर असुर सब, पड़े काल की पासि॥ 29 ॥
काची काया मन अथिर, थिर थिर कांम करंत।
ज्यूं ज्यूं नर निधड़क फिरै, त्यूं त्यूं काल हसंत॥ 30 ॥[5]
रोवणहारे भी मुए, मुए जलांवणहार।
हा हा करते ते मुए, कासनि करौं पुकार॥ 31 ॥
जिनि हम जाए ते मुए, हम भी चालणहार।
जे हमको आगै मिलै, तिन भी बंध्या भार॥ 32 ॥ (725)

---

1. ख में इसके आगे

   जिसहि न रहणा इत जागि, सो क्यूं लौड़े मीत।
   जैसे पर घर पाहुणा, रहै उठाए चीत॥

2. ख में इसके आगे

   कबीर गाफिल क्या फिरै, सोवै कहा न चीत।
   एवड़ माहि तै ले चल्या, भज्या पकड़ि खरीस॥
   साईं सूं मिसि मछीला, के जा सुमिरै लाहूत।
   कबही उझंकै कटिसी, हुंण ज्यों बग मंकाहूत॥

3. ख—छूटां।
4. ख—कड़वे न मन लाव।
5. बेटा जाया तो का भया, का बजावे गाल।
   आपण जाणा ह्वै रहा, ज्यों कीड़ी का थाल।

47. सजीवनि कौ अंग

जहाँ जुरा मरण[1] ब्यापै नहीं, मूवा न सुणिये कोइ।
चलि कबीर तिहि देसड़ै, जहाँ बैद विधाता होइ॥ 1॥
कबीर जोगी बिन बस्या, खणि खाये कंद मूल।
नां जाणौ किस जड़ी थैं, अमर भए असथूल॥ 2॥
कबीर हरि चरनूं चल्या, माया मोह थैं टूटि।
गगन मंडल आसण किया, काल गया सिर कूटि॥ 3॥
यहु मन पटकि पछाड़ि लै, सब आपा मिटि जाइ।
पंगुल ह्वै पीव पीव करै, पीछै काल न खाइ॥ 4॥
कबीर मन तीखा किया[2], बिरह लाइ खर सांण।
चित्त चरणौं मैं चुभि रह्या, तहाँ नहीं काल का पाण॥ 5॥
तरवर तास बिलंबिए, बारह मास फलंत।
सीतल छाया गहर फल, पंखी केलि करंत॥ 6॥
दाता तरवर दया फल, उपगारी जीवंत।
पंखी चले दिसावरां, बिरषा सुफल फलंत॥ 7॥ (732)

48. अपारिख कौ अंग

पाइ पदारथ पेलि करि, कंकर लीया हाथि।
जोड़ी बिछुटी हंस की, पड्या बगां कै साथि॥ 1॥[3]
एक अचंभा देखिया, हीरा हाटि बिकाइ।
परिखणहारे बाहिरा, कौड़ी बदले जाइ॥ 2॥

---

1. ख—मींच।
2. ख—भया।
3. ख में इसके आगे

चंदन रुख़ बदस गयो, जण जग कहे पलास।
ज्यों ज्यों चूल्है लोंकिए, त्यों त्यों अधिकी बास॥
हंसड़ो तो महाराण को, उड़ि पड्यो थलियाँह।
बगुलों करि करि मारियो, सझ न जाँणै त्याँह॥
हंस बगाँ के पाहुंनां, कहीं दसा कै केरि।
बगुला कांई गरबियां, बैठा पाँख पखेरि॥
बगुला हंस मनाइ लै, नेड़ों थकाँ बहोड़ि।
त्याँह बैठा तूं उजला, त्यों हंस्यौ प्रीति न तोड़ि॥

कबीर गुदरी बीखरी, सौदा गया बिकाइ।
खोटा बांध्या गांठड़ी, इब कुछ लिया न जाइ॥ 3॥
पैड़ै मोती बीखरे, अंधा निकस्या आइ।
जोति बिनां जगदीश की, जगत उलंघ्यां जाइ॥ 4॥
कबीर यहु जग अंधला, जैसी अंधी गाइ।
बछा था सो मरि गया, ऊभी चांम चटाइ॥ 5॥ (737)

49. पारिख कौ अंग

जब गुण कूं गाहक मिलै, तब गुण लाख बिकाइ।
जब गुण कौ गाहक नहीं, तब कौड़ी बदले जाइ॥ 1॥[1]
कबीर लहरि समंद की मोती बिखरे आइ।
बगुला मंझ न जांणई, हंस चुणे चुणि खाइ॥ 2॥
हरि हीरा जन जौहरी, ले ले मांडि मत हाटि।
जब रे मिलैगा पारिखु, तब हीरां की साटि॥ 3॥[2] (740)

50. उपजणि कौ अंग

नांउं न जाणौं गांव का, मारगि लागा जांउं।
काल्हि जु कांटा भाजिसी, पहिली क्यों न खड़ाउं॥ 1॥
सीख भई संसार थैं, चले जु साँई पास।
अबिनासी मोहिं ले चल्या, पुरई मेरी आस॥ 2॥
इंद्रलोक अचरिज भया, ब्रह्मा पड्या[3] बिचार।
कबीर चाल्या रांम पै, कौतिगहार अपार॥ 3॥

---

1. ख में इसके आगे
   कबीर मनमना तौलिए, सबदां मोल न तोल।
   गौहर परखण जांणहीं, आपा खोवै बोल॥
2. ख में इसके आगे
   कबीर सपन ही साजन मिले, नइ नइ करे जुहार।
   बोल्यां पीछै जांणिए, जो जाको ब्यौहार॥
   मेरी बोली पूरबी, ताइ न चीन्है कोइ।
   मेरी बोली सो लखै, जो पूरब का होइ॥
3. ख—भया।

ऊँचा चढ़ि असमान कूं, मेरु ऊलंघे ऊड़ि।
पसू पंखेरू जीव जंत, सब रहे मेर में बूड़ि॥ 4॥
सद पांणी पाताल का, काढ़ि कबीरा पीव।
बासी पावस पड़ि मुए, बिषै बिलंबे जीव॥ 5॥[1]
कबीर सुपिनै हरि मिल्या, सूतां लिया जगाइ।
आंखि न मीचौं डरपता, मति सुपिनां ह्वै जाइ॥ 6॥
गोब्यंद कै गुण बहुत है, लिखे जु हिरदै मांहिं।
डरता पांणी ना पिऊं, मति वे धोये जांहि॥ 7॥
कबीर अब तौ ऐसा भया, निरमोलिक निज नांउं।
पहली कांच कथीर था, फिरता ठांव ठांवै ठांउं॥ 8॥
भौ समंद विष जल भर्‌या, मन नहीं बांधै धीर।
सबल सनेही हरि मिले, तब उतरे पारि कबीर॥ 9॥
भला सुहेला ऊतर्‌या, पूरा मेरा भाग।
रांम नांम नौका गह्या, तब पांणी पंक न लाग॥ 10॥
कबीर केसौ की दया, संसा घाल्या[2] खोइ।
जे दिन गए भगति बिन, ते दिन सालै मोहि॥ 11॥
कबीर जाचण जाइ था, आगैं मिल्या अजच।
ले चाल्या घर आपणै, भारी पाया सच॥ 12॥ (752)

51. दया निरबैरता कौ अंग

कबीर दरिया प्रजल्या, दाझै जल थल झोल।
बस नांहीं गोपाल सौ, बिनसै रतन अमोल॥ 1॥
ऊनवि आई बादली, बरसन लगे अंगार।
उठि कबीरा धाह दे, दाझत है संसार॥ 2॥
दाघ बली ता सब दुखी, सुखी न देखौं कोइ।
जहाँ कबीरा पग धरै, तहाँ टुक धीरज होइ॥ 3॥ (755)

---

1. ख में इसके आगे

कबीर हरि का डरपता, ऊन्हां धान न खांउं।
हिरदै भीतर हरि बसै, ताथैं खरा डराउं॥

2. ख—मेल्ह्या।

52. सुंदरि कौ अंग

कबीर सुंदरि यूं कहै, सुणि हो कंत सुजांण।
बेगि मिलौ तुम आइ करि, नहीं तर तजौं परांण॥ 1॥[1]
कबीर जाकी सुंदरी, जांणि करै विभचार।
ताहि न कबहूं आदरै, प्रेम पुरिष भरतार॥ 2॥
जे सुंदरि सांई भजै, तजै आंन की आस।
ताहि न कबहूं परहरै, पलक न छाड़ै पास॥ 3॥[2]
इस मन को मैदा करौ, नान्हां करि करि पीसि।
तब सुख पावै सुंदरी, ब्रह्म झलकै सीसि॥ 4॥
हरिया पारि हिंडोलनां, मेल्ह्या कंत मचाइ।
सोई नारि सुलखणीं, नित प्रति झूलण जाइ॥ 5॥ (760)।

53. कस्तूरिया मृग कौ अंग

कस्तूरी कुंडलि बसै, मृग ढूंढ़ै बन मांहिं।
ऐसै घटि घटि रांम हैं, दुनियां देखै नांहिं॥ 1॥
कोई एक देखै संत जन, जाकै पांचूं हाथि।
जाकै पांचूं बस नहीं, ता हरि संग न साथि॥ 2॥
सो सांई तन में बसै, भ्रंम्यों न जाणै तास।
कस्तूरी के मृग ज्यूं फिरि फिरि सूंघै घास॥ 3॥

---

1. ख में इसके आगे
   दाध बली तौ सब दुखी, सुखी न दीसै कोइ।
   को पुत्रा, को बंधवां, को धणहीना होइ॥
2. ख में इसके आगे
   हूँ रोऊँ संसार कौ, मुझे न रोवै कोइ।
   मुझको सोई रोइसी, जे रामसनेही होइ॥
   मूरो कौ का रोइए, जो अपणै घर जाइ।
   रोइए बंदीवान को, जो हाटै हाट बिकाइ॥
   बाग बिछटै मिग्र लौं ति हि जि मारै कोइ।
   आपै हौ मरि जाइसी, डावां डोल होइ॥

कबीर खोजी रांम का, गया जु सिंघल दीप।
रांम तौ घट भीतर रमि रह्या, जो आवै परतीत॥ 4॥
घटि बधि कहीं न देखिए, ब्रह्म रह्या भरपूरि।
जिनि जांन्यां तिनि निकट है, दूरि कहैं थे दूरि॥ 5॥
मैं जांण्यां हरि दूरि है, हरि रह्या सकल भरपूरि।
आप पिछांणै बाहिरा, नेड़ा ही थैं दूरि॥ 6॥[1]
तिणकै ओल्हे रांम है, परबत मेरे भाइ।
सतगुर मिलि परचा भया, तब हरि पाया घट मांहिं॥ 7॥
रांम नांम तिहूं लोक मैं, सकल रह्या भरपूरि।
यह चतुराई जाहु जलि, खोजत डोलैं दूरि॥ 8॥[2]
ज्यूं नैनूं मैं पूतली, त्यूं खालिक घट मांहिं।
मूरखि लोग न जांणहीं, बाहरि ढूंढण जांहि॥ 9॥ (769)

54. निंद्या कौ अंग

लोगे बिचारा नींदई, जिन्ह न पाया ग्यांन।
रांम नांउं राता रहै, तिनहैं न भावै आंन॥ 1॥[3]
दोख पराये देखि करि, चल्या हसंत हसंत।
अपने च्यंति न आवई, जिनकी आदि न अंत॥ 2॥
निंदक नेड़ा राखिये, आंगणि कुटी बंधाइ।
बिन साबण पांणी बिना निरमल करै सुभाइ॥ 3॥
न्यंदक दूरि न कीजिये, दीजै आदर मांन।
निरमल तन मन सब करै, बकि बकि आंनहिं आंन॥ 4॥

---

1. ख प्रति में इसके आगे
   कबीर बहुत दिवस भटकत रह्या, मन में बिषै बिसाम।
   ढूंढत ढूंढत जग फिर्‌या तिल के ओल्हे रांम॥
2. ख में इसके आगे
   हरि दरिया सुभर भरिया, दरिया वार न पार।
   खालिक बिन ख़ाली नहीं, जेंवा सू ई संचार॥
3. ख में इसके आगे
   निंदक तौ नांकी बिना, सौहे नकट्या मांहिं।
   साधू सिरजनहार के, तिनमैं सौहे नांहि॥

जे को नींदे साध कूं, संकटि आवै सोइ।
नरक मांहिं जांमैं मरैं, मुकति न कबहूं होइ॥ 5॥
कबीर घास न नींदिए, जो पाऊं तलि होइ।
उड़ि पड़ै जब आंखि में, खरी दुहेली होइ॥ 6॥
आपणपौ न सराहिये, पर नींदिए न कोइ।
अजहुं लंबे द्योहड़े, ना जाणौं क्या होइ॥ 7॥[1]
आपणपौ न सराहिए, और न कहिए रंक।
नां जांणौं किस ब्रिष तलि, कूड़ा होइ करंक॥ 8॥
कबीर आप ठगाइये, और न ठगिये कोइ।
आप ठग्यां सुख ऊपजै, और ठग्यां दुख होइ॥ 9॥[2]
अब कै जे सांई मिलैं, तौ सब दुख आपौ रोइ।
चरनूं ऊपर सीस धरि, कहूँ ज कहणां होइ॥ 10॥ (779)

55. निगुणां कौ अंग

हरिया जांणै रूंखड़ा, उस पांणीं का नेह।
सूका काठ न जाणई, कबहू बूठा मेह॥ 1॥
झिरिमिरि झिरिमिरि बरषिया, पांहण ऊपरि मेह।
माटी गलि सैंजल भई, पांहण वोही तेह॥ 2॥
पार ब्रह्म बूठा मोतियां, बांधी सिखरांह।
सगुरां सगुरां चुणि लिया, चूक पड़ी निगुरांह॥ 3॥
कबीर हरि रस बरषिया, गिर डूंगर सिखरांह।
नीर निबाणां ठाहरै, ना ऊं छापरड़ांह॥ 4॥
कबीर मूंढ़ करंमिया, नख सिख पाखर ज्यांह।
बांहणहारा क्या करै, बांण न लागै त्यांह॥ 5॥

1. सभा संस्करण में यह साखी ख प्रति में बताकर फ़ुटनोट में रखी गई है। ऐसा करने पर क प्रति की साखी संख्या 809 रह जाती है, जबकि उस प्रति की पुष्पिका में साखियों की संख्या बताई गई है 810। इसलिए इसे क प्रति में ही मानना होगा। इसे न गिनने के कारण सभा संस्करण के मुख्य पाठ की साखी संख्या 809 ही दी गई है, जो कि ग़लत है। (देखें डॉ. माताप्रसाद गुप्त द्वारा संपादित ग्रंथावली, 2019 संस्करण, पृ. 133 पर फ़ुटनोट।)
2. ख में यह दोहा नहीं है।

कहत सुनत सब दिन गए, उरझि न सुरझ्या मन।
कहि कबीर चेत्या नहीं, अजहूं सपहला दिन॥ 6॥[1]
कहि कबीर कठोर कै, सबद न लागै सार।
सुधबुध कै हिरदै भिदै, उपजि विवेक विचार॥ 7॥[2]
सीतलता के कारणै, नाग बिलंबे आइ।
रोम रोम बिष भरि रह्या, अमृत कहाँ समाइ॥ 8॥
सरपहि दूध पिलाइये, दूधै विष ह्वै जाइ।
ऐसा कोई नां मिले, स्यूं सरपैं विष खाइ॥ 9॥
जालौं इहै बड़पणां, सरलै पेड़ि खजूरि।
पंथी छांह न बीसवै, फल लागे तो दूरि॥ 10॥
ऊंचा कूल के कारणै, बंस बध्या अधिकार।
चंदन बास भेदै नहीं, जाल्या सब परिवार॥ 11॥
कबीर चंदन के बिड़ै, नींब भि चंदन होइ।
बूड़ा बंस बड़ाइतां, यौं जिनि बूड़ै कोइ॥ 12॥(791)

56. बीनती कौ अंग

कबीर साँई तो मिलहिंगे, पूछिहिंगे कुसलात।
आदि अंति की कहूंगा, उर अंतर की बात॥ 1॥[3]
कबीर भूलि बिगाड़िया, तूं नां करि मैला चित।
साहिब गरवा लोड़िये, नफर बिगाड़ै नित॥ 2॥
करता केरे बहुत गुण, औगुंण कोई नांहिं।
जे दिल खोजौं आपणों, तो सब औगुण मुझ मांहिं॥ 3॥[4]

---

1. ख में यह दोहा नहीं है।
2. ख में इसके आगे
   बेकांमी को सर जिनि बाहै, साठी खोवै मूल गंवावे।
   दास कबीर ताहि कौ बाहै, गलि सनाह सनमुख सरसाहै॥
   पसुआ सौ पानी पड़ो, रहि रहि याम खीजि।
   ऊसर बाह्यो ऊगसी, भावैं दूणां बीजि॥
3. ख में यह दोहा नहीं है।
4. ख में इसके आगे
   बरियां बीती बल गया, अरु बुरा कमाया।
   हरि जिन छाड़ै हाथ थैं, दिन नेड़ा आया॥

औसर बीता अलपतन, पीव रह्या परदेस।
कलंक उतारौ केसवां, भांना भरंम अंदेस॥ 4॥
कबीर करत है बीनती[1], भौसागर के तांईं।
बंदे ऊपरि जोर होत है, जंम कूं बरिज गुसांई॥ 5॥
हज काबै ह्वै ह्वै गया, केती बार कबीर।
मीरां मुझ मैं क्या खता, मुखां न बोलै पीर॥ 6॥
ज्यूं मन मेरा तुझ सों, यूं जे तेरा होइ।
ताता लोहा यूं मिले, संधि न लखई कोइ॥ 7॥ (798)

57. साषीभूत कौ अंग

कबीर पूछै रांम कूं, सकल भवनपति राइ।
सबही करि अलगा रहौ, सो विधि हमहिं बताइ॥ 1॥
जिहि बरियां साईं मिलै, तास न जांणै और।
सब कूं सुख दे सबद करि, अपणीं अपणीं ठौर॥ 2॥
कबीर मन का बाहुला, ऊंडा बहै असोस।
देखत हीं दह मैं पड़े, दई किसा कौं दोस॥ 3॥ (801)

58. बेलि कौ अंग

अब तौ ऐसी ह्वै पड़ी, नां तूंबड़ी न बेलि।
जालण आंणीं लाकड़ी, ऊठी कूंपल मेल्हि॥ 1॥
आगै आगै दौं जलै[2], पीछै हरिया होइ।
बलिहारी ता विरष की, जड़ काट्यां फल होइ॥ 2॥
जे काटौं तो डहडही, सींचौं तौ कुमिलाइ।
इस गुणवंती बेलि का, कुछ गुंण कह्या न जाइ॥ 3॥
आंगणि बेलि अकासि फल, अणब्यावर का दूध।
ससा सींग की धुनहड़ी, रमै बांझ का पूत॥ 4॥

---

1. ख—कबीर बिचारा करै बिनती।
2. ख—बलै।

कबीर कड़ई बेलड़ी, कड़वा ही फल होइ।
सींध नांउ तब पाइए, जे बेलि बिछोहा होइ॥ 5॥
सींध भई तब का भया, चहुं दिसि फूटी बास।
अजहुं बीज अंकुर है, अभी उगण की आस॥ 6॥[1] (807)

59. अबिहड़ कौ अंग

कबीर साथी सो किया, जाके सुख दुख नांहीं कोइ।
हिलि मिलि ह्वै करि खेलिस्यूं कदे बिछोह न होइ॥ 1॥
कबीर सिरजनहार बिन, मेरा हितू न कोइ।
गुण औगुण बिहड़ै नहीं, स्वारथ बंधी लोइ॥ 2॥
आदि मधि अरू अंत लौं, अबिहड़ सदा अभंग।
कबीर उस करता की, सेवग तजै न संग॥ 3॥ (810)

---

1. ख में इसके आगे
   सिंधि जू सहजै फुंकि गई, आगि लही बन मांहिं।
   बीज बास दून्यूं जले, ऊगण कौं कुछ नांहि॥

पद

राग गौड़ी

दुलहनीं गावहु मंगलचार,
हम घरि आए हो राजा रांम भरतार॥ टेक॥
तन रत करि मैं मन रत करिहुं, पंच तत्त बराती।
रांमदेव मोरैं पाहुनैं आये मैं जोबन मैमाती॥
सरीर सरोवर बेदी करिहूँ, ब्रह्मा वेद उचार।
रांमदेव संगि भांवरि लैहूँ, धंनि धंनि भाग हमार॥
सुर तेतीसूं कौतिग आये, मुनिवर सहस अठ्यासी।
कहै कबीर हम ब्याहि चले हैं, पुरिष एक अबिनासी॥ 1॥

बहुत दिनन थैं मैं प्रीतम पाये,
भाग बड़े घरि बैठे आये॥ टेक॥
मंगलाचार मांहिं मन राखौं, रांम रसांइण रमना चाखौं।
मंदिर मांहिं भयो उजियारा, ले सूती अपना पीव पियारा॥
मैं र निरासी जे निधि पाई, हमहिं कहा यह तुमहिं बड़ाई।
कहै कबीर मैं कछु न कीन्हा सखी सुहाग रांम मोहि दीन्हा॥ 2॥

अब तोहि जान न देहूं रांम पियारे, ज्यूँ भावै त्यूँ होहु हमारे॥ टेक॥
बहुत दिनन के बिछुरे हरि पाये, भाग बड़े घरि बैठे आये॥
चरननि लागि करौं बरियाई, प्रेम प्रीति राखौं उरझाई।
इत मन मंदिर रहौ नित चोखे, कहै कबीर करहु मति धोखे॥ 3॥

मन के मोहन बीठुला, यह मन लागौ तोहि रे।
चरन कँवल मन मानियां, और न भावै मोहि रे॥ टेक॥
षट दल कंवल निवासिया, चहु कौं फेरि मिलाइ रे।
दहुं के बीचि समाधिया, तहाँ काल न पासै आइ रे॥
अष्ट कंवल दल भीतरा, तहाँ श्रीरंग केलि कराइ रे।
सतगुर मिलै तौ पाइए, नहीं तौ जन्म अक्यारथ जाइ रे॥

कदली कुसुम दल भीतरा, तहाँ दस आँगुल का बीच रे।
तहाँ दुवा दस खोजि ले जनम होत नहीं मीच रे॥
बंक नालि के अंतरै, पछिम दिसां की बाट रे।
नीझर झरै रस पीजिये, तहाँ भंवर गुफा के घाट रे॥
त्रिवेणी मनाइ न्हवाइए सुरति मिलै जो हाथि रे।
तहाँ न फिरि मघ जोइए सनकादिक मिलिहै साथि रे॥
गगन गरिज मघ जोइया, तहाँ दीसैं तार अनंत रे।
बिजुरी चमकि घन बरषिहै, तहाँ भीजत हैं सब संत रे॥
षोडस कँवल जब चेतिया, तब मिलि गए श्री बनवारि रे।
जुरा मरण भ्रम भाजिया, पुनरपि जनम निवारि रे॥
गुर गमि तैं पाइए झखि मरै जिनि कोइ रे।
तहाँ कबीरा रमि रह्या सहज समाधी सोइ रे॥ 4॥[1]

गोकल नाइक बीठुला, मेरौ मन लागौ तोहि रे।
बहुतक दिन बिछुरै भये, तेरी औसेरि आवै मोहि रे॥ टेक॥
करम कोटि कौ ग्रेह रच्यो रे, नेह गए की आस रे॥
आपहिं आप बँधाइया, द्वै लोचन मरहिं पियास रे॥
आपा पर संमि चीन्हिये, दीसैं सर्ब समांन।
इहि पद नरहरि भेटिये, तूँ छाड़ि कपट अभिमांन रे॥
नां कतहूं चलि जाइये नां सिर लीजै भार।
रसनां रसहि बिचारिये, सारंग श्रीरंग धार रे॥
साधै सिधि ऐसी पाइये, किंवा होइ म होइ।
जे दिढ़ ग्यान न ऊपजै, तौ अहुटि रहै जिनि कोइ रे॥
एक जुगति एकै मिलै किंबा जोग कि भोग।
इन दून्यूँ फल पाइये, रांम नांम सिधि जोग रे॥
प्रेम भगति ऐसी कीजिये, मुखि अंमृत बरिषै चंद रे।
आप ही आप बिचारिये, तब केता होइ अनंद रे॥

---

1. ख में इसके आगे

अब मैं रांम सकल निधि पाई। आन कहूँ तो रांम दुहाई॥
इहि बिधि बसै सब रस दीठा, रांम नांम सा और न मीठा।
और रस ह्वै कफगाता हारिस अधिक अधिक सुखराता॥
दूजा बणज नहीं कछु बाखर, रांम नांम दोऊ तत् आखर।
कहै कबीर हरिरस भोगी, ता कौं मिल्या निरंजन जोगी॥

तुम्ह जिनि जानौ गीत है, यहु निज ब्रह्म विचार।
केवल कहि समझाइया, आतम साधन सार रे।
चरम कँवल चित लाइये, रांम नांम गुन गाइ॥
कहै कबीर संसा नहीं, भगति मुकति गति पाइ रे॥ 5॥

अब मैं पाइबो रे पाइबो ब्रह्म गियान,
सहज समाधें सुख में रहिबो, कोटि कलप विश्रांम॥ टेक॥
गुर कृपाल कृपा जब कीन्हौं, हिरदै कंवल बिगासा।
भागा भ्रम दसौं दिस सूझ्या, परम जोति प्रकासा॥
मृतक उठ्या धनक कर लीयै, काल अहेड़ी भागा।
उदय सूर निस किया पयांनां, सोवत तैं जब जागा॥
अविगत अकल अनुपम देख्या, कहतां कह्या न जाई।
सैन करै मन हीं मन रहसै गूंगै जांनि मिठाई॥
पहुप बिनां एक तरवर फलिया, बिन कर तूर बजाया।
नारी बिनां नीर घट भरिया, सहज रूप सो पाया॥
देखत कांच भया तन कंचन, बिना बानी मन मांनां।
उड्या बिहंगम खोज न पाया, ज्यूँ जल जलहिं समांनां॥
पूज्या देव बहुरि नहीं पूजौं, न्हाये उदिक न न्हाउँ।
भागा भरंम एक ही कहतां, आये बहुरि न आऊँ॥
आपे मैं तब आपा निरख्या, आपनपै आपा सूझ्या।
आपै कहत सुनत फुनि अपनां, आपनपै आपा बूझ्या॥
अपनै परचै लागी तारी, आपनपै आप समांनां।
कहै कबीर जे आप बिचारै, मिटि गया आवन जांना॥ 6॥

नरहरि सहजै ही जिनि जांनां।
गत फल फूल तत तर पलव, अंकूर बीज नसांनां॥ टेक॥
प्रकट प्रकास ग्यान गुरगमि थैं, ब्रह्म अगनि प्रजारी।
ससि हरि सूर दूर दूरंतर, लागी जोग जुग तारी॥
उलटे पवन चक्र षट बेधा, मेर डंड सर पूरा।
गगन गरजि मन सुंनि समांनां, बाजे अनहद तूरा॥
सुमीत सरीर कबीर बिचारी, त्रिकुटी संगम स्वांमी।
पद आनंद काल थैं छूटै, सुख मैं सुरति समानीं॥ 7॥

मन रे मन ही उलटि समांना।
गुर प्रसादि अकलि भई तोंकौं नहीं तर था बेगांना॥ टेक॥
नैरै थैं दूरि दूर थैं नियरा, जिनि जैसा करि जाना।
औलौती का चढ़्या बलींड़ै, जिनि पीया तिनि माना॥
उलटे पवन चक्र षट बेधा, सुन सुरति लै लागीं।
अमर न मरै मरै नहीं जीवै, ताहि खोजि बैरागी॥
अनभै कथा कवन सूं कहिये, है कोई चतुर बिबेकी।
कहै कबीर गुर दिया पलीता, सौ झल बिरलै देखी॥ 8॥

इति तत रांम जपहु रे प्रांनी, बूझौ अकथ कहाँणीं।
हरि का भाव होइ जा ऊपरि जाग्रित रैनि बिहानी॥ टेक॥
डांइनि डोरै, सुनहां डोरै स्यंघ रहै बन घेरै।
पंच कुटुंब मिलि झूझन लागे, बाजत सबद संघेरैं॥
रोहै मृग ससा बन घेरे, पारधी बांण न मेलैं।
सायर जलै सकल बन दाझै, मछ अहेरा खेलैं॥
सोई पंडित सो तत ज्ञाता, जो इहि पदहि बिचारै।
कहै कबीर सोइ गुर मेरा, आप तिरै मोहिं तारै॥ 9॥

अवधू ग्यान लहरि करि मांडी रे।
सबद अतीत अनाहद राता, इहि विधि त्रिष्णां खांडी॥ टेक॥
बन कै ससै समंद घर कीया मछा बसै पंहाड़ी।
सुद्र पीवै बांम्हन मतवाला, फल लागा बिन बाड़ी॥
खाड़ बुणैं कोली मैं बैठी, भुईं खूंटा में गाढ़ी।
तांणैं बाणैं पड़ी अनंवासी, सूत कहै बुणि गाढ़ी॥
कहै कबीर सुनहु रे संतौ, अगम ग्यांन पद मांहीं।
गुरु प्रसाद सुई कै नांकै, हस्ती आवै जांहीं॥ 10॥

एक अचंभा देखा रे भाई, ठाढ़ा सिंघ चरावै गाई॥ टेक॥
पहले पूत पीछैं भई माइ, चेला कै गुरु लागै पाइ।
जल की मछली तरवर ब्याई, पकड़ि बिलाई मुरगै खाई॥
बैलहि डारि गूंनि घरि आई, कुत्ता कूं लै गई बिलाई॥
तलि करि साखा ऊपरि करि मूल बहुत भांति जड़ लागे फूल।
कहै कबीर या पद को बूझै, ताकूं तीन्यूं त्रिभुवन सूझै॥ 11॥

हरि के खारे बड़े पकाये, जिनि जारे तिनि खाये।
ग्यान अचेत फिरै नर लोई, ता जनमि जनमि डहकाये॥ टेक॥
धौल मंदलिया बैल रबाबी, कऊवा ताल बजावै।
पहरि चोलना गादह नाचै, भैंसा निरति करावै॥
स्यंघ बैठा पान कतरै, घूंस गिलौरा लावै।
उदरी बपुरी मंगल गावै, कछु एक आनंद सुनावै॥
कहै कबीर सुनहु रे संतौ, गडरी परबत खावा।
चकवा बैसि अंगारे निगले, समंद अकासा धावा॥ 12॥[1]

चरखा जिनि जरे।
कातौंगी हजरी का सूत नणद के भइया की सौं॥ टेक॥
जलि जाई थलि ऊपजी, आई नगर मैं आप।
एक अचंभा देखिया, बिटिया जायौ बाप॥
बाबल मेरा ब्याह करि, बर उत्यम ले चाहि।
जब लाग बर पावै नहीं, तब लग तूं ही ब्याहि॥
सुबधी कै घरि लुबधी आयो, आंन बहू कै भाइ।
चूल्हे अगनि बताइ करि, फल सौ दीयो टठाइ॥
सब जगही मर जाइयौ, एक बढ़ईया जिनि मरै।
सब रांडनि कौ साथ चरखा को धरै॥
कहै कबीर सो पंडित ज्ञाता जो या पदहि बिचारै।
पहलै परचै गुर मिलै तौ पीछैं सतगुर तारे॥ 13॥

---

1. इस पद का पाठ 'आदिग्रंथ' में इस प्रकार है—
फील रबाबी बलदु पखावज कऊआ ताल बजावै।
पहरि चोलना गदहा नाचै भैसा भगति करावै॥
राजा राम ककरीआ बरे पकाए। किनै बूझनहारै खाए॥ 1॥
बैठि सिंघ घरि पान लगावै घीस गलउरे लिआवै॥
घरि घरि मुसरी मंगल गावहि कछुआ संख बजावै॥ 2॥
बंस को पूतु बीआहन चलिआ सुइने मंडप छाए।
रूप कंनिआ सुंदर बेधी ससै सिंघ गुन गाए॥ 3॥
कहत कबीर सुनहु रे पंडित कीटी परबतु खाइआ॥
कछुआ कहै अंगार भि लोरउ लूकी सबदु सुनाइआ॥ 4॥
ग्रंथावली के पाठ में धौल मंदलिया के बाद बैल रबाबी अनावश्यक दोहराव ही है। इस लिहाज़ से फ़ील (हाथी) रबाबी, अर्थबोध के लिहाज़ से बेहतर है। हालाँकि इस पाठ की भी अंतिम पंक्ति अटपटी है। इसके बारे में डॉ. रामकुमार वर्मा का यह कथन ठीक ही लगता है कि यहाँ पाठ लोरउ लूकी की जगह लोर उलूकी होना चाहिए था। देखें परिशिष्ट में पद क्रमांक १४३ और उस पर फ़ुटनोट। —पु.अ.

अब मोहि ले चलि नणद के बीर, अपनै देसा।
इन पंचनि मिलि लूटी हूं, कुसंग आहि बसेरा॥ टेक॥
गंग तीर मोरी खेती बारी, जमुन तीर खरिहानां।
सातौं बिरही मेरे निपजै, पांचौं मोर किसानां॥
कहै कबीर यह अकथ कथा है, कहतां कही न जाई।
सहज भाइ जिहिं ऊपजै, ते रमि रहै समाई॥ 14॥

अब हम सकल कुसल करि मांनां।
स्वांति भई तब गोब्यंद जांनां॥ टेक॥
तन मैं होती कोटि उपाधि, उलट भई सुख सहज समाधि॥
जम थैं उलटि भये हैं रांम, दु:ख बिसर्‌या सुख किया विश्रांम॥
बैरी उलटि भये हैं मीता साखत उलटि सजन भये चीता॥
आपा जानि उलटि ले आप, तौ नहीं ब्यापै तीन्यूं ताप॥
अब मन उलटि सनातन हूवा, तब हम जांनां जीवन मूवा॥
कहै कबीर सुख सहज समाऊं, आप न डरौं न और डराऊँ॥ 15॥

संतौ भाई आई ग्यान की आंधी रे।
भ्रम की टाटी सबै उड़ाणीं, माया रहै न बांधी॥ टेक॥
हिति चित की द्वै थूंनी गिरांनी, मोह बलींड़ा तूटा।
त्रिस्नां छांनि परि घर ऊपरि, कुबधि का भांडा फूटा॥
जोग जुगति करि संतन बांधी, निरचू चुवै न पांणी।
कूड़ कपट काया का निकस्या हरि की गति जब जांणी॥
आंधी पीछै जो जल बूठा, प्रेम हरि जन भींनां।
कहै कबीर भांन के प्रगटें उदित भया तम खीनां॥ 16॥

अब घटि प्रगट भये रांम राई,
सोधि सरीर कनक की नाई॥ टेक॥
कनक कसौटी जैसें कसि लेइ सुनारा, सोधि सरीर भयौ तन सारा॥
उपजत उपजत बहुत उपाई, मन थिर भयो तबै थिति पाई॥
बाहरि खोजत जनम गंवाया, उनमनीं ध्यांन घट भीतरि पाया।
बिन परचै तन कांच कबीरा, परचै कंचन भया कबीरा॥ 17॥

हिंडोलनां तहाँ झूलै आतम रांम।
प्रेम भगति हिंडोलना, सब संतन कौ विश्रांम॥ टेक॥

चंद सूर दोइ खंभवा, बंक नालि की डोरि।
झूलें पंच पियारियां, तहाँ झूलै जीय मोर॥
द्वादस गंमि के अंतरा, तहाँ अमृत कौ ग्रास।
जिनि यह अमृत चाखिया, सो ठाकुर हम दास॥
सहज सुंनि कौ नेहरौ गगन मंडल सिरिमौर।
दोऊ कुल हम आगरी, जो हम झूलहिं हिंडोल॥
अरध उरध की गंगा जमुना, मूल कंवल कौ घाट।
षट चक्र की गागरी, त्रिवेणीं संगम बाट।
नाद ब्यंद की नावरी, रांम नांम कनिहार।
कहै कबीर गुण गाइ ले, गुर गंमि उतरौ पार॥ 18॥

को बीने प्रेम लाग्यौ री माइ को बीने।
रांम रसाइण माते, री माई को बीने॥ टेक॥
पाई पाई तूं पुतिहाई, पाई की तुरिया बेचि खाई, री माई को बीने॥
ऐसैं पाई पर बिथुराई, त्यूँ रस आनि बनायौ, री माई को बीने।
नाचे तांनां नाचे बांनां, नाचैं कूच पुराना, री माई को बीने॥ 19॥

मैं बुनि करि सिरांनां हो रांम,
नालि करम नहीं ऊबरे॥ टेक॥
दखिन कूट जब सुनहां भूंका, तब हम सगुन बिचारा।
लरके परके सब जागत हैं, हम घरि चोर पसारा हो रांम॥
तांनां लीन्हां बांनां लीन्हां, लीन्हे गोड के पऊवा।
इत उत चितवत कठवन लीन्हां, मांड चलवनां डऊआ, हो रांम।
एक पग दोई पग त्रैपग, संधै संधि मिलाई।
कर परपंच मोट बंधि आयौ, किलिकिलि सबै मिटाई हो रांम॥
तांनां तनि करि बांनां बुनि करि, छाक परी मोहि ध्यांना।
कहै कबीर मैं बुंनि सिरांना जानत है भगवांनां हो रांम॥ 20॥

तननां बुननां तज्या कबीर,
रांम नांम लिखि लिया सरीर॥ टेक॥
जब लग भरौं नली का बेह, तब लग टूटै रांम सनेह॥
ठाड़ी रोवै कबीर की माइ, ए लरिका क्यूँ जीवै खुदाई।
कहै कबीर सुनहु री माई, पूरणहारा त्रिभुवन राइ॥ 21॥

जुगिया न्याइन मरि मरि जाइ।
घर जाजरौ बलींडौ टेढ़ौ, औलोती अरराइ॥ टेक॥
मगरी तजौ प्रीति पाखे सूं डांडी देहु लगाइ।
छींको छोड़ि उपरहि डौं बांधौ, ज्यूं जुगि जुगि रहौ समाइ।
बैसि परहड़ी द्वार मुंदावो, ल्यावो पूत घर घेरी।
जेठी धीय सासरे पठवो, ज्यूं बहुरि न आवै फेरी॥
लहुरी धीय सबै कुल खोयौ, तब ढिंग बैठन पाई।
कहै कबीर भाग बपरी कौ, किलिकिलि सबै चुकाई॥ 22॥

मन रे जागत रहिये भाई।
गाफिल होइ बसत मति खोवै, चोर मुसै घर जाई॥ टेक॥
षट चक की कनक कोठड़ी, बस्त भाव है सोई।
ताला कुंजी कुलफ के लागे, उघड़त बार न होई॥
पंच पहरवा सोइ गए हैं, बस्तैं जागण लागी।
करत बिचार मनहीं मन उपजी, नां कहीं गया न आया।
कहै कबीर संसा सब छूटा, रांम रतन धन पाया॥ 23॥

चलन चलन सब को कहत है,
नां जानौं बैकुंठ कहाँ है॥ टेक॥
जोजन एक परमिति नहीं जानैं, बातनि ही बैकुंठ बखानैं।
जब लग है बैकुंठ की आसा, तब लग नांहीं हरि चरन निवासा॥
कहें सुनें कैसें पतिअइये, जब लग तहाँ आप नहीं जइये।
कहै कबीर बहु कहिये काहि, साध संगति बैकुंठहि आहि॥ 24॥

अपनै विचारि असवारी कीजै,
सहज के पाइड़े पाव जब दीजे॥ टेक॥
दै मुहरा लगांम पहिरांऊं, सिकली जीन गगन दौराऊं।
चलि बैकुंठ तोहि लै तारूं, थकहि त प्रेम ताजनैं मारूं।
जन कबीर ऐसा असवारा, बेद कतेब दहूँ थैं न्यारा॥ 25॥

अपनै मैं रंगि आपनपो जानूं,
जिहिं रंगि जांनि ताही कूं मांनूं॥ टेक॥
अभि अंतरि मन रंग समानां, लोग कहैं कबीर बौरान्नां।

रंग न चीन्हैं मूरखि लोई, जिहि रंगि रंग रह्या सब कोई॥
जे रंग कबहूं न आवै न जाई, कहै कबीर तिहि रह्या समाई॥ 26 ॥

झगरा एक नवेरो रांम,
जे तुम्ह अपने जन सूं कांम॥ टेक॥
ब्रह्म बड़ा कि जिनि रू उपाया, बेद बड़ा कि जहाँ थैं आया।
यह मन बड़ा कि जहाँ मन मानै, रांम बड़ा कि रांमहि जानै।
कहै कबीर हूं खरा उदास, तीरथ बड़े कि हरि के दास॥ 27 ॥

दास रांमहिं जानिहै रे,
और न जानै कोइ॥ टेक॥
काजल देइ सबै कोई, चखि चाहन मांहिं बिनांन।
जिनि लोइनि मन मोहिया, ते लोइन परवांन॥
बहुत भगति भौसागरा, नानां विधि नांनां भाव।
जिहि हिरदै श्रीहरि, भेटिया सो भेद कहूं कहूं ठांव॥
दरसन संमि का कीजिये, जौ गुन नहिं होत समांन।
सींधव नीर कबीर मिल्यौ है, फटक न मिल पखांन॥ 28 ॥

कैसे होइगा मिलावा हरि सनां,
रे तू विषै विकार न तजि मनां॥ टेक॥
रे तैं जोग जुगति जान्यां नहीं, तैं गुर का सबद मान्यां नांहीं।
गंदी देही देखि न फूलिये, संसार देखि न भूलिये॥
कहै कबीर रांम मन बहु गुंनी, हरि भगति बिनां दुख फुनि फुनि॥ 29॥

कासूं कहिये सुनि रांमा, तेरा मरम न जानै कोई जी।
दास बबेकी सब भले परि भेद न छांनां होई जी॥ टेक॥
ए सकल ब्रह्मंड तैं पूरिया, अरू दूजा महि थांन जी।
रांम रसांइन रसिक है, अद्भुत गति बिस्तार जी॥
भ्रम निसा जो गत करे, ताहि सूझै संसार जी॥
सिव सनकादिक नारदा, ब्रह्म लिया निज बास जी।
कहै कबीर पद पंक्यजा, अब नेड़ा चरण निवास जी॥ 30 ॥

मैं डोरै डोरै जाऊंगा, तौ मैं बहुरि न भौजलि आऊंगा॥ टेक॥
सूत बहुत कछु थोरा, ताथै लाइ ले कंथा डोरा।
कंथा डोरा लागा, तब जुरा मरण भौ भागा॥
जहाँ सूत कपास न पूनीं, तहाँ बसै इक मूनीं।
उस मूनीं सूं चित लाऊंगा, तो मैं बहुरि न भौजलि आऊंगा॥
मेर डंड इक छाजा, तहाँ बसै इक राजा।
तिस राजा सूं चित लाऊंगा, तो मैं बहुरि न भौजलि आऊंगा॥
जहाँ बहु हीरा धन मोती, तहाँ तत लाइ लै जोती।
तिस जोतिहि जोति मिलांऊंगा, तो मैं बहुरि न भौजलि आऊँगा॥
जहाँ ऊगै सूर न चंदा, तहाँ देख्या एक अनंदा।
उस आनंद सूं लौ लाऊंगा, तो मैं बहुरि न भौजलि आऊंगा॥
मूल बंध इक पावा, तहाँ सिध गणेश्वर रावा।
तिस मूलहिं मूल मिलाऊंगा, तौ मैं बहुरि न भौजलि आऊंगा॥
कबीरा तालिब तेरा, तहाँ गोप हरी गुर मोरा।
तहाँ हेत हरि चित लाऊंगा, तो मैं बहुरि न भौजलि आऊंगा॥ 31॥

संतौ धागा टूटा गगन बिनसि गया, सबद जु कहाँ समाई।
ए संसा मोहि निस दिन व्यापै, कोई न कहै समझाई॥ टेक॥
नहीं ब्रह्मंड पुंनि नांहीं, पंचतत भी नांहीं।
इला प्यंगुला सुखमन नांहीं, ए गुण कहाँ समांहीं।
नहीं ग्रिह द्वार कछू नहीं, तहियां रचनहार पुनि नांहीं।
जोवनहार अतीत सदा संगि, ये गुण तहाँ समांहीं॥
तूटै बंधै बंधै पुनि तूटै, तब तब होइ बिनासा।
तब को ठाकुर अब को सेवग, को का कै बिसवासा॥
कहै कबीर यहु गगन न बिनसै, जौ धागा उनमांनां।
सीखें सुने पढ़ें का होई, जौ नहीं पदहि समांना॥ 32॥

ता मन कौं खोजहु रे भाई,
तन छूटे मन कहाँ समाई॥ टेक॥
सनक सनंदन जैदेव नांमां भगति करी मन उनहूं न जानां।
सिव विरंचि नारद मुनि ग्यानी, मन की गति उनहूं नहीं जानीं॥
ध्रू प्रहिलाद बभीषन सेषा, तन भीतर मन उनहूं न देखा।
ता मन का कोइ जानै भेव, रंचक लीन भया सुखदेव॥

गोरख भरथरी गोपीचंदा, ता मन सों मिलि करै अनंदा।
अकल निरंजन सकल सरीरा, ता मन सूं मिलि रहा कबीरा॥ 33॥

भाई रे बिरले दोसत कबीरा के, यहु तत बार बार का सों कहिए।
भानण घड़ण संवारण संम्रथ, ज्यूं राखै त्यूं रहिये॥ टेक॥
आलम दुनीं सबै फिरि खोजी, हरि बिन सकल अयांनां।
छह दरसन छ्यानबै पाखंड, आकुल किनहुं न जानां॥
जप तप संजम पूजा अरचा, जोतिग जग बीरानां।
कागद लिखि लिखि जगत भुलांनां, मनहीं मन न समानां॥
कहै कबीर जोगी अरु, जंगम ए सब झूठी आसा।
गुर प्रसादि रटौ चात्रिग ज्यूं, निहचै भगति निवासा॥ 34॥

कितेक सिव संकर गए उठि,
रांम समाधि अजहूं नहिं छूटि॥ टेक॥
प्रलै काल कहुं कितेक भाख, गए इंद्र से अगणित लाख।
ब्रह्मा खोजि पर्‌यौ गहि नाल, कहै कबीर वै रांम निराल॥ 35॥

अच्यंत च्यंत ए माधौ, सो सब मांहिं समानां।
ताहि छाड़ि जे आंन भजत हैं, ते सब भ्रंमि भुलांनां॥ टेक॥
ईस कहै मैं ध्यान न जानूँ, दुरलभ निज पद मोहीं।
रंचक करुणां कारणि केसो, नांम धरण कौं तोहीं॥
कहौ धौं सबद कहाँ थैं आवै, अरु फिर कहाँ समाई।
सबद अतीत का मरम न जानै, भ्रंमि भूली दुनियाई॥
प्यंड मुकति कहाँ ले कीजै, जो पद मुकति न होई।
प्यंडै मुकति कहत हैं मुनि जन, सबद अतीता सोई॥
प्रगट गुपत गुपत पुनि प्रगट, सो कत रहै लुकाई।
कबीर परमानंद मनाये, अकथ कथ्यौ नहीं जाई॥ 36॥

सो कछू बिचारहु पंडित लोई,
जाकै रूप न रेख बरण नहीं कोई॥ टेक॥
उपजै प्यंड प्रांन कहाँ थैं आवै, मूवा जीव जाइ कहाँ समावै।
इंद्री कहाँ करिहि विश्रांमां, सो कत गया जो कहता रांमां॥

पंचतत तहाँ सबद न स्वादं, अलख निरंजन विद्या न बादं।
कहै कबीर मन मनहि समानां, तब आगम निगम झूठ करि जानां॥ 37॥

जो पैं बीज रूप भगवाना,
तौ पंडित का कथिसि गियाना॥ टेक॥
नहीं तन नहीं मन नहीं अहंकारा, नहीं सत रज तम तीनि प्रकारा॥
विष अमृत फल फले अनेक, बेद रु बोध कहैं तरु एक।
कहै कबीर इहै मन मान, कहि धूं छूट कवन उरझान॥ 38॥

पांडे कौन कुमति तोहि लागी,
तूं रांम न जपहि अभागी॥ टेक॥
वेद पुरान पढ़त अस पांडे, ख़र चंदन जैसें भारा।
रांम नांम तत समझत नांहीं, अंति पड़ै मुखि छारा॥
बेद पढ्यां का यहु फल पांडे, सब घटि देखै रांमां।
जन्म मरन थैं तौ तूं छूटै, सुफल हूंहि सब कांमां॥
जीव बधत अरु धरम कहत हौ, अधरम कहाँ है भाई।
आपन तौ मुनिजन ह्वै बैठे, का सनि कहौं कसाई॥
नारद कहै ब्यास व्यास यों भाखै, सुखदेव पूछौ जाई।
कहै कबीर कुमति तब छूटै, जे रहौ रांम ल्यौ लाई॥ 39॥

पंडित बाद बदैं ते झूठा।
रांम कह्यां दुनियां गति पावै, खांड कह्यां मुख मीठा॥ टेक॥
पावक कह्यां पांव जे दाझैं, जल कहि त्रिषा बुझाई।
भोजन कह्यां भूख जे भाजै, तौ सब कोई तिरि जाई॥
नर कै साथि सूवा हरि बोलै, हरि परताप न जानै।
जो कबहूं उड़ि जाइ जंगल में, बहुरि न सुरतै आनै॥
साची प्रीति विषै माया सूं, हरि भगतनि सूं हासी।
कहै कबीर प्रेम नहीं उपज्यौ, बांध्यौ जमपुरि जासी॥40॥

जौ पैं करता बरण बिचारै,
तौ जनमत तीनि डांड़ि किन सारै॥ टेक॥
उतपति ब्यंद कहाँ थैं आया, जोति धरी अरु लागी माया।
नहीं को ऊंचा नहीं को नीचा, जाका प्यंड ताही का सींचा।
जे तूं बांभन बंभनी जाया, तो आंन बाट ह्वै काहे न आया।

जे तूं तुरक तुरकनी जाया, तो भीतरि ख़तनां क्यूं न कराया।
कहै कबीर मधिम नहीं कोई, सो मधिम जा मुखि रांम न होई॥ 41॥[1]

कथता बकता सुरता सोई,
आप बिचारै सो ग्यानी होई॥ टेक॥
जैसे अगनि पवन का मेला, चंचल बुधि का खेला।
नव दरवाजे दसौं दुवार, बूझि रे ग्यानी ग्यान विचार॥
देही माटी बोलै पवनां, बूझि रे ज्ञानी मूवा स कवनां।
मुई सुरति बाद अहंकार, वह न मूवा जो बोलनहार॥
जिस कारनि तटि तीरथि जांहीं, रतन पदारथ घटहीं मांहीं।
पढ़ि पढ़ि पंडित बेद बखाणै, भीतरि हूंती बस्त न जांणै॥
हूं न मूवा मेरी मुई बलाइ, सो न मुवा जौ रह्या समाइ।
कहै कबीर गुरु ब्रह्म दिखाया, मरता जाता नजरि न आया॥ 42॥

हम न मरैं मरिहैं संसारा, हंम कूं मिल्या जियावनहारा॥ टेक॥
अब न मरौं मरनै मन मांना, ते मूए जिनि रांम न जांना।
साकत मरै संत जन जीवैं, भरि भरि रांम रसाइन पीवैं॥
हरि मरिहैं तौ हमहूं मरिहैं, हरि न मरै हंम काहे कूं मरिहैं।
कहै कबीर मन मनहि मिलावा, अमर भये सुख सागर पावा॥ 43॥

कौंन मरै कौंन जनमै आई,
सरग नरग कौने गति पाई॥ टेक॥
पंचतत अबिगत थैं उतपनां, एकैं किया निवासा।
बिछूरे तत फिरि सहज समांनां, रेख रही नहीं आसा॥

---

1. ख में इसके आगे
काहे कौं कीजै पांडे छोति बिचारा।
छोति हीं से उपजा सब संसारा॥
हमारे कैसे लोहू तुम्हारै कैसे दूध।
तुम्ह कैसे बांम्हण पांडे हम कैसे सूद॥
छोति छोति करता तुम्ह हीं जाए।
तौ ग्रभवास काहे कौं आए॥
जनमत छोति, मरत ही छोति।
कहै कबीर हरि की बिमल जोति॥

जल मैं कुम्भ कुम्भ मैं जल है, बाहरि भीतरि पांनी।
फूटा कुम्भ जल जलहिं समांनां, यह तत कथौ गियानी॥
आदै गगनां अंतै गगनां, मधे गगनां माई।
कहै कबीर करम किस लागै, झूठी संक उपाई॥ 44॥

कौन मरै कहू पंडित जनां,
सो समझाइ कहौ हम सनां॥ टेक॥
माटी माटी रही समाइ, पवनै पवन लिया संग लाइ।
कहै कबीर सुनि पंडित गुनी, रूप मूवा सब देखै दुनीं॥ 45॥

जे को मरै मरन है मीठा,
गुरु प्रसादि जिनहीं मरि दीठा॥ टेक॥
मूवा करता मुई ज करनी, मुई नारि सुरति बहु धरनीं।
मूवा आपा मूवा मांन, परपंच लेइ मूवा अभिमांन॥
रांम रमे रमि जे जन मूये, कहै कबीर अविनासी हूये॥ 46॥

जस तूं तस तोहि कोइ न जान, लोग कहै सब आनहिं आंन॥टेक॥
चारि बेद चहुं मत का बिचार, इहि भ्रंमि भूलि पर्‌यौ संसार।
स्रुति सुमृति दोइ कौ बिसवास, बाझि पर्‌यौ सब आसा पास॥
ब्रह्मादिक सनकादिक सुर नर, मैं बपुरो धूं कांमैं काकर।
जिहि तुम्ह तारौ सोई पै तरई, कहै कबीर नहिंतर बांध्यौ मरई॥ 47॥

लोका तुम्ह ज कहत हौ नंद कौ नंदन नंद कहौ धूं काकौ रे।
धरनि अकास दोऊ नहीं होते, तब यहु नंद कहाँ थौ रे॥ टेक॥
जामैं मरै न संकुटि आवै, नांव निरंजन जाकौ रे।
अबिनासी उपजै नहिं बिनसै, संत सुजस कहैं ताको रे॥
लख चौरासी जीव जंत मैं, भ्रमत नंद थाकौ रे।
दास कबीर को ठाकुर ऐसो, भगति करै हरि ता कौ रे॥ 48॥

निरगुण रांम निरगुण रांम निरगुण रांम जपहु रे भाई
अबिगति की गति लखी न जाई॥ टेक॥
चारि बेद जाकै सुमिरत पुरांनां, नौ ब्याकरनां मरम न जांनां॥
सेसनाग जाकै गरड समांनां, चरन कवल कंवला नहीं जांनां॥
कहै कबीर जाकै भेदै नांहीं, निज जन बैठे हरि की छांहीं॥ 49॥

मैं सबनि मैं औरनि मैं हूं सब।
मेरी बिलगि बिलगि बिलगाई हो,
कोई कहौ कबीर कोई रांम राई हो॥ टेक॥
ना हम बार बूढ़ नांहीं[1], ना हमरै चिलकाई हो।
पठए न जाऊं अरवा नहीं आंऊं, सहजि रहौं हरिआई हो॥
वोढन हमरे एक पछेवरा, लोक बोलैं इकताई हो॥
जुलहे तनि बुनि बांन न पावल, फारि बुनि दस ठांई हो॥
त्रिगुंण रहित फल रमि हम राखल, तब हमारौ नांउं रांम राई हो॥
जग मैं देखौं जग न देखै मोहि, इहि कबीर कछु पाई हो॥ 50॥

लोका जांनि न भूलौ भाई।
खालिक खलक खलक मैं खालिक, सब घट रह्यौ समाई॥ टेक॥
अला एकै नूर निपाया, ताकी कैसी निंदा।
ता नूर तैं सब जग कीया, कौन भला कौन मंदा॥
ता अला की गति नहीं जांनी, गुरि गुड़ दीया मीठा॥
कहै कबीर मैं पूरा पाया, सब घटि साहिब दीठा॥ 51॥

रांम मोहि तारि कहाँ लै जैहो।
सो बैकुंठ कहौ धूं कैसा, करि प्रसादु मोहि दैहो॥ टेक॥
जे मेरे जीव दोइ जानत हौ, तौ मोहि मुकति बताओ।
एकमेक रमि रह्या सबनि मैं, तो काहे भरमावौ॥
तारण तिरण जबै लग कहिये, तब लग तत न जांनां।
एक रांम देख्या सबहिन मैं, कहै कबीर मन मांनां॥ 52॥

सोहं हंसा एक समान,
काया के गुंण आंनहि आन॥ टेक॥
माटी एक सकल संसारा, बहुबिधि भांडे घड़ै कुम्भारा।
पंच बरन दस दुहिये गाइ, एक दूध देखौ पतिआइ।
कहै कबीर संसा करि दूरि, त्रिभवननाथ रह्या भरपूर॥ 53॥

प्यारे रांम मनहीं मनां।
कासूं कहूं कहन कौं नांहीं, दूसरा और जनां॥ टेक॥
ज्यूं दरपन प्रतिब्यंब देखिये, आप दुवासू सोई।
संसौ मिट्यौ एक कौ एकै, महा प्रलै जब होई॥

1. ख में बूढ़ और नांही के बीच पुनि शब्द भी है।

जौ रिझाऊं तौ महा कठिन है, बिन रिझयैं थैं सब खोटी।
कहै कबीर तरक दोइ साधै, ताकी मति है मोटी॥ 54॥

हंम तौ एक एक करि जांनां।
दोइ कहै तिनही कौं दोजग, जिन नांहिंन पहिचांनां॥ टेक॥
एकै पवन एक ही पानी, एक जोति संसारा।
एक ही खाक घड़े सब भांड़े, एक ही सिरजनहारा॥
जैसे बाढ़ी काष्टहि काटै, अगिनि न काटै कोई॥
सब घटि अंतरि तूं ही व्यापक, धरै सरूपैं सोई॥
माया मोहे अरथ देखि करि, काहे कूं गरबांनां॥
निरभै भया कछू नांहीं ब्यापै, कहै कबीर दिवांनां॥ 55॥

अरे भाई दोइ कहा सो मोहि बतावौ,
बिचि ही भरम का भेद लगावौ॥ टेक॥
जोनि उपाइ रची है धरनीं, दीन एक बीच भई करनीं।
रांम रहीम जपत सुधि गई, इनि माला उनि तसबी लई॥
कहै कबीर चेतहु रे भौंदू, बोलनहारा तुरक न हिंदू॥ 56॥

ऐसा भेद बिगूचन भारी।
बेद कतेब दीन अरु दुनियां, कौन पुरिख कौन नारी॥ टेक॥
एक बूंद एकै मल मूतर, एक चांम एक गूदा।
एक जोति थैं सब उतपनां, कौन बांम्हन कौन सूदा॥
माटी का प्यंड सहजि उतपनां, नाद रु ब्यंद समांनां।
बिनसि गयां थैं का नांव धरिहौ, पढ़ि गुनि मरम न जानां।
रज गुन ब्रह्मा तम गुन संकर, सत गुन हरि है सोई।
कहै कबीर एक रांम जपहु रे, हिंदू तुरक न कोई॥ 57॥

हंमारै रांम रहीम करीमा केसो, अलाह रांम सति सोई।
बिसमिल मेटि बिसंभर एकै, और न दूजा कोई॥ टेक॥
इनकै काजी मूलां पीर पैकंबर, रोजा पछिम निवाजा।
इनकै पूरब दिसा देव दिज पूजा, ग्यारसि गंग दिवाजा॥
तुरक मसीति देहुरै हिंदू, दुहूं ठां रांम खुदाई।
जहाँ मसीति देहुरा नांहीं, तहाँ काकी ठकुराई॥
हिंदू तुरक दोऊ रह तूटी, फूटी अरु कनराई।

अरध उरध दसौं दिस जित तित, पूरि रह्या रांम राई॥
कहै कबीरा दास फकीरा, अपनी रह चलि भाई॥
हिंदू तुरक का करता एकै, ता गति लखी न जाई॥ 58॥

काजी कौन कतेब बखानै।
पढ़त पढ़त केते दिन बीते, गति एकै नहीं जानैं॥ टेक॥
सकति सनेह पकरि करि सुंनति, यह न बदूं रे भाई॥
जौ रे खुदाई तुरक मोहिं करता, तौ आपै कटि किन जाई॥
हौं तौ तुरक किया करि सुंनति, औरति सौं का कहिये।
अरध सरीरी नारि न छूटै, आधा हिंदू रहिये॥
छांड़ि कतेब रांम कहि काजी, खून करत हौ भारी।
पकरी टेक कबीर भगति की, काजी रहै झख मारी॥ 59॥

मुलां कहाँ पुकारै दूरि, रांम रहीम रह्या भरपूरि॥ टेक॥
यहु तौ अलहु गूंगा नांहीं, देखै खलक दुनी दिल मांहीं॥
हरि गुंन गाइ बंग मैं दीन्हां, कांम क्रोध दोऊ बिसमल कीन्हां॥
कहै कबीर यह मुलनां झूठा, रांम रहीम सबनि मैं दीठा॥ 60॥

पढ़ि ले काजी बंग निवाजा।
एक मसीति दसौं दरवाजा॥ टेक॥
मन करि मका कबिला करि देही, बोलनहार जगत गुर एही॥[1]
बिसमल तांमस भरम कूं दूरी, भाख लेहिं पंचा होइ सबूरी॥
कहै कबीर मैं भया दीवानां, मनुआ मुसि मुसि सहजि समांनां॥ 61॥

मुलां करि ल्यौ न्याव खुदाई।
इहि बिधि जीव का भरम न जाई॥ टेक॥
सरजीव आंनैं देह बिनासै, माटी बिसमल कीता।
जोति सरूपी हाथि न आया, कहौ हलाल क्या कीता॥
बेद कतेब कहौ क्यूं झूठा, झूठा जो न बिचारै।
सब घटि एक एक करि जांनैं, क्यूं दूजा करि मारै॥
कुकड़ी मारै बकरी मारै, हक हक हक करि बोलै।
सबै जीव सांई के प्यारे, उबरहुगै किस बोलै॥

1. ख में यह पंक्ति इस प्रकार—मन करि मका कबिला कर देही। राज़ी समझि राह गति येही॥

दिल नहीं पाक पाक नहीं चीन्हां, उसका खोज न जांनां।
कहै कबीर भिसति छिटकाई दोजग ही मन मांनां॥ 62॥

या करीम बलि हिकमति तेरी।
खाक एक सूरति बहुतेरी॥ टेक॥
अर्ध गगन में नीर जमाया, बहुत भांति करि नूर निपाया॥
अवलि आदम पीर मुलांनां, तेरी सिफति करि भये दिवांनां॥
कहै कबीर यहु हेत बिचारा, या रब या रब यार हमारा॥ 63॥

काहे री नलिनी तूं कुमिलांनीं।
तेरे ही नालि सरोवर पांनी॥ टेक॥
जल मैं उतपति जल में बास, जल में नलनी तोर निवास॥
ना तलि तपति न ऊपरि आगि, तोर हेतु कहु कासनि लागि॥
कहैं कबीर जे उदिक समान, ते नहीं मूए हंमरे जांन॥ 64॥

इब तूं हसि प्रभु मैं कुछ नांहीं।
पंडित पढ़ि अभिमांन नसांहीं॥ टेक॥
मैं मैं मैं जब लग मैं कीन्हा, तब लग मैं करता नहीं चीन्हां।
कहै कबीर सुनहु नरनाहा, नां हम जीवत न मूवा ले माहां॥ 65॥

अब का डरौं डर डरहि समांनां।
जब थैं मोर तोर पहिचांनां॥ टेक॥
जब लग मोर तोर करि लीन्हां, भै भै जनमि जनमि दुख दीन्हा॥
अगम निगम एक करि जांनां ते मनवां मन मांहिं समाना॥
जब लग ऊंच नीच करि जांनां, तो पसुवा भूले भ्रंम नांनां।
कहि कबीर मैं मेरी खोई, तबहि रांम अवर नहीं कोई॥ 66॥

बोलनां का कहिये रे भाई।
बोलत बोलत तत नसाई॥ टेक॥
बोलत बोलत बढ़ै बिकार, बिन बोल्यां क्यूं होइ बिचार॥
संत मिलै कछु कहिये कहिये, मिलै असंत मुष्टि करि रहिये॥
ग्यांनीं सूं बोल्यां हितकारी, मूरिख सूं बोल्यां झख मारी॥
कहै कबीर आधा घट डोलै। भर्‌या होइ तौ मुखां न बोलै॥ 67॥

बागड़ देस लूवन का घर है।
तहाँ जिनि जाइ दाझन का डर है॥ टेक॥
सब जग देखौं कोई न धीरा, परत धूरि सिरि कहत अबीरा॥
न तहाँ तरवर न तहाँ पांणी, न तहाँ सतगुर साधू बांणी॥
न तहाँ कोकिला न तहाँ सूवा, ऊंचे चढ़ि चढ़ि हंसा मूवा॥
देश मालवा गहर गंभीर, डग डग रोटी पग पग नीर॥
कहैं कबीर घरहीं मन मानां, गूंगै का गुड़ गूंगै जानां॥ 68॥

अवधू जोगी जग थैं न्यारा।
मुद्रा निरति सुरति करि सींगी, नाद न खंडै धारा॥ टेक॥
बसै गगन मैं, दुनीं न देखै, चेतनि चौकी बैठा।
चढ़ि अकास आसण नहीं छाड़ै, पीवै महा रस मीठा॥
परगट कंथा माहैं जोगी, दिल मैं दरपन जीवै।
सहस इकीस छ सै धागा, निहचल नाकै पीवै॥
ब्रह्म अगनि मैं काया जारै, त्रिकुटी संगम जागै।
कहै कबीर सोई जोगेश्वर, सहज सुंनि ल्यौ लागै॥ 69॥

अवधू गगन मंडल घर कीजै,
अमृत झरै सदा सुख उपजै, बंक नालि रस पीजै॥ टेक॥
मूल बांधि सर गगन समाना, सुखमन पोतन लागी।
कांम क्रोध दोऊ भया पलीता, तहं जोगणीं जागी॥
मनवां जाइ दरीबै बैठा, गगन भया रसि लागा।
कहै कबीर जिय संसा नांहीं, सबद अनाहद बागा॥ 70॥

कोई पीवै रे रस रांम नांम का, जो पीवै सो जोगी रे।
संतौ सेवा करौ रांम की, और न दूजा भोगी रे॥ टेक॥
यहु रस तौ सब फीका भया, ब्रह्म अगनि परजारी रे।
ईश्वर गौरी पीवन लागे, रांम तनीं मतिवारी रे॥
चंद सूर दोइ भाठी कीन्ही[1], सुषमनि चिगवा लागी रे।
अंमृत कूं पी सांचा पुरया[2], मेरी त्रिष्णां भागी रे।
यहु रस पीवै गूंगा गहिला, ताकी कोई न बूझै सार रे।
कहै कबीरा महा रस महंगा, कोई पीवेगा पीवणहार रे॥ 71॥

---

1. ख में यह पंक्ति इस प्रकार—चंद सूर दोइ किया पयाना।
2. ख में यह पंक्ति इस प्रकार—उनमनि चढ्या महारस पीवै।

अवधू मेरा मन मतिवारा।
उन्मनि चढ्या मगन रस पीवै त्रिभवन भया उजियारा॥ टेक॥
गुड़ करि ग्यान ध्यांन कर महुवा, भव भाठी करि भारा॥
सुषमन नारी सहजि समानी, पीयै पीवनहारा॥
दोइ पुड़ जोड़ि चिगाई भाठी, चुया महा रस भारी॥
कांम क्रोध दोइ किया पलीता, छुटि गई संसारी॥
सुंनि मंडल मैं मंदला बाजै, तहाँ मेरा मन नाचै।
गुर प्रसादि अमर फल पाया, सहजि सुषमनां काछै॥
पूरा मिल्या तबैं सुख उपज्यौ, तन की तपनि बुझानी।
कहै कबीर भवबंधन छूटै, जोतिहि जोति समानी॥ 72॥

छाकि परियो आतम मतिवारा,
पीवत रांम रस करत बिचारा॥ टेक॥
बहुत मोलि महँगे गुड़ पावा, लै कसाब रस रांम चुवावा॥
तन पाटण मैं कीन्ह पसारा, मांगि मांगि रस पीवै बिचारा॥
कहै कबीर फाबी मतिवारी, पीवत रांम रस लगी खुमारी॥ 73॥

बोलौ भाई रांम की दुहाई,
इहि रसि सिव सनकादिक माते, पीवत अजहूं न अघाई॥ टेक॥
इला प्यंगुला भाठी कीन्हीं, ब्रह्म अगनि परजारी।
द्वार दस मूंदे, लागी जोग जुग तारी॥
मन मतिवाला पीवै रांम रस, दूजा कछू न सुहाई।
उलटी गंग नीर बहि आया, अमृत धार चुवाई॥
पंच जने सो संग करि लीन्हें, चलत खुमारी लागी।
प्रेम पियालै पीवन लागे, सोवत नागिनी जागी॥
सहज सुनि मैं जिनि रस चाख्या, सतगुर थैं सुधि पाई॥
दास कबीर इहि रसि माता, कबहुं उछकि न जाई॥ 74॥

रांम रस पाईया रे, ताथैं बिसरि गए रस और॥ टेक॥
रे मन तेरा को नहीं, खैंचि लेइ जिनि भार।
बिरखि बसेरा पंखि का, ऐसा माया जाल॥
और मरत का रोइए, जो आपा थिर न रहाइ।
जो उपज्या सो बिनसिहै, ताथैं दुख करि मरै बलाइ।

जहाँ उपज्या तहाँ फिरि रच्या रे, पीवत मरद न लाग।
कहै कबीर चित चेतिया, ताथैं रांम सुमरि बैराग॥ 75॥[1]

रांमं चरन मनि भाए रे।
अस ढरि जाहु रांड के करहा, प्रेम प्रींति ल्यौ लाये रे॥ टेक॥
आंब चढ़ी अंबली रे अंबली बबूर चढ़ी नगबेली रे।
द्वै थुर चढ़ि गयौ रांड कौ करहा, मनहु पाट की सैली रे॥
कंकर कुई पतालि पनियां, सोनैं बूंद बिकाई रे।
बजर परौ इहि मथुरा नगरी, कांन्ह पियासा जाई रे।
एक दहिड़िया दही जमायौ, दुसरी परि गई सारी रे॥
न्यूंति जिमाऊ अपनौ करहा, छार मुनस कौ दाह्री रे।
इहि बंनि बाजै मदन भेरि रे, उहि बंनि बाजे तूरा रे।
इहि बंनि खेले राही रुकमनि, उहि बनि कान्ह अहीरा रे।
आसि पासि तुरसी कौ बिरवा, मांहिं द्वारिका गांऊं रे।
तहाँ मेरो ठाकुर रांम राइ है, भगत कबीरा नांऊं रे॥ 76॥

थिर न रहै चित थिर न रहै, च्यंतामणि तुम्ह कारणि हौ।
मन मैले मैं फिर फिर अइहौं, तुम सुनहु न दुख बिसरावन हो॥ टेक॥
प्रेम खटोलवा कसि कसि बांध्यो, बिरह बान तिहि लागू हो।
तिहि चढ़ि इंदऊं करत गंवसिया, अंतर जमवा जागू हो॥
महरू मंछा मारि न जांनै, गहरै पैठा धाई हो।
दिन इक मगरमछ लै खैहै, तब को रखिहै बंधन भाई हो।
महरू ना महरइये जांनै, सबद न बूझै बौरा हो।
चारै लाइ सकल जग खायो, तंऊ न भेट निसहुरा हो॥
जो महराज चाहौ महरइये, तो नाथौ ए मन बौरा हो।
तारी लाइकैं सिष्टि बिचारौ, तब गहि भेटि निसहुरा हो॥
टिकुरी भई कांन्ह के कारणि, भ्रमि भ्रमि तीरथ कीन्हां ह्रो।
सो पद देहु मोहि मदन मनोहर, जिहि पदि हरि मैं चीन्हां हो॥
दास कबीर कीन्ह अस गहरा, बूझै कोई महरा हो।
यह संसार जात मैं देखौं, ठाढ़ा रहूं कि निहुरा हो॥ 77॥

बीनती एक रांम सुनि थोरी।
अब न नचाइ राखि पति मोरी॥ टेक॥

1. देखें इसी पुस्तक का पृ. 15

जैसें मंदला तुमहि बजावा, तैसें नाचत मैं दुख पावा॥
जे मसि लागी सबै छुड़ावौ, अब मोहिं जनि बहु रूप कछावौ॥
कहै कबीर मेरी नाच उठावौ, तुम्हारे चरन कवल दिखलावो॥ 78 ॥

मन थिर है न घर है मेरा।
इन मन घर जारे बहुतेरा॥ टेक॥
घर तजि बन बाहरि कियौ बास, घर बन देखौं दोऊ निरास॥
जहाँ जाऊं तहाँ सोग संताप, जुरा मरण कौ अधिक बियाप॥
कहै कबीर चरन तोहि बंदा, घर मैं घर दे परमानंदा॥ 79॥

कैसे नगरि करौं कुटवारी।
चंचल पुरिष बिचषन नारी॥ टेक॥
बैल बियाइ गाइ भई बांझ, बछरा दूहै तीन्यूं सांझ॥
मकड़ी धरि माखी छछिहारी, मास पसारि चील्ह रखवारी॥
मूसा खेवट नाव बिलइया, मींडक सोवै साप पहरइया॥
निति उठि स्याल स्यंघ सूं झूझै, कहै कबीर कोई बिरला बूझै॥ 80॥

माई रे चूंन बिलूंटा खाई।
बाघनि संगि भई सबहिन कै, खसम न भेद लहाई[1]॥ टेक॥
सब घर फोरि बिलूंटा खायौ, कोई न जानैं भेव।
खसम निपूतौ आंगणि सूतौ, रांड न देई लेव॥
पाडोसनि पनि भई बिरांनी, मांहिं हुई घर घालै।
पंच सखी मिलि मंगल गावैं, यह दुख याकौं सालै॥
द्वै द्वै दीपक घरि घरि जोवा, मंदिर सदा अंधारा।
घर घेहर सब आप सवारथ, न हरि किया पसारा॥
होत उजाड़ सबै कोई जानै, सब काहू मनि भावै।
कहै कबीर मिलै जौ सतगुर, तौ यहु चून छुड़ावै॥ 81॥

विषिया अजहूं सुख आसा।
हूंण[2] न देइ हरि के चरन निवासा॥ टेक॥
सुख मांगै दुख पहली आवै।
तातै सुख मांग्यां नहीं भावै॥

---

1. ख—लखाई।
2. ख—हौन

जा सुख थैं सिव बिरंचि डरांनां, सो सुख हमहु साच करि जाना।
सुखि छाड्या तब सब दुख भागा, गुर के सबद मेरा मन लागा॥
निस बासुरि विषै तनां उपगार, विषई नरकि न जातां बार।
कहै कबीर चंचल मति त्यागी, तब केवल रांम नांम ल्यौ लागी॥ 82॥

तुम्ह गारडू मैं विष का माता।
काहै न जिवावौ मेरे अमृतदाता॥ टेक॥
संसार भवंगम डसिले कांया, अरु दुख दारन व्यापै तेरी माया॥
सापनि एक पिटारै जागै, अह निसि रोवै ताकूं फिरि फिरि लागै।
कहै कबीर को कोनहि राखे, रांम रसाइन जिनि जिनि चाखे॥ 83॥

माया तजूं तजी नहीं जाइ।
फिर फिर माया मोहि लपटाइ॥ टेक॥
माया आदर माया मान, माया नहीं तहाँ ब्रह्म गियांन॥
माया रस माया कर जांन, माया कारनि तजै परान॥
माया जप तप माया जोग, माया बांधे सबही लोग॥
माया जल थल माया आकासि, माया ब्यापि रही चहुं पासि॥
माया माता माया पिता, अति माया अस्तरी सुता॥
माया मारि करै व्यौहार, कहैं कबीर मेरे रांम अधार॥ 84॥

ग्रिह जिनि जांनी रूड़ौ रे।
कंचन कलस उठाइ लै मंदिर, रांम कहै बिन धूरौ रे॥ टेक॥
इन ग्रिह मन डहके सबहिन के, काहू कौ पर्‌यौ न पूरौ रे॥
राजा राणां राव छत्रपति, जरि भये भसम कौ कूरौ रे॥
सबथैं नीकौ संत मंडलिया, हरि भगतनि कौं भेरौ रे॥
गोविंद के गुन बैठे गैहैं, खैहैं टूकौ टेरौ रे॥
ऐसौं जानि जपौं जगजीवन, जग सूं तिनका तोरौ रे॥
कहै कबीर रांम भजबे कौं, एक आध कोई सूरौ रे॥ 85॥

रजसि मीन देखी बहु पांनी।
काल जाल की खबरि न जांनी॥ टेक॥
गारै गरब्यौ औघट घाट, सो जल छाड़ि बिकानौं हाट॥
बंध्यो न जानैं जल उदमादि, कहै कबीर सब मोहे स्वादि॥ 86॥

काहे रे मन दह दिस धावै।
विषिया संगि संतोष न पावै॥ टेक॥
जहाँ जहाँ कलपैं तहाँ तहाँ बंधना, तरन कौ थाल कियौं तैं रंधना॥
जौ पै सुख पइयत इन मांहीं, तौ राज छाड़ि कत बन कौ जांहीं॥
आनंद सहत तजौ विष नारी, अब क्या झीखै पतित भिखारी॥
कहै कबीर यहु सुख दिन चारि, तजि विषिया भजि चरन मुरारि॥ 87॥

जियरा जाहिगौ मैं जांनां।
जो देखा सो बहुरि न पेख्या माटी सूं लपटांनां॥ टेक॥
बाकुल बसतर किता पहरिबा, का तप बनखंडि बासा॥
कहा मूगध रे पांहंन पूजै, का जल डारै गाता॥
कहै कबीर सुर मुनि उपदेसा, लोका पंथि लगाई॥
सुनौ संतौ सुमिरौ भगत जन, हरि बिन जनम गंवाई॥ 88॥

हरि ठग जग कौं ठगौरी लाई।
हरि कै वियोग कैसे जीऊं मेरी माई॥ टेक॥
कौन पुरिख कौ काकी नारी, अभिअंतरि तुम्ह लेहु बिचारी॥
कौन पूत को काको बाप, कौन मरै कौन करै संताप॥
कहै कबीर ठग सौं मन माना, गई ठगौरी ठग पहिचाना॥ 89॥

साईं मेरे साजि दई एक डोली।
हस्त लोक अरु मैं तैं बोली॥ टेक॥
इक झंझर सम सूत खटोला, त्रिस्ना बाव चहुं दिसि डोला॥
पांच कहार का भरम न जांनां, एकै कह्या एक नहीं मांना॥
भूभर घाम उहार न छावा, नैहर जात बहुत दुख पावा॥
कहै कबीर बर बहु दुख सहिये, रांम प्रीति करि संग ही रहिये॥ 90॥

बिनसि जाइ कागद की सी गुड़िया।
जब लग पवन तबै लग उड़िया॥ टेक॥
गुड़िया कौ सबद अनाहद बोलै, खसम लियै कर डोरी डोलै।
पवन थक्यो गुड़िया खहरानी, सीस धनै धुनि रोवै प्रांनी।
कहै कबीर भजि सारंगपानी, नांहीं तर ह्वैहै खैंचा तानी॥ 91॥

मन रे तन कागद का पुतला।
लागै बूँद बिनसि जाइ छिन में, गरब कर क्या इतरा॥ टेक॥
माटी खोदहिं भीत उसारैं, अंध कहै घर मेरा।
आवै तलब बांधि लै चालै, बहुरि न करिहै फेरा॥
खोट कपट करि यहु धन जोड्यौ लै धरती में गाड्यौ॥
रोक्यो घटि सांस नहीं निकसै, ठौर ठौर सब छाड्यौ॥
कहै कबीर नट नाटिक थाके, मदला कौन बजावै॥
गए पखनियां उझरी बाजी, को काहू कै आवै॥ 92॥

झूठे तन कौ कहा गरबइये।
मरिये तौ पल भरि रहण न पइये॥ टेक॥
खीर खांड़ घृत प्यंड सँवारा, प्रांन गए ले बाहरि जारा॥
चोवा चंदन चरचत अंगा, सो तन जरै काठ के संगा॥
दास कबीर यहु कीन्ह बिचारा, इक दिन ह्वैहै हाल हमारा॥ 93॥

देखहु यह तन जरता है।
घड़ी पहर बिलंबौ रे भाई जरता है॥ टेक॥
काहे कूं एता किया पसारा, यह तन जरि करि ह्वैहै छारा॥
नव तन द्वादस लागी आगि, मुगध न चेतै नख सिख लागि॥
कांम क्रोध घट भरे बिकारा, आपहिं आप जरै संसारा॥
कहै कबीर हम मृतक समांनां, रांम नांम छूटै अभिमांना॥ 94॥

तन राखनहारा को नांहीं।
तुम्ह सोच विचारि देखौ मन मांहीं॥ टेक॥
जोर कुटुंब अपनौ करि पार्‌यौ, मूंड ठोकि ले बाहरि जार्‌यौ॥
दगाबाज लूटैं अरु रोवैं, जारि गाडि खुर खोजहिं खोवैं॥
कहत कबीर सुनहु रे लोई, हरि बिन राखनहार न कोई॥ 95॥

अब क्या सोचै आइ बनी।
सिर पर साहिब रांम धनी॥ टेक॥
दिन दिन पाप बहुत मैं कीन्हा, नहीं गोब्यंद की संक मनीं॥
लेट्यो भोमि बहुत पछितानी, लालचि लागौ करत घनीं॥
छूटी फौज आंनि गढ़ घेर्‌यौ, उड़ि गयौ गूडर छाड़ि तनीं॥

पकर्‌यौ हंस जम ले चाल्यौ, मंदिर रोवै नारि घनीं॥
कहै कबीर रांम कित सुमिरत, चीन्हत नांहिंन एक चिनी॥
जब जाइ आइ परोसी घेर्‌यौ, छांड़ि चल्यौ तजि पुरिख पनीं॥ 96॥

सुवटा डरपत रहु मेरे भाई, तोहि डराई देत बिलाई।
तीनि बार रूंधै इक दिन मैं, कबहुँ कै खता खवाई॥ टेक॥
या मंजारी मुगध न मांनै, सब दुनियां डहकाई॥
राणां राव रंक कूं व्यापै, करि करि प्रीति सवाई॥
कहत कबीर सुनहु रे सुवटा, उबरै हरि सरनाई॥
लाखौ मांहिं तै लेत अचानक, काहू न देत दिखाई॥ 97॥

का मांगूं कछु थिर न रहाई।
देखत नैंन चल्या जग जाई॥ टेक॥
इक लख पूत सवा लख नाती, ता रावन घरि दिया न बाती॥
लंका सी कोट समंद सी खाई, ता रावन का खबरि न पाई॥
आवत संगि जात संगाती, कहा भयौ दरि बांधे हाथी॥
कहै कबीर अंत की बारी, हाथ झाड़ि जैसें चले जुवारी॥ 98॥

रांम थोरे दिनन कूं का धन करनां।
धंधा बहुत निहाइति मरनां॥ टेक॥
कोटि धज साह हस्ती बंध राजा, क्रिपन को धन कौनें काजा॥
धन कै गरबि रांम नहीं जाना, नागा ह्वै जंम पै गुदरांनां॥
कहै कबीर चेतहु रे भाई, हंस गया कछु संगि न जाई॥ 99॥

काहे कूं माया दुख करि जोरी,
हाथि चूंन गज पांच पछोरी॥ टेक॥
नां को बंध न भाई साथी, बांधे रहे तुरंगम हाथी॥
मैड़ी महल बावड़ी छाजा[1], छाड़ि गए सब भूपति राजा॥
कहै कबीर रांम ल्यौ लाई, धरी रही माया काहू खाई॥ 100॥

माया का रस खाण न पावा।
तह लग जम बिलवा ह्वै धावा॥ टेक॥
अनेक जतन करि गाड़ि दुराई, काहू सांची काहू खाई॥

1. ख—मैड़ा महल अरु सोभित छाजा।

तिल तिल करि यहु माया जोरी, चलति बेर तिणां ज्यूं तोरी।
कहै कबीर हूँ ताका दास, माया मांहैं रहै उदास॥ 101॥

मेरी मेरी दुनिया करते[1], मोह मछर तन धरते॥
आगै पीर मुकादम होते, वै भी गए यौं करते॥ टेक॥
किसकी ममा चचा पुंनि किसका, किसका पंगड़ा जोई॥
यहु संसार बजार मंड्या है, जानैगा जग कोई॥
मैं परदेसी काहि पुकारौं, इहां नहीं को मेरा॥
यह संसार ढूंढ़ि सब देख्या, एक भरोसा तेरा।
खांहि हलाल हरांम निवारै, भिस्त तिनहूं कौं होई॥
पंच तत का मरम न जानै, दोजगि पड़िहै सोई॥
कुटंब कारणि पाप कमावै, तू जांणै घर मेरा॥
ए सब मिले आप सवारथ, इहां नहीं को तेरा॥
सायर उतरौ पंथ संवारौ, बुरा न किसी का करणां॥
कहै कबीर सुनहु रे संतौ, ज्वाब खसम कूं भरणा॥ 102॥

रे यामें क्या मेरा क्या तेरा।
लाज न मरहि कहत घर मेरा॥ टेक॥
चारि पहर निस भोरा, जैसे तरवर पंखि बसेरा॥
जैसैं बनियैं हाट पसारा, सब जग का सो सिरजनहारा॥
ये ले जारे वै ले गाड़े, इनि दुखिइनि दोऊ घर छाड़े॥
कहत कबीर सुनहु रे लोई, हम तुम्ह बिनसि रहैगा सोई॥ 103॥

नर जांणै अमर मेरी काया।
घर घरवात दुपहरी छाया॥ टेक॥[2]
मारग छाड़ि कुमारग जीवै, आपण मरै और कूं रोवै॥
कछू एक किया कछू एक करणां, मुगध न चेतै[3] निहचै मरणां॥
ज्यूं जल बूंद तैसा संसारा, उपजत बिनसत लागै न बारा॥
पंच पंखुरिया एक सरीरा, कृष्ण कवल दल भंवर कबीरा॥ 104॥

---

1. ख—मेरी मेरी सब जग करता।
2. 'पद सूरदास जी का' के पाठ में यह पंक्ति इस प्रकार है—"जैसा घरी घरी वात दुपहर की छाया नर जानै॥"
आशय सम्भवत: यह है कि घड़ी भर रात रह गई है और नर समझ रहा है कि यह तो दोपहर की छाया है, अगला दिन आने में बहुत समय बाक़ी है। —पु.अ.
3. ख—देखै।

मन रे अहरषि बाद न कीजै।
अपनां सुकृत भरि भरि लीजै॥ टेक॥
कुम्भरा एक कमाई माटी, बहु बिधि जुगति बणाई॥
एकनि में मुक्ताहल मोती, एकनि ब्याधि लगाई॥
एकनि दीना पाट पटंबर, एकनि सेज निवारा॥
एकनि दीनीं गरै गुदरी, एकनि सेज पयारा॥
साची रही सूंम की संपति, मुगध कहै यहु मेरी॥
अंत काल जब आइ पहुंचा, छिन में कीन्ह नबेरी॥
कहत कबीर सुनौ रे संतो, मेरी मेरी सब झूठी॥
चड़ा चीथड़ा चूहड़ा ले गया तणीं तणगती टूटी॥ 105॥

हड़ हड़ हड़ हड़ हसती है।
दीवांनापनां क्या करती है।
आड़ी तिरछी फिरती है, क्या च्यौं च्यौं म्यौं म्यौं करती है॥
क्या तूं रंगी क्या तूं चंगी, क्या सुख लौड़ै कीन्हां॥
मीर मुकदम सेर दिवांनी, जंगल केर खजीना।
भूले भरमि कहा तुम्ह राते, क्या मदुमाते माया॥
रांम रंगि सदा मतिवारे, काया होइ निकाया॥
कहत कबीर सुहाग सुंदरी, हरि भजि ह्वै निस्तारा॥
सारा खलक खराब किया है, मानस कहा बिचारा॥ 106॥

हरि के नांइ गहर जिनि करऊ।
रांम नांम चित मुखा जु धरऊ॥ टेक॥
जैसे सती तजै सिंगार, ऐसै जियरा करम निवार॥
राग दोष दोऊ में एक न भाखि, कदाचि ऊपजै चिता न राखि॥
भूले विसरि गहर जौ होई, कहै कबीर का करिहौ मोही॥ 107॥

मन रे कागद कीरि पराया,
कहा भयौ ब्यौपार तुम्हारै, कलतर बढ़ै सवाया॥ टेक॥
बड़े बौहरे सांठो दीन्हौ कलतर काढ्यो खोटै॥
चार लाख अरु असी ठीक दे, जनम लिख्यो सब चोटै॥
अबकी बेर न कागद कीर्‌यौ तौ धर्म राई सूं तूटै॥
पूंजी बितड़ि बंदि लै देहै, तब कहै कौन कैं छूटै॥

गुरुदेव ग्यांनी भयौ लगनियां, सुमिरन दीन्हौ हीरा॥
बड़ी निसानी नांउ रांम कौ, चढ़ि गयौ कीर कबीरा॥ 108॥

धागा ज्यूं तूटै त्यूं जोरि।
तूटै तूटनि होयगी, नां ऊं मिलै बहोरि॥ टेक॥
उरझ्या सूत पांण नहीं लागै, कूच फिरे सब लाई।
छिटकै पवन तार जब छूटै, तब मेरौ कहा बसाई॥
सुरझ्यौ सूत गुढ़ी सब भागी, पवन राखि मन धीरा॥
पांचूं भईया भये सनमुखा, तब यहु पान करीला॥
नांन्हीं मैदा पीसि लई है, छांणि लई द्वै बारा॥
कहै कबीर तेल जब मेल्या, बुनत न लागी बारा॥ 109॥

ऐसा औसरि बहुरि न आवै।
रांम मिलै पूरा जन पावै॥ टेक॥
जनम अनेक गया अरु आया, की बेगारि न भाड़ा पाया॥
भेष अनेक एक धूं कैसा, नांनां रूप धरै नट जैसा॥
दांन एक मांगों कवलाकंत, कबीर के दुख हरन अनंत॥ 110॥

हरि जननी मैं बालिक तेरा।
काहे न औगुण बकसहु मेरा॥ टेक॥
सुत अपराध करै दिन केते, जननी कै चित रहै न तेते॥
कर गहि केस करे जौ घाता, तऊ न हेत उतारै माता॥
कहैं कबीर एक बुधि बिचारी, बालक दुखी दुखी महतारी॥ 111॥

गोब्यंदे तुम्ह थैं डरपौं भारी।
सरणाई आयौ क्यूं गहिये, यहु कौन बात तुम्हारी॥ टेक॥
धूप दाझतैं छांह तकाई, मति तरवर सचु पाऊं॥
तरवर मांहै ज्वाला निकसै, तौ क्या लेई बुझाऊं॥
जे बन जलै त जल कूं धावै, मति जल सीतल होई॥
जलहीं मांहिं अगनि जे निकसै, और न दूजा कोई॥
तारण तिरण तिरण तूं तारण, और न दूजा जानूं॥
कहै कबीर सरनाई आयौ, आंन देव नहीं मानूं॥ 112॥

मैं गुलांम मोहि बेच गुसांई।
तन मन धन मेरा रांमजी के तांई॥ टेक॥
आंनि कबीरा हाटि उतारा, सोई गाहक सोई बेचनहारा॥
बेचै रांम तो राखै कौन, राखै रांम तो बेचै कौन॥
कहै कबीर मैं तन मन जार्‌या, साहब अपनां छिन न बिसार्‌या॥ 113॥

अब मोहि रांम भरोसा तेरो।
और कौन को करौं निहोरो
जाके रांम सरीखा साहिब भाई, सो क्यूं अनत पुकारन जाई।
जा सिरि तीनि लोक कौ भारा, सो क्यूं न करै जन की प्रतिपारा॥
कहै कबीर सेवौ बनवारी, सींचौ पेड़ पीवै सब डारी॥ 114॥

जियरा मेरा फिरै रे उदास।
रांम बिन निकसि न जाई सांस, अजहूं कवन आस॥ टेक॥
जहाँ जहाँ जाऊं रांम मिलावै न कोई, कहौ संतौ कैसे जीवन होई॥
जरै सरीर यहु तन कोई न बुझावै, अनल देहै निस नींद न आवै॥
चंदन घसि घसि अंग लगाऊँ, रांम बिना दारुन दुख पाऊं।
संत संगति मति मन करि धीरा, सहज जांनि रांमहि भजै कबीरा॥ 115॥

रांम कहौ न अजहूं केते दिना।
जब ह्वै है प्रांन तुम्ह लीनां॥ टेक॥
भौ भ्रमत अनेक जन्म गया, तुम्ह दरसन गोब्यंद छिन न भया॥
भ्रंमि भूलि पर्‌यौ भव सागरा, कछु न बसाइ बसोधरा॥
कहै कबीर दुखभंजनां, करौ दया दुरत निकंदनां॥ 116॥

हरि मेरा पीव भाई, हरि मेरा पीव।
हरि बिन रहि न सकै मेरा जीव॥ टेक॥
हरि मेरा पीव मैं हरि की बहुरिया, रांम बड़े मैं छुटक लहुरिया।
किया स्यंगार मिलन कै तांई, काहे न मिलौ राजा रांम गुसांई॥
अब की बेर मिलन जो पांऊं, कहै कबीर भौ जलि नही आंऊं॥ 117॥

रांम बान अनियाले तीर।
जाहि लागे सो जांने पीर॥ टेक॥
तन मन खोजूं चोट न पांऊं, ओषद मूरी कहाँ घसि लाऊँ॥

एकही रूप दीसै सब नारी, नां जानूं को पियहि पियारी॥
कहै कबीर जा मस्तिक भाग, नां जानूं काहु देइ सुहाग॥ 118॥

आस नहीं पूरिया रे।
रांम बिन को क्रम काटणहार॥ टेक॥
जलसर जल परिपूरता, पात्रिग चितह उदास।
मेरी विषम क्रम गति ह्वै परी, ताथैं पियास पियास॥
सिध मिलै सुधि नां मिलै, मिलै मिलावै सोइ॥
सूर सिध जब भेटिये, तब दुख न ब्यापै कोइ॥
बौछैं जलि जैसैं मछिका, उदर न भरई नीर॥
त्यूँ तुम्ह कारनि केसवा, जन ताला बेली कबीर॥ 119॥

रांम बिन तन की ताप न जाई।
जल मैं अगनि उठी अधिकाई॥ टेक॥
तुम्ह जलनिधि मैं जल कर मीनां, जल मैं रहौं जलहि बिन खीनां।
तुम्ह प्यंजरा मैं सुवना तोरा, दरसन देहु भाग बड़ मोरा॥
तुम्ह सतगुर मैं नौतम चेला, कहै कबीर रांम रमूं अकेला॥ 120॥

गोब्यंदा गुंण गाईये रे।
ताथैं भाई पाईये परम निधांन॥ टेक॥
ऊंकारे जग ऊपजै, बिकारे जग जाइ।
अनहद बेन बजाइ करि, रह्यो गगन मठ छाइ॥
झूठै जग डहकाइया रे, क्या जीवण की आस।
रांम रसांइण जिनि पीया, तिनकौं बहुरि न लागी रे पियास॥
अरध खिन जीवन भला, भगवत भगति सहेत[1]।
कोटि कलप जीवन ब्रिथा, नांहिंन हरि सूं हेत॥
संपति देखि न हरषिये, बिपति देखि न रोइ।
ज्यूँ संपति त्यूं बिपति है, करता करै सु होइ॥
सरग लोक न बांछिये, डरिये न नरक निवास।
हूंणा था सो ह्वै रह्या, मनहु न कीजै झूठी आस॥
क्या जप क्या तप संजमां, क्या तीरथ ब्रत स्नान।
जो पै जुगति न जांनियै, भाव भगति भगवान॥
सुंनि मंडल मैं सोचि लै, परम जोति परकास॥

1. ख—भगवंत भजन सहेत।

तहूंवा रूप न रेख है, बिन फूलनि फूल्यौ रे आकास॥
कहै कबीर हरि गुण गाइ लै, सत संगति रिदा मंझारि।
जो सेवग सेवा करै, तो संगि रमैं रे मुरारि॥121॥

मन रे हरि भजि हरि भजि हरि भज भाई।
जा दिन तेरो कोई नांहीं, ता दिन रांम सहाई॥ टेक॥
तंत न जानूं मंत न जानूं, जानूं सुंदर काया।
मीर मलिक छत्रपति राजा, ते भी खाये माया॥
बेद न जानूं, भेद न जानूं, जानू एकहि रांमां॥
पंडित दिसि पछिवारा कीन्हां, मुख कीन्हौं जित नांमा।
राज अंबरीक के कारणि, चक्र सुदरसन जारै॥
दास कबीर कौ ठाकुर ऐसौ, भगत की सरन उबारै॥ 122॥

रांम भणि रांम भणि रांम चिन्तामणि।
भाग बड़े पायौ छाड़ै जिनि॥ टेक॥
असंत संगति जिनि जाइ रे भूलाइ, साध संगति मिलि हरि गुंण गाइ।
रिदा कवल में राखि लुकाइ, प्रेम गांठि दे ज्यूं छूटि न जाइ।
अठ सिधि नव निधि नांव मंझारि, कहै कबीर भजि चरन मुरारि॥123॥

निरमल निरमल रांम गुण गावै।
सो भगता मेरे मनि भावै॥ टेक॥
जे जन लेहिं रांम नांउं, ताकी मैं बलिहारी जांउं॥
जिहि घटि रांम रहे भरपूरि, ताकी मैं चरनन की धूरि॥
जाति जुलाहा मति कौ धीर, हरषि हरषि गुंण रमैं कबीर॥ 124॥

जा नरि रांम भगति नहीं साधी।
सो जनमत काहे न मूवौ अपराधी॥ टेक॥
गरभ मूचे मुचि भई किन बांझ, सूकर रूप फिरै कलि मांझ।
जिहि कुलि पुत्र न ग्यांन बिचारी, वाकी बिधवा काहे न भई महतारी।
कहै कबीर नर सुंदर सरूप, रांम भगत बिन कुचिल करूप॥125॥

रांम बिनां ध्रिग ध्रिग नर नारी।
कहा तैं आइ कियौ संसारी॥ टेक॥
रज बिना कैसो रजपूत, ग्यान बिना फोकट अवधूत॥

गनिका कौ पूत पिता कासौं कहै, गुर बिन चेला ग्यानं न लहै॥
कबीर कन्यां करै स्यंगार, सोभ न पावै बिन भरतार॥
कहै कबीर हूँ कहता डरूँ, सुखदेव कहै तो मैं क्या करौं॥ 126॥

जरि जाउ ऐसा जीवनां, राजा रांम सूं प्रीति न होई।
जन्म अमोलिक जात है, चेति न देखै कोई॥ टेक॥
मधुमाखी धंन संग्रहै, मधिया मधु ले जाई रे।
गयौ गयौ धन मूंढ़ जनां, फिरि पीछैं पछिताई रे॥
विषिया सुख कै कारनै, जाइ गनिका सूं प्रीति लगाई रे।
अंधै आगि न सूझई, पढ़ि पढ़ि लोग बुझाई रे॥
एक जनम कै कारणैं, कत पूजौ देव सहेसौ रे।
काहे न पूजौ रांम जी, जाकौ भगत महेसौ रे॥
कहै कबीर चित चंचला, सुनहु मूढ़ मति मोरी।
विषिया फिरि फिरि आवई, राजा रांम न मिले बहोरी॥ 127॥[1]

रांम न जपहु कहा भयौ अंधा,
रांम बिना जंम मेलै फंधा॥ टेक॥
सुत दारा का किया पसारा, अंत की बेर भये बटपारा॥
माया ऊपरि माया मांड़ी, साथ न चले खोखरी हांडी॥
जपौ रांम ज्यूं अंति उबारै, ठाढ़ी बांह कबीर पुकारै॥ 128॥

डगमग छाड़ि दे मन बौरा।
अब तौ जरें बरें बनि आवै, लीन्हों हाथ सिंधौरा॥ टेक॥
होइ निसंक मगन ह्वै नाचौ, लोग मोह भ्रम छाड़ौ॥
सूरौ कहा मरन थैं डरपै, संतों न संचैं भांड़ौ॥
लोक वेद कुल की मरजादा, इहै गले में फांसी।
आधा चलि करि पीछै फिरिहै, ह्वै ह्वै जग मैं हांसी॥

---

1. ख में इसके आगे यह पद—
रांम न जपहु, कवन भ्रम लागै।
मरि जाहुगे कहा कहा करहु अभागे॥
रांम रांम जपहु कहा करौ बेसै, भेड़ कसाई के घरि जैसे॥
रांम न जपहु कहा गरबना, जम के घर आगै है जाना।
रांम न जपहु कहा मुसकौ रे, जम के मुदगरि गणि गणि खहुरे।
कहै कबीर चतुर के राइ, चतुर बिना को नरकहि जाइ॥

यह संसार सकल है मैला, रांम कहै ते सूचा।
कहै कबीर नांव नहीं छाड़ूं, गिरत परत चढ़ि ऊंचा॥ 129॥

का सिधि साधि करौं कुछ नांहीं।
रांम रसांइन मेरी रसनां मांहीं॥ टेक॥
नहीं कुछ ग्यांन ध्यांन सिधि जोग, ताथैं उपजैं नांनां रोग।
का बन मैं बसि भये उदास, जे मन नहीं छाड़ै आसा पास॥
सब कृत काच हरी हित सार, कहै कबीर तजि जग ब्यौहार॥ 130॥

जौ तैं रसना रांम न कहिबौ
तौ उपजत बिनसत भरमत रहिबौ॥ टेक॥
जैसी देखि तरवर की छाया, प्रांन गए कहु का की माया॥
जीवत कछु न कीया प्रवानां, मूवा मरम को का कर जाना॥
कंध काल सुख कोई न सोवै, राजा रंक दोऊ मिलि रोवै॥
हंस सरोवर कंवल सरीरा, रांम रसाइन पीवै कबीरा॥ 131॥

का नांगे का बांधे चाम,
जौ नहीं चीन्हसि आतम रांम॥ टेक॥
नागे फिरें जोग जे होई, बन का मृग मुकुति गया कोई॥
मूंड़ मूड़ाये जौ सिधि होई, श्रगहि भेड़ न पहुंची कोई॥
ब्यंद राखि जे खेलै है भाई, तौ खुसरै कौंण परंम गति पाई॥
पढ़ें गुनें उपजै अहंकारा, अधधर डूबे वार न पारा॥
कहै कबीर सुनहु रे भाई, रांम नांम किन सिधि पाई॥ 132॥

हरि बिन भरमि बिगूते गंदा।
जापै जाऊं आपनपौं छुडावण, ते बींधे बहु फंधा॥ टेक॥
जोगी कहै जोग सिधि नीकी, और न दूजां भाई॥
लुंचित मुंडित मोनि जटाधर, ऐ जु कहै सिधि पाई॥
जहाँ का उपज्या तहाँ बिलाना, हरि पद बिसर्‌या जबहीं॥
पंडित गुंनी सूर कवि दाता, ऐ जु कहैं बड़ हमहीं॥
वार पार की खबरि न जांनी, फिर्‌यौ सकल बन ऐसैं॥
यहु मन बोहिथ के कउवा ज्यूं, रह्यौ ठग्यौ सो वैसैं॥
तजि बावैं दांहिणै बिकार, हरि पद दिढ करि गहिये॥
कहै कबीर गूंगे गुड़ खाया, बूझै तौ का कहिये॥ 133॥

चलौ बिचारी रहौ संभारी, कहता हूं ज पुकारी।
रांम नांम अंतर गति नांहीं, तौ जनम जुवा ज्यूँ हारी॥ टेक॥
मूंड़ मुड़ाइ फूलि का बैठे, कांननि पहरि मंजूसा।
बाहरि देह खेह लपटानीं, भीतरि तौ घर मूसा॥
गालिब नगरी गांव बसाया, हांम कांम हंकारी।
घालि रसरिया जब जंम खैंचे, तब का पति रहै तुम्हारी॥
छांड़ि कपूर गांठि विष बांध्यौ, मूल हुवा ना लाहा।
मेरे रांम की अभौ पद नगरी, कहै कबीर जुलाहा॥134॥

कौन बिचारि करत हौ पूजा।
आतम रांम अवर नहीं दूजा॥ टेक॥
बिन परतीतैं पाती तोड़े, ग्यांन बिनां देवलि सिर फोड़ै॥
लुचरी लपसी आप संघारै, द्वारै ठाढ़ा रांम पुकारै॥
पर आत्म जौ तत बिचारै, कहि कबीर ताकै बलिहारै॥ 135॥

कहा भयौ तिलक गरैं जपमाला।
मरम न जांनै मिलन गोपाला॥ टेक॥
दिन प्रति पसू करै हरिहाई, गरैं काठ बाकी बांनि न जाई।
स्वांग सेत करणी मनि काली, कहा भयौ गलि माला घाली॥
बिन ही प्रेम कहा भयौ रोये, भीतरि मैल बाहरि का धोये॥
गल गल स्वाद भगति नहीं धीर, चीकन चंदवा कहै कबीर॥ 136॥

ते हरि के आवहिं किहि कांमां।
जे नहीं चीन्हें आतम रांमां॥ टेक॥
थोरी भगति बहुत अहंकारा, ऐसे भगता मिलहिं अपारा॥
भाव न चीन्हैं हरि गोपाला, जान कि अरहट कै गलि माला॥
कहै कबीर जिनि गया अभिमाना, सो भगता भगवंत समानां॥ 137॥

कहा भयौ रचि स्वांग बनायौ, अंतरजामी निकट न आयौ॥ टेक॥
विषई विषै दिढ़ावै गावै, रांम नांम मनि कबहूं न भावै॥
पापी परलै जाहि अभागै, अमृत छाड़ि विषै रसि लागे॥
कहै कबीर हरि भगति न साधी, भग मुखि लागि मूये अपराधी॥ 138॥

जौ पैं पिय के मनि नांहीं भाये।
तौ का पारौसिन कै हुलराये॥ टेक॥
का चूरा पाइल झमकायें, कहा भयौ बिछुवा ठनकायें॥
का काजल स्यंदूर कै दीयें, सोलह स्यंगार कहा भयौ कीयें॥
अंजन मंजन करै ठगौरी, का पचि मरै निगौड़ी बौरी॥
जौ पै पतिब्रता ह्वै नारी, कैसे ही रही सो पियहिं पियारी॥
तन मन जीवन सौंपि सरीरा, ताहि सुहागिन कहै कबीरा॥ 139॥

दूभर पनियां भर्‌या न जाई।
अधिक त्रिषा हरि[1] बिन न बुझाई॥ टेक॥
उपरि नीर लेज तलिहारी, कैसे नीर भरे पनिहारी॥
उधस्यौ कूप घाट भयौ भरी, चली निरास पंच पनिहारी॥
गुर उपदेश भरीले नीरा, हरषि हरषि जल पीवै कबीरा॥ 140॥

कहौ भइया अंबर कांसूं लागा।
कोई जांणैगा जांननहारा॥ टेक॥
अंबरि दीसे केता तारा, कौन चतुर ऐसा चितरनहारा॥
जे तुम्ह देखौ सो यहु नांहीं, यहु पद अगम अगोचर मांहीं॥
तीनि हाथ एक अरधाई, ऐसा अंबर चीन्हौ रे भाई॥
कहै कबीर जे अंबर जाने, ताही सूं मेरा मन मांनै॥ 141॥

तन खोजौ नर न करौ बड़ाई।
जुगति बिना भगति किन पाई॥ टेक॥
एक कहावत मुलां काजी, रांम बिना सब फोकट बाजी॥
नव ग्रिह बांभण भणता रासी, तिनहुं न काटी जम कौ पासी॥
कहै कबीर यह तन काचा, सबद निरंजन रांम नांम साचा॥ 142॥

जाइ परो हमरो का करिहै।
आप करै आप दुख भरिहै॥ टेक॥
ऊझड़ जातां बाट बतावै, जौ न चलै तौ बहुत दुख पावै॥
अंधे कूप क दिया बताई, तरकि पड़े पुनि हरि न पत्याई॥
इंद्री स्वादि विषै रसि बहिहै, नरकि पड़े पुनि रांम न कहिहै॥
पंच सखी मिलि मता उपायौ, जंम की पासी हंस बंधायौ॥
कहै कबीर परतीति न आवै, पाखंड कपट इहै जिय भावै॥ 143॥

---
1. ख—जल।

ऐसे लोगनि सूं का कहिये।
जे नर भये भगति थैं न्यारे, तिनथैं सदा डराते रहिये॥ टेक॥
आप न देहीं चरवां पांनी, ताहि निंदै जिनि गंगा आनी॥
आपण बूड़ैं और कौ बोड़ैं, अगनि लगाइ मंदिर मैं सोवै।
आपण अंध और कूं कांणां, तिनकौ देखि कबीर डरांनां॥144॥

हे हरि जन सूं जगत लरत है।
फुंनिगा कैसे गरड़ भखत हैं॥ टेक॥
अचिरज एक देखहु संसारा, सुनहां खेदै कुंजर असवारा॥
ऐसा एक अचंभा देखा, जंबक करै केहरि सूं लेखा॥
कहै कबीर रांम भजि भाई, दास अधम गति कबहुं न जाई॥ 145॥

हे हरि जन थैं चूक परी,
जे कछु आहि तुम्हारौ हरी॥ टेक॥
मोर तोर जब लग मैं कीन्हां, तब लग त्रास बहुत दुख दीन्हां॥
सिध साधिक कहैं हम सिधि पाई, रांम नांम बिन सबै गँवाई॥
जे बैरागी आस पियासी, तिनकी माया कदे न नासी॥
कहै कबीर मैं दास तुम्हारा, माया खंडन करहु हमारा॥ 146॥

सब दुनी सयांनी मैं बौरा
हंम बिगरे बिगरौ जिनि औरा॥ टेक॥
मैं नहीं बौरा रांम कियो बौरा, सतगुर जारि गयौ भ्रम मोरा॥
विद्या न पढ़ूं बाद नहीं जानूँ हरि गुंन कथत सुनत बौरांनूं॥
कांम क्रोध दोऊ भये विकारा, आपहि आप जरे संसारा॥
मीठो कहा जाहि जो भावै, दास कबीर रांम गुंन गावै॥ 147॥

अब मैं रांम सकल सिधि पाई।
आंन कहूँ तो रांम दुहाई॥ टेक॥
इहि चिति चाखि सबै रस दीठा। रांम नांम सा और न मीठा॥
औरे रसि ह्वैहै कफ गाता। हरि रस अधिक अधिक सुखदाता॥
दूजा बणिज नहीं कछु बाखर। रांम नांम दोऊ तत आखर॥
कहै कबीर जे हरि रस भोगी। ताकूं मिल्या निरंजन जोगी॥ 148॥

रे मन जाइ जहाँ तोहि भावै,
अब न कोई तेरे अंकुस लावै॥ टेक॥
जहाँ जहाँ जाई तहाँ तहाँ रांमा। हरि पद चीन्हि कियौ विश्रांमा।
तन रंजित तब देखियत दोई। प्रगट्यौ ग्यांन जहाँ तहाँ सोई॥
लीन निरंतर बपु बिसराया। कहै कबीर सुख सागर पाया॥ 149॥

बहुरि हम काहैं कूं आवहिंगे।
बिछुरे पंचतत्त की रचना, तब हम रांमहि पावहिंगे॥ टेक॥
पृथी का गुण पांनी सोख्या, पांनी तेज मिलांवहिंगे॥
तेज पवन मिलि सबद मिली, सहज समाधि लगांवहिंगे॥
जैसें बहु कंचन के भूषन, ये कहि गालि तवांवहिंगे॥
ऐसैं हम लोक वेद के बिछुरें, सुनिहि मांहिं समावहिंगे॥
जैसें जलहि तरंग तरंगनी, ऐसैं हम दिखलावहिंगे॥
कहै कबीर स्वामी सुख सागर, हंसहि हंस मिलावहिंगे॥ 150॥

कबीरा संत नदी गया बहि रे,
ठाढ़ी माइ कराड़े टेरै, है कोई ल्यावै गहि रे॥ टेक॥
बादल बांनी रांम घन उनयां, बरिषै अंमृत धारा॥
सखी नीर गंग भरि आई, पीवै प्रांन हमारा॥
जहाँ बहि लागे सनक सनंदन, रुद्र ध्यांन धरि बैठे॥
सुयं प्रकास आनंद बमेक मैं घन कबीर ह्वै पैठे॥ 151॥

अवधू कांमधेन गहि बांधी रे।
भांडा भंजन करे सबहिन का, कछू न सूझे आंधी रे॥ टेक॥
जौ ब्यावै तौ दूध न देई, ग्याभण अंमृत सरवै॥
कौली घाल्यां बीडरि चालै ज्यूं घेरौं त्यूं दरवै॥
तिहि धेन थैं इंछ्या पूगी पाकड़ि खूंटै बांधी रे।
ग्वाड़ा मांहै आनंद उपनो, खूंटै दोऊ बांधी रे।
साई माइ सास पुनि साई, साई बाकी[1] नारी।
कहै कबीर परम पद पाया, संतौ लेहु बिचारी॥ 152॥[2]

---

1. ख—घर की।
2. राग गउड़ी में 'ख' प्रति के तीन फुटनोट में दिये गये हैं। सो, इस अंग में पदों की संख्या 152 + 3 = 155 है।

राग रामकली

जगत गुर अनहद कींगरी बाजे।
तहाँ दीरघ नाद ल्यौ लागे॥ टेक॥
त्री अस्थान अंतर रिषछाला, गगन मंडल सींगी बाजे॥
तहुंआं एक दुकांन रच्यो है, निराकार ब्रत साजे॥
गगन ही भाठी सींगी करि चुंगी, कनक कलस एक पावा।
तहुंवा चबे अमृत रस नीझर, रस ही मैं रस चुवावा॥
अब तौ एक अनूप बात भई, पवन पियाला साजा।
तीनि भवन मैं एकै जोगी, कहौ कहाँ बसै राजा॥
बिन रे जानि परणऊं परसोतम, कहि कबीर रंगि राता।
यहु दुनिया कांई भ्रमि भुलांनी, मैं रांम रसाइन माता॥ 1 ॥

ऐसा ग्यान बिचारि लै लै, लाइ लै ध्यांनां।
सुंनि मंडल मैं घर किया, जैसे रहै सिचांनां॥ टेक॥
उलटि पवन कहाँ राखिये, कोई मरम बिचारै।
सांधै तीर पताल कूं, फिरि गगनहिं मारै॥
कंसा नाद बजाव ले, धुंनि निमसि ले कंसा॥
कंसा फूटा पंडिता, धुंनि कहाँ निवासा॥
प्यंड परे जीव कहाँ रहै, कोई मरम लखावै।
जीवत जिस घरि जाइये, औंधे मुषि नहीं आवै॥
सतगुर मिलै त पाइयै, ऐसी अकथ कहाँणीं।
कहै कबीर संसा गया, मिले सारंग प्रांनी॥ 2॥

है कोई संत सहज सुख उपजै, जाकौं जब तप देउं दलाली।
एक बूंद भरि देइ रांम रस, ज्यूं भरि देई कलाली॥ टेक॥
काया कलाली लांहनि करिहूँ, गुरू सबद गुड़ कीन्हां॥
कांम क्रोध मोह मद मंछर, काटि काटि कस दीन्हां॥
भवन चतुरदस भाटी पुरई, ब्रह्म अगनि परजारी।
मूँदे मदन सहज धुनि उपजी, सुखमन पोतनहारी॥
नीझर झरै अंमी रस निकसै, तिहि मदि रावल छाका॥
कहैं कबीर यहु बास बिकट अति, ग्यांन गुरू ले बांका॥ 3॥

अकथ कहाणी प्रेम की, कछु कही न जाई।
गूंगे केरी सरकरा, बैठे मुसकाई॥ टेक॥
भोमि बिनां अरू बीज बिन, तरबर एक भाई।
अनंत फल प्रकासिया, गुर दीया बताई।
कम थिर बैसि बिचारिया, रांमहि ल्यौ लाई।
झूठी अनभै बिस्तरी सब थोथी बाई॥
कहै कबीर सकति कछु नाही, गुरु भया सहाई॥
आंवण जांणी मिटि गई, मन मनहि समाई॥ 4॥

संतो सो अनभै पद गहिये।
कला अतीत आदि निधि निरमल ताकूं सदा विचारत रहिये॥ टेक॥
सो काजी जाकौं काल न ब्यापै, सो पंडित पद बूझै।
सो ब्रह्मा जो ब्रह्म बिचारै, सो जोगी जग सूझै॥
उदै न अस्त सूर नहीं ससिहर, ताकौ भाव भजन करि लीजै।
काया थैं कछु दूरि बिचारै, तास गुरू मन धीजै।
जार्‌यौ जरै न काट्यो सूकै, उतपति प्रलै न आवै॥
निराकार अखंड मंडल मैं, पांचौ तत्त समावै॥
लोचन अछित सबै अंधियारा, बिन लोचन जग सूझै।
पड़दा खोलि मिलै हरि ताकूं, जो या अरथहिं बूझै॥
आदि अनंत उभै पख निरमल, द्रिष्टि न देख्या जाई।
ज्वाला उठी अकास प्रजल्यौ, सीतल अधिक समाई॥
एकनि गंध बासनां प्रगटै जग थैं रहै अकेला॥
प्रांन पुरिस काया थैं बिछुरे, राखि लेहु गुर चेला।
भागा भर्म भया मन अस्थर, निद्रा नेह नसांनां॥
घट की जोति जगत प्रकास्या, माया सोक बुझांनां।
बंकनालि जे संमि करि राखै, तौ आवागमन न होई॥
कहैं कबीर धुनि लहरि प्रगटी, सहजि मिलैगा सोई॥ 5॥

जाइ पूछौ गोविंद पढ़िया पंडित, तेरां कौन गुरू कौन चेला।
आपणें रूप कौं आपहिं जांणैं आपैं रहे अकेला॥ टेक॥
बाँझ का पूत बाप बिना जाया, बिन पांऊं तरवरि चढ़िया।
अस बिन पाखर गज बिन गुड़िया, बिन खांडै संग्रांम जुड़िया॥
बीज बिन अंकुर पेड़ बिन तरवर, बिन साखा तरवर फलिया।
रूप बिन नारी पुहुप बिन परमल, बिन नीरै सरवर भरिया॥

देव बिन देहुरा पत्र बिन पूजा, बिन पांखां भंवर बिलंबिया।
सूरा होइ सु परम पद पावै, कीट पतंग होइ सब जरिया॥
दीपक बिन जोति जोति बिन दीपक, हद बिन अनाहद सबद बागा।
चेतनां होइ सु चेति लीज्यौ, कबीर हरि के अंगि लागा॥ 6॥

पंडित होइ सु पदहि बिचारै, मूरिख नांहिंन बूझै।
बिन हाथनि पांइन बिन कांननि, बिन लोचन जग सूझै॥ टेक॥
बिन मुख खाइ चरन बिन चालै, बिन जिभ्या गुण गावै।
आछै रहै ठौर नहीं छाड़ै, दह दिसिहीं फिरि आवै॥
बिनहीं तालां ताल बजावै, बिन मंदल पट ताला।
बिनहीं सबद अनाहद बाजै, तहाँ निरतत है गोपाला॥
बिनां चोलनै बिनां कंचुकी, बिनहीं संग संग होई।
दास कबीर औसर भल देख्या, जांनैगा जन कोई॥ 7॥

है कोई जगत गुर ग्यांनीं, उलटि बेद बूझै।
पांणी में अगनि जरै, अंधरे कौ सूझै॥ टेक॥
एकनि ददुरि खाये, पंच भवंगा।
गाइ नाहर खायौ, काटि काटि अंगा॥
बकरी बिघार खायौ, हरनि खायौ चीता।
कागि लगर फांदिया, बटेरै बाज जीता॥
मूंसै मंजार खायौ, स्यालि खायौ स्वांनां।
आदि कौं आदेश करत, कहै कबीर ग्यांनां॥ 8॥

ऐसा अद्‌भुत मेरे गुरि कथ्या, मैं रह्या उभेषै।
मूसा हसती सों लड़ै, कोई बिरला पेखै॥ टेक॥
उलटि मूसै सापणि गिली, यहु अचिरज भाई।
चींटी परबत ऊखण्या, ले राल्या चौड़ै॥
मुर्गी मिनकी सूं लड़ै, झल पांणीं दौड़े।
सुरहीं चूखै बछ तलि, बछा दूध उतारै।
ऐसा नवल गुंणी भया, सारदूलहि मारै।
भील लूक्या बन बीझ मैं ससा सर मारै॥
कहै कबीर ताहि गुर करौं, जो या पदहि बिचारै॥ 9॥

अवधू जागत नींद न कीजै।
काल न खाइ कलप नहीं ब्यापै देही जुरा न छीजै॥ टेक॥
उलटी गंग समुद्रहि सोखै, ससिहर सूर गरासै।
नव ग्रिह मारि रोगिया बैठे, जल में ब्यंब प्रकासै॥
डाल गह्या थैं मूल न सूझै, मूल गह्यां फल पावा।
बंबई उलटि सरप कौं लागी, धरणि महारस खावा॥
बैठ गुफा मैं सब जग देख्या, बाहरि कछू न सूझै।
उलटैं धनकि पारधी मार्यौ, यहु अचिरज कोई बूझै॥
औंधा घड़ा न जल में डूबे, सूधा सूभर भरिया।
जाकौं यहु जुग घिण करि चालैं, ता प्रसादि निस्तरिया॥
अंबर बरसै धरती भीजै, बूझै जांणे सब कोई।
धरती बरसै अंबर भीजै, बूझै बिरला कोई॥
गांवणहारा कदे न गावै, अणबोल्या नित गावै।
नटवर पेखि पेखनां पेखै अनहद बेन बजावै॥
कहणीं रहणीं निज तत जांणैं, यहु सब अकथ कहाणीं।
धरती उलटि आकासहिं ग्रसै, यहु पुरिसां की बांणी॥
बाज पियालै अंमृत सोख्या, नदी नीर भरि राख्या।
कहै कबीर ते बिरला जोगी, धरणि महारस चाख्या॥ 10॥

रांम गुन बेलड़ी रे, अवधू गोरखनाथि जांणीं।
ना तिस रूप न छाया जाके[1], बिरधि करै बिन पांणीं॥ टेक॥
बेलड़िया द्वै अणीं पहूंती गगन पहूंती सैली।
सहज बेलि जल फूलण लागी, डाली कूपल मेल्ही॥
मन कुंजर जाइ बाड़ा बिलंब्या, सतगुर बाही बेली।
पंच सखी मिलि पवन पयंप्या, बाड़ी पाणी मेल्ही॥
काटत बेली कूपल मेल्हीं, सींचताड़ी कुमिलांणीं।
कहै कबीर ते बिरला जोगी, सहज निरंतर जांणीं॥ 11॥

रांम राइ अबिगत बिगति न जानौं।
कहि किम तोहि रूप बखानौं॥ टेक॥
प्रथमे गगन कि पुहमि प्रथमे प्रभू पवन कि पांणीं।
प्रथमे चंद कि सूर प्रथमे प्रभू, प्रथमे कौन बिनांणीं॥

1. ख—जा तिस मूल न छाया जाकै।

प्रथमे प्रांण कि प्यंड प्रथमे प्रभू, प्रथमे रकत कि रेतं।
प्रथमे पुरिष की नारि प्रथमे प्रभू, प्रथमे बीज की खेतं॥
प्रथमे दिवस कि रैणि प्रथमे प्रभू, प्रथमे पाप कि पुन्यं।
कहै कबीर जहाँ बसहु निरंजन, तहाँ कुछ आहि कि सुन्यं॥ 12॥

अवधू सो जोगी गुर मेरा।
जो या पद का करै नबेरा॥ टेक॥
तरवर एक पेड़ बिन ठाढ़ा, बिन फूलां फल लागा।
साखा पत्र कछू नहीं वाकै अष्ट गगन मुख बागा॥
पैर बिन निरति करां बिन बाजै, जिभ्या हीणां गावै।
गावणहारे के रूप न रेखा, सतगुर होई लखावे॥
पंखी का खोज मीन का मारग, कहै कबीर बिचारी।
अपरंपार पार परसोतम, वा मूरति बलिहारी॥ 13॥

अब मैं जांणिबौ रे केवल राइ की कहाँणी।
मंझा जोति रांम प्रकासै, गुर गमि बांणी॥ टेक॥
तरवर एक अनंत मूरति, सुरतां लेहू पिछांणीं॥
साखा पेड़ फूल फल नांहीं, ताकी अंमृत बांणीं॥
पुहुप बास भवरा एक राता, बारह ले उर धरिया।
सोलह मंझै पवन झकोलै, आकासे फल फलिया॥
सहज समाधि बिरख यह सींच्या, धरती जल हर सोख्या।
कहै कबीर तास मैं चेला, जिनि यहु तरुवर पेख्या॥ 14॥

राजा रांम कवन रंगै, जैसैं परिमल पुहुप संगै॥ टेक॥
पंचतत ले कीन्ह बंधान, चौरासी लख जीव समांनं।
बेगर बेगर राखि ले भाव, तामैं कीन्ह आपको ठाँव॥
जैसे पावक भंजन का बसेख, घट उनमांन कीया परवेस॥
कह्यो चाहूं कछु कह्या न जाइ, जल जीव ह्वै जल नहीं बिगराइ॥
सकल आतमां बरतै जे, छल बल कौं सब चीन्हि बसे॥
चीन्हियत चीन्हियत ता चीन्हि लसे, तिहि चीन्हियत धूं का करके॥
आपा पर सब एक समान, तब हम पावा पद निरबांण॥
कहै कबीर मनि भया संतोष, मिले भगवंत गया दुख दोष॥15॥

अंतर गति अनि अनि बांणी।
गगन गुपत मधुकर मधु पीवत, सुगति सेस सिव जांणीं॥ टेक॥
त्रिगुण त्रिविध तलपत तिमरातन, तंती तत मिलानीं।
भागे भरम भोइन भए भारी, बिधि बिरंचि सुषि जांणीं॥
बरन पवन अंबरन बिधि पावक, अनल अमर मरै पांणीं।
रबि ससि सुभग रहे भरि सब घटि, सबद सुंन्य थिति मानीं॥
संकट सकति सकल सुख खोये, उदित मथित सब हारे।
कहैं कबीर अगम पुर पाटण, प्रगटि पुरातन जारे॥ 16॥

लाधा है कछू लाधा है ताकि पारिख को न लहै।
अबरन एक अकल अबिनासी, घटि घटि आप रहै॥ टेक॥
तोल न मोल माप कछु नांहीं, गिणंती ग्यांन न होई।
नां सो भारी नां सो हलका, ताकी पारिख लखै न कोई॥
जामैं हम सोई हम ही मैं, नीर मिले जल एक हूवा।
यों जांणैं तो कोई न मरिहैं, बिन जांणैं थैं बहुत मूवा॥
दास कबीर प्रेम रस पाया, पीवणहार न पाऊं।
बिधनां बचन पिछांणत नांहीं, कहु क्या काढ़ि दिखाऊँ॥ 17॥

हरि हिरदै रे अनत कत चाहौ।
भूलै भरम दुनीं कत बाहौ॥ टेक॥
जग परबोधि होत नर खाली, करते उदर उपाया।
आतम रांम न चीन्हैं संतौ, क्यू रमि लै रांम राया॥
लागै प्यास नीर सो पीवै, बिन लागै नहीं पीवै।
खोजै तत मिलै अबिनासा, बिन खोजैं नहीं जीवै।
कहै कबीर कठिन यह करणीं जैसी खंडे धारा।
उलटि चाल मिलै ब्रह्म कौं, सो सतगुरू हमारा॥ 18॥

रे मन बैठि कितै जिनि जासी।
हिरदै सरोवर है अबिनासी॥ टेक॥
काया मधे कोटि तीरथ, काया मधे कासी।
माया मधे कवलापति, काया मधे बैकुंठबासी॥
उलटि पवन षटचक्र निवासी, तीरथराज गंगतट बासी॥
गगन मंडल रबि ससि दोइ तारा, उलटी कूची लागि किंवारा।
कहै कबीर भई उजियारा, पंच मारि एक रह्यौ निनारा॥ 19॥

रांम बिन जन्म मरन भयौ भारी।
साधिक सिध सूर अरु सुरपति भ्रमत भ्रमत गए हारी॥ टेक॥
व्यंद भाव भ्रिंग तत जंत्रक, सकल सुख सुखकारी।
श्रवत सुनि रवि ससि सिव सिव, पलक पुरिख पल नारी॥
अंतर गगन होत अंतर धुंनि बिन सासनि है सोई।
घोरत सबद सुमंगल सब घटि, ब्यंदत ब्यंदै कोई॥
पाणीं पवन अवनि नभ पावक, तिहि संग सदा बसेरा।
कहै कबीर मन मन करि बेध्या, बहुरि न कीया फेरा॥ 20॥

नर देही बहुरि न पाइये।
ताथैं हरखि हरखि गुंण गाइये॥ टेक॥
जब मन नहीं तजै बिकारा, तौ क्यूं तिरिये भौ पारा॥
जे मन छाड़ै कुटिलाई, तब आइ मिलै रांम राई।
ज्यूं जांमण त्यूं मरणां, पछितावा कछु न करणां।
जांणि मरै जे कोई, तो बहुरि न मरणां होई॥
गुर बचनां मंझि समावै, तब रांम नांम ल्यौ लावै॥
जब रांम नांम ल्यौ लागा, तब भ्रम गया भौ भागा॥
ससिहर सूर मिलावा, तब अनहद बेन बजावा॥
जब अनहद बाजा बाजै, तब सांई संगि बिराजै॥
होत संत जनन के संगी, मन राचि रह्यो हरि रंगी॥
धरो चरन कवल बिसवासा, ज्यूँ होइ निरभै पद बासा॥
यहु काचा खेल न होई, जन खरतर खेलै कोई॥
जब खरतर खेल मचावा, तब गगनमंडल मठ छावा॥
चित चंचल निहचल कीजै, तब रांम रसाइन पीजै॥
जब रांम रसाइन पीया, तब काल मिट्या जन जीया॥
ज्यूं दास कबीरा गावै, ताथैं मन को मन समझावै॥
मन-ही-मन समझाया, तब सतगुर मिलि सचु पाया॥21॥

अवधू अगनि जरै कै काठ।
पूछौं पंडित जोग संन्यासी, सतगुर चीन्हूं बाट॥ टेक॥
अगनि पवन मैं पवन कवन मैं, सबद गगन के पवनां।
निराकार प्रभु आदि निरंजन, कत रवंते भवनां॥
उतपति जाति कवन अंधियारा, घन बादल का बरिखा।
प्रगट्यो बीज धरनि अति अधिकै, पारब्रह्म नहीं देखा॥

मरनां मरै न मरि सकै, मरनां दूरि न नेरा।
द्वादस द्वादस सनमुख देखै, आपैं आप अकेला॥
जे बांध्या ते छछंद मृकुता, बांधनहारा बांध्या।
जे जाता ते कौंण पठाता, रहता ते किनि राख्या॥
अम्रित समांनां बिष मैं जानां, बिष मैं अमृत चाख्या॥
कहै कबीर बिचार बिचारी, तिल मैं मेर समांनां।
अनेक जनम का गुर गुर करता, सतगुर तब भेटांनां॥ 22॥

अवधू ऐसा ग्यांन बिचारं।
भेरै चढ़े सु अधधर डूबे, निराधार भये पारं॥ टेक॥
ऊबट चले सु नगरि पहुंचे, बाट चले ते लूटे।
एक जेवड़ी सब लपटांने, के बांधे के छूटे॥
मंदिर पैसि चहुं दिसि भीगे, बाहरि रहे ते सूखा।
सरि मारे ते सदा सुखारे, अनमारे ते दूखा॥
बिन नैनन के सब जग देखै, लोचन अछते अंधा।
कहै कबीर कछु समझि परी है, यहु जग देख्या धंधा॥ 23॥

जग धंधा रे जग धंधा।
सब लोग न जांणैं अंधा।
लोभ मोह जेवड़ी लपटानी बिनहीं गांठि गह्यो फंदा॥ टेक॥
ऊंचे टीबे मछ बसत है, ससा बसे जल मांहीं।
परबत ऊपरि डूबि मूवा नर मूवा धूं कांहीं॥
जलै नीर तिण खड़ उबरै, बैसांदर ले सींचै।
ऊपरि मूल फूल तिन भीतरि, जिनि जान्यौ तिनि नीकै॥
कहै कबीर जांनहीं जांनै, अनजानत दुख भारी।
हारी बाट बटाऊ जीत्या, जानत की बलिहारी॥ 24॥

अवधू ब्रह्म मतै घरि जाइ।
काल्हि जू तेरी बंसरिया छीनी कहाँ चरावै गाइ॥ टेक॥
तालि चुगें बन तीतर लउवा, परवति चरै सौरा मछा।
बन की हिरनी कूवै बियानी, सासा फिरे अकासा॥
ऊँट मारि मैं चा़रै लावा, हस्ती तरंडबा देई।
बबूर की डरियां बनसी लैहूं, सींयरा भूंकि भूंकि खाई॥

आंब क बौरे चरहल करहल, निबिया छोलि छोलि खाई।
मौरे आंगनि दाख दरीबल कहै कबीर समझाई॥ 25॥

कहा करौं कैसे तिरौं, भौ जल अति भारी।
तुम्ह सरनागति केसवा राखि राखि मुरारी॥ टेक॥
घर तजि बन खंडि जाइए, खनि खनि खइए कंदा।
बिषै बिकार न छूटई, ऐसा मन गंदा॥
बिष विषिया कौ बांसनां, तजौं तजी नहीं जाई।
अनेक जतन करि सुरझिहौं, फुनि फुनि उरझाई॥
जीव अछित जोबन गया, कछु किया न नीका।
यहु हीरा निरमोलिका, कौड़ी पर बीका॥
कहै कबीर सुनि केसवा, तूं सकल बियापी।
तुम्ह समांनि दाता नहीं, हंम से नहीं पापी॥ 26॥

बाबा करहु कृपा जन मारगि लावो, ज्यूं भव बंधन खूटै।
जरा मरन दुख फेरि करंन सुख, जीव जनम थैं छूटै॥ टेक॥
सतगुरू चरन लागि यौं बिनऊँ, जीवनि कहाँ थैं पाई।
जा कारनि हम उपजैं बिनसै क्यूं न कहौ समझाई॥
आसा पास खंड नहीं पाँडे, यौं मन सुनि न लूटै।
आपा पर आनंद न बूझै, बिन अनभै क्यूं छूटै॥
कह्यां न उपजै नहीं जाणै, भाव अभाव बिहूनां।
उदै अस्त जहाँ मति बुधि नांहीं, सहजि रांम ल्यौ लीनां॥
ज्यूँ प्रतिबिंब प्रतिबिंबहिं समांनां, उदिक कुम्भ बिगरांनां।
कहै कबीर जांनि भ्रम भागा, सीवहिं जीव समांनां॥ 27॥

संत धोखा कासूं कहिए।
गुंण मैं नृगुण नृगुण मैं गुण है, बाट छांड़ि क्यूं बहिए॥ टेक॥
अजरा अमर कथैं सब कोई, अलख न कथणां जाई।
ना तिस रूप बरण नहीं जाकै, घटि घटि रह्यौ समाई॥
प्यंड ब्रह्मंड कथै सब कोई, वाकै आदि अरु अंत न होई।
प्यंड ब्रह्मंड छाड़ि जे कथिए, कहैं कबीर हरि सोई॥ 28॥

पखा पखी कै पेखणै, सब जगत भुलानां।
निरपख होइ हरि भजै, सो साध सयांनां॥ टेक॥

ज्यूं खर सूं खर बंधिया, यूं बंधे सब लोई।
जाकै आत्म द्रिष्टि है, साचा जन सोई॥
एक एक जिनि जाणियां, तिनहीं सच पाया।
प्रेम प्रीति ल्यौ लीन मन, ते बहुरि न आया॥
पूरे की पूरी द्रिष्टि, पूरा करि देखै।
कहै कबीर कछू समुझि न परई, या कहू बात अलेखै॥ 29॥

अजहूं न संक्या गई तुम्हारी।
नांहिं निसंक मिले बनवारी॥ टेक॥
बहुत ग्रब ग्रबे संन्यासी, ब्रह्मचारिज छूटी नहीं पासी।
सुद्र मलेछ बसैं मन मांहीं, आतमरांम सु चीन्हा नांहीं॥
संक्या डांइणि बसै सरीरा, ता कारणि रांम रमैं कबीरा॥30॥

सब भूले हो पाखंडि रहे।
तेरा बिरला जन कोई रांम कहै॥ टेक॥
होइ अरोगि बूंटी घसि लावै, गुर बिना जैसे भ्रमत फिरै।
है हाजिर परतीति न आवै, सो कैसैं परताप धरै॥
ज्यूं सुख त्यूं दुख द्रिढ़ मन राखै, एकादसी एकतार करै।
द्वादसी भ्रमैं लख चौरासी, गर्भ बास आवै सदा मरै॥
मैं तैं तजै तजै अपमारग, चारि बरन उपराति चढ़ै।
ते नहीं डूबै पार तिरि लंघै, निरगुण सरगुण संगि करै॥
होइ मगन रांम रंगि राचै, आवागमन मिटै धापै।
तिनह उछाह सोक नहीं ब्यापै, कहै कबीर करता आपै॥ 31॥

तेरा जन एक आध है कोई।
कांम क्रोध अरु लोभ बिबर्जित, हरिपद चीन्हैं सोई॥ टेक॥
राजस तांमस सातिग तीन्यूं, ये सब तेरी माया।
चौथे पद कौं जे जन चीन्हैं, तिनहि परम पद पाया॥[1]
असतुति निंद्या आसा छांड़ै, तजै मांन अभिमानां।
लोहा कंचन समि करि देखै, ते मूरति भगवानां॥
च्यंतै तौ माधौ च्यंतामणि, हरिपद रमैं उदासा।
त्रिस्नां अरु अभिमांन रहित है, कहै कबीर सो दासा॥ 32॥

---

1. ख—चौथे पद को जे जन जानें, लोहा कंचन संम करि जानै।

हरि नांमैं दिन जाइ रे जाकौ।
सोइ दिन लेखै, लाइ रांम ताकौ॥ टेक॥
हरि नांमैं जन जागै, ताकै गोब्यंद साथी आगै॥
दीपक एक अभंगा, तामै सुर नर पड़ैं पतंगा।
ऊंच नींच सम सरिया, ताथैं जन कबीर निसतरिया॥ 33॥

जब थैं आतम तत्त बिचारा।
तब निरबैर भया सबहिन थैं, कांम क्रोध गहि डारा॥ टेक॥
ब्यापक ब्रह्म सबनि मैं एकै, को पंडित को जोगी।
रांणां राव कवन सूं कहिये, कवन बैद को रोगी॥
इनमैं आप आप सबहिन मैं, आप आप सूं खेलै।
नांनां भांति घड़े सब भांड़े, रूप धरे धरि मेलै॥
सोचि बिचारि सबै जग देख्या, निरगुण कोई न बतावै।
कहै कबीर गुंणीं अरु पंडित, मिलि लीला जस गावै॥ 34॥

तू माया रघुनाथ[1] की, खेलण चढ़ी अहेड़े।
चतुर चिकारे चुणि चुणि मारे, कोई न छोड्या नेंड़ै॥ टेक॥
मुनियर पीर डिगंबर मारे, जतन करंता जोगी।
जंगल महि के जंगम मारे, तूं रे फिरे बलवंतीं।
वेद पढ़ंता बांम्हण मारा, सेवा करता स्वामी॥
अरथ करंता मिसर पछाड़्या, तू रे फिरे मैमंती।
साषित कै तूं हरता करता, हरि भगतन कै चेरी।
दास कबीर रांम कै दासा ज्यूं लागी त्यूं तोरी॥ 35॥

जग सूं प्रीति न कीजिए, संमझि मन मेरा।
स्वाद हेत लपटाइए, को निकसै सूरा॥ टेक॥
एक कनक अरु कांमनीं, जग में दोइ फंदा।
इनपै जौ न बंधावई, ताका मैं बंदा॥।
देह धरे इन मांहिं बास, कहु कैसे छूटै।
सीव भये ते ऊबरे, जीवन ते लूटै॥
एक एक सूं मिलि रह्या, तिनहीं सचु पाया।
प्रेम मगंन लै लीन मन, सो बहुरि न आया॥
कहै कबीर निहचल भया, निरभै पद पाया।
संसा ता दिन का गया, सतगुर समझाया॥ 36॥

---

1. ख—जगनाथ।

रांम मोहि सतगुर मिलै अनेक कलानिधि, परम तत सुखदाई।
कांम अगनि तन जरत रही है, हरि रसि छिरकि बुझाई॥ टेक॥
दरस परस तैं दुरमति नासी, दीन रटनि ल्यौ आई।
पाखंड भरंम कपाट खोलि कै अनभै कथा सुनाई॥
यहु संसार गंभीर अधिक जल, को गहि लावै तीरा।
नाव जिहाज खेवइया साधू, उतरे दास कबीरा॥ 37॥

दिन दहुं चहुं कै कारणैं, जैसें सैबल फूले।
झूठी सूं प्रीति लगाइ करि, साचे कूं भूले॥ टेक॥
जो रस गा सो परहर्या, बिड़राता प्यारे।
आसति कहूं न देखिहौं, बिन नांव तुम्हारे॥
साची सगाई रांम की, सुनि आतम मेरे।
नरकि पड़े नर बापुड़े, गाहक जम तेरे॥
हंस उड़या चित्त चालिया, सगपन कछू नांहीं।
माटी सूं माटी मेलि करि, पीछैं अनखांहीं॥
कहै कबीर जग अंधला, कोई जन सारा।
जिनि हरि मरण न जांणिया, तिनि किया पसारा॥ 38॥

माधौ मैं ऐसा अपराधी, तेरी भगति हेत नहीं साधी॥ टेक॥
कारनि कवन जाइ जग जनम्यां, जनमि कवन सचु पाया।
भौ जल तिरण चरण च्यंतामणि, ता चित घड़ी न लाया॥
पर निंद्या पर धन पर दारा, पर अपवादैं सूरा॥
ताथैं आवागवन होइ फुनि फुनि, ता पर संग न चूरा॥
कांम क्रोध माया मद मंछर, ए संतति हम मांहीं।
दया धरम ग्यान गुर सेवा, ए प्रभु सुपिनै नांहीं॥
तुम्ह कृपाल दयाल दमोदर, भगत बछल भौ हारो।
कहै कबीर धीर मति राखहु, सासति[1] करहु हमारी॥ 39॥

रांम राइ कासनि करौं पुकारा,
ऐसे तुम्ह साहिब जाननिहारा॥ टेक॥
इंद्री सबल निबल मैं माधौ, बहुत करैं बरियाई।
लै धरि जांहि तहाँ दुख पइये बुधि बल कछू न बसाई॥
मैं बपरौ का अलप मूढ़ मति, कहा भयो जे लूटे।

1. ख—सो मति

मुनि जन सती सिध अरु साधिक तेऊ न आपैं छूटे॥
जोगी जती तपी संन्यासी, अह निसि खोजैं काया।
मैं मेरी करि बहुत बिगूते, बिषै बाघ जग खाया॥
ऐक त छांड़ि जांहिं घर घरनी, तिन भी बहुत उपाया।
कहै कबीर कछु समझि न पाई, विषम तुम्हारी माया॥ 40॥

माधौ चले बुनांवन माहा,
जग जीतै जाइ जुलाहा॥ टेक॥
नव गज दस गज उगनीसा, पुरिया एक तनाई।
सान सूत दे गंड बहतरि, पाट लगी अधिकाई॥
तुलह न तोली गजह न मापी, पहजन सेर अढ़ाई।
अढ़ाई में जे पाव घटे तो करकस करै बजहाई॥
दिन की बैठि खसम सूं कीजै अरज लगी तहाँ ही।
भागी पुरिया घर ही छाड़ी, चले जुलाह रिसाई॥
छोछी नली कांमि नहीं आवै, लहटि रही उरझाई।
छांड़ि पसारा रांम कहि बौरै, कहै कबीर समझाई॥ 41॥

बाजै जंत्र बजावै गुंनी, रांम नांम बिन भूली दुनीं॥ टेक॥
रजगुन सतगुन तमगुन तीन, पंच तत से साज्या बीन॥
तीनि लोक पूरा पेखनां, नांच नचावै एकै जनां।
कहै कबीर संसा करि दूरि, त्रिभवननाथ रह्या भरपूरि॥ 42॥

जंत्री जंत्र अनूपम बाजै,
ताकौ सबद गगन मैं गाजै॥ टेक॥
सुर की नालि सुरति का तूंबा, सतगुर साज बनाया।
सुर नर गण गंध्रप ब्रह्मादिक गुर बिन तिनहूं न पाया॥
जिभ्या तांति नासिका करही, माया कै मैण लगाया।
गमां बतीस मोरणां पांचौ, नीका साज बनाया॥
जंत्री जंत्र तजै नहीं बाजै, तब बाजै जब बाबै।
कहै कबीर सोई जन सांचा जंत्री सूं प्रीति लगावै॥ 43॥

अवधू नादै ब्यंद गगन गाजै सबद अनहद बोलै।
अंतरि गति नहीं देखै नेड़ा, ढूंढ़त बन बन डोलै॥ टेक॥
सालिगरांम तजौं सिव पूजौं, सिर ब्रह्मा का काटौं।

सायर फोड़ि नीर मुकलाऊं कुवां सिला दे पाटौं॥
चंद सूर दोइ तूंबा करिहूं, चित चेतनि की डांडी।
सुषमन तंती बाजड़ लागी, इहि बिधि त्रिष्णां खांडी॥
परम तत आधारी मेरे सिव नगरी घर मेरा।
कालहि खंडूं नीच बिहंडूं बहुरि न करिहूं फेरा॥
जपौं न जाप हतौं नहीं गूगल पुस्तक ले न पढ़ाऊँ।
कहै कबीर परम पद पाया, नहीं आऊं नहीं जाऊं॥ 44 ॥

बाबा पेड़ छाड़ि सब डाली लागे मूंढ़े जंत्र अभागे।
सोइ सोइ सब रैणि बिहांणी, भोर भयो तब जागे॥ टेक॥
देवलि जांऊं तौं देवी देखौं, तीरथि जांऊं त पाणीं।
ओछी बुधि अगोचर बांणी, नहीं परम गति जांणी॥
साध पुकारैं समझत नांहीं, आन जन्म के सूने।
बांधै ज्यूँ अरहट की टीडरि, आवत जात बिगूते॥
गुर बिन इहि जग कौन भरोसा, काके संग ह्वै रहिए।
गनिका के घरि बेटा जाया, पिता नांउं किस कहिए॥
कहै कबीर यहु चित्र बिरोध्या, बूझी अमृत बांणी।
खोजत खोजत सतगुर पाया, रहि गई आंवण जांणीं॥ 45 ॥

भूली मालिनी हे, गोब्यंद जागतौ जगदेव।
तूं करै किसकी सेव॥ टेक॥
भूली मालिन पाती तोड़ै, पाती पाती जीव।
जाँ मूरति कौ पाती तोड़ै, सो मूरति नरजीव॥
टांचणहारै टांचिया, दै छाती ऊपरि पाव।
जे या मूरति सकल है, तौ घड़णहारे खाव॥
लाडू लावण लापसी, पूजा चढ़ै अपार।
पूजि पुजारी ले गया, दे मूरति कै मुहिं छार।
पाती ब्रह्मा पुहपे बिष्नु, मूल फल महादेव।
तीनि देवां एक मूरति करै किसकी सेव।
एक न भूला दोइ न भूला भूला सब संसारा।
एक न भूला दास कबीरा, जाकै रांम अधारा॥ 46 ॥

सेई मन समझि समरथ सरणांगता, जाकी आदि अंति मधि कोई न पावै।
कोटि कारिज सरैं दह गुंण सब जरै, नेक जो नांउं पतिब्रत आवै॥ टेक॥

आकार की ओट आकार नहीं ऊबरै, सिव बिरंचि अरु विष्नु तांई।
जास का सेवक तास कौं पाहिहैं, इस्ट कौ छांड़ि आगै न जांहीं॥
गुंणमई मूरति सेइ सब भेष मिलि, निरगुण निज रूप विस्रांम नांहीं।
अनेक जुग बंदिगी बिबिध प्रकार की, अंति गुंण का गुंणही समांहीं॥
पाँच तत तीनि गुण जुगति करि सांनियां, अष्ट बिन होत नहीं करम काया।
पाप पुन बीज अंकुर जांमैं मरै, उपजि बिनसै जेती सर्ब माया॥
क्रितम करता कहै परम पद क्यूं लहै, भूलि मैं पड्या लोक सारा।
कहै कबीर रांम रंमिता भजै, कोई एक जन गए उतरि पारा॥ 47॥

रांम राइ तेरी गति जांणीं न जाई।
जो जस करिहै सो तस पइहै, राजा रांम नियाई॥ टेक॥
जैसी कहै करै जो तैसी, तौ तिरत न लागै बार।
कहता कहि गया सुनता सुणि गया, करणीं कठिन अपार।
सुरही तिण चरि अंमृत सरवै, लेर भवंगहि पाई।
अनेक जतन करि निग्रह कीजै, विषै बिकार न जाई॥
संत करै असंत की संगति, तासूं कहा बसाई।
कहैं कबीर ताके भ्रम छूटै, जे रहे रांम ल्यौ लाई॥ 48॥

कथणीं बदणीं सब जंजाल।
भाव भगति अरु रांम निराल॥ टेक॥
कथै बदै सुणै सब कोई, कथें न होई कीयें होई॥
कूड़ी करणीं रांम न पावै, साच टिकै निज रूप दिखावै।
घट में अग्नि घर जल अवास, चेति बुझाइ कबीरा दास॥ 49॥ (201)

राग आसावरी

ऐसी रे अवधू की बांणीं,
ऊपरि कूवटा तलि भरि पांणीं॥ टेक॥
जब लग गगन जोति नहीं पलटै, अबिनासी सूं चित नहीं चिहुंटै।
जब लग भंवर गुफा नहीं जानैं, तौ मेरा मन कैसै मांनैं॥
जब लग त्रिकुटी संधि न जांनैं, ससिहर कै घरि सूर न आंनैं।
जब लग नाभि कवल नहीं सोधै, तौ हीरै हीरा कैसै बेधै॥

सोलह कला संपूरण छाजा, अनहद कै घरि बाजै बाजा॥
सुषमन कै घरि भया अनंदा, उलटि कवल भेटे गोब्यंदा।
मन पवन जब परचा भया, ज्यूं नाले रांखी रसमइया।
कहै कबीर घटि लेहु बिचारी, औघट घाट सींचि ले क्यारी॥ 1॥

मन का भ्रम मन ही थैं भागा।
सहज रूप हरि खेलण लागा॥ टेक॥
मैं तैं तैं मैं ये द्वै नांहीं, आपै अलख सकल घट मांहीं।
जब थैं इन मन उनमन जांनां, तब रूप न रेख तहाँ ले बांनां॥
तन मन मन तन एक समांनां, इन अनभै माहैं मन मांना॥
आतमलीन अखंडित रांमां, कहै कबीर हरि मांहिं समांनां॥ 2॥

आत्मां अनंदी जोगी।
पीवै महारस अंमृत भोगी॥ टेक॥
ब्रह्म अगनि काया परजारी, अजपा जाप उनमनीं तारी॥
त्रिकुट कोट मैं आसण मांड़ै, सहज समाधि विषै सब छांड़ै॥
त्रिवेणी बिभूति करै मन मंजन, जन कबीर प्रभु अलख निरंजन॥ 3॥

या जोगिया की जुगति जु बूझै।
रांम रमै ताकौं त्रिभुवन सूझै॥ टेक॥
प्रकट कंथा गुपत अधारी, तामैं मूरति जीवनि प्यारी।
है प्रभू नेरै खोजै दूरि, ग्यांन गुफा में सींगी पूरि॥
अमर बेलि जो छिन छिन पीवै, कहै कबीर सो जुगि जुगि जीवै॥ 4॥

सो जोगी जाकै मन मैं मुद्रा।
रात दिवस न करई निद्रा॥ टेक॥
मन मैं आसण मन मैं रहणां, मन का जप तप मन सूं कहणां॥
मन मैं खपरा मन मैं सींगी, अनहद बेन बजावै रंगी।
पंच प्रजालि भसम करि भूका, कहै कबीर सौ ल्हूसै लंका॥ 5॥

बाबा जोगी एक अकेला।
जाके तीर्थ ब्रत न मेला॥ टेक॥
झोली पत्र बिभूति न बटवा, अनहद बेन बजावै॥
मांगि न खाइ न भूखा सोवै, घर अंगना फिरि आवै॥

पांच जनां की जमाति चलावै, तास गुरू मैं चेला॥
कहै कबीर उनि देस सिधाये, बहुरि न इहि जगि मेला॥ 6॥

जोगिया तन कौ जंत्र बजाइ।
ज्यूँ तेरा आवागमन मिटाइ॥ टेक॥
तत करि तांति धरंम करि डांडी, सत की सारि लगाइ।
मन करि निहचल आसंण निहचल, रसनां रस उपजाइ॥
चित करि बटवा तुचा मेखली, भसमै भसम चढ़ाइ।
तजि पाखंड पांच करि निग्रह, खोजि परम पद राइ॥
हिरदै सींगी ग्यांन गुणि बांधौ, खोजि निरंजन साचा।
कहै कबीर निरंजन की गति, जुगति बिनां प्यंड काचा॥ 7॥

अवधू ऐसा ज्ञांन बिचारी।
ज्यूं बहुरि न ह्वै संसारी॥ टेक॥
च्यंतन सो ज चित बिन चिन्तवै, बिन मनसा मन होई।
अजपा जपत सुनि अभि अंतरि, यहु तत जांनै सोई॥
कहै कबीर स्वाद जब पाया, बंक नालि रस खाया।
अंमृत झरै ब्रह्म परकासै तब ही मिलै रांम राया॥ 8॥

गोब्यंदे तुम्हारै बन कंदलि, मेरो मन अहेरा खेलै।
बापुर बाड़ी अनंगु मृग, रचिहीं रचि मेलै॥ टेक॥
चित तरउवा पवन खेदा, सहज मूल बांधा।
ध्यांन धनक जोग करम, ग्यांन बांन सांधा॥
षट चक्र कंवल बेधा, जारि उजारा कीन्हां।
कांम क्रोध लोभ मोह, हाकि स्यावज दीन्हां॥
गगन मंडल रोकि बारा, तहाँ दिवस न राती।
कहै कबीर छांड़ि चले, बिछुरे सब साथी॥ 9॥

साधन कंचू हरि न उतारै।
अनभै ह्वै तौ अर्थ बिचारै॥ टेक॥
बांणी सुरंग सोधि करि आंणैं आणैं नौ रंग धागा।
चंद सूर एकंतरि कीया, सीवत बहु दिन लागा।
पंच पदार्थ छोड़ि समांनां, हीरै मोती जड़िया।
कोटि बरष लूं कंचू सीयां, सुर नर धधैं पड़या॥

निस बासुर जे सोवै नांहीं, ता नरि काल न खाई।
कहै कबीर गुर परसादैं सहजै रह्या समाई॥10॥

जीवत जिनि मारै मूवा मति ल्यावै।
मास बिहूंणां घरि मत आवै हो कंता॥ टेक॥
उर बिन खुर बिन चंच बिन, बपु बिहूंनां सोई।
सो स्यावज जिनि मारै कंता, जाकै रगत मांस न होई॥
पैली पार के पारधी, ताकी धुनहीं पिनच नहीं रे।
तो बेली को ढंक्यो म्रिग लौ, ता मृग कै सीस नहीं रे॥
मार्‌या मृग जीवता राख्या, य़हु गुरु ग्यांन मही रे।
कहै कबीर स्वांमी तुम्हारे मिलन की, बेली है पर पात नहीं रे॥ 11॥

धीरौ मेरे मनवां तोहि धरि टांगूं।
तैं तौ कीयौ मेरे खसम सूं खांगूं॥ टेक॥
प्रेम जेवरिया तेरे गलि बांधूं, तहाँ लै जांउं जहाँ मेरौ माधौ।
काया नगरी पैसि किया मैं बासा, हरि रस छाड़ि बिषै रसि माता॥
कहै कबीर तन मन का वोरा भाव भगति हरि सूं गठजोरा॥ 12॥

पारब्रह्म देख्या हो तत बाड़ी फूली, फल लागा बड हूली।
सदा सदाफल दाख बिजौरा कौतिगहारी भूली॥ टेक॥
द्वादस कूंवा एक बनमाली, उलटा नीर चलावै।
सहजि सुषमनां कूल भरावै, दह दिसि बाड़ी पावै॥
ल्यौ की लेज पवन का ढींकूं, मन मटका जु बनाया।
सत की पाटि सुरति का चाठा, सहजि नीर मुकलाया॥
त्रिकुटी चढ़्यौ पावटौ ढारै, अरध उरध की क्यारी।
चंद सूर दोऊ पांणति करिहैं, गुर मुखि बीज बिचारी॥
भरी छाबड़ी मन बैकुंठा, सांई सूर हिया रंगा।
कहै कबीर सुनहु रे संतो, हरि हंम एकै संगा॥ 13॥

रांम नांम रंग लागौ कुरंग न होई।
हरि रंग सौ रंग और न कोई॥ टेक॥
और सबै रंग इहि रंग थैं छूटै, हरि रंग लागा कदे न खूटै।
कहै कबीर मेरे रंग रांम राई, और पतंग रंग उड़ि जाई॥ 14॥

कबीरा प्रेम कूल ढरै, हंमारे रांम बिनां न सरै।
बांधि लै धोरा सींचि लै क्यारी ज्यूं तूं पेट भरै॥ टेक॥
काया बाड़ी मांहैं माली, टहल करै दिन राती।
कबहूं न सोवै काज सँवारै, पांणि तिहारी माती॥
सेझौ कूवो स्वाति अति सीतल, कबहूं कुबाव नहीं रे।
भाग हमारे हरि रखवाले, कोई उजाड़ नहीं रे॥
गुर बीज जमायौ किरखि निपायौ, मन को आपदा खोई।
औरै स्यावढ़ करै खारिसा, सिला करै सब कोई।
जौ घरि आया तौ सब ल्याया, सबही काज संवार्‌यौ।
कहै कबीर सुनहु रे संतौ, थकित भया मैं हार्‌यौ॥ 15॥

राजा रांम बिना तकती धो धो।
रांम बिना नर क्यूं छूटहुगे, जम करै नग धो धो धो॥ टेक॥
मुद्रा पहर्‌या जोग न होई, घूंघट काढ्या सती न कोई।
माया कै संगि हिलि मिलि आया, फोकट साटै जनम गंवाया।
कहै कबीर जिनि हरि पद चीन्हां, मलिन प्यंड थैं निरमल कीन्हा॥ 16॥

है कोई रांम नांम बतावै।
वस्तु अगोचर मोहि लखावै॥ टेक॥
रांम नांम सब बखानै, रांम नांम का मरम न जांनैं॥
ऊपर की मोहि बात न भावै, देखै गावैं तौ सुख पावै।
कहै कबीर कछू कहत न आवै, परचै बिनां मरम को पावै॥ 17॥

गोब्यंदे तूं निरंजन तूं निरंजन राया।
तेरे रूप नहीं रेख नांहीं, मुद्रा नहीं माया॥ टेक॥
समद नांहीं सिखर नांहीं, धरती नांहीं गगनां।
रबि ससि दोउ एकै नांहीं, बहता नांहीं पवनां॥
नाद नांहीं ब्यंद नांहीं काल नहीं काया।
जब तै जल ब्यंब न होते, तब तूं हीं रांम राया॥
जप नांहीं तप नांहीं जोग ध्यान नहीं पूजा।
सिव नांहीं सकती नांहीं देव नहीं दूजा॥
रुग न जुग न स्यांम अथरबन, बेदन नांहीं ब्याकरनां।
तेरी गति तूं ही जांनै, कबीरा तो सरनां॥ 18॥

रांम कै नांइ निसांन बागा, ताका मरम न जानै कोई।
भूख त्रिषा गुण वाकै नांहीं, घट घट अंतरि लोई॥ टेक॥
बेद बिबर्जित भेद बिबर्जित बिबर्जित पाप रु पुंन्यं।
ग्यांन बिबर्जित ध्यान बिबर्जित, बिबर्जित अस्थूल सुंन्यं।
भेष बिबर्जित भीख बिबर्जित, बिबर्जित ड्यंमक रूपं।
कहै कबीरा तिहूं लोक बिबर्जित, ऐसा तत्त अनूपं॥ 19॥

रांम रांम रांम रमि रहिए।
साषित सेती भूलि न कहिये॥ टेक॥
का सुनहां कौं सुमृत सुनायें, का साषित पै हरि गुन गांयें।
का कऊवा कौं कपूर खवांयें, का बिसहर कौं दूध पिलांयैं।
साषित सुनहां दोऊ भाई, वो नींदे को भौंकत जाई।
अमृत ले ले नींब सिंचाई, कहै कबीर बाकी बांनि न जाई॥20॥

अब न बसूँ इहि गांइ गुसांई।
तेरे नेवगी खरे सयांने हो रांमा॥ टेक॥
नगर एक तहाँ जीवधर महता, बसै जु पंच किसानां।
नैनूं निकट श्रवनूं रसनूं, इंद्री कह्या न मानै हो रांम॥
गांइ कुठाकुर खेत कुनेपै, काइथ खरच न पारै।
जोरि जेवरी खेति पसारै, सब मिलि मोकौं मारै हो रांम॥
खोटो महतौ बिकट बलाही, सिरकस दम का पारै।
बुरो दिवांन दादि नहिं लागै, इक बांधे इक मारै हो रांम॥
धरमराई जब लेखा मांग्या, बाकी निकसी भारी।
पांच किसानां भाजि गए हैं, जीव धर बांध्यौ पारी हो रांम॥
कहै कबीर सुनहु रे संतौ, हरि भजि बांधौ भेरा।
अबकी बेर बकसि बंदे कूं, सब खत करौ नबेरा॥ 21॥

ता भै थैं मन लागौ रांम तोही।
करौ कृपा जिनि बिसरौ मोही॥ टेक॥
जननी जठर सह्या दुख भारी। सो संक्या नहीं गई हमारी॥
दिन दिन तन छीजै जरा जनावै। केस गहे काल ब्रिदंग बजावै॥
कहै कबीर करुणांमय आगैं। तुम्हारी क्रिपा बिना यहु बिपति न भागै॥ 22॥

कब देखूं मेरे रांम सनेही।
जा बिन दुख पावै मेरी देही॥ टेक॥
हूं तेरा पंथ निहारूं स्वांमी। कबर मिलहुगे अंतरजांमी॥
जैसैं जल बिन मीन तलपै। ऐसै हरि बिन मेरा जियरा कलपै॥
निस दिन हरि बिन नींद न आवै। दरस पियासी रांम क्यूं सचु पावै।
कहै कबीर अब बिलंब न कीजै। अपनौं जांनि मोहि दरसन दीजै॥ 23॥

सो मेरा रांम कबै घरि आवै।
तो देखे मेरा जिय सुख पावै॥ टेक॥
बिरह अगिनि तन दिया जराई, बिन दरसन क्यूं होइ सराई॥
निस बासुर मन रहे उदासा, जैसै चातिग नीर पियासा॥
कहै कबीर अति आतुरताई, हमकौं बेगि मिलौ रांम राई॥ 24॥

मैं सासरे पीव गौंहनि आई।
सांई संगि साध नहीं पूगी, गयौ जोबन सुपिनां की नांई॥ टेक॥
पंच जना मिलि मंडप छायौ, तीन जनां मिलि लगन लिखाई।
सखी सहेली मंगल गावैं, सुख दुख माथै हलद चढ़ाई॥
नांना रंगै भांवरि फेरी, गांठि जोरि बाबै पति ताई।
पूरि सुहाग भयो बिन दूलह, चौक कै रंगि धर्‌यौ सगौ भाई॥
अपने पुरिष मुख कबहूं न देख्यौ, सती होत समझी समझाई।
कहै कबीर हूं सल रचि मरिहूं, तिरौं कंत ले तूर बजाई॥ 25॥

धीरैं धीरैं खाइबौ अनत न जाइबौ।
रांम रांम रांम रमि रहिबौ॥ टेक॥
पहली खाई आई माई, पीछै खैहूं सगौ जंवाई।
खाया देवर खाया जेठ, सब खाया ससुर का पेट।
खाया सब[1] पटण का लोग, कहै कबीर तब पाया जोग॥ 26॥

मन मेरौ रहटा रसन पुवरिया।
हरि कौ नांउं लै लै काति बहुरिया॥ टेक॥
चारि खूंटी दोइ चमरख लाई, सहजि रहटवा दियौ चलाई।
सासू कहै काति बहू ऐसैं, बिन कातैं निसतरिबौ कैसैं।
कहै कबीर सूत भल काता, रहटां नहीं परम पद दाता॥ 27॥

1. ख—पंच

अब की घरी मेरौ घर करसी।
साथ संगति ले मोकौं तिरसी॥ टेक॥
पहली को घाल्यौ भरमत डोल्यौ, सच कबहूं नहीं पायौ।
अब की धरनि धरी जा दिन थैं सगलौ भरम गमायौ॥[1]
पहली नारि सदा कुलवंती, सासू सुसरा मानैं।
देवर जेठ सबनि की प्यारी, पिव कौ मरम न जांनैं॥
अब की धरनि धरी जा दिन थैं, पीव सूं बांन बन्यूं रे।
कहै कबीर भाग बपुरी कौ, आइ रु रांम सुन्यूँ रे॥ 28॥

मेरी मति बौरी रांम बिसार्‌यौ। किहि बिधि रहनि रहूं हो दयाल॥
सेजैं रहूं नैंन नहीं देखौं, यह दुख कासौं कहूँ हो दयाल॥ टेक॥
सासु की दुखी ससुर की प्यारी, जेठ के तरसि डरौं रे।
नणद सहेली गरब गहेली, देवर कै बिरह जरौं हो दयाल॥
बाप सावकौ करै लराई, माया सद मतिवाली।
सगौ भइया लै सलि चढ़हूं तब ह्वै हूं पीयहि पियारी॥
सोचि बिचारि देखौं मन मांहीं, औसर आइ बन्यूं रे।
कहै कबीर सुनहुं मति सुंदरि, राजा रांम रमूं रे॥ 29॥

अवधू ऐसा ग्यांन बिचारी, ताथै भई पुरिष थैं नारी॥ टेक॥
नां हूँ परनी नां हूँ क्वारी, पूत जनौं द्यौहारी।[2]
काली मूंडि कौ एक न छोड्यौ, अजहूं अकन कुंवारी॥
बाम्हन कै बम्हनेटी कहियौ, जोगी के घरि चेली।
कलमां पढ़ि पढ़ि भई तुरकनी, अजहूं फिरौं अकेली॥
पीहरि जांऊं न सासुरै, पुरषहि अंगि न लांऊं।
कहै कबीर सुनहु रे संतौ, अंगहि अंग न छुवांऊं॥ 30॥

मीठी मीठी माया तजणीं न जाई।
अग्यांनी पुरिष कौं भोलवि भोलवि खाई॥ टेक॥
निरगुण सगुण नारी, संसारि पियारी।
लखमणि त्यागी गोरखि निवारी॥

1. गोपालदास की सर्वंगी (1627) में इसके बाद दो पंक्तियाँ और हैं—
पहल की नारी स्वादि बिभचारनि, बासण धर्‌यौ उघाड़ै।
चंचल पंच लियैं संगि डोलै, अपणौ कारिज मारै॥
2. ख—पूत जने जनि हारी।

कीड़ी कुंजर मैं रही समाई।
तीनि लोक जीत्या माया किनहूं न खाई॥
कहै कबीर पद लेहु बिचारी।
संसारि आइ माया किनहूं न कही खारी॥ 31॥

मन कै मैलौ बाहरि ऊजलौ कैसौ रे,
खांडे की धार जन कौ धरम इसौ रे॥ टेक॥
हिरदा कौ बिलाव नैन बग ध्यांनीं,
ऐसी भगति न होइ रे प्रांनी॥
कपट की भगति करै जिन कोई,
अंत की बेर बहुत दुख होई॥
छांड़ि कपट भजै रांमराई,
कहै कबीर तिहूं लोक बड़ाई॥ 32॥

चोखौ बणिज ब्यौपार करीजै।
आइनैं दिसावरि रे रांम जपि लाहौ लीजै रे॥ टेक॥
जब लग देखौं हाट पसारा।
उठि मन बणिया रे, करि ले बणज सवारा रे॥
बेगे ही तुम्ह लाद लदांनां।
औघट घाट रे चलनां दूरि पयांनां॥
खरा न खोटा नां परिखांनां।
लाहे कारनि रे सब मूल हिरांनां रे॥
सकल दुनीं मैं लोभ पियारा।
मूल ज राखै रे सोई बणिजारा रे॥
देस भला परिलोक बिरांनां।
जन दोइ चारि न रे पूछौ साध सयांनां॥
सायर तीन न वार न पारा,
कहि समझावै रे कबीर बणिजारा रे॥ 33॥

जौ मैं ग्यांन बिचार न पाया।
तौ मैं यौं ही जनम गँवाया॥ टेक॥
यह संसार हाट करि जांनूं, सबको बणिजण आया।
चेति सकै सो चेतौ रे भाई, मूरिख मूल गँवाया॥
थाके नैंन बैंन भी थाकै, थाकी सुंदर काया।

जांमण मरण ए द्वै थाके, एक न थाकी माया।
चेति चेति मेरे मन चंचल, जब लग घट मैं सासा।
भगति जाव पर भाव न जइयौ, हरि के चरन निवासा॥
जे जन जांनि जपैं जग जीवन, तिनका ग्यांन न नासा।
कहै कबीर वै कबहूं न हारैं, जांने न ढारै पासा॥ 34॥

लावौ बाबा आगि जलावौ घरा रे।
ता कारनि मन धंधै परा रे॥ टेक॥
इक डांइनि मेरे मन मैं बसै रे, नित उठि मेरे जिय को ग्रसै रे!
या डांइन्य के लरिका पांच रे, निस दिन मोहि नचावैं नाच रे।
कहै कबीर हूँ ताकौ दास, डांइनि कै संगि रहे उदास॥ 35॥

बंदे तोहि बंदिगी सौ कांम। हरि बिन जानि और हरांम।
दूरि चलणां कूच वेगा, इहां नहीं मुकांम॥ टेक॥
इहां नहीं कोई यार दोस्त, गांठि गरथ न दाम।
एक एकै संगि चलणां, बीचि नहीं बिश्रांम॥
संसार सागर बिषम तिरणां, सुमरि लै हरि नांम।
कहै कबीर तहाँ जाइ रहणां, नगर बसत निधांन॥ 36॥

झूठा लोग कहैं घर मेरा।
जा घर मांहैं बोलै डोलैं, सोई नहीं तन तेरा॥ टेक॥
बहुत बंध्या परिवार कुटुंब मैं, कोई नहीं किस केरा।
जीवित आंखि मूंदि किन देखौ, संसार धंध अंधेरा॥
बस्ती मैं थैं मारि चलाया, जंगलि किया बसेरा।
घर कौं खरच खबरि नहीं भेजी, आप न कीया फेरा॥
हस्ती घोड़ा बैल बांहणी, संग्रह किया घणेरा।
भीतरि बीबी हरम महल मैं, साल मियां का डेरा॥
बाजी को बाजीगर जांनैं, कै बाजीगर का चेरा।
चेरा कबहूं उझकि न देखै, चेरा अधिक चितेरा॥
नौ मन सूत उरझि नहीं सुरझै, जनमि जनमि उरझेरा।
कहै कबीर एक रांम भजहु रे, बहुरि न ह्वैगा फेरा॥ 37॥

हावड़ि धावड़ि जनम गंवावै।
कबहुं न रांम चरन चित लावै॥ टेक॥
जहाँ जहाँ दांम तहाँ मन धावै, अंगुरी गिनतां रैंनि बिहावै।

तृया का बदन देखि सुख पावै, साथ की संगति कबहूं न आवै॥
सरग के पंथि जात सब लोई सिर धरि पोट न पहुंच्या कोई।
कहै कबीर हरि कहा उबारे, अपणैं पाव आप जो मारै॥ 38॥

प्रांणी काहै कै लोभ लागि, रतन जनम खोयौ।
बहुरि हीरा हाथि न आवै, रांम बिना रोयौ॥ टेक॥
जल बूँद थैं ज्यनि प्यंड बांध्या, अगनि कुंड रहाया।
दस मास माता उदरि राख्या, बहुरि लागी माया॥
एक पल जीवन की आसा नांहीं, जम निहारे सासा।
बाजीगर संसार कबीरा, जांनि ढारौ पासा॥ 39॥

फिरत कत फूल्यौ फूल्यौ।
जब दस मास उधर मुखि होते, सो दिन काहै भूल्यौ॥ टेक॥
जौ झारै तौ होई भसम तन, रहत किरम दल खाई॥
कांचै कुम्भ उद्यक भरि राख्यौ, तिनकी कौन बड़ाई॥
ज्यूँ माखी मधु संचि करि, जोरि जोरि धन कीनो॥
मूये पीछै लेहु लेहु करि, प्रेत रहन क्यूं दीनो॥
ज्यूं घर नारी संग देखि करि, तब लग संग सुहेलौ॥
मरघट घाट खैंचि करि राखे, वह देखिहु हंस अकेलौ॥
रांम न रमहु मदन कहा भूले, परत अँधेरैं कूवा॥
कहै कबीर सोई आप बंधायौ, ज्यूं नलनी का सूवा॥ 40॥

जाइ रे दिनहीं दिन देहा।
करि लै बौरी रांम सनेहा॥ टेक॥
बालापन गयौ जोबन जासी, जुरा मरण भौ संकट आसी।
पलट केस नैन जल छाया, मूरिख चेति बुढ़ापा आया॥
रांम कहत लज्या क्यूं कीजै, पल पल आउ घटै तन छीजै।
लज्या कहै हूं जम की दासी, एकै हाथि मूदिगर दूजै हाथि पासी॥
कहै कबीर तिनहूं सब हार्‍या, रांम नांम जिनि मनहु बिसार्‍या॥41॥

मेरी मेरी करतां जनम गयौ।
जनम गयौ परि हरि न कह्यौ॥ टेक॥
बारह बरस बालापन खोये, बीस बरस कछू तप न कीयौ।
तीस बरस कै रांम न सुमिर्‍यौ, फिरि पछितांनौं बिरध भयौ॥

सूकै सरवर पालि बंधावै, लुणै खेत हठ बाड़ि करै॥
आयौ चोर तुरंगम ले गयौ, मोरी राखत[1] मुगध फिरै॥
सीस चरन कर कंपन लागै, नैन नीर असराल बहै।
जिभ्या बचन सुध नहीं निकसै, तब सुकृत की बात कहै॥
कहै कबीर सुनहु रे संतौ धन संच्यौ कछु संगि न गयौ।
आई तलब गोपाल राइ की, मैंड़ी मंदिर छाड़ि चल्यौ॥ 42॥

जाहि जांती नांव न लीया,
फिरि पछितावैगो रे जीया॥ टेक॥
धंधा करत चरन कर घाटे[2], आउ घटि तन खीना।
बिषै बिकार बहुत रुचि मांनी, माया मोह चित दीन्हां॥
जागि जागि नर काहे सोवै, सोइ सोइ कब जागेगा।
जब घर भीतरि चोर पड़ैंगे, अब आंचलि किसके लागैगा॥
कहै कबीर सुनहु रे संतो, करि ल्यौ जे कछु करणां।
लख चौरासी जोनि फिरौगे, बिना रांम की सरनां॥ 43॥

माया मोह मोहि हित कीन्हां।
ताथैं मेरो ग्यांन ध्यांन हरि लीन्हां॥ टेक॥
संसार ऐसा सुपिन जैसा, जीव न सुपिन समांन।
साच करि नरि गांठि बांध्यौ, छाड़ि परम निधांन॥
नैन नेह पतंग हुलसै, पसूं न पेखै आगि।
काल पासि जु मुगध बांध्या, कनंक कांमिनी लागि॥
करि विचार बिकार परहरि, तिरण तारण सोइ।
कहै कबीर रघुनाथ भजि नर, दूजा नांहीं कोइ॥ 44॥

ऐसा तेरा झूठा मीठा लागा।
ताथैं साचे सूं मन भागा॥ टेक॥
झूठे के घरि झूठा आया, झूठै खांण पकाया।
झूठी सहन क झूठा बाह्या, झूठै झूठा खाया॥
झूठा ऊठण झूठा बैठण, झूठी सबै सगाई।
झूठे के घरि झूठा राता, साचे को न पत्याई॥

---

1. ख—मौरी बांधत
2. ख—धंधा करत करत कर थाके।

कहै कबीर अलह का पुंगरा, साचे सूं मन लावौ।
झूठे केरी संगति त्यागौ, मन बंछित फल पावौ॥ 45॥

कौंण कौण गया रांम कौंण कौण न जासी,
पड़सी काया गढ़ माटी थासी॥ टेक॥
इंद्र सरीखे गए नर कोड़ी, पांचौं पांडौं सरिखी जोड़ी।
ध्रू अबिचल नहीं रहसी तारा, चंद सूर की आवसी वारा॥
कहै कबीर जब देखि संसारा, पड़सी घट रहसी निरकारा॥ 46॥

ताथैं सेविये नारांइणां।
प्रभू मेरो दीनदयाल दया करणां॥ टेक॥
जौ तुम्ह पंडित आगम जांणौं, विद्या ब्याकरणां।
तंत मंत सब ओषदि जाणौं, अंति तऊ मरणां॥
राज पाट स्यंघासण आसण, बहु सुंदर रमणां।
चंदन चीर कपूर विराजत, अंति तऊ मरणां॥
जोगी जती तपी संन्यासी, बहु तीरथ भरमणां।
लुंचित मुंडित मोनि जटाधर, अंति तऊ मरणां॥
सोचि बिचारि सबै जग देख्या, कहूं न ऊबरणां।
कहै कबीर सरणाई आयौ, मेटि जामन मरणां॥ 47॥

पांड़े न करसि बाद बिबादं।
या देही बिना सबद न स्वादं॥ टेक॥
अंड ब्रह्मंड खंड भी माटी माटी नवनिधि काया।
माटी खोजत सतगुर भेट्या, तिन कछू अलख लखाया॥
जीवत माटी मूवा भी माटी, देखौ ग्यान बिचारी।
अंति कालि माटी मैं बासा, लेटे पांव पसारी॥
माटी का चित्र पवन का थंभा, ब्यंद संजोगि उपाया।
भांनैं घड़े संवारै सोई, यहु गोब्यंद की माया।
माटी का मंदिर ग्यान की दीप पवन बाति उजियारा।
तिहि उजियारै सब जग सूझै कबीर ग्यांन बिचारा॥ 48॥

मेरी जिभ्या बिस्न नैन नारांइन, हिरदै जपौं गोबिंदा।
जम दुवार जब लेख मांग्या, तब का कहिसि मुकंदा॥ टेक॥
तूं ब्रांह्मण मैं कासी का जुलाहा, चीन्हि न मोर गियाना।

तैं सब मांगे भूपति राजा, मोरे रांम धियाना॥
पूरब जनम हम ब्रांह्मण होते, वोछै करम तप हीनां।
रांमदेव की सेवा चूका, पकरि जुलाहा कीन्हां॥
नौमी नेम दसमी करि संजम, एकादसी जागरणां।
द्वादसी दांन पुन्नि की बेलां सर्व पाप छ्यौ करणां॥
भौ बूड़त कछू उपाय करीजै, ज्यूँ बतिरि लंघै तीरा।
रांम नांम लिखि भेरा बांधौ, कहै उपदेस कबीरा॥ 49॥[1]

कहु पांडे सुचि कवन ठांउं॥
जिहि घरि भोजन बैठि खाऊं॥ टेक॥
माता जूठा पिता पुनि जूठा, जूठे फल चित लागे।
जूठा आंवन जूठा जांनां, चेतहु क्यू न अभागे॥
अन्न जूठा पांनी पुनि जूठा, जूठे बैठि पकाया।
जूठी कड़छी अन्न परोस्या, जूठे जूठा खाया॥
चौका जूठा गोबर जूठा, जूठी काढ़ी कारा।
कहै कबीर तेई जन सूचे, जे हरि भजि तजहिं बिकारा॥ 50॥

हरि बिन झूठे सब ब्यौहार, केते कोऊ करौ गंवार॥ टेक॥
झूठा जप तप झूठा ग्यांन, रांम रांम बिन झूठा ध्यांन।
बिधि नषेध पूजा आचार, सब दरिया मैं वार न पार॥
इंद्री स्वारथ मन के स्वाद, जहाँ साच तहाँ मांडै बाद।
दास कबीर रह्या ल्यौ लाइ, मर्म कर्म सब दिए बहाइ॥ 51॥

चेति न देखै रे जग धंधा।
रांम नांम का मरम न जांनैं, माया कै रसि अंधा॥ टेक॥
जनमत ही रू कहा ले आयो, मरत कहा ले जासी।
जैसे तरवर बसत पंखेरू, दिवस चारि के बासी॥

---

1. ख में इसके आगे
कहु पांडे कैसी सुचि कीजै, सुचि कीजै तौ जनम न लीजै॥
जा सुचि केरा करहु बिचारा, भिष्ट भए लीन्हा औतारा।
जा कारणि तुम्ह धरती काटी, ता मैं मूए जीव सौ साठी॥
जा कारणि तुम्ह लीन जनेऊ, थूक लगाइ कातै सब कोऊ।
एक खाल घृत केरी साखा, दूजी खाल मैले घृत राखा॥
सो घृत सब देवतनि चढ़ायौ, सोई घृत सब दुनियां भायौ।
कहै कबीर सुचि देहुं बताई, राम नाम लीजौ रे भाई॥

आपा थापि अवर कौ निंदै, जनमत ही जड़ काटी।
हरि की भगति बिना यहु देही, धवलौटे ही फाटी॥
कांम क्रोध मोह मद मछर, पर अपवाद न सुणिये।
कहैं कबीर साध की संगति, रांम नांम गुण भणिये॥ 52॥

रे जम नांहिंन वै व्यापारी।
जे भरैं जगाति तुम्हारी॥ टेक॥
बसुधा छाहम कीन्हों, लाद्यौं हरि को नांऊं।
रांम नांम की गूंनि भराऊं, हरि कै टांडे जांऊं॥
जिनकै तुम्ह अगिवानी कहियत, सो पूंजी हंम पासा।
अबै तुम्हारा कछु बल नांहीं, कहै कबीरा दासा॥ 53॥

मीयां तुम्ह सौं बोल्यां बनि नहीं आवै।
हम मसकीन खुदाई बंदे, तुम राजस मनि भावै॥ टेक॥
अलह अवलि दीन का साहिब, जोर नहीं फुरमाया।
मुरिसद पीर तुम्हारै है को, कहौ कहाँ थैं आया॥
रोजा करै निवाज गुजारै, कलमैं भिस्ति न होई।
सतरि काबे इक दिल भीतरि, जे करि जांनैं कोई॥
खसम पिछांनि तरस करि जीव मैं माल मनी करि फीकी।
आपा जांनि सांई कूं जांनै, तब ह्वै भिस्त सरीकी॥
माटी एक भेष धरि नांनां, सब मैं ब्रह्म समानां।
कहै कबीर भिस्त छिटकाई, दोजग ही मन मानां॥ 54॥

अलह ल्यौ लांयें काहे न रहिये।
अह निसि केवल रांम नांम कहिये॥ टेक॥
गुरमुखि कलमां ग्यांन मुखि छुरि, हुई हलाहल पंचूं पुरी॥
मन मसीति मैं किनहूं न जांनां, पंच पीर मालिम भगवानां॥
कहै कबीर मैं हरि गुन गाऊँ, हिंदू तुरक दोऊ समझाऊं॥ 55॥

रे दिल खोजि दिल हर खोजि, नां परि परेसांनीं मांहिं।
महल माल अजीज औरति, कोई दस्तगीरी नांहिं॥ टेक॥
पीरां मुरीदां काजियां, मुलां अरू दरबेस।
कहाँ थैं तुम्ह किनि किए, अकलि है सब नेस॥
कुरांनां कतेबां अस पढ़ि पढ़ि, फिकरिया नहीं जाइ।

टुक दम करारी जे करै, हाजिरां सुर खुदाइ॥
दरोगा बकि बकि हूंहि खुसियां, बे अकलि बकहिं पुमांहिं।
इक साच खालिक खालक म्यानैं[1], सो कछू सच सूरति मांहिं॥
अलह पाक तूं नापाक क्यूं, अब दूसर नांहीं कोइ।
कबीर करम करीम का, करनीं करै जांनै सोइ॥ 56॥

खालिक हरि कहीं दरहाल।
पंजर जसि करद दुसमन मुरद करि पैमाल॥ टेक॥
भिस्त हुसकां दोजगां दुंदर दराज दिवाल।
पहनांम परदा ईत आतस, जहर जंगम जाल।
हम रफत रहबर हुसमां, खुरदा सुमां बिसियार।
हम जिमीं असमांन खालिक, गुंद मुसिकलि कार॥
असमांन म्यानैं लहंग दरिया, तहा गुसल करदां बूद।
करि फिकर रह सालक जसम, जहाँ स तहाँ मौजूद॥
हंम चुं बूंद खालिक, गरक हम तुम पेस।
कबीर पनह खुदाइ की, रह दिगर दावानेस॥ 57॥

अलह रांम जीऊं तेरे नांई,
बंदे परि मिहर करौ मेरे सांई॥ टेक॥
क्या ले माटी भुंइ सूं मारैं, क्यां जल देह न्हवायें।
जोर करै मसकीन सतावै, गुंन ही रहै छिपायें॥
क्या उजू जप मंजन कीये, क्या मसीति सिर नांयें।
रोजा करैं निमाज गुजारैं, क्या हज काबै जायें॥
ब्राह्मण ग्यारसि करै चौबीसौं, काजी माह रमजांन।
ग्यारह मास जुदे क्यूं कीये, एकहि मांहिं समांन॥
जौ रे खुदाइ मसीति बसत है, और मुलिक किस केरा।
तीरथ मूरति रांम निवासा, दुहु मैं किनहूं न हेरा॥
पूरिब दिसा हरी का बासा, पछिम अलह मुकांमा।
दिल ही खोजि दिलै दिल भीतरि, इहां रांम रहिमांनां॥
जेती औरति मरदां कहिये, सब मैं रूप[2] तुम्हारा।
कबीर पंगुड़ा अलह रांम का, हरि गुर पीर हमारा॥ 58॥

---

1. ख में यह पंक्ति इस प्रकार—सचु साँच खलक खालिक म्यानैं, सैल सूरति मांहिं।
2. ख—नूर।

मैं बड़ मैं बड़ मैं बड़ मांटी।
मण दस नाज टका दस गांठी॥ टेक॥
मैं बाबा का जोध कहाऊं, अपणी मारी गींद चलाऊँ।
इनि अहंकार घणें घर घाले, नाचत कूदत जमपुरि चाले॥
कहै कबीर करता की बाजी, एक पलक मैं राज बिराजी॥ 59॥

काहे बीहो मेरे साथी, हूं हाथी हरि केरा।
चौरासी लख जाके मुख मैं, सो च्यंत करेगा मेरा॥ टेक॥
कहौ कौन खिबै कहौ कौन गाजै, कहा थैं पांणी निसरै।
ऐसी कला अनत है जाकै, सो हंम कौं क्यूं बिसरै॥
जिनि ब्रह्मांड रच्यौ बहु रचना, बाब बरन ससि सूरा।
पाइक पंच पुहमि जाकै प्रकटै, सो क्यूं कहिये दूरा॥
नैन नासिका जिनि हरि सिरजे, बसन बसन बिधि काया।
साधू जन कौं सो क्यूं बिसरै, ऐसा है रांम राया॥
को काहू मरम न जानैं, मैं सरनांगति तेरी।
कहै कबीर बाप रांम राया, हुरमति राखहु मेरी॥ 60॥ (261)

राग सोरठि

हरि कौ नांम न लेइ गंवारा।
का सोचे बारंबारा॥ टेक॥
पंच चोर गढ़ मंझा। गढ़ लूटै दिवस र संझा॥
जौ गढ़पति मुहकम होई। तौ लूटि न सकै कोई॥
अँधियारै दीपक चहिये। तब बस्त अगोचर लहिये॥
जब बस्त अगोचर पाई। तब दीपक रह्या समाई॥
जौ दरसन देख्या चहिये। तौ दरपन मंजत रहिये॥
जब दरपन लागै कोई। तब दरसन कीया न जाई॥
का पढ़िये का गुनिये। का बेद पुराना सुनिये॥
पढ़े गुने मति होई। मैं सहजैं पाया सोई॥
कहैं कबीर मैं जांनां। मैं जांनां मन पतियांना॥
पतियांनां जौ न पतीजै, तौ अंधे कूं का कीजै॥ 1॥

अंधे हरि बिन को तेरा।
कवन सूं कहत मेरी मेरा॥ टेक॥
तजि कुलाक्रम अभिमांनां। झूठे भरमि कहा रे भुलानां॥
झूठे तन की कहा बड़ाई। जे निमष मांहिं जरि जाई॥
जब लग मनहिं बिकारा। तब लगि नहीं छूटै संसारा॥
जब मन निरमल करि जांनां। तब निरमल मांहिं समानां॥
ब्रह्म अगनि ब्रह्म सोई। अब हरि बिन और न कोई॥
जब पाप पुंनि भ्रंम जारी। तब भयो प्रकास मुरारी।
कहैं कबीर हरि ऐसा। जहाँ जैसा तहाँ तैसा॥
भूलै भरमि परै जिनि कोई। राजा रांम करै सो होई॥ 2॥

मन रे सर्‌यौ न एकौ काजा।
ताथैं भज्यौ न जगपति राजा॥ टेक॥
बेद पुरांन सुमृत गुन पढ़ि गुनि भरम न पावा।
संझ्या गायत्री अरु षट कर्मा, तिन थैं दूरि बतावा॥
बनखंडि जाइ बहुत तप कीन्हां, कंद मूल खनि खावा।
ब्रह्म गियांनी अधिक धियांनी, जंम कै पटै लिखावा॥
रोजा किया निवाज गुजारी, बंग दे लोग सुनावा।
हिरदै कपट मिलैं क्यूं सांई, क्या हज काबै जावा॥
पहर्यौ काल सकल जग ऊपरि, मांहै लिखे सब ग्यांनी।
कहै कबीर ते भये खालसे, रांम भगति जिनि जांनी॥ 3॥

मन रे जब तैं रांम कह्यौ।
पीछै कहिबे कौ कछू न रह्यौ॥ टेक॥
का जोग जगि तप दांनां। जौ तै रांम नांम नहीं जांनां॥
कांम क्रोध दोऊ भारे। ताथैं गुरु प्रसादि सब जारे॥
कहै कबीर भ्रम नासी। राजा रांम मिले अबिनासी॥ 4॥

रांम राइ सो गति भई हमारी।
मो पै छूटत नहीं संसारी॥ टेक॥
ज्यूं पंखी उड़ि जाइ आकासां। आस रही मन मांहीं॥
छूटी न आस टूट्यौ नहीं फंधा। उड़िबौ लागौ कांहीं॥
जो सुख करत होत दुख तेई। कहत न कछू बनि आवै॥

कुंजर ज्यूं कस्तूरी का मृग। आपै आप बंधावै॥
कहै कबीर नहीं बस मेरा। सुनिये देव मुरारी॥
इन भैभीत डरौं जम दूतनि। आये सरनि तुम्हारी॥ 5॥

रांम राइ तूं ऐसा अनभूत, तेरी अनभै थैं निस्तरिये।
जे तुम्ह कृपा करौ जगजीवन तौ कतहूं न भूलि न परिये॥ टेक॥
हरि पद दुरलभ अगम अगोचर, कथिया गुर गमि बिचारा॥
जा कारंनि हम ढूंढत फिरते, आथि भर्‌यौ संसारा॥
प्रगटी जोति कपाट खोलि दिए, दगधे जम दुख द्वारा॥
प्रगटे बिस्वनाथ जगजीवन, मैं पाये करत बिचारा॥
देखियत एक अनेक भाइ है, लेखत जात अजाती।
बिह कौ देव तबि ढूंढत फिरते, मंडप पूजा पाती॥
कहै कबीर करुंणामै कीया, मेरी गलियां बहु बिस्तारा।
रांम कै नांइ परम पद पाया छूटै बिघन बिकारा॥ 6॥

रांम राइ को ऐसा बैरागी।
हरि भजि मगन रहै बिष त्यागी॥ टेक॥
ब्रह्मा एक जिनि सृष्टि उपाई, नांउं कुलाल धराया।
बहु विधि भांडै उनहीं घड़िया, प्रभु का पार न पाया॥
तरबर एक नांनां बिधि फलिया, ताकै मूल न साखा।
भौ जलि भूलि रह्यौ रे प्राणीं सो फल कदे न चाखा॥
कहै कबीर गुर बचन हेत करि, और न दुनियां आथी।
माटी का तन मांटी मिलिहै, सबद गुरू का साथी॥ 7॥

नैक निहारी हो माया बिनती करै,
दीन बचन बोले कर जोरै, फुनि फुनि पाइ परै॥ टेक॥
कनक लेहु जेता मनि भावै, कांमनि लेहु मनहरनीं।
पुत्र लेहु विद्या अधिकारी राज लेहु सब धरनीं॥
अठि सिधि लेहु तुम्ह हरि के जनां नव निधि है तुम्ह आगैं॥
सुर नर सकल भवन के भूपति, तेऊ लहै न मांगैं॥
तै पापनी सबै संघारे काकौ काज संवार्‌यौ॥
दास कबीर रांम कै सरनै छाड़ी झूठी माया।
गुर प्रसाद साध की संगति, तहाँ परम पद पाया॥ 8॥

तुम्ह घरि जाहू हंमारी बहनां
बिष लागै तुम्हारै नैनां॥ टेक॥
अंजन छाड़ि निरंजन राते नां किसहीं का दैनां।
बलि जाऊँ ताकी जिनि तुम्ह पठई एक माइ एक बहनां।
राती खंडी देख कबीरा, देखि हमारा सिंगारौ॥
सरग लोक थै हम चलि आई, करत कबीर भरतारौ॥
सर्ग लोक में क्या दुख पड़िया, तुम्ह आई कलि मांहिं।
जाति जुलाहा नांम कबीरा, अजहुं पतीजौ नांहीं॥
तहाँ जाहु जहाँ पाट पटंबर, अगर चंदन घसि लीनां।
आइ हमारै कहा करौगी, हम तौ जाति कमीनां॥
जिनि हंम साजे साजि निवाजे बांधे काचै धागै।
जे तुम्ह जतन करो बहुतेरा, पांणी आगि न लागै॥
साहिब मेरा लेखा मागै लेखा क्यू करि दीजै।
ते तुम्ह जतन करो बहुतेरा, तौ पांहण नीर न भीजै॥
जाकी मैं मछी सो मेरा मछा, सो मेरा रखवालू।
टुक एक तुम्हारै हाथ लगाऊं, तो राजा रांम रिसालू॥
जाति जुलाहा नांम कबीरा, बनि बनि फिरौं उदासी।
आसि पासि तुम्ह फिरि फिरि बैसो, एक माउ एक मासी॥ 9॥

ताकौं रे कहा कीजै भाई।
तजि अंमृत बिषै सूं ल्यौ लाई॥ टेक॥
बिष संग्रह कहा सुख पाया।
रंचक सुख कूं जनम गंवाया॥
मन बरजै चित कह्यो न करई।
सकति सनेह दीपक मैं परई॥
कहत कबीर मोहि भगति उमाहा,
कृत करणीं जाति भया जुलाहा॥10॥

रे सुख इब मोहि बिष भरि लगा
इनि सुख डहके मोटे मोटे छत्रपति राजा॥ टेक॥
उपजै बिनसै जाइ बिलाई संपति काहु के संगि न जाई॥
धन जोबन गरब्यो संसारा, बहु जन जारि बरि ह्वैहै छारा।
चरन कवल मन राखि ले धीरा, रांम रमत सुख कहै कबीरा॥ 11॥

इब न रहूँ माटी के घर मैं,
इब मैं जाइ रहूँ मिलि हरि मैं॥ टेक॥
छिनहर घर अरु झिरहर टाटी, धन गरजत कंपै मेरी छाती॥
दसवैं द्वारि लागि गई तारी, दूरि गवन आवन भयौ भारी॥
चहुँ दिसि बैठे चारि पहरिया, जागत मुसि गए मोर नगरिया॥
कहै कबीर सुनहु ले लोई, भाँनड़ घड़ण सँवारण सोई॥ 12॥

कबीर बिगर्‍या रांम दुहाई।
तुम्ह जिनि बिगरौ मेरे भाई॥ टेक॥
चंदन कै ढिग बिरष जु भैला। बिगरि बिगरि सो चंदन ह्वैला॥
पारस कौं जे लोह छुवैगा। बिगरि बिगरि सो कंचन ह्वैला॥
गंगा मैं जे नीर मिलैगा। बिगरि बिगरि गंगोदिक ह्वैला॥
कहै कबीर जे रांम कहैला। बिगरि बिगरि सो रांमहि ह्वैला॥ 13॥

रांम राइ भई बिकल मति मेरी,
कै यहु दुनी दिवानी तेरी॥ टेक॥
जे पूजा हरि नाही भावै। सो पूजनहार चढ़ावै॥
जिहि पूजा हरि भल मांनै। सो पूजनहार न जांनै॥
भाव प्रेम की पूजा। ताथै भयो देव थैं दूजा॥
का कीजै बहुत पसारा। पूजीजै पूजनहारा॥
कहै कबीर मैं गावा। मैं गावा आप लखावा॥
जो इहि पद मांहिं समांना, सो पूजनहार सयानां॥ 14॥

रांम रांम भई बिगूचनि भारी।
भले इन ग्यांनियन थैं संसारी॥ टेक॥
इक तप तीरथ औगांहैं। इक मांनि महातम चांहैं॥
इक मैं मेरी मैं बीझै। इक अहमेव मैं रीझै॥
इक कथि कथि भरम जगावैं, समिता सी बस्त न पावैं।
कहै कबीर का कीजै। हरि सूझे सो अंजन दीजै॥ 15॥

काया मंजसि कौन गुनां।
घट भीतरि है मलनां॥ टेक॥
जौ तूं हिरदै सुध मन ग्यांनी। तौ कहा बिरौले पांनी।

तूंबी अठसठि तीरथ न्हाई, कड़वापन तऊ न जाई॥
कहै कबीर बिचारी, भवसागर तारि मुरारी॥ 16॥

कैसे तूं हरि कौ दास कहायौ,
करि बहु भेष र जनम गंवायौ॥ टेक॥
सुध बुध होइ भज्यौ नहीं सांईं। काछ्यो ड्यंभ उदर कै तांई॥
हिरदै कपट हरि सूं नहीं साचौ। कहा भयो जे अनहद नाच्यौ॥
झूठे फोकट कलू मंझारा। रांम कहै ते दास नियारा॥
भगति नारदी मगन सरीरा। इहि बिधि भव तिरि कहै कबीरा॥ 17॥

रांम राइ इहि सेवा भल मांनैं,
जै कोई रांम नांम तन जांनैं॥ टेक॥
दे नर कहा पखालै काया। सो तन चीन्हि जहाँ थैं आया॥
कहा बिभूति अटा पट बांधैं। का जल पैसि हुतासन साधैं॥
ररा ममां दोई आखिर सारा। कहै कबीर तिहुं लोक पियारा॥ 18॥

इहि बिधि रांम सूं ल्यौ लाइ।
चरन पाखें निरति करि जिभ्या बिना गुंण गाइ॥ टेक॥
जहाँ स्वांति बूद न सीप साइर, सहजि मोती होइ।
उन मोतियन में नीर पोयौ, पवन अंबर धोइ॥
जहाँ धरनि बरषै गगन भीजै, चंद सूरज मेल।
दोइ मिलि तहाँ जुड़न लागे, करता हंसा केलि॥
एक बिरष भीतरि नदी चाली, कनक कलस समाइ।
पंच सुवटा आइ बैठे, उदै भई बनराइ॥
जहाँ बिछट्यो तहाँ लाग्यौ, गगन बैठी जाइ।
जन कबीर बटाऊवा जिनि, मारग लियौ चाइ॥ 19॥

ताथैं मोहि नाचवौ, न आवै,
मेरौ मन मंदला न बजावै॥ टेक॥
ऊभर था ते सूभर भरिया, त्रिष्णां गागरि फूटी।
हरि चिन्तत मेरे मंदला भीनौं, भरम भोयन गयौ छूटी॥
ब्रह्म अगनि मैं जरी जु ममिता, पाखंड अरु अभिमानां।
कांम चोलना भया पुराना, मोपैं होइ न आनां॥
जे बहु रूप कीये ते किए, अब बहु रूप न होई।

थाकी सौंज संग के बिछुरे, रांम नांम मसि धोई॥
जे थे सचल अचल ह्वै थाके, करते बाद बिबादं।
कहै कबीर मैं पूरा पाया, भय रांम परसादं॥ 20॥

अब क्या कीजै ग्यांन बिचारा,
निज निरखत गत ब्यौहारा॥ टेक॥
जाचिग दाता इक पाया। धन दिया जाइ न खाया॥
कोई ले भरि सकै न मूका। औरनि पैं जानां चूका॥
तिस बाझ न जीब्या जाई। वो मिलै त घालै खाई॥
वो जीवन भला कहाहीं। बिन मूवां जीवन नांहीं॥
घसि चंदन बनखंडि बारा। बिन नैंननि रूप निहारा॥
तिहि पूत बाप इक जाया। बिन ठाहर नगर बसाया॥
जौ जीवत ही मरि जांनै, तौ पंच सैयल सुख मानैं॥
कहै कबीर सो पाया, प्रभु भेटत आप गंवाया॥ 21॥

अब मैं पायौ राजा रांम सनेही॥
जा बिनु दुख पावै मेरी देही॥ टेक॥
वेद पुरान कहत जाकी साखी। तीरथि ब्रति न छूटै जंम की पासी॥
जाथैं जनम लहत नर आगैं। पाप पुंनि दोऊ भ्रम लागै॥
कहै कबीर सोई तत जागा। मन भया मगन प्रेम रस लागा॥ 22॥

बिरहिनी फिरै है नांम अधीरा,
उपजी बिनां कछू समझि न परई, बाँझ न जानै पीरा॥ टेक॥
या बड़ बिथा सोई भल जांनैं रांम बिरह सर मारी।
कैसो जांनैं जिनि यहु लाई, कै जिनि चोट सहारी॥
संग की बिछुरी मिलन न पावै सोच करै अरु काहै॥
जतन करै अरु जुगति बिचारै, रटै रांम कूं चाहै॥
दीन भई बूझै सखियन कौं, कोई मोही रांम मिलावै।
दास कबीर मीन ज्यूँ तलपै, मिलै भलै सचु पावै॥ 23॥

जा तनि बेद न जानैगा जन सोई,
सारा मरम न जांनैं रांम कोई॥ टेक॥
चखि बिन दिवस जिसी है संझा,
ब्यावरि पीर न जानै बंझा॥

सूझै करक न लागै कारी,
बैद बिधाता करि मोहि सारी॥
कहै कबीर यहु दुख कासनि कहिये,
अपनै तन की आप ही सहिये[1]॥ 24॥

जन की पीर हो राजा रांम भल जांनै।
कहूं काहि को मानै॥ टेक॥
नैन का दुख बैन जांनैं, बैन को दुख श्रवनां॥
प्यंड का दुख प्रांन जानैं, प्रान का दुख मरनां॥
आस का दुख प्यास जानै, प्यास का दुख नीर॥
भगति का दुख रांम जानैं, कहै दास कबीर॥ 25॥

तुम्ह बिन रांम कवन सौं कहिये,
लागी चोट बहुत दुख सहिये॥ टेक॥
बेध्यौ जीव बिरह कै भालै। राति दिवस मेरे उर सालै॥
को जानै मेरे तन की पीरा। सतगुर सबद बहि गयौ सरीरा॥
तुम्ह से बैद न हमसे रोगी। उपजी बिथा कैसैं जीवै बियोगी॥
निस बासुरि मोहि चितवत जाई। अजहूं न आइ मिले रांम राई॥
कहत कबीर हमकौं दुख भारी। बिन दरसन क्यू जीवहि मुरारी॥ 26॥

तेरा हरि नांमैं जुलाहा,
मेरे रांम रमण का लाहा॥ टेक॥
दस सै सूत्र की पुरिया पूरी, चंद सूर दोइ साखी।
अनत नांउं गिनि लई मजूरी, हिरदा कवल मैं राखी॥
सुरति सुमृति दोइ खूंटी कीन्हीं आरम्भ कीया बमेकी।
ग्यान तत की नली भराई बुनित आतमां पेखी॥
अबिनासी धंन लई मजूरी, पूरी थापनि पाई।
रस बन सोधि सोधि सब आये, निकटैं दीया बताई॥
मन सूधा कौ कूच कीयौ है, गयान बिथरनीं पाई।
जीव की गांठि गुढ़ी सब भागी, जहाँ की तहाँ ल्यौ लाई॥
बेठि बेगारि बुराई थाकी, अनभै पद परकासा।
दास कबीर बुनत सच पाया, दुख संसार सब नासा॥ 27॥

---

1. ख में—लागी चोट बहुत दुख सहिये।

भाई रे सकहु त तनि बुनि लेहु रे।
पीछै रांमहि दोस न देहु रे॥ टेक॥
करगहि एकै बिनांणी। ता भीतरि पंच परांनीं॥
तामैं एक उदासी। तिहि तणि बुणि सबै बिनासी॥
जे तूं चौसठि बरिया धावा, नहीं होइ पंच सूं मिलावा॥
जे तैं पां· सै छ सै तांणी, तौ सुख सूं रह परांणीं॥
पहली तणियां तांणां पीछैं बुणियां बांणां॥
तणि बुणि मुरतब कीन्हां, तब रांम राइ पूरा दीन्हां॥
राछ भरत भई संझा, तारूणीं त्रिया मन बंधा॥
कहै कबीर बिचारी, अब छोछी नली हंमारी॥ 28॥

वै क्यूं कासी तजैं मुरारी।
तेरी सेवा चोर भये बनवारी॥ टेक॥
जोगी जती तपी संन्यासी, मठ देवल बसि परसैं कासी॥
तीन बार जे निज प्रति न्हावैं। काया भीतरि खबरि न पावैं॥
देवल देवल फेरी देहीं, नांव निरंजन कबहुं न लेहीं॥
चरन बिरद कासी कूं न देहूं, कहै कबीर भल नरकहिं जैहूं॥ 29॥

तब काहे भूलौ बनजारे,
अब आयौ चाहै संगि हंमारे॥ टेक॥
जब हंम बनजी लौंग सुपारी। तब तुम्ह काहे बनजी खारी।
जब हम बनजी परमल कस्तूरी। तब तू काहे बनजी कूरी॥
अंमृत छाड़ि हलाहल खाया। लाभ लाभ करि करि मूल गंवाया।
कह कबीर हंम बनज्या सोई। जाथैं आवागमन न होई॥ 30॥

परम गुर देखो रिदै बिचारी।
कछू करौ सहाइ हमारी॥ टेक॥
लवा नालि तंति एक संमि करि जंत्र एक भल साज।
सति असति कछु नांहीं जानूं, जैसें बजावा तैसें बाजा॥
चोर तुम्हारा तुम्हारी आग्या, मुसियत नगर तुम्हारा।
इनके गुनह हमह का पकरौ, का अपराध हमारा॥
सेई तुम्ह सेई हम एकै कहियत, जब आपा पर नांहीं जांनां।
ज्यूं जल मैं जल पैसि न निकसै, कहै कबीर मन मांनां॥ 31॥

मन रे आइ रु कहाँ गयौ,
ताथैं मोहि बैराग भयौ॥ टेक॥
पंच तत ले काया कीन्हीं, तत कहा ले कीन्हां।
करमौं के बसि जीव कहत है, जीव करम किनि दीन्हां॥
आकास गगन पाताल गगन दसौं दिसा गगन रहाई ले।
आंनंद मूल सदा परसोतम, घट बिनसै गगन न जाई ले॥
हरि मैं तन हैं तन मैं हरि है, है पुनि नांहीं सोई।
कहै कबीर हरि नांम न छाड़ू सहजै होई सो होई॥ 32॥

हंमारै कौन सहै सिरि भारा।
सिर की सोभा सिरजनहारा॥ टेक॥
टेढ़ी पाग बड जूरा। जरि भये भसम का कूरा॥
अनहद कींगरी बाजी, तब काल द्रिष्टि भै भागी॥
कहै कबीर रांम राया, हरि कैं रंगैं मूड़ मुड़ाया॥ 33॥

कारनि कौन संवारै देहा।
यहु तनि जरि बरि ह्वैहै खेहा॥ टेक॥
चोवा चंदन चरचत अंगा। सो तन जरत काठ के संगा॥
बहुत जतन करि देह मुट्याई। अगनि दहै कै जंबुक खाई॥
जा सिरि रचि रचि बांधत पागा। ता सिर चंच संवारत कागा॥
कहि कबीर सब झूठा भाई, केवल रांम रह्यो ल्यौ लाई॥34॥

धन धंधा ब्यौहार सब, माया मिथ्याबाद।
पांणीं नीर हलूर ज्यूं, हरि नांव बिना अपवाद॥ टेक॥
इक रांम नांम निज साचा। चित चेति चतुर घट काचा॥
इस भरमि न भूलसि भोली। विधना की गति है ओली॥
जीवते कूं मारन धावै। मरते कौं बेगि जिलावै॥
जाकै हुंहि जम से बैरी। सो क्यूं सोवै नींद घनेरी॥
जिहि जागत नींद उपावै। तिहिं सोवत क्यूं न जगावै॥
जलजंतु न देखिसि पांनीं। सब दीसै झूठ निदांनी॥
तन देवल ज्यूं धज आछै। पड़िया पछितावै पाछै॥
जीवत ही कछू कीजै। हरि रांम रसाइन पीजै॥
रांम नांम निज सार है, माया लागि न खोइ॥
अंति कालि सिरि पोटली, ले जात न देख्या कोइ॥

कोई ले जात न देख्या। बलि बिक्रम भोज ग्रष्टा॥
काहू के संगि न राखी। दीसै बीसल की साखी॥
जब हंस पवन ल्यौ खेलै। पसर्‍या हाटिक जब मेलै॥
मानिष जनम अवतारा। नां ह्वैहे बारंबारा॥
कबहूं ह्वै किसा बिहांनां। तर पंखी जेम उड़ांनां॥
सब आप आप कूं जाई। को काहू मिलै न भाई॥
मूरखि मनिखा जनम गंवाया, बर कौडी ज्यूं डहकाया॥
जिहि तन धन जगत भुलाया, जग राख्यो परहरि माया॥
जल अंजुरी जीवन जैसा, ताका है किसा भरोसा।
कहै कबीर जग धंधा, काहे न चेतहु अंधा॥ 35॥

रे चित चेति च्यंति लै ताही।
जा च्यंतत आपा पर नांहीं॥ टेक॥
हरि हिरदै एक ग्यांन उपाया। ताथैं छूटि गई सब माया॥
जहाँ नांद न ब्यंद दिवस नहीं राती। नहीं नर नारि नहीं कुल जाती॥
कहै कबीर सरब सुख दाता। अवगति अलख अभेद बिधाता॥ 36॥

सरवर तटि हंसिणी तिसाई।
जुगति बिनां हरि जल पिया न जाई॥ टेक॥
पीया चाहे तौ लै खग सारी। उड़ि न सकै दोऊ पर भारी॥
कुम्भ लीयै ठाढ़ी पनिहारी। गुण बिन नीर भरै कैसे नारी॥
कहै कबीर गुर एक बुधि बताई। सहज सुभाइ मिलै रांम राई॥ 37॥

भरथरी भूप भया बैरागी।
बिरह बियोग बनि बनि ढूंढै, वाकी सूरति साहिब सौं लागी॥ टेक॥
हसती घोड़ा गांव गढ़ गूडर, सहर कनड़ापा इक आगी।
जोगी हूवा जांणि जग जाता, सहर उजीणी त्यागी॥
छत्र सिंघासण चवर ढुलंता, राग रंग बहु आगी॥
सेज रमैणी रंभा होती, तासौं प्रीत न लागी॥
सूर बीर गाढ़ा पग रोप्या, इह बिधि माया त्यागी॥
सब सुख छाड़ि भज्या इक साहिब, गुरु गोरख ल्यौ लागी॥
मनसा बाचा हरि हरि भाखै, ग्रंध्रप सुत बड़ भागी।
कहै कबीर कुदर भजि करता, अमर भणे अणरागी॥ 38॥[1] ॥ 299॥

1. यह पद ख प्रति में नहीं है।

राग केदारौ

सार सुख पाइये रे।
रंगि रमहु आतमां रांम॥ टेक॥
बनह बसे का कीजिये, जे मन नहीं तजै बिकार।
घर बन तत समि जिनि कीया ते बिरला संसार॥
का जटा भसम लेपन कियैं, कहा गुफा मैं बास।
मन जीत्यां जग जीतिये, जौ बिषिया रहै उदास॥
सहज भाइ जे ऊपजै, ताका किसा मांन अभिमांन।
आपा पर समि चीनियैं, तब मिलै आतमां रांम॥
कहै कबीर कृपा भई, गुरि ग्यांन कह्या समझाइ।
हिरदै श्री हरि भेटियै, जे मन अनतै नही जाइ॥ 1॥

है हरि भजन कौ परबांन।
नींच पावैं ऊंच पदवी, बाजते नीसांन॥ टेक॥
भजन कौ प्रताप ऐसो, तिरे जल पाषांन।
अधम भील अजाति गनिका, चढ़े जात बिवांन॥
नव लख तारा चलैं मंडल, चलैं ससिहर भांन।
दास धू कौं अटल पदवी, रांम कैं दीवांन॥
निगम जाकी साखि बोलैं, कहै संत सुजांन।
जन कबीर तेरी सरनि आयौ, राखि लेहु भगवांन॥ 2॥

चलो सखी जाइये तहाँ।
जहाँ गयैं पाइयै परमांनंद॥ टेक॥
यहु मन आमन दूमनां, मेरो तन छीजै नित जाइ।
च्यंतामणि चित चोरियौ, ताथैं कछू न सुहाइ॥
सुनि लखी सुपनै की गति ऐसी, हरि आए हम पास।
सोवत ही जगाइया, जागत भये उदास॥
चलु सखी बिलम न कीजिये, जब लग सांस सरीर।
मिलि रहिये जगनाथ सूं, यूं कहै दास कबीर॥ 3॥

मेरे तन मन लागी चोट सठौरी।
बिसरे ग्यांन बुधि सब नाठी, भई बिकल मति बौरी॥ टेक॥
देह बिदेह गलित गुन तीनूं, चलत अचल भई ठौरी।
इत उत चित कित द्वादस चितवत, यहु भई गुपत ठगौरी॥

सोई पै जांनै पीर हमारी, जिहि सरीर यहु ब्यौरी।
जन कबीर ठग ठग्यौ है बापुरौ, सुंनि संमानी त्यौरी॥ 4॥

मेरी अंखियां जानि सुजांन भई।
देवर भरम ससुर संग तजि करि, हरि पीव तहाँ गई॥ टेक॥
बालपनै के करम हमारे, काटे जांनि दई।
बांह पकरि करि कृपा कीन्हीं, आप समीप लई॥
पांनी की बूंद थैं जिनि प्यंड साज्या, ता संगि अधिक करई।
दास कबीर पल प्रेम न घटई, दिन दिन प्रीति नई॥ 5॥

हो बलियां कब देखोंगी तोहि।
अहिनिस आतुर दरसंन कारनि, ऐसी ब्यापै मोहि॥ टेक॥
नैन हमारे तुम्ह कूं चांहैं, रती न मांनै हारि॥
बिरह अगनि तन अधिक जरावै, ऐसी लेहु बिचारि॥
सुनहुं हमारी दादि गुसांई, अब जिन करहुं बधीर॥
तुम्ह धीरज मैं आतुर स्वामी, काचै भांडै नीर॥
बहुत दिनन के बिछुरै माधौ, मन नहीं बांधै धीर॥
देह छतां तुम्ह मिलहु कृपा करि, आरतिवंत कबीर॥ 6॥

वे दिन कब आवैंगे माइ।
जा कारनि हम देह धरी है, मिलिबौ अंगि लगाइ॥ टेक॥
हौं जांनूं जे हिल मिलि खेलूं, तन मन प्रांन समाइ।
या कांमनां करौ परपूरन, समरथ हौ रांम राइ॥
मांहिं उदासी माधौ चाहे, चितवन रैनि बिहाइ।
सेज हमारी स्यंघ भई है, जब सोऊं तब खाइ।
यह अरदास दास की सुनिये, तन की तपति बुझाइ॥
कहै कबीर मिलै जे सांई, मिलि करि मंगल गाइ॥ 7॥

बाल्हा आव हमारे गेह रे।
तुम्ह बिन दुखिया देह रे॥ टेक॥
सब को कहै तुम्हारी नारी, मोकौं इहै अंदेह रे।
एकमेक ह्वै सेज न सोवैं, तब लग कैसा नेह रे॥
आंन न भावै नींद न आवै, ग्रिह बन धरै न धीर रे।
ज्यूं कांमी कौं कांम पियारा, ज्यूं प्यासे कूं नीर रे॥

है कोई ऐसा परउपगारी, हरि सूं कहै सुनाइ रे॥
ऐसे हाल कबीर भये हैं, बिन देखे जीव जाइ रे॥ 8॥

माधौ कब करिहौ दाया।
कांम क्रोध अहंकार ब्यापै, नां छूटे माया॥ टेक॥
उतपति ब्यंद भयौ जा दिन थैं, कबहूं सच नहीं पायौ।
पंच चोर संगि लाइ दीये हैं, इन संगि जनम गंवायौ।
तन मन डस्यौ भुजंग भांमिनी, लहरी वार न पारा।[1]
सो गारडू मिल्यो नहीं कबहूं, पसर्‌यौ बिष बिकराला।
कहै कबीर यहु कासूं कहिये, यह दुख कोई न जानै।
देहु दीदार बिकार दूरि करि, तब मेरा मन मांनै॥ 9॥

मैं जन भूलौ तूं समझाइ।
चित चंचल रहै न अटक्यौ, बिषै बन कूं जाइ॥ टेक॥
संसार सागर मांहिं भूल्यौ, थक्यौ करत उपाइ।
मोहणी माया बाघनी थैं, राखि लै रांम राइ।
गोपाल सुनि एक बीनती, सुमति तन ठहराइ।
कहै कबीर यहु कांम रिप है, मारै सब कूं ढाइ॥ 10॥

भगति बिन भौजलि डूबत है रे।
बोहिथ छाड़ि बैसि करि डूंडै, बहुतक दुख सहै रे॥ टेक॥
बार बार जम पै डहकावै, हरि को ह्वै न रहै रे।
चोरी के बालक की नांई, कासूं बाप कहै रे॥
नलिनी के सुवटा की नांई, जग सूं राचि रहै रे।
बंसा अपनि बंस कुल निकसै, आपहिं आप दहै रे॥
खेवट बिनां कवन भौ तारै, कैसें पार गहै रे।
दास कबीर कहै समझावै, हरि की कथा जीवै रे॥
रांम कौ नांव अधिक रस मीठौ, बारंबार पीवै रे॥ 11॥

चलत कत टेढौ टेढ़ौ रे।
नऊं दुवार नरक धरि मूंदे, तू दुरगंधि को बेढ़ौ रे॥
जे जार्‌यौ तौ होई भसम तन, रहें किरम जल खाई॥
सूकर स्वांन काग कौ भखिन, तामैं कहाँ भलाई॥

1. ख में लहरी अंत न पारा।

फूटे नैन हिरदै नांहीं सूझै, मति एकै नहीं जांनीं॥
माया मोह ममिता सूं बांध्यो, बूडि मूवो बिन पांनी॥
बारू के घरवा मैं बैठो, चेतन नहीं अयांनां।
कहै कबीर एक रांम भगति बिन, बूड़े बहुत सयाना॥ 12॥

अरे परदेसी पीव पिछांनि।
कहा भयौ तोकौं समझि न परई, लागी कैसी बांनि॥ टेक॥
भोमि बिड़ाणी मैं कहा रातौ, कहा कीयो कहि मोहि।
लाहै कारनि मूल गमावै, समझावत हूं तोहि॥
निस दिन तोहि क्यूं नींद परत है, चितवत नांहीं तोहि॥
जम से बैरी सिर परि ठाढे, परहथि कहाँ बिकाइ।
झूठे परपंच मैं कहा लागौ, ऊठै नांहीं चालि॥
कहै कबीर कछू बिलम न कीजै, कौन देखी काल्हि॥13॥

भयौ रे मन पांहुनड़ौ दिन चारि।
आजिक काल्हिक मांहिं चलैगो, ले किन हाथ संवारि॥ टेक॥
सौंज पराई जिनि अपणावै, ऐसी सुणि किन लेह।
यहु संसार इसौ रे प्रांणी, जैसी धूंवरि मेह।
तन धन जीवन अंजुरी कौ पांनीं, जात न लागै बार।
सैंवल के फूलन परि फूल्यो, गरब्यो कहा गवार॥
खोटी खाटै खरा न लीया, कछू न जांनीं साटि।
कहै कबीर कछू बनिज न कीयौ, आयौ थौ इहि हाटि॥ 14॥

मन रे रांम नांमहि जांनि।
थरहरी थूंनी पर्यौ मंदिर सूतौ खूंटी तानि॥ टेक॥
सैन तेरी कोई न समझै, जीभ पकरी आंनि।
पांच गज दोवटी मांगी, चूंन लीयो सांनि॥
बैसंदर खोखरी हांडी, चल्यौ लादि पलांनि।
भाई बंध बौलाइ बहु रे, काज कीनौं आंनि॥
कहै कबीर या मैं झूठ नांहीं, छांड़ि जीय की बांनि।
रांम नांम निसंक भजि रे, न करि कुल की कांनि॥ 15॥

प्रांणीं लाल औसर चल्यो रे बजाइ।
मुठी एक मटिया मुठी एक कठिया, संग काहू कै न जाइ॥ टेक॥

देहली लग तेरी मिहुरी सगी रे, फलसा लग सगी माइ।
मड़हट लूं सब लोग कुटुंबी, हंस अकेलौ जाइ।
कहाँ वे लोग कहाँ पुर पाटण, बहुरि न मिलबौ आइ।
कहै कबीर जगनाथ भजहु रे, जन्म अकारथ जाइ॥ 16॥

रांम गति पार न पावै कोई।
च्यंतामणि प्रभु निकटि छाडि करि, भ्रंमि भ्रंमि मति बुधि खोई॥ टेक॥
तीरथ बरत जपै तप करि करि, बहुत भांति हरि सोधै।
सकति सुहाग कहौ क्यूं पावे, अछता कंत बिरोधै॥
नारी पुरिष बसैं इक संगा, दिन दिन जाइ अबोलै।
तजि अभिमान मिलै नहीं पीव कूं, ढूंढ़त बन बन डोलै॥
कहै कबीर हरि अकथ कथा है, बिरला कोई जानै।
प्रेम प्रीति बेधी अंतर गति, कहूं काहि को मानै॥ 17॥

रांम बिनां संसार धुंध कुहेरा,
सिरि प्रगट्या जम का पेरा॥ टेक॥
देव पूजि पूजि हिंदू मूये, तुरुक मूये हज जाई।
जटा बांधि बांधि जोगी मूये, इनमैं किनहूं न पाई॥
कवि कवीनैं कविता मूये, कापड़ी केदारौ जाई।
केस लूंचि लूंचि मूये बरतिया, इनमैं किनहूं न पाई॥
धन संचते राजा मूये, अरु ले कंचन भारी।
बेद पढ़ि पढ़ि पंडित मूये, रूप भूले मूई नारी।
जे नर जोग जुगति करि जांनैं, खोजैं आप सरीरा।
तिनकूं मुकति का संसा नांहीं, कहत जुलाह कबीरा॥ 18॥

कहूं रे जे कहिबे की होइ।
नां को जानै नां को मानै ताथैं अचिरज मोहि॥ टेक॥
अपने अपने रंग के राजा, मांनत नांहीं कोइ।
अति अभिमान लोभ के घाले, चले अपनपौ खोइ॥
मैं मेरी करि यहु तन खोयो, समझत नहीं गंवार।
भौजलि अधफर थाकि रहे हैं, बूड़े बहुत अपार॥
मोहि आग्या दई दयाल दया करि, काहू कूं समझाइ।
कहै कबीर मैं कहि हार्यौ, अब मोहिं दोस न लाइ॥ 19॥

एक कोस बन मिलांननि मेला।
बहुतक भांति करै फुरमाइस, है असवार अकेला॥ टेक॥
जोरत कटक जु घेरत सब गढ़, करतब झेली झेला।
जोरि कटक गढ़ तोरि पातसाह, खेलि चल्यौ एक खेला॥
कूंच मुकांम जोग के घर मैं, कछू एक दिवस खटांनां।
आसन राखि बिभूति साखि दे, फुनि ले माटी उड़ांनां॥
या जोगी की जुगति जू जांनै, सो सतगुर का चेला।
कहै कबीर उन गुर की कृपा थैं, तिनि सब भरम पछेला॥ 20॥ (319)

राग मारू

मन रे रांम सुमिरि रांम सुमिरि रांम सुमिरि भाई।
रांम नांम सुमिरन बिनै, बूड़त है अधिकाई॥ टेक॥
दारा सुत गेह नेह, संपति अधिकाई॥
यामैं कछु नांहिं तेरौ, काल अवधि आई॥
अजामेल गज गनिका, पतित करम कीन्हां॥
तेऊ उतरि पारि गए, रांम नांम लीन्हां॥
स्वांन सूकर काग कीन्हौ, तऊ लाज न आई॥
रांम नांम अमृत छाड़ि, काहे बिष खाई।
तजि भरम करम बिधि नखेद, रांम नांम लेही॥
जन कबीर गुर प्रसादि, रांम करि सनेही॥ 1॥

रांम नांम हिरदै धरि, निरमोलिक हीरा।
सोभा तिहूं लोक, तिमर जाय त्रिविध पीरा॥ टेक॥
त्रिसनां नै लोभ लहरि, कांम क्रोध नीरा।
मद मछर कछ मछ हरषि सोक तीरा॥
कांमनी अरु कनक भवर, बोये बहु बीरा॥
जब कबीर नवका हरि, खेवट गुरु कीरा॥ 2॥

चलि मेरी सखी हो, वोलगन रांम राया।
जब तब काल बिनासैलो काया॥ टेक॥
जब लग लोभ मोह की दासी, तीरथ ब्रत न छूटै जंम की पासी।
आवैंगे जंम के घालैंगे बांटी, यहु तन जरि बरि होइगौ माटी।
कहै कबीर जे जन हरि रंगि राता, पायौ राजा रांम परम पद दाता॥ 3॥ (322)

राग टोड़ी

तू पाक परमानंदे।
पीर पैकंबर पनह तुम्हारी, मैं गरीब क्या गंदे॥ टेक॥
तुम्ह दरिया सबही दिल भीतरि, परमांनंद पियारे।
नैक नजरि हम ऊपरि नांहिं, क्या कमिबखत हमारे॥
हिकमति करैं हलाल बिचारैं, आप कहावैं मोटे।
चाकरी चोर निवाले हाजिर, सांई सेती खोटे॥
दांइम दूवा करद बजावै, मैं क्या करूं भिखारी।
कहै कबीर मैं बंदा तेरा, खालिक पनह तुम्हारी॥ 1॥

अब हम जगत गौंहन तैं भागे,
जग की देखि गति रांमहि ढुरि लागे॥ टेक॥
अयांनपनै थैं बहु बौराने, समझि परी तब फिरि पछितानैं।
लोग कहौ जाकै जो मनि भावे, लहै भुवंगम कौन डसावै॥
कबीर बिचारि इहै डर डरियै, कहै का हो इहां नैं मरिये॥ 2॥ (324)

राग भैरूँ

ऐसा ध्यान धरौ नरहरी
सबद अनाहद च्यंतन करी॥ टेक॥
पहली खोजौ पंचे बाइ। बाइ ब्यंद ले गगन समाइ॥
गगन जोति तहाँ त्रिकुटी संधि। रबि ससि पवनां मेलौ बंधि॥
मन थिर होइ न कवल प्रकास। कवला मांहिं निरंजन बास।
सतगुरु संपट खोलि दिखावै। निगुरा होइ तो कहा बतावै।
सहज लछिन ले तजो उपाधि। आसण दिढ निद्रा पुनि साधि॥
पुहुप पत्र जहाँ हीरा मणीं। कहै कबीर तहाँ त्रिभुवन धणीं॥ 1॥

इहि बिधि सेविये श्री नरहरी,
मन की दुबिध्या मन परहरी॥ टेक॥
जहाँ नहीं तहाँ कछू जांणि। जहाँ नहीं तहाँ लेहु पछांणि॥
नांहीं देखि न जइये भागि। जहाँ नहीं तहाँ रहिये लागि॥
मन मंजन करि दसवैं द्वारि। गंगा जमुना संधि बिचारि॥

नादहि ब्यंद कि ब्यंदहि नांद, नादहि ब्यंद मिलै गोब्यंद।
देवी न देवा पूजा नहीं जाप। भाइ न बंध माइ नहीं बाप॥
गुणातीत जस निरगुन आप। भ्रम जेवड़ी जन कीयौ साप॥
तन नांहीं कब जब मन नांहीं। मन परतीति ब्रह्म मन मांहीं।
परहरि बकुला ग्रहि गुन डार। निरखि देखि निधि वार न पार॥
कहै कबीर गुर परम गियांन। सुनि मंडल मैं धरो धियांन॥
प्यंड परे जीव जेहैं जहाँ। जीवत ही ले राखौ तहाँ॥ 2॥

अलह अलख निरंजन देव।
किहि बिधि करौं तुम्हारी सेव॥ टेक॥
विश्न सोई जाको विस्तार। सोई कृस्न जिनि कीयौ संसार।
गोब्यंद ते ब्रह्मंडहि गहै। सोई रांम जे जुगि जुगि रहै॥
अलह सोई जिनि उमति उपाई। दस दर खोलै सोई खुदाई।
लख चौरासी रब परवरै। सोई करीम जे एती करै॥
गोरख सोई ग्यांन गमि गहै। महादेव सोई.मन की लहै॥
सिध सोई जो साधै इत्ती। नाथ सोई जो त्रिभवन जती।
सिध साधू पैकंबर हूवा। जपै सू एक भेष है जूवा।
अपरंपार का नांउं अनंत। कहै कबीर सोई भगवंत॥ 3॥

तहाँ जौ रांम नांम ल्यौ लागै।
तौ जरा मरण छूटै भ्रम भागै॥ टेक॥
अगम निगम गढ़ रचि ले अवास। तहुवां जोति करै परकास।
चमकै बिजुरी तार अनंत। तहाँ प्रभु बैठे कवलाकंत॥
अखंड मंडल मंडित मंड। त्रि स्नांन करै त्रीखंड॥
अगम अगोचर अभिअंतरा। ताकौ पार न पावै धरणीधरा।
अरध उरध बिचि लाइले अकास। तहुंवा जोति करै परकास॥
टार्‌यौ टरै न आवै जाइ। सहज सुंनि मैं रह्यौ समाइ॥
अबरन बरन स्यांम नहीं पीत। हाहू जाइ न गावै गीत॥
अनहद सबद उठे झणकार। तहाँ प्रभु बैठे समरथ सार॥
कदली पुहुप दीप परकास। रिदा पंकज मैं लीया निवास॥
द्वादस दल अभिअंतरि म्यंत। तहाँ प्रभु पाइसि करि लै च्यंत॥
अमलिन मलिन घांम नहीं छांहां। दिवस न राति नहीं है तांहाँ॥
तहाँ न ऊगै सूर न चंद। आदि निरंजन करै अनंद॥
ब्रह्मंडे सो प्यंडे जांनि। मानसरोवर करि असनांन॥

सोहं हंसा ताकौ जाप। ताहि न लिपै पुन्य न पाप॥
काया मांहै जांनै सोई। जो बोलै सो आपै होई॥
जोति मांहिं जे मन थिर करै। कहै कबीर सो प्रांणी तिरै॥ 4॥

एक अचंभा ऐसा भया,
करणीं थैं कारण मिटि गया॥ टेक॥
करणी किया करम का नास। पावक मांहिं पुहुप प्रकास॥
पुहुप मांहिं पावक प्रजरै। पाप पुंन दोउ भ्रम टरै॥
प्रगटी बास बासना धोइ। कुल प्रगटयौ कुल घाल्यौ खोइ॥
उपजी च्यंत च्यंत मिटि गई। भौ भ्रम भागा ऐसी भई।
उलटी गंग मेर कूं चली। धरती उलटि अकासहि मिली॥
दास कबीर तत ऐसा कहै। ससिहर उलटि राह कौं गहै॥ 5॥

है हजूरि क्या दूर बतावै,
दुंदर बांधै सुंदर पावै॥ टेक॥
सो मुलनां जो मनसूं लरै। अह निसि कालचक्र सूं भिरै।
कालपुरख का मरदै मांन। तां मुलनां कूं सदा सलांम॥
काजी सो जो काया बिचारै। अहनिसि ब्रह्म अगनि प्रजारै।
सुपिनै बिंद न देई झरनां। ता काजी कूं जुरा न मरणां॥
सो सुलितांन जु द्वै सुत तांनै। बाहरि जाता भीतरि आनै।
गगन मंडल मैं लसकर करै। सो सुलितान छत्र सिरि धरै॥
जोगी गोरख गोरख करै। हिंदू रांम नांम उच्चरै॥
मुसलमान कहै एक खुदाइ। कबीरा को स्वांमी घटि घटि रह्यौ समाइ॥ 6॥

आऊँगा न जाऊँगा, न मरूंगा न जीऊंगा।
गुर के सबद मैं रमि रमि रहूंगा॥ टेक॥
आप कटोरा आपै थारी। आपै पुरिखा आपै नारी।
आप सदाफल आपै नींबू। आपै मुसलमान आपै हिंदू॥
आपै मछ कछ आपै जाल। आपै झींवर आपै काल।
कहै कबीर हम नांहीं रे नांहीं। नां हम जीवत न मूवले मांहीं॥ 7॥

हंम सब मांहिं सकल हंम मांहीं,
हम थैं और दूसरा नांहीं॥ टेक॥
तीनि लोक मैं हमारा पसारा। आवागमन सब खेल हमारा।

षट दरसन कहियत हम भेखा। हमहीं अतीत रूप नहीं रेखा।
हमहीं आप कबीर कहावा। हमहीं अपनां आप लखावा॥ 8॥

सो धंन मेरे हरि का नांउं।
गांठि न बांधौं बेचि न खांउं॥ टेक॥
नांउं मेरे खेती नांउं मेरे बारी। भगति करों मैं सरनि तुम्हारी।
नांउं मेरे सेव नांउं मेरे पूजा। तुम्ह बिन और न जानौं दूजा॥
नांउं मेरे बंधव नांउं मेरे भाई। अंत कि बेरियां नांउं सहाई।
नांउं मेरे निरधन ज्यूं निधि पाई। कहै कबीर जैसे रंक मिठाई॥ 9॥

अब हरि अपनो करि लीनौं।
प्रेम भगति मेरौ मन भीनौं॥ टेक॥
जरै सरीर अंग नहीं मोरौं। प्रान जाइ तो नेह तोरौं।
च्यंतामणि क्यू पाइए तोली। मन दे रांम लीयौ निरमोली॥
ब्रह्मा खोजत जनम गंवायौ। सोई रांम घट भीतरि पायो।
कहै कबीर छूटी सब आसा। मिल्यो रांम उपज्यौ बिसवासा॥10॥

लोग कहै गोबरधनधारी।
ताकौ मोहि अचंभौ भारी॥ टेक॥
अष्ट कुली परबत जाके पग की रैनां। सातौं सायर अंजन नैना॥
ए उपमां हरि किती एक ओपै। अनेक मेर नख ऊपारि रोपै॥
धरनि अकास अधर जिनि राखी। ताकी मुगधा कहै न साखी।
सिव बिरंचि नारद जस गावैं। कहै कबीर ताको पार न पावैं॥ 11॥

रांम निरंजन न्यारा रे।
अंजन सकल पसारा रे॥ टेक॥
अंजन उतपति वो उंकार। अंजन मांड्या सब बिस्तार।
अंजन ब्रह्मा शंकर इंद। अंजन गोपी संगि गोब्यंद॥
अंजन बाणी अंजन बेद। अंजन कीया नांनां भेद।
अंजन विद्या पाठ पुरांन। अंजन फोकट कथहिं गियांन॥
अंजन पाती अंजन देव। अंजन की करै अंजन सेव॥
अंजन नाचै अंजन गावै। अंजन भेष अनंत दिखावै।

अंजन कहौ कहाँ लग केता। दांन पुनि तप तीरथ जेता॥
कहै कबीर कोई बिरला जागै। अंजन छाड़ि निरंजन लागै॥12॥

अंजन अलप निरंजन सार।
इहै चीन्हि नर करहुं बिचार॥ टेक॥
अंजन उतपति बरतनि लोई। बिना निरंजन मुकति न होई।
अंजन आवै अंजन जाइ। निरंजन सब घट रह्यौ समाइ।
जोग ग्यांन तप सबै बिकार। कहै कबीर मेरे रांम अधार॥ 13॥

एक निरंजन अलह मेरा।
हींदू तुरक दहूं नहीं नेरा॥ टेक॥
राखूं ब्रत न माह रमजांन। तिसही सुमिरौं जो रहै निदांन।
पूजा करूं न निमाज गुजारौं। एक निराकार हिरदै नमसकारौं॥
नां हज जांउं न तीरथ पूजा। एक पिछांणा तौ का दूजा।
कहै कबीर भरम सब भागा। एक निरंजन सूं मन लागा॥ 14॥

तहाँ मुझ गरीब की को गुदरावै।
मजलिस दूरि महल को पावै॥ टेक॥
सत्तरि सहस सलार है जाकै। असी लाख पैकंबर ताकै।
सेख जु कहिये सहस अठ्यासी। छपन कोड़ि खेलिबे खासी।
कोड़ि तैतीसूं अरु खिलखांनां। चौरासी लख फिरै दिवांनां॥
बाबा आदम पै नजरि दिलाई। नबी भिस्त घनेरी पाई।
तुम्ह साहिब हम कहा भिखारी। देत जबाब होत बजगारी॥
जन कबीर तेरी पनह समांनां। भिस्त नजीक राखि रहिमांनां॥15॥

जौ जाचौं तो केवल रांम।
आंन देव सूं नांहीं कांम॥ टेक॥
जाकै सूरिज कोटि करै परकास। कोटि महादेव गिरि कबिलास।
ब्रह्मा कोटि बेद ऊचरैं। दुर्गा कोटि जाकै मरदन करैं॥
कोटि चंद्रमां गहै चिराक। सुर तेतीसूं जीमैं पाक॥
नौग्रह कोटि ठाढे दरबार। धरमराइ पौली प्रतिहार॥
कोटि कुबेर जाकै भरैं भंडार। लछमीं कोटि करैं सिंगार।
कोटि पाप पुंनि ब्यौहरैं। इंद्र कोटि जाकी सेवा करैं॥

जगि कोटि जाकै दरबार। गंध्रप कोटि करै जैकार॥
विद्या कोटि सबै गुण कहैं। पारब्रह्म कौ पार न लहैं॥
बासिग कोटि सेज बिसतरैं। पवन कोटि चौबारे फिरै॥
कोटि समुद्र जाकै पणिहारा। रोमावली अठारहु भारा॥
असंखि कोटि जाकै जंमावली। रावण सेन्या जाथैं चली॥
सहसबांह के हरे परांण। जरजोधन घाल्यौ खैमांन॥
बावन कोटि जाके कुटवाल। नगरी नगरी खेत्रपाल॥
लट छूटी खेलैं बिकराल। अनंत कला नटवर गोपाल।
कंद्रप कोटि जाकै लांवन करैं। घट घट भीतरि मनसा हरैं।
दास कबीर भजि सारंगपांनि। देह अभै पद मांगौ दान॥ 16॥

मन न डिगै ताथैं तन न डराइ।
केवल रांम रहे ल्यौ लाइ॥ टेक॥
अति अथाह जल गहर गंभीर। बांधि जंजीर जलि बोरे हैं कबीर॥
जल की तरंग उठि कटि हैं जंजीर। हरि सुमिरन तट बैठे हैं कबीर॥
कहै कबीर मेरे संग न साथ। जल थल मैं राखै जगनाथ॥ 17॥

भलैं नीदौ भलैं नींदै भलैं नींदौ लोग।
तन मन रांम पियारे जोग॥ टेक॥
मैं बौरी मेरे रांम भरतार। ता कारंनि रचि करौं स्यंगार॥
जैसे धुबिया रज मल धौवै। हरत परत सब निंदक खोवै॥
न्यंदक मेरे माई बाप। जन्म जन्म के काटे पाप।
न्यंदक मेरे प्रान अधार। बिन बेगारी चलावैं भार॥
कहैं कबीर न्यंदक बलिहारी। आप रहै जन पार उतारी॥ 18॥

जो मैं बौरा तौ रांम तोरा।
लोग मरम का जांनैं मोरा॥ टेक॥
माला तिलक पहरि मनमानां। लोगनि रांम खिलौनां जांना॥
थोरी भगति बहुत अहंकारा। ऐसे भगतां मिलैं अपारा॥
लोग कहैं कबीर बौराना। कबीरा कौ मरम रांम भल जाना॥ 19॥

हरिजन हंस दसा लीयैं डोलै।
निर्मल नांव चवै जस बोलै॥ टेक॥
मांनसरोवर तट के बासी। रांम चरन चित आंन उदासी।

मुकताहल बिन चंच न लावै। मोनि गहे कै हरि गुन गावै॥
कउवा कुबधि निकट नहीं आवै। सो हंसा निज दरसंन पावै॥
कहै कबीर सोई जन तेरा। खीर नीर का करै नबेरा॥ 20॥

सति रांम सतगुर की सेवा।
पूजहु रांम निरंजन देवा॥ टेक॥
जल कै मंजनि जो गति होई, मींनां नित ही न्हावै।
जैसा मींनां तैसा नरा, फिरि फिरि जोनीं आवै॥
मन मैं मैला तीरथि न्हावै, तिनि बैकुंठ न जांनां।
पाखंड करि करि जगत भुलांनां, नांहिंन रांम अयांनां॥
हिरदे कठोर मरै बनारसि, नरक न बंच्या जाई।
हरि कौ दास मरै जे मगहरि, सेन्यां सकल तिराई॥
पाठ पुरान बेद नहीं सुमिरत, तहाँ बसै निरकारा।
कहै कबीर एक ही ध्यावो, बावलिया संसारा॥ 21॥

क्या ह्वै तेरे न्हाई धोई।
आतम रांम न चीन्हां सोई॥ टेक॥
क्या घट उपरि मंजन कीयैं, भीतरि मैल अपारा॥
रांम नांम बिन नरक न छूटै, जे धोवै सौ बारा॥
का नट भेष भगवां बस्तर, भसम लगावै लोई।
ज्यूं दादुर सुरसरी जल भीतरि हरि बिन मुकति न होई॥
परिहरि कांम रांम कहि बौरे सुनि सिख बंधू मोरी।
हरि कौ नांउं अभै पद दाता कहै कबीरा कोरी॥ 22॥

पांणी थैं प्रकट भई चतुराई।
गुर प्रसादि परम निधि पाई॥ टेक॥
इक पांणी पांणी कूं धोवै। एक पांणी पांणी कूं मोहै।
पांणी ऊंचा पांणी नीचा। ता पांणी का लीजै सींचा॥
इक पांणी थैं प्यंड उपाया। दास कबीर रांम गुण गाया॥ 23॥

भजि गोब्यंद भूलि जिनि जाहु।
मनिषा जनम कौ एही लाहु॥ टेक॥
गुर सेवा करि भगति कमाई। जौ तैं मनिषा देही पाई।
या देही कूं लौचैं देवा। सो देही करि हरि की सेवा॥

जब लग जरा रोग नहीं आया। तब लग काल ग्रसै नहि काया।
जब लग हींण पड़े नहीं वाणीं। तब लग भजि मन सांरंगपाणीं॥
अब नहीं भजसि भजसि कब भाई। आवैगा अंत भज्यौ नहीं जाई॥
जे कछू करौ सोई तत सार। फिरि पछितावोगे बार न पार॥
सेवग सो जो लागै सेवा। तिनहीं पाया निरंजन देवा॥
गुर मिलि जिनि के खुले कपाट। बहुरि न आवै जोनीं बाट॥
यहु तेरा औसर यहु तेरी बार। घट ही भीतरि सोचि बिचारि।
कहै कबीर जीति भावै हारि। बहु बिधि कह्यौ पुकारि पुकार॥ 24॥

ऐसा ज्ञान बिचारि रे मनां।
हरि किन सुमिरै दुख भंजनां॥ टेक॥
जब लग मैं मैं मेरी करै। तब लग काज एक नहीं सरै॥
जब यहु मैं मेरी मिटि जाइ, तब हरि काज संवारै आइ॥
जब लग स्यंघ रहै बन मांहिं। तब लग यहु बन फूलै नांहिं।
उलटि स्याल स्यंघ कूं खाइ, तब यहु फूलै सब बनराइ॥
जीत्या डूबै हारा तिरै, गुर प्रसाद जीवत हीं मरै।
दास कबीर कहै समझाइ, केवल रांम रहौ ल्यो लाइ॥ 25॥

जागि रे जीव जागि रे।
चोरन को डर बहुत कहत हैं, उठि उठि पहरै लागि रे॥ टेक॥
ररा करि टोप ममां करि बखतर, ग्यांन रतन करि पाग रे।
ऐसै जौ अजराइल मारै, मस्तकि आवै भाग रे॥
ऐसी जागणीं जे को जागै, तौ हरि देइ सुहाग रे।
कहै कबीर जाग्या ही चाहिए, क्या गृह क्या बैराग रे॥ 26॥

जागहु रे नर सोवहु कहा,
जंम बटपारै रूंधे पहा॥ टेक॥
जागि चेति कछू करौ उपाइ। मोटा बैरी है जंमराइ॥
सेत काग आये बन मांहिं। अजहूं रे नर चेतै नांहिं॥
कहै कबीर तबैं नर जागै। जंम का डंड मूंड़ मैं लागै॥ 27॥

जाग्या रे नर नींद नसाई।
चित चेत्यौ च्यंतामणि पाई॥ टेक॥
सोवत सोवत बहुत दिन बीते। जन जाग्यां तसकर गए रीते॥

जन जागे का ए सहिनांण। बिष से लागैं वेद पुराण॥
कहै कबीर अब सोवौ नांहिं। रांम रतन पाया घट मांहिं॥ 28॥

संतनि एक अहेरा लाधा।
म्रिघनि खेत सबनि का खाधा॥ टेक॥
या जंगल मैं पांचौ मृगा। एई खेत सबनि का चरि गा।
पारधीपनों जे साधै कोई। अध खाधा सा राखै सोई॥
कहै कबीर जो पंचौं मारै। आप तिरै और कूं तारै॥ 29॥

हरि कौ बिलोवनौं बिलोइ मेरी माई।
ऐसै बिलोइ जैसें तत न जाई॥ टेक॥
तन करि मटकी मनहि बिलोइ। ता मटकी मैं पवन समोइ।
इला प्यंगुला सुषमन नारी। बेगि बिलोइ ठाढी छछिहारी॥
कहै कबीर गुजरी बौरांनीं। मटकी फूटी जोति समांनीं॥ 30॥

आसण पवन कियैं दिढ़ रहु रे।
मन का मैल छाड़ि दे बौरे॥ टेक॥
क्या सींगी मुद्रा चमकांयैं। क्या बिभूति सब अंगि लगायैं॥
सो हिंदू सो मुसलमांन। जिसका दुरस रहै ईमांन॥
सो ब्रह्मा जो कथै ब्रह्म गियांन। काजी सो जांनैं रहिमांन॥
कहै कबीर कछू आंन न कीजै। रांम नांम जपि लाहा दीजै॥ 31॥

ताथैं कहिये लोकाचार।
बेद कतेब कथैं ब्योहार॥ टेक॥
जारि बारि करि आवैं देहा। मूंवां पीछै प्रीति सनेहा॥
जीवन पित्रहि मारहिं डंगा। मूंवां पित्र ले घालैं गंगा॥
जीवत पित्र कूं अन न ख्वांवैं। मूंवा पीछे प्यंड भरावैं॥
जीवत पित्र कूं बोलैं अपराध। मूंवां पीछे देहिं सराध॥
कहि कबीर मोहि अचिरज आवै। कउवा खाइ पित्र क्यूं पावै॥ 32॥

बाप रांम सुनि बीनती मोरी।
तुम्ह सूं प्रगट लोगन सूं चोरी॥ टेक॥
पहलै कांम मुगध मति कीया। ता भै कंपै मेरा जीया॥

रांम राइ मेरा कह्या सुनीजै। पहले बकसि अब लेखा लीजै॥
कहै कबीर बाप रांम राया। अब हूं सरनि तुम्हारी आया॥ 33॥

अजहूं बीच कैसे दरसंन तोरा।
बिन दरसन मन मांनै क्यूं मोरा॥ टेक॥
हमहिं कुसेवग क्या तुम्हहि अजांनां। दुइ मैं दोस कहौ किन रांमां।
तुम्ह कहियत त्रिभवन पति राजा। मनबंछित सब पुरवन काजा॥
कहै कबीर हरि दरस दिखावौ। हमहिं बुलावौ कै तुम्ह चलि आवौ॥34॥

क्यूं लीजै गड़ बंका भाई।
दोवग कोट अरू तेवर खाई॥ टेक॥
कांम किवार दुख सुख दरबांनीं, पाप पुंनि दरवाजा।
क्रोध प्रधान लोभ बड़ दूंदर, मन मैवासी राजा॥
स्वाद सनाह टोप ममिता का, कुबधि कमांण चढ़ाई।
त्रिसनां तीर रहे तन भीतरि, सुबधि हाथि नहीं आई॥
प्रेम पलीता सुरति नालि करि, गोला ग्यांन चलाया।
ब्रह्म अग्नि ले दिया पलीता, एकै चोट ढहाया॥
सत संतोष लै लरनै लागे, तोरै दस दरवाजा।
साध संगति अरु गुर की कृपा थैं, पकर्‌यौ गढ़ का राजा।
भगवंत भीर सकति सुमिरण की, काटि काल की पासी।
दास कबीर चढ़े गढ़ ऊपरि, राज दियौ अबिनासी॥ 35॥

रैनि गई मति दिन भी जाइ।
भवर उड़े बग बैठे आई॥ टेक॥
कांचै करवै रहै न पांनीं। हंस उड्या काया कुमिलांनीं।
थरहर थरहर कंपै जीव। नां जांनूं का करिहै पीव॥
कऊवा उड़ावत मेरी बहियां पिरानीं। कहै कबीर मेरी कथा सिरांनीं॥ 36॥

काहे कूं भीति बनाऊं टाटी।
का जांनूं कहाँ परिहै माटी॥ टेक॥
काहे कूं मंदिर महल चिणांऊं। मूवां पीछै घड़ी एक रहण न पाऊं॥
काहे कूं छाऊं ऊंच ऊंचेरा। साढ़े तीनि हाथ घर मेरा॥
कहै कबीर नर गरब न कीजै। जेता तन तेती भुंइ लीजै॥ 37॥ (361)

राग बिलावल

बार बार हरि का गुण गावै।
गुर गमि भेद सहर का पावै॥ टेक॥
आदित करै भगति आरंभ। काया मंदिर मनसा थंभ॥
अखंड अहनिसि सु रख्या जाइ, अनहद बेन सहज मैं बाइ॥
सोमवार ससि अंमृत झरे। चाखत बेगि तवै निसतरै॥
बांणीं रोक्यां रहै दुवार। मन मतिवाला पीवनहार॥
मंगलवार ल्यौ मांहींत। पंच लोक की छाड़ौ रीत॥
घर छाड़ै जिनि बाहिर जाइ। नहीं तर खरौ रिसावै राइ।
बुधवार करै बुधि प्रकास। हिरदा कवल मैं हरि का बास॥
गुर गमि दोउ एक समि करै। उरध पंकज मैं सूधा धरै॥
ब्रिसपति बिषिया देइ बहाइ। तीनि देव एकै संगि लाइ।
तीनि नदी तहाँ त्रिकुटी मांहिं। कुसमल धोवै अहनिसि न्हांहि॥
सुक्र सुधा ले इहि ब्रत चढ़ै। अह निस आप आप सूं लड़ै॥
सुरखी पंच राखिये सबै। तो दूजी द्रिष्टि न पैसे कबै॥
थिर करि घट मैं सोइ। जोति दीवटी मेल्है जोइ॥
बाहरि भीतरि भया प्रकास। तहाँ भया सकल करम का नास॥
जब लग घट मैं दूजी आंण। तब लग महलि न पावै जांण॥
रमिता रांम सूं लागै रंग। कहै कबीर ते निर्मल अंग॥ 1॥

रांम भजै सो जांणिये, जाके आतुर नांहीं।
सत संत संतोष लीयै रहै धीरज मन मांहिं॥ टेक॥
जन कौं कांम क्रोध ब्यापै नहीं, त्रिष्नां न जरावै।
प्रफुलित आनंद मैं, गोब्यंद गुंण गावै॥
जन कौ पर निंदा भावै नहीं, अरु असति न भाखै।
काल कलपनां मेटि करि, चरनूं चित राखे।
जन समद्रिष्टि सीतल सदा, दुबिधा नहीं आनैं।
कहै कबीर ता दास तूं मेरा मन मानैं॥ 2॥

माधौ सो न मिलै जासूं मिलि रहिये।
ता कारनि बर बहु दुख सहिये॥ टेक॥
छत्रधार देखत ढहि जाइ। अधिक गरब थैं खाक मिलाइ॥

अगम अगोचर लखी न जाइ। जहाँ का सहज फिरि तहाँ समाइ॥
कहै कबीर जूठे अभिमांन। सो हम सो तुम्ह एक समान॥ 3॥

अहो मेरे गोब्यंद तुम्हारा जोर।
काजी बकिबौ हस्ती तोर॥ टेक॥
बांधि भुजा भलैं करि डार्‌यौ, हस्ती कोपि मूंड मैं मार्‌यौ।
भाग्यौ हस्ती चीसां मारी। वा मूरति की मैं बलिहारी॥
महावत तोकौं मारूं साटी। इसहि मरांऊं घालौं काटी॥
हस्ती न तोरै धरै धियांन। वाकै हिरदैं बसै भगवांन॥
कहा अपराध संत हौं कीन्हां। बांधि पोट कुंजर कूं दीन्हां॥
कुंजर पोट बहु बंदन करै। अजहूं न सूझै काजी अंधरै॥
तीनि बेर पतियारा लीन्हां, मन कठोर अजहूं न पतीनां॥
कहै कबीर हमारै गोब्यंद, चौथे पद ले जन का ज्यंद॥ 4॥

कुसल खेम अरु सही सलांमति, ए दोइ काकौं दीन्हां रे।
आवत जात दुहूंधा लूटै, सर्व तत हरि लीन्हां रे॥ टेक॥
माया मोह मद मैं पीया, मुगध कहै यहु मेरी रे।
दिवस चारि भलै मन रंजै, यहु नांहीं किस केरी रे।
सुर नर मुनि जन पीर अवलिया, मीरां पैदा कीन्हा रे।
कोटिक भये कहाँ लूं बरनूं, सबनि पयांनां दीन्हां रे॥
धरती पवन अकास जाइगा, चंद जाइगा सूरा रे।
हम नांहीं तुम्ह नांहीं रे भाई, रहे रांम भरपूरा रे॥
कुसलहि कुसल करत जग खींना, पड़े काल भौ पासी रे।
कहै कबीर सबै जग बिनस्या, रहे रांम अबिनासी॥ 5॥

मन बनजारा जागि न सोई।
लाहे कारनि मूल न खोई॥ टेक॥
लाहा देखि कहा गरबांनां। गरब न कीजै मूरखि अयांनां।
जिन धन संच्या सो पछितांनां। साथी चलि गए हम भी जांनां॥
निसि अंधियारी जागहु बंदे। छिटकन लागे सबही संधे।
किसका बंधू किसकी जोई। चल्या अकेला संगि न कोई।
ढरि गए मंदिर टूटे बंसा। सूके सरवर उड़ि गए हंसा॥

पंच पदारथ भरिहैं खेहा। जरि बरि जाइगी कंचन देहा॥
कहत कबीर सुनहु रे लोई। रांम नांम बिन और न कोई॥ 6॥

मन पतंग चेते नहीं अंजुरी समांन।
बिषिया लागि बिगूचिये दाझिये निदांन॥ टेक॥
काहे नैन अनंदियै, सूझत नहीं आगि।
जनम अमोलिक खोइयै, सांपनि संगि लागि।
कहै कबीर चित चंचला, गुरि कह्यौ समझाइ॥
भगति हींन जरई जरै, भावै तहा जाइ॥ 7॥

स्वादि पतंग जरे जरि जाइ।
अनहद सौं मेरौ चित न रहाइ॥ टेक॥
माया कै मदि चेति न देख्या। दुबिध्या मांहिं एक नहीं पेख्या।
भेष अनेक किया बहु कीन्हां। अकल पुरिष एक नहीं चीन्हां॥
केते एक मूये मरहिगे केते। केतेक मुगध अजहूं नहीं चेते।
तंत मंत सब ओषद माया। केवल रांम कबीर दिढ़ाया॥ 8॥

एक सुहागनि जगत पियारी।
सकल जीव जंत की नारी॥ टेक॥
खसम करै वा नारि न रोवै। उस रखवाला औरै होवै।
रखवाले का होइ बिनास। उतहि नरक इत भोग बिलास॥
सुहागनि गलि सोहे हार। संतनि बिष बिलसै संसार।
पीछे लागी फिरै पचि हारी। संत की ठठकी फिरै बिचारी॥
संत भजै वा पाछी पड़ै। गुर के सबदूं मार्‌यौ डरै।
साकत कै यहु प्यंड परांइनि। हमारी द्रिष्टि परै जैसे डांइनि॥
अब हम इसका पाया भेव। होइ कृपाल मिले गुरदेव॥
कहै कबीर इब बाहरि परी। संसारी कै आंचलि टिरी॥ 9॥

पारोसनि मांगै कंत हमारा।
पीव क्यूं बौरी मिलहि उधारा॥ टेक॥
मासा मांगै रती न देऊं। घटे मेरा प्रेम तौ कासनि लेऊं॥
राखि परोसनि लरिका मोर। जे कछु पाउं सू आधा तोर॥

बन बन ढूंढ़ौं नैन भरि जोऊं। पीव न मिलै तौ बिलखि करि रोऊं।
कहै कबीर यहु सहज हमारा। बिरली सुहागनि कंत पियारा॥ 10॥

रांम चरन जाकै हिरदै बसत है, ता जन कौ मन क्यूं डोलै।
मानौं आठ सिध्य नव निधि ताकै हरषि हरषि जस बोलै॥ टेक॥
जहाँ जहाँ जाई तहाँ सच पावै, माया ताहि न झोलै।
बारंबार बरजि बिषिया तैं, लै नर जौ मन तोलै॥
ऐसी जो उपजै या जीय कै, कुटिल गांठि सब खोलै॥
कहै कबीर जब मन परचौ भयौ, रहै रांम के बोलै॥ 11॥

जंगल मैं का सोवनां, औघट है घाटा।
स्यंघ बाघ गज प्रजलै, अरु लंबी बाटा॥ टेक॥
निस बासुरी पेड़ा पड़ै, जमदांनी लूटै।
सूर धीर साचै मते, सोई जन छूटै॥
चालि चालि मन माहरा, पुर पटण गहिये।
मिलिये त्रिभुवन नाथ सूं, निरभै होइ रहिये॥
अमर नहीं संसार मैं, बिनसै नर देही।
कहै कबीर बेसास सूं, भजि रांम सनेही॥ 12॥ (373)

राग ललित

रांम ऐसो ही जांनि जपी नरहरी,
माधव मदसूदन बनवारी॥ टेक॥
अनुदिन ग्यान कथै घरियार। धूवां धौरहर है संसार।
जैसे नदी नाव करि संग। ऐसै ही मात पिता सुत अंग॥
सेवहि नल दुलमल फल लकीर। जल बुदबुदा ऐसो आहि सरीर।
जिभ्या रांम नांम अभ्यास। कहौ कबीर तजि गरभै बास॥ 1॥

रसनां रांम गुन रमि रमि पीजै।
गुन अतीत निरमोलिक लीजै॥ टेक॥
निरगुन ब्रह्म कथौ रे भाई। जा सुमिरन सुधि बुधि मति पाई।

बिष तजि रांम न जपसि अभागे। का बूड़े लालच के लागे॥
ते सब तिरे रांम रस स्वादी। कहै कबीर बूड़े बकवादी॥ 2॥

निबरक सुत ल्यौ कोरा।
रांम मोहि मारि, कलि बिष बोरा॥ टेक॥
उन देस जाइबौ रे बाबू, देखिबो रे लोग किन किन खैबू लो।
उड़ि कागा रे उन देस जाइबा, जासूं मेरा मन चित लागा लो।
हाट ढूंढि ले, पटनपुर ढूंढि ले, नहीं गांव कै गोरा लो।
जल बिन हंस निसह बिन रबू, कबीर का स्वांमी पाइ परिकैं मनैंबू लो॥ 3॥ (376)

राग बसंत

सो जोगी जाकै सहज भाइ।
अकल प्रीति की भीख खाइ॥ टेक॥
सबद अनाहद सींगी नाद। कांम क्रोध बिषया न बाद॥
मन मुद्रा जाकै गुर कौ ग्यांन। त्रिकुट कोट मैं धरत ध्यान॥
मनहीं करन कौं करै सनांन। गुर कौ सबद ले ले धरै धियांन।
काया कासी खोजै बास। तहाँ जोति सरूप भयौ परकास॥
ग्यांन मेखली सहज भाइ। बंक नालि कौ रस खाइ।
जोग मूल कौ देइ बंद। कहि कबीर थिर होइ कंद॥ 1॥

मेरौ हार हिरांनौ मैं लजाउं।
सास दुराचनि पीव डराउं॥ टेक॥
हार गुह्यौ मेरौ रांम ताग। बिचि बिचि मान्यक एक लाग॥
रतन प्रवालै परम जोति। ता अंतरि अंतरि लागे मोति॥
पंच सखी मिलि हैं सुजांन। चलहु त जइये त्रिवेणी न्हांन॥
न्हाइ धोइ कै तिलक दीन्ह। नां जानूं हार किनहूं लीन्ह॥
हार हिरांनौ जन बिमल कीन्ह। मेरौ आहि परोसनि हार लीन्ह।
तीनि लोक की जानैं पीर। सब देव सिरोमनि कहै कबीर॥ 2॥

नहीं छाड़ौं बाबा रांम नांम।
मोहिं और पढ़न सूं कौन कांम॥ टेक॥
प्रह्लाद पधारे पढ़न साल। संग सखा लीयें बहुत बाल॥
मोहि कहा पढ़ावै आल जाल। मेरी पाटी मैं लिखि दे श्री गोपाल॥
तब संनांमुरकां कह्यौ जाइ। प्रहिलाद बंधायौ बेगि आइ॥
तूं रांम कहन की छाड़ि बांनि। बेगि छुड़ाऊं मेरो कह्यौ मांनि॥
मोहि कहा डरावै बार बार। जिनि जल थल गिरा कौ कियौ प्रहार॥
बांधि मारि भावै देह जारि। जे हूं रांम छाड़ौ तौ गुरहि गारि॥
तब काढ़ि खड़ग कोप्यौ रिसाइ। तोहि राखनहारौ मोहि बताइ॥
खंभा मैं प्रगट्यो गिलारि। हरनाकस मार्‌यो नख बिदारि॥
महापुरुष देवाधिदेव नरस्यंघ। प्रकट कियौ भगति भेव॥
कहै कबीर कोई लहै न पार। प्रहिलाद उबार्‌यौ अनेक बार॥ 3॥

हरि कौ नांउं तत त्रिलोक सार।
लौलीन भये जे उतरे पार॥ टेक॥
इक जंगम इक जटाधार। इक अंगि बिभूति करै अपार॥
इक मुनियर इक मन हूं लीन। ऐसैं होत होत जग जात खीन॥
इक आराधै सकति सीव। इक परदा दे दे बधैं जीव॥
इक कुलदेव्यां कौ जपहिं जाप। त्रिभवनपति भूले त्रिविध ताप॥
अंन छाड़ि इक पीबहिं दूध। हरि न मिलै बिन हिरदै सूध॥
कहै कबीर ऐसै बिचार। रांम बिना को उतरै पार॥ 4॥

हरि बोलि सूवा बार बार।
तेरी ढिंग मीनां कछू करि पुकार॥ टेक॥
अंजन मंजन तजि बिकार। सतगुर समझायो तत सार॥
साध संगति मिली करि बसंत। भौ बंध न छूटै जुग जुगंत॥
कहै कबीर मन भया अनंद। अनंत कला भेटे गोब्यंद॥ 5॥

बनमाली जानै बन की आदि।
रांम नांम बिना जनम बादि॥ टेक॥
फूल जू फुले रूति बसंत। जामैं मोहिं रहे सब जीव जंत॥
फूलनि मैं जैसे रहै बास, यूं घटि घटि गोबिंद हरि निवास॥
कहै कबीर मनि भया अनंद, जगजीवन मिलियौ परमानंद॥ 6॥

मेरे ऐसे बनिज सौं कवन काज।
मूल घटै सिरि बधै ब्याज॥ टेक॥
नाइक एक बनिजारे पांच। बैल पचीस कौ संग साथ॥
नव बहियां दस गौनि आहि। कसनि बहत्तरि लागै ताहि॥
सात सूत मिलि बनिज कीन्ह। कर्म पियादौ संग लीन्ह॥
तीन जगाती करत रारि। चल्यो है बनिज वा बनज झारि॥
बनिज खुटानौं पूंजी टूटि। खाडू दह दिसि गयौ फूटि॥
कहै कबीर यहु जन्म बाद। सहजि समांनूं रही लादि॥ 7॥

माधौ दारन सुख सह्यौ न जाइ।
मेरी चपल बुधि तातैं कहा बसाइ॥ टेक॥
तन मन भीतरि बसै मदन चोर। जिनि ज्ञान रतन हरि लीन्ह मोर॥
मैं अनाथ प्रभू कहूं काहि। अनेक बिगूचै मैं को आहि॥
सनक सनंदन सिव सुकादि। आपण कवलापति भये ब्रह्मादि॥
जोगी जंगम जती जटाधर। अपनैं औसर सब गए हैं हार॥
कहै कबीर रहु संग साथ। अभिअंतरि हरि सूं कहौ बात॥
मन ग्यांन जांनि कैं करि बिचार। रांम रमत भौ तिरिबौ पार॥ 8॥

उकरी डर क्यूंन करे गुहारि।
तूं बिन पंचानिनि श्री मुरारि॥ टेक॥
तन भीतरि बसै मदन चोर। तिनि सरबस लीनौ छोरि मोर॥
मांगै देइ न बिनै मांन। तकि मारै रिदा मैं कांम बांन॥
मैं किहि गुहरांऊं आप लागि। उकरी डर बड़े बड़े गए हैं भागि॥
ब्रह्मा बिष्न अरु सुर मयंक। किहि किहि नहीं लावा कलंक॥
जप तप संजम सुंनि ध्यान। बंदि परे सब सहित ग्यांन॥
कहि कबीर उबरे द्वै तीनि। जा परि गोबिंद कृपा कीन्ह॥ 9॥

ऐसौ देखि चरित मन मोह्यौ मोर।
ताथैं निस बासुरि गुन रमौं तोर॥ टेक॥
इक पढ़हिं पाठ इक भ्रमैं उदास। इक नगन निरंतर रहैं निवास॥
इक जोग जुगति तन हूंहिं खीन। ऐसे रांम नांम संगि रहैं न लीन॥
इक हूंहि दीन एक देहि दांन। इक करै कलापी सुरा पांन॥
इक तंत मंत ओषध बांन। इक सकल सिध राखै अपांन॥
इक तीर्थ ब्रत करि काया जीति। ऐसैं रांम नांम सूं करै न प्रीति॥

इक धोम घोटि तन हूंहिं स्यांम। यूं मुकति नहीं बिन रांम नांम॥
सत गुर तत कह्यौ बिचार। मूल गह्यौ अनभै बिसतार॥
जुरा मरण थैं भये धीर। रांम कृपा भई कहि कबीर॥ 10॥

सब मदिमाते कोई न जाग।
ताथैं संग ही चोर घर मुसन लाग॥
पंडित माते पढ़ि पुरांन। जोगी माते धरि धियांन॥
संन्यासी माते अहंमेव। तपा जु माते तप के भेव॥
जागे सुक ऊधव अक्रूर। हणवंत जागे लै लंगूर॥
संकर जागे चरन सेव। कलि जागे नांमां जैदेव॥
ए अभिमान सब मन के कांम। ए अभिमांन नहीं रही ठांम॥
आतमां रांम कौ मन विश्रांम। कहि कबीर भजि रांम नांम॥ 11॥

चलि चलि रे भवरा कवल पास।
भवरी बोले अति उदास॥ टेक॥
तैं अनेक पुहुप कौ लियौ भोग। सुख न भयौ तब बढ़्यौ है रोग॥
हौ जु कहत तोसूं बार बार। मैं सब बन सोध्यौ डार डार॥
दिनां चारि के सुरंग फूल। तिनहि देखि कहा रह्यौ है भूल॥
या बनासपती मैं लागैगी आगि। अब तूं जैहौ कहाँ भागि॥
पुहुप पुरांने भये सूक। तब भवरहि लागी अधिक भूख।
उड़यो न जाइ बल गयो है छूटि। तब भवरी रूंनी सीस कूटि॥
दस दिसि जोवै मधुप राइ। तब भवरी ले चली सिर चढ़ाइ॥
कहै कबीर मन कौ सुभाव। रांम भगति बिन जम कौ डाव॥ 12॥

आवध रांम सबै करम करिहूं।
सहज समाधि न जम थैं डरिहूं॥ टेक॥
कुम्भरा ह्वै करि बासन धरिहूं, धोबी ह्वै मल धोऊँ।
चमरा ह्वै करि रंगौं अघौरी, जति पांति कुल खोऊँ॥[1]
तेली ह्वै तन कोल्हू करिहौं, पाप पुंनि दोऊ पेरूं॥

---

1. सभा संस्करण में यह पंक्ति इस प्रकार है, 'चमरा ह्वै करि बासन रंगौं, अघोरी जाति पाँति कुल खोऊँ'। यह पाठ भ्रामक है। डॉ. माताप्रसाद गुप्त द्वारा प्रयुक्त उतराधा पांडुलिपि में ही नहीं, गोपालदास की सर्वंगी (20.44) में भी यहाँ दिया गया पाठ ही है। डॉ. गुप्त ने अधौरी का अर्थ चप्पल बताया है। असल में अधौरी एक वृक्ष है जिसकी छाल और पत्तियाँ चमड़ा सिझाने के काम आती हैं। यहाँ आशय अधौरी से चमड़ा मुलायम करना ही प्रतीत होता है। —पु.अ.

पंच बैल जब सूध चलाऊँ, रांम जेवरिया जोरूं॥
क्षत्री ह्वै करि खड़ग संभालूं, जोग जुगति दोउ साधूं॥
नउवा ह्वै करि मन कूं मूंडूं, बाढ़ी ह्वै कर्म बाढूं॥
अवधू ह्वै करि यह तन धूतौं, बधिक ह्वै मन मारूं॥
बनिजारा ह्वै तन कूं बनिजूं, जूवारी ह्वै जंम हारूं॥
तन करि नवका मन करि खेवट, रसना करऊवा ड़ारूं।
कहि कबीर भवसागर तरिहूं, आप तिरूं बपु तारूँ॥ 13॥ (389)

राग माली गौड़ी

पंडिता मन रंजिता, भगति हेत ल्यौ लाइ रे॥
प्रेम प्रीति गोपाल भजि नर, और कारण जाइ रे॥ टेक॥
दांम छै पणि कांम नांहीं, ग्यांन छै पणि धंध रे।
श्रवण छै पणि सुरति नांहीं, नैन छै पणि अंध रे॥
जाके नाभि पदम सूं उदित ब्रह्मा, चरन गंग तरंग रे।
कहै कबीर हरि भगति बांछूं जगत गुर गोब्यंद रे॥ 1॥

बिष्न ध्यांन स्नांन करि रे, बाहरि अंग न धोई रे।
साच बिन सीझसि नहीं, कांई ग्यांन दृष्टैं जोइ रे॥
जंजाल मांहैं जीव राखै, सुधि नहीं सरीर रे॥
अभिअंतरि भेदै नहीं, कांई बाहरि न्हावै नीर रे॥
निहकर्म नदी ग्यांन जल, सुंनि मंडल मांहिं रे॥
औधूत जोगी आतमां, कांई एणैं संजमि न्हाहि रे॥
इला प्यंगुला सुषमनां, पछिम गंगा बालि रे॥
कहै कबीर कुसमल झड़ैं, कांई मांहिंलौ अंग पषालि रे॥ 2॥

भजि नारदादि सुकादि बंदित, चरन पंकज भांमिनीं।
भजि भजिसि भूषन पिया मनोहर देव देव सिरोवनीं॥ टेक॥
बुधि नाभि चंदन चरिचिता, तन रिदा मंदिर भीतरा॥
रांम राजसि नैन बांनी, सुजान सुंदर सुंदरा॥
बहु पाप परबत छेदणां, भौ ताप दुरित निवारणां॥
कहै कबीर गोब्यंद भजि, परमांनंद बंदित कारणां॥ 3॥ (392)

राग कल्याण

ऐसै मन लाई लै रांम रसनां,
कपट भगति कीजै कौंन गुनां॥ टेक॥
ज्यूं मृग नादैं बध्यौ जाइ। प्यंड परे वा कौ ध्यांन न जाइ।
ज्यूं जल मीन हेत करि जांनि, प्रांन तजै बिसरै नहीं बांनि॥
भ्रिंगी कीट रहै ल्यौ लाइ। ह्वै लै लीन भ्रिंग ह्वै जाइ॥
रांम नांम निज अमृत सार। सुमिरि सुमिरि जन उतरे पार॥
कहै कबीर दासनि कौ दास। अब नहीं छाड़ौ हरि के चरन निवास॥ 1॥ (393)

राग सारंग

यहु ठग ठगत सकल जग डोलै।
गवन करै तब मुखह न बोलै॥
तूँ मेरो पुरिषा हौं तेरी नारी। तुम्ह चलतैं पाथर थैं भारी॥
बालपनां के मीत हमारे। हमहि छाड़ि कत चले हो·निनारे॥
हम सूं प्रीति न करि री बौरी। तुम्ह से केते लागे ढौरी॥
हम काहू संगि गए न आये। तुम्ह से गढ़ हम बहुत बसाये॥
माटी की देही पवन सरीरा। ता ठग सूं जन डरै कबीरा॥ 1॥

धंनि सो घरी महूरत्य दिनां।
जब ग्रिह आये हरि के जनां॥ टेक॥
दरसन देखत यहु फल भया। नैनां पटल दूरि ह्वै गया।
सब्द सुनत संसा सब छूटा। श्रवन कपाट बजर था तूटा॥
परसत घाट फेरि करि घड्या। काया कर्म सकल झड़ि पड्या॥
कहैं कबीर संत भल भाया। सकल सिरोमनि घट मैं पाया॥ 2॥ (395)

राग मल्हार

जतन बिन मृगनि खेत उजारे।
टारे टरत नहीं निस बासुरि, बिडरत नहीं बिडारे॥ टेक॥
अपने अपने रस के लोभी, करतब न्यारे न्यारे।

अति अभिमान बदत नहीं काहू, बहुत लोग पचि हारे॥
बुधि मेरी किरषी गुर मेरौ बिझुका, अखिर दोइ रखवारे॥
कहै कबीर अब खान न देहूं, बरियां भली संभारे॥ 1॥

हरि गुन सुमरि रे नर प्रांणीं।
जतन करत पतन ह्वै जैहै, भावै जांण म जांणी॥ टेक॥
छीलरि नीर रहै धूं कैसे, को सुपिनैं सच पावै।
सूकिक पांन परत तरवर थैं, उलटि न तरवरि आवै॥
जल थल जीव डहके इन माया, कोई जन उबर न पावै॥
रांम अधार कहत हैं जुगि जुगि, दास कबीरा गावै॥ 2॥ (397)

राग धनाश्री

जपि जपि रे जीयरा गोब्यंदो, हित चित परमांनदौ रे।
बिरही जन कौ बालहौ, सब सुख आनंदकंदौ रे॥ टेक॥
धन धन झांखत धन गयौ, सो धन मिल्यौ न आये रे॥
ज्यूं बन फूली मालती, जन्म अबिरथा जाये रे॥
प्रांणी प्रीति न कीजिये, इहि झूठे संसारी रे॥
धूंवां केरा धौलहर जात न लागै बारी रे॥
माटी केरा पूतला, काहे गरब कराये रे॥
दिवस चार कौ पेखनौं, फिरि माटी मिलि जाये रे॥
कांमीं रांम न भावई, भावै विषै बिकारो रे।
लोह नाव पाहन भरी, बूड़त नांहीं बारो रे॥
नां मन मूवा न मारि सक्या, नां हरि भजि उतर्या पारो रे॥
कबीर कंचन गहि रह्यौ, काच गह्यो संसारो रे॥ 1॥

न कछू रे न कछू रांम बिनां।
सरीर धरे की रहै परमगति, साध संगति रहनां॥ टेक॥
मंदिर रचत मास दस लागै, बिनसत एक छिनां।
झूठे सुख के कारनि प्रांनीं, परपंच करता घना॥
तात मात सुख लोग कुटुंब, मैं फूल्यो फिरत मनां।
कहै कबीर रांम भजि बौरे, छांड़ि सकल भ्रमनां॥ 2॥

कहा नर गरबसि थोरी बात।
मन दस नाज टका दस गंठिया, टेढ़ौ टेढ़ौ जात॥ टेक॥
कहा लै आयौ यहु धन कोऊ, कहा कोऊ लै जात॥
दिवस चारि की है पतिसाही, ज्यूं बनि हरियल पात॥
राजा भयौ गांव सौ पाये, टका लाख दस ब्रात॥
रावन होत लंका को छत्रपति, पल मैं गई बिहात॥
माता पिता लोक सुत बनिता, अंत न चले संगात॥
कहै कबीर रांम भजि बौरे, जनम अकारथ जात॥ 3॥

नर पछिताहुगे अंधा।
चेति देखि नर जंमपुरि जैहै, क्यूं बिसरौ गोब्यंदा॥ टेक॥
गरभ कुंडि नल ज़ब तूं बसता, उरध ध्यांन ल्यो लाया।
उरध ध्यांन मृत मंडलि आया। नरहरि नांव भुलाया॥
बाल विनोद छहूं रस भीनां। छिन छिन मोह बियापै॥
बिष अंमृत पहिचांनन लागौ। पांच भांति रस चाखै॥
तरन तेज पर तिय मुख जोवै। सर अपसर नहीं जानै॥
अति उदमादि महामद मातौ। पाप पुंनि न पिछांनै॥
प्यंडर केस कुसुम भये धौला। सेत पलटि गई बांनीं॥
गया क्रोध मन भया जु पावस। कांम पियास मंदांनीं॥
तूटी गांठि दया धरम उपज्या। काया कवल कुमिलांनां॥
मरती बेर बिसूरन लागौ। फिरि पीछैं पछितांनां॥
कहै कबीर सुनहुं रे संतौ। धन माया कछू संगि न गया॥
आई तलब गोपाल राइ की। धरती सैं न भया॥ 4॥

लोका मति के भोरा रे।
जो कासी तन तजै कबीरा, तौ रांमहि कहा निहोरा रे॥ टेक॥
तब हमें वैसे अब हम ऐसे, इहै जनम का लाहा।
ज्यूं जल मैं जल पैसि न निकसै, यूं ढुरि मिलै जुलाहा॥
रांम भगति परि जाकौ हित चित, ताकौ अचिरज काहा॥
गुर प्रसाद साध की संगति, जग जीते जाइ जुलाहा॥
कहै कबीर सुनहु रे संतो, भ्रंमि परे जिनि कोई॥
जस कासी तस मगहर ऊसर हिरदै रांम सति होई॥ 5॥

ऐसी आरती त्रिभुवन तारै, तेज पुंज तहाँ प्रांन उतारै॥ टेक॥
पाती पंच पुहुप पूजा। देव निरंजन और न दूजा॥
तन मन सीस समरपन कीन्हां। प्रकट जोति तहाँ आतम लीनां॥
दीपक ग्यान सबद धुनि घंटा। परंम पुरिष तहाँ देव अनंता॥
परम प्रकास सकल उजियारा। कहै कबीर मैं दास तुम्हारा॥ 6॥ (403)

रमैणी

राग सूहौ

तू सकल गहरा, सफ सफा दिलदार दीदार।
तेरी कुदरति किनहूं न जानी, पीर मुरीद काजी मुसलमानी॥
देवी देव सुर नर गण गंध्रप, ब्रह्मा देव महेसुर।
तेरी कुदरति तिनहूं न जांनी॥ टेक॥

काजी सो जो काया बिचारै। तेल दीप मैं बाती जारै॥
तेल दीप मैं बाती रहे। जोति चीन्हि जे काजी कहै॥
मुलनां बंग देइ सुर जांनी। आप मुसला बैठा तांनी॥
आपुन मैं जे करै निवाजा। सो मुलनां सरबत्तरि गाजा॥
सेख सहज मैं महल उठावा। चंद सूर बिचि तारी लावा॥
अर्ध उर्ध बिचि आनि उतारा। सोई सेख तिहूं लोक पियारा॥
जंगम जोग बिचारै जहूंवां। जीव सिव करि एकै ठऊवां॥
चित चेतनि करि पूजा लावा। तेतौ जंगम नांउं कहावा॥
जोगी भसम करै भौ मारी। सहज गहै बिचार बिचारी॥
अनभै घट परचा सू बोलै। सो जोगी निहचल कदे न डोलै॥
जैन जीव का करहू उबारा। कौंण जीव का करहु उधारा॥
कहाँ बसै चौरासी का देव। लहौ मुक्ति जे जांनौ भेव॥
भगता तिरण तत ते लेहु बिचारी। तिरण तत ते लेहु बिचारी॥
प्रीति जांनि रांम जे कहै। दास नांउं सो भगता लहै॥
पंडित चारि वेद गुंण गावा। आदि अंति करि पूत कहावा॥
उतपति परलै कहौ बिचारी। संसा घालौ सबै निवारी॥
अरधक उरधक ए संन्यासी। ते सब लागि रहै अबिनासी॥
अजरावर कौ डिढ करि गहै। सो संन्यासी उन्मन रहै॥
जिहि धर चाल रची ब्रह्मंडा। पृथमीं मारि करी नव खंडा॥
अविगत पुरिस की गति लखी न जाई। दास कबीर अगह रहे ल्यौ लाई॥ 1॥

(इसके आगे 'ख' प्रति में निम्नलिखित रमैणी भी है)

[बावन आखिर लोकत्री, सब कुछ इनहीं मांहिं।
ये सब खिरि खिरि जाहिगे, सो आखिर इनमें नांहिं॥

जिहि ठगि ठगि सकल जग खावा। सो ठग ठग्यो ठौर मन आवा॥
डडा डर उपजै डर जाई। डर ही मैं डर रह्यौ समाई॥
जो डर डरै तो फिर डर लागै। निडर होई तो डरि डर भागै॥
ढढा ढिग कत ढूंढै आना। ढूंढत ढूंढत गए परांना॥
चढ़ि सुमेर ढूंढि जग आवा। जिमि गढ़ गढ्या सुगढ़ मैं पावा॥
णणारि णरूं तौ नर नांहीं। करै ना फुनि नवै न संचरै॥
धनि जनम ताहीं कौ गिणां। मेरे एक तजि जाहि घणां॥
तता अतिर तिस्यौ नहीं गाई। तन त्रिभुवन में रह्यौ समाई।
जे त्रिभुवन तन मोहि समावै। तो ततै तन मिल्या सचु पावै॥
थथा अथाह थाह नहीं आवा। वो अथाह यहु थिर न रहावा॥
थोरै थलि थानै आरंभै। तो बिनहीं थंभै मंदिर थंभै॥
ददा देखि जुरे बिनसन हार। जस न देखि तस राखि बिचार॥
दसवै द्वारि जब कुंजी दीजै। तब दयालु को दरसन कीजै॥
धधा अरधै उरध न बेरा। अरधै उरधै मंझि बसेरा॥
अरधै त्यागि उरध जब आवा। तब उरधै छांड़ि अरध कत धावा॥
नना निस दिन निरख जाई, निरखत नैन रहे रतबाई॥
निरखत निरखत जब जाइ पावा, तब लै निरखै निरख मिलावा॥
पपा अपार पार नहीं पावा। परम जोति सौ पर्यो आवा॥
पांचौ इंद्री निग्रह करै। तब पाप पुंनि दोऊ न संचरै॥
फफा बिन फूलां फलै होई। ता फल फंफ लहै जो कोई।
दूंणी न पड़ै फूंकैं बिचारैं। ताकी फूंक सबै तन फारै॥
बबा बंदहिं बंदै मिलावा। बंदहि बंद न बिछुरन पावा॥
जे बंदा बंदि गहि रहै। तो बंदगि होइ सबै बंद लहै॥
भभा भेदै भेद नहीं पावा। अरभैं भांनि ऐसो आवा॥
जो बाहरि सो भीतरि जाना। भयौ भेद भूपति पहिचाना॥

ममाँ मन सो काज है। मनमानाँ सिधि होइ॥
मनहीं मन सौ कहै कबीर, मन सौं मिल्या न कोइ॥ 1॥

ममाँ मूल गह्यां मन माना। मरमी होइ सूं मरम ही जाना॥
मति कोई मनसौं मिलता बिलमावै। मगन भया तैं सोगति पावै॥

तुरक सरीअत जनिये, हिंदू बेद पुरान॥
मन समझन कै कारनै, कछु एक पढ़िये ज्ञान॥ 2॥

जहाँ बोल तहाँ आखिर आवा, जहाँ अबोल तहाँ मन न लगावा॥
बोल अबोल मंझि है सोई, जे कुछि है ताहि लखै न कोई॥
ओ अंकार आदि मैं जाना, लिखि करि मेटै ताहि न माना॥
ओ ऊंकार करै जस कोई, तस लिखि मरेणां न होई॥
ककाँ कवल किरणि मैं पावा, अरि ससि बिगास सपेट नहीं आवा॥
अस जे जहाँ कुसुम रस पावा। तौ अकह कहा कहि का समझावा॥
खखा इहै खोरि मनि आवा, तौ खोरहि छांड़ चहूं दिस धावा॥
खसमहिं जानि खिमा करि रहै, तौ हो दून खेव अखै पद लहै॥
गगा गुर के बचन पिछाना, दूसर बात न धरिये काना॥
सोई बिहंगम कबहुं न जाई, अगम गहै गहि गगन रहाई॥
घघा घटि निमसै सोई, घट फाटा घट कबहुं न होई॥
तौ घट मांहिं घाट जो पावा, सुघटि छाड़ि औघट कत आवा॥

नना निरखि सनेह करि, निरवालै संदेह॥
नांहीं देखि न भाजिये, प्रेम सयानप येह॥ 3॥

चचा चरित चित्र है भारी, तजि बिचित्र चेतहुं चितकारी॥
चित्र विचित्र रहै औडेरा, तजि बिचित्र चित राखि चितेरा॥
छछा इहै छत्रपति पासा, तिहि छाक न रहै छाड़ि करि आसा॥
रे मन तूं छिन छिन समझाया, तहाँ छाड़ि कत आप बधाया॥
जजा जे जानै तौ दुरमति हारी, करि बासि काया गांव॥
रिण रोक्या भाजै नहीं, तौ सूरण थारो नांव॥
झझा उरझि सुरझि नहीं जाना, रहि मुखि झझखि झझखि परवाना॥
कत झखि झखि औरनि समझावा, झगरौ कीये झगरिबौ पावा॥

नना निकटि जु घटि रहै, दूरि कहाँ तजि आइ।
जा कारणि जग ढूंढियो, नैड़े पायौ ताहि॥ 4॥

टटा निकट घाट है मांहीं, खोलि कपाट महील जब जाहीं॥
रहै लपटि जहि घटि पर्‌यौ आई, देखि अटल टलि कतहुँ न जाई।

ठठा ठौर दूरि ठग नीरा, नीठि नीठि मन कीया धीरा॥
जजा सुतन जीवतही जरावै, जोबन जारि जुगुति सो पावै॥
अंसंजरि बुजरि जरि बरिहै, तब जाइ जोति उजारा लहै॥
ररा सरस निरस करि जानैं, निरस होइ सुरस करि मानै॥
यहु रस बिसरै सो रस होई, सो रस रसिक लहै जे कोई॥
लला लहौ तो भेद है, कहूं तो कौ उपगार॥
बटक बीज मैं रमि रह्या, ताका तीन लोक बिस्तार॥
ववा वोइहिं जाणिये, इहि जाण्यां वो होइ॥
वो अस यहु जबहीं मिल्या, तब मिलत न जाणे कोइ॥
ससा सो नीको करि सोधै, घट पर्या की बात निरोधै॥
घट पर्यौ जे उपजै भाव, मिले ताहि त्रिभुवनपति राव॥
षषा खोजि परे जे कोई, जो खोजै सो बहुरे न होइ॥
षोजि बूझि जे करै बिचार, तौ भौ जल तिरत न लागे बार॥
शशा शोई शेज नू बारे, शोई शाव शंदेह निवारे॥
अति सुख बिशरे परंम सुख पावै, शो अस्त्री सो कंत कहावै॥
हहा होइ होत नहीं जानै, जब जब होइ तबै मन मानै॥
ससा उनमन से मन लावै, अनंत न जाइ परम सुख पावै॥
अरु जे तहाँ प्रेम ल्यौ लावै, तो डालह लहैं लैहि चरन समावै॥
षषा षिरत षपत नहीं चेते, षपत षपत गए जुग केते॥
अब जुग जानि जोरि मन रहै, तौ जहाँ थै बिछर्यौ सो थिर रहै॥
बावन आखिर जोरै आनि, एकौ आखिर सक्या न जानि॥
सति का शब्द कबीरा कहै, पूछौ जाइ कहा मन रहै॥
पंडित लोगन कौ बौहार, ग्यानवंत कौं तन बिचारि॥
जाकै हिरदै जैसी होई, कहै कबीर लहैगा सोई॥ 2॥]

सतपदी रमैणी

कहन सुनन कौ जिहि जग कीन्हा। जग भुलांन सो किनहूं न चीन्हा॥
सत रज तम थैं कीन्हीं माया। आपण माहैं आप छिपाया॥
ते तौ आहि अनंद सरूपा। गुन पल्लव विस्तार अनूपा॥
साखा तत थैं कुसम गियांनां। फल सो आछा रांम का नांमां॥

सदा अचेत चेत जिव पंखी, हरि तरवर करि बास।
झूठ जगि जिनि भूलसी जियरे, कहन सुनन की आस॥ 1॥

सूक बिरख यहु जगत उपाया। समझि न परै बिषम तेरी माया॥
साखा तीनि पत्र जुग चारी। फल दोइ पाप पुंनि अधिकारी॥
स्वाद अनेक कथ्या नहीं जांहीं। कीया चरित सो इन मैं नांहीं॥

तेतौ आहि निनार निरंजना, आदि अनादि न आंन॥
कहन सुनन कौ कीन्हु जग, आपै आप भुलांन॥ 2॥

जिनि नटवे नटसारी साजी। जो खेलै सो दीसे बाजी॥
मो बपरा थैं जोगति ढीठी। सिव बिरंचि नारद नहीं दीठी॥
आदि अंति जे लीन भये हैं। सहजै जांनि संतोखि रहे हैं॥
सहजै रांम नांम ल्यौ लाई। रांम नांम कहि भगति दिढाई॥
रांम नांम जाका मन मांनां। तिन तौ निज सरूप पहिछांनां॥

निज सरूप निरंजना निराकार अपरंपार अपार।
रांम नांम ल्यौ लाइसि जीयरे, जिनि भूलै बिस्तार॥ 3॥

करि बिस्तार जग धंधै लाया। अंध काया थैं पुरिष उपाया॥
जिहि जैसी मनसा तिहि तैसा भावा। ताकूं तैसा कीन्ह उपावा॥
तेतौ माया मोह भुलांनां। खसम रांम सो किनहूं न जांनां॥
ता मुखि बिष आवै विष जाई। ते बिष ही बिष मैं रहै समाई॥
माता जगत भूत सुधि नांहीं। भ्रंमि भूले नर आवैं जाहीं॥
जानि बूझि चेते नहीं अंधा। करम जठर करम के फंधा॥

करम का बांध्या जीयरा, अह निसि आवै जाइ॥
मनसा देही पाइ करि हरि बिसरै, तौ फिर पीछै पछिताइ॥ 4॥

तौ करि त्राहि चेति जा अंधा। तजि परकिरति भजि चरन गोब्यंदा॥
उदर कूप तजौ ग्रभ बासा। रे जीव रांम नांम अभ्यासा॥
जगि जीवन जैसे लहरि तरंगा। खिन सुख कूं भूलसि बहु संगा॥
भगति कौ हीन जीवन कछू नांहीं। उतपति परलै बहुरि समांहीं॥

भगति हीन अस जीवनां, जन्म मरन बहु काल॥
आश्रम अनेक करसि रे जियरा, रांम बिना कोइ न करै प्रतिपाल॥ 5॥

सोई उपाय करि यहु दुख जाई। ए सब परहरि बिसै सगाई॥
माया मोह जरै जग आगी। ता संगि जरसि कवन रस लागी॥
त्राहि त्राहि करि हरी पुकारा। साध संगति मिलि करहु बिचारा॥
रे रे जीवन नहीं बिश्रांमां, सब दुख खंडन रांम को नांमां॥
रांम नांम संसार मैं सारा, रांम नांम भौ तारन हारा॥

सुम्रित बेद सबै सुनै, नहीं आवै कृत काज।
नहीं जैसे कुंडिल बनित मुख, मुख सोभित बिन राज॥ 6॥

अब गहि रांम नांम अबिनासी। हरि तजि जिनि कतहूं कैं जासी॥
जहाँ जाइ तहाँ तहाँ पतंगा। अब जिनि जहरि संमझि बिष संगा॥
चोखा रांम नांम मनि लीन्हा। भिंग्री कीट भ्यंग नहीं कीन्हा॥
भौसागर अति वार न पारा। ता तिरबे का करहु बिचारा॥
मनि भावै अति लहरि बिकारा। नहीं गमि सूझै वार न पारा॥

भौसागर अथाह जल तामैं बोहिथ रांम अधार।
कहै कबीर हम हरि सरन, तब गोपद खुर बिस्तार॥ 7॥

बड़ी अष्टपदी रमैणी

एक बिनांनी रच्या बिनांन। सब अयांन जो आपै जांन॥
सत रज तम थैं कीन्हीं माया। चारि खानि बिस्तार उपाया॥
पंच तत ले कीन्ह बंधानं। पाप पुंनि मांन अभिमानं॥
अहंकार कीन्हें माया मोहू। संपति बिपति दीन्हीं सब काहू॥
भले रे पोच अकुल कुलवंता। गुणी निरगुणी धन नीधनवंता॥
भूख पियास अनहित हित कीन्हां। हेत मोर तोर करि लीन्हां॥
पंच स्वाद ले कीन्हां बंधू। बंधे करम जा आहि अबंधू॥
अचर जीव जंत जे आही। संकट सोच बियापैं ताही॥
निंद्या अस्तुति मांन अभिमांना। इनि झूठै जीव हत्या गियांना॥
बहु बिधि करि संसार भुलावा। झूठै दोजगि साच लुकावा॥

माया मोह धन जोबना,. इनि बंधे सब लोइ॥
झूठै झूठ बियापिया, कबीर अलख न लखई कोइ॥ 1॥

झूठनि झूठ सांच करि जानां। झूठनि मैं सब सांच लुकानां॥
धंध बंध कीन्ह बहुतेरा। क्रम बिवर्जित रहै न नेरा॥
षट दरसन षट आश्रम कीन्हां। षट रस खाटि कांम रस लीन्हां॥
चारि बेद छह सास्त्र बखानैं। विद्या अनंत कथैं को जांने॥
तप तीरथ ब्रत कीन्हें पूजा। धरम नेम दान पुन्य दूजा॥
और अगम कीन्हें ब्यौहारा। नहीं गमि सूझै वार न पारा॥
लीला करि करि भेख फिरावा। ओट बहुत कछू कहत न आवा॥
गहन ब्यंद कछू नहीं सूझै। आपन गोप भयौ आगम बूझै॥
भूलि पर्‌यौ जीव अधिक डराई। रजनी अंध कूप ह्वै धाई॥
माया मोह उनवैं भरपूरी। दादुर दामिनि पवनां पूरी॥
तरिपै बरिषै अखंड धारा। रैनि भांमिनी भया अंधियारा॥
तिहि बियोग तजि भये अनाथा। परे निकुंज न पावै पंथा॥
वेद न आहि कहूं को मानै। जानि बूझि मैं भया अयानै॥
नट बहु रूप खेलै सब जांनैं। कला केर गुन ठाकुर मांनैं॥
ओ खेले सब ही घट मांहीं। दूसर के लेखै कछु नांहीं॥
जाकें गुन सोई पै जांनैं। और को जानै पार अयानैं॥
भले रे पोच औसर जब आवा। करि सनमांन पूरि जम पावा॥
दान पुन्य हम दिहूं निरासा। कब लग रहूं नटारंभ काछा॥
फिरत फिरत सब चरन तुरांनै। हरि चरित अगम कथै को जानै॥
गण गंध्रप मुनि अंत न पावा। रह्यो अलख जग धंधै लावा॥
इहि बाजी सिव बिरंचि भुलांनां। और बपुरा को क्यंचित जानां॥
त्राहि त्राहि हम कीन्ह पुकारा। राखि राखि साई इहि बारा॥
कोटि ब्रह्मंड गहि दीन्ह फिराई। फल कर कीट जनम बहुताई॥
ईस्वर जोग खरा जब लीन्हा। टर्‌यो ध्यान तप खंड न कीन्हां॥
सिध साधिका उनथैं कहु कोई। मन चित अस्थिर कहुं कैसे होई॥
लीला अगम कथै को पारा। बसहु समीप कि रहौ निनारा॥

खग खोज पीछैं नहीं, तूं तत अपरंपार॥
बिन परचै का जांनिये, सब झूठे अहंकार॥ 2॥

अलख निरंजन लखै न कोई। निरभै निराकार है सोई॥
सुंनि असथूल रूप नहीं रेखा। द्रिष्टि अद्रिष्टि छिप्यौ नहीं पेखा॥
बरन अबरन कथ्यौ नहीं जाई। सकल अतीत घट रह्यौ समाई॥

आदि अंत ताहि नहीं मधे। कथ्यौ न जाई आहि अकथे॥
अपरंपार उपजै नहीं बिनसै। जुगति न जांनियैं कथिये कैसे॥

जस कथिये तत होत नहीं, जस है तैसा सोइ॥
कहत सुनत सुख उपजै, अरु परमारथ होइ॥ 3॥

जांनसि नहीं कस कथसि अयांनां। हम निरगुन तुम्ह सरगुन जानां॥
मति करि हीन कवन गुन आही। लालचि लागि आसिरै रहाई॥
गुंन अरु ग्यांन दोऊ हम हीनां। जैसी कुछ बुधि बिचार तस कीन्हां॥
हम मसकीन कछु जुगति न आवै। ते तुम्ह दरवौ तौ पूरि जन पावै॥
तुम्हरे चरन कवल मन राता। गुन निरगुन के तुम्ह निज दाता॥
जहुवां प्रगटि बजावहु जैसा। जस अनभै कथिया तिनि तैसा॥
बाजै जंत्र नाद धुनि होई। जे बजावै सो औरै कोई॥
बाजी नाचै कौतिग देखा। जो नचावै सो किनहूं न पेखा॥

आप आप थैं जानिये, है पर नांहीं सोइ॥
कबीर सुपिनै केर धंन ज्यूं, जागत हाथि न होइ॥ 4॥

जिनि यहु सुपिनां फुर करि जांनां। और सब दुख यादि न आंनां॥
ग्यांनहीन चेतै नहीं सूता। मैं जाग्या बिषहर भैभूता॥
पारधी बांन रहैं सर सांधै। बिषम बांन मारै बिष बांधै॥
काल अहेड़ी संझ सकारा। सावज ससा सकल संसारा॥
दावानल अति जरै बिकारा। माया मोह रोकि ले जारा॥
पवन सहाइ लोभ अति भइया। जम चरचा चहुं दिसि फिरि गइया॥
जम के चर चहुं दिसि फिरि लागे। हंस पखेरुवा अब कहाँ जाइवे॥
केस गहै कर निस दिन रहई। जब धरि ऐंचे तब धरि चहई॥
कठिन पासु कछू चलै न उपाई। जंम दुवारि सीझे सब जाई॥
सोई त्रास सुनि रांम न गावै। मृगत्रिष्णां झूठी दिन धावै॥
मृत काल किनहूं नहीं देखा। दुख कौ सुख करि सबहीं लेखा॥
सुख करि मूल न चीन्हसि अभागी। चीन्है बिना रहै दुख लागी॥
नींब काट रस नींब पियारा। यूं विष कूं अमृत कहै संसारा॥
अछित रोज दिन दिनहि सिराई। अमृत परहरि करि बिष खाई॥
जांनि अजांनि जिन्हैं बिष खावा। परे लहरि पुकारैं धावा॥
बिष के खायें का गुंन होई। जा बेदन जानै परि सोई॥
मुरछि मुरछि जीव जरिहै आसा। कांजी अलप बहु खीर बिनासा॥

तिल सुख कारनि दुख अस मेरू। चौरासी लख कीन्हां फेरू॥
अलप सुख दुख आहि अनंता। मन मैंगल भूल्यौ मैंमंता॥
दीपक जोति रहै इक संगा। नैन नेह मांनूं परै पतंगा॥
सुख विश्रांम किनहूं नहीं पावा। परहरि साच झूठ दिन धावा॥
लालच लागे जनम सिरावा। अति काल दिन आइ तुरावा॥
जब लग है यहु निज तन सोई। तब लग चेति न देखै कोई।
जब निज चलि करि किया पयांनां। भयौ अकाज तब फिर पछितांनां॥

मृगत्रिष्नां दिन दिन ऐसी, अब मोहि कछु न सोहाइ॥
अनेक जतन करि टारिये, करम पासि नहीं जाइ॥ 5॥

रे रे मन बुधिवंत भंडारा। आप आप ही करहु बिचारा॥
कवन सयांन कौन बौराई। किहि दुख पाइये किहि दुख जाई॥
कवन हरिष कौ बिषमैं जांनां। को अनहित को हित करि मांनां॥
कवन सार को आहि असारा। को अनहित को आहि पियारा॥
कवन साच कवन है झूठा, कवन करू को लागै मीठा॥
किहि जरिये किहि करिये अनंदा। कवन मुकति को गल के फंदा॥

रे रे मन मोंहि ब्यौरि कहि, हौ तत पूछौ तोहि॥
संसै मूल सबै भई, समझाई कहि मोहि॥ 6॥

सुंनि हंसा मैं कहूं बिचारी। त्रिजुग जोति सबै अंधियारी॥
मनिषा जनम उत्तिम जो पावा। जांन्यूं रांम तौ सयांन कहावा॥
नहीं चेतै तो जनम गंमावा। पर्‍यौ बिहान तब फिरि पछतावा॥
सुख करि मूल भगति जो जांनै। और सबै दुख या दिन आंनै॥
अंमृत केवल रांम पियारा। और सबै बिष के भंडारा॥
हरि आहि जौ रमियै रांमां। और सबै बिसमा के कांमां॥
सार आहि संगति निरवांनां। और सबै असार करि जांनां॥
अनहित आहि सकल संसारा। हित करि जांनियै रांम पियारा॥
साच सोई जे थिरह रहाई। उपजै बिनसै झूठ ह्वै जाई॥
मींठा सो जो सहजै पावा। अति कलेस थैं करू कहावा॥
ना जरियै ना कीजै मैं मोरा। तहाँ अनंद जहाँ रांम निहोरा॥
मुकति सोज आपा पर जांनै। सो पद कहाँ जु भरमि भुलानै॥

प्रांननाथ जग जीवनां, दुरलभ रांम पियार।
सुत सरीर धन प्रग्रह कबीर, जीय तरवर पंख बसियार॥ 7॥

रे रे जीव अपनां दुख न संभारा। जिहि दुख ब्याप्या सब संसारा॥
माया मोह भूले सब लोई। क्यंचित लाभ मांनिक दीयौ खोई॥
मै मेरी करि बहुत बिगूता। जननी उदर जनम का सूता॥
बहुत रूप भेष बहु कीन्हां। जुरा मरन क्रोध तन खींनां॥
उपजै बिनसै जोनि फिराई। सुख कर मूल न पावै चाही॥
दुख संताप कलेस बहु पावै। सो न मिलै जे जरत बुझावै॥
जिहि हित जीव राखिहै भाई। सो अनहित ह्वै जाइ बिलाई॥
मोर तोर करि जरे अपारा। मृगतृष्णा झूठी संसारा॥
माया मोह झूठ रह्यौ लागी। का भयौ इहां का ह्वैहै आगी॥
कछु कछु चेति देखि जीव अबहीं। मनिषा जनम ज पावै कबहीं॥
सारि आहि जे संग पियारा। जब चेतै तब ही उजियारा॥
त्रिजुग जोनि जे आहि अचेता, मनिषा जनम भयौ चित चेता॥
आतमां मुरछि मुरछि जरि जाई। पिछले दुख कहता न सिराई॥
सोई त्रास जे जांनै हंसा। तौ अजहुं न जीव करै संतोसा॥
भौसागर अति वार न पारा। ता तिरिबे को करहु बिचारा॥
जा जल की आदि अंति नहीं जानिये। ताकौ डर काहे न मानियै॥
को बोहिथ को खेवट आही। जिहि तिरिये सो लीजै चाही॥
समझि बिचारि जीव जब देखा। यहु संसार सुपन करि लेखा।
भई बुधि कछू ग्यांन निहारा। आप आप ही किया बिचारा॥
आपण मैं जे रह्यौ समाई। नेड़ दूरि कथ्यौ नहीं जाई॥
ताके चीन्है परचौ पावा। भई समझि तासूं मन लावा॥

भाव भगति हित बोहिथा, सतगुर खेवनहार॥
अलप उदिक तब जांणिये, जब गोपदखुर बिस्तार॥ 8॥

दुपदी रमैणी

१.या दयाल बिषहर जरि जागा। गहगहांन प्रेम बहु लागा॥
भया अनंद जीव भये उल्हासा। मिले रांम मनि पूगी आसा॥
मास असाढ़ रबि धरनि जरावै। जरत जरत जल आइ बुझावै॥
रूति सुभाइ जिमीं जब जागी। अंमृत धार होइ झर लागी॥
जिमीं मांहिं उठी हरियाई। बिरहनि पीव मिले जन जाई॥
मनि कांमनि के भये उछाहा। कारनि कौन बिसारी नाहा॥
खेल तुम्हारा मरन भया मेरा। चौरासी लख कीन्हां फेरा॥

सेवग सुत जे होइ अनिआई। गुन अवगुन सब तुम्हि समाई॥
अपने औगुन कहूं न पारा। इहै अभाग जे तुम्ह न संभारा॥
दरबो नहीं कांई तुम्ह नाहा। तुम्ह बिछुरे मैं बहु दुख चाहा॥
मेघ न बरिखैं जांहिं उदासा। तू न सारंग सागर आसा॥
जलहर भर्‌यौ ताहि नहीं भावै। कै मारि जाइ कै उहै पिरावै॥
मिलहु रांम मनि पुरवहु आसा। तुम्ह बिछुर्‌या मैं सकल निरासा॥
मै र निरासी जब निधि पाई। रांम नांम जीव जाग्या जाई॥
नलिनीं कै ज्यूं नीर अधारा। खिन बिछुरयां थैं रवि प्रजारा॥
रांम बिनां जीव बहुत दुख पावै। मन पतंग जगि अधिक जरावै॥
माघ मास रुति कवलि तुसारा। भयौ बसंत तब बाग संभारा॥
अपनै रंगि सब कोइ राता। मधुकर बार लेहि मैंमंता॥
बन कोकिला नाद गहगहांना। रुति बसंत सब कै मनि मानां॥
बिरहन्य रजनी जुग प्रति भइया। पिव पिव मिलें कलप टलि गइया॥
आतमां चेति समझि जीव जाई। बाजी झूठ रांम निधि पाई॥
भया दयाल निति बाजहिं बाजा। सहज रांम नांम मन राजा॥

जरत जरत जल पाइया, सुख सागर कर मूल॥
गुर प्रसादि कबीर कहि, भागी संसै सूल॥ 1॥

रांम नांम जिन पाया सारा। अबिरथा झूठ सकल संसारा॥
हरि उतंग मैं जानि पतंगा। जंबकु केहरि कै ज्यूं संगा॥
क्यंचित ह्वै सुपिनै निधि पाई। नहीं सो ताकौं धरी लुकाई॥
हिरदै न समाइ जांनियै नहीं पारा। लागै लोभ न और हकारा॥
सुमिरत हूं अपनै उनमानां। क्यंचित जोग रांम मैं जानां॥
मुखां साध का जानियै असाधा। क्यंचित जोग रांम मैं लाधा॥
कुबिज होई अंमृत फल बंछ्या।पहुंचा तब मन पूगी इंछ्या॥
नियर थैं दूरि दूरि थैं नियरा। रांमचरित न जानियै जियरा॥
सीत थैं अगिन फुनि होई। रबि थैं ससि ससि थैं रबि सोई॥
सीत थैं अगिन परजई। थल थैं निधि निधि थैं थल करई॥
वज्र थैं तिण खिण भीतरि होई। तिण थैं कुलिस करे फुनि सोई॥
गिरवर छार छार गिरि होई। अविगति गति जानै नहीं कोई॥
जिहि दुरमति डोल्यौ संसारा। परे असूझि बार नहीं पारा॥
बिख अंमृत एक करि लीन्हां। जिनि चीन्हा सुख तिहकूं हरि दीन्हा॥
सुख दुख जिनि चीन्हा नहीं जांनां। ग्रासे काल सोग रुति मांनां॥
होइ पतंग दीपक मैं परई। झूठै स्वादि लागि जीव जरई॥

कर गहि दीपक परहि जू कूपा। बहु अचिरज हम देखि अनूपा॥
ग्यांनहीन ओछी मति बाधा। मुखां साध करतूति असाधा॥
दरसंन समि कछू साध न होई। गुर समांन पूजिये सिध सोई॥
भेष कहा जे बुधि बिगूढ़ा। बिन परचे जग बूड़नि बूड़ा॥
जदपि रबि कटिये सुर आही। झूठे रबि लीन्हा सुर चाही॥
कबहूं हुतासन होइ जरावै। कबहुं अखंड धार बरिषावै॥
कबहूं सीत काल करि राखा। तिहूं प्रकार बहुत दुख देखा॥
ताकूं सेवि मूढ़ क्यूं सुख पावै। दौरे लाभ कूं मूल गवाबै॥
अछित राज दिनै दिन होई। दिवस सिराइ जनम गए खोई॥
मृत काल किनहूं नहीं देखा। माया माह धन अगम अलेखा॥
झूठै झूठ रह्यौ उरझाई। साचा अलख जग लख्या न जाई।
साचै नियरै झूठै दूरी। बिष कूं कहैं सजीवन मूरी॥
कथ्यौ न जाइ नियरै अरु दूरी। सकल अतीत रह्या घट पूरी॥
जहाँ देखौ तहाँ रांमं समांनां। तुम्ह बिन ठौर और नहीं आंनां॥
जदपि रह्या सकल घट पूरी। भाव बिनां अभिअंतरि दूरी॥
लोभ पाप दोऊ जरै निरासा। झूठै झूठि लागि रही आसा॥
जहुवां ह्वै निज प्रगट बजावा। सुख संतोष तहाँ हम पावा॥
नित उठि जस कीन्ह परकासा। पावक रहै जैसे काष्ठ निवासा॥
बिना जुगति कैसे मथिया जाई। काष्ठै पावक रह्या समाई॥
काष्ठ कष्ट अगनि पर जरई। जारै दार अगनि समि करई॥
ज्यूं रांम कहै ते रांम होई। दुख कलेस घालै सब खोई॥
जन्म के कलिबिष जांहि बिलाई। भरम करम का कछु न बसाई॥
भरम करम दोऊ बरतै लोई। इनका चरित न जांनै कोई॥
इन दोऊ संसार भुलावा। इनके लागैं ग्यांन गंवावा॥
इनकौ भरम पै सोई बिचारी। सदा अनंद लैलीन मुरारी॥
ग्यांन दृष्टि निज पेखै जोई। इनका चरित जानै पै सोई॥
ज्यूं रजनी रज देखत अंधियारी। डसे भुवंगम बिन उजियारी॥
तारे अगिनत गुनहि अपारा। तऊ कछू नहीं होत अधारा॥
झूठ देखि जीव अधिक डराई। बिना भुवंगम डसी दुनियाई॥
झूठै झूठ लागि रही आसा। जेठ मास जैसे कुरंग पियासा॥
इक त्रिषावंत दह दिसि फिर आवै। झूठै लगा नीर न पावै॥
इक त्रिषावंत अरु जाइ जराई। झूठी आस लागि मरि जाई॥
नीझर नीर जांनि परहरिया। करम के बांधे लालच करिया॥
कहै मोर कछु आहि न वाही। धरम करम दोऊ मति गंवाई॥

धरम करम दोउ मति परहरिया। झूठे नांउं साच ले धरिया॥
रजनी गत भई रबि परकासा। धरम करम धूं केर बिनासा॥
रवि प्रकास तारे गुन खींनां। आचार ब्यौहार सब भये मलीनां॥
बिष के दाधे बिष नहीं भावै। जरत जरत सुखसागर पावै॥
अनिल झूठ दिन धावै आसा। अंध दुरगंध सहै दुख त्रासा॥
इक त्रिषावंत दूसरे रबि तपई। दह दिसि ज्वाला चहुं दिसि जरई॥
करि सनमुखि जब ग्यांन बिचारी। सनमुखि परिया अगनि मंझारी॥
गछित गछित तब आगैं आवा। बिन उनमांन ढिबुआ इक पावा॥
सीतल सरीर तन रह्या समाई। तहाँ छाड़ि कत दाझै जाई॥
यूं मन बारुनि भया हमारा। दाधा दुख कलेस संसारा॥
जरत फिरे चौरासी लेखा। सुख कर मूल कितहूं नहीं देखा॥
जाके छाड़े भये अनाथा। भूलि परे नहीं पावै पंथा॥
अछे अभिअंतरि नियरै दूरी। बिन चीन्ह्यां क्यूं पाइये मूरी॥
जा दिन हंस बहुत दुख पावा। जरत जरत गुरि रांम मिलावा॥
मिल्या रांम रह्या सहजि समाई। खिन बिछुरया जीव उरझै जाई॥
जा मिलियां तैं कीजै बधाई। परमानंद रैनि दिन गाई॥
सखी सहेली लीन्ह बुलाई। रूति परमानंद भेटिये जाई॥
सखी सहेली करहि अनंदू। हित करि भेटियै परमानंदू॥
चली सखी जहुंवा निज रांमां। भये उछाह छाड़े सब कांमां॥
जानूं कि मोरै सरस बसंता। मैं बलि जाऊं तोरि भगवंता॥
भगति हेत गावै लैलीनां। ज्यूं निनाद कोकिला कीन्हां॥
बाजै संख सबद धुनि बैना। तन मन चित हरि गोविंद लीना॥
चल अचल पांइन पंगुरनी। मधुकरि ज्यूं लेहि आघरनीं॥
सावज सींह रहे सब मांची। चंद अरु सूर रहै रथ खांची॥
गण गंध्रप सुनि जोवैं देवा। आरति करि करि बिनवैं सेवा॥
बासिग यंद्र ब्रह्मा करै आसा। हम क्यूं चित दुर्लभ रांम दासा॥
भगति हेत रांम गुन गावैं। सुर नर मुनि दुर्लभ पद पावैं॥
पुनिम बिमल ससि मात बसंता। दरसन जोति मिले भगवंता॥
चंदन बिलनी बिरहनि धारा। यूं पूजिये प्रानपति रांम पियारा॥
भाव भगति पूजा अरु पाती। आतमरांम मिले बहु भांती॥
रांम रांम रांम रुचि मांनै। सदा अनंद रांम ल्यौ जांनै॥
पाया सुख सागर कर मूला, जो सुख नहीं कहूं सम तूला॥

सुख समाधि सुख भया हमारा, मिल्या न बेगर होइ॥
जिहि लाधा सो जांनिहै, रांम कबीर और न जानै कोइ॥ 2॥

लहुरी अष्टपदी रमैणी

केऊ केऊ तीरथ ब्रत लपटांनां। केऊ केऊ केवल रांम निज जाना॥
अजरा अमर एक अस्थाना। ताका मरम काहू बिरलै जानां॥
अबरन जोति सकल उजियारा। द्रिष्टि समान दास निस्तारा॥
जो नहीं उपज्या धरनि सरीरा। ताकै पंथि न सींच्या नीरा॥
जा नहीं लागे सूरजि के बांनां। सो मोहि आंनि देहु को दांनां॥
जब नहीं होते पवन नहीं पानी। तब नहीं होती सिष्टि उपांनी॥
जब नहीं होते प्यंड न बासा। तब नहीं होते धरनी अकासा॥
जब नहीं होते गरभ न मूला। तब नहीं होते कली न फूला॥
जब नहीं होते सबद न स्वादं, तब नहीं होते विद्या न वादं॥
जब नहीं होते गुरू न चेला। तब गम अगमै पंथ अकेला॥

अवगति की गति क्या कहूँ, जिसकर गांव न नांव।
गुन बिहूंन का पेखिये, काकर धरिये नांव॥ 1॥

आदम आदि सुधि नहीं पाई। मां मां हवा कहाँ थै आई॥
जब नहीं होते रांम खुदाई। साखा मूल आदि नहीं भाई॥
जब नहीं होते तुरक न हिंदू। माका उदर पिता का ब्यंदू॥
जब नहीं होते गाइ कसाई। तब बिसमला किनि फुरमाई॥
भूले फिरै हीन ह्वै धावैं। ता साहिब का पंथ न पावै॥

संजोगैं करि गुंण धर्‌या, बिजोगैं गुंण जाइ।
जिभ्या स्वारथि आपणैं कीजै बहुत उपाइ॥ 2॥

जिनि कलमां कलि मांहिं पठावा। कुदरत खोजि तिनहूं नहीं पावा॥
कर्म करीम भये करतूता। वेद कुरान भये दोऊ रीता॥
कृतम सो जु गरभ अवतरिया। कृतम सो जु नाव जस धरिया॥
कृतम सुंनित्यं और जनेऊ। हिंदू तुरक न जानै भेऊ॥
मन मुसले की जुगति न जांनैं। मति भूलै द्वै दीन बखानैं॥

पाणी पवन संयोग करि, कीया है उतपाति॥
सुंनि मैं सबद समाइगा, तब कासनि कहिये जाति॥ 3॥

तुरकी धरम बहुत हम खोजा। बहु बजगार करैं ए बोधा॥
गाफिल गरब करै अधिकाई। स्वारथ अरथि बधै ए गाई॥
जाकौ दूध धाइ करि पीजै। ता माता को बध क्यूं कीजै॥
लहुरैं थकै दुहि पीया खीरो। ताका अहमक भकै सरीरो॥

बेअकली अकलि न जांनहीं, भूले फिरै ए लोइ।
दिल दरिया दीदार बिन, भिस्त कहाँ थै होइ॥ 3॥

पंडित भूले पढ़ि गुनि वेदा। आप न पांवैं नांनां भेदा॥
संध्या तरपन अरु षट करमां। लागि रहे इनकै आश्रमां॥
गायत्री जुग चारि पढ़ाई। पूछौ जाइ कुमति किनि पाई॥
सब में रांम रहै ल्यौ सींचा। इन थैं और कहौ को नीचा॥
अति गुन गरब करै अधिकाई। अधिकै गरबि न होइ भलाई॥
जाकौ ठाकुर गरब प्रहारी। सो क्यूं सकई गरब सहारी॥

कुल अभिमांन बिचार तजि, खोजौ पद निरबांन॥
अंकुर बीज नसाइगा, तब मिलै बिदेही थांन॥ 5॥

खत्री करै खत्रिया धरमो। तिनकूं होय सवाया करमो।
जीवहि मारि जीव प्रतिपारैं। देखत जनम आपनौ हारैं॥
पंच सुभाव जु मेटै काया। सब तजि करम भजैं रांम राया॥
खत्री सों जु कुटुंब सूं सूझै। पंचू मेटि एक कूं बूझै॥
जो आवध गुर ग्यांन लखावा। गहि करवाल धूप धरि धावा॥
हेला करै निसांनैं घाऊ। जूझ परै तहाँ मनमथ राऊ॥

मनमथ मरे न जीवई, जीवण मरण न होइ।
सुंनि सनेही रांम बिन, गए अपनपौ खोइ॥ 6॥

अरु भूले षट दरसंन भाई। पाखंड भेष रहे लपटाई॥
जैन बोध अरु साकत सैंना। चारवाक चतुरंग बिहूंनां॥
जैन जीव की सुधि न जानै, पाती तोरि देहुरै आंनै॥
अरु प्रिथमीं का रोम उपारैं। देखत जीव कोटि संघारैं॥
मनमथ करम करैं असरारा। कलपत बिंद धसै तिहि द्वारा॥
ताकी हत्या होइ अदभूता, षट दरसन मैं जैन बिगूता॥

ग्यान अमर पद बाहिरा, नेड़ा ही तैं दूरि॥
जिनि जान्यां तिनि निकटि है, रांम रह्या सकल भरपूरि॥ 7॥

आपन करता भये कुलाला। बहु बिधि सिष्टि रची दरहाला॥
बिधनां कुम्भ कीये द्वै थांनां। प्रतिबिंब ता मांहिं समांनां॥
बहुत जतन करि बांनक बानां। सौंज मिलाय जीव तहाँ ठांना॥
जठर अगनि दीन्हीं परजाली। ता मैं आप करै प्रतिपाली॥
भीतर थैं जब बाहिर आवा। सिव सकती द्वै नांव धरावा॥
भूलै भरमि परै जिनि कोई। हिंदू तुरक झूठ कुल दोई॥
घर का सुत जो होइ अयांनां। ताके संगि क्यूं जाइ सयांनां॥
साची बात कहै जे वासूं। सो फिरि कहै दिवांनां तासूं॥
गोप भिन्न है एकै दूधा। कासूं कहिए बांम्हन सूधा॥

जिनि यहु चित्र बनाइया, सो साचा सुतधार॥
कहै कबीर ते जन भले, जे चित्रवत लेहि बिचार॥ 8॥

बारहपदी रमैणी

पहली मन में सुमिरौं सोई। ता समतुलि अवर नहीं कोई॥
कोई न पूजै वांसूं प्रांनां। आदि अंति वो किनहूं न जांनां॥
रूप सरूप न आवै बोला। हरू गरू कछू जाइ न तोला॥
भूख न त्रिषां धूप नहीं छांहीं। सुख दुख रहित रहै सब मांहीं॥

अविगत अपरंपार ब्रह्म, ग्यांन रूप सब ठांम।
बहु बिचारि करि देखिया, कोई न सारिख रांम॥ 1॥

जो त्रिभुवन पति ओ है ऐसा। ताका रूप कहो धौं कैसा॥
सेवग जन सेवा कै तांई। बहुत भांति करि सेवि गुसांई॥
तैसी सेवा चाहौ लाई। जा सेवा बिन रह्या न जाई॥
सेव करंतां जो दुख भाई। सो दुख सुख बरि गिनहु सवाई॥
सेव करंतां सो सुख पावा, तिन्य सुख दुख दोऊ बिसरावा॥

सेवग सेव भुलानियां, पंथ कुपंथ न जान।
सेवक सो सेवा करी, जिहि सेवा भल मांन॥ 2॥

जिहि जग कीतस कीतस केही। आपै आप आथि है एही॥
कोई न लखई वाका भेऊ। भेऊ होई तो पावै भेऊ॥
बावैं न दांहिनै आगै न पीछू। अरध उरध रूप नहीं कीछू॥
माय न बाप आव नही जावा। नां बहु जण्यां न को वहि जावा॥
वो है तैसा वोही जानै। ओही आहि आहि नहीं आंनै॥

नैनां बैंन अगोचरी, श्रवनां करनीं सार।
बोलन कै सुख कारनैं, कहिये सिरजनहार॥ 3॥

सिरजनहार नांउ धूं तेरा। भौसागर तिरिबै कूं भेरा॥
जे यहु भेरा रांम न करता। तौ आपै आप आवंटि जग मरता॥
रांम गुसाई मिहर जु कीन्हां। भेरा साजि संत कौं दीन्हां॥

दुख खंडणां मही मंडणां, भगति मुकुति बिश्रांम॥
बिधि करि भेरा साजिया कबीर, धर्‍या रांम का नांम॥ 4॥

जिनि यह भेरा दिढ़ करि गहिया। गए पार तिनौं सुख लहिया॥
दुमनां ह्वै जिनि चित्त डुलावा। करि छिटके थैं थाह न पावा॥
इक डूबे अरु रहे उबारा। ते जगि जरे न राखणहारा॥
राखन की कछु जुगति न कीन्हीं। राखणहार न पाया चीन्हीं॥
जिनि चीन्ह्या ते निरमल अंगा। जे अचीन्ह ते भये पतंगा॥

रांम नांम ल्यौ लाइ करि, चित चेतन ह्वै जागि॥
कहै कबीर ते ऊबरे, जे रहे रांम ल्यौ लागि॥ 5॥

अरचित अविगत है निरधारा। जांण्यां जाइ न वार न पारा॥
लोक बेद थैं अछै नियारा। छाड़ि रह्यौ सबही संसारा॥
जसकर गांउं न ठांउं न खेरा। कैसें गुन बरनूं मैं तेरा॥
नहीं तहाँ रूप रेख गुन बांनां। ऐसा साहिब है अकुलांनां।
नहीं सो ज्वांन न बिरध नहीं बारा। आपै आप अपनपौ तारा॥

कहै कबीर बिचारि करि, जिनि को लावै भंग।
सेवौ तन मन लाइ करि, रांम रह्या सरबंग॥ 6॥

नहीं सो दूरि नहीं सो नियरा। नहीं सो तात नहीं सो सियरा॥
पुरिष न नारि करै नहीं क्रीरा। घांम न घांम न ब्यापै पीरा॥
नदी न नाव धरनि नहीं धीरा। नहीं सो कांच नहीं सो हीरा॥

कहै कबीर बिचारि करि, तासूं लावो हेत॥
बरन बिबरजत ह्वै रह्या, नां सो स्यांम न सेत॥ 7॥

नां वो बारा ब्याह बराता। पीत पितंबर स्यांम न राता॥
तीरथ ब्रत न आवै जाता। मन नहीं मोनि बचन नहीं बाता॥
नाद न बिंद गरंथ नहीं गाथा। पवन न पांणी संग न साथा॥

कहै कबीर बिचार करि, ताकै हाथि न नांहिं॥
सो साहिब किनि सेविये, जाके धूप न छांहिं॥ 8॥

ता साहिब कै लागौ साथा। सुख दुख मेटि रह्यौ अनाथा।
ना दसरथ धरि औतरि आवा। नां लंका का राव संतावा॥
देवै कूख न औतरि आवा। ना जसवै ले गोद खिलावा॥
ना वो ग्वाल कै संग फिरिया। गोबरधन ले न कर धरिया॥
बांवन होय नहीं बलि छलिया। धरनी बेद लेन उधरिया॥
गंडक सालिगरांम न कोला। मछ कछ ह्वै जलहि न डोला॥
बद्री बैसि ध्यांन नहीं लावा। परसरांम ह्वै खत्री न सतावा॥
द्वारांमती सरीर न छाड़ा। जगन्नाथ ले प्यंड न गाड़ा॥

कहै कबीर बिचार करि ये वैले ब्योहार।
याही थैं जे अगम है, सो बरति रह्या संसारि॥ 9॥

नां तिस सबद व स्वाद न सोहा। ना तिहि मात पिता नहीं मोहा॥
नां तिहि सास ससुर नहीं सारा। ना तिहि रोज न रोवनहारा॥
नां तिहि सूतिग पातिग जातिग। नां तिहि माइ न देव कथा पिक॥
नां तिहि ब्रिध बधावा बाजै। नां तिहि गीत नाद नहीं साजै॥
नां तिहि जाति पांति कुल लीका। नां तिहि छोति पवित्र नहीं सींचा॥

कहै कबीर बिचारि करि, ओ है पद निरबांन।
सति ले मन मैं राखिये, जहाँ न दूजी आंन॥ 10॥

नां सो आवै ना सो जाई। ताकै बंध पिता नहीं माई॥
चार बिचार कछु नहीं वाकै। उनमनि लागि रहौ जे ताकै॥
को है आदि कवन का कहिये। कवन रहनि वाका ह्वै रहिये॥

कहै कबीर बिचारि करि, जिनि को खोजै दूरि॥
ध्यान धरौ मन सुध करि, रांम रह्या भरपूरि॥ 11॥

नाद बिंद रंक इक खेला। आपै गुरू आप ही चेला॥
आपै मंत्र आपै मंत्रेला। आपै पूजै आप पूजेला॥
आपै गावै आप बजावै। अपनां कीया आप ही पावै॥
आपै धूप दीप आरती। अपनीं आप लगावै जाती॥

कहै कबीर बिचारि करि, झूठा लोही चांम॥
जो या देही रहित हैं, सो है रमिता रांम॥ 12॥

चौपदी रमैणी

ओऊंकार आदि है मूला। राजा परजा एकहि सूला।
हम तुम्ह मांहैं एकै लोहू। एकै प्रांन जीवन है मोहू॥
एकही बास रहै दस मासा। सूतग पातग एकै आसा॥
एकहीं जननीं जन्यां संसारा। कौन ग्यान थैं भये निनारा॥

ग्यांन न पायो बावरे, धरी अविद्या मैंड।
सतगुर मिल्या न मुक्ति फल, ताथैं खाई बैंड॥ 1॥

बालक ह्वै भग द्वारे आया। भग भुगतान कूं पुरिष कहाया॥
ग्यांन न सुमिर्यौ निरगुण सारा, बिष थैं बिरचि न किया बिचारा।
भाव भगति सूं हरि न अराधा। जनम मरन की मिटी न साधा॥

साध न मिटी जनम की, मरन तुरांनां आइ॥
मन क्रम बचन न हरि भज्या, अंकुर बीज नसाइ॥ 2॥

तिण चरि सुरही उदिक पीया। द्वार दूध बछ कूं दीया।
बछा चूंखत उपजी न दया। बछा बांधि बिछोही मया॥
ताका दूध आप दुहि पीया। ग्यान बिचार कछू नहीं कीया॥
जे कुछ लोगनि सोई कीया। माला मंत्र बादि ही लीया॥
पीया दूध रूध्र ह्वै आया। मुई गाइ तब दोष लगाया॥
बाकस ले चमरां कूं दीन्हीं। तुचा रंगाइ करौती कीन्हीं॥
ले र करौती बैठे संगा। ये देखौ पांडे के रंगा॥
तिहि र करौती पाणीं पीया। बहु कुछ पांड़े अचिरज कीया॥

अचिरज कीया लोक मैं, पीया सुहागल नीर॥
इंद्री स्वारथि सब कीया, बंध्या भरम सरीर॥ 3॥

एकै पावन एक ही पांणी। करी रसोई न्यारी जांनी॥
माटी सूं माटी ले पोती। लागी कहाँ कहाँ धूं छोती॥
धरती लीपि पवित्र कीन्हीं। छोति उपाय लोक बिचि दीन्हीं॥
याका हम सूं कहौ बिचारा। क्यूं भव तिरिहौ इहि आचारा॥
ए पाखंड जीव के भरमां। मांनि अमांनि जीव के करमां॥
करि आचार जू ब्रह्म संतावा। नांव बिनां संतोष न पावा॥
सालिगरांम सिला करि पूजा। तुलसी तोड़ि भया नर दूजा॥
ठाकुर ले पाटै पौढ़ावा। भोग लगाइ अरु आपैं खावा॥
सांच सील का चौका दीजै। भाव भगति कीजै सेवा कीजै॥
भाव भगति की सेवा मांनै। सतगुर प्रकट कहै नहीं छाँनै॥
अनभै उपजि न मन ठहराई। परकिरति मिलि मन न समाई॥
जब लग भाव भगति नहीं करिहौ। तब लग भवसागर क्यूं तिरिहौ॥

भाव भगति बिसवास बिनु, कटै न संसै सूल।
कहै कबीर हरि भगति बिन, मूकति नहीं रे मूल॥ 4॥

परिशिष्ट

अर्थात्

श्रीग्रंथसाहब के दिए हुए पदों में से कबीरदास के उन पदों का संग्रह
जो इस ग्रंथावली में नहीं आए हैं।

साखी

आठ जाम चउसठि घरी तुअ निरखत रहै जीउ।
नीचे लोइन किउ करउ सभ घट देखउ पीउ॥ 1॥
ऊच भवन कनक कांमिनी सिखरि धजा फहराइ।
ताते भली मधूकरी संत संग गुन गाइ॥ 2॥
अंबर घनहरू छाइआ बरखि भरे सर ताल।
चातक जिउ तरसत रहै, तिन को कउन हवाल॥ 3॥
अलह की कर बंदगी जिह सिमरत दुख जाइ।
दिल महि सांईं परगटै बुझै बलंती नाइ॥ 4॥
अवरह कउ उपदेसते मुख मै परिहै रेतु।
रासि बिरानी राखते खाया घर का खेतु॥ 5॥
कबीर आई मुझहि पहि अनिक करे करि भेसु।
हम राखे गुरु आपने उनि कीनो आदेसु॥ 6॥
आखी केरे माटूके पल पल गई बिहाइ।
मनु जंजाल न छाड़ई जम दीआ दमामा आइ॥ 7॥
आसा करिये रांम की अवरै आस निरास।
नरक परहि ते मानई जो हरि नांम उदास॥ 8॥
कबीर इहु तनु जाइगा सकहु त लेहु बहोरि।
नागे पांवहु ते गए जिनके लाख करोरि॥ 9॥
कबीर इहि तनु जाइगा कवने मारग लाइ।
कै संगति करि साध की कै हरि के गुन गाइ॥ 10॥
एक घड़ी आधी घड़ी आधी हूं ते आध।
भगतन सेती गोसटे जो कीने सो लाभ॥ 11॥
एक मरंते दुइ मूए दोइ मरंते हि चारि।
चारि मरंत हि छह मूए चारि पुरख दुइ नारि॥ 12॥
ऐसा एक आधु जो जीवत मृतक होइ।
निरभै होइ कै गुन रवै जत पेखउ तत सोइ॥ 13॥

कबीर ऐसा को नहीं इह तन देवै फूकि।
अंधा लोगु न जानई रहिओ कबीरा कूकि॥ 14 ॥
ऐसा जंतु इक देखिया जैसी धोई लाख।
दीसै चंचलु बहु गुना मति हीना नापाक॥ 15 ॥
कबीर ऐसा बीजु बोइ बारह मास फलंत।
सीतल छाइआ गहिर फल पंखी केल करंत॥ 16 ॥
ऐसा सतगुर जे मिलै तुट्ठा करे पसाउ।
मुकति दुआरा मोकला सहजै आवउ जाउ॥ 17 ॥
कबीर ऐसी होइ परी मन को भावतु कीन।
मरने ते क्या डरपना जब हाथ सिधउरा लीन॥ 18 ॥
कंचन के कुंडल बने ऊपर लाख जड़ाउ।
दीसहि दाधे कान जिउ जिन मन नांहीं नांउ॥ 19 ॥
कबीर कसउटी रांम की झूठा टिका न कोइ।
रांम कसउटी सो सहै जो मरि जीवा होइ॥ 20 ॥
कबीर कस्तूरी भइआ भवर भए सब दास।
जिउ जिउ भगति कबीर की तिउ तिउ रांम निवास॥ 21 ॥
कागद केरी ओबरी मसु के करम कपाट।
पाहन बोरी पिरथमी पंडित पाड़ी बाट॥ 22 ॥
कांम परे हरि सिमरीऐ ऐसा सिमरहु नित।
अमरपुर बासा करहु हरि गइआ बहोरै बित॥ 23 ॥
काइआ कजली बन भइआ मन कुंजर मयमंतु।
अंकसु गिआन रतन है खेवट बिरला संतु॥ 24 ॥
कबीर काइआ काची कारवी केवल काची धातु।
साबतु रखहि त रांम भजु नाहि त बिनठी बात॥ 25 ॥
कारन बपुरा किआ करै जौ रांम न करै सहाइ।
जिहि जिहि डाली पग धरउ सोई मुरि मुरि जाइ॥ 26 ॥
कबीर कारनु सो भइओ जो कीनौ करतार।
तिसु बिनु दूसर को नहीं एकै सिरजनहार॥ 27 ॥
कालि करंता अबहि करु अब करता सु इताल।
पाछै कछू न होइगा जौ सिर पर आवै काल॥ 28 ॥
कीचड़ आटा गिरि परिआ किछू न आइओ हाथ।
पीसत पीसत चाबिआ सोई निबहिआ साथ॥ 29 ॥
कबीर कूकरु भउकता कुरंग पिछै उठि धाइ।
करमी सतिगुर पाइआ जिन हउ लीआ छड़ाइ॥ 30 ॥

कबीर कोठी काठ की दह दिसि लागी आगि।
पंडित पंडित जल मूए मूरख उबरे भागि॥ 31 ॥
कोठे मंडप हेतु करि काहे मरहु संवारि।
कारज साढ़े तीन हाथ घनी त पौने चारि॥ 32 ॥
कउड़ी कउड़ी जोरि के जोरे लाख करोरि।
चलती बार न कछु मिलिओ लई लंगोटी तोरि॥ 33 ॥
खिंथा जलि कोइला भई खापर फूटम फूट।
जोगी बपुड़ा खेलिओ आसनि रही बिभूति॥ 34 ॥
खूब खाना खीचरी जामहि अंम्रित लोन।
हेरा रोटी कारने गला कटावै कौन॥ 35 ॥
गंगा तीर जु घर करहि पीवहि निर्मल नीर।
बिनु हरि भगति न मुकति होइ इउ कहि रमे कबीर॥ 36 ॥
कबीर राति होवहि कारीआ कारे ऊभे जंतु।
लै फाहे उठि धावते सि जानि मारे भगवंतु॥ 37 ॥
कबीर गरबु न कीजीऐ चाम लपेटे हाड़।
हैवर उपर छत्र तर ते फुनि धरनी गाड़॥ 38 ॥
कबीर गरबु न कीजीऐ ऊचा देखि अवासु।
आजु कालि भुइ लेटणा ऊपरि जामै घासु॥ 39 ॥
कबीर गरबु न कीजीऐ रंकु न हसीऐ कोइ।
अजहु सु नांउं समुंद्र महि किआ जानै किआ होइ॥ 40 ॥
कबीर गरबु न कीजीऐ देही देखि सुरंग।
आजु कालि तजि जाहुगे जिउ कांचुरी भुजंग॥ 41 ॥
गहगचि परिओ कुटुंब के कांठै रहि गइओ रांम।
आइ परे धरमराइ के बीचहि धूंमा धाम॥ 42 ॥
कबीर गागरि जल भरी आजु कालि जैहै फूटि।
गुरु जु न चेतहि आपुनो अध माझ लीजाहिगे लूटि॥ 43 ॥
गुरु लागा तब जानीऐ मिटै मोह तन ताप।
हरख सोग दाझै नहीं तब हरि आपहि आप॥ 44 ॥
कबीर घाणी पीड़ते सतिगुरु लिये छुड़ाइ।
परा पूरबली भावनी परगट होई आइ॥ 45 ॥
चकई जौ निसि बीछुरै आइ मिले परभाति।
जो नर बिछुरै रांम सिउ ना दिन मिले न राति॥ 46 ॥
चतुराई नहीं अति घनी हरि जपि हिरदै माहि।
सूरी ऊपरि खेलना गिरै त ठाहर नाहि॥ 47 ॥

चरन कमल की मउज को कहि कैसे उनमान।
कहिबे को सोभा नहीं देखा ही परवान॥ 48॥
कबीर चावल कारने तुम कउ मुहली लाइ।
संग कुसंगी बैसते तब पूछै धरमराइ॥ 49॥
चुगै चितारै भी चुगै चुगि चुगि चितारै।
जैसे बच रहि कुंज मन माइआ ममता रे॥ 50॥
चोट सुहेली सेल की लागत लेइ उसास।
चोट सहारै सबद की तासु गुरू मैं दास॥ 51॥
जग काजल की कोठरी अंध परे तिस माहि।
हउ बलिहारी तिन्ह की पैसु जु नीकसि जाहि॥ 52॥
जग बाधिओ जिह जेवरी तिह मत बंधहु कबीर।
जैहहि आटा लोन सिउ सोन समान सरीर॥ 53॥
जग महि चेतिओ जानि कै जग महि रहिओ समाइ।
जिनि हरि नांम न चेतिओ बादहि जनमे आइ॥ 54॥
कबीर जह जह हउ फिरिओ कउतक ठाओ ठाइ।
इक रांम सनेही बाहरा ऊजरू मेरै भांइ॥ 55॥
कबीर जाकउ खोजते पाइओ सोई ठउरु।
सोइ फिरि के तू भहिआ जा कउ कहता अउरु॥ 56॥
जाति जुलाहा किआ करे हिरदै बसै गुपाल।
कबीर रमईआ कंठ मिलु चूकहि सब जंजाल॥ 57॥
कबीर जा दिन हउ मुआ पाछै भइआ अनंद।
मोहि मिलिओ प्रभु आपना संगी भजहि गोबिंद॥ 58॥
जिह दर आवत जात हू हटकै नाही कोइ।
सो दरु कैसे छोड़ीऐ जो दरु ऐसा होइ॥ 59॥
जीअ जो मारहि जोरु करि कहते हहि जु हलालु।
दफतर दई जब काढ़ि है होइगा कौन हवालु॥ 60॥
कबीर जेते पाप कीए राखे तलै दुराइ।
परगट भए निदान सभ जब पूछै धरमराइ॥ 61॥
जैसी उपजी पेड़ ते जउ तैसी निबहै ओड़ि।
हीरा किसका बापुरा पुजहि न रतन करोड़ि॥ 62॥
जो मैं चितवउ ना करै क्या मेरे चितवे होइ।
अपना चितविआ हरि करै जो मारै चिति न होइ॥ 63॥
जोर किया सो जुलुम है लेइ जवाब खुदाइ।
दफतर लेखा नीकसै मार मुहै मुह खाइ॥ 64॥

जो हम जंत्र बजावते टूटि गई सब तार।
जंत्र बिचारा किआ करे चले बजावनहार॥ 65॥
जउ ग्रिहु करहि त धरमु करु नांहिं त करु बैरागु।
बैरागी बंधन करै ताकौ बड़ौ अभागु॥ 66॥
जउ तुहि साध पिरंम की सीस काटि करि गोइ।
खेलत खेलत हाल करि जो किछु होइ त होइ॥ 67॥
जौ तुहि साध पिरंम की पाके सेती खेलु।
काची सरसउ पेलि कै ना खलि भई न तेलु॥ 68॥
कबीर झंखु न झंखिऐ तुम्हरो कहिओ न होइ।
करम करीम जु करि रहे मेटि न साकै कोइ॥ 69॥
टालै टोलै दिन गया ब्याज बढंतउ जाइ।
ना हरि भजिओ ना खत फटिओ काल पहूंचो आइ॥ 70॥
ठाकुर पूजहि मोल ले मन हठ तीरथ जाहि।
देखा देखी स्वांग धरि भूले भटका खाहि॥ 71॥
कबीर डगमग किआ करहि कहा डुलावहि जीउ।
सब सुख को नाइको रांम नांम रस पीउ॥ 72॥
डूबहिगो रे बापुरे बहु लोगन की कानि।
परोसी के जो हुआ तू अपने भी जानि॥ 73॥
कबीर डूबा था पै उबरिओ गुन की लहरि झबकि।
जब देखिओ बेड़ा जरजरा तब उतरि परिओ हउ फरकि॥ 74॥
तरवर रूपी रांमु है फल रूपी बैरागु।
छाइआ रूपी साधु है जिन तजिआ बादु बिबादु॥ 75॥
कबीर तासिउ प्रीति करि जाको ठाकुर रांम।
पंडित राजे भूपती आवहि कौने कांम॥ 76॥
तूं तूं करता तूं हुआ मुझ महि रही न हूं।
जब आपा पर का मिटि गया जित देखौ तित तूं॥ 77॥
थूनी पाई थिति भई सतिगुर बंधी धीर।
कबीर हीरा बनजिआ मानसरोवर तीर॥ 78॥
कबीर थोरै जल माछुली झीवर मेलिओ जाल।
इह टोघनै न छूटिसहि फिरि करि समुंद सम्हालि॥ 79॥
कबीर देखि कै किह कहउ कहे न को पतीआइ।
हरि जैसा तैसा उही रहउ हरखि गुन गाइ॥ 80॥
देखि देखि जग ढूंढ़िआ कहूं न पाइआ ठौर।
जिन हरि का नांम न चेतिओ कहा भुलाने और॥ 81॥

कबीर धरती साध की तसकर बैसहि गाहि।
धरती भारि न बिआपई उन कउ लाहू लाहि॥ 82॥
कबीर जपनी काठ की क्या दिखलावहि लोइ।
हिरदै रांम न चेतही इह जपनी क्या होइ॥ 83॥
जा घर साध न सेवीअहि हरि की सेवा नाहि।
ते घर मरहट सारखे भूत बसहि तिन माहि॥ 84॥
ना मोहि छानि न छापरी ना मोहि घरु नहीं गाउ।
मति हरि पूछे कौन है मेरे जाति न नांउ॥ 85॥
निरमल बूंद अकास की लीनी भूमि मिलाइ।
अनिक सिआने पच गए ना निरवारी जाइ॥ 86॥
नृप नारी क्यों निंदीऐ क्यों हरि चेरी कौ मान।
ओह मांगु सवारै बिखै कउ ओहु सिमरै हरि नांम॥ 87॥
नैन निहारउ तुझ कउ स्त्रवन सुनहु तुव नांउं।
बैन उचारहु तुव नांम जी चरन कमल रिद ठाउ॥ 88॥
परदेसी कै घाघरै चहु दिसि लागी आगि।
खिंथा जल कुइला भई तागे आंच न लागि॥ 89॥
परभाते तारे खिसहि तिहि इहु खिसै सरीरु।
पै दुइ अक्खर ना खिसहि सो गहि रहिओ कबीरु॥ 90॥
पाटन ते ऊजरूं भला रांम भगत जिह ठाइ।
रांम सनेही बाहरा जमपुर मेरे भाइ॥ 91॥
पापी भगति न भावई हरि पूजा न सुहाइ।
माखी चंदन परहरै जह बिगंध तह जाइ॥ 92॥
कबीर पारस चंदनै तिन है एक सुगंध।
तिह मिलि तेऊ ऊतम भए लोह काठ निरगंध॥ 93॥
पालि समुहा सरवरु भरा पी न सकै कोइ नीरु।
भाग बड़े ते पाइओ तू भरि भरि पीउ कबीर॥ 94॥
कबीर प्रीति इक सिउ कीए आन दुबिधा जाइ।
भावै लांबे केस करु भावै घररि मुड़ाइ॥ 95॥
कबीर फल लागे फलनि पाकन लागै आंब।
जाइ पहूंचहि खसम कउ जउ बीचि न खाई कांव॥ 96॥
बाम्हन गुरु है जगत का भगतन का गुरु नांहिं।
उरझि उरझि कै पच मूआ चारहु बेदहु माहि॥ 97॥
कबीर बेड़ा जरजरा फूटे छेंक हजार।
हरुये हरुये तिरि गए डूबे जिनि सिर॥ 98॥

भली भई जौ भउ परिआ दिसा गई सभ भूलि।
ओरा गरि पानी भइआ जाइ मिलिओ ढलि कूलि॥ 99॥
कबीर भली मधूकरी नाना बिधि को नाजु।
दावा काहू को नहीं बड़ी देस बड़ राजु॥ 100॥
भांग माछुली सुरापान जो जो प्रानी खाहि।
तीरथ बरत नेम कीए ते सभै रसातल जाहि॥ 101॥
भार पराई सिर धरै चलिओ चाहै बाट।
अपने भारहि ना डरै आगै अउघट घाट॥ 102॥
कबीर मन निरमल भया जैसा गंगा नीर।
पाछै लागो हरि फिरै कहत कबीर कबीर॥ 103॥
कबीर मनु पंखी भइओ उड़ि उड़ि दह दिसि जाइ।
जो जैसी संगति मिलै सो तैसो फलु खाइ॥ 104॥
कबीर मन मूड्या नहीं केस मुड़ाये काइ।
जो किछु किया सो मन किया मुंडामुंड अजाइ॥ 105॥
माइआ तजी तो किआ भइआ जउ मानु तजिआ नहीं जाइ।
मान मुनी मुनिवर गले मानु सबै कउ खाइ॥ 106॥
कबीर महिदी करि घालिआ आपु पीसाइ पीसाइ।
तै सह बात न पूछीऐ कबहु न लाई पाइ॥ 107॥
माई मूंडउ तिहि गुरू की जा ते भरम न जाइ।
आप डुबे चहु बेद महि चेले दिए बहाइ॥ 108॥
माटी के हम पूतरे मानसु राखिउ नांउं।
चारि दिवस के पाहुने बड़ बड़ रूंधहि ठाउ॥ 109॥
मानस जनम दुलभु है होइ न बारै बार।
जौ बन फल पाके भुइ गिरहि बहुरि न लागै डार॥ 110॥
कबीर माइआ डोलनी पवन झकोलनहारु।
संतहु माखन खाइआ छाछि पीऐ संसारु॥ 111॥
कबीर माइआ डोलनी पवन बहै हिवधार।
जिन बिलोइआ तिन पाइया अवर बिलोवनहार॥ 112॥
कबीर माइआ चोरटी मुसि मुसि लावै हाटि।
एकु कबीरा ना मुसै जिन कीनी बारह बाटि॥ 113॥
मारी मरउ कुसंग की केले निकटि जु बेरि।
उह झूलै उह चीरीऐ साकत संगु न हेरि॥ 114॥
मारे बहुत पुकारिआ पीर पुकारै अउर।
लागी चोट मरम की रहिओ कबीरा ठउर॥ 115॥

मुकति दुबारा संकुरा राई दसएँ भाइ।
मन तउ मंगल होइ रहिओ निकसो किउ कै जाइ॥ 116॥
मुलां मुनारे क्या चढ़हि सांई न बहरा होइ।
जा कारनि बांग देहि दिल ही भीतरि जोइ॥ 117॥
मुहि मरने का चाउ है मरउ तउ हरि के दुआर।
मत हरि पूछै कउनु है परा हमारै बार॥ 118॥
कबीर मेरी जाति कउ सब कोइ हंसनेहारु।
बलिहारी इस जाति कउ जिह जपिओ सिरजनहारु॥ 119॥
कबीर मेरी बुद्धि कउ जमु न करै तिसकार।
जिन इह जमूआ सिरजिआ सु जपिआ परवदिगार॥ 120॥
कबीर मेरी सिमरनी रसना ऊपरि रांमु।
आदि जुगादि सकल भगत ताको सुखु बिस्रांमु॥ 121॥
जम का ठेगा बुरा है ओह नहिं सहिया जाइ।
एक जु साधु मोहि मिलो तिन लीया अंचल लाइ॥ 122॥
कबीर इह चेतावनी मत सहसा रहि जाइ।
पाछै भोग जु भोगवै तिन कउ गुड़ लै खाइ॥ 123॥
रस को गांडो चूसीऐ गुन कउ मरीऐ रोइ।
अवगुनीआरे मानसै भलो न कहिहै कोइ॥ 124॥
कबीर रांम न चेतिओ जरा पहूंचिओ आइ।
लागी मंदर दुआर ते अब किआ काढ़िओ जाइ॥ 125॥
कबीर रांम न चेतिओ फिरिआ लालच माहि।
पाप करंता मरि गइआ अउध पुनी खिन माहि॥ 126॥
कबीर रांमु न छोड़ीऐ तन धन जाइ त जाउ।
चरन कमल चित बेधिआ रांमहि नांम समाउ॥ 127॥
कबीर नांमु न धिआइओ मोटी लागी खोरि।
काइआ हांड़ी काठ की ना ओह चढ़ै बहोरि॥ 128॥
रांम कहन महि भेदु है तामहि एकु बिचारु।
सोइ रांम सभै कहहि सोई कउतुकहारु॥ 129॥
कबीर रांमै रांम कहु कहिबे माहि बिबेक।
एक अनेकहि मिलि गइआ एक समाना एक॥ 130॥
रांम रतन मुख कोथरी पारख आगै खोलि।
कोइ आइ मिलैगो गाहकी लेगो महगे मोलि॥ 131॥
लागी प्रीति सुजान सिउ बरजै लोगु अजानु।
ता सिउ टूटी क्यों बनै जा के जीअ परानु॥ 132॥

बांसु बड़ाई बूड़िआ इउ मत डुबहु कोइ।
चंदन कै निकटै बसै बांसु सुगंधु न होइ॥ 133॥
कबीर बिकारह चितवते झूठे करंते आस।
मनोरथ कोइ न पूरिओ चाले ऊठि निरास॥ 134॥
बिरहु भुअंगम मन बसै मंतु न मानै कोइ।
रांम बियोगी ना जीऐ जीऐ त बउरा होइ॥ 135॥
कबीर बैदु कहै हउ ही भला दारू मेरे बसि।
इह तउ बसतु गुपाल की जब भावै ले खसि॥ 136॥
वैसनउ की कूकरि भली साकत की बुरी माइ।
ओह नि सुनै हरि नांम जस उह पाप बिसाहन जाइ॥ 137॥
बैसनो हूआ त किआ भइआ माला मेलीं चार।
बाहर कंचनु बारहा भीतरि भरी भंगार॥ 138॥
कबीर संसा दूरि करु कागद देह बिहाइ।
बावन अक्खर सोधि कै हरि चरन चित लाइ॥ 139॥
संगति करीऐ साध की अंति करै निरबाहु।
साकत संगु न कीजीऐ जा ते होइ बिनाहु॥ 140॥
कबीर संगत साध की दिन दिन दूना हेतु।
साकत कारी कांबरी धोए होइ न सेतु॥ 141॥
संत की गैल न छोड़ीऐ मारगि लागा जाउ।
पेखत ही पुंनीत होइ भेटत जपीऐ नांउ॥ 142॥
संतन की झुंगीआ भली भठी कुसती गाउ।
आगि लगै तिह धउलहर जिह नांहीं हरि को नांउ॥ 143॥
संत मूऐ क्या रोइऐ जो अपने ग्रिहि जाय।
रोवहु साकत बापुरे जू हाटै हाट बिकाय॥ 144॥
कबीर सति गुरु सुरमे बाह्या बान जु एकु।
लागत की भुइ गिरि पर्या परा कलेजे छेकु॥ 145॥
कबीर सभु जग हउ फिरिओ मांदलु कंध चढ़ाइ।
कोई काहू को नहीं सभ देखी ठोक बजाइ॥ 146॥
कबीर सब ते हम बुरे हम तजि भलो सभु कोइ।
जिन ऐसा करि बूझिआ मीतु हमारा सोइ॥ 147॥
कबीर समुंद न छोड़ीऐ जउ अति खारो होइ।
पोखरि पोखरि ढूंढ़ते भलो न कहिहै कोइ॥ 148॥
कबीर सेवा की दुइ भले एक संतु इकु रांम।
रांम जु दाता मुकति को संतु जपावै नांमु॥ 149॥

साचा सति गुरु मैं मिलिआ सबद जु बाहिआ एकु।
लागत ही भुइ मिलि गइआ परिआ कलेजे छेकु॥ 150॥
कबीर साकत ऐसा है जैसी लसन की खानि।
कोने बैठे खाइऐ परगट होइ निदान॥ 151॥
साकत संगु न कीजीऐ दुरहि जाईऐ भागि।
बासनु कारो परसीऐ तउ कछु लागै दागु॥ 152॥
साचा सतिगुरु क्या करै जउ सिखा माही चूक।
अंधे एक न लागई जिउ बांसु बजाईऐ फूंक॥ 153॥
साधू की संगति रहौ जउ की भूसी खाउ।
होनहार सो होइहै साकत संगि न जाउ॥ 154॥
साधु कउ मिलने जाईऐ साथि न लीजै कोइ।
पाछै पाउं न दीजीऐ आगै होइ सो होइ॥ 155॥
साधू संग परापती लिखित होइ लिलाट।
मुकति पदारथ पाईऐ ठाक न अवघट घाट॥ 156॥
सारी सिरजनहार की जाने नांहीं कोइ।
कै जानै आपन धनी कै दासु दीवानी होइ॥ 157॥
सिख साखा बहुतै कीऐ केसो कीओ न मीतु।
चले थे हरि मिलन कउ बीचै अटकिओ चीतु॥ 158॥
सुपने हू बरड़ाइ कै जिह मुख निकसै रांम।
ताके पग की पानही मेरे तन को चाम॥ 159॥
सुरग नरक ते मैं रहिओ सतिगुर के परसादि।
चरन कमल की मउज महि रहउ अंति अरु आदि॥ 160॥
कबीर सूखु न एह जुग करहि जु बहुतै मीत।
जो चित राखहि एक सिउ ते सुख पावहि नीत॥ 161॥
कबीर सूरज चांद कै उदै भई सभ देह।
गुरु गोबिंद के बिन मिले पलटि भई सब खेह॥ 162॥
कबीर सोई कुल भलो जा कुल हरि को दासु।
जिह कुल दासु न ऊपजे सो कुल ढाकु पलासु॥ 163॥
कबीर सोइ मारीऐ जिहि मूऐ सुख होइ।
भलो भलो सभु कोई कहै बुरो न मानै कोइ॥ 164॥
कबीर सोई मुख धंनि है जा मुख कहीऐ रांम।
देही किसकी बापुरी पवित्र होइगो ग्रांम॥ 165॥
हंस उड़िओ तनु गाड़िओ सोझाही सैनाह।
अजहूं जीउ न छाड़ई रंकाई नैनाह॥ 166॥

हज काबे हउ जाइ था आगे मिलिआ खुदाइ।
साई मुझ सिउ लरि परिआ तुझै किन फुरमाई गाइ॥ 167॥
हरदी पीर तनु हरै चून चिन्ह न रहाइ।
बलिहारी इहि प्रीति कउ जिह जाति बरन कुल जाइ॥ 168॥
हरि को सिमरन छाड़ि कै पालिओ बहुत कुटुंब।
धंधा करता रहि गइआ भाई रहिआ न बंधु॥ 169॥
हरि का सिमरन छाड़ि कै राति जगावन ज।
सरपनि होइ कै अउतरे जाए अपुने खाइ॥ 170॥
हरि का सिमरन छाड़ि कै अहोई राखे नारि।
गदही होइ कै अउतरै भारु सहै मन चारि॥ 171॥
हरि का सिमरन जो करै सो सुखीआ संसारि।
इत उत कतहु न डोलई जिस राखै सिरजनहारि॥ 172॥
हाड़ जरे जिउ लाकरी केस जरे जिउ घासु।
सब जग जरता देखि कै भइओ कबीर उदासु॥ 173॥
है गै बाहन सघन घन छत्रपती की नारि।
तासु पटंतर ना पुजै हरि जन की पनहारि॥ 174॥
कबीर है गइ बाहन सघन घन लाख धजा फहराइ।
इआ सुख तै भिक्खा भली जउ हरि सिमरन दिन जाइ॥ 175॥
जहाँ गिआनु तहं धरमु है जहाँ झूठ तहं पापु।
जहाँ लोभु तहं काल है जहाँ खिमा तहं आप॥ 176॥
कबीरा तुही कबीरू तू तेरो नांउं कबीर।
रात रतन तब पाइऐ जो पहिले तजहि सरीर॥ 177॥
कबीरा धूरि सकेल कै पुरीआ बांधी देह।
दिवस चारि को पेखना अंति खेह की खेह॥ 178॥
कबीरा हमरा कोइ नहीं हम किसहू के नाहि।
जिन यहु रचन रचाइया तितहीं मांहिं समांहिं॥ 179॥
कोइ लरका बेचई लरकी बेचै कोइ।
सांझा करै कबीर सिउ हरि संग बनजु करेइ॥ 180॥
जहं अनभै तहं भै नहीं जहं भै तहं हरि नाहि॥
कहिओ कबीर बिचारि कै संत सुनहु मन माहि॥ 181॥
जोरी कीऐ जुलमु है कहता नांउं हलाल।
दफतर लेखा मांगीऐ तब होइगो कउन हवाल॥ 182॥
ढूंढ़त डोलहि अंध गति अरु चीनत नाही संत।
कहि नांमा किउ पाईऐ बिन भगतहु भगवंत॥ 183॥

नीचे लोइन करि रहउ जे साजन घट माहि॥
सब रस खेलउ पीव सउ किसी लखावउ नांहिं॥ 184॥
बूड़ा बंस कबीर का उपजिओ पूत कमाल।
हरि का सिमरन छाड़ि कै घर ले आया माल॥ 185॥
मारगि मोती बीथरे अंधा निकसिओ आइ।
जोति बिना जगदीस की जगत उलंघे जाइ॥ 186॥
रांम पदारथु पाइ कै कबीरा गांठि न खोल।
नहीं पहन नहीं पारखू नहीं गाहक नहीं मोल॥ 187॥
सेख सबूरी बाहरा क्या हज काबै जाइ।
जा का दिल साबत नहीं ता कउ कहाँ खुदाइ॥ 188॥
सुनु सखी पीअ महि जीउ बसै जीउ महि बसै कि पीउ।
जीव पीउ बूझहु नहीं घट महि जीउ कि पीउ॥ 189॥
हरि है खांडु रेतु महि बिखरी हाथों चूनी न जाइ।
कहि कबीर गुरु भली बुझाई कीटी होइ के खाइ॥ 190॥
गगन दमामा बाजिआ परिओ नीसानै घाउ।
खेत जु मारिआ सूरमा जब जूझन को दाउ॥ 191॥
सूरा सो पहिचानीए जु लरै दीन के हेत।
पुरजा पुरजा कटि मरै कबहुँ न छाड़ै खेत॥ 192॥

पदावली

1

अंतरि मैलु जे तीरथ न्हावै तिसु बैकुंठ न जाना।
लोक पतीणे कछू न होवै नांहीं रांमु अयाना।
पूजहु रांम एकु ही देवा।
साचा नावणु गुरु की सेवा॥ 1॥
जल के मजनि जे गति होवै नित नित मेडुक न्हावहि॥
जैसे मेडुक तैसे ओइ नर फिरि फिरि जोनी आवहि॥ 2॥
मनहु कठोरु मरै बनारस नरक न बांचिआ जाई।
हरि का संतु मरै हाड़ंबै सगली सैन तराई॥ 3॥
दिन सु रैनि बेदु नहीं सासतर तहा बसै निरंकारा।
कहि कबीर नर तिसहि धिआवहु बावरिआ संसारा॥ 4॥

(राग आसा)

2

अन्धकार सुखि कबहि न सोई है।
राजा रंक दोऊ मिलि रोई है॥
जउ पै रसना रांम न कहिबो।
उपजत बिनसत रोवत रहिबो॥ 1॥
जम देखीऐ तरवर की छाइआ।
प्रान गए कहु कां की माइआ॥ 2॥
जस जंती महि जीउ समाना।
मूए मरमु को का कर जाना॥ 3॥
हंसा सरवरु कालु सरीर।
रांम रसाइन पीउ रे कबीर॥ 4॥

(राग गउड़ी)

3

अगनि न दहै पवन नहीं मगनै तस करु नेरि न आवै।
रांम नांम धनु करि संचउनी सो धन कतही न जावै॥
हमारा धन माधव गोबिंद धरनी धरु इहै सार धन कहीऐ।
जो सुखु प्रभु गोबिंद की सेवा सो सुख राज न लहीऐ॥ 1॥
इसु धन कारण सिव सनकादिक खोजत भये उदासी।
मन मुकुंद जिहबा नारायण परै न जम की फांसी॥ 2॥
निज धन गिआनु भगति गुरु दीनी तासु सुमति मन लागा।
जलत अंग थंभि मन धावत भरम बंधन भउ भागा॥ 3॥
कहै कबीर मदन के माते हिरदै देखु बिचारी।
तुम घर लाख कोटि अस्व हस्ती हम घर एक मुरारी॥ 4॥

(राग गउड़ी)

4

अचरज एक सुनहु रे पंडीआ।
अब किछु कहनु न जाई।
सुरि नर गन गंध्रब जिन मोहे
त्रिभवण मेखुली लाई॥
राजा रांम अनहद किंगुरी बाजै
जाकी दृष्टि नाद लिव लागै॥ 1॥
भाठी गगनु सिंगिआ अरु चुंगिआ
कनक कलस इकु पाइआ॥
तिस महि धार चुए अति निरमल
रस महि रसन चुआइआ॥ 2॥
एक जु बात अनूप बनी है
पवन पियाला साजिआ॥
तीनि भवन महि एको जोगी
कहहु कवन है राजा॥ 3॥
ऐसे गिआन प्रगटिआ पुरखोतम
कहु कबीर रंगि राता।
और दुनी सब भरमि भुलानी
मन रांम रसाइन माता॥ 4॥

(राग सिरी)

5

अनभउ किनै न देखिआ बैरागी अड़े।
बिनु भय अनभउ होइ बणाँ हंबै॥ 1॥
सहु हदूरि देखै ता भउ पवै बैरागी अड़े।
हुक्मै बूझै निरभउ होइ न बणाँ हंबै॥ 2॥
हरि पाखंड न कीजई बैरागी अड़ै।
पाखंडु रता सब लोक बणाँ हंबै॥ 3॥
त्रिसना पासु न छोड़ई बैरागी अड़ै।
ममता जालिआ पिंड बणाँ हंबै॥ 4॥
चिन्ता जालि तनु जालिआ बैरागी अड़े।
जे मनु मिरतकु होइ बणाँ हंबै॥ 5॥
सतिगुर बिनु वैरागु न होवई बैरागी अड़े।
जे लोचै सभु कोई बणाँ हंबै॥ 6॥
करमु होवे सतगुरु मिलै बैरागी अड़े।
सहजै पावै सोइ बणाँ हंबै॥ 7॥
कह कबीर इक बेनती बैरागी अड़े।
मो कउ भउ जल पारि उतारि बणाँ हंबै॥ 5॥

(राग मारू)

6

अब मो कउ भए राजा रांम सहाई।
जनम मरन कटि परम गति पाई॥
साधू संगति दीओ रलाइ।
पंच दूत ते लीओ छड़ाइ॥
अमृत नांम जपौ जप रसना।
अमोल दासु करि लीनो अपना॥ 1॥
सति गुरु कीनो पर उपकारु।
काढ़ि लीन सागर संसारु॥
चरन कमल सिउ लागी प्रीति।
गोबिंद बसै निता नित चीत॥ 2॥
माइआ तपति बुझ्या अंगिआरु।
मन संतोष नांम आधारु॥
जल थल पूरि रहै प्रभु स्वामी।
जत पेखउ तत अंतर्यामी॥ 3॥

अपनी भगति आप ही द्रिड़ाइ।
पूरब लिखतु मिलिए मेरे भाई॥
जिसु क्रिपा करै तिसु पूरन साज।
कबीर को स्वामी गरीबनिवाज॥ 6॥

(राग गउड़ी)

7

अब मोहि जलत रांम जलु पाइआ।
रांम उदक तनु जलत बुझाइआ॥
मनु मारण कारणि बन जाईऐ।
सो जलु बिनु भगवंत न पाईऐ॥ 1॥
जिह पावक सुरि नर है जारे।
रांम उदकि जन जलत उबारे॥ 2॥
भवसागर सुखसागर माही।
पीव रहे जल निखुटत नांहीं॥
कहि कबीर भजु सारिंगपानी।
रांम उदक मेरी तिखा बुझानी॥ 7॥

(राग गउड़ी)

8

अमलु सिरानो लेखा देना।
आए कठिन दूत जम लेना॥
क्या तै खटिया कहा गवाइआ।
चलहु सिताब दीबानि बुलाइआ॥
चलहु दरहालु दीबानि बुलाइआ।
हरि फुरमानु दरगह का आइआ॥ 1॥
करउ अरदास गाव किछु बाकी।
लेउ निबेरि आजु की राती॥
किछु भी खरच तुम्हारा सारउ।
सुबह निवाज सराइ गुजारउ॥ 2॥
साधु संगि जाकउ हरि रंगु लागा।
धनु धनु सो जनु पुरुख सभागा॥

ईत ऊत जन सदा सुहेले।
जनमु पदारथ जीति अमोले॥ 3॥
जागतु सोइआ जनम गवाइआ।
माल धन जोरिआ भइआ पराइआ॥
कहु कबीर तेई नर भूले।
खसमु बिसारि माटी संग रूले॥ 4॥

(राग सूही)

9

अलहु एकु मसीति बसतु है अवरु मुलखु किस केरा।
हिंदू मूरति नांम निवासी दुह महि ततु न हेरा॥
अलह रांम जीवउ तेरे नाई।
तू करि मिहरांमति साई॥ 1॥
दखन देस हरी का बासा पछिमि अलह मुकांमा।
दिल महि खोजि दिलै दिल खोजहु एही ठउर मुकांमा॥ 2॥
ब्रह्मन गिआस करहि चउबीसा काजी मह रमजाना॥ 3॥
गिआरह मास पास कै राखे एकै माहि निधाना॥
कहा उडीसे मजनु कीआ किआ मसीत सिरु नांएं॥
दिल महि कपटु निवाज गुजारै किआ हज काबै जायें॥ 4॥
एते आउरत मरदा साजे ए सभ रूप तुमारे॥
कबीर पूंगरा रांम अलह का सभ गुरु पीर हमारे॥
कहत कबीर सुनहु नर नरवै परहु एक की सरना।
केवल नांम जपहु रे प्रानी तब ही निहचै तरना॥ 9॥

(राग विभास प्रभाती)

10

अवतरि आइ कहा तुम कीना।
रांम को नांमु न कबहू लीना॥
रांम न जपहु कवन भनि लागे।
मरि जइबे कउ किआ करहु अभागे॥ 1॥
दुख सुख करि कै कुटंबु जीवाइआ।
मरती बार इकसर दुखु पाइआ॥ 2॥

कंठ गहन तब करन पुकारा।
कहि कबीर आगे ते न संम्हारा॥ 3॥

(रागसूही)

11

अवर मूए किआ सोगु करीजै।
तउ कीजै जउ आपन जीजै॥
मैं न मरे मरिबो संसारा।
अब मोहि मिलिओ है जीआवनहारा॥ 1॥
इआ देही परमल महकंदा।
ता सुख बिसरे परमानंदा॥ 2॥
कुअटा एकु पंच पनिहारी।
टूटी लाजु भरैं मतिहारी॥
कहु कबीर इकु बुद्धि बिचारी।
ना ओहु कुअटा ना पनिहारी॥ 3॥

(राग गउड़ी)

12

अवलि अलह नूर उपाइआ कुदरति के सभ बंदे॥
एक नूर ते सभु जन उपजिआ कउन भले को मंदे॥
लोगा भरमि न भूलहु भाई॥
खालिकु खलक खलक महि खालिकु पूरा रहिओ स्रब ठांई॥ 1॥
माटी एक अनेक भांति करि साजी साजनहारै।
ना कछु पोच माटी के भांडे ना कछु पोच कुम्भारै॥ 2॥
सभ महि सचा एको सोई तिस का कीआ सब कछु होई।
हुकम पछानै सु एको जानै बंदा कहीऐ सोई॥ 3॥
अलहु अलख न जाई लखिआ गुरु गुड़ दीना मीठा।
कहि कबीर मेरी संका नासी सरब निरंजनु डीठा॥ 4॥

(राग विभास प्रभाती)

13

असथावर जंगम कीट पतंगा।
अनिक जनम कीये बहुरंगा॥

ऐसे घर हम बहुत बसाए।
जब हम रांम गरभ होइ आये॥ 1॥
जोगी जपी तपी ब्रह्मचारी।
कबहु राजा छत्रपति कबहु भेखारी॥ 2॥
साकत मरहि संत सभि जीवहि।
रांम रसाइनु रसना पीवहि॥ 3॥
कहु कबीर प्रभु किरपा कीजै।
हारि परै अब पूरा दीजै॥ 4॥

(राग गउड़ी)

14

अहि निसि नांम एक जो जागे।
केतक सिध भए लिव लागे॥
साधक सिध सगल मुनि हारे।
एक नांम कलपतरु तारे॥ 1॥
जो हरि हरे सु होहि न आना।
कहि कबीर रांम नांम पछाना॥ 2॥

(राग गउड़ी)

15

आकासि गगनु पाताल गगनु है चहु दिसि गगनु रहाइले।
आनंद मूल सदा पुरखोतमु घट बिनसै गगन न जाइले॥
मोहि बैरागु भइओ
इह जीउ आइ कहा गइओ॥ 1॥
पंच तंतु मिलि काइआ कीनी ततु कहा ते कीनु रे।
करम बध तुम जीव कहत हौ करमहि किन जीउ दीनु रे॥ 2॥
हरि महि तनु है तनु महि हरि हैं सरब निरंतरि सोइ रे।
कहि कबीर रांम नांमु न छोड़उ सहजे होइ सु होइ रे॥ 3॥

(राग गौंड)

16

अगम द्रुगम गढ़ रचिओ बास।
जा महि जोति करै परगास॥

बिजुली चमकै होइ अनंदु।
जिह पउढ़े प्रभु बाल गोबिंद॥
इहु जीउ रांम नांम लिव लागै।
जरा मरनु छूटै भ्रमु भागै॥ 1॥
अबरन बरन सिउ मन ही प्रीति।
हउमै गावनि गावहि गीत॥
अनहद सबद होत झनकार।
जिह पउढ़े प्रभु स्री गोपाल॥ 2॥
खंडल मंडल मंडल मंडा।
त्रिअ असथान तीनि तिअ खंडा॥
अगम अगोचर रह्या अभ अंत।
पार न पावै को धरनीधर मंत॥ 3॥
कदली पुहुप धूप परगास।
रज पंकज महि लीओ निवास॥
दुआदस दल अभ अंतरि मंत।
जह पउढ़े स्री कमलाकंत॥ 4॥
अरध उरध मुख लागो कासु।
सुन्न मंडल महि करि परगासु॥
ऊहां सूरज नांहीं चंद।
आदि निरंजनु करै अनंद॥ 5॥
सो ब्रह्मंडि पिंडि सो जानु।
मानसरोवरि करि इसनानु॥
सोहंसो जा कउ है जाप।
जा कउ लिपत न होइ पुंन अरु पाप॥ 6॥
अबरन बरन घाम नही छाम।
अवर न पाईऐ गुरु की साम॥
टारी न टरै आवै न जाइ।
सुन्न सहज महि रह्या समाइ॥ 7॥
मन मधे जानै जे कोइ।
जो बोलै सो आपै होइ॥
जोति मंत्रि मनि अस्थिर करै।
कहि कबीर सो प्रानी तरै॥ 8॥

(राग भैरउ)

17

आपे पावक आपे पवना।
जारै खसम त राखै कवना॥
रांम जपत तनु जरि किन जाइ।
रांम नांम चितु रहिआ समाइ॥ 1॥
का को जरै काहि होइ हानि।
नट वट खेलै सारिंगपानि॥ 2॥
कहु कबीर अक्खर दुइ भाखि।
खोइगा खसम त लेइगा राखि॥ 3॥

(राग गउड़ी)

18

आस पास घन तुरसी का बिरवा माझ बनारस गाऊ रे।
उका सरूप देखि मोही गुआरनि मो कउ छोड़ि न आउ न जाहू रे॥
तोहि चरन मन लागो सारिंगधर सो मिलै जो बड़ भागो रे॥ 1॥
बिंद्राबन मन हरन मनोहर क्रिसन चरावत गाऊ रे।
जा का ठाकुर तुही सारिंगधर मोहि कबीरा नाऊ रे॥ 2॥

(राग गउड़ी)

19

इंद्रलोक सिव लोकहि जैबो। ओछे तप कर बाहरि ऐबो॥
किआ मांगउ किछु थिरु नांहीं। रांम नांम रखु मन मांहीं॥ 1॥
सोभा राज बिभै बड़िआई। अंति न काहू संग सहाई॥ 2॥
पुत्र कलत्र लछमी माइआ। इन ते कहु कवनै सुखु पाइआ॥ 3॥
कहत कबीर अवर नही कांमा। हमरै मन धन रांम को नामा॥ 4॥

(राग धनासरी)

20

इक तु पतरि भरि उरकट कुरकट इक तू पतरि भरि पानी॥
आस पास पंच जोगीआ बैठे बीच नकटि देरानी॥
नकटी को ठनगनु बाड़ा डूं किनहि बिबेकी काट तूं॥ 1॥

सकल माहि नकटी का बासा सकल मारि अउहेरी॥
सकलिआ की हउ बहिन भानजी जिनहि बरी तिसु चेरी॥
हमरो भरता बड़ो विवेकी आपे संत कहावै॥
आहु हमारे माथे काइमु और हमरै निकट न आवै॥
नाकहु काटी कानहु काटी काटि कूटि कै डारी।
कहु कबीर संतन की बैरनि तीनि लोक की पिआरी॥ 4॥

(राग आसा)

21

इन माइआ जगदीस गुसाई तुमरे चरन बिसारे।
किंचत प्रीति न उपजै जन कउ जन कहा करे बेचारे॥
ध्रिगु तन ध्रिगु धन ध्रिगु इह माइआ ध्रिगु ध्रिगु मति बुधि फंनी।
इस माइआ कउ द्रिडु करि राखहु बांधे आप बचनीं॥ 1॥
किआ खेती किआ लेवा देई परपंच झूठु गुमाना॥
कहि कबीर ते अंति बिगूते आइआ कालु निदाना॥

(राग बिलावल)

22

इसु तन मन मधे मदन चोर। जिन गिआन रतनु हरि लीन मोर॥
मैं अनाथ प्रभु कहउ काहि। की कौन न बिगूतो मै को आहि॥
माधउ दारुन दुख सहिओ न जाइ। मेरो चपल बुधि सिउ कहा बसाइ॥ 1॥
सनक सनंदन सिव सुकादि। नाभि कमल जाने ब्रह्मादि॥
कबि जन जोगी जटाधारि। सब आपन अउसर चले सारि॥ 2॥
तू अथाह मोहि थाह नाहि। प्रभु दीनानाथ दुखु कहउ काहि॥
मेरो जनम मरन दुखु आथि धीर। सुखसागर गुन रउ कबीर॥

(राग बसंत)

23

इहु धनु मेरो हरि के नांउं।
गांठि न बांधो बेचि न खाउ॥
नांउं मेरे खेती नांउं मेरे बारी।
भगति करउ जन सरन तुम्हारी॥ 1॥

नांउं मेरे माइआ नांउं मेरे पूँजी।
तुमहि छोड़ि जानउ नहि दूजी॥ 2॥
नांउं मेरे बंधिप नांउं मेरे भाई।
नांउं मेरे संगी अति होई सखाई॥ 3॥
माइआ महि जिसु रखै उदासु।
कहि कबीर हउ ता को दासु॥ 4॥

(राग भैरउ)

24

उदक समुंद सलल की साखिआ नदी तरंग समावहिगे।
सुंनहि सुंन मिलिआ समदरसी पवन रूप होइ जावहिगे॥
बहुरि हम काहे आवहिगे॥
आवन जाना हुकुम तिसै का हुकमै बूझि समावहिगे॥ 1॥
जब चूकै पंच धातु की रचना ऐसे भर्म चुकावहिगे।
दरसनु छोड़ि भए समदरसी एको नांम धियावहिगे॥ 2॥
जित हम लाए तित ही लागे तैसे करम कमावहिगे।
हरि जी क्रिपा करै जउ अपनी तो गुर के सबद कमावहिगे॥ 3॥
जीवत मरहु मरहु फुनि जीवहु पुनरपि जनमु न होई।
कह कबीर जो नांमि समाने सुंन रहिआ लिव सोई॥ 4॥

(राग मारू)

25

उपजै निपजै निपजि समाई।
नैनहु देखत इहु जगु जाई॥
लाज न मरहु कहहु घर मेरा।
अंत की बार नहीं कछु तेरा॥ 1॥
अनिक जतन कर काया पाली।
मरती बार अगनि संग जाली॥ 2॥
चोवा चंदनु मर्दन अंगा।
सो तनु जले काठ के संगा॥ 3॥
कहु कबीर सुनहु रे गुनीआ।
बिनसैगो रूप देखै सब दुनीआ॥ 4॥

(राग गउड़ी)

26

उलटत पवन चक्र खट भेदै सुरति सुंन अनुरागी॥
आवै न जाइ मरै न जीवै तासु खोज बैरागी॥
मेरा मन मन ही उलटि समाना।
गुरु परसादि अकल भई अवरै न तरु था बेगाना॥ 1॥
निवरै दूरि दूरि फुनि निवरै जिन जैसा करि मानिआ॥
अलउती का जैसे भया बरेड़ा जिन पीआ तिन जानिआ॥ 2॥
तेरी निरगुन कथा काइ सिउ कहिऐ ऐसा कोई बिबेकी॥
कहु कबीर निज दया पलीता तिन तैसी झल देखी॥ 26॥

(राग गउड़ी)

27

उलटि जात कुल दोऊ बिसारी।
सुंन सहजि महि बुनत हमारी॥
हमरा झगरा रहा न कोऊ।
पंडित मुलां छाड़ै दोऊ॥ 1॥
बुनि बुनि आप आपु पहिरावउ।
जह नहीं आपु तहाँ ह्वै गावउ॥ 2॥
पंडित मुलां जो लिखि दीआ।
छाड़ि चले हम कछू न लीआ॥ 3॥
रिदै इखलासु निरख ले मीरा।
आपु खोजि खोजि मिलै कबीरा॥ 4॥

(राग भैरउ)

28

उसतति निंदा दोऊ बिबरजित तजहु मानु अभिमाना।
लोहा कंचनु सम करि जानहि ते मूरति भगवान॥
तेरा जन एकु आध कोई।
कांम क्रोधु लोभु मोहु बिबरजित हरि पद चीन्है सोई॥ 1॥
रज गुण तम गुण सत गुण कहीऐ इह तेरी सब माइआ॥
चउथे पद कउ जो नरु चीन्है तिन ही परम पदु पाइआ॥ 2॥

तीरथ बरत नेम सुचि संजम सदा रहै निहकांमा॥
त्रिस्ना अरु माइआ भ्रम चूका चितवत आतम रांमा॥ 3॥
जिह मंदिर दीपक परिगासिआ अन्धकार तह नासा॥
निरभउ पूरि रहे भ्रमु भागा कहि कबीर जन दासा॥

(राग केदारा)

29

रिधि सिधि जा कउ फुरी तब काहू सिउ किआ काज।
तेरे कहने की गति किआ कहउ मैं बोलत ही बड़ लाज॥
रांमु जिह पाइआ रांम।
ते भवहि न बारै बार॥ 1॥
झूठा जग डहकै घना दिन दुइ बरतन की आस॥
रांम उदकु जिह जन पीआ तिह बहुरि न भई पिआस॥ 2॥
गुर प्रसादि जिहि बूझिआ आसा ते भइआ निरासु॥
सभु सचु नदरी आइआ जो आतम भइआ उदासु॥ 3॥
रांम नांम रसु चाखिआ हरि नांमा हर तारि॥
कहु कबीर कंचन भइआ भ्रमु गया समुद्रै पारि॥ 4॥

(राग मारू)

30

एक कोटि पंच सिकदारा पंचे मांगहि हाला।
जिमि नांहीं मैं किसी की बोई ऐसा देनु दुखाला॥
हरि के लोगा मो कउ नीति डसै पटवारी॥
ऊपर भुजा करि मैं गुर पहि पुकारिआ तिन हउ लिया उबारी॥ 1॥
नउ डाडी दस मुंसफ धावहि रईअति बसन न देही॥
डोरी पूरी मापहि नाही बहु बिसटाला लेही॥
बहतरि घर इक पुरुख समाइआ उन दीया नांम लिखाई॥
धरमराइ का दफ्तर सोधिआ बाकी रिजम न काई॥ 2॥
संता कउ मति कोई निंदहु संत रांम है एकु।
कहु कबीर मैं सो गुरु पाइआ जाका नांउं बिबेकु॥ 3॥

(राग सूही)

31

एक जोति एका मिली किंबा होइ म होइ।
जितु घटना नांमु न ऊपजै फूटि मरै जनु सोइ॥
सावल सुंदर रांमईआ।
मेरा मनु लागा तोहि॥ 1॥
साधु मिलै सिधि पाइऐ कि एहु जोगु कि भोगु।
दुहु मिलि कारजु ऊपजै रांम नांम संजोगु॥ 2॥
लोग जानै इहु गीतु है इहु तउ ब्रह्म बीचार।
जिउ कासी उपदेसु होइ मानस मरती बार॥ 3॥
कोइ गावै को सुणै हरि नांमा चितु लाइ।
कहु कबीर संसा नहीं अंत परमगति पाइ॥ 4॥

(राग गउड़ी)

32

एकु सुआनु कै घरि गावणा।
जननी जानत सुतु बड़ा होतु है।
इतना कु न जानै जि दिन दिन अवध घटतु है॥
मोर मोर करि अधिक लाड़ु धरि पेखत ही जम राउ हसै॥
ऐसा तैं जगु भरम लाइआ कैसे बूझै जब मोहिआ है माइआ॥ 1॥
कहत कबीर छोड़ि बिषिआ रस इतु संगति निहचउ मरणा॥
रमईआ जपहु प्राणी अनत जीवण बाणी इनि बिधि भवसागर तरणा॥ 2॥
जां तिसु भावै ता लागे भाउ। भरमु भुलावा बिचहु जाइ॥
उपजै सहज ज्ञान मति जागै। गुरु प्रसाद अंतर लिव लागै॥
इतु संगति नांहीं मरणा। हुकुम पछाणि ता खसमैं मिलणा॥ 3॥

(राग सिरी)

33

ऐसौ अचरज देखिओ कबीर।
दधि कै भो लै बिरोलै नीर॥
हरी अंगूरी गदहा चरै।
नित उठि हासै हीगै मरै॥ 1॥
माता भैसा अमुंहा जाइ।
कुदि कुदि चरै रसातल पाइ॥ 2॥

कहु कबीर परगट भई खेड़।
लेले कौ चूघै नित भेड़॥ 3॥
रांम रमत मति परगटी आई।
कहु कबीर गुरु सोझी पाई॥ 4॥

(राग गउड़ी)

34

ऐसो इहु संसार पेखना रहनु न कोऊ पई है रे॥
सूधे सूधे रेगि चलहु तुम नतर कुधका दिवई है रे॥
बारे बूढ़े तरुने भईआ सबहु जम लै जई है रे॥
मानुस बपुरा मूसा कीनौ मीचु बिलईया खई है रे॥ 1॥
धनवंता अरु निर्धन मनई ताकी कछू न कानी रे॥
राजा परजा सम करि मारै ऐसो काल बडानी रे॥ 2॥
हरि के सेवक जो हरि भाए तिनकी कथा निरारी रे॥
आवहि न जाहि न कबहूं मरते पारब्रह्म संगारी रे॥
पुत्र कलत्र लछिमी माइआ इहै तजहु जीअ जानी रे॥
कहत कबीर सुनहु रे संतहु मिलि है सारंगपानी रे॥

(राग बिलावल)

35

ओइ जू दीसहि अंबरि तारे।
किन ओइ चीते चीतनहारे॥
कहु रे पंडित अंबरु का सिउ लागा।
बूझै बूझनहारु सभागा॥ 1॥
सूरज चंदु करहि उजिआरा।
सब महि पसरिआ ब्रह्म पसारा॥ 2॥
कहु कबीर जानेगा सोई।
हिरदै रांमु मुखि रांमै होई॥ 3॥

(राग गउड़ी)

36

कंचन सिउ पाइऐ नहीं तोलि।
मन दे रांम लीआ है मोलि॥

अब मोहि रांमु अपुना करि जानिआ।
सहज सुभाइ मेरा मनु मानिआ॥ 1॥
ब्रह्मै कथि कथि अंतु न पाइआ।
रांम भगति बैठे घर आइआ॥ 2॥
कहु कबीर चंचल मति तिआगी।
केवल रांम भगति निज भागी॥ 3॥

(राग गउड़ी)

37

कत नहीं ठउर मूल कत लावउ।
खोजत तनु महि ठउर न पावउ॥
लागी होइ सु जानै पीर।
रांम भगति अनीआले तीर॥ 1॥
एक भाइ देखउ सभ नारी।
किआ जानउ सह कउन पियारी॥ 2॥
कहु कबीर जाके मसतकि भागु।
सभ परहरि ता कउ मिले सुहाग॥ 3॥

(राग गउड़ी)

38

करवतु भला न करवट तेरी।
लागु गले सुनु बिनती मेरी॥
हउ बारी मुखु फेरि पियारे।
करवटु दे मोकउ काहे कउ मारे॥ 1॥
जउ तन चीरहि अंग न मोरउ।
पिंड परै तो प्रीति न तोरउ॥ 2॥
हम तुम बीचु भइओ नही कोई।
तुमहि सु कंत नारि हम्र सोई॥ 3॥
कहत कबीर सुनहु रे लोई।
अब तुमरी परतीति न होई॥ 4॥

(राग आसा)

39

कहा सुआनु कउ सिंम्रति सुनाए।
कहा साकत पहि हरि गुन गाए॥
रांम रांम रमे रमि रहीऐ।
साकत सिउ भूलि नहीं कहीऐ॥ 1॥
कऊआ कहा कपूर चराए।
कह बिसीअर को दूध पीआए॥ 2॥
सति संगति मिल बिबेक बुधि होई।
पारस परसि लोहा कंचनु सोई॥ 3॥
साकत स्वान सब करे कहाइआ।
जो धूरि लिख्या सु करम कमाइआ॥ 4॥
अंम्रितु लै लै नीमु सिंचाई।
कहत कबीर उआ को सहजु न जाई॥ 5॥

(राग आसा)

40

कांम क्रोध त्रिसना के लीने गति नही एकै जानी।
फूटी आंखै कछू सूझै बूड़ि मूये बिनु पानी॥
चलत कत टेढ़े टेढ़े टेढ़े।
असति चरम बिसटा के मूंदे दुरगंध ही के बेढ़े॥ 1॥
रांम न जपहु कौन भ्रम भूले तुम ते काल न दूरे॥
अनेक जतन करि इह तनु राखहु रहे अवसथा पूरे॥ 2॥
आपन कीआ कछू न होवै किआ को करै परानी॥
जा तिसु भावै सतिगुरु भेटै एको नांम बखानी॥ 3॥
बलूआ के घरुआ मैं बसत फुलवत देह अइआने॥
कहु कबीर जिह रांम न चेतिओ बूड़े बहुत सिआने॥ 4॥

(राग केदारा)

41

काया कलालनि लाहनि मेलउ गुरु का सबदु गुड़ु कीनु रे।
त्रिस्ना कांमु क्रोध मद मतसर काटि काटि कसु दीन रे॥
कोई है रे संत सहज सुख अंतरि जा कउ जप तप देउ दलाली रे॥
एक बूँद भरि तनु मनु देवउ जो मदु देइ कलाली रे॥ 1॥

भुवन चतुरदस भाठी कीनी ब्रह्म अगिन तनि जारी रे।
मुद्रा मदक सहज धुनि लागी सुखमन पोचनहारी रे॥ 2॥
तीरथ बरत नेम सुचि संजम रवि ससि गहनै देउ रे।
सुरति पिआल सुधारसु अंम्रितु एहु महा रसु पेउ रे॥ 3॥
निझर धार चुऐ अति निरमल इह रस मनूआ रातो रे।
कहि कबीर सगले मद छूछे इहै महा रसु साचो रे॥ 4॥

(राग रामकली)

42

कालबूत की हसतनी मन बउरा रे चलत रचिओ जगदीस।
कांम सुआइ गज बसि परे मन बउरा रे अंकसु सहित सीस॥
बिखै बाचु हरि राचु समझु मन बउरा रे।
निरभै होइ न हरि भजे बन बउरा रे गहिओ न रांम जहाजु॥ 1॥
मरकट मुसटी अनाज की बन बउरा रे लीनी हाथ पसारि॥
छूटन को संसा परिआ मन बउरा रे नाचिओ घर घर बारि॥ 2॥
जिउ नलनी सुअटा गहिओ मन बउरा रे माया इहु बिउहारु॥
जैसा रंगु कसुंभ का मन बउरा रे तिउ पसरिओ पासारु॥ 3॥
नावन को तीरथ घने मन बउरा रे पूजन कउ बहु देव॥
कबीर छूटनु नहीं मन बउरा रे छूटनु हरि की सेव॥ 4॥

(राग गउड़ी)

43

काहू दीन्हे पाट पटंबर काहू पलघ निवारा।
काहू गरी गोदरी नांहीं काहू खान परारा॥
अहिरख वादु न कीजै रे मन
सुकृत करि करि लीजै रे मन॥ 1॥
कुम्हरै एक जु माटी गूंधी बहु बिधि बानी लाई॥
काहू कहि मोती मुकताहल काहू बिआधि लगाई॥ 2॥
सूमहि धन राखन कौ दीआ मुगधु कहै धन मेरा।
जम का दंड मूंड महि लागै खिन महि करै निबेरा॥ 3॥
हरि जनु ऊतम भगत सदावै आगिआ मन सुखु पाई॥
जो तिसु भावै सति करि मानै भाणा मंनि बसाई॥

कहै कबीर सुनहु रे संतहु मेरी मेरी झूठी॥
चिरगट फारि चटारा लै गइओ तरी तागरी छूटी॥ 4॥

(राग आसा)

44

किनही बनजिआ कांसा ताबा किनही लउग सुपारी।
संतहु बनजिआ नांम गोबिंद का ऐसी खेप हमारी॥
हरि के नांम के बिआपारी।
हीरा हाथ चढ़िआ निरमोलक छूटि गई संसारी॥ 1॥
साचे लाए तउ सच लागे साचे के बिउहारी॥
साची वस्तु के भार चलाए पहुंचे जाइ भंडारी॥ 2॥
आपहि रतन जवाहर मानिक आपै है पासारी॥
आपै दह दिसि आप चलावै निहचल है बिआपारी॥ 3॥
मन करि बैल सुरति करि पैडा गिआन गोनि भरी डारी।
कहत कबीर सुनहु रे संतहु निबही खेप हमारी॥

(राग केदारा)

45

कीउ सिंगार मिलन के ताई।
हरि न मिले जगजीवन गुसाई॥
हरि मेरौ पिउ हउ हरि की बहुरिआ।
रांम बड़े मैं तनक लहुरिआ॥ 1॥
धनि पिउ एकै संग बसेरा।
सेज एक पै मिलन दुहेरा॥
धंनि सुहागिन जो पिय भावै।
कहि कबीर फिरि जनमि न आवै॥ 2॥

(राग आसा)

46

कूटन सोइ जु मन कउ कूटै। मन कूटै तउ जम तै छूटै॥
कुटि कुटि मन कसवटी लावै। सो कूटनु मुकति बहु पावै॥
कूटनु किसै कहहु संसार। सगल बोलन के माहि बिचार॥ 1॥

नाचनु सोइ जु मन सिउ नाचै। झूठि न पतीऐ परचै साचै॥
इसु मन आगे पूरै ताल। इसु नाचन के मन रखवाल॥ 2॥
बाजारी सो बजारहि सोधै। पांच पलीतह कउ परबोधै॥
नउ नाइक की भगति पछानै। सो बाजारी हम गुर माने॥ 3॥
तसकरु सोइ जि बात न करै। इंद्री कै जतनि नांमु ऊचरै॥
कहु कबीर हम ऐसे लखन। धंनु गुरुदेव अतिरूप बिचखन॥ 4॥

(राग गौंड)

47

कोऊ हरि समान नहीं राजा।
ए भूपति सभ दिवस चारि के झूठे करत दिवाजा॥
तेरो जन होइ सोइ कत डोलै तीनि भवन पर छाजा॥
हाथु पसारि सकै को जन कउ बोलि सकै न अन्दाज़ा॥ 1॥
चेति अचेति मूढ़ मन मेरे बाजे अनहद बाजा॥
कहि कबीर संसा भ्रमु चूको ध्रू प्रहिलाद निवाजा॥ 2॥

(राग बिलावल)

48

कोटि सूर जाके परगास। कोटि महादेव अरु कविलास॥
दुर्गा कोटि जाकै मरदनु करै। ब्रह्म कोटि बेद उचरै॥
जउ जाचउ तउ केवल रांम। आन देव सिउ नाही कांम॥ 1॥
कोटि चंद्रमे करहि चराक। सुर तेतीसउ जेवहि पाक॥
नव ग्रह कोटि ठाढ़े दरबार। धरम कोटि जाके प्रतिहार॥ 2॥
पवन कोटि चउबारे फिरहि। बासक कोटि सेज बिसतरहि॥
समुंद्र कोटि जाके पनिहार। रोमावलि कोटि अठारह भार॥ 3॥
कोटि कुबेर भरहिं भंडार। कोटिक लखमी करै सिंगार॥
कोटिक पाप पुंन बहु हिरइ। इंद्र कोटि जा के सेवा करहि॥ 4॥
छपन कोटि जा के प्रतिहार। नगरी नगरी खिअत अपार॥
लट छूटी बरतै बिकराल। कोटि कला खेलै गोपाल॥ 5॥
कोटि जग जाकै दरबार। गंध्रब कोटि करहि जैकार॥
बिदिआ कोटि सभै गुन कहै। तऊ पारब्रह्म का अंत न लहै॥ 6॥
बावन कोटि जाकै रोमावली। रावन सैना जह ते छली॥
सहस कोटि बहु कहत पुरान। दुरजोधन का मथिया मान॥ 7॥

कंद्रप कोटि जाकै लवै न धरहि। अंतर अंतरि मनसा हरहि॥
कहि कबीर सुनि सारिंगपान। देहि अभै पद मांगउ दान॥ 8 ॥

(राग भैरउ)

49

कोरी को काहु मरमु न जानां।
सब जग आन तनाइओ तानां॥
जब तुम सुनि ले बेद पुरानां।
तब हम इतन कु पसरिओ तानां॥ 1॥
धरनि अकास की करगह बनाई।
चंदु सुरजु दुह साथ चलाई॥ 2॥
पाई जोरि बात इक कीनी तह तांती मनु मानां।
जोलाहे घरु अपना चीन्हा घट ही रांमु पछानां॥ 3॥
कहत कबीरु करगह तोरी।
सूतै सूत मिलाये कोरी॥ 4॥

(राग आसा)

50

कवन काज सिरजे जग भीतरि जनमि कवन फलु पाइआ।
भव निधि तरन तारन चिन्तामनि इक निमख न इहु मन लाइआ॥
गोबिंद हम ऐसे अपराधी।
जिन प्रभु जीउ पिंड था दीआ तिस की भाउ भगति नहीं साधी॥ 1॥
परधन परतन परतिय निंदा पर अपबादु न छूटै।
आवा गवनु होत है फुनि फुनि इहु परुसंगु न तूटै॥ 2॥
जिह घर कथा होत हरि संतन इक निमख न कीनो मैं फेरा॥
लंपट चोर धूत मतवारे तिन संगि सदा बसेरा॥ 3॥
कांम क्रोध माइआ मद मतसर ए संपै मो माही।
दइआ धरमु अरु गुर की सेवा ए सुपनंतरि नाही॥
दीन दइआल क्रिपाल दमोदर भगति बछल भै हारी॥
कहत कबीर भीर जनि राखहु हरि सेवा करउ तुम्हारी॥ 50॥

(राग रामकली)

51

कउनु को पूतु पिता को का को।
कउनु मरे को देइ संतापो॥
हरि ठग जग कउ ठगउरी लाई।
हरि के बियोग कैसे जीअउ मेरी माई॥ 1॥
कौन को पुरुष कौन को नारी।
या तत लेहु सरीर बिचारी॥ 2॥
कहि कबीर ठग सिउ मन मानिआ।
गई ठगउरी ठग पहिचानिआ॥ 3॥

(राग गउड़ी)

52

किआ जप, किआ तप क्या ब्रत पूजा।
जाकै रिदै भाउ है दूजा॥
रे जन मन माधव सिउ लाईऐ।
चतुराई न चतुरभुजु पाईऐ॥ 1॥
परहरु लोभ अरु लोकाचार।
परहरु कांमु क्रोधु अहंकार॥ 2॥
करम करत बधे अहंमेव।
मिलि पाथर की करही सेव॥ 3॥
कहु कबीर भगत करि पाइआ।
भोले भाइ मिलै रघुराइआ॥ 4॥

(राग गउड़ी)

53

किआ पढ़िये क्या गुनीऐ। किआ वेद पुराना सुनीऐ।
पढ़े सुनै किआ होई। जो सहज न मिलिओ सोई॥
हरि का नांमु न जपसि गंवारा। किआ सोचहि बारंबारा॥ 1॥
अंधिआरे दीपकु चहीऐ। इक वसतु अगोचर लहीऐ॥
वसतु अगोचर पाई। घटि दीपक रहिआ समाई॥ 2॥

कहि कबीर अब जानिआ। जब जानिआ तउ मन मानिआ॥
मन माने लोगु न पतीजै। न पतीजै तउ किआ कीजै॥ 3॥

(राग सोरठि)

54

खसम मरे तउ नारि न रोवै। उस रखवारा अउरो होवै॥
रखवारे का होइ बिनास। आगे नरक इहा भोग बिलास॥
एक सुहागिन जगत पियारी। सगले जीव जंत की नारी॥ 1॥
सुहागनि गल सोहै हार। संत कउ बिख बिगसै संसार॥
करि सिंगार बहै पखिआरी। संत की ठिठकी फिरै बिचारी॥ 2॥
संत भागि ओह पाछै परै। गुरु परसादी मारहु डरै॥
साकत को ओह पिंड पराइणि। हम कउ द्रिसटि परै त्रिखि डाइणि॥ 3॥
हम तिस का बहु जानिआ भेव। जब हूए क्रिपाल मिले गुरदेउ॥
कहु कबीर अब बाहरि परी। संसारै कै अंचलि लरी॥ 4॥

(राग गौंड)

55

गंग गुसाइनि गहिर गंभीर।
जंजीर बांधि करि खरे कबीर॥
मन न डिगै तन काहे कउ डराइ।
चरन कमल चितु रहिओ समाइ॥ 1॥
गंगा की लहरि मेरी टूटी जंजीर।
म्रिगछाला पर बैठे कबीर॥ 2॥
कहि कबीर कोऊ संग न साथ।
जल थल राखन है रघुनाथ॥ 3॥

(राग भैरउ)

56

गंगा के संग सलिता बिगरी।
सो सलिता गंगा होइ निबरी॥
बिगरिओ कबीरा रांम दुहाई।
साचु भइओ अन कतहि न जाई॥ 1॥

चंदनु कै संगि तरवरु बिगरिओ।
सो तरवरु चंदनु होइ निबरिओ॥ 2॥
पारस के संग तांबा बिगरिओ।
सो तांबा कंचनु होइ निबरिओ॥ 3॥
संतन संग कबीरा बिगरिओ।
सो कबीर रांम ह्वै निबरिओ॥ 4॥

(राग भैरउ)

57

गगन नगरि इक बूंद न बरखै नाद कहा जु समाना॥
पारब्रह्म परमेसुर माधो परम हंस ले सिधाना॥
बाबा बोलते ते कहा गए देही के संगि रहते॥
सुरति माहि जो निरते करते कथा बारता कहते॥ 1॥
बजावन हारो कहा गइओ जिन इहु मंदर कीना।
साखी सबदु सुरति नहीं उपजै खिंचि तेज सभु लीना॥ 2॥
स्रवननि बिकल भये संग तेरे इंद्री का बलु थाका।
चरन रहे कर ढरकि परे हैं मुखहु न निकसै बाता॥ 3॥
थाके पंच दूत सब तसकर आप आपणै भ्रमते।
थाका मनु कुंचर उरु थाका तेजु सूतु धरि रमते॥ 4॥
मिरतक भये दसै बंद छूटे मित्र भाई सभ छोरे।
कहत कबीरा जो हरि धिआवै जीवत बंधन तोरे॥ 5॥

(राग आसा)

58

गगनि रसाल चुए मेरी भाठी।
संचि महा रसु तनु भइआ काठी॥
उआ कउ कहीऐ सहज मतवारा।
पीवत रांम रसु गिआन बीचारा॥ 1॥
सहज कलालनि जउ मिलि आई।
आनंदि माते अनदिनु जाई॥
चीनत चीतु निरंजन लाइआ।
कहु कबीर तौ अनभउ पाइआ॥ 2॥

(राग गउड़ी)

59

गज नव गज दस गज इक्कीस पुरीआ एक तनाई॥
साठ सूत नव खंड बहतरि पाटु लगो अधिकाई॥
गई बुनावन माहो।
घर छोड़िऐ जाइ जुलाहो॥ 1॥
गजी न मिनीऐ तोलि न तुलीऐ पाचनु सेर अढाई॥
जौ जरि पाचनु बेगि न पावै झगरू करै घर आई॥ 2॥
दिनकी बैठ खसम की बरकस इह बेला कत आई॥
छूटे कूंडे भीगै पूरीआ चलिओ जुलाहो रीसाई॥ 3॥
छोछी नली तंतु नहीं निकसै न तर रही उरझाई॥
छोड़ि पसारु ईहा रहु बपुरी कहु कबीर समुझाई॥

(राग गउड़ी)

60

गज साढ़े तै तै धोतीआ तिहरे पाइनि तग।
गली जिन्हा जपमालीआ लोटे हथि निबग॥
ओइ हरि के संत न आखीअहि बानारसि के ठग।
ऐसे संत न मो कउ भावहि।
डाला सिउ पेड़ा गटकावहि॥ 1॥
बासन मांजि चरावहि ऊपरि काठी धोइ जलावहि॥
बसुधा खोदि करहि दुइ चूल्हे सारे माणस खावहि॥
ओइ पापी सदा फिरहि अपराधी मुखहु अपरस कहावहि॥
सदा सदा फिरहि अभिमानी सकल कुटुंब डुबावहि॥
जितु को लाइआ तित ही लागा तैसे करम कमावै॥
कहु कबीर जिसु सतिगुरु भेटे पुनरपि जनमि न आवै॥

(राग आसा)

61

गरभ बास महि कुलु नहीं जाती।
ब्रह्म बिंद ते संभु उतपाती॥
कहु रे पंडित बामन कब के होए।
बामन कहि कहि जनमु मति खोए॥ 1॥

जौ तूं ब्राह्मण ब्राह्मणी जाइआ।
तउ आन बाट काहे नहीं आइआ॥ 2॥
तुम कत ब्राह्मण हम कत सूद।
हम कत लोहू तुम कत दूध॥ 3॥
कहु कबीर जो ब्रह्मु बिचारै।
सो ब्राह्मण कहीअतु है हमारै॥ 4॥

(राग गउड़ी)

62

गुड़ु करि गिआनु धिआनु करि महुआ भउ भाठी मन धारा।
सुखमन नारी सहज समानी पीवै पीवन हारा॥
अवधू मेरा मनु मतवारा।
उनमद चढ़ा मदन रसु चाखिआ त्रिभवन भया उजिआरा॥ 1॥
दुइ पुर जोरि रसाई भाठी पीउ महारसु भारी।
कांमु क्रोधु दुइ कीए जलेता छूटि गई संसारी॥ 2॥
प्रगट प्रगास गिआनु गंमित सतिगुर ते सुधि पाई।
दास कबीर तासु मद माता। उचकि न कबहूँ जाई॥ 3॥

(राग रामकली)

63

गुरु चरण लागि हम बिनवता पूछत कह जीउ पाइआ।
कौन काजि जगु उपजै बिनसै कहहु मोहि समझाइआ॥
देव करहु दइआ मोहि मारगि लावहु जितु भै बंधन तूटै।
जनम मरन दुख फेड़ करम सुख जीअ जनम ते छूटै॥ 1॥
माया फास बंध नही फारै अरु मन सुंनि न लूके।
आपा पद निरबाणु न चीन्हिआ इन बिधि अभिउ न चूके॥ 2॥
कही न उपजै उपजी जाणै भाव अभाव बिहूणा।
उदे अस्त की मन बुधि नासी तो सदा सहजि लिव लीण॥ 3॥
जिउ प्रतिबिंबु कउ मिली है उदक कुम्भु बिगराना।
कहु कबीर ऐसा गुण भ्रमु भागा तउ मन सुंनि समाना॥ 4॥

(राग आसा)

64

गुरु सेवा ते भगति कमाई। तब इह मानस देही पाई।
इस देही कउ सिमरहि देव। सो देही भजु हरि की सेव॥
भजहु गोबिंद भूल मत जाहु। मानस जनम का एही लाहु॥ 1॥
जब लगु जरा रोग नहीं आइआ। जब लग काल ग्रसी नही काइआ॥
जब लग विकल भई नहीं बानी। भजि लेहि रे मन सारिंगपानी॥ 2॥
अब न भजसि भजसि कब भाई। आवै अंत न भजिआ जाई॥
जो किछु करहि सोई अवि सारू। फिर पछताहु न पावहु पारू॥ 3॥
जो सेवक जो लाइआ सेव। तिन ही पाए निरंजन देव॥
गुरु मिलि ताके खुले कपाट। बहुरि न आवै जोनी बाट॥ 4॥
इही तेरा अउसरु इह तेरी वार। घट भीतर तू देखु बिचारि॥
कहत कबीर जीति कै हारि। बहु बिधि कहिओ पुकारि पुकारि॥ 5॥

(राग भैरउ)

65

ग्रिहु तजि बन खंड जाईऐ चुनि खाईऐ कंदा।
अजहु बिकार न छोड़ई पापी मनु मंदा॥
किउ छूटउ कैसे तरउ भव जल निधि भारी॥
राखु राख मेरे बीठुला, जन सरनि तुम्हारी॥ 1॥
बिषम बिषय बासना तजीअ न जाई।
अनिक जतन करि राखीऐ फिरि फिरि लपटाई॥ 2॥
जरा जीवन जोबन गइआ कछु कीआ न नीका।
इह जीअरा निरमोल को कउड़ी लगि मीका॥ 3॥
कहु कबीर मेरे माधबा तू सरब बिआपी।
तुम सम सरि नांहीं दइआलु मो सम सरि पापी॥ 4॥

(राग बिलावल)

66

ग्रिहि सोभा जाकै रे नाहि। आवत पहीआ खुधे जाहि॥
वाकै अंतरि नहीं संतोख। बिन सोहागनि लागे दोष॥
धनु सोहागनि महा पवीत। तपे तपीसर डोलै चीत॥ 1॥
सोहागनि किरपन की पूती। सेवक तजि जग सिउ सूती॥
साधू कै ठाढ़ी दरबारि। सरनि तेरी मोकउ निसतारि॥ 2॥

सोहागनि है अति सुंदरी। पग नेवर छनक छनहरी॥
जउ लगु प्रान तऊ लगु संगे। नाहि त चली बेगि उठि नंगे॥ 3॥
सोहागनि भवन त्रै लीआ। दसअठ पुराण तीरथ रस कीआ॥
ब्रह्मा बिसनु महेसर बेधे। बड़ भूपति राजे है छेधे॥ 4॥
सोहागनि उरवारि न पारि। पांच नारद कै संग बिधवारि॥
पांच नारद के मिटवे फूटे। कहु कबीर गुर किरपा छूटे॥ 5॥

(राग गौंड)

67

चंद सूरज दुइ जोति सरूप। जोती अंतरि ब्रह्म अनूप॥
करु रे गिआनी ब्रह्म बिचारु। जोती अंतरि धरिआ पसारु॥
हीरा देखि हीरे करउ आदेसु। कहै कबीर निरंजन अलेखु॥

(राग रामकली)

68

चरन कमल जा कै रिदै बसहि सो जनु किउ डोलै देव।
मानौ सभ सुख नउ निधि ताके सहजि जसु बोलै देव॥
तब इह मति जउ सभ महि पेखै कुटिल गांठि जब खोलै देव।
बारंबार माइआ ते अटकै लै नर जा मनु तौले देव॥ 1॥
जह उह जाइ तही सुख पावै माइआ तासु न झोलै देव।
कहि कबीर मेरा मनु मानिआ रांम प्रीति को ओलै देव॥ 2॥

(राग बिलावल)

69

चारि पाव दुइ सिंग गुंग मुख तब कैसे गुन गईहै।
ऊठत बैठत ठेगा परि है तब कत मूड लुकईहै॥
हरि बिनु बैल बिराने हुईहै।
फाटे नाकन टूटै काधन कोदउ कउ भुसु खईहै॥ 1॥
सारो दिन डोलत बनु महीआ अजहु न पेट अघईहै।
जन भगतन को कहो न मानी कीओ अपनो पईहै॥ 2॥
दुख सुख करत महा भ्रमि बूड़ो अनिक जोनि भरमईहै।
रतन जनम खोइओ प्रभु बिसारिओ इह अवसर कत पईहै॥ 3॥

भ्रमत फिरत तेलक के कपि जिउ गति बिनु रैन बिहईहै॥
कहत कबीर रांम नांम बिनु मुंड धुने पछितईहै॥ 4॥

(राग गूजरी)

70

चारि दिन अपनी नउबति चले बजाइ।
इतनकु खटिया गठिया मठिया संग न कछु लै जाइ॥
देहरी बैठी मिहरी रोवै दुआरे लउ संग माइ।
मरहट लगि सभु लोग कुटुंब मिलि हंसु इकेला जाइ॥ 1 ॥
वै सुत वै बित वै पुर पाटन बहुरि न देखै आई॥
कहत कबीर रांम को न सिमरहु जनमु अकारथ जाई॥ 2 ॥

(राग केदारा)

71

चोवा चंदन मरदन अंगा।
सो तन जलै काठ के संगा।
इसु तन धन की कवन बड़ाई।
धरनि परै उरवारि न जाई॥ 1॥
रात जि सोवहि दिन करहि कांम।
इक खिनु लेहि न हरि का नांम॥ 2॥
हाथि त डोर मुख खाइए तंबोर।
मरती बार कसि बांधिओ चोर॥ 3॥
गुरु मति रसि रसि हरि गुन गावै।
रांमै रांम रमत सुखु पावै॥ 4॥
किरपा करि के नांम द्रिड़ाई।
हरि हरि बास सुगंध बसाई॥ 5॥
कहत कबीर चेति रे अंधा।
सति रांम झूठ सब धंधा॥ 6॥

(राग गउड़ी)

72

जगि जीवनु ऐसा सुपने जैसा जीव सुपन समानं।
साचु करि हम गाठि दीन्ही छोड़ि परम निधानं॥

बाबा माइआ मोह हितु कीन्ह।
जिनि गिआनु रतन हिरि लीन्ह॥ 1॥
नैनि देखि पतंगु उरझै पसु न देखै आगि॥
काल फास न मुगधु चेतै कनिक कांमिनि लागि॥ 2॥
करि बिचारु बिकार परिहरि तरन तारन सोइ॥
कहि कबीर जगु जीवनु ऐसा दुतीअ नाही कोइ॥ 3॥

(राग आसा)

73

जनम मरन का भ्रमु गया गोबिंद लिव लागी।
जीवन सुंनि समानिआ गुर साखी जागी॥
कासी ते धुनि ऊपजै धुनि कासी जाई।
कासी फूटी पंडिता धुनि कहाँ समाई॥ 1॥
त्रिकुटी संधि मैं पेखिआ घटहू घट जागी॥
ऐसी बुधि समाचरी घट माही तिआगी॥ 2॥
आप आप जे जानिआ तेज तेजु समाना।
कहु कबीर अब जानिआ गोविंद मनु माना॥ 3॥

(राग बिलावल)

74

जब जरीऐ तब होइ भसम तनु रहे किरम दल खाई।
काची गागरि नीर परतु है या तन की इहै बड़ाई॥
काहे भईआ फिरतौ फूलिआ फूलिआ।
जब दस मास उरध मुख रहता सो दिनु कैसे भूलिआ॥ 1॥
जिउ मधु मक्खी तिउ सठोरि रसु जोरि जोरि धनु कीआ।
मरती बार लेहु लेहु करीऐ भूतु रहन किउ दीआ॥ 2॥
देहुरी लउ बरी नारि संग भई आगि सजन सुहेला।
मरघट लउ सभु लोगु कुटुंब भइओ आगै हंस अकेला॥ 3॥
कहत कबीर सुनहु रे प्रानी परे काल ग्रस कूआ॥
झूठी माया आप बंधाइआ जिउ नलनी भ्रमि सूआ॥

(राग सोरठि)

75

जब लगु तेलु दीवे मुख बाती तब सूझै सभु कोई।
तेल जलै बाती ठहरानी सूना मंदरु होई॥
रे बौरे तुहि घरी न राखै कोई।
तूं रांम नांमु जपि सोई॥ 1॥
का की माता पिता कहु का को कौन पुरख की जोई॥
घट फूटे कोउ बात न पूछै काढ़हु काढ़हु होई॥ 2॥
देहुरी बैठ माता रोवै खटीआ ले गए भाई॥
लट छिटकाये तिरीआ रोवै हंसु इकेला जाई॥ 3॥
कहत कबीर सुनहु रे संतहु भौ सागर के ताईं॥
इस बंदे सिर जुलमु होत है जमु नहीं घटै गुसाईं॥ 4॥

(राग आसा)

76

जब लगु मेरी मेरी करै। तब लग काजु एकु नहि सरै॥
जब मेरी मेरी मिट जाई। तब प्रभु काज सवारहि आई॥
ऐसा गिआनु बिचारु मना। हरि किन सिमरहु दुख भंजना॥ 1॥
जब लगि सिंघु रहे बन माहि। तब लग बन फूलै ही नाहि॥
जब ही सिआरु सिंघु कउ खाई। फूलि रही सगली बनराई॥ 2॥
जीतो बूड़े हारो तिरै। गुर परसादी पार उतरै।
दास कबीर कहै समझाइ। केवल रहहु लिव लाइ॥ 3॥

(राग भैरउ)

77

जब हम एको एकु करि जानिआ।
तब लोगह कहै दुख मानिए॥
हम अपतह अपुनी पति खोई।
हमरै खोज परहु मति कोई॥ 1॥
हम मंदे मंदे मन माहि।
साझ पाति काहु सिउ नांहीं॥ 2॥
पति अपति ताकी नहीं लाज।
तब जानहुगे जब उघरैगो पाज॥ 3॥

कहु कबीर पति हरि परवानु।
सरब तिआगि भजु केवल रांमु॥ 4॥

(राग गउड़ी)

78

जल महि मीन माइआ के बेधे। दीपक पतंग माइआ के छेदे॥
कांम माइआ कुंचर को बिआपै। भुइअंगम भ्रिंग माइआ माहि खापै॥
माइआ ऐसी मोहनी भाई। जेते जीअ तेते डहकाई॥ 1॥
पंखी म्रिग माइआ महि राते। साकर माखी अधिक संतापे॥
तुरे उस्ट माइआ महि भेला। सिध चउरासीह माइआ महि खेला॥ 2॥
छिअ जती माइआ के बंदा। नवै नाथ सूरज अरु चंदा॥
तपे रखीसर माइआ महि सूता। माइआ महि कालु अरु पंच दूता॥ 3॥
सुआन सिआल माइआ महि राता। बंतर चीते अरु सिंघाता॥
माजार गाडर अरु लूबरा, बिरख सूख माइआ महि परा॥ 4॥
माइआ अंतरि भीने देव। सागर इंद्रा अरु धरतेव॥
कहि कबीर जिसु उदर तिसु माइआ। तब छूटै जब साधू पाइआ॥ 5॥

(राग भैरउ)

79

जल है सूतकु थल है सूतकु सूतकु ओपति होई।
जनमे सूतकु मूए फुनि सूतकु सूतकु परज बिगोई॥
कहु रे पंडीआ कौन पवीता।
ऐसा ज्ञान जपहु मेरे मीता॥ 1॥
नैनहु सूतकु बैनहु सूतकु सूतकु स्त्रवनी होई॥
ऊठत बैठत सूतकु लागै सूतक परै रसोई॥ 2॥
फासन की बिधि सभु कोऊ जानै छूटन की इकु कोई॥
कहि कबीर रांम रिदै बिचारै सूतकु तिन्है न होई॥

(राग गउड़ी)

80

जह कछु अहा तहा कछु नांहीं पंच तंतु तह नाही।
इड़ा पिंगला सुषमन बंदे ते अवगन कत जाही॥

तागा तूटा गगन बिनसि गइआ तेरा बोलतु कहा समाई।
एह संसा मो कउ अनदिनु बिआपै मो कउ कौ न कहै समझाई॥ 1॥
जह बरभंडु पिंड तह नाही रचनहारु तह नाही॥
जोड़ण हारो सदा अतीता इह कहीऐ किसु माही॥ 2॥
जोड़ी जुड़ै न तोड़ी तूटै जब लगु होइ बिनासी॥
का को ठाकुरु का को सेवक को काहू कै जासी॥ 3॥
कहु कबीर लिव लागि रही है जहा बसै दिन राती।
ऊआ का मरम ओही परु जाने ओहु तउ सदा अबिनासी॥ 4॥

(राग गउड़ी)

81

जाके निगम दूध के ठाटा।
समुंद बिलोवन कउ माटा॥
ताकी होहु बिलोनहारी।
किउ मेटेगौ छाछि तुम्हारी॥
चेरी तू रांम न करसि भतारा।
जगजीवन प्रान अधारा॥ 1॥
तेरे गलहि तउक पग बेरी।
तू घर घर रमईऐ फेरी॥
तू अजहू न चेतसि चेरी।
तू जमि बपुरी है हेरी॥ 2॥
प्रभु करन करावन हारी।
क्या चेरी हाथ बिचारी॥
सोई सोई जागी।
जितु लाई तितु लागी॥ 3॥
चेरी तै सुमति कहाँ ते पाई।
जाते भ्रम की लीक मिटाई॥
सु रसु कबीरै जानिआ।
मेरो गुरु प्रसाद मनु मानिआ॥ 4॥

(राग सोरठि)

82

जा कै हरि सा ठाकुर भाई।
मुकति अनंत पुकारणि जाई।
अब कहु रांम भरोसा तोरा।
तब काहू को कवन निहोरा॥ 1॥
तीनि लोक जाके हहि भार।
मो काहे न करै प्रतिपार॥ 2॥
कहु कबीर इक बुधि बिचारी।
किआ बस जउ बिष दे महतारी॥ 3॥

(राग गउड़ी)

83

जिनि गढ़ कोटि कीए कंचन के छोड़ गइआ सो रावन।
काहे कीजत है मनि भावन।
जब जमु आइ केस ते पकरै तह हरि को नांम छुड़ावन॥ 1॥
काल अकाल खसम का कीन्हा इहु परपंच बधावन॥
कहि कबीर ते अंते मुकते जिन हिरदै रांम रसाइन॥ 2॥

(राग मारू)

84

जिह मुख बेद गाइत्री निकसै सो किउ ब्रहमनु बिसरु करै।
जाके पाइ जगत सभु लागै सो किउ पंडित हरि न कहै॥
काहे मेरे बाम्हन हरि न कहहि।
रांमु न बोलहि पांडे दोजक भरहि॥ 1॥
आपन ऊच नीच घरि भोजनु हठे करम करि उदरु भरहि।
चौदस अमावस रचि रचि मांगहि कर दीपकु लै कूप परहि॥ 2॥
तूं ब्रह्मनु मैं कासी का जुलहा मोहि तोहि बराबरी कैसे कै बनहि॥
हमरे रांम नांम कहि उबरे बेदु भरोसे पांडे डूब मरहि॥ 3॥

(राग रामकली)

85

जिहि कुलि पूतु न गिआन बीचारी।
बिधवा कस न भई महतारी॥
जिह नर रांम भगति नहीं साधी।
जनमत कस न मुझ अपराधी॥ 1॥
मुच मुच गरभ गए कीन बचिआ।
बुड़भुज रूप जीवे जग मझिआ॥
कहु कबीर जैसे सुंदर सरूप।
नांम बिना जैसे कुबज कुरूप॥

(राग गउड़ी)

86

जिह मरनै सभु जगतु तरासिआ।
सो मरना गुरु सबदि प्रगासिआ।
अब कैसे मरउ मरनि मनु मानिआ।
मरि मरि जाते जिन रांमु न जानिआ॥ 1॥
मरनो मरनु कहै सभु कोई
सहजे मरै अमरु हइ सोई।
कहु कबीर मन भइआ अनंदा।
गइआ भरमु रहित परमानंदा॥ 2॥

(राग गउड़ी)

87

जिह सिमरनि होइ मुकित दुवारि। जाहि बैकुंठ नहीं संसारि॥
निरभउ के घरि बजावहि तूर। अनहद बजहि सदा भरपूर॥
ऐसा सिमरन कर मन माहि। बिनु सिमरन मुकति कत नाहि॥ 1॥
जिह सिमरन नाही ननकारू। मुकति करै उतरै बहु भारू॥
नमसकारु करि हिरदै माहि। फिरि फिरि तेरा आवन नाहि॥ 2॥
जिह सिमरन करहि तू केल। दीपकु बांधि धरिओ बिनु तेल॥
सो दीपक अमरकु संसारि। कांम क्रोध बिखु काढ़ि ले मारि॥ 3॥

जिह सिमरन तेरी गति होइ। सो सिमरन रखु कंठि परोइ॥
सो सिमरन करि नहीं राखु उतारि। गुरु परसादी उतरहि पार॥ 4॥
जिह सिमरन नहीं तुहि कानि। मंदरि सोवहि पटंबर तानि॥
सेज सुखाली बिगसै जीउ। सो सिमरन तू अनदिनु पीउ॥ 5॥
जिह सिमरन तेरी जाइ बलाइ। जिह सिमरन तुझु पोहै न माई॥
सिमरि सिमरि हरि हरि मन गाईऐ। इहु सिमरन सति गुरु ते पाईऐ॥ 6॥
सदा सदा सिमरि दिनु राति। ऊठत बैठत सासि गिरासि॥
जागु सोई सिमरन रस भोग। हरि सिमरन पाईऐ संजोग॥ 7॥
जिहि सिमरन नाही तुझ भार। सो सिमरन रांम नांम अधारू॥
कहि कबीर जाका नहीं अंतु। तिस के आगे तंतु न मंतु॥

(राग रामकली)

88

जिह मुख पांचउ अंम्रित खाए।
तिह मुख देखत लूकट लाए।
इकु दुखु रांम राइ काटहु मेरा।
अगनि दहै अरु गरभ बसेरा॥ 1॥
काइआ बिगूती बहु बिधि भाती।
को जारे को गड़ि ले माटी॥ 2॥
कहु कबीर हरि चरण दिखावहु।
पाछै ते जमु किउ न पठावहु॥ 3॥

(राग गउड़ी)

89

जिह सिर रचि बाधत पाग।
सो सिरु चुंच सवारहि काग॥
इसु तन धन को किआ गरबईआ।
रांमु नांम काहे न द्रिड़ीआ॥ 1॥
कहत कबीर सुनहु मन मेरे।
इही हवाल होहिगे तेरे॥ 2॥

(राग गउड़ी)

90

जीवत पितर न माने कोऊ मूएं सराध कराहीं।
पितर भी बपुरे कहु किउ पावहि कौआ कूकर खाही॥
मो कउ कुसल बतावहु कोई।
कुसल कुसल करते जग बिनसै कुसल भी कैसे होई॥ 1॥
माटी के करि देवी देवा तिसु आगै जीउ देही।
ऐसे पितर तुमरे कहीअहि आपन कहिआ न लेही॥ 2॥
सरजीउ काटहि निरजीउ पूजहि अंत काल कउ भारी।
रांम नांम की गति नहीं जानी भै डूबे संसारी॥ 3॥
देवी देवा पूजहि डोलहि पारब्रह्मु नहीं जाना।
कहत कबीर अकुलु नहीं चेतिआ बिखिआ सिउ लपटाना॥ 4॥

(राग गउड़ी)

91

जीवत मरै मरै फुनि जीवै ऐसे सुंनि समाइआ।
अंजन माहि निरंजनि रहिऐ बहुड़ि न भवजलि पाइआ॥
मेरे रांम ऐसा खीर बिलोईऐ।
गुरु मति मनूआ असथिरु राखहु इन विधि अंम्रितु पीओईऐ॥ 1॥
गुरु कै बाणी बजर कल छेदी प्रगटिआ पदु परगासा॥
सकति अधेर जेवड़ी भ्रमु चूका निहचलु सिव घरि बासा॥ 2॥
तिनि बिनु बाणै धनखु चढ़ाइऐ इहु जगु बेधिआ भाई।
दह दिसि बूड़ी पवनु झुलावै डोरि रही लिव लाई॥ 3॥
उनमनि मनूआ सुंनि समाना दुबिधा दुरमति भागी।
कहु कबीर अनुभउ इकु देखिआ रांम नांम लिव लागी॥ 4॥

(राग गउड़ी)

92

जो जनु भाउ भगति कछु जाने ताकउ अचरज काहो।
बिनु जलु जल महि पैसि न निकसै तिउ ढरि मिलिओ जुलाहो।
हरि के लोगा मै तउ मति का भोरा।
जो तन कासी तजहि कबीरा रमईऐ कहा निहोरा॥ 1॥
कहत कबीर सुनहु रे लोई भरमि न भूलहु कोई॥
क्या कासी क्या ऊसर मगहर रांम रिदै जौ होई॥ 2॥

(राग धनासरी)

93

जेते जतन करत ते डूबे भव सागरु नहीं तारिओ रे।
कर्म धर्म करते बहु संजम अहं बुधि मन जारिओ रे॥
सांस ग्रास को दाता ठाकुर सो किउ मनहु बिसारिओ रे।
हीरा लालु अमोल जनमु है कौड़ी बदलै हारिओ रे॥ 1॥
त्रिसना त्रिखा भूख भ्रमि लागी हिरदै नाहि बिचारिओ रे।
उनमत मान हिरिओ मन माही गुर का सबदु न धारिओ रे॥ 2॥
सुआद लुभत इंद्री रस प्रेरिओ मद रन लैत बिकारिओ रे।
करम भाग संतन संगाने कासट लोह उधारिओ रे॥ 3॥
धावत जोनि जनम भ्रमि थाके अब दुख करि हम हारिओ रे॥
कहि कबीर गुर मिलत महा रसु प्रेम भगति निसतारिओ रे॥

(राग गउड़ी)

94

जिह बाझु न जीआ जाई। जउ मिलै त घाल अघाई॥
सद जीवन भलो कहाही। मूए बिन जीवन नाही॥
अब क्या कथीऐ गिआनु बीचारा।
निज निरखत गत बिउहारा॥ 1॥
घसि कुंकम चंदन गारिआ।
बिनु नैनहु जगत निहारिआ॥
पूत पिता इक जाइआ।
बिन ठाहर नगर बसाइआ॥ 2॥
जाचक जन दाता पाइआ।
सो दीआ न जाई खाइआ॥
छोड़िआ जाइ न मूका।
अउरन पहि जाना चूका॥ 3॥
जो जीवन मरना जानै।
सो पंच सैल सुख मानै॥
कबीरै सो धनु पाइआ।
हरि भेटत आपु मिटाइआ॥ 4॥

(राग सोरठि)

95

जैसे मंदर महि बलहर ना ठाहरै। नांम बिना कैसे पार उतारै॥
कुम्भ बिना जल ना टीकावै। साधू बिन ऐसे अबगतु जावै॥
जारउ तिसै जु रांम न चेतै। तन तन रमत रहै महि खेतै॥ 1॥
जैसे हलहर बिना जिमी नहि बोईऐ। सूत बिना कैसे मणी परोईऐ॥
घुंडी बिन क्या गंठि चढ़ाईऐ। साधू बिन तैसे अबगतु जाईऐ॥ 2॥
जैसे मात पिता बिनु बाल न होई। बिंब बिना कैसे कपरे धोई॥
घोर बिना कैसे असवार। साधू बिन नांहीं दरवार॥ 3॥
जैसे बाजे बिन नहीं लीजै फेरी। खसम दुहागनि तजि अउहेरी॥
कहै कबीर एकै करि जाना। गुरमुखि होइ बहुरि नहीं मरना॥ 4॥

(राग गौंड)

96

जोइ खसमु है जाइआ।
पूत बाप खेलाइआ।
बिनु स्रवणा खीरु पिलाइआ।
देखहु लोगा कलि को भाउ।
सुति मुकलाई अपनी माउ॥ 1॥
पगा बिन हुरीआ मारता।
बदनै बिन खिन खिन हासता॥
निद्रा बिन नरु पै सोवै।
बिन बासन खीरु बिलोवै॥ 2॥
बिनु असथन गऊ लवेरी।
पैडे बिनु बाट घनेरी॥
बिन सतगुरि बाट न पाई।
कहु कबीर समझाई॥ 3॥

(राग बसंत)

97

जो जन लेहि खसम का नांउं।
तिनकै सद बलिहारै जाउं॥
सो निरमलु निरमलु हरि गुन गावै।
सो भाई मेरे मन भावै॥ 1॥

जिहि घट रांम रहिआ भरपूरि।
तिनकी पग पंकज हम धूरि॥ 2॥
जाति जुलाहा मति का धीरू।
सहजि सहजि गुन रमै कबीरू॥ 3॥

(राग गउड़ी)

98

जो जन परमिति परमनु जाना।
बातन ही बैकुंठ समाना॥
ना जाना बैकुंठ कहा ही।
जानु जानु सभि कहहि तहा ही॥ 1॥
कहन कहावत नहि पतीअई है।
तउ मन मानै जा ते हउमै जईहै॥ 2॥
जब लगु मनि बैकुंठ की आस।
तब लगु होइ नहीं चरन निवासु॥ 3॥
कहु कबीर इह कहीऐ काहि।
साध संगति बैकुंठै आहि॥ 4॥

(राग गउड़ी)

99

जो पाथर कउ कहते देव। ताकी बिरथा होवै सेव॥
जो पाथर की पांई पाइ। तिस की घाल अजांई जाइ॥
ठाकुरु हमरा सद बोलंता। सरब जीआ कउ प्रभु दान देता॥ 1॥
अंतरि देव न जानै अंधु। भ्रम का मोहिआ पावै फंधु॥
न पाथर बोलै ना किछु देइ। फोकट करम निहफल है सेव॥ 2॥
जे मिरतक कउ चंदन चढ़ावै। उससे कहहु कवन फल पावैं॥
जो मिरतक कउ विष्टा मांहिं रुलाइ। तो मिरतक का क्या घटि जाई॥ 3॥
कहत कबीर हउ कहहु पुकार। समझ देखु साकत गावार॥
दूजै भाइ बहुत घर घाले। रांम भगत है सदा सुखाले॥ 4॥

(राग भैरउ)

100

जउ मै रूप कीए बहुतेरे अब फुनि रूपु न होई।
तागा तंतु साजु सभु थाका रांम नांम बसि होई॥
अब मोहि नाचनो न आवै।
मेरा मन मंदरीआ न बजावै॥ 1 ॥
कांमु क्रोधु माइआ लै जारी त्रिसना गागरि फूटी।
कांम चोलना भइआ है पुराना गइआ भरमु सभु छूटी॥ 2॥
सरब भूत एकै करि जानिआ चूके बाद बिबादा।
कहि कबीर मैं पूरा पाइआ भए रांम परसादा॥ 3॥

(राग आसा)

101

जउ तुम मो कउ दूरि करत हउ तउ तुम मुकति बतावहुगे।
एक अनेक होइ रहिओ सगल महि अब कैसे भरमावहुगे॥
रांम मो कउ तारि कहाँ लै जई है।
सोधउ मुकति कहा देउ कैसी करि प्रसाद मोहि पाई है॥ 1॥
तारन तरन तबै लगि कहिये जब लगि तत न जानिआ॥
अब तउ विमल भए घट ही महि कहि कबीर मनु मानिआ॥ 2॥

(राग मारू)

102

जिउ कपि के कर मुसटि चनन की लुबधि न तिआगु दइओ।
जो जो करम कीए लालच सिउ ते फिर गरहि परिओ॥
भगति बिनु बिरथे जनम गइओ।
साध संगति भगवान भजन बिनु कही न सच रहिओ॥ 1॥
जिउ उदिआन कुसम परफुल्लित किनहि न घ्राउ लइओ।
तैसे भ्रमत अनेक जोनि महि फिरि फिरि काल हइओ॥ 2॥
इआ धन जोबन अरु सुत दारा पेखन कउ जु दइओ॥
तिनहीं माहि अटकि जो उरझे इंद्री प्रेरि लइओ॥
अउध अनल तन तनु को मंदरु चह दिसि ठाटु ठइओ॥
कहि कबीर भव सागर तरन कउ मैं सतिगुर ओट लइओ॥

(राग गउड़ी)

103

जिउ जल छोड़ि बाहर भइओ मीना।
पूरब जनम हउ तप का हीना॥
अब कहु रांम कवन गति मोरी।
तजीले बनारस मति भई थोरी॥ 1॥
सकल जनम सिवपुरी गवाइआ।
मरती बार मगहर उठि आइआ॥ 2॥
बहुत बरस तपु कीआ कासी।
मरन भया मगहर कौ बासी॥ 3॥
कासी मगहर सम बीचारी।
ओछी भगति कैसे उतरसि पारी॥ 4॥
कहु गुरु गजि सिव सबको जामै।
मुआ कबीर रमत स्री रांमै॥ 103॥

(राग गउड़ी)

104

जोति की जाति जाति की जोति।
तितु लागे कंचुआ फल मोती।
कवनु सु घरु जो निरभउ कहीऐ।
भउ भजि जाइ अभय ह्वै रहीऐ॥ 1॥
तटि तीरथि नही मन पतीआइ।
चार अचार रहे उरझाइ॥ 2॥
पाप पुंन दुइ इक समान।
निज घर पारस तजहु गुन आन॥ 3॥
कबीर निरगुण नांम न रोसु।
इसु परचाइ परचि रहु एसु॥ 4॥

(राग गउड़ी)

105

टेढ़ी पाग टेढ़े चले लागे बीरे खान॥
भाउ भगति सिउ काज कछूऐ मेरो कांम दीवान॥
रांम बिसारिओ है अभिमानी।
कनिक कांमिनी महा सुंदरी पेखि पेखि सचु मानी॥ 1॥

लालच झूठ बिकार महामद इह विधि अउध बिहानी॥
कहि कबीर अंत की बेर आई लागौ काल निदानी॥ 2 ॥

(राग केदारा)

106

डंडा मुंद्रा खिंथा आधारी।
भ्रम कै भाई सबै भेखधारी॥
आसन पवन दूरि करि बवरे।
छोड़ि कपट नित हरि भज बवरे॥ 1 ॥
जिह तू याचहि सो त्रिभुवन भोगी।
कहि कबीर कैसो जगि जोगी॥ 2 ॥

(राग बिलावल)

107

तनु रैनी मनु पुनरपि करिहउ पाचउ तत बराती॥
रांम राइ सिउ भावरि लैहउ आतम तिह रंग राती॥
गाउ गाउ री दुलहिनी मंगलचारा।
मेरे ग्रिह आये राजा रांम भतारा॥ 1 ॥
नाभि कमल महि बेदी रचिले ब्रह्म गिआन उचारा।
रांम राइ सो दूलहु पाइओ अस बड़ भाग हमारा॥ 2 ॥
सुर नर मुनि जन कउतक आए कोटि तैतीसउ जाना॥
कहि कबीर मोहि बिआहि चले हैं पुरख एक भगवाना॥ 3 ॥

(राग आसा)

108

तरवरु एक अनंत डार साखा पुहुप पत्र रस भरीआ।
इह अमृत की बाड़ी है रे तिन हरि पूरै करीआ॥
जानी जानी रे राजा रांम की कहानी।
अंतर ज्योति रांम परगासा गुरमुखि बिरलै जानी॥ 1 ॥
भवरु एक पुहुप रस बीधा बारह ले उरधरिआ।
सोरह मधे पवन झकोरिआ आकासे फरु फरिआ॥ 2 ॥

सहज सुंनि इक बिरवा उपजिआ धरती जलहरु सोखिआ॥
कहि कबीर हउ ता का सेवक जिनका इहु बिरवा देखिआ॥ 3॥

(राग रामकली)

109

तूटे तागे निखुटी पानि। द्वार ऊपर झिलिकावहि कान॥
कूच बिचारे फूए फाल। इआ मुंडीआ सिर चढ़िबो काल॥
इहु मुंडीआ सगलो द्रवु खोई। आवत जात नाक सर होई॥ 1॥
तुरी नारि की छोड़ि बाता। रांम नांम वाका मन राता॥
लरकी लरिकन खैबो नाहि। मुंडीआ अनुदिन धापे जाहि॥ 2॥
इक दुइ मंदरि इक दुइ बाट। हम कउ साथरु उनको खाट॥
मूंड पलोसि कमर बंधि पोथी। हम कउ चाबनु उन कउ रोटी॥ 3॥
मुंडीआ मुंडीआ हुए एक। इह मुंडीआ बूडत की टेक॥
सुनि अंधली लोई बे पीर। इन्हि मुंडीअन भजि सरन कबीर॥ 4॥

(राग गौंड)

110

तू मेरो मेरु परबत सुआमी ओट गही मैं तेरी॥
ना तुम डोलहु ना हम गिरते रखि लीनी हरि मेरी॥
अब तब जब कब तुही तुही।
हम तुअ परसाद सुखी सदही॥ 1॥
तोरे भरोसे मगहर बसिओ मेरे तन की तपति बुझाई।
पहिले दरसनु मगहर पाइओ फुनि कासी बसे आई॥ 2॥
जैसा मगहर तैसा कासी हम एकै करि जानी॥
हम निरधन जिउ इहु धन पाइआ मरते फूटि गुमानी॥ 3॥
करे गुमानु चुभहि तिसु सूला कोऊ काढ़न कउ नाही॥
अजै सु चोभ कउ बिलल बिलाते नरके घोर पचाही॥ 4॥
कवन नरकु किआ सुरगु बिचारा संतन दोऊ रादे॥
हम काहू की काणि न कढ़ते अपने गुरु परसादे॥ 5॥
अब तउ जाइ चढ़े सिंघासनि मिले है सारिंगपानी।
रांम कबीरा एक भए है कोई न सकै पछानी॥ 6॥

(राग रामकली)

111

थरथर कंपै बाला जीउ।
ना जानउ क्या करसी पीउ॥
रैनि गई मति दिन भी जाइ।
भवर गए बग बैठे आइ॥ 1॥
काचै करवै रहै न पानी।
हंस चला काइआ कुमलानी॥ 2॥
कुआर कनिआ जैसे करत सींगारा॥ 3॥
किउ रलिया मानै बाझु भतारा॥
काग उड़ावत भुजा पिरानी।
कहि कबीर इह कथा सिरानी॥ 4॥

(राग सूही)

112

थाके नैन स्रवन सुनि थाके थाकी सुंदरि काइआ।
जरा हाक दी सभ मति थाकी एक न थाकसि माइआ॥
बावरै तै गिआन बीचारु न पाइआ।
बिरथा जनमु गवाइआ॥ 1॥
तब लगु प्रानी तिसै सरेवहु जब लगु घट महि सासा।
जे घटु जाइ त भाउ न जासी हरि के चरन निवासा॥ 2॥
जिस कउ सबद बसावै अंतरि चूकै तिसहि पिआसा।
हुक्मै बूझै चउपड़ि खेलै मनु जिणि ढाले पासा॥ 3॥
जो मन जनि भजहि अबिगत कउ तिन का कछू न नासा।
कहु कबीर ते जन कबहु न हारहि ढालि जु जानहि पासा॥ 4॥

(राग सूही)

113

दरमादे ठाढ़े दरबारि।
तुझ बिन सुरति करै को मेरी दरसन दीजै खोलि किवार॥
तुम धन धनी उदार तिआगी स्रवनन सुनीअतु सुजस तुम्हार।
मांगउ काहि रंक सभ देखउ तुम ही ते मेरो निसतार।

जयदेव नांमा बिप सुदामा तिन कउ क्रिपा भई है अपार।
कहि कबीर तुम संम्रथ दाते चारि पदारथ देत न बार॥ 2॥

(राग बिलावल)

114

दिन ते पहर पहर ते घरीआं आव घटै तनु छीजै।
कालु अहेरी फिरहि बधिक जिउ कहहु कवन बिधि कीजै॥
सो दिनु आवन लागा।
माता पिता भाई सुत बनिता कहहु कोऊ है का का॥ 1॥
जग लगु जोति काइआ महि बरतै आपा पसू न बूझै॥
लालच करै जीवन पद कारन लोचन कछू न सूझै॥ 2॥
कहत कबीर सुनहु रे प्रानी छोड़हु मन के भरमा॥
केवल नांम जपहु रे प्रानी परहु एक की सरना॥ 3॥

(राग धनासरी)

115

दीनु बिसारिओ रे दीवाने दीनु बिसारिओ।
पेट भरिओ पसुआ जिउ सोइओ मनुज जनम है हारिओ॥
साध संगति कबहू नही कीनी रचिओ धंधै झूठ।
सुमन सूकर बाइस सम जीवै भटकतु चालिओ ऊठि॥ 1॥
आपन को दीरघ करि जानै औरन कौ लघु मात॥
मनसा वाचा करमना मैं देखे दोजक जात॥ 2॥
कांमी क्रोधी चातुरी बाजीगर बेकांम।
निंदा करते जनम सिरानो कबहु न सिमरिओ रांम॥ 3॥
कहि कबीर चेतै नहीं मूरख मुगध गवार।
रांम नांम जानिओ नही, कैसे उतरसि पार॥

(राग मारू)

116

दुइ दुइ लोचन पेखा।
हउ हरि बिन अउर न देखा॥
नैन रहे रंगु लाई।
अब बेगल कहनु न जाई॥

हमारा भरम गइआ भउ भागा।
जब रांम नांम चितु लागा॥ 1॥
बाजीगर डंक बजाई।
सभ खलक तमासे आई॥
बाजीगर स्वांगु सकेला।
अपने रंग रवै अकेला॥ 2॥
कथनी कहि भरमु न जाई।
सब कथि कथि रही लुकाई॥
जाकउ गुरमुखि आपि बुझाई।
ताके हिरदै रहिआ समाई॥ 3॥
गुरु किंचत किरपा कीनी।
सब तन मन देह हरि लीनी॥
कहि कबीर रंगि राता।
मिलिओ जगजीवन दाता॥ 4॥

(राग सोरठि)

117

दुनिया हुसीआर बेदार जागत मुसीअत हउ रे भाई।
निगम हुसीआर पहरुआ देखत जम ले जाई॥
नींबु भइओ आंबु आंबु भइओ नींबा केला पाका झारि॥
नालीएर फल सेबरि पाका मूरख मुगध गवार॥ 1॥
हरि भइओ खांडु रेतु महि बिखरिओ हसती चुनिओ न जाई।
कहि कबीर कुल जाति पांति तजि चींटी होइ चुनि खाई॥

(राग रामकली)

118

देखौ भाई ज्ञान की आई आंधी।
सबै उड़ानी भ्रम की टाटी रहै न माइआ बांधी॥
दुचिते की दुइ थूनि गिरानी मोह बलेंड़ा टूटा॥
तिसना छानि परी घर ऊपरि दुरमति भांड़ा फूटा॥ 1॥
आंधी पाछै जो जलु बरखै तिहि तेरा जनु भीनां॥
कहि कबीर मग भइआ प्रगासा उदै भानु जब चीना॥ 2॥

(राग गउड़ी)

119

देइ मुहार लगाम पहिरावउ।
सगलत जीनु गगन दउरावउ॥
अपने बीचारि असवारी कीजै।
सहज के पावड़ै पग धरि लीजै॥ 1॥
चलु रे बैकुंठ तुझहि ले तारउ।
हित चित प्रेम के चाबुक मारउ॥ 2॥
कहत कबीर भले असवारा।
बेद कतेब ते रहहि निरारा॥ 3॥

(राग गउड़ी)

120

देही गावा जीउ धर महतउ बसहि पंच किरसाना।
नैनू नकटू स्रवन रसपति इंद्री कहिआ न माना॥
बाबा अब न बसहु इहु गाउ।
घरी घरी का लेखा मागै काइथु चेतू नांउं॥ 1॥
धरमराइ जब लेखा मागै बाकी निकसी भारी॥
पच क्रिसानवा भागि गए लै बाधिओ जीउ दरबारी॥ 2॥
कहहि कबीर सुनहु रे संतहु खेतहि करौ निबेरा॥
अबकी बार बखसि बंदे कउ बहुरि न भउजलि फेरा॥ 3॥

(राग मारू)

121

धंनु गुपाल धंनु गुरुदेव। धंनु अनादि भूखे कवलु टहकेव॥
धंनु ओइ संत जिन ऐसी जानी। तिन कउ मिलिबो सारंगपानी॥
आदि पुरुष ते होई अनादि। जपीऐ नांमु अंन कै सादि॥ 1॥
जपीऐ नांमु जपीऐ अंनु। अंभै कै संगि नीका वंनु॥
अंनै बाहर जो नर होवहि। तीनि भवन महि अपनो खोवहि॥ 2॥
छोड़हि अंनु करहि पाखंड। ना सोहागनि ना ओहि रंड॥
जग महि बकते दूधाधारी। गुपती खावहि वटि कासारी॥ 3॥

अंनै बिना न होइ सुकालु। तजिऐ अंन न मिलै गुपालु॥
कहु कबीर हम ऐसे जानिआ। धंनु अनादि ठाकुर मन मानिआ॥ 4॥

(राग गौंड)

122

नगन फिरत जो पाईऐ जोगु।
बनका मिरग मुकति सब होगु॥
किआ नागे किआ बांधे चाम।
जब नहीं चीनसि आतम रांम॥ 1॥
मूंड मुंडाए जो सिद्धि पाई।
मुकती भेड़ न गईआ काई॥ 2॥
बिंदु राख जो तरीऐ भाई।
खुसरै किउ न परम गति पाई॥ 3॥
कहु कबीर सुनहु नर भाई।
रांम नांम बिन किनि गति पाई॥ 4॥

(राग गउड़ी)

123

नरु मरै नरु कांम न आवै। पसू मरै दस काज सवारै॥
अपने करम की गति मै किआ जानउ। मैं किआ जानउ बाबा रे॥ 1॥
हाड़ जले जैसे लकरी का तूला। केस जले जैसे घास का पूला॥ 2॥
कहत कबीर तब ही नरु जागै। जम का डंडु मूंड महि लागै॥ 3॥

(राग गौंड)

124

नांगे आवतु नांगे जाना।
कोई न रहि है राजा राना॥
रांम राजा नउ निधि मेरे।
संपै हेतु कलतु धन तेरे॥ 1॥
आवत संग न जात संगाती।
कहा भइओ दर बांधे हाथी॥ 2॥
लंका गढ़ सोने का भइआ।
मूरख रावन किआ ले गइआ॥ 3॥

कह कबीर कुछ गुन बीचारि।
चलै जुआरी दुइ हथ झारि॥

(राग भैरउ)

125

नाइक एक बनजारे पांच।
बरध पचीसक संग काच॥
नउ बहीआं दस गोनि आहि।
कसन बहत्तरि लागी ताहि॥
मोहि ऐसे बनज सिउ नही काजु।
जिह घटै मूल नित बढ़ै ब्याजु॥ 1॥
सत सूत मिलि बनजु कीन।
करम भावनी संग लीन॥
तीनि जगाती करत रारि।
चलो बनजारा हाथ झारि॥ 2॥
पूंजी हिरानी बनजु टूटि।
दह दिस टांडो गइओ फूटि॥
कहि कबीर मन सरसी काज।
सहज समानो त भरम भाजि॥ 3॥

(राग बसंत)

126

ना इहु मानसु ना इहु देउ। ना इहु जती कहावै सेउ॥
ना इहु जोगी ना अवधूता। ना इसु माइ न काहू पूता॥
इआ मंदर महि कौन बसाई। ता का अंतु न कोऊ पाई॥ 1॥
न इहु गिरही ना ओदासी। ना इहु राज न भीख मंगासी॥
ना इहु पिंड न रकतू राती। ना इहु ब्रह्मनु ना इहु खाती॥ 2॥
ना इहु तपा कहावै सेखु। ना इहु जीवै न मरता देखु॥
इसु मरते कउ जे कोऊ रोवै। जो रोवै सोई पति खोवै॥ 3॥
गुरु प्रसादि मैं डगरो पाइआ। जीवन मरन दोऊ मिटवाइआ॥
कहु कबीर इहु रांम की अंसु। उस कागद पर मिटै न मंसु॥ 4॥

(राग गौंड)

127

ना मै जोग धिआन चितु लाइआ।
बिनु बैराग न छूटसि माइआ॥
कैसे जीवनु होइ हमारा।
जब न होइ रांम नांम अधारा॥ 1॥
कहु कबीर खोजौं असमान।
रांम समान न देखौ आन॥ 2॥

(राग गउड़ी)

128

निंदउ निंदउ मो कउ लोगु निंदउ।
निंदा जन कउ खरी पियारी॥
निंदा बापु निंदा महतारी॥
निंदा होइ त बैकुंठ जाईऐ।
नांम पदारथु मनहि बसाईऐ॥
रिदै सुध जउ निंदा होइ।
हमरे कपरे निंदक धोइ॥ 1॥
निंदा करै सु हमरा मीतु।
निंदक माहि हमारा चीतु॥
निंदक सो जो निंदा होरै।
हमरा जीवन निंदक लोरै॥ 2॥
निंदा हमरी प्रेम पियारु।
निंदा हमरा करै उधारु॥
जन कबीर कउ निंदा सारु।
निंदक डूबा हम उतरे पारि॥

(राग गउड़ी)

129

नित उठि कोरी गागरि आनै लीपत जीउ गइओ।
ताना बाना कछू न सूझै हरि हरि रस लपटिओ।
हमरे कुल कौने रांमु कहिओ।
जब की माला लई निपूते तब ते सुखु न भइओ॥ 1॥

सुनहु जिठानी सुनहु दिरानी अचरज एक भइओ।
साात सूत इन मुंडीए खोए इहु मुंडीआ किउ न मुइओ॥ 2॥
सरब सुखा का एकु हरि सुआमी सो गुरि नांम दइओ।
संत प्रहलाद की पैज निज राखी हरनाखसु नख बिदरिओ॥ 3॥
घर के देव पितर की छोड़ी गुरु को सबदु लइओ।
कहत कबीर सकल पाप खंडनु संतह लै उधरिओ॥ 4॥

(राग बिलावल)

130

निरधन आदर कोई न देइ।
लाख जतन करै ओहु चिति न धरेइ।
जौ निरधनु सरधन कै जाई।
आगै बैठा पीठ फिराई॥ 1॥
जौ सरधनु निरधन कै जाइ।
दीआ आदर लीआ बुलाइ॥ 2॥
निरधन सरधनु दोनों भाई।
प्रभु की कला न मेटी जाई॥ 3॥
कहि कबीर निरधन है सोई।
जाकै हिरदै नांमु न होई॥

(राग भैरउ)

131

पंडित जन माते पढ़ि पुरान।
जोगी माते जोग धिआन॥
संनिआसी माते अहंमेव।
तपसी माते तप के भेव॥
सब मदमाते कोऊ न जाग।
संग ही चोर घरु मुसन लाग॥ 1॥
जागै सुकदेउ अरु अकूरु।
हणवंत जाग धरि लंकूरु॥
संकरु जागै चरन सेव।
कलि जागे नांमा जैदेव॥ 2॥
जागत सोवत बहु प्रकार।
गुरमुखि जागे सोई सार॥

इस देही के अधिक कांम।
कहि कबीर भजि रांम नांम॥ 3॥

(राग बसंत)

132

पंडीआ कवन कुमति तुम लागे।
बूड़हुगे परवार सकल सिउ रांम न जपहु अभागे॥
बेद पुरान पढ़े का किआ गुनु खर चंदन जस भारा॥
रांम नांम की गति नहीं जानी कैसे उतरसि पारा॥ 1॥
जीअ बधहु सु धरमु करि थापहु अधरमु कहहु कत भाई।
आपस कउ मुनिवर करि थापहु का कहहु कहहु कसाई॥ 2॥
मन के अंधे आपि न बूझहु का कहि बुझावहु भाई।
माइआ कारन बिदिआ बेचहु जनम अबिरथा जाई॥ 3॥
नारद बचन बिआसु कहत है सुक कउ पूछहु जाई॥
कहि कबीर रांमै रमि छूटहु नांहिं त बूड़े भाई॥ 4॥

(राग मारू)

133

पंथु निहारे कांमनी लोचन भरि ले उसासा।
उर न भीजै पंगु ना खिसै हरि दरसन की आसा॥
उड़हु न कागा कारे।
बेगि मिलीजै अपुने रांम पिआरे॥ 1॥
कहि कबीर जीवन पद कारनि हरि की भगति करीजै॥
एकु अधारु नांम नाराइन रसना रांमु रवीजै॥ 2॥

(राग गउड़ी)

134

(तिथि)

पंद्रह थिंती सात वार। कहि कबीर उरवार न पार॥
साधिक सिध लखै जउ भेउ। आपे करता आपे देउ॥
अमावस महि आस निवारउ। अंतर्यामी रांम सम्हारहु॥
जीवत पावहु मोख दुआर। अनभउ सबदु ततु निजु सारा॥

चरन कमल गोबिंद रंगु लागा ।
संत प्रसादि भए मन निरमल हरि कीरतन महि अनदिनु जागा॥ 1॥
परवा प्रीतम करहु बीचार। घट महि खेलै अघट अपार॥
काल कलपना कदे न खाइ। आदि पुरख महि रहै समाइ॥ 2॥
दुतीआ दुइ करि जानै अंग। माइआ ब्रह्म रमै सभ संग॥
ना ओहु बढ़ै न घटता जाइ। अकुल निरंजन एकै भाइ॥ 3॥
त्रितीआ तीने सम करि लिआवै। आनद मूल परम पदु पावै॥
साध संगति उपजै बिस्वास। बाहर भीतर सदा प्रगास॥ 4॥
चउथहि चंचल मन कउ गहहु । कांम क्रोध संग कबहु न बहहू॥
जल थल माहे आपहि आप। आपै जपहु आपना जाप॥ 5॥
पांचै पंच तत बिसथार । कनक कांमिनि जुग बिउहार॥
प्रेम सुधा रसु पीवै कोई । जरा मरण दुख फेरि न होई॥ 6॥
छठि षट चक्र चहूं दिसि धाइ । बिनु परचै नहीं थिरा रहाइ॥
दुबिधा मेटि खिमा गहि रहहु । करम धरम की सूल न सहहु॥ 7॥
सातैं सति करि बाचा जाणि। आतम रांम लेहु परवाणि॥
छूटै संसा मिटि जाहि दुख । सुंन सरोवरि पावहु सुख॥ 8॥
असटमी असट धातु की काइआ। ता महि अकुल महा निधि राइआ॥
गुर गम गिआन बतावै भेद। उलटा रहै अभंग अछेद॥ 9॥
नउमी नवे द्वार कउ साधि। बहती मनसा राखहु बांधि॥
लोभ मोह सभ बीसरि जाहु। जुगु जुगु जीवहु अमर फल खाहु॥ 10॥
दसमी दह दिसि होइ अनंद। छूटै भरम मिलै गोबिंद॥
जोति सरूपी तत अनूप। अमल न मल न छाह नहीं धूप॥ 11॥
एकादसी एक दिस धावै। तनु जोनी संकट बहुरि न आवै॥
सीतल निरमल भइआ सरीरा। दूरि बतावत पाइआ नीरा॥ 12॥
बारसि बारह उगवै सूर । अहिनिसि बाजै अनहद तूर॥
देखिआ तिहूँ लोक का पीउ । अचरज भया जीव ते सीउ॥ 13॥
तेरसि ते रह अगम बखाणि। अरध उरध बिचि सम पहिचाणि॥
नीच ऊच नही मान अमान। बिआपिक रांम सगल सामान॥ 14॥
चउदसि चउदह लोक मझारि। रोम रोम महि बसहि मुरारि॥
सम संतोख का धरहु धिआन। कथनी कथीऐ ब्रह्म गिआन॥ 15॥
पूनिउ पूरा चंद अउकास। पसरहि कला सहज परगास॥
आदि अंत मधि होइ रहिआ थीर। सुखसागर महि रमहि कबीर॥ 16॥

(राग गउड़ी)

135

पहिला पूत पिछै री माई।
गुरु लागो चेले की पाई॥
एकु अचंभउ सुनहु तुम भाई।
देखत सिंघु चरावत गाई॥ 1॥
जल की मछुली तरवरि बिआई।
देखत कुतरा लै गई बिलाई॥ 2॥
तले रे बैसा ऊपर सूला।
तिस कै पेड़ि लगै फल फूला॥ 3॥
घोरै चरि भैस चरावन जाई।
बाहर बैलु गोनि घर आई॥ 4॥
कहत कबीर जु इस पद बूझै।
रांम रमत तिसु सभु किछु सूझै॥ 5॥

(राग आसा)

136

पहिली करूपि कुजाति कुलक्खनी साहुरै पेईऐ बुरी।
अब की सरूपि सुजाति सुलक्खनी सहजे उदरि धरी॥
भली सरी मुई मेरी पहली बरी।
जुग जुग जीवउ मेरी अबकी धरी॥ 1॥
कह कबीर जब लहुरी आई बड़ी का सुहाग टरिओ।
लहुरी संगि भई अब मेरै जेठी अउरु धरिओ॥ 2॥

(राग आसा)

137

पाती तोरै मालिनी पाती पाती जीउ।
जिसु पाहन कउ पाती तोरै सो पाहनु निरजीउ॥
भूली मालिनी है एउ। सतिगुरु जागता है देउ॥ 1॥
ब्रह्मु पाती बिसनु डारी फूल संकर देउ।
तीन देव प्रतखि तोरहि करहि किसकी सेउ॥ 2॥
पाखान गढ़ि के मूरति कीन्ही दे कै छाती पाउ।
जे एह मूरति साची है तउ गड़णहारे खाउ॥ 3॥

भातु पहिति अरु लापसी करकरा कासारु।
भोगनहारे भोगिआ इसु मूरति के मुख छारु॥ 4॥
मालिन भूलि जग भुलाना हम भुलाने नाहि॥
कहु कबीर हम रांम राखे क्रिपा करि हरि राइ॥ 5 ॥

(राग आसा)

138

पानी मैला माटी गोरी।
इस माटी की पुतरी जोरी॥
मैं नाही कछु आहि न मोरा।
तन धन सभु रस गोबिंद तोरा॥ 1॥
इस माटी महि पवन समाइआ।
झूठा परपंच जोरि चलाइआ॥ 2॥
किनहू लाख पांच की जोरी।
अंत की बार गगरीआ फोरी॥ 3॥
कहि कबीर इक नीव उसारी।
खिन महि बिनसि जाइ अहंकारी॥ 4॥

(राग गउड़ी)

139

पापु पुंनु दुइ बैल बिसाहे पवन पूंजी परगासिओ॥
त्रिसना गूणि भरी घट भीतरि इन बिधि टांड बिसाहिओ॥
ऐसा नायक रांमु हमारा।
सगल संसार किओ बनजारा॥ 1॥
कांमु क्रोध दुइ भये जगाती मन तरंग बटवारा।
पंच ततु मिलि दान निबेरहि टाडा उतरिओ पारा॥ 2॥
कहत कबीर सुनहु रे संतहु अब ऐसी बनि आई॥
घाटी चढ़त बैल इकु थाका चलो गोनि छिटकाई॥

(राग गउड़ी)

140

पिंडि मुए जीउ किह घर जाता।
सबद अतीति अनाहदि राता॥
जिनि रांम जानिआ तिनहि पछानिआ।
जिउ गुंगे साकरु मनु मानिआ॥ 1॥
ऐसा गिआनु कथै बनवारी।
मन रे पवन द्रिड़ सुखमन नारी॥
सो गुरु करहु जि बहुरि न करना।
सो पद रवहु जि बहुरि न रवना॥
सो धिआनु धरहु जि बहुरि न धरना।
ऐसे मरहु जि बहुरि न मरना॥ 2॥
उलटी गंगा जमुन मिलावउ।
बिनु जल संगम मन महि न्हावउ॥
लोचा सम समसरि इहु बिउहारा।
तत्तु बीचारि किआ अवरि बिचारा॥ 3॥
अपु तेज बाइ प्रिथमी अकासा।
ऐसी रहत रहउ हरि पासा॥
कहै कबीर निरंजन धिआवउ।
तित घरि जाहु जि बहुरि न आवउ॥ 4॥

(राग गउड़ी)

141

पेवकड़ै दिन चारि है साहुरड़े जाणा।
अंधा लोक न जाणई मूरखु एआणा॥
कहु डडीआ बाधै धन खड़ी।
पाहू घर आये मुकलाऊ आये॥ 1॥
ओह जि दिसै खूहड़ी कउन लाजु वहारी।
लाजु घड़ी सिउ तूटि पड़ी उठि चलि पनिहारी॥ 2॥
साहिबु होइ दइआलु क्रिपा करे अपुना कारजु सवारे।
ता सोहागणि जानिऐ गुरु सबदु बीचारै॥ 3॥
किरत की बांधी सभ फिरै देखहु बीचारी।
एस नो क्या आखिऐ क्या करे विचारी॥ 4॥

भई निरासी उठि चली चित बंधि न धीरा।
हरि का चरणी लागि रहु भजु सरण कबीरा॥141॥

(राग गउड़ी)

142

प्रहलाद पठाए पड़नसाल।
संगि सखा बहु लिए बाल॥
मो कउ कहा पढ़ावसि आल जाल।
मेरी पटिया लिखि देहु स्रीगोपाल॥
नहीं छोड़उ रे बाबा रांम नांम।
मेरो अउर पढ़न सिउ नहीं कांम॥ 1॥
संडै मरकै कहिओ जाइ।
प्रहलाद बुलाये बेगि धाइ॥
तू रांम कहन की छोडु बानि।
तुझ तुरत छुड़ाऊँ मेरो कहिओ मानि॥ 2॥
मोकउ कहा सतावहु बार बार।
प्रभु भज थल गिरि कीए पहार॥
इकु रांम न छोड़उ गुरहि गारि।
मोकउ घालि जारि भावै मारि डारि॥ 3॥
काढ़ि खड़गु कोपिओ रिसाइ।
तुझ राखनहारो मोहि बताइ॥
प्रभु थंभ ते निकसे कै बिसतार।
हरनाखसु छेदिओ नख बिदार॥ 4॥
ओइ परम पुरुख देवाधिदेव।
भगत हेत नरसिंघ भेव॥
कहि कबीर को लखै न पार।
प्रहलाद उधारै अनिक बार॥

(राग बसंत)

143

फील रबाबी बलदु पखावज कऊआ ताल बजावै।
पहरि चोलना गदहा नाचै भैसा भगति करावै॥
राजा रांम ककरीआ बरे पकाए। किनै बूझनहारै खाए॥ 1॥

बैठि सिंघ घरि पान लगावै घीस गलउरे लिआवै॥
घरि घरि मुसरी मंगल गावहि कछुआ संख बजावै॥ 2॥
बंस को पूतु बीआहन चलिआ सुइने मंडप छाए।
रूप कंनिआ सुंदर बेधी ससै सिंघ गुन गाए॥
कहत कबीर सुनहु रे पंडित कीटी परबतु खाइआ॥
कछूआ कहै अंगार भि लोरउ लूकी सबदु सुनाइआ॥ 4 ॥[1]

(राग आसा)

144

फुरमानु तेरा सिरै ऊपरि फिरि न करत बीचार।
तुही दरीआ तुही करीआ तुझै ते निस्तार॥
बंदे बंदगी इकतीआर।
साहिब रोसु धरउ कि पियारु॥ 1॥
नांमु तेरा अधारु मेरा जिउ फूलु जई है नारि॥
कहि कबीर गुलामु घर का जीआइ भावै मारि॥

(राग गउड़ी)

145

बंधचि बंधनु पाइआ। मुकतै गुरि अनलु बुझाइआ।
जब नख सिख इहु मनु चीन्हा। तब अंतर मंजनु कीन्हा॥
पवन पति उनमनि रहनु खरा। नही मिरतु न जनमु जरा॥ 1 ॥
उलटी ले सकति संहार। पैसीले गगन मझारं॥
बेधीअले चक्र भुअंगा। भेटिय ले राइ निसंगा॥2॥
चूकीअले मोह मइ आसा। ससि कीनो सूर गिरासा॥
जब कुम्भकु भरिपुरि लीणा। तब बाजे अनहद बीणा॥ 3॥
बकतै बकि सबद सुनाइआ। सुनतै सुनि मंनि बसाया॥
करि करता उतरसि पारं। कहै कबीरा सारं॥4॥

(राग रामकली)

1. डॉ. रामकुमार वर्मा की यह टिप्पणी उचित प्रतीत होती है कि "अंतिम पंक्ति का पाठ होना चाहिए, 'कछूआ कहै अंगार भि लोर उलूकी सबदु सुनाइआ'।" (संत कबीर, साहित्य भवन, इलाहाबाद, 1943, पृ. 345)

146

बटूआ एक बहतरि आधारी एको जिसहि दुआरा।
नवै खंड की प्रिथमी मागै सो जोगी जगि सारा॥
ऐसा जोगी नव निधि पावै। तल का ब्रह्मु ले गगनि चरावै॥ 1॥
खिंथा गिआन धिआन करि सूई सबदु तागा मथि घालै॥
पंच ततु की करि मिरगाणी गुरु कै मारगि चालै॥ 2॥
दइआ फाहुरी काइआ करि धूई द्रिसटि की अगनि जलावै॥
तिस का भाउ लए रिद अंतरि चहु जुग ताड़ी लावै॥ 3॥
सभ जोगतण रांम नांमु है जिसका पिंडु पराना।
कहु कबीर जे किरपा धारै देइ सचा नीसाना॥ 4॥

(राग आसा)

147

बनहि बसे किउ पाईऐ जउ लउ मनहु न तजहि बिकार।
जिह घर बन समसरि कीआ ते पूरे संसार॥
सार सुखु पाइये रांमा।
रंगि रवहु आतमै रांमा॥ 1॥
जटा भसम लै लेपन कीआ कहा गुफा महि बासु।
मन जीते जग जीतिआ जाते बिखिआ ते होइ उदासु॥ 2॥
अंजन देइ सभै कोई टुकु चाहन मांहिं बिडानु।
गिआन अंजनु जिह पाइआ ते लोइन परवानु॥ 3॥
कहि कबीर अब जानिआ गुरि गिआन दीआ समझाइ।
अंतरगति हरि भेटिआ अब मेरा मन कतहू न जाइ॥ 4॥

(राग मारू)

148

बहु प्रपंच करि परधनु लिआवै।
सुत दारा पहि आनि लुटावै॥
मन मेरे भूले कपटु न कीजै।
अंत निबेरा तेरे जीअ पहि लीजै॥ 1॥
छिनु छिनु तनु छीजै जरा जनावै।
तब तेरी ओक कोई पानीओ न पावै॥ 2॥

कहत कबीर कोई नहीं तेरा।
हिरदै रांमु किन जपहि सबेरा॥ 3॥

(राग सोरठि)

149

बाती सूकी तेलु निखूटा।
मंदल न बाजै नटु पै सूता॥
बुझि गई अगनि न निकसिउ धूंआ।
रवि रहिआ एक अवर नहीं दूजा॥ 1॥
तूटी तंतु न बजै रबाबु।
भूलि बिगारिओ अपना काजु॥ 2॥
कथनी बदनी कहन कहावनु।
समझ परी तउ बिसरिओ गावनु॥ 3॥
कहत कबीर पंच जो चूरे।
तिन्ह ते नांहिं परम पदु दूरे॥

(राग आसा)

150

बाप दिलासा मेरो कीन्हा।
सेज सुखाली मुखि अंम्रितु दीन्हा॥
तिसु बाप कउ किउ मनहु बिसारी।
आगै गइआ न बाजी हारी॥
मुई मेरी माई हउ खरा सुखाला।
पहिरउ नहीं दगली लगै न पाला॥ 1॥
बलि तिसु बापै जिन हउ जाइआ।
पंचा ते तेरा मेरा संगु चुकाइआ॥
पंच मारि पावा तलि दीने।
हरि सिमरनि मेरा मनु तनु भीने॥ 2॥
पिता हमारो बड़ गोसाई।
तिसु पिता पहि हउ किउकरि जाई॥
सतिगुरु मिले त मारगु दिखाइआ।
जगत पिता मेरे मन भाइआ॥ 3॥
हउ पूतु तेरा तूं बापु मेरा।
एकै ठाहर दुहा बसेरा॥

कह कबीर जनि एको बूझिआ।
गुर प्रसादि मैं सभु किछु सूझिआ॥

(राग आसा)

151

बारह बरस बालपन बीते बीस बरस कछु तपु न कीओ।
तीस बरस कछु देव न पूजा फिर पछुताना बिरधि भइओ॥
मेरी मेरी करते जनमु गइओ।
साइर सोखि भुजं बलइओ॥ 1॥
सूके सरवरि पालि बंधावै लूणे खेत हथ वारि करै।
आइओ चोरु तुरंतहि ले गइओ मेरी राखत मुगधु फिरै॥ 2॥
चरन सीसु कर कंपन लागे नैनों नीर असार बहै।
जिहवा बचन सुधु नहीं निकसै तब रे धरम की आस करै॥ 3॥
हरि जीउ क्रिपा करि लिव लावै लाहा हरि हरि नांम लीओ।
गुरु परसादी हरि धनु पाइओ अंते चल दिआ नालि चलिओ॥ 4॥
कहत कबीर सुनहु रे संतहु अनु धनु कछुऐ लै न गइओ।
आई तलब गोपालराइ की माइआ मंदर छोड़ि चलिओ॥

(राग आसा)

152

बावन अखरी

बावन अछर लोक त्रै सभु कछु इन ही माहि।
ए अखर खिरि जाहिगे ओइ अखर इन महि नाहि॥ 1॥
जहा बोल तह अछर आवा। जह अबोल तह मनु न रहावा॥
बोल अबोल मधि है सोई। जस ओहु है तस लखै न कोई॥ 2॥
अलह लहउ तउ किआ कहउ कहउ त को उपकार।
बटक बीज महि रवि रहिओ जा को तीनि लोक बिसथार॥ 3॥
अलह लहंता भेद छै कछु कछु पाइआ भेद।
उलटि भेद मनु बेधिओ पाइओ अभंग अछेद॥ 4॥
तुरक तरीकत जानीऐ हिंदू बेद पुरान॥
मन समझावन कारनै कछुअक पढ़ीऐ ज्ञान॥ 5॥
ओ अंकार आदि मैं जाना। लिखि अरु मेटै ताहि न माना॥
ओ अंकार लखै जउ कोई। सोई लखि मेटणा न होई॥ 6॥

कका किरणि कमल महि पावा। ससि बिगास संपट नही आवा॥
अरु जे तहा कुसुम रसु पावा। अकह कहा कहि का समझावा॥ 7॥
खखा इहै खोड़ि मन आवा। खोड़े छाड़ि न दह दिसि धावा॥
खसमहि जाणि खिमा करि रहै। तो होइ निखिअउ अखै पदु लहै॥ 8॥
गगा गुर के बचन पछाना। दूजी बात न धरई काना॥
रहै बिहंगम कतहि न जाई। अगह गहै गहि गगन रहाई॥ 9॥
घघा घटि घटि निमसै सोई। घट फूटे घटि कबहि न होई॥
ता घट माहि घाट जउ पावा। सो घटु छाड़ि अवघट कत धावा॥ 10॥

ङंङा निग्रहि सनेहु करि निरवारो संदेह।
नाही देखि न भाजीऐ परम सियानप एह॥ 11॥

चचा रचित चित्र है भारी। तजि चित्रै चेतहु चितकारी।
चित्र बिचित्र इहै अवझेरा। तजि चित्रै चितु राखि चितेरा॥ 12॥
छछा इहै छत्रपति पासा। छकि किन रहहु छाड़ि किन आसा॥
रे मन मै तउ छिन छिन समझावा। ताहि छोड़ि कत आपु बंधावा॥ 13॥
जजा जउ तन जीवत जरावै। जोबन जारि जुगति सो पावै॥
अस जरि परजरि जरि जब रहै। तब जाइ जोति उजारउ लहै॥ 14॥
झझा उरझि सुरझि नहीं जाना। रहिओ झझकि नाही परवाना॥
कत झखि झखि औरन समझावा। झगरु किए झगरौ ही पावा॥ 15॥

ञंञा निकटि जु घट रहिओ दूरि कहा तजि जाइ।
जा कारण जग ढूंढ़िअउ नेरउ पायो ताहि॥ 16॥

टटा बिकट घाट घट माही। खोलि कपाट महल कि न जाही॥
देखि अटल टलि कतहि न जावा। रहै लपटि घट परचउ पावा॥ 17॥
ठठा इहै दूरि ठग नीरा। नीठि नीठि मनु कीआ धीरा॥
जिनि ठगि ठगिआ सकल जगु खावा। सो ठग ठगिआ ठउर मन आवा॥ 18॥
डडा डर उपजै डरु जाई। ता डर महि डरु रहिआ समाई॥
जौ डर डरै तौ फिरि डरु लागै। निडर हूआ डरु उर होइ भागै॥ 19॥
ढढा ढिग ढूंढहि कत आना। ढूंढ़त ही ढहि गए पराना॥
चढ़ि सुमेर ढूंढ़ि जब आवा। जिह गढ़ु गड़िओ सु गड़ महि पावा॥ 20॥
णणा रणि रूतउ नर नेही करै। ना निवै ना फुनि संचरै॥
धंनि जनमु ताही को गणै। मारे एकहि तजि जाइ घणै॥ 21॥
तता अतर तरिओ नह जाई। तन त्रिभवण महि रहिओ समाई॥
जउ त्रिभवण तन माहि समावा। तउ ततहि तत मिलिआ सचु पावा॥ 22॥
थथा अथाह थाह नही पावा। ओहु अथाह इहु थिर न रहावा॥
थोड़ै थलि थानक आरंभै। बिनु ही थाभह मंदिरु थंभै॥ 23॥

ददा देखि जु बिनसन हारा। जस अदेखि तस राखि बिचारा॥
दसवै दुआरि कुंची कुंजी जब दीजै। तउ दइआल कौ दरसनु कीजै॥ 24॥
धधा अरधाहि उरध निबेरा। अरधहि उरधहि मंझि बसेरा॥
अरधह छाड़ि उरध जो आवा। तउ अरधहि उरध मिलिआ सुख पावा॥ 25॥
नना निसि दिन निरखत जाई। निरख नैन रहे रत वाई॥
निरखत निरखत जब जाइ पावा। तब ले निरखहि निरख मिलावा॥ 26॥
पपा अपर पार नहीं पावा। परम जोत सिउ परचउ लावा॥
पांचउ इंद्री निग्रह करई। पापु पुंनु दोऊ निरवरई॥ 27॥
फफा बिनु फूलह फल होई। ता फल फंक लखै जउ कोई।
दूणि न परई फंक बिचारै। ता फल फंक सभै तन फारै॥ 28॥
बबा बिंदहि बिंद मिलावा। बिंदहि बिंद न बिछुरन पावा॥
बंदउ होइ बंदगी गहै। बंदक होइ बंद सुधि लहै॥ 29॥
भभा भेदहि भेद मिलावा। अब भउ भांति भरोसउ आवा॥
जो बाहर सो भीतर जानिआ। भया भेदु भूपति पहिचानिआ॥ 30॥
ममा मूल गहिआ मन मानै। मरमी होइ सु मन कउ जानै॥
मत कोई मन मिलता बिलमावै। मगन भइआ ते सो सचु पावै॥ 31॥

ममा मन सिउ काजु है मन साधे सिधि होइ॥
मनही मन सिउ कहै कबीरा मन सा मिलिआ न कोइ॥ 32॥

इहु मन सकती इहु मन सीउ। इहु मन पंच तत को जीउ।
इहु मन ले जउ उनमनि रहै। तउ तीनि लोक की बातै कहै॥ 33॥

यया जउ जानहि तउ दुरमति हनि बसि काइआ गाउ।
रणि रूतउ भाजै नहीं सूरउ थारउ नांउं॥ 34॥

रारा रसु निरस करि जानिआ। होइ निरस सु रसु पहिचानिआ॥
इह रस छोड़े उह रसु आवा। उह रसु पीआ इह रसु नहीं भावा॥ 35॥
लला ऐसे लिव मनु लावै। अनत त जाइ परम सचु पावै॥
अस जउ तहा प्रेम लिव लावै। तउ अलह लहै लहि चरन समावै॥ 36॥
वावा बार बार विसन सम्हारि। बिसन संमारि न आवै हारि॥
बलि बलि जे बिसन तना जसु गावै। बिसन मिलै सबही सचु पावै॥ 37॥

वावा वाही जानीऐ वा जाने इहु होइ।
इहु अरु ओहु जब मिलै तब मिलत न जानै कोइ॥ 38॥

शशा सो नीका करि सोधहु, घट परचा की बात निरोधहु॥
घट परचै जउ उपजै भाउ। पूरि रहिआ तह त्रिभुवन राउ॥ 39॥
खखा खोजि परै जउ कोई। जो खोजै सो बहुरि न होई॥
खोजि बूझि जउ करै बीचारा। तउ भवजल तरन न लावै बारा॥ 40॥

ससा सो सह सेज सवारै। सोई सही संदेह निवारै॥
अलप सुख छाड़ि परम सुख पावा। तब इह त्रीअ ओहु कंतु कहावा॥ 41॥
हाहा होत होइ नहीं जाना। जब ही होइ तबहि मनु माना॥
है तउ सही लखै जउ कोई। तब ओही ओहु एहु न होई॥ 42॥
लिंउ लिंउ करत फिरै सभु लोगु। ता कारणि बिआपै बहु सोगु॥
लखिमी बर सिउ जउ लिव लावै। सोगु मिटै सभ ही सुख पावै॥ 43॥
खखा खिरत खपत गए केते। खिरत खपत अजहूं नह चेते॥
अब जगु जानि जउ मना रहै। जह का बिछुरा तह थिरु लहै॥ 44॥
बावन अक्खर जोरे आनि। सकिए न अखरु एकु पछानि॥
सत का सबद कबीरा कहै। पंडित होइ सो अनभै रहै॥
पंडित लोगह कउ बिउहार। गिआनवंत कउ ततु बिचार॥
जाकै जीय जैसी बुधि होई। कहि कबीर जानैगा सोई॥ 45॥

(राग गउड़ी)

153

बिंदु ते जिनि पिंडु कीआ अगनि कुंड रहाइआ।
दस मास माता उदरि राखिआ बहुरि लागी माइआ॥
प्रानी काहे कउ लोभि लागे रतन जनमु खोइआ।
पूरब जनमि करम भूमि बीजु नांहीं बोइआ॥ 1॥
बारिक ते बिरधि भइआ होना सो होइआ।
जा जम आइ झोट पकरै तबहि काहे रोइआ॥ 2॥
जीवन की आसा करहि जमु निहारै सासा।
बाजीगरी संसार कबीरा चेति ढालि पासा॥

(राग आसा)

154

बुत पूजि हिंदू मूये तुरक मूये सिरु नाई।
ओइ ले जारे ओइ ले गाड़े तेरी गति दुहू न पाई॥
मन रे संसारु अंध गहेरा।
चहु दिस पसरिओ है जम जेवरा॥ 1॥
कबित पढ़े पढ़ि कबिता मूये कपड़ केदारै जाई।
जटा धारि धारि जोगी मूए मेरी गति इनहि न पाई॥ 2॥
दरब संचि संचि राजे मूए गड़ि ले कंचन भारी।
बेद पढ़े पढ़ि पंडित मूये रूप देखि देखि नारी॥ 3॥

रांम नांम बिनु सभै बिगूते देखहु निरखि सरीरा।
हरि के नांम बिनु किनि गति पाई कहि उपदेसु कबीरा॥ 4॥

(राग सोरठि)

155

भुजा बांधि भिला करि डारिओ। हसती क्रोपि मूंड महि मारिओ॥
हसती भागि के चीसा मारै। इआ मूरति कै हउ बलिहारै॥
आहि मेरे ठाकुर तुमरा जोर। काजी बकिबो हस्ती तोर॥ 1॥
रे महावत तुझु डारउ काटि। इसहि तुरावहु घालहु साटि॥
हसति न तोरै धरै धिआनु। वाकै रिदै बसै भगवानु॥ 2॥
किआ अपराधु संत है कीना। बांधि पोटि कुंजर को दीना॥
कुंजरु पोट लै लै नमसकारै। बूझी नहीं काजी अंधिआरै॥ 3॥
तीन बार पतीआ भरि लीना। मन कठोर अजहू न पतीना॥
कहि कबीर हमरा गोबिंदु। चउथे पद महि जन की जिंदु॥

(राग गौंड)

156

भूखे भगति न कीजै। यह माला अपनी लीजै।
हउ मांगउ संतन रेना। मैं नांहीं किसी का देना॥ 1॥
माधव कैसी बने तुम संगे। आपि न देहु त लेवहु मंगे॥
दुइ सेर मांगउ चूना। पाव घीउ संग लूना॥
अध सेर मांगउ दाले। मोको दोनउ बखत जिवाले॥ 2॥
खाट मांगउ चउपाई। सिरहाना और तुलाई॥
ऊपर कउ मांगउ खींधा। तेरी भगति करै जनु बींधा॥
मैं नांहीं कीता लबो। इक नांउं तेरा मैं फबो॥
कहि कबीर मन मानिआ। मन मानिआ तो हरि जानिआ॥ 3॥

(राग सोरठि)

157

मन करि मका किबला करि देही।
बोलनहारु परस गुरु एही।

कहु रे मुलां बांग निवाज।
एक मसीति दसै दरवाज॥ 1॥
मिसमिलि तामसु भरमु क दूरी।
भाखि ले पंचै होइ सबूरी॥ 2॥
हिंदू तुरक का साहिबु एक।
कह करै मुलां कह करै सेख॥ 3॥
कहि कबीर हउ भइआ दिवाना।
मुसि मुसि मनुआ सहजि समाना॥ 4॥

(राग भैरउ)

158

मन का सुभाउ मनहि बिआपी।
मनहि मारि कवन सिधि थापी॥
कवन सु मनि जो मनु मारै।
मन कउ मारि कहहु किस तारै॥ 1॥
मन अंतरि बोलै सभु कोई।
मन मारै बिन भगति न होई॥ 2॥
कहु कबीर जो जानै भेउ।
मन मधुसूदन त्रिभुवण देउ॥ 3॥

(राग गउड़ी)

159

मन रे छाड़हु भरमु प्रगटु होइ नाचहु इआ माया के डांडे।
सूर कि सनमुख रन ते डरपै सती कि सांचे भांडे॥
डगमग छाड़ि रे मन बउरा।
अब तउ जरे मरे सिधि पाईऐ लीनो हाथ संधउरा॥ 1॥
कांम क्रोध माया के लीने इआ बिधि जगतु बिगूता।
कहि कबीर राजा रांम न छोड़उ सगल ऊच ते ऊचा॥ 2॥

(राग गउड़ी)

160

माता जूठी पिता भी जूठा जूठा जूठे ही फल लागे।
आवहि जूठे जाहि भी जूठे जूठे मरहि अभागे॥
कबु पंडित सूचा कवन ठाउ। जहाँ बैसि हौ भोजन खाउ।
जिहवा जूठी बोलन जूठा करन नेत्र सब जूठे।
इंद्री की जूठी उतरसि नाहि ब्रह्म अगनि के जूठे॥
अगनि भी जूठी पानी जूठा जूठी बैसि पकाइआ।
जूठी करछी परोसन लागा जूठे ही बैठि खाइआ।
गोबर जूठा चौका जूठा जूठी दीनों कारा॥
कहि कबीर तेई नर सूचे साची परी बिचारा॥

(राग बसंत)

161

मरन जीवन की संका नासी।
आपन रंगि सहज परगासी।
प्रगटी ज्योति मिटिआ अंधिआरा।
रांम रतन पाया करत बीचारा॥ 1॥
जह अनंद दुख दूर पइआना।
मन मानकु लिव तत्तु लुकाना॥ 2॥
जो किछु होआ सु तेरा भाणा।
जो इव बूझै सु सहजि समाणा॥ 3॥
कहत कबीर किलबिख गए खीणा।
मन भइआ जगजीवन लीणा॥ 4॥

(राग विभास प्रभाती)

162

माई मोहि अवरु न जानिओ आनानां।
सिव सनकादि जासु गुन गावहि तासु बसहि मेरे प्रानानां।
हिरदै प्रगासु गिआन गुर गंमित गगन मंडल महि धिआनां नां॥
बिखै रोग भै बंधन भागे मन निज घरि सुख जाना नां॥ 1॥
एक सुमति रति जानि मानि प्रभु दूसर मनहि न आना नां।
चंदन बासु भए मन बासन तिआगि घटिओ अभिमाना नां॥ 2॥

जो जन गाइ धिआइ जसु ठाकुर तासु प्रभू है थाना नां।
तिह बड़ भाग बसिओ मनि जा कै करम प्रधान मथाना नां॥ 3॥
काटि सकति सिव सहजु प्रगासिओ एकै एक समाना नां।
कहि कबीर गुरु भेटि महा सुख भ्रमत रहे मनु माना नां॥ 4॥

(राग गउड़ी)

163

माथे तिलक हथि माला बाना।
लोगन रांम खिलौना जानां॥
जौ हउ बौरा तउ रांम तोरा।
लोग मरमु कह कह जानै मोरा॥ 1॥
तोरउ न पाती पूजउ न देवा।
रांम भगति बिन निहफल सेवा॥ 2॥
सतिगुरु पूजउ सदा मनावउ।
ऐसी सेव दरगह सुख पावउ॥ 3॥
लोग कहै कबीर बौराना।
कबीर का मरम रांम पहिचाना॥ 4॥

(राग भैरउ)

164

माधउ जल की प्यास न जाइ।
जल महि अगनि उठी अधिकाइ॥
तूं जलनिधि हउ जल का मीनु।
जल महि रहउ जलै बिन खीनु॥ 1॥
तूं पिंजर हउ सुअटा तोर।
जम मंजारु कहा करे मोर॥
तूं तरवर हउ पंखी आहि।
मंद भागी तेरो दरसनु नाहि॥ 2॥

(राग गउड़ी)

165

मुंद्रा मोनि दइआ करि झोली पत्र का करहु बीचारू रे।
खिंथा इहु तन सीअउ अपना नांम करउ आधारू रे॥

ऐसा जोगु कमावहु जोगी।
जप तप संजम गुरमुखि भोगी॥ 1॥
बुधि बिभूति चढ़ावउ अपुनी सिंगी सुरति मिलाई॥
करि बैरागु फिरउ तनि नगरी मन की किंगुरी बजाई॥
पंच ततु लै हिरदै राखहु रहै निरालम ताड़ी॥
कहत कबीर सुनहु रे संतहु धरमु दइआ करि बाढ़ी॥

(राग रामकली)

166

मुसि मुसि रोवै कबीर की माई।
ए बारिक कैसे जीवहि रघुराई॥
तनना बुनना सभु तजिओ है कबीर।
हरि का नांमु लिखि लीओ सरीर॥ 1॥
जब लगु तागा बाहउ बेही।
तब लगु बिसरै रांम सनेही॥ 2॥
ओछी मति मेरी जाति जुलाहा।
हरि का नांमु लहिओ मै लाहा॥ 3॥
कहत कबीर सुनहु मेरी माई।
हमरा इनका दाता एकु रघुराई॥ 4॥

(राग गूजरी)

167

मेरी बहुरीआ को धनिया नांउं। ले राखिओ रांमजनिया नांउं॥
इन मुंडीअन मेरा घर धुंधरावा। बिटवहि रांम रमऊआ लावा॥ 1॥
कहत कबीर सुनहु मेरी माई। इन मुंडीअन मेरी जाति गवाई॥ 2॥

(राग आसा)

168

मैला ब्रह्मा मैला इंदु।
रबि मैला है मैला चंदु।
मैला मलता इहु संसार।
इक हरि निरमलु जाका अंत न पार॥ 1॥

मैला ब्रह्मंडाइ कै ईस।
मैले निसि बासुर दिन तीस॥ 2॥
मैला मोती मैला हीरु।
मैला पवन पावक अरु नीरु॥ 3॥
मैले सिव संकरा महेस।
मैले सिध साधिक अरु भेख॥ 4॥
मैले जोगी जंगम जटा सहेति।
मैली काइआ हंस समेति॥ 5॥
कहि कबीर ते जन परवान।
निरमल ते जो रांमहि जान॥ 6॥

(राग भैरउ)

169

मउली धरती मउलिआ अकासु।
घटि घटि मउलिआ आतम प्रगासु॥
राज रांम मउलिआ अनत भाइ।
जह देखउ तह रहिआ समाइ॥ 1॥
दुतीआ मउले चारि बेद।
सिंम्रति मउली सिउ कतेब॥
संकर मउलिओ जोग धिआन।
कबीर को सुआमी सभ समान॥ 2॥

(राग बसंत)

170

जम ते उलटि भए है रांम।
दुख बिनसे सुख कीओ बिसरांम॥
बैरी उलटि भए हैं मीता।
साकत उलटि सुजन भए चीता॥
अब मोहि सरब कुसल करि मानिआ।
सांति भई जब गोबिंदु जानिआ॥ 1॥

तन महि होती कोटि उपाधि।
उलटि भई सुख सहजि समाधि॥
आप पछानै आपै आप।
रोगु न बिआपै तीनो ताप॥ 2॥
अब मन उलटि सनातनु हूआ।
तब जानिआ जब जीवत मूआ॥
कहु कबीर सुखि सहज समावउ।
आपि न डरउ न अवर डरावउ॥ 3॥

(राग गउड़ी)

171

जोगी कहहि जोगु भल मीठा अवरु न दूजा भाई।
रुंडित मुंडित एकै सबदी एक कहहि सिधि पाई।
हरि बिनु भरमि भुलानै अंधा।
जा पहि जाउ आपु छुटकावनि ते बाधे बहु फंधा॥ 1॥
जह ते उपजी तही समानी इहि बिधि बिसरी तब ही॥
पंडित गुणी सूर हम दाते एहि कहहि बड़ हम ही॥ 2॥
जिसहि बुझाए सोई बूझै बिनु बूझे किउ रहीऐ।
सतिगुरु मिलै अंधेरा चूकै इन बिधि माणकु लहीऐ॥ 3॥
तजि बावे दाहने बिकारा हरि पदु द्रिड़ु करि रहीऐ॥
कहु कबीर गूंगै गुड़ खाइआ पूछे ते किआ कहिऐ॥ 4॥

(राग गउड़ी)

172

जोगी जती तपी संनिआसी बहु तीरथ भ्रमना।
लुंजित मुंजित मोनि जटाधर अंत तऊ मरना॥
ता ते सेवीअले रांमना।
रसना रांम नांम हितु जा कै कहा करे जमना॥ 1॥
आगम निगम जोतिक जानहि बहु बहु बिआकरना।
तंत्र मंत्र सभ अउखध जानहि अंति तऊ मरना॥ 2॥
राजा भोग अरु छत्र सिंहासन बहु सुंदरि रमना।
पान कपूर सुबासक चंदन अंत तऊ मरना॥ 3॥

बेद पुरान सिंम्रति सभ खोजे कहू न ऊबरना।
कहु कंबीर यों रांमहि जपउं मेटि जनम मरना॥ 4॥

(राग आसा)

173

जोनि छाड़ि जउ जग महि आइओ।
लागत पवन खसम बिसराइओ।
जियरा हरि के गुन गाउ॥ 1॥
गरभ जोनि महि उरध तपु करता।
तउ जठर अगनि महि रहता॥ 2॥
लख चउरासीह जोनि भ्रमि आइओ।
अब के छुटके ठउर न ठाइओ॥
कहु कबीर भजु सारंगपानी।
आवत दीसै जान न जानी॥ 4॥

(राग गउड़ी)

174

रहु रहु री बहुरीआ घूंघटु जिनि काढ़ै।
अंत की बार लहैगी न आढ़ै॥
घूंघटु काढ़ि गई तेरी आगै।
उनकी गैल तोहि जिनि लागै॥ 1॥
घूंघट काढ़े की इहै बड़ाई।
दिन दस पांच बहू भले आई॥ 2॥
घूंघटु तेरो तउ परि साचै।
हरि गुन गाइ कूदहि अरु नाचै॥ 3॥
कहत कबीर बहू तब जीतै।
हरि गुन गावत जनम बितीतै॥ 4॥

(राग आसा)

175

राखि लेहु हमते बिगरी।
सीलु धरमु जपु भगति न कीनी हउ अभिमान टेढ़ पगरी।
अमर जानि संची इह काइआ इह मिथिआ काची गगरी॥

जिनहि निवाजि साजि हम कीए तिनही बिसारि अवर लगरी।
संधिक ओहि साध नहीं कहिअउ सरनि परे तुमरी पगरी।
कह कबीर इहि बिनती सुनीअहु मत घालहु जम की खबरी॥

(राग बिलावल)

176

राजन कउन तुमारे आवै।
एसो भाव बिदुर को देखिओ ओहु गरीब मोहि भावै॥
हसती देखि भरम ते भूला स्त्री भगवान न जानिआ।
तुमरो दूध बिदुर को पानी अंम्रित करि मैं मानिआ॥ 1॥
खीर समान सागु मैं पाइआ गुन गावत रैनि बिहानी॥
कबीर को ठाकुरु अनद बिनोदी जाति न काहू की मानी॥176॥

(राग मारू)

177

राजा रांम तूं ऐसा निरभउ तरन तारन रांम राइआ॥
जब हम होते तब तुम नाही अब तुम हहु हम नाही।
अब हम तुम एक भए इहि एकै देखतु मन पतीआही॥ 1॥
जब बुधि होती तब बलु कैसा अब बुद्धि बल न खटाई॥
कही कबीर बुधि हर लई मेरी बुधि बदली सिधि पाई॥ 2॥

(राग गउड़ी)

178

राजास्त्रम मिति नहीं जानी तेरी।
तेरे संतन की हउ चेरी।
हसतो जाइ सु रोवतु आवै रोवतु जाइ सु हसै॥
बसतो होइ सो ऊजरु ऊजरु होइ सु बसै॥ 1॥
जल ते थल करि थल ते कूआ कूप ते मेरु करावै।
धरती ते आकास चढ़ावै चढ़े अकास गिरावै॥ 2॥
भेखारी ते राजु करावै राजा ते भेखारी।
खल मूरख ते पंडित करिबो पंडित ते मुगधारी॥

नारी ते जे पुरुख करावै पुरखन ते जो नारी॥
कहु कबीर साधू का प्रीतम तिसु मूरति बलिहारी॥

(राग सारंग)

179

रांम जपो जीअ ऐसे ऐसे।
ध्रुव प्रहिलाद जपियो हरि जैसे।
दीन दइआल भरोसे तेरे।
सब परवारु चड़ाइआ बेड़े॥ 1॥
जा तिसु भावै ता हुकमु मनावै।
इस बेड़े कौ पार लघावै॥ 2॥
गुरु परसादि ऐसी बुधि समानी।
चूकि गई फिरि आवन जानी॥ 3॥
कहु कबीर भजु सारिंगपानी।
उरवारि पारि सभ एको दानी॥ 4॥

(राग गउड़ी)

180

रांम सिमरि रांम सिमरि रांम सिमरि भाई।
रांम नांम सिमरन बिनु बूड़ते अधिकाई॥
बनिता सुत देह ग्रेह संपति सुखदाई।
इन्ह में कछु नांहिं तेरो काल अवधि आई॥ 1॥
अजामल गज गनिका पतित करम कीने।
तेऊ उतरि पारि परे रांम नांम लीने॥ 2॥
सूकर कूकर जोनि भ्रम तऊ लाज न आई।
रांम नांम छाड़ि अंम्रित काहे बिखु खाई॥ 3॥
तजि भरम करम बिधि निखेध रांम नांम लेही।
गुर प्रसादि जन कबीर रांमु करि सनेही॥ 4॥

(राग धनासरी)

181

री कलवारि गवारि मूढ़ मति उलटी पवन फिरावउ।
मन मतवार मेर सर भाठी अंम्रित धार चुवावउ॥
बोलहु भईआ रांम की दुहाई।
पीवहु संत सदा मति दुरलभ सहजे पिआस बुझाई॥ 1॥
भै बिच भाउ भाइ कोऊ बूझहि हरि रसु पावै भाई।
जेते घट अंम्रित सभ ही महि भावै तिसहि पीआई॥ 2॥
नगरी एकै नउ दरवाजे धावतु बरजि रहाई।
त्रिकुटी छूटै दसवा दर खूलै ताम न खीवा भाई।
अभै पद पूरि ताप तिह नासे कहि कबीर बीचारी॥
उबट चलंते इहु मद पाइआ जैसे खोंद खुमारी॥

(राग केदारा)

182

रे जीअ निलज लाज तुझ नाही।
हरि तजि कत काहू के जाही॥
जाको ठाकुरु ऊचा होई।
सो जन पर घर जात न सोही॥ 1॥
सो साहिब रहिआ भरपूरि।
सदा संगि नाही हरि दूरि॥ 2॥
कवला चरन सरन है जा के।
कहु जन का नाही घर ता के॥ 3॥
सब कोउ कहै जासु की बाता।
जी संम्रथु निज पति है दाता॥ 4॥
कहै कबीर पूरन जग सोई।
जाकै हिरदै अवरु न होई॥ 5॥ *(राग गउड़ी)*

183

रे मन तेरो कोइ नहीं खिंचि लेइ जिन भारु।
बिरख बसेरो पंखि को तैसो इहु संसारु॥
रांम रस पीआ रे जिह रस बिसरि गए रस अगर॥ 1॥

अउर मुए क्या रोईऐ जउ आपा थिरु न रहाइ॥
जा उपज सो बिनसि है दुख करि रोवै बलाइ॥ 2॥
जह की उपजी तह रची पीवतु मरद न लाग॥
कह कबीर चिति चेतिया रांम सिमिरि बैराग॥ 3॥

(राग गउड़ी)

184

रोजा धरै मनावै अलहु सुआदति जीअ संघारै।
आपा देखि अवर नहीं देखै काहे कउ झख मारै॥
काजी साहिबु एक तोही महि तेरा सोच बिचार न देखै।
खबरि न करहि दीन के बउरे ताते जनमु अलेखै॥ 1॥
साचु कतेब बखानै अलहु नारि पुरुखु नहीं कोई।
पढ़े गुने नांहीं कछु बउरे जउ दिल महि खबरि न होई॥ 2॥
अलहु गैबु सगल घट भीतरि हिरदै लेहु बिचारी।
हिंदू तुरक दुहूं महि एकै कहै कबीर पुकारी॥ 3॥

(राग आसा)

185

लंका सा कोटु समुद्र सी खाई।
तिह रावन घर खबरि न पाई॥
किआ मागउ किछु थिरु न रहाई।
देखत नैन चलिओ जगु जाई॥ 1॥
इकु लखु पूत सवा लखु नाती।
तिह रावन घर दीआ न बाती॥ 2॥
चंद सूरजु जाके तपत रसोई।
बैसंतरु जा के कपरे धोई॥ 3॥
गुरमति रांमै नांमि बसाई।
असथिरु रहै न कतहूँ जाई॥ 4॥
कहत कबीर सुनहु रे लोई।
रांम नांम बिनु मुकुति न होई॥ 5॥

(राग आसा)

186

लख चउरासीह जीअ जोनि महि भ्रमत नंदु बहु थाको रे।
भगति हेति अवतारु लीओ है भागु बड़ो बपुरा को रे॥
तुम जु कहत हउ नंद को नंदनु नंद सु नंदनु का को रे।
धरनि अकासु दसो दिस नाही तब इहु नंद कहा थो रे॥ 1॥
संकटि नही परै जोनि नही आवै नांमु निरंजन जाको रे।
कबीर को सुआमी ऐसो ठाकुरु जा कै माई न बापो रे॥ 2॥

(राग गउड़ी)

187

बिदिआ न परउ वाद नहीं जानउ।
हरि गुन कथत सुनत बउरानो।
मेरे बाबा मैं बउरा, सभ
खलक सैआनी, मैं बउरा।
मैं बिगरिओ बिगरै मति अउरा॥ 1॥
आपि न बउरा रांम कीओ बउरा॥
सतिगुरु जारि गइओ भ्रम मोरा॥ 2॥
मैं बिगरे अपनी मति खोई।
मेरे भरमि भूलउ मति कोई॥ 3॥
सो बउरा आपु न पछानै।
आप पछानै त एकै जानै॥ 4॥
अबहि न माता सु कबहु न माता।
कहि कबीर रांमै रंगि राता॥ 5॥

(राग बिलावल)

188

बिनु तत सती होई कैसे नारि। पंडित देखहु रिदै बिचारि॥
प्रीति बिना कैसे बंधे सनेहु। जब लग रसु तब लग नही नेहु॥ 1॥
साहनि सतु करै जिय अपनै। सो रमये कउ मिलै न सपनै॥ 2॥
तन मन धनु ग्रिहु सउपि सरीरू। सोई सुहागनि कहै कबीरू॥ 3॥

(राग गउड़ी)

189

बिमल अस्त्र केते है पहिरे क्या बन मधे बासा।
कहा भइआ नरदेवा धोखे किआ जलि बोरिओ गाता॥
जीय रे जाहिगा मैं जानां अबिगतु समझ इआना।
जत जत देखउ बहुरि न पेखउ संगि माइआ लपटाना॥ 1॥
गिआनी धिआनी बहु उपदेसी इहु जगु सगलो धंधा।
कहि कबीर इक रांम नांमं बिनु इआ जग माइआ अंधा॥ 2॥

(राग गउड़ी)

190

बिखिआ बिआपिआ सगल संसारू।
बिखिआ लै डूबी परवारू॥
रे नर नाव चउड़ि कत बोड़ी।
हरि सिउ तोड़ि बिखिआ संगि जोड़ी॥ 1॥
सुर नर दाधे लागी आगि।
निकट नीरु पसु पीवसि न झागि॥ 2॥
चेतत चेतत निकसिओ नीरु।
सो जल निरमल कथत कबीरु॥ 3॥

(राग गउड़ी)

191

बेद कतेब इफतरा भाई दिल का फिकरु न जाइ।
टुकु दमु करारी जउ करहु हाजिर हजूर खुदाइ॥
बंदे खोजु दिल हर रोज ना फिरि परेसानी माहि।
इह जु दुनीआ सिहरु मेला दसतगीरी नाहि॥ 1॥
दरोगु पढ़ि पढ़ि खुसी होइ बेखबर बादु बकाहि।
हकु सचु खालक खलक मिआने सिआम मूरति नाहि॥ 2॥
असमान मिआने लहंग दरीआ गुसल करदन बूंद।
करि फिकरु दाइम लाइ चसमे जहा तहा मउजूद॥ 3॥
अलाह पाकं पाक है सक करउ जे दूसर होइ।
कबीर करमु करीम का उहु करै जानै सोइ॥ 4॥

(राग तिलंग)

192

बेद कतेब कहहु मत झूठे झूठा जो न बिचारै।
जउ सभ महि एकु खुदाइ कहत हउ तउ किउ मुरगी मारै॥
मुलां कहहु निआउ खुदाई।
तेरे मन का भरम न जाई॥ 1॥
पकरि जीउ आनिआ देह बिनासी माटी कउ बिसमिल कीआ॥
जोति सरूप अनाहत लागी कहु हलाल किआ कीआ॥ 2॥
किआ उजू पाक कीआ मुह धोइआ किआ मसीति सिर लाइआ।
जौ दिल महि कपटु निवाज गुजारहु किआ हज काबै जाइआ॥ 3॥
तू नापाक पाक नहीं सूझिआ तिस का मरम न जानिआ।
कहि कबीर भिसति ते चूका दोजक सिउ मनु मानिआ॥ 4॥

193

बेद की पुत्री सिंम्रति भाई।
सांकल जबरी लैहै आई॥
आपन नगरु आप ते बाधिआ।
मोह कै फाधि काल सरु सांधिआ॥ 1॥
कटी न कटै तूटि नह जाई।
सो सापनि होइ जग कउ खाई॥
हम देखत जिनि सभु जग लूटिआ।
कहु कबीर मै रांम कहि छूटिआ॥ 3॥

(राग गउड़ी)

194

बेद पुरान सभै मत सुनि के करी करम की आसा।
काल ग्रसत सभ लोग सिआने उठि पंडित पै चले निरासा॥
मन रे सरिओ न एकै काजा।
भजिओ न रघुपति राजा॥ 1॥
बनखंड जाइ जोगु तपु कीनो कंद मूलु चुनि खाइआ।
नादी बेदी सबदी मोनी जम के पटै लिखाइआ॥ 2॥
भगति नारदी रिदै न आई काछि कूछि तनु दीना।
रांम रागनी डिंभ होइ बैठा उनि हरि पहि कीआ लीना॥ 3॥

परिओ काल सभै जग ऊपर माहि लिखे भ्रम गिआनी।
कहु कबीर जन भये खालासे प्रेम भगति जिह जानी॥ 4॥

(राग सोरठि)

195

खट नेम कर कोठड़ी बाँधी बसतु अनूपु बीच पाई।
कुंजी कुलफु प्रान करि राखे करते बार न लाई॥
अब मन जागत रहु रे भाई।
गाफलु होइ कै जनम गवाइओ चोर मुसै घरु जाई॥ 1॥
पंच पहरुआ दर महि रहते तिन्ह का नही पतीआरा।
चेति सुचेत चित होइ रहु तउ लै परगासु उजारा॥ 2॥
नउ घर देखि जु कांमनि भूली बसतु अनूप न पाई।
कहत कबीर नवै घर मूसे दसवैं ततु समाई॥ 3॥

(राग गउड़ी)

196

संतु मिलै कछु सुनीऐ कहीऐ। मिलै असंतु मसटि करि रहीऐ।
बाबा बोलना किआ कहीऐ। जैसे रांम नांम रवि रहीऐ॥ 1॥
संतन सिउ बोले उपकारी। मूरख सिउ बोले झख मारी॥ 2॥
बोलत बोलत बढ़हि बिकारा। बिनु बोले किआ करहि बीचारा॥ 3॥
कह कबीर छूछा घटु बोलै। भरिआ होइ सु कबहु न डोलै॥ 4॥

(राग गौंड)

197

संतहु मन पवनै सुखु बनिआ। किछु जोग परापति गनिआ॥
गुर दिखलाई मोरी। जितु मिरग पड़त है चोरी॥
मूंदि लीए दरवाजे। बाजीअले अनहद बाजे॥ 1॥
कुम्भ कमलु जलि भरिआ। जलु मेटिआ ऊभा करिआ॥
कहु कबीर जन जानिआ। जौ जानिआ तउ मन मानिआ॥

(राग सोरठि)

198

संता मानउ दूता डानउ इहु कुटवारी मेरी॥
दिवस रैनि तेरे पाउ पलोसउ केस चवर करि फेरी॥
हम कूकर तेरे दरबारि। भउकहि आगे बदन पसारि॥ 1॥
पूरब जनम हम तुम्हरे सेवक अब तउ मिट्या न जाई॥
तेरे द्वारे धुनि सहज की माथै मेरे दगाई॥ 2॥
दागे होहि सु रन महि जूझहि बिनु दागे भगि जाई।
साधू होई सु भगति पछानै हरि लए खजानै पाई॥ 3॥
कोठरे महि कोठरी परम कोठरी बीचारि।
गुरु दीनी बसतु कबीर कउ लेवहु बसतु सम्हारि॥ 4॥
कबीर दीई संसार कउ लीनी जिसु मसतकि भागु॥
अंम्रित रस जिनि पाइआ थिरु ता का सोहागु॥ 5॥

(राग रामकली)

199

संधिआ प्रात इस्नानु कराही।
ज्यों भये दादुर पानी माही॥
जउ पै रांम नांम रति नांहीं।
ते सभि धरमराइ कै जाही॥ 1॥
काइआ रति बहु रूप रचाहीं।
तिन कउ दया सुपनै भी नाही॥ 2॥
चार चरण कहहि बहु आगर।
साधु सुख पावहि कलि सागर॥ 3॥
कहु कबीर बहु काय करीजै।
सरबसु छोड़ि महा रसु पीजै॥.4॥

(राग गउड़ी)

200

सत्तरि सैइ सलारू है जा के। सवा लाख पैकाबर ता के॥
सेख जु कहीअहि कोटि अठासी। छप्पन कोटि जा के खेल खासी॥
सो गरीब की को गुजरावै। मजलसि दूरि महल को पावै॥ 1॥

तेतीस करोड़ि है खेलखाना। चउरासी लख फिरै दिवाना॥
बाबा आदम कउ किछु नदरि दिखाई। उन भी भिसति घनेरी पाई॥ 2॥
दिल खलहलु जा कै जरदरु बानी। छोड़ि कतेब करै सैतानी॥
दुनिया दोसु रोसु है लोई। अपना कीआ पावे सोई॥ 3॥
तुम दाते हम सदा भिखारी। देउ जवाब होइ बजगारी॥
दासु कबीर तेरी पनह समाना। भिसतु नजीक राखु रहमाना॥ 4॥

(राग भैरउ)

201

सनक सनंद अंतु नहीं पाइआ।
बेद पड़े पड़ि ब्रहमे जनमु गवाइआ॥
हरि का बिलोवना बिलोवहु मेरे भाई।
सहज बिलोवहु जैसे ततु न जाई॥ 1॥
तन करि मटुकी मन माहि बिलोई।
इसु मटकी महि सबदु संजोई॥ 2॥
हरि का बिलोवना मन का बीचारा।
गुरु प्रसाद पावै अंम्रित धारा॥ 3॥
कहु कबीर नदरि करे जे मीरा।
रांम नांम लगि उतरे तीरा॥ 4॥

(राग आसा)

202

सनक सनंद महेस समानां। सेष नाग तेरो मरमु न जाना॥
संत संगति रांम रिदै बसाई॥ 1॥
हनुमान सरि गरुड़ समानां। सुरपति नरपति नहिं गुन जाना॥ 2॥
चारि बेद अरु सिंम्रिति पुराना। कमलापति कवला नहिं जाना॥ 3॥
कह कबीर सो भरमै नांहीं। पग लगि रांम रहै सरनांहीं॥ 4॥

(राग धनासरी)

203

सभु कोई चलन कहत है ऊहां। ना जानउ बैकुंठ है कहाँ॥
आप आप का मरमु न जानां। बातन ही बैकुंठ बखानां॥ 1॥

जब लगु मन बैकुंठ की आस। तब लग नाही चरन निवास॥ 2॥
खाई कोटि न परलपगारा। ना जानउ बैकुंठ दुआरा॥ 3॥
कहि कबीर अब कहीऐ काहि। साधु संगति बैकुंठे आहि॥ 4॥

(राग भैरउ)

204

सरपनी ते ऊपर नहीं बलीआ।
जिनि ब्रह्मा बिसनु महादेउ छलीआ।
मारु मारु सरपनी निरमल जलि पैठी।
जिन त्रिभुवणु डसीअले गुर प्रसादि डीठी॥ 1॥
स्त्रपनी स्त्रपनी किआ कहहु भाई।
जिन साचु पछानिआ तिनि स्त्रपनी खाई॥ 2॥
स्त्रपनी ते आन छूछ नहीं अवरा।
स्त्रपनी जीती कहा करै जमरा॥ 3॥
इह स्त्रपनी ता की कीती होई।
बल अबल किआ इस ते होई॥ 4॥
इह बसती ता बसत सरीरा।
गुरु प्रसादि सहजि तरे कबीरा॥ 5॥

(राग आसा)

205

सरीर सरोवर भीतरे आछै कमल अनूप।
परस ज्योति पुरुखोत्तमो जाकै रेख न रूप।
रे मन हरि भजु भ्रम तजहु जगजीवन रांम॥ 1॥
आवत कछू न दीसई न दीसै जात॥
जह उपजै बिनसै तही जैसे पुरिवन पात।
मिथिआ करि माइआ तजी सुख सहज बीचारि।
कहि कबीर सेवा करहु मन मंझि मुरारि॥

(राग बिलावल)

206

सासु की दुखी ससुर की पिआरी जेठ के नांम डरउ रे।
सखी सहेली ननद गहेली देवर कै बिरहि जरउ रे॥
मेरी मति बउरी मै रांमु बिसारिओ।
किन विधि रहनि रहउ रे॥
सेजै रमत नयन नहीं पेखउ इहु दुखु कासउ कहउ रे॥ 1॥
बापु सावका करै लराई माइआ सद मतवारी॥
बड़े भाई के जग संगि होती तब हउ नाह पिआरी॥ 2॥
कहत कबीर पंच को झगरा झगरत जनमु गवाइआ।
झूठी माइआ सभु जग बाधिआ मै रांम रमत सुखु पाइआ॥ 3॥

(राग आसा)

207

सिव की पुरी बस बुधि सारु। यह तुम मिलि कै करहु बिचारु॥
ईत ऊत की सोझी परै। कवन करम मेरा करि करि मरै॥
निज पद ऊपर लागो धिआनु। राजा रांम नांम मेरा ब्रह्म गिआनु॥ 1॥
मूल दुआरै बंधिआ बंधु। रवि ऊपर गहि राखिआ चंदु॥
पछम दुआरै सूरजु तपै। मेरा डंड सिर ऊपरि बसै॥ 2॥
पसचम द्वारे की सिल ओड़। तिह सिल ऊपर खिड़की अउर॥
खिड़की ऊपर दसवा दुआरू। कहि कबीर ताका अंतु न पारू॥ 3॥

(राग भैरउ)

208

सुख मांगत दुखु आगै आवै।
सो सुख हमहु न मांगिआ भावै॥
बिखिआ अजहु सुरति सुख आसा।
कैसे होइ है राजा रांम निवासा॥ 1॥
इसु सुख ते सिव ब्रह्म हराना।
सो सुख हमहु साच करि जाना॥ 2॥

सनकादिक नारद मुनि सेखा।
तिन भी तन महि मनु नहीं पेखा॥ 3॥
इसु मन कउ कोई खोजहु भाई।
तन छूटै मनु कहा समाई॥ 4॥
गुरु परसादी जैदेउ नांमा।
भगति कै प्रेमि इन ही है जाना॥ 5॥
इस मन कउ नहीं आवन जाना।
जिसका भरमु गइआ तिनि साचु पछाना॥ 6॥
इस मन कउ रूपु न रेखिआ काई।
हुकुमे होइआ हुकुम बूझि समाई॥ 7॥
इस कन का कोई जानै भेउ।
इहि मन लीण भए सुखदेउ॥ 8॥
जीउ एकू अरु सगल सरीरा।
इस मन कउ रवि रहै कबीरा॥ 9॥

(राग गउड़ी)

209

सुतु अपराध करत है जेते।
जननी चीति न राखसि तेते॥
रांमईआ हउ बारिकु तेरा।
काहे न खंडसि अवगुन मेरा॥ 1॥
जे अति कोप करे करि धाइआ।
ता भी चीत न राखसि माइआ॥ 2॥
चिन्त भवन मन परिओ हमारा।
नांम बिना कैसे उतरसि पारा॥ 3॥
देहि बिमल मति सदा सरीरा।
सहजि सहजि गुन रवै कबीरा॥ 4॥

(राग आसा)

210

सुंन संधिआ तेरी देव देवा करि अधपति आदि समाई।
सिद्ध समाधि अंत नहीं पाइआ लागि रहे सरनाई॥

लेहु आरति हो पुरख निरंजन सतिगुर पूजहु भाई॥
ठाढ़ा ब्रह्मा निगम बीचारै अलख न लखिआ जाई॥ 1॥
ततु तेलु नांमु कीआ बाती दीपक दे उज्यारा॥
जोति लाइ जगदीस जगाइआ बूझे बूझनहारा॥ 2॥
पंचे सबद अनाहद बाजै संगे सारिंगपानी।
कबीर दास तेरी आरती कीनी निरंकार निरबानी॥ 3॥

(राग विभास प्रभाती)

211

सुरति सिम्रिति दुई कंनी मुंदा परमिति बाहर खिंथा।
सुंन गुफा महि आसणु बैसणु कलप बिबरजित पंथा॥
मेरे राजन मैं बैरागी जोगी मरत न साग बिओगी॥ 1॥
खंड ब्रह्मंड महि सिंगी मेरा बटुआ सब जग भसमाधारी।
ताड़ी लागी त्रिपलु पलटीऐ छूटै होइ पसारी॥ 2॥
मनु पवनु दुइ तूंबा करीहै जुग जुग सारद साजी॥
थिरु भई तंती तूटसि नाही अनहद किंगुरी बाजी॥
सुनि मन मगन भए है पूरे माइआ डोलत लागी॥
कहु कबीर ता कउ पुनरपि जनमु नही खेलि गइओ बैरागी॥ 3॥

(राग गउड़ी)

212

सुरह की जैसी तेरी चाल। तेरा पूंछट ऊपर झमक बाल॥
इस घर मह है सु तू ढूंढ़ि खाहि। अउर किसही के तू मति ही जाहि॥ 1॥
चाकी चाटहि चून खाहि। चाकी का चीथरा कहाँ लै जाहि॥ 2॥
छीके पर तेरी बहुत डीठि। मत लकरी सोंटा परै तेरी पीठि॥
कहि कबीर भोग भले कीन। मति कोऊ मारै ईंट ढेम॥ 3॥

(राग बसंत)

213

सो मुलां जो मन सिउ लरै। गुरु उपदेसि काल सिउ जुरै॥
काल पुरख का मरदै मानु। तिस मुल्ला कउ सदा सलामु॥
है हजूर कत दूरि बतावहु। दुंदर बाधहु सुंदर पावहु॥ 1॥

काजी सो जु काइआ बीचारै। काइआ की अगनि ब्रह्म परजारै॥
सुपनै बिंदु न देई झरना। तिस काजी कउ जरा न मरना॥ 2॥
सो सुरतानु जु दुइ सुर तानै। बाहरि जाता भीतर आनै॥
गगन मंडल महि लसकरू करै। सो सुरतानु छत्र सिरि धरै॥ 3॥
जोगी गोरखु गोरखु करै। हिंदू रांम नांम उचरै॥
मुसलमान का एकु खुदाई। कबीर का सुआमी रहिआ समाई॥ 4॥

(राग भैरउ)

214

सुरगबासु न बाछीऐ डरीऐ न नरक निवासु।
होना है सो होई है मनहि न कीजै आसु॥
रमईआ गुन गाईऐ जा ते पाईऐ परम निधानु॥ 1॥
किआ जपु किआ तपु संजमी किआ बरतु किआ इसनानु।
जब लग जुगति न जानीऐ भाउ भक्ति भगवान॥ 2॥
संपै देखि न हरखीऐ बिपति देखि न रोइ।
जिउ संपै तिउ बिपति है बिध ने रचिआ सो होइ॥ 3॥
कहि कबीर अब जानिआ संतन रिदै मझारि।
सेवक सो सेवा भले जिह घट बसै मुरारि॥ 4॥

(राग गउड़ी)

215

हज हमारी गोमती तीर।
जहा बसहि पीतंबर पीर॥
वाहु वाहु क्या खूबु गावता है।
हरि का नांम मेरे मनि भावता है॥ 1॥
नारद सारद करहि खवासी।
पास बैठि बीबी कवलादासी॥ 2॥
कंठे माला जिहवा रांमु।
सहंस नांम लै लै करो सलामु॥ 3॥
कहत कबीर रांम गुन गावउ।
हिंदू तुरक दोऊ समझावउ॥ 4॥

(राग आसा)

216

हम घर सूत तनहि नित ताना कंठ जनेऊ तुमारे॥
तुम तो बेद पढ़हु गायत्री गोबिंद रिदै हमारे॥
मेरी जिहबा बिसनु नैन नाराइन हिरदै बसहि गोबिंदा॥
जम दुआर जब पूछसि बवरे तब क्या कहसि मुकुंदा॥ 1॥
हम गोरू तुम ग्वार गुसाईं जनम जनम रखवारे।
कबहूं न पार उतारि चराइहु कैसे खसम हमारे॥ 2॥
तूं बाम्हनु मैं कासी का जुलहा बूझहु मोर गिआना।
तुम्ह तउ जाचे भूपति राजे हरि सो मोर धिआना॥ 3॥

(राग आसा)

217

हम मसकीन खुदाई बंदे तुम राजसु मन भावै।
अलह अवलि दीन को साहिबु जोर नहीं फुरमावै॥
काजी बोलिआ बनि नहीं आवै॥ 1॥
रोजा धरै निवाज गुजारै कलमा भिसति न होई।
सत्तरि काबा घर ही भीतर जे करि जानै कोई॥ 2॥
निवाज सोई जो निआउ बिचारै कलमा अकलहि जानै॥
पाचहु मुसि मुसला बिछावै तब तउ दीन पछानै॥ 3॥
खसम पछानि तरस करि जीअ महि मारि मणी करि फीकी॥
आपु जनाइ अवर कउ जानै तब होइ भिसत सरीकी॥ 4॥
माटी एक भेख धरि नाना ता महि ब्रह्मु पछाना।
कहै कबीर भिसति छोड़ि करि दोजक सिउ मनु माना॥ 5॥

(राग आसा)

218

हरि बिन कउनु सहाई मन का।
मात पिता भाई सुत बनिता हितु लागो सभ फन का॥
आगै कउ किछु तुलहा बांधहु किआ भरोसा धन का।
कहा बिसासा इस भांडे का इतन कु लगै ठनका॥ 1॥

सगल धरम पुंन फल पावहु धूरि बांछहु सभ जन का।
कहै कबीर सुनहु रे संतहु इहु मन उड़न पखेरू बन का॥ 2॥

(राग सारंग)

219

हरि जसु सुनहि न हरि गुन गावहि।
बातन ही असमानु गिरावहि॥
ऐसे लोगन सिउ किआ कहीऐ।
जो प्रभ की भगति ते बाहज।
तिन ते सदा डराने रहीऐ॥ 1॥
आपि न देहि चुरू भरि पानी।
तिहि निंदहि जिह गंगा आनी॥ 2॥
बैठत उठत कुटिलता चालहि।
आप गए अउरन हू घालहि॥ 3॥
छाड़ि कुचरचा आन न जानहि।
ब्रह्मा हू का कह्यो न मानहि॥ 4॥
आपु गए अउरन हू खोवहि।
आगि लगाइ मंदर मै सोवहि॥ 5॥
औरन हसत आप हहि काने।
तिन कउ देखि कबीर लजाने॥ 6॥

(राग गउड़ी)

220

हिंदू तुरक कहा ते आए किन एह राह चलाई।
दिल महि सोच बिचार कवादे भिस्त दोजक किनि पाई॥
काजी तै कवन कतेब बखानी॥
पढ़त गुनत ऐसे सभ मारे किनहूं खबरि न जानी॥ 1॥
सकति सनेह करि सुंनति करीऐ मै न बदउगा भाई।
जउ रे खुदाई मोहि तुरकु करैगा आपन ही कटि जाई॥ 2॥
सुंनति किए तुरकु जे होइगा अउरत का किआ करीऐ।
अरध सरीरी नारि न छोड़ै ताते हिंदू ही रहीऐ॥ 3॥

छाड़ि कतेब रांम भजु बउरे जुलम करत है भारी।
कबीर पकरी टेक रांम की तुरक रहे पचि हारी॥ 4॥

(राग आसा)

221

हीरै हीरा बेधि पवन मनु सहजे रहिआ समाई।
सकल जोति इन हीरै बेधी सतिगुरु बचनी मैं पाई॥
हरि की कथा अनाहद बानी।
हंस हुइ हीरा लेइ पछानी॥ 1॥
कह कबीर हीरा अस देखिओ जग महि रहा समाई।
गुपता हीरा प्रकट भइओ जब गुर गम दीआ दिखाई॥ 2॥

(राग आसा)

222

हृदै कपट मुख गिआनी। झूठे कहा बिलोवसि पानी॥
काइआ मांजसि कउन गुनां। जउ घट भीतर है मलनां॥ 1॥
लउकी अठसठि तीरथ न्हाई। कउरापन तऊ न जाई॥
कहि कबीर बीचारी। भव सागरु तारि मुरारी॥ 2॥

(राग सोरठि)

ग्रंथावली के परिशिष्ट में छूटे हुए *आदिग्रंथ* के दो पद

1

तह पावस सिंधु धूप नही छाहीआ तह उतपति परलउ नाही।
जीवन मिरतु न दुखु सुखु बिआपै सुंन समाधि दोऊ तह नाही॥
सहज की अकथ कथा है निरारी।
तुलि नही चढ़ै जाइ न मुकाती हलुकी लगै न भारी॥ 1॥
अरध उरध दोऊ नाही राति दिवसु तह नाही।
जलु नही पवनु पावकु फुनि नाही सतिगुर तहा स साही॥ 2॥
अगम अगोचरु रहै निरंतरि गुर किरपा ते लहीऐ।
कहु कबीर बलि जाउ गुर अपुने सत संगति मिलि रहीऐ॥ 3॥

(राग गउड़ी)

2

रांम सिमरु पछुताहिगा मन।
पापी जीअरा लोभु करत है आजु कालि उठि जाहिगा॥
लालच लागे जनमु गवाइआ माइआ भरम भुलाहिगा।
धन जोबन का गरबु न कीजै कागद बिधि गलि जाहिगा॥ 1॥
जउ जमु आइ केस गहि पटकै ता दिन किछु न बसाहिगा।
सिमरनु भानु दइआ नही कीनी तउ मुखि चोटा खाहिगा॥ 2॥
धरमराइ जब लेखा मागै किआ मुखु लै के जाहिगा।
कहतु कबीर सुनहु रे संतहु साध संगति तरि जाहिगा॥ 3॥

(राग मारू)

पद सूरदास जी का में उपलब्ध कबीर-पद

(फ़तेहपुर पांडुलिपि, 1582 ई.)

इन पंद्रह पदों में से बारह हल्के पाठान्तर के साथ ग्रंथावली में भी मिलते हैं, जब कि बीजक में केवल एक पद (कारनि कौन सँवारे देही) सुलभ है। ग्रंथावली की पद संख्या पद के साथ इंगित कर दी गई है।

1

सरवर कै तटि हंसिनी तिसाई
जुगत बिना हरि जल पीयौ न जाई।
कुम्भ लीयै ठाड़ी पनिहारी
ले ज बिनु नीर कै तरहि कैसे नारी
हूँ बोलौं रे लेख कबारी
(अस्पष्ट)...क़ै दो ऊपर नारी
कहत कबीर एक बुधि विचारी
सहज सुभाइ मुहि मिले वनवारी।

(ग्रंथावली, राग सोरठि, 37)

2

कारनि कौंन सवारे देही
अंतिम सम जरि कै ह्वै खेही
कोटि जतन करि दह मुट्याई
अग्नि दहै कै जंबुक खाइ
दूध दही घृत देह मुट्याई
अंत काल माटी मै जाई
बहुत जतन करियौ तन पाल्यौ

सो तन देख्यौ बाहरि जाल्यौ
माथे रचि रचि बाँधते पागा
तिस सिर चिंचु सवारी कागा
कहि कबीर जिन पावौ हरी
तिन सौ... (अस्पष्ट)

(ग्रंथावली, राग सोरठि, 34)

3

रांम रांम ए भनि रांम चितावनि
भाग बड़ौ पायौ छाड़ौ जिनि
हिदै कवल मैं राखि लुकाइसि
पैम गाँठि दीजै छुटि न जाइसि
असंत बचन सुनि मति रे भुलाइसि
अंतरमुख मैं ते विसरी जाइसि।
अष्टमहासिधि नवम कारी (?)
कहि कबीर हिदै देखि विचारी।

(ग्रंथावली, राग गौड़ी, 123)

4

रांम वान अनियारे तीर।
जिस लागै सो जानै पीर॥
तन मन षोजवो वो वन पावो।
औषद मूरी घसि कहा लगावो॥
एक नाइ दीसै सब नारी।
ना जानै कोई रांमपिआरी॥
कहत कबीर जाकै माथै भाग।
ना जानौ कोई लेइ सुहग॥

(ग्रंथावली, राग गौड़ी, 118)

5

दुभर पनीआ भरनिन जाइ।
मेरी बहुत तृषा गोबिन्द बिना ना बुझाइ॥
ऊपर कू बढ़ाले जत लै हारी।
निघ(?) डरौ नीर लयौ घट भारी
गई निरास पांच पनिहारी।
गुर उपदेस भर्‌यौ है नीर।
रांमसरनि होइ नर कहि कबीर॥

(ग्रंथावली, राग गौड़ी, 140)

6

अमर मेरी काया नर जानै।
जैसा घरी घरी वात दुपहर की छाया नर जानै॥
कछू एक कायौ क कछू एक करनौ।
मुगधु न चेतै सिर ऊपरि मरनौ॥
सुपना फिरि फिरि देषि गरवानी।
अयातिसंही (अस्पष्ट) पुनिजानी।
जल बुद बुद देषा यह संसार।
नुपत खपत नहि लागै बार।
पाँच पखे एक सरीरा।
कृष्ण कमल दल भँवर कबीरा।
नरु जानै अमर मेरी काया नरु जानै।

(ग्रंथावली, राग गौड़ी, 104)

7

स्वाद पतंग परै जलि जाई
अनहत्त (?)...अस्पष्ट न रहाई
किते मूये मरहेगे केते मूरिष लोग अजहु न चेते
माया कैर सचेत न देष्यौ ह्वै नहि जात एक नहि पेष्यौ
तंतमंत वौषद सब माया
रांम के नांम कबीर हि गाया।

(ग्रंथावली, राग बिलावल, पद 8)

8

जिहि नर रांम भगति नहि साधी
जनमते कस न मूवौ अपराधी
जिहि कुल प्रतु (पुतु?) न ज्ञान बिचारा
विधवा कस न भई महतारी
बहुतै गरभ एकै नहि बांध्यां
सूकर जन्म जीव लगि साध्या
छिन महि बितसै यहै सरीरा
तिहि कारन पदु रचै कवीरा।

(ग्रंथावली, राग गौड़ी, पद 125)

9

जलि जाउ ऐसो जीवन
जिहि रांम परीति न होइ
गुपाल करि करि झूठी कांमना।
पूजहु देव अनेका रे
एकु न पूजौ रांमै या जाकी
काछी भगति महेसा रे
गुपाल जिउ माषी मधा संचवै
मधु महा या हरि लै जाई रे
अधलै रांमु न चेतियौ
पटि गुणि लोक सुनाई रे
गुपाल कहु रांम चितु चंचला
मन की वृथा निवारी रे
बहुरि न मिलै मुरारी रे॥

(ग्रंथावली, राग गौड़ी, 127)

10

मेरी मति बौरी रांमु बिसार्यौ
हौं केहि विधि रहनि रहौ रे
सासु का दुखी, ससुर की प्यारी
जेठ के नांम डरौ रे

नणद सहेली गरब गहेला
देवर के विरहि जरौ रे
मेरी मति बौरी रांमु बिसार्‌यौ
बापु सावका करति लराई
माया के संगि रहौगी
तब हौ पियहि पियारी रे
यह संसार पंच कौ झगरा
झगरति जनम गवायौ
कहत कबीर सुनहु रे लोगो
मैं रांमु जपत सबु पायौ।

(ग्रंथावली, राग आसावरी, पद 29)

11

तूं गारुड़ी मैं विष का माता
काह न मिलहु मेरौ अंवृत दाता
सैसार भुवंगम डसी मेरी काया
इक दुखु ब्यापै अरु दारुण माया
तूं गारुड़ी मैं विष का माता
सांपिनि अधिक पिटारै जागै
जो सोवै तिसहीं फुनि लागै
कहै कबीर जिनि बुधि न बिचारी
बालक मरत मुई महतारी।

(ग्रंथावली, राग गौड़ी, पद 83)

12

अब मरिबौ तब जाइगो कहाँ।
घर आंगन द्वार नहीं जहाँ।
सिखर न रूख बिरखु नहि भाई। का की छांह वैसै गो जाई॥
तुम्ह पंडित मैं मूरखि सुनऊ रे लोई। हरि पद बिरला बूझै कोई॥

13

रवि रह्यौ एकु अगरु नहि...
बुझि गई अगिन निकसै सुआ॥
जलि गई बाती तेल निखूटा। बजै न मंदलु नटु पै सूता॥
टूटी तार न बजै रबाबु। जानि बिगार्‌यौ अपनौ काजु॥
कहत कबीर...अभिमानु भगतहि हरि नहीं भगवानु॥

14

ना मनु रहै ना घरु होइ मेरा।
इनि मन जारे घर बहुतेरा।
घरु तजि बनखंड लीआ बास। घरु बनु देखौ दोऊ है निवास॥
जरा मरण तन अधिक बिआप। सो घर करहु रे न सोक संताप॥
दास कबीर सरणि निजु बंदा। तूं घर माहि घरु दे परमानंदा॥

15

कहा करौ कैसे तरौ। भव जल निधि भारी।
राखि राखि मुहि बीठुखा। तोहि सरन मुरारी॥
कहा करौ कैसे तरौ। भव जल निधि भारी।
बलि जाउ घरु तजि बन खड़ी। जाइयै खैयेवु निकंदा॥
अजहूं बिकारु न छाड़ई। पापी मनु मंदा।
बलि जाउ जीवत जनमु जोबनु गयौ। कछू कीआ न नीका॥
यह जी निरमोलका। कौंड़ा लागि बीका॥
बलि जाउ ज जन्म जन्म की बासना। टूटी नहु जाई॥
अनक जतन करि राखीयै। फिरि फिरि लपटाई॥
कहु कबीर मेरे माधवा। तोहि सरब विआपी॥
तोहि समान नहि को दयाल। मोसा न जाची॥

(ग्रंथावली, राग रामकली, पद 26)